AKADÉMIAI KIADÓ
KISSZÓTÁR SOROZAT
*
AKADÉMIAI KIADÓ
POCKET DICTIONARIES

L. ORSZÁGH

HUNGARIAN–ENGLISH DICTIONARY

THIRTEENTH EDITION

AKADÉMIAI KIADÓ, 1982

ORSZÁGH LÁSZLÓ

MAGYAR–ANGOL SZÓTÁR

TIZENHARMADIK KIADÁS

AKADÉMIAI KIADÓ, 1982

MUNKATÁRSAK

BÉKÉS ÁGNES és MENTLNÉ LÁNG ILONA

ISBN 963 05 2974 2

A kiadásért felel az Akadémiai Kiadó igazgatója

Szótárszerkesztési vezető: Dr. Décsi Gyula

Műszaki szerkesztő: Szász Zoltán

Terjedelem: 14,5 (A/5) ív

AK 1976 k 8285

Printed in Hungary

82.10061 Akadémiai Nyomda, Budapest — F. v.: Bernát György

Előszó a hetedik kiadáshoz

A magyar–angol kisszótár jelen hetedik kiadása mintegy húsz százalékkal több magyar címszót és szókapcsolatot, illetve angol ekvivalenst tartalmaz, mint a korábbi kiadások. Ezt a terjedelmi bővítést az tette szükségessé, hogy e műnek első kiadása óta hazánkban nagy mértékben megnőtt az iskolában és az iskolán kívül angolul tanulók száma s ezzel együtt az angol szótárakkal szemben támasztott minőségi igény is fokozódott.

Bővült kisebb mértékben a szócikkekben található angol nyelvtani jellegű tájékoztatás is, ami a kezdő nyelvtanulóknak megkönnyíti az angol mondatok szerkesztését.

A terjedelem növelését az anyag tipográfiai eszközökkel történt tömörítésével értük el.

Miként ugyane mű korábbi kiadásai és az angol–magyar testvérkötet is, jelen hetedik bővített kiadás a magyar anyanyelvű szótárhasználó igényeinek figyelembevételével készült. Ezért, és térkímélés céljából, magyar nyelvtani tudnivalókat az egyes szócikkekben nem közöl.

1972. április 11.

O. L.

TÁJÉKOZTATÓ

Szókincs

Ebben a Kisszótárban mintegy 22 000 magyar címszó és 6 000 magyar szókapcsolat található.

A szótár a kezdő magyar ajkú nyelvtanuló számára készült s ezért a mai magyar szókészletnek csak a leggyakoribb, legfontosabb anyagát közli.

E Kisszótárban a magyar homonim (egyforma hangzású, alak-egyezéses, de eltérő eredetű) szavak külön címszókban szerepelnek és kis arab indexszám különbözteti meg őket (pl. **vár**^{1} és **vár**^{2}).

A Kisszótár a magyar ajkú közönség számára készült, ezért (és helykímélésből) nem adja meg a magyar címszavak ragozott alakjait és általában szófaji hovatartozását sem. Kivételesen megjelöli azonban a szófajt három esetben. Először a homonimáknál: **vár**^{1} *fn*, **vár**^{2} *ige*. Másodszor az olyan magyar névszóknál, ahol a címszó két vagy több szófajhoz is tartozik és ezért angol megfelelői is több csoportba tartoznak. Ilyenkor a magyar címszó különféle szófajhoz (főnév, melléknév) való tartozását római számmal és mellette külön rövidítéssel jelzi a szótár. (Pl. **adós I.** *mn*, . . . **II.** *fn*,) Harmadszor pedig akkor jelöl a szótár szófajt, ha a magyar címszó nyelvünkben többféle szófaji használatban is él **(adófizető)**, de a szótár helykímélés miatt csak az egyik, a gyakoribb szófaji használat angol megfelelőit adja meg. Ahol a címszó szófajára vonatkozólag kétség nincs (aknavető, átmérő), ott a szótár nem jelöl szófajt.

Az angol jelentések

A magyar szavak főbb angol jelentéseit a szótár arab számokkal választja el. Természetesen a Kisszótárban csak a leggyakoribb, legfontosabb jelentések felsorolására lehetett hely. Többjelentésű magyar szavaknál a második, harmadik stb. jelentésváltozat tartalmát, lényegét a szótár az arab szám után zárójelbe tett dőlt betűs magyar irányító szóval közelebbről meg is határozza a könnyebb tájékozódás kedvéért, pl. **állás** 1. *(helyzet)* ... 2. *(hivatal)* ... 3. *(fedezék)*.

Kisebb jelentéskülönbség esetén a szótár nem alkalmaz arab számot, hanem csupán zárójelbe tett magyar irányító szócskával utal a magyar szó eltérő értelemárnyalatának vagy használati lehetőségének angol megfelelőjére, pl. **város** town, *(nagyobb)* city.

Ha egy magyar címszónak vagy szókapcsolatnak több egyenértékű angol megfelelője van, akkor ezeket egymástól pusztán vessző választja el, pl. **veszély** danger, peril.

Tekintettel arra, hogy a vesszőnek e szótárban egyenértékű angol szavakat elválasztó szerepe van, nem tette ki a szótár a vesszőt néhány olyan esetben, amikor azt a magyar vagy angol helyesírás szabályai egyébként megkövetelnék. Amikor azonban mondattani okokból a vessző kitétele elkerülhetetlenné vált, akkor a vessző külön zárójelek közé került, hogy ezáltal is jelezze a szótár, hogy ezúttal a vessző nem a felsorolás tagjainak elkülönítésére szolgál, mint ahogy az pl. az **anyakönyv, hármasugrás** stb. címszavak alatt látható.

A magyar igék jelen idő egyes szám 3. személyű alakban szerepelnek, angol megfelelőjük *to* nélküli főnévi igenévi alakban.

A szótár általában a brit angolság szóanyagát adja. Elvétve szerepelnek a szótárban amerikanizmusok is, ezeket *(US)* rövidítés jelöli.

A kerek zárójel szerepe

Nemcsak magyar irányító szavak és nyelvtani rövidítések, valamint angol igei vonzatok vannak zárójelben, hanem sok angol szó vagy szórész is. Ezzel a zárójeles megoldással is a szótár helyet akar nyerni, hogy szűkre szabott terjedelmében minél több tájékoztatást tudjon elhelyezni.

Ha a magyar **továbbá** címszó után azt olvassuk, hogy further(more), ez azt jelenti, hogy a magyar címszónak két angol megfelelője is van: a zárójelen kívül álló *further*, valamint a zárójelen kívül és belül álló két szó egybeírva: *furthermore*. Előfordul zárójeles rész szó belsejében is, így **hunyorgat**-nál nic(ti)tate. Ez ugyanígy bontandó szét *nictate* és *nictitate*-re.

Ha a magyar **kiürül** címszónál azt találjuk, hogy (become) empty, akkor a szótár ismét két angol megfelelőt vont egybe. A kiürül szó egyik angol megfelelője a zárójelen kívül álló *empty*, a második a zárójelen kívül és belül külön álló két szó szószerkezetbe foglalva: *become empty*.

A ~ jel

A szótárban kb 6 000 magyar szókapcsolat, példamondat található elszórva az egyes címszók után következő kisebb-nagyobb cikkekben. E szókapcsolatok mindegyikében előfordul a címszó is. Hogy a címszót ne kelljen mindig újra kiírni, helyette a legtöbb esetben a ~ jel áll. Ha tehát a **végső** címszóval kezdődő szócikkben ezt a szószerkezetet találjuk: a ~ **esetben**, úgy az kiegészítve így hangzik: *a végső esetben*.

Amikor a címszóban magyar ikes ige szerepel, akkor az -ik rag előtt függőleges vonal látható: **es|ik.** Ilyenkor a ~ jel a címszónak csak a függőleges vonal előtti része helyett áll.

A ferde vonal: /

A szótárban gyakran találunk ferde vonallal (/) összekapcsolt angol vagy magyar szavakat. Ezt a jelet a szótár a hellyel való takarékoskodás céljából használja akkor, amikor jelezni kívánja, hogy egy szókapcsolatban két szó közül mindegyik egyformán helyesen használható. Ha tehát **kiütéses tífusz** mellett ezt olvassuk, hogy *spotted disease/fever*, akkor ez azt jelenti, hogy a magyar fogalomnak két neve is van az angolban, éspedig *spotted disease* és *spotted fever*. Hogy ne kelljen a *spotted* szót mind a kétszer kiírni, a szótár a ferde vonallal egymás mellé vonta a *disease* és a *fever* szókat.

Néha kettőnél több szót is összevon a szótár a ferde vonallal: **kiugrik 2.** mellett ezt olvashatjuk: *jut/stick/stand out*. Ezt a szócsoportot így kell felbontanunk: *jut out*, *stick out*, *stand out*.

Hangsúlyozás

Az angol szavak helyes hangsúlyozását a szótár mindig megadja, ha az angol szó több szótagú. Egytagú szavaknál a szótár a hangsúlyt nem jelzi. Nem jelzi a szótár a hangsúlyt az olyan angol szavaknál sem, melyek látszólag két vagy több szótagúak (make, open, season, clothes), a kimondásban azonban csak egy szótagúak. Ilyenkor a szótár a hangsúlyjelzés hiányával éppen arra kíván figyelmeztetni, hogy a szó kiejtésében egy szótagú.

A hangsúlyt a szótár úgy jelzi, hogy a szó hangsúlyos szótagjának magánhangzóját *dőlt* betűvel szedi, pl. **általános** univ*e*rsal.

A *(tbsz)* jelzés

A szótárban két esetben található a *(tbsz)* jelzés egyes főnevek után.

1. Akkor, ha az angol főnév többes számát rendhagyóan képezi. Ilyenkor a *tbsz* jel után a rendhagyó többes szám következik:

egér mouse *(tbsz* mice)
zerge chamois *(tbsz* chamois)

A szótár a többes számú alakot nem csupán a rendhagyó képzésű alapszóknál adja meg, hanem ezek összetételeinél is: grandchild, caveman stb. után is.

2. Akkor, ha egy angol főnév megadott alakja többes szám értékű, a mondatban utána többes számú állítmány áll. Ha tehát ezt olvassuk:

áru goods *(tbsz)*

ez azt jelenti, hogy a *goods* szó máris többes számban van, utána állítmányként *is* nem állhat, hanem csak *are*.

Nem áll *tbsz* jelzés az olyan angol főnevek után (dialectics = dialektika), melyek alakjukra nézve ugyan többes számúak, de amelyek után a mondatban nem többes számú állítmány áll, hanem egyes számú.

Az *(ut)* rövidítés

A szótárban némely angol melléknév után a dőlt betűs zárójeles *(ut)* rövidítés található. Ez azt jelenti, hogy az így jelölt angol szó vagy szókapcsolat angol mondatban mindig *utána* áll annak a szónak, amelyre vonatkozik, amelynek jelzője, habár magyar megfelelője magyar mondatban megelőzi ezt. Ha tehát a **vámköteles** címszó után ezt az angol megfelelőt találjuk, hogy: subject to duty *(ut)*, úgy ezt úgy kell értelmezni, hogy amikor pl. a magyar *vámköteles áru* szókapcsolatot angolra fordítjuk, akkor a *vámköteles* szó itt megadott angol megfelelőjének az *áru* szó angol megfelelője *után* kell következnie, így *goods subject to duty*.

A * jel

A szótár * jellel figyelmeztet arra, ha egy angol ige nem ún. „gyenge", hanem „erős" vagy rendhagyó ragozású. Az így megjelölt angol igék három főalakja a szótár függelékében található.

A * jel nemcsak a címszavak angol erős és rendhagyó igei megfelelői után fordul elő, hanem többnyire akkor is, ha ilyen igék mondatba, szószerkezetbe ágyazva fordulnak elő. Szószerkezetben azonban csak akkor kap csillagot az erős vagy rendhagyó ige, ha ez az ige a szerkezeten belül időalakját megváltoztathatja. A **befog** ige szócikkében: *(vkt munkára)* make* (sy) work angol kifejezésben a * azt jelenti, hogy a make ige ugyanezen szerkezetben más igeidőbe is kerülhet.

Nem tesz a szótár * jelet szószerkezetekben az erős v. rendhagyó ragozású ige után akkor, amikor ez olyan állandósult szószerkezetben fordul elő, melyet más, ragozott formában az angol nyelv nem szokott használni. Ezért nem áll * az **ugyan kérlek!** angol megfelelői: go to, come now után, holott mindkét ige rendhagyó, illetve erős, azonban ebben a kapcsolatban nem ragozható.

Nincs kitéve a csillag az összetett igealakú szerkezetek erős v. rendhagyó ragozású főigéje mellett sem, pl. az **egy árva szót sem szólt** he did* not say a word-nek *say* igéje mellett, mivel ez az ige ebben a szerkezetben főige, azaz alakja nem változik.

Nincs kitéve a csillag szószerkezetekben négy segédige (shall, will, can, may) mellett sem.

A függelékben levő igetáblázatban csak az erős és rendhagyó *alapigéket* közli a szótár. Nem közli az igekötős erős és rendhagyó igéket (bespeak, outdo, withdraw stb.), amik egyébként a szótár szövegében meg vannak csillagozva, mert ezek főalakjaikat ugyanúgy képezik, mint az erős és rendhagyó *alapigék* (speak, do, draw stb.), melyek a táblázatban sorra megtalálhatók.

Végmássalhangzó-kettőzés

Vastagbetűvel közli a szótár némely angol ige végmássalhangzóját. Az így közölt gyenge igék (drop) a végmássalhangzó betűjét megkettőzik a mult időben (dropped) és a jelen idejű melléknévi igenévben (dropping). Az erős és rendhagyó igék (begin) e betűt csak a jelen idejű melléknévi igenévben (beginning) kettozik meg.

Az -l-ben végződő igék egy része (pl. travel) az -l-et megkettőzi szótagalkotó ragok és képzők előtt (pl. travelled, travelling), más igék ugyane helyzetben nem kettőznek (pl. boil, boiled, boiling). A kettőző igék esetében erre a jelenségre külön felhívjuk a figyelmet. Megjegyezzük azonban, hogy az l kettőzése csak a brit angolságban fordul elő, az amerikai angolság ban mindig az egy -l es forma használatos (traveled).

Vonzatok

A magyar címszó vonzatának angol megfelelőjét a szótár zárójelben adja az angol szójelentés után. A **töpreng** ige vonzata a magyarban: *vmn* (= valamin), az ennek megfelelő angol elöljáró vagy határozószó zárójelbe kerül: brood (over), meditate (on). Helykímélés céljából igen gyakran a *valaki, valami* angol megfelelőjét (somebody, something) a szótár nem írja ki, csupán az angol kapcsolószót (over, on) közli.

A szótárban használt rövidítések

(átv)	átvitt értelemben
fn,	főnév
(GB)	Angliában
hat,	határozószó
ind,	indulatszó
(kb)	körülbelül
köt,	kötőszó
mn,	melléknév
(orv)	az orvostudomány nyelvében
(polit)	politikai értelemben
(röv)	rövidítve
sg	*s*omethin*g* (valami)
swhere	*s*ome*where* (valahol)
sy	*s*omebod*y* (valaki)
(tbsz)	többes szám
(US)	az Egyesült Államokban
(ut)	csak utótételben használatos
vk	valaki
vm	valami

JEGYZETEK

JEGYZETEK

A

a the
abba into that, there
abbahagy stop, cease, break* off; **hagyd abba!** stop it!
abbamarad cease, be* interrupted; **a dolog ~t** the matter was* dropped
abban in that; **~ az esetben** in that case; **~ maradtunk hogy** we agreed to
abból from/of that, therefrom
ABC-áruház supermarket
ábécé alphabet, a b c
ábécéskönyv spelling-book, *(átv)* primer
ablak window, *(jegypénztáré)* booking-office counter; **~ot kinyit** open the window
ablakkeret window-frame
ablakpárkány window-ledge
ablakrács window lattice
ablakredőny shutter-blind, shutters *(tbsz)*
ablaktábla window-pane
ablaktörlő *(járművön)* windscreen wiper
ablaküveg window-glass
abnormis abnormal
abortusz abortion, miscarriage
ábra illustration, figure
abrak fodder
ábránd fancy, fantasy, day-dream; **hiú ~** vain hope; **~okat kerget** chase after rainbows
ábrándos dreamy, fanciful
ábrándoz|ik dream* (about sg)
ábrázat face, features *(tbsz)*, countenance
ábrázol *(rajzol)* represent, delineate, *(személyt)* portray, *(leír)* describe
ábrázoló mértan descriptive geometry
abroncs *(hordón)* hoop, *(keréken)* tire, *(US)* tyre
abrosz table-cloth
abszolút absolute
absztrakt abstract
abszurdum absurdity, nonsense
acél steel
acéláru steel goods *(tbsz)*
acélipar steel industry
acéllemez steel-plate/sheet
acélmű steel works
acélos steely, *(csak átv)* firm; **~ búza** durum wheat
acéloz 1. *(vasat)* acierate, temper **2.** *(átv)* harden, steel
acélrugó steel spring
acélszerkezet steel structure
ács carpenter
acsarkod|ik have* a grudge (against sy)
ácsmunka carpentry
ácsműhely carpenter's shop
ácsol carpenter
ácsorog stand* about, *(tétlenül)* lounge, loaf
ad 1. give*, *(átad)* hand over, present; ; **~ vknek vmt** give* sg to sy, give* sy sg; **~ vmt vmért** give* sg for sg; **~ hatok még teát?** would you have more tea? **2. iskolába ~ja a fiát** send* one's son to school; **példát ~** set* an example **3.** *(rádió)* broadcast*; **színdarabot ~** present a play; **mit ~nak?**

what is* on (just now)?; **már egy hónapja ~ják** it has* been running for a month 4. *(árut)* give*, sell* (for); **ezt hogy/mennyiért ~ja?** what do* you charge for this? 5. **sokat ~ vmre** lay* great stress on sg; **ha ~ magára vmt** if he has* any self-respect 6. **vmre ~ja magát** *(tanulmányokra)* devote oneself to, *(ivásra)* take* up/to (drinking)

adag *(orvosság)* dose, *(élelmiszer)* ration

adagol portion out; *(élelmiszert)* ration

adakoz|ik give*, practise charity

adakozó I. *fn*, giver, donor **II.** *mn*, generous, charitable

adalék 1. contribution **2.** *(adat)* data *(tbsz)*

ádámcsutka Adam's apple

adandó alkalommal when opportunity offers/arises

adás *(rádió)* broadcast(ing)

adásvételi szerződés contract of sale

adat datum *(tbsz* data); **~okat szolgáltat** furnish particulars, give* information (on)

adatgyűjtés collection of facts/data

adatszolgáltatás information

ádáz ferocious

addig 1. *(hely)* as far as that **2.** *(idő)* till, until; **~ is** meanwhile, (in the) meantime

addigra by that time

adjunktus first assistant to professor, *(US)* assistant professor

adminisztráció administration, management

adminisztrál administer, manage

adó[1] *fn*, tax; **~ alá eső** taxable; **~t kivet vmre** tax sg, impose/levy a tax on sg

adó[2] *fn*, *(rádió)* transmitter

adóállomás transmitting/broadcasting station

adóbehajtás collection of taxes

adóbevallás tax return

adód|ik 1. happen, present itself, *(vmből)* derive (from); **ha alkalom ~ik** if an opportunity arises **2.** *(vmből)* issue (from)

adófizető *fn*, taxpayer

adogat *(tenisz)* serve

adóhátralék tax arrears *(tbsz)*

adóhivatal revenue/tax office

adóköteles taxable

adoma anecdote

adomány 1. gift, present, *(föld/pénz)* grant **2.** *(tehetség)* talent

adományoz give*, present

adományozás grant, donation

adómentes tax-free

adoptál adopt

adós I. *mn*, **~ vknek vmvel** owe sy sg **II.** *fn*, debtor

adósság debt; **~ot behajt** recover/collect a debt; **~ot csinál** make*/contract a debt; **~ot kifizet** discharge/pay* a debt; **~ot rendez** settle one's debts

adótorony wireless/radio tower

adott given; **az ~ esetben** in the given case; **~ szó** word of honour

adottság *(alapok)* basis *(tbsz* bases), fundamentals *(tbsz)*, *(emberé)* faculty, natural endowments *(tbsz)*

adóvégrehajtás distraint

adó-vevő készülék receiver-transmitter (unit)

adózás taxation

adózik 1. pay* taxes **2. elismeréssel ~ik** pay* the tribute of admiration

Adria the Adriatic

afelé in that direction

afelett *(átv)* concerning, about, on

afelől on that account; **~ biz-**

tos lehetsz you may rest assured that; ~ tudakozódott (hogy) he enquired about
affektál pose, affect poses
Afrika Africa
afrikai African
ág 1. *(fáé/családé/szakmáé)* branch, *(fáé nagyobb)* bough; **~at hajt** branch (out); 2. *(folyóé)* branch, arm; **~akra oszlik** *(út, folyó)* branch off; **több ~ra szakad** divide into branches 3. **eszem ~ában sincs** have* not the slightest intention
agancs antlers *(tbsz)*
agár greyhound; **hátrább az agarakkal!** not so fast!
ágas-bogas branchy
ágaskod|ik 1. *(ló)* rear 2. *(ember)* stand* on tip-toe
ágazat 1. *(fáé)* branches *(tbsz)* 2. *(hité)* article, *(szakmáé, tudományé)* province, department
agg very old, aged
aggály 1. *(kétely)* misgiving, *(lelkiismereti)* scruple 2. *(aggodalom)* anxiety, worry
aggályoskod|ik be* anxious/worried
aggastyán very old man *(tbsz* men)
aggaszt worry, trouble
aggasztó alarming; **állapota ~** his condition gives* cause for alarm
aggkor old age
agglegény (old) bachelor
aggodalom anxiety, worry; **aggodalmat kelt** cause anxiety
aggód|ik *(vmért/vkért)* worry (about); **ne aggódj!** don't worry!
aggódó worried, troubled, concerned
aggszűz old maid
agilis brisk, lively, energetic
agitáció canvassing, *(polit)* propaganda, *(választási)* electioneering
agitál canvass, make* propaganda
agitátor canvasser, propagandist
agónia death agony, death-struggle
agonizál be* dying
agrár agrarian, agricultural
agrárállam agricultural/agrarian country
agrárkérdés the land question
agresszió aggression
agressziós aggressive
agresszív aggressive
agresszor aggressor
ágrólszakadt shabby-looking, down-and-out
agronómus agronomist
agy 1. brain 2. *(puskáé)* butt, *(keréké)* hub
ágy bed, *(hajón, hálókocsiban, repgépen)* berth; **~ban fekszik** lie*/be* in bed, *(betegen)* be* laid up; **~ban marad** stay in bed, *(betegen)* keep* to one's bed; **~nak dől/esik** take* to one's bed; **~at (meg)vet** make* the bed, bed
agyafúrt crafty, schrewd, artful
agyag clay; **~ot gyúr** pug (clay)
agyagáru pottery, ceramics *(tbsz)*
agyagedény earthenware
agyagipar ceramics, pottery
agyagos clayey
agyalágyult soft-headed, idiotic
agyar tusk
ágyás *(kertben)* bed
ágyaz make* the bed(s)
ágyazat *(műszaki)* platform, bedding
ágybetét spring mattress
agydaganat brain-tumour
ágyék groin, loin
agyérelmeszesedés cerebral sclerosis

agyhártya cerebral membrane
agyhártyagyulladás meningitis, brain-fever
ágyhuzat bed-linen
agylágyulás softening of the brain
ágymelegítő hotwater-bottle, *(villany)* electric heating-pad
ágyneműd bed-clothes *(tbsz)*
agyoncsépelt hackneyed
agyondicsér praise to the skies
agyondolgozza magát overwork oneself
agyonhallgat hush up (sg), pass over in silence
agyonkínoz torture to death, *(átv)* put upon the rack
agyonlő shoot* dead
agyonsújt *(áram/villám)* electrocute
agyonüt strike* dead, slay*; **~i az időt** kill time
agyonver beat* to death
ágyrajáró night-lodger
agyrázkódás concussion of the brain
agyrém phantasm, nightmare
agysebészet brain/cerebral surgery
agysérülés cerebral lesion
agyszélhűdés cerebral apoplexy
ágytál bedpan
ágyterítő coverlet, bed-cover
ágyú cannon, gun
ágyúcső gun-barrel
ágyúdörgés roar of cannon
ágyúgolyó cannon-ball
ágyútalp gun carriage
ágyúz cannonade, bombard
ágyúzás cannonade, bombardment
agyvelő brain
agyvérzés cerebral haemorrhage, stroke; **~t kap** have* a stroke
ahány as many; **~ ház annyi szokás** so many countries so many customs
ahelyett instead of
ahhoz 1. *(oda)* to that **2.** *(azon célból)* for that; **~ képest** in comparison; **~ képest hogy** considering (that)
áhít long (for), yearn (after), crave
áhítat devotion, piety
áhítoz|ik desire (sg), long (for sg)
ahogy(an) as; **ahogy tetszik** as you like (it); **úgy ~ mondom** exactly
ahol where; **~ csak** wherever
ahonnan from where, whence; **~ csak** from wheresoever
ahova (to) where, whither; **~ csak** wherever
ajak lip; **a nép ajkán él** is* preserved on the lips of the people
ajakrúzs lipstick
ajándék gift, present; **~ba kap** receive as a present; **~ot ad** give* a present
ajándékoz give* sg to sy, present
ajándékozás donation, gift
ajándéktárgyak souvenirs, gifts
ajánl 1. recommend, *(árut)* offer; **figyelmébe ~** recommend sg to sy's attention **2.** *(könyvet nyomtatásban)* dedicate to sy
ajánlás (re)commendation, *(könyvé)* dedication
ajánlat offer, *(árverésen)* bid, *(házassági)* proposal, *(indítvány)* proposition; **~ot tesz** make* an offer, *(vállalkozó)* tender for a piece of work
ajánlatos (re)commendable, advisable; **nem ~** unadvisable
ajánlkozik *(vmre)* offer oneself (for sg), volunteer (for)
ajánlólevél letter of recommendation
ajánlott *(levél)* registered (letter)
ajánlva ad fel levelet have* a letter registered
ájtatos devout, pious
ajtó door; **~n belép** enter by

through the door; **~t becsuk** shut* the door; **~t bezár** lock the door; **~t nyit** *(csengetésre)* answer the door

ajtófélfa door-post

ajtókulcs door/latch-key

ajtónyílás 1. *(kinyílás)* opening of the door 2. *(falban)* doorway

ajtószám door-number

ajtószárny door-leaf *(tbsz* door--leaves)

ajtózár door-lock

ájulás swoon, faint

ájult *mn*, unconscious, senseless

akácfa acacia, *(US)* locust (tree)

akad 1. *(szorul)* stick, get* stuck/caught 2. *(előfordul)* occur, turn up; **~ még pár forintom** I happen to have a few forints 3. *(vmre)* light*/chance upon sg, come* across sg

akadály obstacle, impediment, *(átv)* difficulty; **~ba ütközik** meet* with difficulties; **~t gördít** raise difficulties; **~t ugrat** put* a horse over the fence

akadályfutás hurdle-race, steeplechase

akadályoz hinder, impede

akadályoztatás esetén if prevented

akadálytalan unhindered

akadékoskod|ik make* difficulties, find* faults

akadémia 1. academy 2. *(főiskola)* (university) college

akadémikus *fn*, academician

akadozás 1. *(beszédben)* stuttering 2. *(gépé)* stalling, sputter

akadoz|ik *(gép)* work irregularly; **~ik a beszédben** falter in one's speech; **~va beszél angolul** speak* broken English

akar 1. want, wish (for), will*; **~sz ebből?** do* you want any?, will you have some?; **segíteni ~** she wants to help; **nem ~ vmt tenni** be* unwilling to do sg; **tégy ahogy akarsz** do as you like 2. *(szándékozik)* intend (to do sg); **mit ~sz ezzel mondani?** what do* you mean by this?

akár 1. *(megengedés)* **~ el se gyere** you might as well stay away 2. *(hasonlítás)* just like 3. *(választás)* **~ . . . ~ . . .** whether . . . or . . .; **~ hiszi ~ nem** believe it or not; **~ tetszik ~ nem** whether you like it or not

akarat will, wish; **szabad ~** free will; **~om ellenére** against my wish; **~tal** on purpose, deliberately; **közös ~tal** unanimously, with one accord

akaraterő will-power

akaratlan unintentional, involuntary

akaratos self-willed, stubborn

akaratoskod|ik be* mulish/stubborn

akárcsak just like; **olyan ~ az apja** he is* like his father, he takes* after his father

akárhányszor every time, whenever

akárhogy(an) 1. *(bármennyire)* however 2. *(jól-rosszul)* anyhow

akárhol 1. *(ahol éppen)* wherever 2. *(bárhol)* anywhere

akárhonnan from anywhere

akárhova 1. no matter where, wherever 2. anywhere

akárki 1. *(aki csak)* whoever, whosoever 2. *(bárki)* anybody, anyone; **~ más** anybody else

akármeddig 1. *(helyben)* however far 2. *(időben)* however long

akármelyik any, whichever
akármennyi however much/many; **~re szeretem is** much as I love him; **~szer** however often
akármerre wherever
akármerről from wherever
akármi whatever, whatsoever, anything; **~ történjék** whatever should happen, come what may
akármikor at any time, no matter when
akármilyen whatever, whatsoever, any kind of
akarva nem akarva willy-nilly
akaszt hang*; **vk nyakába ~ vmt** *(átv)* saddle sy with sg
akasztás hanging
akasztó *fn*, hanger, *(kabátra varrott)* loop, tab
akasztófa gallows *(tbsz)*, gallows tree
akasztós szekrény hanging wardrobe
akció action; **~ba lép** go* into action; **~t indít** start a drive
aki who; **~ csak** whoever; **~é** whose; **~ért** for whom; **~hez** to whom; **~nek** to whom; **~nél** at/with whom; **ő az ~re gondolok** it's* he I think* of; **~ről** about/of whom; **~t** whom; **~től** from/of whom; **~vel** with whom
akképp(en) in such a way, so
akkor then, at that time; **már ~** as early as
akkora so large/great
akkorára *(idő)* by that time
akkord 1. *(zenei)* chord, harmony **2. ~ban dolgozik** do* job-work
akkordbér piece-wages *(tbsz)*
akkordmunka job-work
akkori of that time *(ut)*, then
akkorra by then
akkreditív letter of credit
akkumuláció accumulation
akkumulátor *(GB)* accumulator, *(US)* storage battery
akna 1. *(bányáé)* shaft, *(lifté)* (lift) well **2.** *(robbanó)* mine
aknamező minefield
aknamunka *(átv)* intrigues *(tbsz)*, machinations *(tbsz)*
aknász 1. miner **2.** *(katona)* sapper
aknavető *(löveg)* trench mortar, *(hajó)* torpedo boat
aknazár mine barrage
akol sheep-fold, pen
ákombákom scrawl
aközben meanwhile
akrobata acrobat
akrobatamutatvány acrobatic feat/stunt
akta document, paper; **ad ~ tesz** shelve
aktatáska brief-case
aktív active, *(pártban)* militant; **~ tiszt** regular officer
aktíva 1. *(kereskedelem)* asset(s): **aktívák és passzívák** assets and liabilities **2.** *(szerv)* action committee, *(gyűlés)* meeting **3.** *(párttag)* activist
aktivitás activity
aktivizál activate, activize
aktuális timely, topical, current; **~ kérdések** questions of the hour; **~sá válik** become* timely
aktus act; *(ünnepi)* ceremony
akusztika acoustics
akut acute
akvarell water-colour, aquarelle
akvarellfestő water-colour painter
akvárium aquarium *(tbsz* aquaria)
akvirál canvass
al- vice-, under-, sub-
ál false, *(összetételben)* pseudo-
alá under, underneath, below, *(le)* down; **adó ~ esik** be* subject to taxation; **egy kalap ~ vesz** put* under

the same heading; **fel s ~** up and down
alááknáz (under)mine, *(átv)* ruin
alább 1. lower down, below; **~ ismertetett** described below *(ut)*; **lásd ~** see below **2. ~ adja** *(átv)* come* down a peg (or two)
alábbhagy diminish, lessen, *(fájdalom/hideg)* abate
alábbi undermentioned, following; **az ~akban közlöm** I shall relate/outline as follows; **az ~ ábrán látható** seen in the figure below
alábuk|ik dive, submerge
alacsony 1. low, *(ember)* short, small; **~ ár** low price; **~an** low **2.** *(átv)* lowly, humble; *(aljas)* base, mean
alacsonyrendű inferior, lower
aláfestés 1. *(zenei)* background music **2.** *(átv)* emphasis, stress
alagcső drain, drain-pipe
alagcsövezés drainage
alagsor basement
alagút tunnel
aláhúz 1. underline **2.** *(átv)* stress, emphasize
aláír sign, *(tanúként)* witness
aláírás signature
alak 1. form, shape, *(emberé)* figure, *(irodalmi műben)* character; **jó ~ja van** she has* a good figure; **~ot ölt** take* shape **2.** *(személy)* fellow, chap; **jó ~!** a famous chap **3.** *(nyelvtan)* form; **szenvedő ~** passive voice
alaki formal; **~ hiba** formal defect
alakít 1. form, shape, *(ruhát)* remodel, alter **2.** *(szerepet)* act
alakítás 1. formation, *(ruháé)* remodelling **2.** *(színészi)* interpretation
alakítható 1. *(tárgy)* workable **2.** *(jellem)* pliable
alakoskodás hypocrisy
alakoskod|ik (dis)simulate
alakszerű formal
alaktalan formless, *(torz)* deformed, *(vegytan)* amorphous
alaktan morphology
alakú -shaped, -formed; **szép ~ nő** woman with a fine figure
alakul 1. *(alakot ölt)* take* shape; **a helyzet úgy ~t** things worked out in such a way **2.** *(vmvé)* become* **3.** *(képződik)* come* into being, *(társulat)* be* founded
alakulás 1. *(folyamat)* formation, development **2.** *(egyesületé)* establishment
alakulat 1. configuration **2.** *(katonai)* formation
alakuló: ~ban/~félben van be* about to be formed; **~ közgyűlés** statutory meeting
alakváltozás metamorphosis
alakváltozat variant (form)
alakzat formation
alámerül submerge, dive, *(hajó)* sink
alamizsna alms *(tbsz)*
alamuszi shifty, insidious
alantas I. *mn*, **1.** *(alárendelt)* inferior **2.** *(aljas)* base **II.** *fn*, *(katona)* subaltern
alany *(nyelvtan)* subject
alanyeset nominative
alap 1. base, basis *(tbsz* bases), ground, *(házé)* foundation; **nincs semmi ~ja** be* unfounded; **~jában véve** *(tulajdonképpen)* in fact, *(nagyjából)* after all, on the whole; **vmnek ~ján** on the basis of; **vmnek ~ját alkotja** serve as a basis for sg **2.** *(pénz)* fund(s) **3.** *(háttér)* background
alapállás normal position
alapanyag basic material
alapbér 1. *(házé)* basic rent

2. *(munkásé/dolgozóé)* basic wage
alapelem 1. *(vmnek része)* essential element 2. *(tudományé)* element(s)
alapelv fundamental principle, axiom
alapeszme basic idea
alapfeltétel primary condition
alapfizetés basic wage
alapfogalom fundamental idea/conception
alapfok *(nyelvtan)* positive (degree)
alapfokú first grade
alaphang keynote
alapigazság fundamental truth, axiom
alapismeretek fundamentals, elementary notions, rudiments
alapít found, establish; **családot ~** found/start a family; **érvet vmre ~** base an argument on sg; **~tatott 1907**-ben founded in 1907
alapítás foundation
alapító *fn*, founder, establisher
alapítvány foundation, endowment; **~t tesz** endow, found
alapkérdés fundamental question
alapkiképzés basic training
alapkő foundation-stone
alaplap *(mértan)* base
alapművelet: **a négy ~** the four rules of arithmetic *(tbsz)*
alapokmány charter, covenant
alapos 1. *(ember)* competent, thorough-going, efficient 2. *(ok)* sound (reason), *(tudás)* thorough; **~ gyanú** well-grounded suspicion; **~ megfontolás után** after due consideration
alaposan thoroughly; **~ rászolgált** he richly deserved it; **~ ismeri a tárgyat** be* well up in a subject
alapoz 1. *(házat)* lay* the foundations of 2. *(feltevést vmre)* found (on sg) 3. *(festő)* prime
alaprajz ground-plan
alapszabály 1. fundamental rule 2. **egyesületi ~ok** constitution, statutes
alapszerv local organization *(párté)* primary party organization
alaptalan baseless, unfounded, groundless; **~ hírek** false rumours
alapterület (basic) area, *(szobáé)* floor-space
alaptőke capital
alaptörvény fundamental law
alapul be* based/founded (upon sg); **tévedésen ~** is* due to a mistake
alapvető fundamental; **~ fontosságú** of capital/vital importance *(ut)*; **~ mű** standard work
alapvizsga primary examination
alapvonal *(mértan)* base, *(sport)* base-line, *(futball)* goal-line
alapvonás characteristic feature
alapzat *(házé)* foundation
álarc 1. mask 2. *(átv)* disguise
álarcosbál fancy-dress ball
alárendel *(vknek/vmnek)* subordinate (to); **~i magát vknek/vmnek** submit oneself to sy/sg
alárendelt I. *mn*, **~ mellékmondat** subordinate clause II. *fn*, subordinate, subject, *(katona)* subaltern
alátámaszt 1. prop up 2. *(átv)* support, back up
alátét pad, support, *(gép alatt)* bed-plate
alatt 1. *(hely)* under, below 2. *(idő)* in, during; **rövid**

idő ~ within a short time; **uralma ~** during/under his reign **3. azon feltétel ~** on condition (that)
alatta 1. ~ áll stand* underneath **2. ~ marad** *(átv)* fall* short of sg; **mit értünk ~?** what is* meant by it?
alatti to be found under/at *(ut)*; **a C ~ tétel** the entry under C
alattomos sneaking, sly
alattvaló subject
alávaló base, vile; **~ gazember** low scoundrel
alávet *(vmnek)* submit (to); **~i magát vmnek** submit oneself to, defer to
alázat humility; **~tal** humbly
alázatos humble
albán Albanian
Albánia Albania
albérlet sublease; **~ben lakik** live in lodgings/rooms
albérleti szoba furnished room
albérlő lodger
albizottság subcommittee
album album
álca 1. *(álarc)* mask **2.** *(rovar)* larva *(tbsz* larvae)
álcáz mask, disguise, *(katonai)* camouflage
álcázás disguising, *(katonai)* camouflage
alcím sub-title
alcsoport sub-divison
áld bless, *(megszentel)* consecrate; **isten ~jon!** good--bye
áldás 1. blessing **2.** *(átv)* boon
áldásos blessed, blissful
áldatlan unfortunate; **~ állapotok** evil conditions
áldomás drink, toast
áldott 1. blessed; **~ jó ember** a good soul; **egész ~ nap** the livelong day **2. ~ állapot** pregnancy
áldoz sacrifice, *(vmre)* make* a sacrifice (for sg), spend* (on sg); **időt ~ vmre** devote time to; **pénzt ~ vmre** spend money on; **életét ~za a hazáért** give* one's life for one's country; *lásd még áldozik*
áldozás (holy) communion
áldozat 1. *(aktus)* sacrifice **2.** *(lemondással járó)* self--denial; **~ot hoz** (make* a) sacrifice for **3.** *(vm rosszé)* victim (of); **~ul esik** fall* victim (to)
áldozatkész self-sacrificing
áldozatkészség generosity
áldoz|ik receive the sacrament
alelnök vice-president
alélt unconscious, faint
alépítmény substructure
alexponált under-exposed
alezredes lieutenant-colonel
alföld lowland, plain
algebra algebra
alhadnagy sub-lieutenant
álhír false rumour
alibi alibi; **~t igazol** produce an alibi
alig scarcely, hardly; **~ várja hogy megtehessen vmt** be* all agog to do sg
aligha scarcely, hardly
alighanem (most) probably, in all probability, very likely
alighogy scarcely, hardly; **~ elmentél megjött** no sooner had* you left than he arrived
alj 1. *(alsó rész)* bottom, lower part, **2.** *(silány része)* refuse, *(folyadéké)* dregs *(tbsz)*, *(átv)* scum **3.** *(szoknya)* skirt
aljas base, mean
aljasság meanness, baseness
alkalmas suitable (to/for sg), fit (for sg); **nem ~** *unsuitable* **~ időben** at a convenient time
alkalmatlan 1. unfit(ted), *unsuited* (for) *(ut)* **2.** *(kellemet-*

len) inconvenient, *(rosszkor történő)* inopportune
alkalmatlankod|ik molest, inconvenience, bother; **nem akarok ~ni** I don't* want to intrude upon you
alkalmatlanság 1. *(személyé)* unfitness (for), *(dologé)* unsuitability (for) **2.** *(kellemetlenség)* inconvenience
alkalmaz 1. *(vmt)* apply, use (for); **eljárást ~** adopt a procedure; **gyakorlatban ~** put* into practice; **színpadra ~** adapt for the stage **2.** *(vkt)* employ
alkalmazás 1. *(vmé)* application, *(eljárásé)* adoption **2.** *(vké)* employ(ment); **~ban van** be* employed
alkalmazható 1. *(vm)* applicable, useful **2.** *(vk)* employable
alkalmazkodás 1. compliance (with), *(éghajlathoz)* acclimatization **2.** *(elítélő értelemben)* opportunism
alkalmazkod|ik 1. *(vmhez)* accommodate/adapt oneself (to) **2.** *(éghajlathoz)* become* acclimatized
alkalmazkodóképesség capacity of self-accommodation
alkalmazott I. *mn,* applied; **rosszul ~** misapplied; **~ matematika** applied mathematics **II.** *fn,* employee; **~ak** employees, staff
alkalmaztatás employ(ment)
alkalmi occasional, *(véletlen)* casual; **~ munka** casual work; **~ vétel** bargain
alkalmilag occasionally
alkalom occasion; **vmnek alkalmából** on the occasion of sg; **minden ~mal** every time
alkalomadtán when opportunity offers, on occasion
alkar forearm
alkat structure, construction, *(emberé)* constitution; **lelki ~** turn of mind
alkatrész part, component (part), piece
alkohol alcohol, spirits *(tbsz)*
alkoholista *fn,* drunkard, alcoholic
alkoholmentes non-alcoholic; **~ italok** soft drinks
alkoholtilalom prohibition
alkony 1. twilight, nightfall, dusk **2.** *(átv)* decline; **élete ~án** in his declining years
alkonyod|ik night is* falling, it is* growing dusk
alkot create, *(szellemi művet)* compose; **fogalmat ~ magának vmről** form an idea of sg
alkotás 1. *(folyamat)* creation, formation **2.** *(mű)* work, *(szellemi)* composition; **művészeti ~** work of art
alkotmány 1. *(országé)* constitution **2.** *(építmény)* structure
alkotmányos constitutional
alkotmánytan principles of constitutional law *(tbsz)*
alkotmánytervezet draft of constitution
alkotó I. *fn,* creator **II.** *mn,* creative, constructive
alkotóelem constituent part
alku 1. *(eredménye)* bargain **2.** *(folyamata)* negotiation, bargaining
alkudoz|ik bargain, negotiate
álkulcs picklock, skeleton key
alkusz|ik bargain
áll[1] *ige,* **1.** stand*, *(gép/munka)* be* at a standstill, *(vonat)* stop; **~j!** halt!, stop! **2. vk mellé ~** range oneself with sy **3. hogy ~ a dolog?** how do* matters stand*?; **hogy ~tok?** *(játékban)* what is* the score?; **5 : 5-re ~unk** we are* five all; **jól ~** be* doing well; **rosszul ~** be* down on one's

luck, *(vm)* be* at a discount; **4.** *(ruha)* become*/fit/suit sy **5.** *(igaz)* **ez nem ~** that's* not true **6.** *(vmből)* consist of sg **7.** *(átv)* **nem ~hatom** *(ezt az embert)* I can't* stand him; **távol ~ tőlem (hogy)** it is* far from me (to); **csak rajtad ~** it is* up to you only, it depends on you alone; **esőre ~ az idő** it looks like rain; **~ja a sarat** stand* one's ground

áll[2] *fn*, chin; **~ig felfegyverkezve** armed to the teeth; **leesett az ~a** *(a csodálkozástól)* he stood* gaping

állam state

államalapítás foundation of a state

államapparátus state machinery

állambiztonság state security

államcsíny coup d'état

államellenes anti-state; **~ cselekedet** seditious act

államelnök president (of state)

államférfi(ú) statesman *(tbsz* statesmen)

államforma form of government

államfő head of state

államgazdaság public finance(s)

államgépezet state machinery

államháztartás budget

állami state, public; **~ áruház** state stores *(tbsz)*; **~ ellenőrzés** state control; **~ gazdaság** state farm; **~ hivatalnok** civil servant; **~ intézmény** state institution; **~ kezelésbe vesz** nationalize; **~ szerv** state organ; **~ tulajdon** state property; **~ tulajdonba kerül** come* into/under public ownership; **~ vállalat** state enterprise

államkincstár the Treasury

államkölcsön government loan

államköltségen at (the) public expense

államminiszter Minister/Secretary of State

államosít **1.** nationalize **2.** *(egyházit)* secularize

államosítás **1.** nationalization **2.** secularization

állampapír government securities *(tbsz)*

állampénztár the Treasury

állampolgár subject, *(US)* citizen

állampolgári civic

állampolgárság nationality, *(US)* citizenship; **~ megszerzése** naturalization; **~ot ad** naturalize (sy); **~ot felvesz** assume citizenship

államrend **1.** political system; **demokratikus ~** democratic state **2.** *(nyugalom)* public order

államrendőrség state police

államsegély state aid

államszövetség confederacy

államtanács council of state

államtitkár under-secretary of state

államtitok state secret

államügy state affair

államügyész public prosecutor, *(US)* district attorney

államügyészség public prosecutor's office

államvagyon public/state property

államvasút state railway, *(US)* state railroad; **az ~ak** the State Railways

államvizsga state examination

állandó **1.** *(tartós)* permanent, constant, *(szakadatlan)* continual, perpetual; **~ alkalmazottak** regular/permanent staff; **~ figyelemmel kísér** pay* close attention to sg; **~ kereslet vmben** a steady demand for sg; **~ lakos** resident; **~ lakhely** permanent residence/address, domicile; **~ vevő** regular cus-

tomer 2. *(változatlan)* unchanging
állandóan constantly, permanently, steadily
állandósít make* permanent, stabilize
állandósul become* steady, settle
állapot state (of affairs), condition; **családi ~** family status; **rossz ~ban van** (vm) in bad condition, out of repair
állapotos pregnant
állás 1. *(helyzet)* state, condition, situation; **a dolgok ~a** the state of things; **a játék ~a** the score (of the game); **~t foglal** *(vm ügyben)* take* a stand (on sg) **2.** *(hivatal)* position, post, situation, *(társadalmi)* rank, station; **jó ~a van** have* a good job; **~t keres** seek* employment, look for a job **3.** *(fedezék)* dug-out, entrenchment
állásfoglalás attitude, standpoint
álláshalmozás pluralism
állásközvetítés placing (of employee)
álláspont point of view; **~jához ragaszkodik** adhere to one's opinion; **vm ~ot elfoglal** assume a point of view
állástalan unemployed
állásváltoztatás change of employment/position
állásvesztés loss of employment, dismissal
állat animal, beast
állatállomány live-stock
állatcsalád family of animals
állatfaj species of animals
állati 1. animal, brute **2.** *(állatias)* brutal, beastly
állatidomítás taming of animals
állatkert zoological garden, zoo
állatkör zodiac
állatmese animal fable
állatnem genus of animals *(tbsz* genera)
állatorvos veterinary (surgeon), *(bizalmasan)* vet
állatorvosi főiskola veterinary college
állatsereglet menagerie
állatszelidítő animal-tamer
állattan zoology
állattartás animal keeping
állattenyésztés animal husbandry, livestock raising
állatvilág animal world
allergia allergy
állhatatos steady, steadfast
állít 1. *(vhová)* place, set* *(up)*, *(sorba)* arrange (in a row); **törvény/bíróság elé ~** bring* to court/trial **2.** *(mondva)* assert, declare, *(US)* claim; **azt ~ja (hogy)** he has* it (that)
állítás *(kijelentés)* statement
állítható *(szabályozható)* adjustable
állítmány predicate
állító affirmative, positive
állítólag supposedly
állkapocs jaw, jaw-bone
álló 1. *(nem mozgó)* fixed, *(függőleges)* vertical, upright **2.** *(vmből)* consisting of sg **3.** **egy ~ esztendeig** a whole year (long)
állócsillag fixed star
állóharc static warfare
állóhely *(szinházban)* standing-place
állóképesség *(sport)* staying power
állólámpa standing lamp
állomány 1. *(anyag)* substance, *(készlet)* stock, *(pénztáré)* cash in hand **2.** **~ban van** *(személy)* be* on the payroll/staff, *(katonai)* effective force
állomás 1. station, *(taxié)* stand **2.** *(katonai)* garrison **3.** *(rádióadó)* broadcasting station

állomásépület station-house
állomásfőnök station-master
állomáshely *(katonai)* garrison, *(diplomáciai)* post
állomásoz|ik *(katonaság)* be* garrisoned
állórajt dab start
állórész *(villanymotorban)* stator, *(más gépen)* pedestal, stand
állott *(ital/étel)* stale, *(más)* flat
állóvíz stagnant water
állvány stand, platform, *(épülethez)* scaffold(ing), *(könyvnek/iratnak)* shelf *(tbsz* shelves)
állványoz (erect a) scaffold
alma apple; **az ~ nem esik messze a fájától** like father like son
almafa apple-tree
almás rétes apple-turnover
álmatlanság sleeplessness
álmélkodás amazement
álmélkod|ik *(vmn)* wonder at sg
álmod|ik dream* (of sg), *(átv)* fancy; **arról ne is ~j!** it's out of the question!
álmodozás reverie, day-dream(ing)
álmodozik indulge in day-dreams
álmodozó *fn*, day-dreamer, *(idealista)* star-gazer
álmos sleepy, drowsy
álnév pseudonym, *(írói)* pen-name
álnok treacherous, perfidious
alól from beneath; **vm ~ mentesít** exempt from sg
alom litter
álom 1. *(amit álmodunk)* dream, *(átv)* fancy; **álmai teljesültek** her dreams came* true; **szép álmokat!** sweet dreams! **2.** *(alvás)* sleep, slumber; **elnyomta az ~** sleep overcame* him; **nem jön ~ szemére** sleep eludes him; **~ba merül** fall* asleep
álomkór sleeping-sickness
álomszuszék slug-a-bed
álomvilág dreamland; **~ban él** live in a dream world
alorvos junior surgeon/doctor
alosztály sub-division, subclass
alperes defendant
alpesi alpine
Alpok (the) Alps
álruha disguise
alsó I. *mn*, lower, under, bottom; **~ ajak** lower lip; **az ~ fokon** *(bíróságnál)* in the first instance; **~ fokú** lower-grade; **vmnek az ~ része** the bottom of sg, the lower part of sg **II.** *fn*, *(kártya)* knave, jack
alsóbbrendű *(vmnél)* inferior (to sg)
alsóbbrendűség inferiority
alsóház *(parlamenti)* Lower House, House of Commons
alsónadrág drawers *(tbsz)*, pants *(tbsz)*, under-pants *(tbsz)*
alsóruha underwear, underclothes *(tbsz)*, *(csak női)* undies *(tbsz)*
alsószoknya petticoat
álszakáll false beard
álszemérem prudery
álszent hypocrite, Pharisee
alsz|ik sleep*; **~ik rá egyet** sleep* over it; **aludni megy** go* to bed
által by, through, by means/way of
általában in general, generally, as a rule; **~ véve** as a general rule
általános general, *(mindenre kiterjedő)* universal, common; **~ érvényű** of universal validity *(ut)*; **~ gyakorlat** general practice; **~ iskola** public elementary/primary school, *(US)* grade school;

~ **műveltség** general culture; ~ **tájékoztató** general information; **~sá válik** become* general/universal
általánosít generalize
általánosítás generalization
általánosság generality; **nagy ~ban** on the whole
altat make* sy sleep, *(orv)* narcotize
áltat delude; **~ja magát** delude oneself
altatódal lullaby
altató(szer) *mn/fn*, sleeping-pill/draught
altest abdomen
althang *(női)* contralto
altiszt *(katonai)* non-commissioned officer, *(hivatali)* office-messenger
aludttej curdled milk, *(US)* clabber
alul 1. *(hol)* below, underneath 2. *(átv)* **áron ~ ad** sell* below cost price
aluli below; **tíz éven ~ gyermekek** children under ten (years)
alulírott *mn/fn*, undersigned
aluljáró underground passage, underpass, subway
alulról from below; **~ jövő** coming from below *(ut)*
alumínium aluminium, *(US)* aluminum
alvadt *(vér)* clotted (blood)
alvajáró *fn*, sleep-walker, somnambulist
alvás sleep, slumber
alváz frame, *(autóé)* chassis
alvilág 1. *(ókori hitregében)* the nether world 2. *(bűnözőké)* underworld
a. m. = *annyi mint* that is (to say), i.e.
ám well, then; **~ legyen!** be* it so!; **az ~** (= *most jut eszembe)* that reminds me
ama that, yonder
amatőr amateur
amatőrkép snapshot
amaz that (one), yonder
ámbár although, though
ambíció ambition
ambicionál aspire to sg
ambiciózus ambitious
ambulancia 1. *(hely)* out-patients' department 2. *(kezelés)* hospital treatment of out-patients
ameddig 1. *(hely)* as far as, to 2. *(idő)* as/so long as, till
amellett *(azonkívül)* yet, besides; **~ hogy** apart from the fact that
amely which, that; **~ből** from which; **~nek a teteje** the top of which; **~re fel szeretném hívni a figyelmét** to which I wish to call your attention; **a könyv ~ről szó van** the book in question; **a nyilatkozat ~et tett** the statement (which) he made*
amennyi as much as
amennyiben 1. *(ahányban)* in as many (as) 2. *(amely mértékben)* inasmuch; **~ eljön** if he comes*, should he come*
amennyire as far as; **annyira . . . ~ . . .** as/so . . . as
Amerika America
amerikai American; **A~ Egyesült Államok** the United States of America *(röv.* U. S. A.); **~ mogyoró** peanut
amerikáner (hand-)drill
amerre in which direction
amerről from where
ami that, which; **~ engem illet** as far as I am* concerned; **az ~** what; **~ által** whereby
amiatt therefore, for that reason; **~ jött hogy** he came* to. . .
amíg as long as, till; **~ nem** till, until
amikor when; **~ csak** whenever

amilyen such as, as
amint 1. *(idő)* as (soon as), while, when **2.** *(mód)* as; **~ a 4. sz. ábrán látható** as can be seen in Fig. 4.
amióta (ever) since
ámít delude, deceive
amnesztia amnesty; **amnesztiát ad** grant amnesty
amortizál amortize, redeem
amper amper
amplitúdó amplitude
ampulla phial, vial
amputál amputate, cut* off
amúgy 1. in that way **2.** *(egyébként)* otherwise
ámul marvel, wonder
ámulat amazement; **~ba ejt** amaze
analfabéta illiterate
analitika analytics
analizál analyse
analízis analysis
analógia analogy; **vmnek analógiájára** on the analogy of sg
ananász pineapple
anarchia anarchy, anarchism
anatómia anatomy
andalog go* about dreamily
Andor Andrew
András Andrew
anekdota anecdote
anélkül without; **~ hogy egy szót is szólt volna** without uttering a single word
Anglia England, *(tágabb értelemben)* Great Britain
angliai of England *(ut)*, English, British
anglikán Anglican, (of the) Church of England
angol I. *mn*, English, *(tágabb értelemben)* British; **~ bajusz** clipped moustache; **~ul tanul** learn* English; **~ul beszél** speak* English; **tudsz ~ul?** do* you speak English?; **ez hogy van ~ul?** how do* you say that in English?; **~osan távozik** take* French leave **II.** *fn*, Englishman *(tbsz* Englishmen); **az ~ok** the English
angolbarát Anglophile
angolellenes anti-English
angolkór rickets
angolna eel
angolszász Anglo-Saxon
angoltapasz court-plaster
angyal angel, cherub *(tbsz* cherubim, cherubs); **az ~át!** the devil!
angyali angelic
ankét conference
Anna Ann(e), Anna
annak of that; **~ aki** for/to him who; **~ az embernek add oda** give it to that man; **~ ellenére (hogy)** in spite of; **~ köszönhető** that is* why
annál 1. *(hely)* at that **2.** *(középfok mellett)* all the, so much the; **~ inkább** all the more; **~ kevésbé** let alone, all the less
anód anode, positive pole
Antal Ant(h)ony
antenna aerial
antibiotikum antibiotics
antidemokratikus antidemocratic
antifasiszta *mn/fn*, antifascist
antik antique
antiklerikális anticlerical
antikvárium *(könyvé)* second-hand bookshop
antilop antelope
antipátia antipathy (to sg), aversion (for sg)
antiszemita *fn*, anti-Semite
antológia anthology
anya mother
anyaállat dam
anyacsavar nut, female screw
anyaföld 1. mother earth **2.** *(szülőföld)* fatherland
anyag matter, material, substance, *(textil)* cloth, fabric, *(írásműé)* subject-matter,

(beszédé) subject; **a könyvtár ~a** the material of the library; **~ és munkadíj** material and labour
anyagbeszerző *fn*, buyer
anyagcsere metabolism
anyagellátás supply of material(s)
anyaggazdálkodás control of materials
anyaggyűjtés search for material(s)
anyaghiány shortage (of material)
anyagi I. *mn*, **1.** material; **~ világ** material universe **2.** *(pénzügyi)* pecuniary, financial; **~ helyzet** financial situation; **~ nehézségek** financial difficulties; **~ viszonyok** financial circumstances **II.** *fn*, **~ak** material resources
anyagias materialistic
anyagigénylés application for material
anyagtakarékosság saving of materials
anyagvizsgálat testing of materials
anyahajó aircraft-carrier
anyai maternal, *(érzelmi)* motherly; **~ ágon** on the mother's side
anyajegy birthmark
anyakönyv register of births(,) marriages and deaths
anyakönyvi: ~ hivatal registry (office); **~ kivonat** birth/marriage/death certificate
anyakönyvvezető registrar
anyanyelv mother tongue
anyaország motherland
anyaság motherhood
anyáskod|ik *(vkvel)* mother (sy)
anyatej mother's milk; **az ~jel szívta magába** has* imbibed it from infancy
annyi so much/many, as much/many; **kétszer ~** twice as much/many
annyiban so much; **~ hagy** leave* at that, be* left at that
annyira so, to such an extent, so much (that)
annyira-amennyire more or less, somehow
anyó granny
anyós mother-in-law *(tbsz* mothers-in-law)
anyu Mummy
apa father; **apáink** our forefathers; **apáról-fiúra** from father to son
apaállat sire, male
apáca nun
apad *(tenger)* ebb, *(folyó)* fall*
apai paternal, *(érzelmi)* fatherly; **~ ág** father's side
apály ebb, ebb-tide; **~ és dagály** ebb and tide
apaság paternity
apaszt reduce, decrease
apát abbot
apátia apathy, listlessness
apellál *(vkhez)* appeal to sy, *(vmre)* refer to sg
apó grandad
ápol 1. *(beteget)* nurse **2.** *(gondoz)* take* care of, care for, look after **3.** *(barátságot)* cultivate, *(érzést)* entertain
ápolatlan uncared-for; **~ külső** unkempt appearance
apolitikus apolitical
ápoló *fn*, nurse, sick-nurse
ápolószemélyzet nursing staff
ápolt I. *mn*, trim, neat **II.** *fn*, *(beteg)* in-patient
áporodott stale, *(levegő)* stuffy
após father-in-law *(tbsz* fathers-in-law)
apostol apostle
apparátus *(gépi)* apparatus; **állami ~** state apparatus
ápr. = *április* April, Apr.
apránként little by little
április April; **~ban** in April
áprilisi (in/of) April
aprít break* into small pieces, *(fát)* chop

apró small, little, tiny
apró-cseprő trivial, petty
apród page
aprófa matchwood, kindling
apróhirdetés classified advertisement
aprójószág small livestock
aprólék *(szárnyasé)* giblets *(tbsz)*
aprólékos 1. *(részlet)* minute **2.** *(ember)* scrupulous, meticulous; **~an kidolgoz** work out in great detail
aprópénz small change; **~zel kifizet** *(átv)* put* off with fine words
apróság trifle, bagatelle, *(gyerek)* tiny tot
apu Dad(dy)
ár[1] *(árué)* price, cost; **mi az ~a?** what is* the price (of it)?; **10 forint az ~a** it costs* ten forints; **azon az ~on hogy** at the expense of; **~at leszállít** reduce the price
ár[2] *(áradás)* inundation, flood, *(folyóé)* current; **úszik az ~ral** swim* with the tide
ár[3] *(cipészé)* awl
ara fiancée
arab I. *mn*, Arabian; **~ számok** Arabic numerals **II.** *fn*, Arab
Arábia Arabia
árad 1. *(folyó)* rise*, swell* **2.** *(ömlik)* flow, stream **3.** *(fény)* radiate
áradat deluge, tide; **könnyek ~a** torrent of tears
áradoz|ik *(vkről/vmről)* praise sy/sg exuberantly
árajánlat quotation
áralakulás price trend
áram *(villamos)* current, power; **~ot bekapcsol** switch on (the current); **~ot bevezet** wire (for electricity)
áramerősség intensity of current
áramfejlesztő *fn*, **1.** generator **2.** *(üzem/telep)* electric generating plant
áramfeszültség (current) voltage
áramfogyasztás current consumption
áramforrás source (of current)
áramkapcsoló *fn*, electric switch
áramkör electric circuit
áramlás stream, *(átv)* flood
áramlat *(átv)* tendency
áraml|ik stream, flow
árammérő ammeter, *(óra)* electric meter
áramszedő *fn (dinamón)* brush, *(villamoskocsin)* current collector
áramszolgáltatás supply of electric current
áramszünet power cut
áramütés electric shock
áramvonalas streamlined
Aranka Aurelia
arany I. *fn*, gold **II.** *mn*, *(aranyból való)* gold, *(aranyhoz hasonló)* golden
arány proportion, ratio; **fordított ~ban** in inverse ratio (to); **~ban álló** proportional to *(ut)*
aranyalap gold standard
aranyásó gold digger
aranybánya goldmine
aranyér *(betegség)* piles *(tbsz)*
aranyérem gold medal
aranyfedezet gold reserve
aranygyűrű gold ring
aranyhal goldfish *(tbsz* goldfish, goldfishes)
aranyigazság golden rule
aranyjelzés hallmark
aranykor golden age
aránylag relatively, comparatively
aranylánc gold chain
arányl|ik be* in proportion to; **2 úgy ~ik a 4-hez mint 6 a 12-höz** 2 is* to 4 as 6 is* to 12
aranyműves goldsmith
aranyóra gold watch

aranyos *(átv)* charming, sweet
arányos proportionate, symmetrical
aranyoz gild*
aranyozott gilt, gilded
aránypár proportion
aranypénz gold piece
aranyrúd gold bar
arányszám proportion(al number), *(statisztikai)* rate
aránytalan disproportionate: **~ul** *(méretben)* out of all proportion
aránytalanság disproportion, lack of symmetry
aranytartalék gold reserve
aranytartalom gold content
aranyvaluta gold standard
árapály ebb and flow
arasz span
áraszt *(fényt)* shed,* *(illatot)* exhale, breathe; **vmnek a levegőjét ~ja** *(átv)* breathe (sg to sy)
arat reap, harvest; **diadalt ~** gain a victory
aratás harvest(ing), reaping
arató *fn*, harvester
arató-cséplő gép combine
árboc mast
arc face, visage, *(orca)* cheek; **~ába szökött a vér** the blood rushed to his face; **~okat vág** pull faces; **~ul üt** box (on) the ear
arcátlan impudent, impertinent
arcátlanság impudence, impertinence
arcbőr complexion
árcédula price-tag
arcél profile
archeológia archaeology
archeológus archaeologist
arckép portrait
arcképes igazolvány identity card
arcképfestő portrait-painter
arckifejezés expression, look, countenance
arckrém face-cream
arcszín complexion
arculat *(átv)* aspect
arcvonal front, front-line
arcvonás feature (of face)
árcsökkenés fall/decline in prices
árcsökkentés cut in prices
árdrágító *fn*, profiteer
áremelés rise of/in prices
áremelkedés rise in prices
aréna arena, *(bikaviadalé)* bull--ring
árengedmény allowance, discount
áresés drop in prices
árfolyam *(részvényé)* (current) price, *(valutáé)* rate of exchange; **tőzsdei ~** prices *(tbsz)*
Argentína Argentina
argó slang
ária *(dal)* air, *(operában)* aria
áringadozás price fluctuation
arisztokrácia aristocracy
arisztokrata aristocrat
árjegyzék price-list, catalogue
árkol dig* a ditch, *(katona)* entrench
árkülönbözet difference in prices
árlap price-list
árlejtés public tender
árleszállítás price reduction
ármány intrigue, machination
ármegállapítás pricing (of goods)
ármentesítés protection against floods
árnyalat shade of colour, tint, *(hangé)* tone
árnyas shady, shaded
árnyék **1.** *(ahová a nap nem süt)* shade **2.** *(amit vm vet)* shadow
árnyékol shade *(földel)* screen
árnyékos shaded, shady
árnyékszék back-house, privy
árnyoldal the dark side of sg, drawback
árok ditch, *(katonai)* trench

árpa 1. *(növény)* barley **2.** *(szemen)* sty(e)
arra 1. ez ~ szolgál (hogy) this serves (to); **~ kér engem hogy** he asks me to; **~ nézve** as regards, as to **2.** *(abban az irányban)* in that direction, that way **3. ~ fel** thereupon **4. ~ való** suited for that *(ut)*
arravaló ember the very man
arról 1. *(vmről le)* from that **2. ~ van szó hogy** the question is
árszabályozás price regulation
árszabás 1. *(rögzítés)* regulation of prices **2.** *(díjszabás)* price-list, tariff of charges
árszint price level
árt 1. *(vknek)* harm, hurt*, *(átv)* be* injurious (to sy/sg) **2.** *(magát vmbe)* interfere (in)
ártáblázat list of prices
ártalmas injurious, harmful, *(átv)* detrimental, *(egészségre)* unwholesome
ártalmatlan *(méreg)* innocuous, *(ember/tréfa)* harmless; **~ná tesz** render harmless
ártatlan innocent, guiltless, *(romlatlan)* unspoilt; **~ vmben** be* innocent of sg; **~nak mondja magát** *(vádlott)* plead not guilty
ártatlanság innocence
ártér flood/inundation area
artézi kút artesian well
artikulátlan inarticulate
artista artiste, acrobat
artistamutatvány acrobatics *(tbsz)*
áru commodity, goods *(tbsz)*, merchandise; **~ba bocsát** offer for sale, put* on the market
áruátvétel receipt of goods
árubehozatal importation of goods, imports *(tbsz)*
árubőség abundance of goods
árucikk article (of merchandise), goods *(tbsz)*
árucsere(forgalom) barter, exchange of goods
áruda retail shop
árudíjszabás goods tariff
árufelesleg surplus goods *(tbsz)*
áruforgalom trade, *(vasúti)* traffic in goods, *(egy üzleté)* turnover
áruhalmozó *fn*, hoarder
áruház department store, store(s); **állami ~** state store; **bizományi ~** (second-hand) commission shop
áruhiány shortage of goods
árujegy delivery slip
árukészlet stock (in hand)
árukiadás expedition, *(mint felirat igy is)* goods here
árukivitel exportation of goods, exports *(tbsz)*
árul sell*, offer for sale
árulás *(elárulás)* betrayal, *(polit, katonai)* treachery, treason; **~t követ el** commit treason
árulkodik squeal, *(iskolában)* peach (on sy)
áruló I. *mn*, **~ jel** telltale sign **II.** *fn*, traitor
áruminta sample
árumintavásár (international) industrial fair
áruraktár 1. *(hely)* warehouse, storehouse **2.** *(készlet)* stock in trade
árurejtegető *fn*, hoarder
árus seller, *(piaci)* stallkeeper, *(utcai)* vendor
árusít sell*
árusítás sale
árusítóhely stand, stall, booth
áruszállítás transport of goods
áruszámla invoice
árutermelés commodity production
árva orphaned; **~ gyermek** orphan; **egy ~ szót sem szólt** he did* not say a word

árvácska pansy
árvaház orphanage
árvalányhaj needlegrass
árváltozás change in prices
árvaszék orphans' court
árvédelem 1. *(árvízi)* flood--prevention 2. *(kereskedelmi)* price protection
árverés (sale by) auction; **~re kerül** come* under the hammer
árverési csarnok sales-room, auction hall
árverez sell* by auction
árvíz (high) flood, inundation
árvízkárosult *fn*, flood victim
árvízvédelem flood control
arzén arsenic
ás dig*
ásatás excavation
ásít 1. yawn 2. *(tátong)* gape
ásítás yawn
áskálód|ik intrigue, plot
ásó spade
aspiráns aspirant (to), candidate (for)
aspirantúra *(kb)* post-graduate state scholarship, candidature
ásvány mineral
ásványi anyag mineral substance
ásványtan mineralogy
ásványvíz mineral water
ász ace
aszal dry, dehydrate (fruit)
aszalt dried; **~ szilva** prunes *(tbsz)*
aszály drought, aridity
aszerint accordingly; **~ . . . amint** . . . . according to
aszfalt asphalt
aszfaltbetyár ad-about, masher
aszimmetrikus asymmetrical
aszkéta ascetic
aszociális unsocial
aszott 1 *(föld)* arid 2. *(növény)* withered
asszimiláció assimilation (to, with)
asszimilálód|ik assimilate oneself (to sg)
asszisztál *(vknek vmhez)* assist sy in sg, *(jelen van)* attend sg
asszisztens assistant
asszociáció association
asszociál associate (sg with sg)
asszony woman *(tbsz* women), **~om** Madam
asszonyság countrywoman *(tbsz* countrywomen), *(megszólítás)* my good woman *(tbsz* women)
asztag stack (of corn)
asztal table; **~hoz ül** *(étkezéskor)* sit* down to dinner; **~t leszed** clear the table
asztali: ~ bor light wine
asztali lámpa reading lamp
asztalitenisz table-tennis
asztalka small table
asztalkendő table-napkin
asztalnemű tableware, *(fehérnemű)* table-linen
asztalos joiner
asztalosműhely joiner's shop
asztaltársaság table society
asztalterítő table-cloth
asztma asthma
aszú sweet; **tokaji ~** old Tokay (wine)
át 1. *(vmnek felszínén)* across, *(vm felett)* over, *(útiránynál)* via 2. *(időben)* throughout, during; **napokon ~** for days on end 3. **~ meg ~** thoroughly, altogether 4. *(keresztül)* through, across
átad *(vknek vmt)* hand over (sg to sy), *(kényszernek engedve)* deliver up, *(labdát)* pass, *(megbízólevelet)* present; **ülőhelyet vknek ~** give* up one's seat to sy; **~ja magát vmnek** abandon oneself to; **adja át üdvözleteimet kedves szüleinek** remember me to your parents
átadás handing over, *(sport)*

pass; **a város ~a** capitulation of the town; **~kor fizetendő** cash on delivery

átadó I. *mn, (kapható)* transferable **II.** *fn, (vm)* deliverer; **e sorok ~ja** the bearer of this letter

átalakít transform, *(ruhát)* alter, remake*

átalakítás transformation, alteration; **a természet ~a** remaking/transformation of nature; **a mezőgazdaság szocialista ~a** socialist reorganization of agriculture

átalakíttat have* sg altered/remade

átalakul be* transformed (into), alter, change, turn into

átalakulás transformation, change; **forradalmi ~** revolutionary transformation

átalány global/lump sum; **~ban** outright, in a lump

átalányár flat rate, average price

átall be* loath (to do sg)

átáll *(vhová)* go* over (to the other side), *(gyár)* switch over to

átállít *(kapcsolót)* switch over *(más termelésre üzemet)* retool; **~ hadi termelésre** switch over to war production

átállítás *(átv)* reorganization, retooling

átáz|ik *(ember)* get* drenched, *(tárgy)* soak (up), become* soaking wet

átbillen 1. overturn **2.** *(átv)* swing* over

átbocsát *(anyagot)* **let*** through

átbuk|ik *(vm fölött)* fall* over sg, *(vmn keresztül)* fall* through sg

átcikáz|ik flash across; **villám cikázott át az égen** there was* a flash of lightning in the sky

átcsap 1. *(vmn)* sweep* across **2.** *(vhová)* **más irányba csap át** turn off suddenly **3.** *(vmbe)* **a mennyiség minőségbe csap át** quantity is* transformed into quality

átcserél 1. *(sorrendben)* reverse the order of sg **2.** *(üzletben árucikket)* exchange sg for sg, *(ráfizetéssel)* trade in

átcsoportosít: regroup, rearrange, *(katonákat)* redeploy

átcsúsz|ik *(vizsgán)* scrape through (an examination)

átdob *(vm fölött)* throw* over, *(vhova)* throw* across, *(határon)* drop (behind the frontier), *(katonai alakulatot)* transfer (to)

átdolgoz do* over, *(irodalmi művet)* revise, rewrite*, *(tervet)* remodel; **színpadra ~** adapt (a story) for the stage

átdolgozás revision, *(tervé)* remodelling

ateista atheist

átejt *(vkt)* let* (sy) down

átél 1. *(időben)* live through, *(átv)* experience **2.** *(színész szerepét)* live (one's part)

átélés *(eseményé)* experience, *(művészi)* intuition (of)

átellenben opposite (to), facing; **~ lakik** he lives opposite

átenged 1. *(vknek vmt)* cede, yield, surrender; **~i magát vmnek** abandon oneself to, surrender to; **~i a teret vknek** make* way for sy **2.** *(vhol)* let* (pass) through (to); **vkt vizsgán ~** pass sy at an examination

átépít 1. rebuild*, reconstruct **2.** *(átv)* reorganize

átépítés 1. rebuilding, reconstruction **2.** *(átv)* reorganization

átereszt = **átbocsát**

áteresztőképesség permeability

átérez *(átv)* feel* the significance of sg
átértékel revalue, reappraise
átértékelés 1. *(anyagi)* revalorization 2. *(szellemi)* revaluation
átes|ik 1. *(tárgy fölött)* fall* over, *(tárgyon át)* fall* through 2. *(átv)* get* over sg; **betegségen ~ik** get* over an illness; **~tünk rajta** it is* all over; **ezen át kell esni** this is* inevitable
átevez row over/across
átfáz|ik get* chilled through
átfedés overlapping
átfér go* through
átfésül 1. *(hajat)* comb 2. *(irodalomi művet)* touch up 3. *(rendőrség területet)* comb, mop up
átfog 1. *(kezével)* grasp, seize 2. *(átv)* span, comprehend
átfogó I. *mn*, overall, comprehensive, *(elme)* keen, sharp (mind) II. *fn*, *(háromszögé)* hypotenuse
átfon interweave*
átfordul turn over
átforrósod|ik *(motor)* run* hot
átfúr pierce, bore through
átfúródás perforation
átfut 1. *(vhová)* run* over to, *(vmn)* run* through sg 2. *(szemével vmn)* sweep* over sg 3. **hideg futott át rajta** he had* the creeps, he shivered
átfutó forgalom transit traffic
átgázol 1. *(folyón)* wade across 2. *(vkn)* trample (on sy)
átgondol meditate on sg, consider; **jól ~va a dolgot** on mature consideration; **jól ~t** well-considered; **nem kellően ~t** unadvised
átgurul roll over
átgyúr *(képlékeny anyagot)* knead, *(vkt)* reeducate
áthág *(szabályt)* violate a rule, *(törvényt)* transgress (the law)
áthajóz|ik sail across, cross
áthajt *(vmt vhova)* drive* over (to), *(vmn)* drive* through
áthalad pass through, cross
áthallatsz|ik be* audible
áthangol 1. *(hangszert)* tune to another pitch 2. *(közvéleményt)* bring* (public opinion) slowly round (to sg)
áthárít *(költségeket)* charge sy with (the expenses), *(felelősséget)* shift (the responsibility) upon sy
áthárul devolve upon (sy else)
áthasonul assimilate
áthat 1. **át van hatva vmtől** be* inspired with 2. *(vm vkre/vmre)* influence
átható 1. penetrating; **~ pillantás** searching glance 2. **~ ige** transitive verb
áthatol penetrate, *(erővel)* break* through
áthatolhatatlan impenetrable
áthelyez 1. *(vhová)* remove (to), transfer (to) 2. *(tisztviselőt)* move, transfer
áthelyezés transfer, removal
Athén Athens
athéni Athenian
áthevül *(átv)* become* heated up, *(motor)* run* hot
áthidal *(nehézséget)* surmount
áthidalhatatlan *(átv)* irreconcilable
áthív call over
áthívat send* for (sy), summon
áthoz 1. *(tárgyat)* bring* over, *(magával)* bring* along, *(könyvelésben)* bring* forward
áthozat amount brought* forward
áthurcolkod|ik move (to another place)
áthúz 1. *(vmn)* pull across 2. *(ágyat)* put* on fresh bed-linen, *(bútort)* re-cover fur-

niture 3. *(írást)* cross out; **~ta terveimet** he upset* all my plans

áthúzás *(írásé)* crossing out

átír 1. *(hibás szöveget)* rewrite*, *(fogalmazványt)* transcribe, *(gyorsírást)* extend (shorthand) 2. *(zenét)* set* 3. *(vkre vmt)* transfer (to) 4. *(hatóság vhová)* write* (to)

átirányít *(vhová)* direct (to)

átírás 1. *(szövegé)* transcription 2. *(átruházó)* transfer; **telekkönyvi ~** registration of transfer of property in the cadastre

átirat I. *ige*, *(birtokot/jogot)* make* over to II. *fn*, *(szövegé)* transcript, *(zenei)* transcription, *(hatósági)* official communication

átismétel repeat

átitat 1. soak with 2. *(átv)* imbue with

átível span (over)

átizzad *(ember)* drip with sweat, *(ruha)* become* wet from sweat

átjár 1. *(vhová)* go* frequently over to 2. *(vmn)* go* *(belsején* through sg, *felületén* across sg) 3. *(vmt)* penetrate

átjárás *(út)* passage, lane: **az ~ tilos!** no thoroughfare!

átjáró *fn*, passage, passage-way, crossroad; **~ ház** house with a passage-way leading through it

átjön *(vhonnan)* come* over, *(látogatóba)* come* round (to see sy)

atka mite, itch-mite

átkapcsol 1. *(áramot)* switch over 2. *(telefon)* connect sy with another line, *(sebességet)* change speed/gears

átkarol 1. embrace 2. *(katonai)* surround

átkel *(vmn)* cross (sg)

átkelés crossing, *(óceánon)* passage

átkelőhely crossing-place *(folyón)* ford

átképez retrain, re-educate (sy trained for other work)

átkísér escort across, see* sy through sg

átkoz curse, damn

átkozód|ik curse, swear*

átkozott damned, (ac)cursed

átköltöz|ik *(vhová)* move (from one place to another)

átköt 1. bind*/tie round, *(csomagot)* tie up 2. *(pulóvert)* re-knit

átkutat search through, *(zsebeket)* go* through (the pockets)

átküld send* over to; **~ vkt vhova vmért** send* sy to fetch sg from swhere

átlag average, *(számításban)* mean; **~on felüli** better than average

átlagember average man *(tbsz* men)

átlagminőség fair average quality

átlagos average, common

átlagteljesítmény average output

atlanti Atlantic; **az Atlanti Óceán** the Atlantic (Ocean)

atlasz atlas

átlát *(vhova)* see* across to, *(vmn)* see* through sg, *(vmt)* comprehend sg

átlátsz|ik show* through

átlátszó transparent

átlép 1. *(vmn)* step over 2. *(vhová)* go* over (to) 3. *(mértéket)* exceed; **~i a határt** cross the frontier, *(átv)* pass the limit

atléta athlete, sportsman *(tbsz* sportsmen)

atlétika athletics; **~i viadal** athletic meeting

átló diagonal (line)

átlyukaszt make* a hole in sg, perforate, *(jegyet)* punch
átmegy 1. *(vhol)* go* through; ~ **az úton** cross the road **2.** *(vhová/vmbe)* go* over (to), *(átv)* pass over (to); ~ **a köztudatba** become* public **3.** ~ **a vizsgán** pass the examination; ~ **megpróbáltatáson** undergo* hardships
átmenet transition (from ... to); ~ **nélkül** suddenly
átmeneti transitional, *(ideiglenes)* temporary; ~ **kabát** between-season coat; ~ **megoldás** stopgap arrangement
átmenetileg temporarily, for the time being
átmenő transit; ~ **forgalom** through traffic, *(kereskedelemben)* transit trade
átment *(vmt)* preserve for posterity, salvage
átmérő diameter
átminősít requalify
atmoszféra atmosphere; ~ **nyomás** atmospheric pressure
átnedvesed|ik become* damp
átnevel re-educate
átnéz 1. *(szomszédba)* step over (to) **2.** *(írást)* review **3.** *(nyiláson)* look through, *(vm fölött)* look over
átnyújt hand over sg to sy, *(ünnepélyesen)* present
átnyúl|ik *(vmn)* extend over (sg)
átok curse; **átkokat szór rá** call down curses upon sy
átolvas 1. read* through **2.** *(pénzt)* count over
atom I. *fn*, atom **II.** *mn*, atomic
atombomba atomic/atom bomb, A-bomb
atombomba-robbantási kísérlet nuclear weapon test
atomcsend-egyezmény nuclear test ban
atomellenőrzés atomic control
atomelmélet atomic theory
atomenergia atomic energy; ~ **békés felhasználása** peaceful use(s) of atomic energy
atomerőmű atomic power-station
atomfegyver atomic weapon(s)
atomfizika atomic physics *(tbsz)*
atomháború atomic warfare
atomkísérletek atomic/nuclear tests
atommag (atomic) nucleus *(tbsz* nuclei)
atommáglya atomic reactor
atomsúly atomic mass
átölel embrace
átöltöz(köd)|ik change (one's clothes)
átöröklés inheritance
átpártol *(máshoz/ellenséghez)* go* over to
átrág gnaw through, *(magát könyvön)* struggle through
átragad *(betegség vkre)* be* infected with (disease)
átrak 1. *(árut)* transfer **2.** *(kályhát)* rebuild*
átrendez regroup
átrepül *(vm fölött)* fly* over, *(vhová)* fly* to, *(vmt)* fly* (across)
átruház *(vkre értéket)* transfer (to), *(hatáskört)* relegate, *(jogot)* grant; *(követelést)* cede
átruházás transfer(ence), *(anyagi)* grant, *(hatalomé)* relegation
átruházható transferable; **másra át nem ruházható** not transferable
átsikl|ik *(hibán)* pass over sg, *(tényeken)* disregard
átszáll 1. *(vm fölött)* fly over **2.** *(vasúton)* change trains **3.** *(vagyon)* devolve on
átszállás change
átszállóhely change-stop
átszállójegy transfer ticket

átszámítás conversion (*into*)
átszel 1. *(vág)* intersect, cut* (through) **2.** *(hajó vizet)* cleave*/plough (through) the waves
átszellemül be*/become* transfigured
átszerel refit*, *(gépet)* reset*
átszervez reorganize
átszervezés reorganization
átszivárog *(folyadék)* ooze through, *(csöpögve)* trickle through, *(szag/gáz)* filter through
átszök|ik *(ellenséghez)* run* over (to), *(határon)* flee* across (frontier)
átszúr pierce, stab, prick
átszűr strain, filter
átszűrőd|ik *(folyadék/fény)* filter through, *(hang)* come*/steal* through
áttanulmányoz examine, study
áttekint *(vmt)* survey; **~i a helyzetet** take* in the situation
áttekintés survey, *(könyvcímben)* outline(s), *(tárgyköré)* summary
áttekinthetetlen 1. *(túl nagy)* vast **2.** *(zavaros)* confused
áttekinthető easy to survey *(ut)*, *(jól elrendezett)* well-arranged
áttelel spend* the winter, *(állat)* hibernate, *(növény)* stand* the winter
áttelepül *(nép)* transmigrate
áttér 1. *(más tárgyra)* pass over (to), *(más módszerre/termelésre)* turn (to) **2.** *(más hitre)* become* convert(ed) (to)
átterjed spread* (over to)
áttesz 1. *(vmt máshová)* transfer (to), *(időpontot)* postpone **2.** *(székhelyét)* transfer (one's seat) to another place **3.** *(ügyet hatósághoz)* relegate (matter to)
áttétel 1. *(gépen)* transmission **2.** *(rákos)* metastasis *(tbsz* metastases)
áttetsző semi-transparent
attól from that; **~ félek (hogy)** I am* afraid (that); **~ függ (hogy)** it depends (on)
áttör *(vmt)* break* through; **~t burgonya** mashed potatoes
áttörés *(front)* break-through; **~i kísérlet** attempted break-through
átugr|ik 1. *(vmn)* jump/leap* over sg; **~ik egyik témáról a másikra** jump from one subject to another **2.** *(kihagy)* skip, leave* out
átúsz|ik *(folyót)* swim* (a river)
átutal *(pénzt)* remit
átutalás remittance, transfer
átutazás transit, *(tengeren)* passage
átutaz|ik *(vmn)* pass through (sg), *(tengeren)* cross over (to)
átutazó I. *mn*, passing, transient; **~ban** on one's way through **II.** *fn*, traveller passing through
átutazóvízum transit visa
átültet *(növényt)* transplant
átüt 1. penetrate **2.** *(látható)* show trough
átvág 1. *(mezőkön)* take* a short cut **2.** *(vmt)* cut* through
átvált 1. *(pénzt)* exchange **2.** *(áramot)* switch over
átváltoztat 1. *(tárgyat)* transform, transmute **2.** *(büntetést)* commute **3.** *(értéket)* convert
átvergőd|ik *(vmn)* fight* one's way through, *(nehézségeken)* tide over
átvesz *(vktől vmt)* take* over (sg from sy), *(pénzt)* receive (money), *(hivatalát)* enter

on (one's duties); *(örökséget)* enter into (one's inheritance); **köszönettel átvettem** received with thanks; **~i a nyelvtant** go*/work through the grammar
átvészel *(megpróbáltatást)* go* through, *(betegséget)* get* over (an illness)
átvétel receipt; **hatalom ~e** coming into power, take-over
átvételi elismervény (acknowledgement of receipt, delivery certificate
átvevő receiver, *(küldeményé)* addressee
átvezet 1. lead* through **2.** *(más lapra)* bring* forward
átvilágít *(röntgennel)* X-ray
átvillan flash across
átvirrasztja az éjszakát pass the night in wakefulness
átvisz 1. *(vmt vhol)* carry over **2.** *(mozgást)* transmit **3.** *(tételt)* carry forward **4. az elméletet ~i a gyakorlatba** put* theory into practice
átvitel 1. transmission **2.** *(könyvelésben összeg)* balance forward
átvitt értelemben figuratively
átvizsgál examine, *(árut/számlát)* check, *(szöveget)* revise
átvonul *(vmn, vhol)* pass through, *(katona)* march through
atya father; **atyáink** our forefathers
atyafi relation, relative
atyafiság kinship, relations *(tbsz)*
atyai paternal; **~ ház** paternal roof
aug. = *augusztus* August, Aug.
augusztus August; **~ban** in August
augusztusi (in/of) August
ausztrália Australia
ausztráliai Australian
Ausztria Austria
ausztriai Austrian
autentikus authentic, genuine
autó (motor)car; **~t vezet** drive* a car; **~val** by car
autóbusz bus, motor (omni)bus
autóbuszjárat (auto)bus line/service
autóbuszmegálló bus-stop
autóbuszvezető bus-driver
autodidakta autodidact
autogejzer gas water-heater
autogénhegesztés autogenous welding
autogram autograph, signature
autógyár car factory
autójavító műhely car repair shop
automata *fn,* **1.** *(pénzbedobós)* slot-machine; **árusító ~** vending machine **2.** *(mozgó)* automaton
automatikus automatic
automatizálás automation
autonóm autonomous
autópark car park
autós motorist
autóstop hitch-hiking
autószemüveg goggles *(tbsz)*
autószerelő motor mechanic
autószerencsétlenség car accident
autótaxi taxi, taxi-cab, cab
autóverseny car race
autóvezető car driver
autóz|ik travel by car, drive* a car
avar forest litter
avas rancid
avasod|ik become* rancid
avat 1. *(vkt vmbe)* initiate (sy into sg) **2.** *(doktorrá)* confer the degree (of doctor on sy), *(szentté)* canonize **3.** *(emlékművet)* dedicate
avatás *(egyetemi)* graduation, *(szentté)* canonization, *(tárgyé)* dedication
avatkoz|ik *(vmbe)* interfere (with sg)
averzió aversion (to)

A-vitamin vitamin A
avult obsolete, out of date
az[1] *névelő*, the
az[2] *névmás*, that; **ez ~** that's* it; **ez nem ~** that's* not the right one; **ki ~?** who is* that?; **mi ~?** what's that?; **~t már nem!** that won't do!
azalatt meanwhile
azáltal in that way, thereby
azaz that is*(to say), namely; **50 ~ ötven forint 50** say fifty forints
azelőtt previously, before, formerly; **mint ~** as in the past; **egy hónappal ~** a month earlier; **~ sokat bridzseztünk** we used to play bridge
azért 1. *(azon okból/célból)* therefore, thence, that is* why; **~ hogy** in order to; **miért? ~!** why? because! **2.** *(amiatt)* for that, on account of that; **~ a pénzért!** *(átv)* for that matter **3. ~ is!** for all that!; **~ sem!** all the less!
áz|ik 1. *(lében)* soak **2.** *(esőben)* get* wet
aznap the same day
azon on that, therein; **~ van hogy** strive* to; **~ nyomban** there and then
azonban yet, still, however
azonkívül besides, moreover
azonnal immediately, instantly, at once
azonos *(vmvel/vkvel)* identical (with sg/sy); **~ mértékben** to the same extent
azonosít identify (with)
azonosság identity
azontúl 1. *(idő)* after that **2.** *(hely)* beyond that
azóta since then; **~ hogy** since; **~ mindig** ever since; **két év telt el ~** two years have* passed since
azt *(tárgy)* that, *(vkt)* him, her; **~ mondják (hogy)** it is* said (that)
aztán then, thereafter; **hát ~?** so what?, well (,) what of it?; **és ~?** what then?; **~ megreggelizett** then he had* breakfast
áztat soak, drench; **vérrel ~ja** *(a földet)* steep in blood
azúr azure
azután afterwards, then, next
azzal with that, therewith; **~ a feltétellel** under (the) condition; **~ a kéréssel fordult hozzám** he requested me that (I should ...); **~ már el is szaladt** having said this he ran* away
Ázsia Asia
ázsiai Asiatic
azsúr hem-stitch, openwork

B

bab bean, beans *(tbsz)*
báb 1. *(rovaré)* pupa *(tbsz* pupae), *(lepkéé)* chrysalis **2.** *(átv)* mere puppet
baba 1. *(játék)* doll **2.** *(csecsemő)* baby
bába midwife *(tbsz* midwives)
babakelengye layette
babakocsi doll's perambulator
babaruha 1. *(csecsemőé)* baby's clothes *(tbsz)* **2.** *(játékbabáé)* doll's clothes *(tbsz)*
babér 1. laurel **2.** *(átv)* laurels *(tbsz)*; **pihen a ~ain** rest on one's laurels
babérkoszorú laurel wreath
bábjáték puppet show
babkávé 1. *(ital)* pure coffee **2.** *(áru)* coffee beans *(tbsz)*
bábkormány puppet government
babona superstition
babonás superstitious
babrál finger, fiddle with sg

bábszínház puppet-show
bábu 1. doll, puppet **2.** *(tekejátékban)* pin (in ninepins)
babusgat fondle, caress
bacilus bacillus, (*tbsz* bacilli), microbe, germ
bácsi uncle
badarság nonsense, rubbish
bádog sheet-iron
bádogáru tinware
bádogos tinsmith, tinker
bagoly owl; **~ mondja verébnek hogy nagyfejű** the pot calling the kettle black
bágyadt faint, weak
baj trouble, ill, evil; **az (már) ~** that's bad; **nem ~!** it does* not matter; **annyi ~ legyen!** never mind!; **mi (a) ~?** what's* the matter?; **mi ~a van?** what's* the matter with him?; **~a van vkvel** have* trouble with sy; **~t csinál** cause trouble, make* mischief
báj charm, grace
bájital magic potion
bajkeverő mischief-maker
bajlód|ik have*/take* trouble (with sg)
bajnok 1. champion **2.** *(átv)* hero
bajnokság championship
bajor Bavarian
bajos 1. *(nehéz)* difficult **2.** *(kényes)* delicate
bájos charming, delightful
bajtárs comrade
bajtársias co-operative, comradely
bajusz moustache, *(macskáé)* whiskers *(tbsz)*
bajvívás duel, *(középkorban)* tournament
bak 1. male; **~ot lő** make* a blunder **2.** *(kocsin)* coach-box **3.** *(favágóé)* saw-horse
baka foot-soldier
bakancs (stout) laced boot, brogue
bakelit bakelite
bakfis girl in her teens, *(US)* bobby-soxer
baklövés blunder
baktat trudge, *(ló)* amble
bakter *(vasúti)* track-watchman (tbsz track-watchmen)
bakteriológia bacteriology
Baktérítő Tropic of Capricorn
baktérium bacterium *(tbsz* bacteria), microbe
bakugrás caper(s)
bal left; **~ kéz** left hand; **~ oldal** left side, *(anyagé)* reverse (side), *(hajón)* port; **~ oldalon** on the left; **~ra** to the left; **~ról** from the left
bál ball, dance
bála bale
baleset accident, mishap
balesetbiztosítás accident insurance
balett ballet
balfedezet left half(-back)
balga silly, stupid
Bálint Valentine
baljós ominous, baleful; **~ jel** ill omen
Balkán the Balkans *(tbsz)*
balkezes left-handed
balkon balcony
ballada ballad, lay
ballag jog along, trudge
ballaszt ballast, *(átv)* dead weight
ballépés false step, blunder
ballon balloon
bálna whale
baloldali *(polit)* progressive, leftist; **~ elhajlás** leftist deviation
balösszekötő inside left
balsejtelem misgiving
balsiker failure, miscarriage
balsors hard luck, misfortune
balszélső outside left
balszerencse bad/hard luck
balta hatchet, ax(e)
bálterem ballroom
balti Baltic (Sea)

Balti-tenger the Baltic (Sea)
balul wrongly; **~ üt ki** miscarry, go* wrong
bálvány idol
bálványoz idolize, worship
balzsam balm
balzsamos balsamic, balmy
bambusz bamboo
bámészkod|ik gape, stare at sg
bámul *(elképedve vmn)* wonder at, *(vmt)* gaze at, stare at, *(csodálkozva)* admire sg
bámulat astonishment, amazement; **~ba ejt** astonish, amaze
bámulatos surprising, amazing
bán *ige*, regret, repent; **nem ~om!** I don't* care!; **~om is én!** I couldn't* care less!
banán banana
banándugó split/banana plug
bánásmód treatment, usage
bánat 1. *(megbánás)* regret **2.** *(szomorúság)* sorrow, grief
bánatos sorrowful, sad
banda band, *(tolvaj)* gang (of thieves)
bandavezér ringleader
bandita bandit, brigand
bandzsa(l) cross/squint-eyed
bandzsít squint
bán|ik *(vkvel)* treat, *(vmvel)* handle (sg); **tud ~ni az emberekkel** know* how to deal with people
bank bank; **~ba tesz** deposit in a bank; **adja a ~ot** *(átv)* boast, swagger
bankár banker
bankbetét bank deposit
bankett banquet
bankjegy banknote, *(US)* bank-bill
bánkód|ik sorrow, grieve
bankszámla bank account
banktisztviselő bank-clerk
bankzárlat closing of banks
bánt 1. *(testileg)* hurt*, harm **2.** *(bosszant)* annoy, vex **3.** *(hozzányúl)* touch; **ne ~sd!** leave* it alone!
bántalmaz insult, *(tettleg)* assault
bántalom 1. *(betegség)* disease, complaint **2.** *(sértés)* insult, affront
bántó *(sértő)* insulting, *(bosszantó)* annoying
bántódás insult; **nem lesz ~a** no harm will befall him
banya hag, witch
bánya mine
bányaipar mining (industry)
bányakutatás prospecting
bányalég choke-damp
bányamérnök mining engineer
bányász miner, *(szénbányában)* collier, pitman *(tbsz* pitmen)
bányászat mining
bányász|ik mine
bányászlámpa miner's/Davy lamp
bányásztelep mining village
bár[1] *kötőszó*, **1.** *(habár)* though, although **2.** *(óhajban)* if only; **~ jönne** I wish he came*; **~ megtehetném** I wish I could
bár[2] *fn*, bar, nightclub
barack 1. *(sárga)* apricot, *(őszi)* peach **2.** *(fejre)* rap on the head
baracklekvár apricot jam
barackpálinka apricot brandy
barakk barrack(s)
barangol ramble, roam
bárány lamb
báránybőr lambskin
bárányfelhő fleecy cloud
bárányhimlő chicken-pox
barát 1. friend; **a ~om** a friend of mine **2.** *(szerzetes)* monk, friar
baráti friendly, amicable; **~ államok** countries in friendly relations; **~ kör** circle of friends; **~ viszony** friendly relations *(tbsz)*

barátkoz|ik make* friends (with sy)
barátnő 1. *(nőnek)* friend, lady-friend 2. *(férfinek)* girl-friend
barátság friendship; **~ot köt vkvel** make* friends with sy
barátságos friendly, amicable; **~an** in a friendly manner
barátságtalan 1. *(modor)* unfriendly; **~ul** in an unfriendly manner 2. *(időjárás)* dull
barázda furrow
barbár barbarous
bárca *(ragasztott)* label, *(ruhatári)* check
bárcsak = **bár**[1] 2.
bárd hatchet; **harci ~** war-axe
bárdolatlan uncouth, rough
bárgyú idiotic, imbecile
bárhogyan anyhow; **~ is próbálta** however he tried
bárhol anywhere, wherever; **~ legyen is az** wherever that may be
barikád barricade
bariton baritone
bárka bark; **Noé bárkája** Noah's Ark
bárki no matter who, anybody, anyone
barlang cave, *(állaté)* den
bármeddig 1. *(helyben)* however far 2. *(időben)* however long
bármelyik any, whichever
bármennyi however much, however many
bármennyire however much; **~ is szeretem** much as I love him
bármerre wherever
bármi 1. *(mellékmondat elején)* whatever; **~ történjék is** come what may 2. *(főmondatban)* anything
bármikor 1. *(akármikor)* at any time 2. *(valahányszor)* whenever
bármilyen 1. *(bármiféle)* whatever 2. *(bármennyire)* however; **~ okos ezt nem tudta** clever as he is* he did* not know this; **~ sokat dolgozik nem fáradt** however much he works he is* never tired
barna brown
barnul brown, *(naptól)* get* tanned
báró baron
barokk Baroque
barom 1. cattle 2. *(emberről)* beast, brute
barométer barometer
baromfi poultry, fowls *(tbsz)*
baromfiudvar poultry-run
baromság nonsense, rubbish
bárónő baroness
bárpult bar counter
bársony velvet
basa pasha
bástya 1. bastion, *(átv)* bulwark 2. *(sakkfigura)* castle
basszista bass (singer)
basszus bass (voice)
batiszt cambric, batiste
bátor 1. courageous, *(erkölcsileg)* brave 2. **vagyok olyan ~** I venture to
bátorít encourage, embolden
bátorkod|ik take* the liberty (of doing sg), make* bold to
bátorság courage, bravery; **~ot merít** take* courage/heart
bátortalan timid, timorous
bátran 1. courageously, bravely; **rajta ~!** go* ahead! 2. *(nyugodtan)* safely
bátya elder brother
batyu bundle, pack
bauxit bauxite
bazalt basalt
bazár miscellaneous goods shop, *(jótékony célú)* bazaar
bazilika basilica
bázis base, basis *(tbsz* bases)
be into, in
bé *(zene)* b-flat, *(módosító jel)* flat
bead 1. give*/hand in; **orvossá-**

got ~ administer medicine; **~ja a fiút az iskolába** put* the boy to school 2. **~ vknek vmt** *(átv)* make* sy believe sg
beadás delivery; **~i kötelezettség** delivery obligation
beadvány petition; **beadvánnyal fordul** address a petition
beágyaz 1. *(vmt vmbe)* embed (sg in sg) 2. *(ágyat bevet)* turn down a bed
beáll 1. *(vhova)* enter; **~ vk szolgálatába** enter sy's service, **~ katonának** join the army 2. *(bekövetkezik)* set* in; **változás áll be** a change takes* place; **~t a tél** winter has* come 3. *(vonat)* draw* in 4. **~ a folyó** the river freezes* over
beállít 1. *(bejön)* come* in, turn up 2. *(beigazít)* **~ja az órát** set* the watch; **~ja a rádiót** tune in the wireless set 3. **úgy állítja be a dolgot, (hogy)** present an affair in such a way as 4. *(vmt vhova)* put* in(to), *(vkt munkára)* employ
beállítás *(ügyé)* presentation; **hamis ~** misrepresentation
beállítottság attitude (to sg), disposition; **jobboldali ~ú** with right-wing bias *(ut)*
beáramlás influx
bearanyoz gild*
beárul *(vkt)* denounce sy
beavat 1. *(vkt vmbe)* initiate sy into sg 2. *(textilt)* pre-shrink
beavatkozás intervention, *(tolakodó)* interference; **fegyveres ~** military intervention; **be nem avatkozás** non-intervention
beavatkoz|ik *(vmbe)* intervene (in), *(tolakodva)* interfere (in); **~ik vk hatáskörébe** encroach on sy's authority
beavatott *mn,* initiated; **~ körök** well-informed circles
beáz|ik leak
beáztat steep, soak
bebalzsamoz embalm, mummify
bebarangol roam *(over a territory)*
bebeszél *(vknek vmt)* talk sy into sg
bebizonyít prove
bebiztosít insure; **~ja magát** *(átv)* make* onself secure
bebocsátás admittance
beborít cover
beborul *(ég)* get* cloudy
bebörtönöz imprison
bebúj|ik slip in
beburkol wrap, cover, envelop
bebútoroz furnish
becenév pet name, *(tréfás)* nickname
becéz 1. *(névvel)* call by a pet name 2. *(simogat)* fondle, caress
becikkelyez *(törvényt)* enact, *(szerződést)* ratify
becipel carry in
becs value, worth; **(nagy) ~ben tart** esteem, value highly
Bécs Vienna
becsal lure in
becsap 1. *(ajtót)* slam, bang 2. *(rászed)* swindle, cheat, deceive, *(megtréfál)* fool 3. *(bomba)* make* a hit, hit*, *(villám)* strike*
becsapódás *(bombáé)* hit, impact
becsapód|ik 1. *(bomba)* hit*; **~ott az ajtó** the door swung shut 2. *(ember)* be* mistaken, *(becsapták)* be* cheated
becsavar 1. *(csavart)* screw in 2. *(vmt vmbe)* roll/wrap* up (in)
becsempész smuggle in
becsenget *(vhova)* ring* for admission

becsepegtet drop *into*, let* drip *into*
becseppen drop in
becserél exchange (sg for sg else)
becses precious, valuable, *(szellemi érték)* excellent
bécsi Viennese, Vienna; **~ szelet** breaded veal cutlet
becsíp 1. *(vmt)* pinch/catch* in 2. *(iszik)* get* tipsy
becsípett tipsy
becslés estimation, *(hivatalos)* appraisement
becsmérel disparage
becsomagol pack/wrap* up
becstelen dishonest, infamous
becsuk shut*, close, *(kulcscsal)* lock
becsukód|ik close, shut* (of itself)
becsúsz|ik slip in; **hiba csúszott be** a mistake crept* in
becsül 1. *(mennyiséget)* estimate, *(értéket)* value 2. *(embert)* esteem, *(cselekedetet)* appreciate; **nagyra ~** think* highly (of sy)
becsülés esteem, estimation
becsület 1. *(tisztesség)* honour; **~be vágó dolog** a matter of honour 2. *(érdem)* credit, honour; **~ére válik** be* to sy's credit
becsületbeli adósság debt of honour
becsületérzés sense of honour
becsületes *(ember)* honest, *(játékban/üzletileg)* fair
becsületesség honesty, fairness
becsületsértés slander
becsületszó word of honour; **becsületszavamra!** honestly!
becsüs valuer, appraiser
becsvágy ambition
becsvágyó ambitious
bedagad swell* (up)
bedob throw* in, *(postaládába)* drop (in the pillar-box); **~ja a köztudatba** spread*, set* afloat
bedobás *(sportban)* throw-in
bedolgozó outdoor worker
bedögl|ik conk (out)
bedől 1. *(fal)* fall* in 2. *(vk csalafintaságának)* be* taken in (by)
bedug 1. *(vmt vmvel)* stop 2. *(vmt vmbe)* put* in
bedugaszol *(palackot)* cork
beenged let* in, admit (to)
beépít 1. *(területet)* build* up 2. *(vmt vmbe)* build* in
beér 1. *(vk vhova)* arrive (at/in) 2. **~ vmvel** be* content with 3. *(vk vkt)* overtake* (sy)
beereszt 1. *(vkt)* admit, let* in 2. *(festékkel)* ground, *(padlót)* beeswax
beérkezett ember a made man
beesett arc haggard face
beesteled|ik night is* falling
befagy 1. freeze* in 2. *(átv)* fall* through
befalaz wall up
befárad: tessék ~ni please come in
befásít plant with trees
befecskendez inject *(into)*
befed cover (over)
befejel *(labdát)* head (the ball) into the net
befejez end, finish
befejezés finish(ing), conclusion, end; **~képpen** finally, to conclude
befejezetlen unfinished, incomplete
befejezett finished, accomplished; **~ jelen** *(idő)* present perfect (tense); **~ múlt** *(idő)* past perfect (tense); **~ tény** an accomplished fact
befejeződ|ik end, come* to an end, terminate
befeketít *(vkt)* denigrate
befeksz|ik *(ágyba)* go* to bed; **~ik a kórházba** go* into hospital

befektet *(pénzt)* invest
befektetés investment
befelé inwards; **az ajtó ~ nyílik** the door opens in
befér will go in
beférkőz|ik vk kegyeibe ingratiate oneself with sy
befest paint, *(hajat, szövetet)* dye
befizet pay* in
befog 1. *(szemet/fület/szájat)* stop; **fogd be a szád!** shut up! 2. *(lovat)* harness 3. *(vkt munkára)* make* (sy) work, *(vmt használatba)* put* in use; **erősen be van fogva** be* pegged down to one's work
befogad 1. *(vkt vhova)* admit to, *(házába)* house, *(menekülőt)* harbour; **~ a családba** receive into the family 2. *(tömeget terem)* hold,* accommodate
befogadóképesség *(térbeli)* capacity, *(szellemi)* receptivity
befogó *(háromszögé)* perpendicular (side)
befolyás influence; **~a alatt van** be* under the influence of
befolyásol influence
befolyásos influential
befoly|ik 1. *(vmbe)* flow into 2. *(pénz)* come* in
befon 1. *(vmt)* entwine, *(hajat)* plait 2. *(vkt)* ensnare
befordul *(ágyban)* turn in, *(utcába)* turn into, *(sarkon)* go* round (the corner), *(árokba)* overturn
beforr 1. *(seb)* heal/skin over 2. *(lé)* boil down
befőtt bottled fruit, preserves *(tbsz)*
befőz bottle, preserve
befurakod|ik *(szervezetbe)* infiltrate (into)
befúród|ik penetrate sg, *(golyó)* bed (itself) in sg
befut 1. *(vonat)* enter (the station), *(vk megérkezik)* arrive (at a place) 2. *(pályát)* run* (a course) 3. *(növény)* overgrow*, *(pára üveget)* overrun*
befuttat 1. *(fémmel)* plate (with) 2. *(növénnyel)* cause (sg) to overgrow* (sg)
befűt 1. *(kályhában/tűzhelyben)* make* a fire in 2. **~ vknek** make* it warm for sy
befűz 1. *(tűt)* thread (a needle) 2. *(cipőt)* lace (shoes)
béget bleat, baa
begombol button (up)
begombolkoz|ik *(átv)* be* buttoned up
begörbít bend*
begörbül bend*, incurve
begy 1. *(madáré)* crop 2. *(átv)* stomach; gullet
begyakorol practise, train
begyes 1. *(telt keblű)* full-bosomed 2. *(átv)* priggish
begyógyul heal (up)
begyökerezett *(átv)* inveterate
begyömöszöl stuff/cram into
begyújt 1. *(kályhában)* make* a fire 2. *(motort)* ignite
begyullad 1. *(motor)* start 2. *(ember)* get* scared
begyűjt *(termést)* ingather (harvest)
behajlít bend* in
behajóz 1. *(hajó vhova)* put* in 2. *(vk vhol)* embark (in) 3. *(árut)* ship (goods)
behajt 1. *(állatot, kocsit)* drive* in 2. *(adósságot)* collect, *(követelést)* recover
behajthatatlan irrecoverable
behálóz *(átv)* ensnare
behangol tune in
behasad *(ruha)* rip, *(köröm)* split*
behasít cleave*, *(keményet)* split*, *(ruhát)* rip
behatás influence, effect
beható intensive, exhaustive

behatol *(erőszakkal)* penetrate (into), *(katona)* invade
behavaz snow up
beheged heal up/over
behelyettesít substitute (sg for sg)
behív 1. *(szobába)* call in **2.** *(katonát)* call up (for military service)
behívó *fn*, *(katonai)* summons, call-up papers *(tbsz)*
behízelgő *(modor)* engaging
behódol 1. surrender *(akinek/aminek* to) **2.** *(átv)* accept sg blindly
behord bring*/carry in, *(termést)* gather in (the crops)
behorpad *(tárgy)* get* dented, *(föld)* sink* in
behoz 1. *(vmt)* bring* in **2.** *(árut külföldről)* import **3.** *(utólér)* overtake* **4.** *(veszteséget)* offset* (loss)
behozatal importation
behozatali engedély import licence
behúnyja a szemét shut* one's eyes
behurcolkod|ik move into
behúz 1. pull in **2.** *(bútort)* cover **3. ~ vknek egyet** hit* sy a clip
behúzód|ik *(vhova)* withdraw* to
behűt put* on ice
beidegződ|ik become* a habit
beidéz summon to appear
beigazolód|ik prove true
beiktat 1. *(vkt állásba)* install (into office) **2.** *(beadványt)* file
beilleszked|ik *(vk környezetébe)* adapt oneself (to sg), *(vm)* fit in
beilleszt fit/set* in
beill|ik *(vmnek)* be* suitable for
beindít *(motort)* start, *(tervet)* launch
beint *(karmester)* give* cue
beír *(bevezet)* inscribe, *(feljegyez)* register
beírat *(vkt iskolába stb.)* have* sy matriculated/registered
beíratás registration
beiratkoz|ik matriculate, register, *(tanfolyamra/egyesületbe)* enroll in
beiskolázás registration, putting to school
beismer confess, admit, acknowledge
beismerés confession
bejár 1. *(ált)* go* in frequently **2.** *(területet gyalog)* walk all over
bejárat[1] entrance, *(kapu)* gate, door(way)
bejárat[2] *(motort)* run* in
bejáratos *(vknél)* have* free entrance to (sy)
bejárónő char(woman) *(tbsz* charwomen)
bejegyez *(ált)* make* a note (of sg), note, *(hivatalosan)* register, record
bejegyzett cég incorporated company
bejelent 1. *(vendéget)* announce **2.** *(vmt ált)* make* known **3.** *(hivatalosan)* report (to sy)
bejelentés announcement, *(rendőrségi)* registration
bejelentkez|ik register (with the police)
bejelentő lap *(rendőrségi)* registration form, *(szállodában)* registry slip
bejön come* in, enter
bejut *(vhova)* get* in (to); **~ a döntőbe** qualify for the finals
béka frog
bekanyarod|ik *(utcába)* turn into, *(sarkon)* turn round (the corner)
bekap *(ételt)* bolt; **~ta a legyet** *(átv)* he swallowed the bait
bekapcsol 1. *(ruhát)* fasten

2. *(áramot)* switch on, plug in, *(rádiót)* turn on 3. *(gépet)* connect (with sg), throw* into gear 4. *(vkt mozgalomba)* connect sy with sg

bekapcsolód|ik *(vk mozgalomba)* join (in)

béke 1. peace, *(átv)* quiet(ude); **békében hagy** leave* (sy/sg) alone; **nyugodjék békében!** peace to his ashes!; 2. **békét köt** make* peace

bekebelez 1. *(tartományt)* annex (a territory) 2. *(jogot)* register 3. *(ételt)* eat*

békebeli peacetime, pre-war

békebizottság Peace Committee

békebontó *fn,* disturber of the peace, *(állam)* aggressor

békeegyezmény peace-pact

békefelhívás peace appeal

békegalamb dove of peace

békeharc fight for peace

békeharcos peace-fighter

békejobb olive branch; **~ot nyújt vknek** offer peace to sy

békekonferencia peace-conference

békekongresszus peace congress

békekötés conclusion of peace

béteküldöttség peace delegation

békéltet reconcile

békemozgalom peace movement

békeműszak peace shift

beken 1. *(ált)* smear with sg 2. *(mocsokkal/sárral)* (be)-daub with sg

békepárt peace-party

békepolitika policy of peace

beképzelt conceited

bekér 1. *(vkt)* ask sy in 2. *(vmt)* send* for sg

bekeretez frame

bekerít 1. *(kerítéssel)* fence (in) 2. *(katona)* surround, encircle

bekerül get* in; **~ a döntőbe** qualify for the finals

békés peaceful; **~ együttélés** peaceful co-existence

békesség peace

békeszerető peace-loving

békeszerződés peace-treaty

béketábor peace camp

béketárgyalás peace-negotiations *(tbsz)*

béketüntetés peace demonstration

béketűrés patience; **kijön a ~ből** lose* one's temper

Béke-világtanács World Peace Council

bekezdés paragraph

bekísér 1. see* sy in 2. *(rendőr)* march off to (prison)

békít appease, conciliate

béklyó *(lónak)* hobble, *(embernek)* fetters *(tbsz)*

bekonferál announce, introduce

bekopogtat knock (on the door) for entrance

beköltöz|ik move (into)

beköszönt *(idő)* set* in

beköt 1. *(ált)* bind*/tie up, *(sebet)* dress, bandage 2. *(könyvet)* bind* (a book)

bekötő út access road

bekötöz *(sebet)* dress, bandage

bekövetkez|ik ensue, follow

beküld send* in, *(pénzt)* remit

beküldés sending in; **~e ellenében** against transmittal/remittance of

békülékeny conciliatory

bel- internal, interior

bél 1. bowels *(tbsz)* 2. *(lámpáé/gyertyáé)* wick, *(dióé)* kernel (of nut), *(töltőceruzába)* lead, refill

belát 1. **~ az ablakon** see* in through the window, *(vmbe átv)* have* an insight into 2. *(megért)* see*; **~ja hibáját** admit one's fault

belátás *(vmnek átv)* understanding; **~a szerint** at one's discretion; **legyen egy kis ~sal** be* a little more lenient

beláthatatlan vast, *(átv)* incalculable
belátható időn belül within reasonable time
belázasod|ik run* a temperature
bele into, inwards
beleakad 1. *(vmbe)* get* caught in sg **2.** *(vkbe)* stumble upon sy
beleártja magát meddle with sg, interfere in sg
belebolondul 1. *(vkbe)* fall* head over ears in love with sy **2.** *(vmbe)* go* mad (from sg)
belebotl|ik 1. stumble upon **2.** *(vkbe)* stumble into
belebúj|ik 1. *(lyukba)* creep* into **2.** *(ruhába)* get* into (one's clothes) **3. az ördög bújjék bele** the devil take him
belebuk|ik *(tönkremegy)* go* bankrupt with sg, fail in sg
beleegyezés consent, approval, grant, *(engedély)* leave, permit; **tudta és ~e nélkül** without his knowledge and/or approval
beleegyez|ik consent to, agree to
beleéli magát vk helyzetébe try to realize sy's situation
beleér *(vmbe)* reach down into sg
beleértve inclusive of sg, including
belees|ik 1. *(vmbe)* fall* into sg **2. ~ik abba a hibába (hogy)** commit the error of (doing sg)
belefárad get* tired of sg
belefog *(vmbe)* start, begin*; **~ a munkába** get* down to work
belefojt 1. drown **2. ~ja vkbe a szót** silence sy
belefullad *(vízbe)* be*/get* drowned in
belefúród|ik pierce (sg)
belegázol 1. ~ a vízbe wade into the water **2. ~ vk becsületébe** slander sy
belégzés inhalation
belegyömöszöl stuff, cram
belehal *(vmbe)* die (of sg); **majd ~tam** it nearly killed me
belaharap bite* into sg
belehel inhale
beleill|ik fit into
beleizzad *(vmbe)* sweat* (on account of sg)
belejön *(vmbe beletanul)* get* into sg, get* one's hand in
belekap 1. *(vmbe)* snatch (at sg) **2.** *(tűz vmbe)* catch* at **3.** *(átv)* dabble in
belekapaszkod|ik *(vmbe)* cling* (to sg), *(vkbe/vmbe)* hang* on to sy/sg
belekarol *(vkbe)* take* (sy's) arm
belekerül 1. *(pénzbe)* cost* *(money)* **2.** *(időbe)* take* (time)
belekever 1. *(anyagot)* mix with sg **2.** *(vkt vmbe)* involve in sg
belekevered|ik get* mixed up, get involved
belekezd *(vmbe)* start (doing sg)
belekóstol 1. *(vmbe)* taste sg, sample sg **2.** *(átv)* try sg
beleköt 1. *(vmt vmbe)* bind*/wrap* up in **2.** *(vkbe)* pick a quarrel (with sy)
bélel 1. *(ruhát)* line **2.** *(műszaki)* cover
belelapoz *(könyvbe)* dip* (into a book)
belélegez breathe in, inhale
belélegzés inhalation
belelép *(vmbe)* step into sg
belelóg *(vmbe)* hang* down into
belemagyaráz give* (sg) a different interpretation, read* (sg) into sg
belemar bite* into
belemarkol *(vmbe)* grab at (sg), grasp (sg)
belemárt *(vízbe)* plunge (in)

belemász|ik 1. *(vmbe)* climb/get* into **2.** *(átv)* get* into a mess

belemegy 1. vm belement a szemembe sg went* into my eye **2.** *(átv)* consent to (sg); **~ a játékba** enter into the game

belemelegsz|ik *(átv)* warm to (sg)

belemélyed *(átv)* become* profoundly absorbed (in sg)

belemerül 1. sink* into **2. ~ a munkába** be* wrapped up in work

belenéz look into

belenő 1. grow* into (sg) **2.** *(átv)* develop into (sg)

belenyugsz|ik *(vmbe)* resign oneself to sg

belenyúl *(vmbe)* reach into

belenyúl|ik reach as far as

beleöml|ik flow into

belep cover

belép 1. step in, enter **2. ~ a pártba** join the party; **szolgálatba ~** enter (into) service

belépés entry, entrance; **~ díjtalan** admission free; **~i engedély** admission, entrance permit

belépő *fn,* **1.** *(köpeny)* wrap **2.** *(dal)* entrance song

belépődíj entrance fee

belépőjegy (admission) ticket

belepusztul perish from/with

beleragad get* stuck in, *(sárba)* get* bogged (down in)

belerohan *(jármű)* crash into

belerúg kick (sg), give* (sg) a kick

bélés lining

belesül *(mondókába)* get* stuck (in one's speech)

beleszalad *(vkbe)* run* into (sy), *(vm vmbe)* bump into

beleszámítva including, inclusive of sg

beleszeret fall* ih love with (sy/sg)

beleszok|ik *(vmbe)* get* accustomed/used to

beleszól 1. *(beszélgetésbe)* interrupt (the conversation), put* a word in **2.** *(ügybe)* intervene (in)

beletalál 1. *(célba)* hit* (the mark) **2. ~ja magát** *(vmbe)* become* accustomed to (sg)

beletanul *(vmbe)* master, learn*

beletel|ik elapse, pass

beletemetkez|ik bury oneself in sg; **~ik a könyvébe** he is* lost in his book

beletesz put* sg into (sg)

beletör|ik break* (off) in (sg)

beleun *(vmbe)* tire (of sg)

beleüt 1. *(fejet vmbe)* knock one's head against (sg) **2. ~i vmbe az orrát** poke one's nose into sg **3. mi ütött beléje?** what's* the matter with him?

beleütköz|ik 1. knock against (sg) **2. ~ik a törvénybe** infringe the law

belevág 1. *(vmbe késsel)* cut* into (sg) **2. vmbe ~ a villám** lightning strikes* sg **3.** *(vk szavába)* interrupt (sy) **4.** *(vállalkozásba)* undertake*

belevegyít mix/blend with

belever 1. *(vmt vmbe)* knock into (sg) **2.** *(vk fejébe vmt)* drum sg into sy('s head)

belevon draw* into

belezavarod|ik get* confused

belföld inland

belföldi *mn,* native, home, internal

belga Belgian

Belgium Belgium

bélgörcs colic

belgyógyász general practitioner, *(szakorvos)* internal specialist

bélhurut intestinal catarrh

belkereskedelem home trade

bélműködés intestinal activity

belopódz|ik steal* in

belőle from it; **semmi sem lesz ~** it will come* to nothing; **vegyen ~!** take/have some!
belpolitika home politics
belpolitikai helyzet internal situation
bélsár excrement
belső 1. *mn,* inside, internal, inner; **~ biztonság** internal security; **~ ellenség** enemy within the doors, fifth column; **~ érték** intrinsic value; **~ összefüggés** inherent connection; **~ részek** bowels, *(szárnyasé)* innards; **~ vérzés** haemorrhage **II.** *fn,* **1.** interior, heart of sg **2.** *(futballé)* bladder, *(kerékpáré)* inner tube (of tyre)
Belső-Ázsia Central Asia
belsőleg *(orvosságon)* for internal use
belsőség *(ház körül)* grounds *(tbsz)*
bélszín (tender)loin
beltenger inland sea
belterjes intensive
belügy home affairs *(tbsz)*
belügyminiszter Minister for Home Affairs, *(GB)* Home Secretary, *(US)* Secretary of Interior
Belügyminisztérium Ministry of the Interior, *(GB)* Home Office, *(US)* Department of the Interior
belül within
belülről from within; **~ nyílik** open from the inside
belváros inner town, city, *(US)* downtown
belvilág *(műszkai)* inner measurements *(tbsz)*
belvíz inland waters *(tbsz)*
bélyeg 1. *(ragasztható)* stamp **2.** *(átv)* mark, seal
bélyegez *(írást)* stamp, *(egyebet)* brand
bélyeggyűjtő stamp-collector
bélyegilleték stamp-duty
bélyegmentes *(ügyirat)* exempt from stamp-duty *(ut)*, *(levél)* post-free
bélyegző *(postai)* postmark, *(hivatali)* stamp
bélyegzőpárna ink-pad
bemagol learn* by heart, memorize
bemász|ik climb in
bemegy go* in, enter; **~ a szövetkezetbe** join the co-operative
bemelegítés *(sport)* warming up
bemelegsz|ik warm up
bemélyedés 1. hollow, dent **2.** *(falban)* niche
bemenet *(vmbe)* entrance; **tilos a ~** no admittance
bemond *(rádióban)* announce; **~ja nevét (és személyi adatait)** give* one's name (and particulars)
bemondó announcer, *(konferáló)* master of ceremonies
bemutat 1. *(vkt)* present sy (to sy), introduce **2.** *(színművet)* present, produce, *(kísérletet)* demonstrate
bemutatkoz|ik 1. introduce oneself **2.** (make* one's) début
bemutató *fn,* *(színházi)* first night, *(filmé)* first run
béna lame, crippled
bendő *(kérődzőé)* rumen, *(emberé)* belly
benedvesít wet, moisten
benépesed|ik become* peopled
benépesít populate
benevez *(versenyre)* enter (for a competition)
benn inside, within; **ott ~** in there; **~ marad** stay/remain in
benne in (it), inside (it), within (it); **bízom ~** I trust that/him; **~ vagyok!** agreed; **van ~ vm** *(igaz lehet)* there is* sg in it; **~m** in me
bennfentes intimate, *(átv)* well-informed

bennható ige intransitive verb
bennlakó *fn*, resident, *(iskolai)* boarder
bennszülött native
benő grow* in/over
benső inner
bensőséges intimate, close
bénulás paralysis *(tbsz* paralyses), palsy
bénultság lameness, paralysis *(tbsz* paralyses)
benzin petrol, *(US)* gas(oline); **kár a ~ért** it's* not worth the trouble/candle
benzinkút (re)filling station
benzintartály petrol/gas tank
benyíló *fn*, adjacent room, alcove
benyom press in
benyomás impression, effect; **mély ~t tett rám** I was* deeply impressed
benyújt hand in, present; **~ egy kérvényt** put* in an application
benyúl reach into sg
benyúl|ik reach, extend (as far as)
beolt 1. inoculate, *(himlő ellen)* vaccinate **2.** *(fát)* (en-)graft **3.** *(átv)* infuse
beolvad *(intézmény)* merge (in/with sg)
beolvaszt 1. *(tárgyat)* melt in **2.** *(intézményt)* incorporate
beoml|ik fall* in, collapse
beoszt 1. arrange, *(több részre)* divide into, *(fizetést)* spread* out; **jól osztja be az idejét** dispose of one's time well **2.** *(vkt hivatalhoz)* post, assign to
beosztás *(hivatali)* assignment
beöml|ik *(folyó)* flow into
beönt pour in
beöntés clyster, enema
beöntés clyster, enema
beperel sue (sy), bring* an action against (sy)
bepillant 1. (cast* a) glance into sg **2.** *(átv)* obtain an insight into sg
bepiszkít soil, (make*) dirty
bepiszkolód|ik soil, get* dirty
bepólyáz *(csecsemőt)* swaddle
beporzás pollination
bepótol make* up for sg
bepúderez powder
bér 1. *(munkásé)* wage(s), pay **2.** *(bérleményé)* rent; **~be ad** *(házat)* let* (out), *(szobát)* rent (to)
berajzol draw* in, inscribe
berak 1. put* in **2.** *(árut kocsiba)* load (goods) **3.** *(szoknyát)* pleat
beraktároz store
béralap wage(s) fund
beránt 1. *(vmt)* pull/drag into **2.** *(levest)* thicken (with fried flour)
bérbeadás *(házat)* letting, *(birtokot)* lease, *(ingót)* hiring out
bérbeadó I. *mn*, to be let *(ut)* **II.** *fn*, lessor
bérc crag, peak
bércsalás wage-fraud
bércsökkentés wage reduction
bereked get* hoarse
berekeszt *(ülést)* close (proceedings)
bérel *(földet)* lease, *(lakást)* rent, *(autót)* hire
bérelszámolás wage accounting
bérelszámoló payroll clerk
béremelés rise in wages
bérenc hireling
berendez 1. *(szobát)* furnish **2.** *(átv életet)* arrange
berendezés *(lakásban)* furniture, *(üzemben)* equipment, fittings *(tbsz)*; **társadalmi ~** social structure
berendezked|ik 1. furnish one's house **2.** *(átv)* settle down
bereped split*, *(szövet)* rend*
berepülés *(ellenséges)* raid
béres farm labourer
bereteszel bolt

bérezés wage-system
bérfizetés wage-payment; **~i nap** pay-day
bérház block of flats, *(US)* apartment house
bérkocsi hackney-carriage, cab
bérkövetelés wage-demand
bérlemény rented/leased property
bérlet *(birtoké)*, lease, *(lakásé)* renting, *(színházi)* subscription
bérletjegy *(idényre)* season ticket, *(havi)* monthly ticket
bérlő *(földé)* lessee, *(lakásé)* tenant
bérmentesít pay* the postage; **készpénzzel ~ve** postage paid
bérmentve post-free; **ingyen és ~** free of charge
bérminimum wage minimum *(tbsz* minima)
bérmunka paid work
bérmunkás (wage) labourer
beront *(szobába)* rush in, *(ellenség országba)* invade (the country)
bérosztály wage category
berreg buzz, *(motor)* purr, *(repülőgép)* hum
bérrögzítés wage-freeze
bérskála wage-scale
Bertalan Bartholomew
berúg 1. *(ajtót)* kick in **2.** *(italtól)* get* drunk
beruházás investment
berukkol join up
besároz (make*) muddy
besavanyít pickle (in vinegar)
besiet hurry in
beskatulyáz label (sg as sg); pigeonhole
besorol range (among)
besoroz *(katonát)* enlist (sy)
besóz salt down, *(halat)* marinade
besötétedés nightfall
besötéted|ik grow* dark
bestia 1. beast **2.** *(nő)* vamp
besugárzás *(orv)* irradiation
besúgó informer
besurran slip in
beszabályoz set*, adjust
beszakad break* in, *(jég)* give*way (under sy)
beszáll *(vonatba)* get* on (train), *(autóba)* get* in, *(hajóba)* embark, *(repgépbe)* emplane; **tessék ~ni!** take* your seats!
beszállás taking one's seat (in train), getting in
beszállásol *(katonát)* billet (on sy)
beszállít transport to; **kórházba ~** take* to hospital, hospitalize
beszámít 1. *(költségeket)* include **2.** *(szolgálati időt)* take* into account
beszámíthatatlan irresponsible
beszámol *(vmről)* give* account (of sg)
beszámoló *fn*, account, report; **~t tart** render account
beszappanoz *(ruhát)* soap, *(borotválkozó)* lather
beszed 1. *(pénzt)* collect **2.** *(orvosságot)* take*
beszéd speech; **ez már - ~!** that's the way to talk!; **se szó se ~** without much ado; **~et mond** deliver a speech
beszédes talkative
beszédgyakorlat conversation
beszédhiba defect of speech
beszédkészség proficiency (in speech)
beszedő collector
beszédrész part of speech
beszeg edge, border, hem
beszél speak*; **~ vkhez/vkvel** speak* to sy; **~ vmről** speak*, about sg; **sokat ~** talk a lot; **ki ~?** *(telefonban)* who's* there?, who's* speaking?; **itt John Bull ~** this is* Mr. John Bull speaking; **az ~!** *(telefonban)* speaking!; **ne ~jen!** *(csodálkozva)* you

don't* say (so)!; **azt ~ik hogy** it is* said that
beszélget talk, converse
beszélgetés conversation, chat
beszélőképesség (power of) speech
beszennyez 1. soil **2.** *(átv)* defile
beszerel install, mount
beszerez get*, obtain
beszerezhetetlen unobtainable, not to be had *(ut)*
beszervez organize
beszerzés getting, obtaining
beszerzési ár cost price
beszerző *fn,* buyer, acquirer
beszív *(légnemüt)* inhale, *(folyadékot)* absorb, *(talaj esőt)* drink* in/up
beszivárog 1. *(folyadék)* ooze in **2.** *(átv)* infiltrate
beszól call in to sy; **~ vkért** call for sy
beszolgáltat 1. *(fegyvert)* surrender **2.** *(terményt)* deliver surplus produce and livestock (to state organs at fixed prices)
beszolgáltatás 1. *(fegyveré)* surrender **2.** *(élelmiszeré, terményé stb.)* delivery
beszorít *(vkt vhová)* drive* into
beszorul 1. *(vm)* get* stuck **2.** *(vk vhova)* be* driven into
beszúr 1. *(vmbe vmt)* stick* sg into sg **2.** *(szövegbe)* insert
beszüntet stop, cease; **munkát ~** strike* (work)
beszűrőd|ik *(fény)* filter in
betábláz mortgage
betakar cover up, *(ágyban)* tuck in
betakarít harvest, gather in (the crops)
betakaródz|ik cover oneself up, *(ágyban)* tuck oneself in
betálal dish up
betanít teach*, *(katonát)* drill
betanított munkás semi-skilled worker
betanul learn* (by heart), *(vmlyen munkába)* get* the knack of sg
betársul become* partner (in an enterprise)
betart *(szabályt)* keep*
beteg I. *mn,* sick, ill *(ut)*, *(súlyosan és átv)* diseased; **~ lesz** fall* ill; **~nek látszik** look ill **II.** *fn,* invalid, sick(ly) person, *(orvosé)* patient; **sok ~e van** he has* a large practice
betegágy sick-bed
betegállomány sick-list; **~ba helyez** put* on the sick-list
betegápolás sick-nursing
beteges 1. sickly, ailing **2.** *(jelenség)* morbid, unhealthy
betegesked|ik be* sickly/unwell
beteglátogatás visiting of a patient, *(orv)* medical visit
betegség 1. *(állapot)* illness, sickness **2.** *(kór)* malady, disease; **~ben szenved** suffer from a disease
betegszabadság sick-leave
betegszállító kocsi ambulance car
betegszoba sick-room
betekint 1. *(ablakon)* look in **2.** *(iratokba stb.)* inspect, look into
betekintés *(iratokba)* inspection
betelepít 1. settle (people swhere) **2.** *(országrészt)* people, populate
betel|ik 1. ~t a mérték the measure is* full **2.** *(vk vmvel)* have* enough of sg
beteljesed|ik be* fulfilled/accomplished; **kívánsága ~ett** his wish has* come true
betemet bury, cover in, *(gödröt)* fill up
betér *(vkhez)* drop in (on sy)
beterjeszt lay* sg before sy, *(törvényjavaslatot/költségvetést)* introduce

betessékel usher in
betesz 1. *(fiókba)* put*/place in; **~i a lábát vhová** set* foot in **2.** *(bankba)* deposit **3.** *(ajtót, ablakot)* close, shut*
betét *(bankba)* deposit
betétkönyv bank-book, pass--book
betétlap inset
betetőz *(átv)* crown, top
betéve *(kívülről)* by heart
betevő: nincs ~ falatja have* nothing to eat
betilt ban, suppress, prohibit
betintáz stain with ink
betokosod|ik 1. become* encapsulated **2.** *(szellemileg)* fossilize
betol push/shove in
betolakod|ik intrude (upon)
betolakodó *fn*, intruder, *(katona)* invader
betold insert (sg into sg), *(szót)* interpolate, *(ruhába)* let* in
beton concrete
betonozás concreting, concrete work
betonpálya concrete runway
betonvas reinforcing iron
betoppan drop/pop in unexpectedly
betölt 1. fill, *(folyadékot)* pour into, *(teát)* pour out **2.** *(hiányt)* fill in (a gap), *(hivatást)* perform; **üres állást ~** fill (up) a vacancy **3. ~ötte 20. életévét** he has* turned 20
betöltetlen *(állás)* vacant
betöm 1. *(lyukat)* stop (up), *(fogat)* stop, fill **2. ~i vk száját** gag sy, *(vesztegetéssel)* stop sy's mouth (with a bribe)
betör 1. *(ablakot)* break* in **2.** *(ellenség)* invade **3.** *(betörő)* break* into (a house), burgle
betörés 1. *(ellenség)* invasion **2.** *(betörő)* burglary
betör|ik 1. be* broken in **2.** *(állat)* break in
betörő house breaker, burglar
betuszkol push sy in
betű letter, *(nyomtatott)* character, type; **~ről ~re** letter by letter; **~vel kiír egy számot** write* (a number) out in full
betűöntő type-founder
betűrend alphabet; **~ben** in alphabetical order
betűrendes mutató alphabetic index *(tbsz* indices)
betűtípus type-face
betűz[1] *(betűket)* spell*
betűz[2] **1.** *(tűvel)* pin in/up **2.** *(nap vhova)* shine* in
betyár 1. *(egykor)* outlaw **2.** *(ma)* rouge, scamp, rascal
beugrat *(átv)* take* (sy) in, deceive (sy)
beugrató kérdés misleading question
beugr|ik 1. *(vkhez)* drop in (on sy) **2.** *(szerepbe)* step in **3.** *(tréfának)* be* taken in **4.** *(motor)* start
beutal *(vkt vhová)* send* (sy) to (a hospital/resort)
beutalás assignment, *(kórházba)* hospitalization
beutazási engedély entry permit
beutaz|ik 1. *(országba)* enter (a country), *(városba)* go* up to (town) **2.** *(területet)* travel *(over)*
beül 1. *(járműbe)* get* in **2.** *(hivatalba)* install oneself (in a place/job)
beültet *(vmvel)* plant (with sg)
beüt 1. *(szeget stb.)* knock into (sg) **2. ~i fejét vmbe** knock one's head against sg
beütemez schedule, time
beütés 1. *(katonai)* invasion **2.** *(faji)* strain
beüvegez glaze, put* glass in
bevádol accuse, denounce
bevág 1. *(késsel)* cut* (into), notch **2.** *(labdát kapuba)*

crack the ball home 3. *(leckét)* learn* by heart
bevagoníroz *(árut)* load into freight-car, *(csapatokat)* entrain
bevakol plaster (over)
bevál|ik 1. *(vm)* prove good; **nem vált be** it did* not work 2. *(remény, jóslat)* be* fulfilled 3. *(katonának)* be* enlisted
bevall 1. *(bűnt)* confess 2. *(jövedelmet)* return (one's income)
bevallás confession; **saját ~a szerint** by his own account
bevált[1] *ige,* 1. *(pénzt)* exchange, *(csekket)* cash 2. *(ígéretet)* keep* (one's promise), *(reményeket)* fulfil (hopes)
bevált[2] *mn,* (well) proved, tested
beváltási árfolyam rate of exchange
bevándorlás immigration
bevándorló *fn,* immigrant
bevándorol immigrate (into)
bevár wait until sy arrives
bevarr sew* up
bevasal 1. *(fehérneműt)* iron (the laundry) 2. *(pénzt)* recover (money)
bevásárlás *(kisebb)* shopping, *(nagyobb)* purchase
bevásárló kocsi *(önkiszolgló boltban)* shopping trolley
bevásárol buy* (sg), do* some shopping
bevégez end, finish, *(feladatot)* complete
bever 1. *(szeget)* drive* in, *(ablakot)* smash 2. *(vk fejét)* knock sy (on the head)
bevés 1. *(fémbe)* engrave in 2. *(elmébe)* imprint on (the mind)
bevesz 1. *(katonának besoroz)* enlist, *(társaságba)* admit (to society) 2. *(várost/erődítményt)* take*, capture 3. *(ruhából)* take* in 4. *(orvosságot/mérget)* take*
bevet 1. *(földet)* sow* (with) sg) 2. *(ágyat)* make* (a bed) 3. *(katonát)* put* into action, deploy
bevétel 1. *(jövedelem)* income, *(üzleti)* returns *(tbsz)* 2. *(váré)* capture
bevételez take* in (money)
bevetett terület area under crop
bevett szokás generally accepted custom
bevezet 1. *(helyiségbe)* lead*/show* in, *(társaságba is)* introduce to 2. *(villanyt)* install (electricity) 3. *(módszert/reformokat)* initiate
bevezetés 1. leading in 2. *(könyvben)* introduction 3. *(meghonosítás)* establishment, introduction
bevezető introductory; **~ szavak** opening words; **~ben** by way of introduction
bevisz 1. take* in, *(csomagot)* carry in 2. *(kereskedelem)* import
bevon 1. *(forgalomból)* withdraw* 2. *(vitorlát)* reef in, *(zászlót)* haul down 3. *(vkt vmbe)* draw* into, initiate (sy in sg) 4. *(fémmel)* coat with
bevonat coating
bevontat tow in, *(hajót)* tug in
bevonul 1. *(pompával)* march in 2. *(katonai szolgálatra)* join one's regiment
bevonulás 1. entry 2. *(katonának)* joining up
bezár 1. *(ajtót, stb.)* close, shut*, *(kulccsal)* lock up 2. *(iskolát tanév végén)* break* up, *(üzletet)* close, *(végleg)* close down 3. **az ülést ~om** the meeting is closed
bezárkóz|ik lock/shut* oneself in

bezárólag: **szept. 1-ig ~** till September 1st inclusive
bezúz smash/bash in
bezzeg truly, to be sure
bezsebel pocket, bag
biankó csekk blank cheque
bibe stigma (of flower) *(tbsz* stigmas, stigmata)
bíbelőd|ik struggle/fiddle with sg
bibircsók wart
biblia Bible, the Scriptures *(tbsz)*
bibliográfia bibliography
bíbor purple, scarlet
bíboros cardinal
biccent nod
biceg limp, hobble, *(bútor)* wobble
bicikli bicycle, bike
biciklipumpa bicycle pump
biciklista cyclist
bicikliz|ik ride* a bicycle, cycle
bicska pocket-knife, jack-knife *(tbsz* -knives)
bifláz cram, mug (for an exam)
bifsztek beefsteak
biggyeszt: ajkát ~i purse the lips
bika bull
bikaviadal bullfight
biliárd billiards *tbsz)*
biliárdasztal billiard table
biliárdoz|ik play billiards
bilincs *(ált)* shackles *(tbsz)*, *(kézre)* handcuffs *(tbsz)*; **~be ver** shackle, handcuff; **lerázza ~eit** shake* off one's shackles/fetters
billen tilt, tip over
billenőkocsi dumper, tip-cart
billent tilt, tip over; **javára ~i a mérleget** turn the scale in sy's favour
billentyű 1. *(zongorán/orgonán)* key **2.** *(műszaki/szívé)* valve
billentyűzet keyboard
billió billion
bimbó bud
bimbóz|ik bud
biológia biology
biológus biologist
bír 1. *(vmt/vmvel/vagyonnal)* have*, possess, own **2.** *(elviscl)* (be* able to) carry/take*/endure; **nem ~om** *(nehéz)* I cannot* carry it, *(kibírhatatlan)* I cannot stand it; **nem ~om megcsinálni** I am* unable to do it; **nem ~ja az italt** he cannot take alcoholic drinks; **nem ~ják egymást** they cannot stand each other; **jól ~ja magát** *(anyagilag)* he is* well off, *(egészségileg)* he bears* himself well **3.** *(vkt vmre)* persuade, induce, *(amire:* to); **jobb belátásra ~** make* sy see reason **4.** *(vkvel)* equal, be* a match for
bírál judge, criticize
bírálat criticism
bíráló critic
bíráskodás jurisdiction
bíráskod|ik judge, *(vk fölött)* sit* in judgement on sy, *(versenyen)* umpire
birka sheep *(tbsz* sheep)
birkahús mutton
birkózás 1. wrestling **2.** *(átv)* struggle (with sg)
birkóz|ik 1. wrestle (with) **2.** *(átv)* struggle (with sg)
birkózó *fn*, wrestler
bíró 1. judge, magistrate **2.** *(sportban)* referee, umpire
birodalom empire, realm
bíróság 1. *(hatóság)* court of justice, tribunal; **~ elé állít** bring* to trial **2.** *(épület)* law-courts *tbsz)*
bírósági tárgyalás hearing, trial
bírság fine, penalty
birsalma quince, quince-apple
birtok 1. *(tulajdon)* possession; **~ba vesz** take* possession of sg **2.** *(földbirtok)* estate, land
birtokol have*, possess

birtokos I. *mn*, **~ eset** genitive (case); **~ névmás** possessive pronoun **II.** *fn*, *(földé)* owner, *(jogilag)* possessor
bitang *(ember)* rascal, villain
bitó gallows *(tbsz)*, gibbet
bitorló usurper
bitorol usurp
bivaly buffalo
bíz *(vmt vkre)* trust (sy with sg); **ezt ~d csak rám** leave* that to me
bizakod|ik have* confidence in the future, *(vkben/vmben)* place trust in
bizakodó hopeful, trustful
bizalmas I. *mn*, *(közlés)* confidential, private; **~ értesülés** inside information; **szigorúan ~** strictly confidential **II.** *fn*, intimate, confident
bizalmaskod|ik be* over-familiar with sy
bizalmatlan distrustful (of)
bizalmatlanság distrust, mistrust
bizalmi I. *mn*, **~ állás** position of trust **II.** *fn*, **szakszervezeti ~** trade union steward
bizalom confidence, trust; **vknek a bizalmába férkőzik** insinuate oneself into sy's confidence; **bizalmat kelt** inspire confidence; **~mal van vk iránt** have* confidence in sy
bizalomgerjesztő inspiring confidence *(ut)*
bizarr bizarre, whimsical
bíz|ik *(vkben/vmben)* trust (in) sy/sg, have* confidence in sy/sg; **vakon ~ik** have* blind faith in; **~ik a jövőben** have* confidence in the future
bizomány *(kereskedelem)* commission, consignment
bizományi áruház commission shop
bizony certainly, to be sure; **nem ~!** certainly not!
bizonyára no doubt, in all probability; **~ ismeri** you must know him; **~ hallott róla** you must have heard about him
bizonyít prove, *(adattal)* document, verify, *(okmánnyal)* certify; **ami azt ~ja hogy** which all goes* to show that
bizonyítás proof, verification; **aligha szorul ~ra** it hardly needs proof
bizonyíték proof, evidence, *(írásos)* document; **tárgyi ~** material proof
bizonyítható provable
bizonyítvány certificate, *(szolgálati)* testimonial; **iskolai ~** school report (card)
bizonylat certificate, testimonial
bizonyos certain, sure; **annyi ~ (hogy)** one thing is* certain; **~ feltételek mellett** under certain conditions
bizonyosság certainty
bizonyság proof, evidence; **~ot tesz vmről** give* evidence
bizonytalan 1. *(dolog)* uncertain, unsure, dubious, *(kimenetelű)* **~ hangon** in an unsteady voice **2.** *(ember)* irresolute
bizonytalanság uncertainty, incertitude, *(határozatlanság)* hesitation
bizonyul *(vmnek/vmlyennek)* prove (to be)
bizottság board, *(állandó)* committee, *(kiküldött)* commission; **ellenőrző ~** control commission; **Központi B~** Central Committee
biztat 1. *(vmre)* encourage (to do sg) **2.** *(vmvel)* allure (with sg); **jóval ~** it augurs well; **semmi jóval nem ~** that is* rather unpromising
biztonság safety, security; **~ban érzi magát** feel* secure
biztonsági safety; **~ berendezés**

safety device; ~ **intézkedések** safety measures; ~ **öv** safety belt; ~ **szelep** safety valve; **B~ Tanács** Security Council

biztos[1] I. *mn,* 1. *(veszély elől)* safe, secure 2. *(határozott)* sure; ~ **kézzel** with a firm hand 3. *(bizonyos)* sure (of sg), certain; **~ra vesz** take* for certain II. *fn,* commissioner, *(polit)* commissar, *(rendőr)* policeman *(tbsz* policemen)

-biztos[2] *(vm ellen védő)* -proof

biztosan surely, certainly, *(kétségtelenül)* undoubtedly

biztosít 1. *(vm ellen)* insure (against sg) 2. *(vkt vmről)* assure (sy), guarantee; **~hatlak róla** I can assure you 3. *(erősít)* fasten; 4. *(megszerez)* secure; **tud ~ani két jegyet?** can you secure two tickets?

biztosítás insurance

biztosítási díj insurance premium

biztosíték 1. *(pénz)* security, *(erkölcsi)* guarantee; **~ot ad** provide a security; **~ul** by way of security 2. *(villany)* fuse; **kiégett a ~** the fuse went*/blew*

biztosító insurer

biztosítótársaság insurance company

biztosítótű safety-pin

bizsereg itch, tingle

blamál *(vkt)* compromise sy, *(magát)* make* oneself ridiculous

Blanka Blanche

blanketta blank, (printed) form; **blankettát kitölt** fill up/in a form

blokád blockade

blokk 1. block, *(polit)* coalition 2. *(papír)* pad, writing-pad

blokkol *(üzemi bejárat óráján)* clock in/out

blöfföl bluff

blúz blouse

bóbiskol nod, doze, take* a nap

bóbita tuft, crest

bocs bear-cub

bocsánat pardon; **~ot kér** apologize; **~ot kérek!** excuse me!, I beg your pardon!; **~ a késésért** sorry to be late

bocsánatkérés apology

bocsát 1. let* go 2. **szabadon ~** set* free 3. **rendelkezésre ~** put* at sy's disposal

bocsátkoz|ik enter into (the details of sg)

bocskor sandals *(tbsz)*, moccasin

bódé *(vásári/piaci)* stall, *(újságos)* news-stand

bódít drug, daze

bódító *(illat)* overpowering

bodnár cooper

bodorít curl, crimp

bódulat stupor, daze

bodza elder (tree/berry)

bog knot; **~ot köt vmre** make* a knot in sg

bogáncs thistle

bogár beetle, insect, *(US)* bug; **bogarai vannak** he is* crotchety

bogaras crotchety, whimsical

boglárka buttercup

boglya stack, rick

bognár cartwright, wain-wright

bogrács stew-pot, kettle

bogyó berry

bogyótermés berry

bohém Bohemian, bohemian

bohó 1. *(csacsi)* silly 2. *(vidám)* frolicsome

bohóc clown, buffoon, fool

bohózat farce, burlesque

bója buoy

bojkottál boycott

bojt tassel

bojtár shepherd boy

bojtorján burdock

bók 1. *(szóbeli)* compliment; **~ot mond** pay* a compliment to sy 2. *(hajlongás)* bow, curtsey, curtsy

boka ankle
bokafix anklet
bokasüllyedés fallen arch
bókol *(szóval)* pay* compliments (to)
bokor bush, shrub
bokréta bunch of flowers, nosegay
boksz 1. *(cipőkenőcs)* shoe--polish 2. *(bőr)* box-calf
bokszmérkőzés boxing-match
bokszol box, fight*
bokszoló boxer, fighter
boldog happy, glad, *(vmvel)* delighted (with); **~gá tesz** make* happy
boldog-boldogtalan rich and poor, everybody
boldogít make* happy
boldogság happiness, joy
boldogtalan unhappy, unfortunate
boldogul 1. *(életben)* get* on, prosper, succeed 2. *(vmvel* get* on with sg 3. *(vkvel)* get* along with sy
boldogult the late, deceased
bolgár Bulgarian
bolha flea
bólint nod
bolond I. *mn*, 1. *(őrült)* mad, insane 2. *(beszéd/viselkedés)* foolish, silly, stupid; **majd ~ leszek!** I am* not such a fool (as to) II. *fn*, 1. *(elmebajos)* madman *(tbsz* madmen), lunatic; **~dá tesz vkt** fool sy 2. *(udvari)* jester, coxcomb
bolondít make* a fool of sy
bolondokháza lunatic asylum, *(átv)* bedlam
bolondos 1. *(hibbant)* mad, foolish 2. *(vidám)* droll
bolondoz|ik play the fool
bolondság 1. *(beszéd/tett)* nonsense 2. *(hóbort)* folly, silliness
bolondul *(vkért)* be* crazy (for sy), *(vmért)* rave (about sg)
bólongat keep* nodding
bolsevik Bolshevik; **~ párt** Bolshevik Party
bolsevizmus Bolshevism
bolt shop, *(US)* store; **bezárja a ~ot** close shop;
bolthajtásos vaulted, arched
bolti ár retail price
boltív arch (of a vault)
boltíves vaulted, arched
boltos shopkeeper, tradesman *(tbsz* tradesmen)
boltoz vault, arch
boltozat vault, vaulting, arch
bolygat disturb, stir up
bolygó *fn*, planet, heavenly body; **mesterséges ~** artificial satellite; **~ pályája** orbit (of planet)
bolygóközi állomás interplanetary space station
bolyhos *(szövet)* nappy, woolly
bolyong roam, wander (about)
bomba bomb; **bombát ledob** drop a bomb
bombabiztos bomb-proof, shell--proof
bombasiker overwhelming success
bombatámadás bombing attack/raid; **~t hajt végre vm ellen** bomb sg
bombavető *(repülőgép)* bomber
bombáz bombard, shell
bombázó *fn*, *(repülőgép)* bomber
bomlás 1. *(átv is)* decay, dissolution 2. *(vegytan)* decomposition
bomlaszt 1. disorganize 2. *(hadseregben)* incite to disaffection
boml|ik *(alkotórészeire)* disintegrate, *(átv)* go* to pieces, *(vegytan)* dissolve
bon *(áruról)* voucher, *(pénzről)* note of hand

bonbon sweetmeat, bonbon
boncol dissect, *(kérdést)* analyse
bonctan anatomy
bont 1. *(részekre)* take* to pieces, *(vegytan)* dissolve, decompose, *(atomot)* split* (the atom) 2. *(épületet)* pull down 3. *(varrást)* unpick
bontakoz|ik unfold, display itself
bontatlan unopened
bonyodalom complication, *(drámában)* intrigue
bonyolít 1. complicate (matters) 2. *(üzletet)* handle, dispatch
bonyolód|ik 1. become* complicated 2. *(vmbe)* get* involved in sg
bonyolult complicated
bor wine
Borbála Barbara
borbély barber
borda 1. *(emberi)* rib 2. *(sertésé)* pork chop
bordásfal wall-bars *(tbsz)*
bordatörés fracture of a rib
bordázat ribbing
bordó *(színű)* claret-coloured
borít 1. *(vmvel)* cover (over), cast*/spread* over 2. *(vmbe)* overturn, throw* (into); **lángba ~** put* fire to sg
boríték envelope
borítólap *(könyvé)* book-jacket
borjú 1. calf *(tbsz* calves) 2. *(katonai)* calf-skin knapsack
borjúbőr calfskin
borjúhús veal
borjúpörkölt veal stew with paprika
borjúsült roast veal
borlap wine-list
borogat *(meleggel)* foment, *(hideggel)* put* on a (cold) compress
borogatás *(meleg)* foment, *(hideg)* compress
boróka juniper
borona harrow, drag
boronál harrow, drag
boroshordó wine-cask
borospohár wine-glass
borostás *(áll)* bristly, unshaven
borostyán 1. ivy 2. *(költőnek)* laurel
borosüveg wine-bottle
borotva razor; **úgy vág az esze mint a ~** he has* a hair-trigger mind
borotvaecset shaving brush
borotvaéles razor-sharp
borotvakészülék safety razor
borotvakrém shaving cream
borotvál shave
borotválatlan unshaven
borotválkoz|ik shave, get* a shave
borotvapenge razor blade
borotvaszappan shaving stick
borravaló tip; **~t ad** tip sy
bors pepper; **~ot tör vk orra alá** play a trick on sy
borsó pea, *(tömegben)* peas *(tbsz)*; **falra hányt ~** it is*/was* spoken to deaf ears
borsódz|ik a háta *(vmtől)* it makes* one's flesh creep
borsos peppered; **~ ár** stiff/tall price
borsoz pepper
borszesz alcohol
bortermelés wine-growing;
bortermelő wine-grower
bortermés vintage; **az idei ~** this year's vintage
bortermő *(ország)* wine-growing, *(talaj)* wine-producing
ború 1. *(égen)* clouds *(tbsz)* 2. *(átv)* gloom; **~ra derű** after rain comes* sunshine
borul 1. *(ég)* cloud over 2. *(vmbe)* overturn (into sg), fall*; **vérbe ~** *(szem dühtől)* become* bloodshot 3. *(vmre)* fall* (onto); **térdre ~** fall* on one's knees
borús gloomy
borz badger, brock

borzad shudder (with horror), shrink* (from sg)
borzalmas horrible, terrible, awful, dreadful
borzalom horror, dread
borzas tousled, dishevelled
borzong 1. *(hidegtől)* shiver **2.** *(félelemtől)* tremble
borzongás shiver, tremble
boszorkány witch, sorceress
boszorkányság witchcraft
bosszankod|ik *(vmre)* be* annoyed (at sg), *(vkre)* be* angry/furious (with sy)
bosszant annoy, vex
bosszantó annoying, irritating
bosszú revenge, *(megtorlás)* vengeance; **~t áll** revenge oneself
bosszúálló *fn*, avenger
bosszús annoyed, angry, vexed
bosszúság annoyance, vexation
bosszúvágyó vengeful
bot stick; **füle ~ját sem mozgatja** will not take the slightest notice (of sg); **~tal ütheti a nyomát** he can whistle for it
botanika botany
botanikus kert botanic garden
botfülű *mn*, unmusical, tone-deaf
botlás *(átv)* blunder, slip
botl|ik 1. stumble, slip **2.** *(átv)* stumble, blunder; **~ik a nyelve** (make*) a slip of the tongue
botorkál 1. *(fáradtan)* stagger along, totter **2.** *(sötétben)* feel* one's way
botrány scandal; **~t csinál** make* a scandal
botrányos scandalous, shocking
bozontos hairy, bushy, *(állat/szemöldök)* shaggy
bozót thicket, brushwood
bő 1. *(tág)* roomy, loose, *(ruha)* loose, (too) wide **2.** *(dús)* full, rich, abundant; **~ termés** heavy/bumper crop; **~ választék** ample choice
bőbeszédű talkative
bödön *(fából)* tub, *(cserépből)* jar
böffent belch
böfög belch
bőg 1. *(sír)* cry, howl **2.** *(ordít)* bawl, roar, howl **3.** *(tehén)* low, moo
bőgő *(hangszer)* double-bass, contrabass
bögöly horse-fly, gadfly
bőgős bass-player
bögre mug, crock, pot
böjt fast; **ennek is meglesz a ~je** the reckoning is* still to come
böjtöl (keep*) fast
bök *(szarvval)* butt, *(ujjal)* poke
bőkezű generous, liberal
bőkezűen generously; **~ adakozik** he gives* freely
bökkenő snag, difficulty; **ez itt a ~!** that's* the trouble
bölcs I. *mn*, wise, sage; **~ tanács** prudent counsel **II.** *fn*, wise man *(tbsz* men), philosopher, sage
bölcselked|ik philosophize
bölcselő philosopher
bölcsen wisely
bölcsesség wisdom, prudence
bölcsességfog wisdom-tooth *(tbsz* wisdom-teeth)
bölcsész 1. *(bölcselő)* philosopher **2.** *(egyetemi hallgató)* arts student
bölcsészet 1. philosophy **2.** *(egyetemi kar)* arts department
bölcső 1. cradle **2.** *(átv)* birthplace
bölcsődal lullaby, cradle-song
bölcsőde (public) infant's nursery, crèche, *(US)* day nursery
bölény bison
bömböl 1. bellow, roar, howl **2.** *(csecsemő)* howl
böngész *(könyvben)* search, browse

bőr 1. *(élő)* skin, *(csak állaté)* hide; **rossz ~ben van** be* in a bad shape; **majd kibújik a ~éből** be* ready to jump out of his skin; **~ig ázott** drenched to the skin *(ut)* **2.** *(kikészített)* leather **3.** *(szalonnán/sajton)* rind
bőráru leather goods *(tbsz)*
bőrbaj skin disease
bőrgyár tannery
bőrgyógyászat dermatology
bőrkabát leather coat, *(rövid)* leather jacket
bőrkeményedés callus
bőrkesztyű leather gloves *(tbsz)*
bőrkötés leather binding
bőrönd suitcase, portmanteau, *(nagy)* trunk
bőröv leather belt
bőrtalp leather sole
börtön 1. *(hely)* prison, gaol, jail; **~be zár** imprison **2.** *(büntetés)* imprisonment, prison
börtönőr gaoler, jailer
börtöntöltelék jailbird
börtönviselt ember ex-convict
bőség 1. *(ált)* abundance, plenty **2.** *(vagyoni)* wealth **3.** *(ruháé stb.)* wideness, looseness
bőséges abundant, plentiful; **~ étkezés** substantial meal
bősz *(ember)* furious, enraged, *(állat)* ferocious
bőszít make* furious, enrage
bővebben more fully, in greater detail
bővében van *(vmnek)* have* plenty (of sg)
bőven plentifully, abundantly; **~ van** *(anyag/pénz)* there is* plenty to go upon
bővít enlarge, amplify, widen, *(ruhát)* make* larger, let* out; **~ett mondat** complex sentence
bővízű abounding in water *(ut)*
brácsa viol, viola
brávó bravo!, good!
bravúros *(merész)* daring, *(teljesítmény)* brilliant
Brazília Brazil, Brasil
brekeg croak
bridzs *(kártya)* bridge
bridzsez|ik play bridge
brigád brigade, team
brikett briquet(te), coal-cake, fuel-cake
brilliáns I. *mn,* brilliant **II.** *fn,* cut diamond, brilliant
brit I. *mn,* British **II.** *fn,* Britisher
brokát brocade
bróm bromine, *(orv)* bromide
bronz bronze
bronzkorszak Bronze-Age
bronzszobor bronze (statue)
brosúra pamphlet, brochure
brutális brutal, brutish
bruttó gross; **~ 100 kg** it weighs 100 kilograms in the gross; **~ súly** gross weight; **~ bevétel** gross receipts *(tbsz)*
Brüsszel Brussels
btto. = *brutto* gross, gr., gr. wt.
búb 1. *(fejé)* crown of head; **feje ~jáig** up to his ears **2.** *(madár fején)* crest, tuft
búbánat sorrow, grief
buborék bubble
bucka sand-hill, dune
búcsú 1. *(távozáskor)* farewell, leave, good-bye; **a ~ órája** the hour of parting; **~t int** wave good-bye **2.** *(templomi)* patronal festival
búcsúelőadás farewell performance
búcsújárás pilgrimage
búcsúzás farewell
búcsúzkod|ik *(vktől)* say* good-bye (to sy)
búcsúztat bid* farewell to, *(szónoklattal)* deliver a farewell speech
B.ú.é.k. = *Boldog új évet kívá-*

nok (A) Happy New Year (to you)
búg *(motor)* hum, *(repgép)* drone, *(sziréna)* wail, *(galamb)* coo
búgócsiga humming-top
bugyborékol bubble
buggyos buggy
bugyi panties *(tbsz)*
bugyog flow/bubble forth, stream
buja 1. *(növényzet)* rank, luxuriant **2.** *(ember)* sensual, lecherous
bujdos|ik hide*, live in exile
búj|ik 1. *(vm elől)* hide*, conceal oneself **2.** *(vmbe)* slip (into sg)
bujkál hide*, lurk
bújócska hide-and-seek
bújtat 1. *(rejt)* hide*, conceal **2.** *(vmt vmbe)* slip (sg into sg)
bujtogat incite (to), stir up
bujtogató *fn,* instigator
bukás 1. *(esés)* fall **2.** *(kormányé)* downfall, defeat, *(üzleti)* collapse, bankruptcy **3.** *(vizsgán)* failure
bukdácsol stumble, trip
bukfenc somersault; **~et hány** turn a somersault
buk|ik 1. fall*, tumble **2.** *(víz alá)* dive
bukkan *(vmre)* strike* upon, come* across (sg)
bukósisak crash-helmet
buktat 1. *(vizsgán)* fail, plough, *(kormányt)* owerthrow* **2.** *(víz alá)* duck
Bulgária Bulgaria
bulla bull, edit
bunda 1. *(kabát)* fur-coat **2.** *(állaté)* fur; **alszik mint a ~** sleep* like a top/log
bundabélés fur lining
bundacipő fur-lined boots *(tbsz)*
bunker 1. *(légó)* air-raid shelter **2.** *(kis erőd)* pillbox
bunkó knob, butt, club
bunkósbot club, cudgel
búr Boer
búra *(üveg)* bell-glass
burgonya potato
burgonyaleves potato-soup
burgonyapüré mashed potatoes *(tbsz)*
burgonyasaláta potato-salad
burjánz|ik grow* wild
burkol 1. *(ált vmbe)* cover (with), wrap* up (with/in); **vmt homályba ~** *(átv)* obscure sg **2.** *(utat)* pave
burkolat 1. *(ált)* cover, envelope, wrapping **2.** *(úté)* pavement
burkolóz|ik wrap* oneself up (in sg); **hallgatásba ~ik** observe silence
burkolt *(átv)* hidden, disguised; **~ célzás** covert hint
burleszk burlesque
burnót snuff
burok cover
burzsoá bourgeois, middle-class
burzsoázia bourgeoisie, the middle/capitalist class
bús sad, sorrowful, gloomy
busás abundant; **~ ár** high price
búskomor melancholic, depressed
búslakod|ik grieve; **~ik vm miatt** be* grieved at/over sg
búsul grieve, sorrow; **ne ~j!** cheer up!, never mind!
buta stupid, silly, foolish
butaság stupidity, silliness
butít make* stupid, stupefy
bútor furniture
bútordarab piece of furniture
bútorhuzat furniture cover
bútorozatlan unfurnished
bútorozott furnished; **~ szoba** lodgings *(tbsz)*
bútorszállító *fn, (munkás)* moving man *(tbsz* moving men); **~ kocsi** furniture van
bútorszövet furnishing material
bútorzat furniture

búvár diver
búvárkod|ik *(vmben)* investigate (sg)
búvóhely hiding-place
búza wheat
búzadara semolina
búzakalász ear of wheat
búzaliszt wheaten meal
búzaszem grain of wheat
búzatábla wheat-field, cornfield
búzavirág cornflower
buzdít encourage, stimulate *(amire* to do sg)
buzdítás encouragement, stimulation
buzgalom zeal, fervour, ardour
buzgó zealous, ardent
buzgólkod|ik be* zealous/ardent
buzog bubble, *(forró víz)* boil up
buzogány mace, club
bűbájos enchanting, charming
büdös stinking, smelly; **ez ~!** it stinks!, it has* a smell
büdösség *(szag)* stink, stench
büdzsé budget
büfé buffet, snack bar
bükk beech
bükköny vetch
bűn 1. *(jogilag)* crime, offence **2.** *(vallásilag)* sin **3.** *(erkölcsi)* fault, evil, vice
bűnbak scapegoat, whipping-boy
bűnbánat repentance, remorse
bűnbánó penitent, repentant
bűnbocsánat *(vallási)* absolution
bűncselekmény crime, felony
bűnhőd|ik suffer (for sg), expiate (sg)
bűnjel corpus delicti
bűnlajstrom record of crimes
bűnös I. *mn,* **1.** criminal, guilty, culpable; **~nek vallja magát** plead guilty; **~nek talál vkt** find* sy guilty **2.** *(átv)* evil, wicked **II.** *fn,* criminal; **háborús ~** war criminal
bűnöző criminal, delinquent
bűnrészes accomplice
bűntárs accessory
bűntény crime
büntet punish, *(gyereket)* chastise
büntetendő *(kihágás)* culpable (offence), *(bűntény)* criminal (act)
büntetés punishment, *(jogilag)* penalty; **~ből** as a punishment; **~t elenged** remit a punishment; **~t szab ki vkre** impose a fine/penalty on sy
büntetett előéletű previously convicted *(ut)*
büntetlen előéletű with a clean record *(ut)*
büntető penal; **~ törvénykönyv** criminal/penal code
büntetődobás free/penalty throw
büntetőjogi felelősség criminal responsibility
büntetőrúgás penalty kick
bűntett crime, felony; **~et követ el** commit a crime
bűntudat guilty conscience
bűnügy crime, *(jogilag)* criminal case
bűnvádi eljárás criminal procedure
bürokrácia bureaucracy
bürokrata *fn,* bureaucrat
büszke 1. proud *(amire* of) **2.** *(elítélő értelemben)* haughty, arrogant
büszkélked|ik swagger; **~ vmvel** be* proud of sg, *(hencegve)* boast of/with sg
büszkeség pride, *(elítélő értelemben)* haughtiness; **~gel** proudly; **irodalmunk ~e** pride of our literature
bütyök 1. *(fában)* knot, *(kézen)* knuckle, *(lábon)* bunion **2.** *(műszaki)* cam
bűvész 1. *(mutatványos)* juggler **2.** *(varázsló)* magician, wizard

bűvészet witchcraft, magic
bűvészked|ik juggle
bűvészmutatvány conjuring trick, sleight of hand, *(átv)* tour de force
bűvös magic, bewitching
bűz stink, stench
bűzbomba stink-bomb
bűzl|ik stink*, smell* badly

C

C = *Celsius* Celsius, centigrade, C
cafat rag, shred; **~okra tép** tear* into shreds
cáfol refute, *(tagadva)* deny
cáfolat denial (of sg), refutation
cakkos jagged, notched
cammog trudge along, plod
camping felszerelés camping equipment
cápa shark
cár tsar, czar
cárizmus tsarism, czarism
cécó 1. *(mulatozás)* carousal, merrymaking 2. *(hűhó)* fuss, ado
cédrus cedar
cédula slip, scrap of paper, *(írott)* note
cefre mash
cég firm, (commercial) house; **jó ~** a firm of good standing, *(gúnyosan)* ne'er-do-well; **~et jegyez** sign in the firm's name
cégér signboard; **a jó bornak nem kell ~** good wine needs no bush
cégéres gazember an arrant knave
cégjegyzék register of firms
cégjelzés *(levélpapíron)* letterhead; **~es boríték** headed envelope
cégszerű aláírás proper signature
cégtábla signboard
cégtulajdonos proprietor of the firm
cégvezető managing clerk, manager
céh guild, corporation
céhrendszer guild system
cékla beetroot
cél 1. *(tábla)* mark, target, *(sport)* goal; **~ba lő** shoot* at a target; **~ba talál** *(átv)* strike* home; **~ba vesz** aim (at sg); **~hoz ér** reach the goal/destination; **túllő a célon** overshoot* the mark 2. *(szándék)* aim, purpose, intention; **~ nélküli** aimless; **a ~nak megfelel** serve the purpose; **azzal a ~lal (hogy)** with the aim of (doing sg); **~ul kitűz** aim at, set* as an aim
célállomás designation
célegyenes finishing straight
célhatározó adverbial construction of purpose
célirányos purposeful
célkitűzés object, programme
cella cell
céllövészet target practice, *(katonai)* musketry training
celofán cellophane
céloz 1. *(fegyverrel vmre)* (take*) aim at 2. *(beszédben vmre)* hint at, allude to; **mire célzasz ezzel?** what do* you mean by that? 3. *(átv)* have* in view; **ezek az intézkedések azt ~zák ...** these measures aim at ...
célpont target, mark, *(átv)* aim, goal; **katonai ~ok** military objectives
célravezető expedient, useful
Celsius-fok centigrade degree *(átszámítását Fahrenheit fokokra lásd a Függelékben)*
célszalag tape

célszerű expedient, suitable; **~nek találta** he deemed it advisable
célszerűtlen inexpedient, impractical
céltábla target, butts *(tbsz)*
céltalan aimless, purposeless
céltudatos 1. *(vk)* conscious of one's purpose *(ut)* **2.** *(vm)* purposeful, resolute
célzás *(átv)* hint, allusion; **~t tesz vmre** hint at sg
célzatos tendentious
cement cement
cementez cement
centenárium hundredth anniversary, centenary
center(csatár) centre forward
centiméter centimetre
centrális central
centralizál centralize, concentrate
centrifuga centrifuga, *(ruhának)* spin-drier
centrifugális centrifugal; **~ erő** centrifugal force
centripetális centripetal; **~ erő** centripetal force
cenzúra censorship
cenzúráz censor, blue-pencil
ceremónia ceremony, formality
ceremóniamentes informal
cérna thread, yarn
cérnaszál thread
ceruza pencil
ceruzahegyező pencil sharpener
cethal whale
cián cyanide
ciánoz disinfect the house of bugs
cibál tug* at, pull
cica puss, pussy
cicomáz adorn; **~za magát** prink (oneself), trick oneself out
cifra ornamented, *(elítélő értelemben)* showy
cifrálkod|ik trick oneself out
cigány gipsy
cigányprímás leader of a gipsy-band
cigányútra ment *(a falat)* food went* down the wrong way
cigányzene gipsy music
cigaretta cigarette; **cigarettára gyújt** light* a cigarette
cigarettaszipka cigarette holder
cigarettatárca cigarette-case
cigarettáz|ik smoke a cigarette
cikáz|ik *(villám)* flash
cikcakkos zigzagged
cikk 1. *(újságban)* article **2.** *(áru)* article, item, goods *(tbsz)* **3.** *(vmnek része)* section **4.** *(cikkely)* article, paragraph (of a law)
cikkely paragraph
cikkez|ik write* articles
ciklámen cyclamen
ciklus *(előadás)* series, course, *(versekből)* cycle
cikornyás bombastic
cilinder 1. *(kalap)* top hat **2.** *(motorhenger)* cylinder
cím 1. *(lakásé)* address; **Beach úr ~én** care of Mr. B., c/o Mr. B.; **megadja a ~ét** give* one's address **2.** *(állásé/könyvé)* title; **~et adományoz** confer a title **3. milyen ~en?** by what right?; **azon a ~en** on/under the pretext of/that
cimbalom dulcimer, cymbal
cimbora fellow, companion
címer *(nemesi)* coat-of-arms, shield; **nemzeti ~** arms of a nation *(tbsz)*
címeres gazember thorough-paced villain
címertan heraldry
címez 1. *(vmt vknek)* address (sg to sy) **2.** *(vkt vmnek)* address/entitle (sy sg)
címfelirat inscription
címjegyzék directory
címke label
címkép frontispiece
címkéz attach label to sg, label
címlap title page

cimpa lobe, ear-flap
címszerep title-role
címtábla 1. *(falon)* sign, signboard **2.** *(könyvön)* frontispiece
címzés address
címzett *fn*, *(levélé)* addressee, *(áruküldeményé)* consignee
cin tin
cincog 1. *(egér)* squeak **2.** *(hegedűn)* scrape (on the fiddle)
cingár slight, lean, thin
cinikus *mn*, cynical
cinizmus cynicism
cink zinc
cinke titmouse *(tbsz* titmice)
cinkos accomplice, accessory
cinóbervörös vermilion (red)
cintányér cymbal, cymbals *(tbsz)*
cipel carry, *(nehezet)* drag; **magával ~** drag along
cipész shoemaker, bootmaker
cipó loaf (of bread) *(tbsz* loaves)
cipő *(fél)* shoes, *(fűzős)* laced boots, *(magas)* boots *(mind tbsz)*; **~t húz** put* on shoes; **~t levet** take* off shoes
cipőbolt shoe shop
cipőfűző shoelace, bootlace
cipőgyár boot and shoe factory
cipőhúzó shoe-horn
cipőkenőcs shoe/boot polish
cipősarok shoe/boot heel
cipőtalp sole
cipőtalpalás (shoe-)soling
cipőtisztító shoeblack
ciprus cypress
cipzár zipper, zip-fastener
cirill Cyrillic
ciripel *(tücsök)* chirp
cirkál *(kóborolva)* rove, *(hajó)* cruise; **a rendőrség ~ a városban** the police are* patrolling the town
cirkáló *fn*, *(hajó)* cruiser
cirkusz circus, hippodrome
cirkuszi mutatvány stunts *(tbsz)* acrobatics *(tbsz)*
cirmos *fn*, tabby-cat
cirógat *(vkt)* fondle, caress, *(állatot)* stroke
cirok broomcorn, sorghum
cirpel chirp
ciszterna cistern
citadella citadel, fort(ress)
citera zither(n)
citrom lemon
citromhéj lemon peel
civakod|ik wrangle, quarrel
civil I. *mn*, civil **II.** *fn*, civilian
civilizáció civilization
civilizálód|ik become*/get* civilized
civilizált civilized, refined
civód|ik quarrel, wrangle
cm = *centiméter* centimetre, cm
cókmók bag and baggage
colstok folding rule
comb thigh, *(sertés)* ham, *(borjú/szárnyas/birka)* leg
copf plait(ed hair), pigtail
cölöp stake, pile, post
cövek peg, spike, pin, plug
cucli (baby's) comforter, *(üvegen)* nipple
cukor sugar; **cukrot tör** powder sugar; **~ral beszór** sprinkle/dust with sugar
cukorbajos diabetic
cukorbetegség diabetes
cukorborsó *(növény)* sugar pea, *(kész étel)* pease
cukorgyár sugar factory
cukorka sweets *(tbsz)*, sweetmeat, *(US)* candy
cukornád sugar-cane
cukorrépa sugar-beet
cukortartó sugar-basin
cukrász confectioner
cukrászda confectionery
cukrászsütemény pastry, (fancy) cakes *(tbsz)*
cukroz sugar, sweeten
cuppanós *(csók)* smacking, loud (kiss)
cvikker pince-nez
C-vitamin vitamin C

Cs

csábít allure, lure, attract; **bűnre ~** tempt to evil
csábítás lure, temptation, *(szerelmi)* seduction
csábító I. *mn*, alluring, tempting, seducing **II.** *fn*, tempter, seducer
csacsi I. *mn*, silly, foolish **II.** *fn*, **1.** donkey, young ass **2.** *(átv)* little ass, fool
csacsog prattle, chatter
csahol bark, yelp, bay
csajka mess-tin
csak I. *hat*, *(csupán)* only, but, merely; **~ úgy mint** just as much as **II.** *indulatszó* **1.** **tessék ~ befáradni!** come right in!; **nézd ~!** just look; **~ nem?!** not really! **2.** *(bárcsak)* if only **3.** *(ellenkezés)* **~ azért is!** for all that **4.** **aki ~** whoever; **ami(t) ~** whatever; **amíg ~ él** while he lives; **ahol ~** wherever; **ahová ~ megy** where(so)ever he may go; **amikor ~** whenever
csákány pick-axe
csakhamar presently, soon
csakhogy 1. *(ellenkezés)* yet, however **2.** *(végre)* at last
csakis 1. *(csupán)* only, simply **2.** *(hogyne)* surely, certainly
csáklya grappling hook/iron
csaknem almost, nearly
csákó shako, kepi
csakugyan 1. *(erősítés)* really indeed **2.** *(kételkedő kérdés)* is* that so?
csal cheat, deceive, *(áruval/pénzzel vkt)* defraud sy; **~ja a feleségét** is* unfaithful to his wife; **a látszat ~** appearances are deceptive
család family; **a ~hoz tartozik** he is* one of the family; **~ot alapít** found a family; **van ~ja?** have* you any children?
családanya mother of a/the family
családapa father of a/the family
családfa family tree, pedigree
családfenntartó breadwinner
családfő head of the family
családi family, domestic; **~ élet** family life; **~ ház** family house; **~ kör** family circle; **~ név** family name, surname; **~ pótlék** family allowance
családias familiar, homely
családnév surname, family name
családos ember family man *(tbsz* men)
családtag member of a family
csalafinta crafty, sly
csalán nettle, stinging-nettle
csalánkiütés nettle rash
csalárd false, *(átv)* deceptive; **~ módon** fraudulently
csalás fraud, swindle
csalétek lure, bait, *(átv)* decoy
csalfa false, deceitful
csalhatatlan infallible
csalit thicket, copse
csaló *fn*, deceiver, cheat, swindler
csalódás *(érzelmi)* disappointment (in/with); **optikai ~** optical illusion
csalód|ik be* disappointed (in sg); **ha nem ~om** unless I am* (very much) mistaken
csalogány nightingale
csalogat *(vmvel)* entice, lure, allure (with sg)
csalóka deceptive, illusory
csámcsog champ
csámpás knock-kneed, *(átv)* clumsy
csap¹ *ige*, **1.** *(üt)* strike*, hit* **2.** *(dob)* throw*, fling* **3.** **~ja a szelet vknek** flirt with sy; **nagy lakomát ~** give* a big supper
csap² *fn*, *(folyadéké)* tap, *(hor-*

dón) spigot; **~ot kinyit** turn on the tap; **~ot elzár** turn off the tap; **~ra veri a hordót** tap a barrel

csáp feeler; **kinyújtja ~jait vm felé** *(átv kb)* try to obtain sg (by underhand means)

csapadék rainfall, moisture; **évi ~** annual precipitation

csapadékos wet, rainy

csapágy bearing(s)

csapás 1. *(ütés)* stroke, blow; **egy ~ra** at one stroke, at a blow, *(hirtelen)* at once **2.** *(természeti)* misfortune, *(embert érő)* blow (of fortune), tribulation; **nagy ~ érte** great misfortune befell* him **3.** *(állaté)* track, trail

csapat troop, *(futball)* eleven, *(sport)* team, *(úttörő)* group

csapatbajnokság team championship(s)

csapatgyűlés *(úttörő)* group meeting

csapatkapitány captain of the team

csapatosan in troops, *(állatok)* in flocks, *(tömegekben)* in multitudes

csapatösszevonás concentration of troops

csapatparancsnok commander of the troop

csapatparancsnokság command post, headquarters *(tbsz)*

csapatszemle review of troops; **csapatszemlét tart** review troops

csapattiszt troop officer

csapatverseny team competition

csapda trap, snare, *(csak átv)* pitfall

csapkod beat*, lash, *(szárnyával)* flutter

csapláros inn-keeper

csaplyuk mortise

csapnivaló execrable, atrocious

csapóajtó flap-door

csapodár fickle, inconstant

csapód|ik *(ajtó)* close, slam, *(tárgy vmnek)* dash (into/on/against sg)

csapol *(folyadékot/hordót)* tap, *(sört/bort)* draw*, *(orv)* tap; **~t sör** draught beer

csapong 1. *(röpköd)* flit, flutter **2.** *(beszédben)* ramble, wander

csapos bartender, barman *(tbsz* barmen)

csapott vállú round-shouldered

csapoz tenon, mortise

csapózár snap-lock

csapszeg bolt, pin

csapszék pothouse, tavern

csapzott *(ruha)* drenched, *(haj)* matted

csárda wayside inn

csárdás czardas

csarnok hall

császár emperor

császári imperial; **~ udvar** imperial court

császármetszés Caesarean section

császárnő empress

császárság 1. *(ország)* empire **2.** *(uralom)* imperial rule

csat clasp

csata battle, fight, *(átv)* struggle; **csatát vív** fight* a battle

csatahajó battleship

csatangol ramble, stroll

csatár 1. *(katona)* warrior **2.** *(futball)* forward

csatarend battle array

csatározás skirmish

csatársor *(futball)* the forwards *(tbsz)*

csatasor battle line

csatatér battlefield; **elesik a ~en** be* killed in action

csatazaj din of battle

csatáz|ik fight*, battle

csatlakozás *(vasúti, műszaki)* connection

csatlakoz|ik 1. *(vkhez)* join (forces with sy), attach oneself (to sy); **~om véleményéhez** I support your opinion, I agree with you 2. *(vasúti)* connect (with sg) 3. *(műszaki)* abut; **a vezeték a hálózathoz ~ik** the wire joins the mains

csatlakozóállomás (railway) junction

csatlós I. *fn*, 1. henchman *(tbsz* henchmen) 2. *(átv)* satellite II. *mn*, **~ állam** satellite (state/country)

csatol 1. *(vmvel hozzáerősít)* clasp 2. *(vmhez)* fasten (to); **területet ~** annex a territory (to another) 3. *(iratot mellékletként)* enclose (with)

csatorna 1. *(természetes)* channel, *(ásott)* canal 2. *(szennyvíz-levezető)* drain-pipe, *(utcai)* gutter, *(TV)* channel

csatornázás canalization

csattan clap, *(ostor)* crack

csattanó *fn*, point (of joke)

csattog 1. crack, clatter, *(szárny)* flap 2. *(fülemüle)* warble

csávába kerül get* into a pickle/fix

csavar I. *ige*, *(csavart)* screw, *(elfordít)* twist, turn, *(vm köré)* wind* around II. *fn*, screw

csavaranya (screw-)nut, female screw

csavargó *fn*, tramp, vagabond

csavargőzös screw-steamer

csavarhúzó screw-driver

csavarkulcs key-wrench

csavarmenet thread

csavarod|ik *(vmre)* turn, wind* itself (onto sg)

csavarog loaf, wander, stroll

csavarorsó screw, threaded spindle

csavaros ceruza propelling pencil

cseber bucket, pail; **~ből vederbe** out of the frying-pan into the fire

csecsebecse knick-knacks *(tbsz)*, trinket

csecsemő baby, suckling

csecsemőgondozó infantile welfare centre

csecsemőotthon crèche, day-nursery

cseh Czech, Bohemian

csehszlovák Czehoslovak

Csehszlovákia Czehoslovakia

csekély trifling, small; **~ értékű** of little value *(ut)*; **~ különbség** a slight difference; **nem ~ebb mint** nothing less than; **a leg~ebb mértékben** in the least measure possible

csekélység 1. *(vmnek csekély volta)* smallness, littleness 2. *(apróság)* trifle; **~!** *(gúnyos felkiáltás)* is that all?

csekk cheque, *(US)* check; **~en átutal** transfer by cheque; *(postai)* **~en befizet** send*/pay* by postal order; **~et elfogad** honour a cheque; **~et kiállít** write* out a cheque

csekk-könyv cheque-book

csekklap = **csekk**

csekkszámla bank account

csel ruse, trick; **~t sző** hatch a plot

csélcsap fickle, inconstant

cseléd servant, domestic

cselédség servants *(tbsz)*, domestics *(tbsz)*

cselekedet action, deed

cselekmény action, *(regényé/drámáé)* plot

cseleksz|ik act; **jogtalanul ~ik** act unlawfully; **jót ~ik** do* good; **mit cselekedtél?** what have* you done?

cselekvés act, action, activity, deed

cselekvő igealak active voice

cselez feint, *(futball)* dribble, dodge

cselgáncs judo

cselleng loaf, stroll

csellista cello player
cselló violoncello, cello
csellóz|ik play (on) the cello
cselszövés plot, plotting, intrigue
cselszövő schemer, intriguer
csembaló harpsichord
csemege 1. delicacy, dainty 2. *(fogás)* dessert
csemegekereskedés delicacy shop, *(US)* delicatessen (store)
csemete 1. *(fa)* sapling 2. *(gyermek)* child *(tbsz* children), *(átv)* offspring
csempe glazed (wall) tile
csempész I. *ige*, smuggle II. *fn*, smuggler
csen filch, pilfer, lift
csend silence, stillness; **~ legyen!** keep* quiet!, silence!
csendélet still life
csendes still, quiet, *(ember)* silent
csendesed|ik calm down
Csendes-óceán Pacific Ocean
csendestárs sleeping partner
csendháborítás breach of the peace
csendőr *(kb)* gendarme
csendül sound, resound, ring*
csenevész *(ember)* puny, *(bokor)* stunted
cseng *(hang/csengő/telefon)* ring*, *(fül)* tingle
csenget ring*, *(csengővel)* ring* the bell; **~tek** there's* a ring at the door
csengő I. *fn*, bell; **megnyomta a ~t** he rang* the bell II. *mn*, **~ hangon** in a sonorous voice
csepeg drop, drip, dribble
csepegtet 1. drip, drop 2. *(vmbe átv)* instil (sg into sy), imbue (sy with sg)
csépel 1. *(gabonát)* thresh, thrash 2. *(vkt)* thrash
csepereg drip, dribble, *(eső)* drizzle
cséplés threshing
cséplőgép threshing-machine
csepp I. *fn*, 1. drop 2. *(átv)* bit; **egy ~et sem** not in the least II. *mn*, tiny, very small
cseppen drop, drip; **hát te hogyan ~tél ide?** and how did* you happen to get here?
cseppenként drop by drop
cseppent drop
cseppfolyós fluid, liquid
cseppfolyósít 1. *(szilárdat)* liquefy 2. *(gázneműt)* condense
cseppkő dripstone, stalactite
cseppkőbarlang stalactite cave
cseppnyi a drop of, *(átv)* a little bit of
csepül abuse, run* (sy) down
cser oak (tree)
cserbenhagy let* sy down; **~ta áldozatát** *(autós)* he failed to stop after a road accident
csere exchange; **cserébe vmért** in exchange for sg
csereakció exchange scheme
cserebere barter in kind
cserebogár cockchafer
cserejátékos substitute
cserekereskedelem barter(ing), trade by barter
cserél *(vmt vmért)* exchange (sg for sg)
cserép 1. *(tetőn)* roof tile 2. *(virág)* flower pot 3. *(törmelék, törött tárgy)* crock, fragment; **cserepekre tör** smash
cserépedény earthen(ware) vessel; **mázas ~ek** glazed earthenware
cserepes növény pot plant
cserépkályha tile stove
cseréptető tiled roof
cseresznye cherry
cseresznyefa cherry-tree
csereügylet barter, truck
cserez tan (leather)
cserfa *(élő)* oak-tree, *(anyag)* oak-wood
cserje shrub, bush
cserjés *fn*, shrubbery, copse
cserkész boy-scout

csermely brooklet, rivulet
csersav tannic acid, tannin
csésze 1. cup, *(mosdóé)* wash-basin; **egy ~ kávé** a cup of coffee 2. *(virágé)* calyx *(tbsz* calices is)
csészealj saucer
csetepaté *(katonai)* skirmish, *(veszekedés)* wrangle
csetl|ik-botl|ik stumble about, totter
csettint 1. *(ostorral)* crack (whip) 2. *(nyelvével)* click (one's tongue)
cséve bobbin
cseveg chat, converse
csevegés chat, small talk
csibe little chicken, chick
csibész urchin, street-arab
csicsereg twitter, chirrup
csiga 1. snail 2. *(gép)* pulley 3. *(játék)* top; **búgó ~** humming top 4. *(hajban)* curl 5. *(oszlopon)* volute
csigaház (snail) shell
csigalépcső spiral stair
csigasor pulley-block
csigamenet worm-cut
csigavonal spiral (line), *(oszlopon)* volute
csigolya vertebra *(tbsz* vertebrae)
csihol strike* a light
csík stripe, streak; **~ nélküli harisnya** seamless stockings *(tbsz)*
csikarás colic, gripes *(tbsz)*
csikk cigarette-stub
csiklandós 1. ticklish 2. *(átv)* delicate
csiklandoz tickle
csikó foal, *(elválasztás után)* colt
csikorgás creaking, grating
csikorgat (make* sg) creak, grind*; **fogát ~ja** gnash/grind* one's teeth
csikorgó 1. creaking 2. **~ hideg** biting cold
csikorog grate, creak, *(fog)* gnash, *(fék)* squeak
csikós horseherd
csíkos striped
csilingel ring*, tinkle
csillag star; **ötágú ~** five-pointed star; **~ok állása** constellation; **~okat lát** *(a fájdalomtól)* see* stars
csillagász astronomer
csillagászat astronomy
csillagfürt (white) lupine
csillaghullás star shower
csillagkép constellation
csillagos starry
csillagpálya orbit of stars
csillagrendszer planetary system
csillagvizsgáló *fn, (intézet)* observatory
csillagzat constellation
csilláml|ik scintillate, glitter
csillan flash, gleam
csillapít *(éhséget)* appease, *(fájdalmat)* relieve, *(szomjúságot)* quench
csillapító szer sedative
csillapod|ik become* quiet, *(fájdalom)* abate, *(szél)* drop, die down
csillár chandelier, *(villanyégős)* lustre
csille miner's truck, *(magas vezetéken)* bucket (of overhead railway)
csillog shine*, glitter, sparkle
csillogás glitter, shine
csimpánz chimpanzee
csimpaszkod|ik *(vmbe)* cling* (to sg)
csinál 1. *(készít)* make* 2. *(tesz)* do*; **mit ~sz?** what are* you doing?; **mást sem ~ mint** he does* nothing but; **hát mit ~jak?** what am* I to do?; **nagy kárt ~** do* great damage
csináltat have* sg made; **~tam egy pár cipőt** I had* a pair of shoes made; **~tam a suszterral egy pár cipőt** I had* the shoemaker make me a pair of shoes

csinos 1. *(szép)* nice-looking, *(nő)* pretty, *(férfi)* handsome 2. *(rendes/kellemes)* neat, trim, smart; **~ kis összeg** a tidy sum
csintalan naughty, mischievous
csíny trick; **~t követ el** play a trick (on sy)
csíp 1. *(ujjal/fogóval)* pinch 2. *(csalán/méh/füst a szemet)* sting*, *(élősdi)* bite* 3. **vkt nyakon ~** collar sy
csipás szemű rheumy eyed
csipcsup petty, trivial
csipeget pick about; **~ az ételből** peck at one's food
csiperke *(mezei)* common mushroom, *(tenyésztett)* champignon
csípés *(élősdié)* bite
csipesz pincers *(tbsz)*
csipet pinch (of sg)
csipke lace
csipkebogyó hip
csipkebokor briar bush
csipkedísz lace trimming
csipkelődés banter, teasing
csipkerózsa dog-rose, briar
csipkés lacy, *(csipkézett)* indented
csipkeverő lace-maker
csipkézett toothed
csipog peep, chirrup
csípő hip; **~re tett kézzel** with arm(s) akimbo
csípőfogó nippers *(tbsz)*
csípőízület hip-joint
csípős *(bors)* hot, *(hang)* acrimonious, *(hideg)*, biting, severe, *(megjegyzés)* sharp; **~en** pointedly, maliciously
csiptető 1. nippers *(tbsz)* 2. *(cvikker)* pince-nez
csíra 1. germ, seed-bud 2. *(betegségé)* seeds *(tbsz)* 3. *(átv)* nucleus *(tbsz* nuclei); **csírájában elfojt** nip (sg) in the bud
csíraképes germinative
csíramentes sterile
csíráz|ik germinate, sprout
csiripel chirp, twitter; **ezt már a verebek is ~ik** it's* an open secret
csiriz flour-paste, size
csirke chicken; **már nem mai ~** she is* past her prime
csirkefogó rascal, rowdy
csiszol polish, rub, *(gyémántot)* cut* (diamond), *(üveget)* grind* (glass), *(stílust)* polish (style)
csiszolatlan 1. unpolished 2. *(átv)* rude, tough, *(személy)* unrefined
csiszolókorong grinding wheel
csiszolópapír emery paper
csiszolópor polishing powder
csiszolt 1. polished, *(gyémánt)* cut, *(üveg)* ground 2. *(átv)* refined, polished
csitít hush, still
csitri girl in her early teens
csíz siskin
csizma top-boots *(tbsz)*, boots *(tbsz)*
csizmadia boot-maker
csizmaszár boot-leg
csobog plash, splash, gurgle
csoda wonder, marvel *(vallási)* miracle; **ki a ~?**, who on earth?; **hol a csodában lehet?** where on earth can it/he be?; **az a ~ hogy** the wonder is* . . .; **nem ~ ha** no wonder if . . .; **csodák csodája!** marvel of marvels!
csodabogár *(ember)* queer fish *(tbsz* fish, fishes)
csodadoktor quack
csodagyermek infant prodigy
csodál 1. *(vkt/vmt)* admire; **~om a bátorságát** I admire his courage 2. *(meglepődik vmn)* wonder (at); **~om!** I am* surprised at it!
csodálat admiration, wonder; **~ba ejt** astonish, amaze; **~ra méltó** admirable, wonderful;

legnagyobb **~ára** to his no small suprise
csodálatos 1. *(remek)* wonderful, marvellous; **~an** wonderfully; **~an szép** exquisite 2. *(különös)* strange
csodálkozás astonishment, amazement; **legnagyobb ~omra** to my greatest suprise
csodálkoz|ik *(vmn)* wonder (at), marvel (at)
csodás marvellous
csodaszer cure-all, panacea
csók 1. kiss; **~ot ad** give* (sy) a kiss 2. *(mogyorós/diós)* macaroon
csókol kiss, give* sy a kiss
csokoládé chocolate; **egy tábla ~** a bar/cake of chocolate
csokoládés with chocolate *(ut)*
csokoládétorta chocolate-cake
csókolódz|ik kiss one another
csokor 1. *(virág)* bunch, nosegay 2. *(szalag)* bow, knot
csokornyakkendő bow-tie
csomag 1. parcel, package, *(poggyász)* luggage, *(US)* baggage; **~ot készít** make* (up) a parcel 2. **egy ~ cigaretta** a pack of cigarettes; **egy ~ kártya** a pack of cards
csomagfeladás posting of parcels; **~ 2-től 5-ig** parcel counter open from 2 till 5
csomagháló luggage rack
csomagkiadás parcel delivery
csomagkocsi post-office van
csomagol pack (up), *(papírba stb.)* wrap* (up)
csomagolás pack(ag)ing; **~ módja** manner of packing; **~ nélkül** without packing
csomagolatlan unpack(ag)ed, unwrapped; **~ áru** bulk goods *(tbsz)*
csomagolópapír brown/packing paper
csomagtartó *(vasúti fülkében)* luggage rack, *(autón hátul)* dicky, boot (of the car)
csomó 1. *(bog)* knot 2. **egy ~ ember** a number/bunch of people
csomópont point of junction, *(mértani/fizikai)* node, intersection; **vasúti ~** railway junction
csomós knotty, bunched
csomóz knot, tie a knot (in sg)
csónak boat
csónakáz|ik boat, row
csónakház boathouse
csónakverseny boat-race
csonk stub
csonka mangled, broken, *(kéz/láb)* maimed, *(ember)* mutilated, *(mű)* incomplete; **~ gúla** frustum of pyramid
csont bone; **csupa ~ és bőr** nothing but skin and bones
csonthártya periosteum
csonthártyagyulladás periostitis
csonthéjas gyümölcs stone-fruit
csontképződés ossification
csontos bony
csontozat bony frame
csontrák bone cancer
csontrepedés splitting of the bone
csontszilánk splinter of bone
csontszínű ivory
csonttörés fracture (of bone)
csontváz skeleton
csontvelő marrow
csoport group, *(munkás)* team, gang; **~okra oszt** divide into groups
csoportkép tableau
csoportos collective
csoportosít group
csoportosul form a group, gather; **~ vk köré** rally round sy
csoportosulás gathering
csoportvezető group leader, *(munkásoknál)* gang boss, *(vállalati)* head of section
csorba I. *mn*, defective, *(eszköz)* nicked, *(porcelán)* chip-

ped **II.** *fn*, **csorbát ejt vmn** damage, harm; **kiköszörüli a csorbát** make* amends (for a fault)

csorbít 1. *(kést)* notch, *(poharat)* chip **2.** *(átv)* damage

csorda herd (of cattle)

csordás herdsman *(tbsz* herdsmen)

csordul spill, overflow

csordultig to the brim; **~ a pohár** the cup is* full

csorgat pour (out) slowly

csorog run*, flow; **~ a nyála** *(átv, vm után)* sg makes* his mouth water

csoszog shuffle, slouch

csótány cockroach

csóva 1. *(tűz)* firebrand **2.** *(üstökösé)* tail (of comet)

csóvál 1. *(fejet)* shake* (the head) **2.** *(farkat)* wag (its tail)

cső 1. tube, pipe **2.** *(lőfegyveré)* barrel (of gun) **3.** *(kukoricáé)* (corn-)cob

csőbútor steel-tube furniture

csőcselék mob, rabble

csőd bankruptcy, insolvency; **~be jut** become* bankrupt, fail; **~öt mond** *(átv)* fail

csődít *(vhová)* draw* a crowd (to)

csődör stallion

csődtömeg-gondnok assignee in bankruptcy

csődül *(vhová)* throng (to a place), crowd (to)

csődület crowd, tumult

csőfurat bore

csökevény remnants *(tbsz)*, survivals *(tbsz)*

csökevényes rudimentary

csökken decrease, diminish, *(láz)* abate, *(sebesség)* slow down; **egyre ~** be* decreasing steadily; **~ a kereslet** demand slackens

csökkenés decrease, diminution

csökkenő waning, decreasing; **nem ~** unabating; **~ irányzat** downward tendency

csökkent I. *ige*, reduce, decrease, *(kiadást/létszámot)* cut* down **II.** *mn*, reduced

csökkentés reduction, decrease; **önköltség ~e** lowering first costs

csökönyös obstinate, stubborn

csömör nausea, surfeit, *(átv)* disgust

csöpög = **csepeg**

csőr bill, beak

csőrepedés pipe burst

csörgedez gurgle

csörgés rattle, clatter

csörget clatter, *(pénzt)* jingle, *(kardot)* rattle

csörgő *fn*, rattle

csörgőkígyó rattlesnake

csörlő winch, winder

csörög jangle, clatter, *(pénz)* chink

csörömpöl rattle, *(pohár)* jingle

csörren clink, clang

csörtet 1. *(kardot)* rattle (the sword) **2.** *(zajjal jár)* clatter (by)

csősz *(közkertben)* park-keeper, *(mezőn)* field-guard

csőtészta macaroni

csővezeték pipe, *(távolsági)* pipe-line

csúcs 1. *(hegy/tetőpont)* peak, top **2.** *(háromszögé)* vertex *(tbsz* vertices) **3.** *(átv)* summit **4.** *(sport)* record; **megdönti a ~ot** beat* the record

csúcseredmény record

csúcsérték maximum value

csúcsértekezlet summit meeting

csúcsforgalom peak traffic

csúcsíves pointed, ogival; **~ stílus** Gothic style

csúcsos pointed, peaked

csúcspont *(hegyé)* summit, *(folyamaté)* culmination, *(életé/hírnévé)* zenith

csúcsszervezet top organization

csúcsteljesítmény maximum output, *(sport)* record
csúf I. *mn*, ugly, hideous **II.** *fn*, **~ot űz vkből** make* fun of sy; **~fá tesz vkt** put* sy to shame
csúfít disfigure, deface
csúfnév nickname
csúfol mock, make* fun (of sy/sg)
csúfolód|ik mock, make* fun (of sy)
csúfos shameful, ignominious
csuha monk's habit
csuk close, shut*
csuka pike
csukamájolaj cod-liver oil
csukl|ik hiccough, hiccup
csukló 1. joint **2.** *(kézen)* wrist **3.** *(műszaki)* joint, link
csuklós autóbusz jointed bus
csuklya hood
csukód|ik close, shut*
csúnya *(külsőleg)* ugly, hideous, *(idő)* foul, rotten; **~ história** a nasty business
csupa all, mere, pure; **~ fül vagyok** I am* all ears
csupán merely, only
csupasz *(meztelen)* naked, nude, *(szőrtelen)* hairless, *(fal/fák)* bare
csupor mug, pot
csurog run*, flow
csuromvíz wet through *(ut)*
csuszamlás *(földtömegé)* land-slide
csúszda slip-way, *(szálfáknak)* timber-slide
csúsz|ik slide*, glide; **hiba ~ott a számításba** an error has* crept into his calculations
csúszó sliding
csúszó-mászó *fn*, *(ember)* toady, flatterer
csúszómászó *fn*, *(féreg)* crawler
csúszós slippery, smooth
csúsztat slip, slide* along
csutakol rub down (horse)
csutka *(almáé)* core (of apple) *(kukoricáé)* cob, corn-cob
csúz rheumatism
csúzli toy catapult, slingshot
csücsök corner
csücsörít: ajkát ~ette she pursed up her lips
csücsül sit*, perch (on)
csüd *(lóé)* pastern, *(madáré)* foot
csügged despair, lose* heart; **ne ~j!** cheer up!
csüggedés dejection, despair
csüggedt discouraged, down-hearted
csülök hoof *(tbsz* hoofs, hooves)
csüng 1. *(vm)* hang* (from sg) **2.** *(átv, vkn/vmn)* be* attached (to)
csűr barn
csűrés-csavarás quibling
csürhe 1. *(disznók)* herd of pigs **2.** *(átv)* rabble
csüt. = *csütörtök* Thursday. Thur., Thurs.
csütörtök 1. Thursday; **~ön** on Thursday; **jövő ~ön** next Thursday; **múlt ~ön** last Thursday; **minden ~ön** every Thursday; **~ön este** Thursday evening; **~re** by Thursday; **~ig** till Thursday **2. ~öt mond** *(puska)* miss fire, *(terv)* fail
csütörtöki Thursday, of Thursday *(ut)*; **egy ~ napon** on a Thursday

D

D = *dél* south, S
dac spite
dacára in spite of; **~ hogy** although
dacol *(vkvel/vmvel)* defy (sy/sg); **~ a viharral** weather the storm; **~va a törvénnyel** in defiance of the law

dacos 1. *(makacs)* defiant, obstinate 2. *(sértődött)* sulky
dada nurse(maid)
dadog stammer, falter
dagad 1. swell* 2. *(folyó/ár)* swell*, rise*
dagadt swollen, *(kövér)* fat
dagály flood, tide; **apály és ~** ebb and flow
dagályos *(stílus)* bombastic, *(színpadias)* theatrical
daganat *(külső)* swelling, *(belső)* tumour, *(ütéstől)* bump
dagaszt knead
dajka nurse
dajkál nurse (a child), tend
dákó (billiard) cue
dakszli dachshund
dal song, lay, air
dalárda choral society
dalest song recital
dália dahlia
daliás 1. stalwart; **~ termet** fine figure 2. *(hősies)* chivalrous, gallant
daljáték musical play/drama
dallam melody, tune; **vmnek a ~ára** to the tune of sg
dallamos melodious, tuneful
dalmű opera
dalol sing*
dalszöveg lyric
dáma lady
damaszt damask
dámvad fallow-deer
dán I. *mn*, Danish II. *fn*, Dane
dandár brigade
Dánia Denmark
dara 1. grits *(tbsz)*, coarse meal 2. *(időjárási)* sleet
darab 1. piece, *(kis)* bit; **egy ~ban** all in one; **~okban** in pieces; **~okra hull** fall* to pieces; **~ja három forint** three forints a/per piece 2. *(idő/terület)* piece, stretch; **egy ~ig elkísérlek** I shall go with you a little way; **várj egy ~ig** wait a little/bit 3. *(színdarab)* play, piece; **a ~ megbukott** the play was* a failure
darabáru 1. goods sold by the piece *(tbsz)* 2. *(vasúti)* piece goods *(tbsz)*
darabbér piece-wage
darabka little bit
darabol cut*/chop/parcel up
darabonként *(egyenként)* piece by piece, *(darabja)* per piece
darabos 1. *(anyag)* coarse, lumpy 2. *(stílus)* rugged
darabszámra by the piece, piecemeal
darál 1. grind* 2. **~ja a mondanivalóját** rattle it off
daráló grinder
darázs wasp
darázsfészek nest of wasps
dárda spear, lance, pike; **dárdát hajít** throw* a javelin
dáridó carousal, orgy
dáridóz|ik carouse, revel
daróc frieze
daru 1. *(madár)* crane 2. *(gép)* crane, hoist; **~val emel** hoist with a crane
datálód|ik date (from)
datolya date
dátum date
dauer perm(anent wave)
daueroltat have* a perm
db. = *darab* piece, pc.
de. = *délelőtt* morning, forenoon, a.m.
de 1. but, still, yet, however; **~ igen** certainly, of course 2. **~ szép!** how beautiful!
dec. = *december* December, Dec.
december December; **~ben** in December
decemberi (in/of) December
decentralizál decentralize
deci decilitre, *(US)* deciliter
dédanya great-grandmother
dédapa great-grandfather
dédelget 1. fondle, pet 2. *(kényeztet)* pamper

dedikál inscribe (a book to sy)
dedukció deduction
dédunoka great-grandchild *(tbsz* great-grandchildren)
defekt breakdown, *(gumié)* puncture; **~et kap** break* down, *(gumidefektet)* have* a puncture
deficit deficit, loss
definíció definition
deformálód|ik become* deformed
degenerált degenerate
degradál degrade (sy from rank)
dehogy oh no!, by no means!, not at all!
dehogynem why not?
deka decagramme
dekadens *mn,* decadent, declining
dékán dean (of a university faculty)
deklamál declaim, *(elítélő értelemben)* spout
deklarál declare, proclaim
deklináció declension
dekoltált *(ruha)* low-necked (dress)
dekoráció decoration, *(kitüntetés)* medal
dekorál decorate
dekoratív decorative
dekrétum decree, edict
dél 1. *(napszak)* noon; **~ben** at noon; **élete delén** in the prime of life **2.** *(égtáj)* south, the South; **~en** in the south; **~ felől** from the south; **~re** southward(s)
Dél-Afrika South-Africa
Dél-Amerika South-America
délceg stately, splendid
delegáció delegation
delegál delegate, depute
delel 1. *(pihen)* have* a rest at noon **2.** *(csillagászat)* culminate
délelőtt I. *hat,* in the morning/forenoon; **ma ~** this morning; **~ tízkor** at ten (o'clock) in the morning **II.** *fn,* morning
délelőtti in/of the morning *(ut)*
Dél-Európa Southern-Europe
déli 1. *(napszak)* noon; **~ szünet** midday recess **2.** *(égtáj)* south(ern); **~ fekvésű ház** house facing south; **~ sarkvidék** the Antarctic; **~ szélesség** southern latitude
délibáb 1. mirage, Fata Morgana **2.** *(átv)* castles in the air *(tbsz)*
déligyümölcs southern/tropical fruits *(tbsz)*
Déli-sark the South Pole
délkelet south-east
délkeleti south-eastern
délkör meridian
délnyugat south-west
délnyugati south-western
délsarki antarctic
délszaki southern, tropical; **~ növény** tropical plant
délszláv Southern Slav, Yugoslav
delta delta (of a river)
délután I. *fn, hat,* in the afternoon; **ma ~** this afternoon; **~ 3-kor** at three (o'clock) in the afternoon **II.** *fn,* afternoon
délvidék the South
demagóg I. *mn,* demagogic **II.** *fn,* demagogue
demarkációs vonal line of demarcation
demilitarizál demilitarize
demobilizál demobilize
demokrácia democracy; **népi ~** people's democracy
demokráciaellenes anti-democratic
demokrata I. *mn,* democratic **II.** *fn,* democrat
demokratikus democratic; **népi ~** people's democratic
demokratizál democratize
démon 1. demon **2.** *(nő)* vamp
demonstrál 1. *(tüntet)* dem-

onstrate 2. *(bizonyít)* prove, *(szemléltet)* display
demoralizál demoralize
denaturált szesz methylated alcohol
Dénes Den(n)is
denevér bat
deportál deport, *(bűnöst)* transport
depresszió 1. *(hangulati)* nervous depression **2.** *(gazdasági)* slump
deprimált depressed, disheartened
deputáció deputation, delegation
dér hoar-frost
dereglye ferry
derék[1] *mn*, **1.** *(jellem)* honest **2.** *(termet)* well-built, fine **3. ez ~ dolog** well done
derék[2] *fn*, **1.** *(emberé/ruháé)* waist; **~ig érő** waist-high; **~ig vízben** waist-deep in water; **beadja a derekát** yield, surrender **2.** *(közép)* middle, central; **a nyár derekán** in the middle of summer
derékbőség waistline
derékfájás backache
derékhad main (body of) army
derékhossz waist-length
derékszíj waist-belt
derékszög right angle
derékszögű rectangular; **~ háromszög** right triangle
dereng 1. *(hajnalban)* dawn **2.** *(átv)* appear vaguely
deres I. *mn*, **1.** *(színű)* grey; **~ haj** hoary hair **2.** *(dértől)* frosty, frosted **II.** *fn*, whipping post
derít 1. *(fényt vmre)* throw* light (on sg) **2.** *(jókedvre vkt)* cheer (sy) up
dermedt numb, stiff; **félelemtől ~en** paralysed with fear
dermesztő benumbing; **~ hideg van** it is* piercingly cold
derogál neki it is* below his dignity
derű 1. *(idő)* bright weather; **~re-borúra** rain or shine **2.** *(átv)* serenity
derül 1. *(idő/ég)* clear up **2. jókedvre ~** cheer up **3. fény ~ az ügyre** light is* thrown on the matter
derűlátás optimism
derűlátó I. *mn*, optimistic **II.** *fn*, optimist
derült *(ég)* clear, cloudless; **~ égből lecsapó villám** a bolt from the blue
derültség hilarity; **általános ~et kelt** cause general laughter
derűs 1. *(ég)* sunny, bright **2. ~ hangulat** *(emberé)* cheerful mood
destruál demoralize, undermine
destruktív demoralizing
deszka board, plank
deszkakerítés board-fence
desszert dessert
desztillál distil; **~t víz** distilled water
detektív detective
detektívfilm crime picture, detective film
detektívregény crime/detective story
determinál determine, fix
detonáció detonation
detronizál dethrone
dettó ditto
dévajkod|ik be* playful
devalváció devaluation
deviza foreign exchange
devizaárfolyam (rate of) exchange
devizakorlátozás foreign currency restrictions *(tbsz)*
dezavuál disavow, disclaim
dezinficiál disinfect
dezorganizál disorganize
dézsa pail, bucket; **úgy esik mintha dézsából öntenék** it is* raining cats and dogs
dézsmál rifle, pilfer

dia slide, transparency
diadal triumph, victory; **~ra visz** lead* to victory; **~t arat** *(vkn/vmn)* gain victory (over sy/sg), triumph (over sy/sg)
diadalittas flushed with victory *(ut)*
diadalív triumphal arch
diadalmaskod|ik *(vkn/vmn)* triumph (over sy/sg)
diadalmenet triumphal march
diadém diadem, coronet
diafilm film strip, *(lemezes)* slides *(tbsz)*
diagnózis diagnosis *(tbsz* diagnoses); **~t megállapít** diagnose sg
diagram diagram
diák schoolboy, schoolgirl, *(főiskolás)* student, undergraduate; **~ koromban** in my school-days
diákjóléti intézmények student welfare organizations *(tbsz)*
diákmenza students' canteen
diákotthon students' hostel
diákság 1. *(diákok)* students *(tbsz)* **2.** *(idő)* studentship
diákszövetség student association
dialektika dialectics
dialektikus dialectic(al); **~ materializmus** dialectical materialism
dialektus dialect
diapozitív (lantern) slide, transparency
dicseked|ik boast, brag; **ezzel nem lehet ~ni** that is* nothing to be proud of
dicsér praise, laud
dicséret praise, laudation; **~re méltó** praiseworthy, laudable
dicshimnusz panegyric, eulogy; **~okat zeng vkről** sing* the praise of sy
dicső glorious
dicsőít glorify, praise, laud
dicsőség glory, honour
dicsőséges glorious, illustrious
dicstelen ignominious
dicsvágyó ambitious
didaktika didactics
didereg shiver (with cold), shudder
Diesel-motor Diesel engine
Diesel-mozdony Diesel locomotive
diéta diet; **diétát tart** be* on (a) diet
diétás dietary, dietetic; **~ koszt** diet; **~ nővér** dietician
diétáz|ik (be* on a) diet
differencia difference
differenciál 1. *(gép)* differential gear **2.** *(mennyiségtan)* differential (calculus)
differenciálhányados differential quotient
differenciálmű differential gear
differenciálód|ik differentiate (from)
diftéria diphtheria
díj 1. *(kitűzött)* prize; **~at kitűz** offer/set* a prize **2.** *(honorárium)* fee, *(munkáé)* pay, wages *(tbsz)*
díjaz 1. *(fizet)* pay*, recompense **2.** *(jutalmat)* reward
díjazás remuneration, fee
díjbeszedő collector
díjkiosztás prize giving
díjmentes free, free of charge *(ut)*
díjmentesít *(postai küldeményt)* prepay*
díjnyertes *fn*, prize-winner
díjszabás tariff
díjtalan *(állás)* unpaid, *(ingyen)* free of charge *(ut)*, gratis; **a belépés ~** free admission, admission free
diktál dictate; **a józan ész azt ~ja (hogy)** common sense demands (that)
diktátor dictator, autocrat
diktatúra dictatorship
dilettáns dilettante *(tbsz* dilettanti), amateur

dimenzió dimension
dinamika dynamics
dinamó dynamo, generator
dinasztia dynasty
dínomdánom merrymaking, revel, revelry
dinnye melon, *(görög)* water-melon, *(sárga)* musk-melon
dió nut, walnut; **kemény ~** hard nut to crack
dióbél kernel of (a) nut
diófa *(élő)* nut-tree, *(anyag)* walnut (wood)
dióhéj nutshell; **~ban** abridged, in a nutshell
dioptria diopter
diótörő nutcracker
diploma diploma, degree; **diplomát szerez** take* one's degree
diplomácia diplomacy
diplomáciai diplomatic; **~ jegyzék** (diplomatic) note; **~ kapcsolatok megszakítása** breaking off of diplomatic relations; **~ testület** diplomatic corps; **~ úton** through diplomatic channels
diplomamunka diploma work
diplomás degree-holding
diplomata diplomat
diplomatikus diplomatic; **nem ~** undiplomatic
direkt I. *mn,* direct, straight II. *hat,* directly; **ez ~ nevetséges** that's absolutely ridiculous
direktiva guiding rule
dirigál direct, *(parancsolgatva)* order people about
diskurál talk, gossip, chat
dísz 1. decoration, ornament 2. *(pompa)* pomp, parade; **teljes ~ben** in full dress; **~ére válik** does* honour to sg
díszbemutató gala night
díszeleg parade, *(elítélő értelemben)* show* off
díszelnök honorary president
díszemelvény grandstand
díszes ornamental, decorative, *(pompás)* splendid
díszfelvonulás festive procession, *(katonai)* parade
diszharmónia dissonance
díszhely place of honour
díszít decorate, adorn
díszítés decoration, ornament
díszkiadás edition de luxe
díszkíséret escort, cortège
diszkosz discus
diszkoszvetés discus throw
diszkréció confidence, secrecy
diszkrét discreet, cautious
díszlépés parade step
díszlet scene, scenery
díszletfestő scene(ry)-painter
díszlettervező stage-designer
díszlövés salvo, salute of guns
díszmenet festive/ceremonial procession
díszműáru fancy goods *(tbsz)*
disznó 1. pig, hog, *(gyűjtőnév)* swine 2. *(ember)* swine, dirty pig 3. *(kártya)* ace
disznóbőr pigskin
disznóhús pork
disznóól pigsty
disznóölés pig-killing
disznóság scandal, shame
disznósült roast pork
díszőrség guard of honour
díszpéldány 1. *(könyv)* presentation copy 2. **te ~!** you are* a fine one!
diszponál 1. *(vm fölött)* dispose (of sg) 2. **nem vagyok ~va vmre** I am* not in the mood to do sg
diszpozíció 1. *(rendelkezés)* disposition 2. *(kedély)* mood
díszszemle dress parade
disszertáció dissertation; **doktori ~** Ph.D. thesis *(tbsz* Ph. D. theses)
disszidál *(szökve)* desert (one's country), defect
disszidens dissenter, *(országból)* defector

disszonáns discordant
dísztárgy fancy article
dísztávirat special telegram (of congratulation)
díszterem ceremonial hall, *(székházban)* meeting hall
disztingvál distinguish
díszvacsora banquet
dívány couch, divan, sofa
divat fashion, mode, vogue; **~ot csinál** set* the fashion
divatáru *(férfi)* men's wear, *(női)* ladies' wear
divatáru-kereskedés ladies' and gentlemen's outfitters *(tbsz)*
divatbemutató fashion/dress-show
divatékszer costume jewellery
divatjamúlt out-of-fashion
divatlap fashion paper
divatos fashionable, modish, *(felkapott)* in vouge *(ut)*
divatrajzoló dress designer
divatszalon dressmaker's show-room
divatszín fashionable colour
divattudósítás fashion report
dizőz diseuse, night-club singer
DK = *délkelet* south-east, SE
dkg. = *dekagramm* dekagram(me), dkg.
dm = *deciméter* decimetre, dm.
DNy. = *délnyugat* south-west, SW
dob[1] *ige*, throw*, *(könnyű tárgyat)* cast*, fling*
dob[2] *fn*, drum; **~ra kerül** come* under the hammer; **~ra üt** *(hírt)* trumpet abroad
dobban *(szív)* throb, beat*
dobbant *(lábbal)* stamp (with one's foot)
dobhártya ear-drum; **megreped a ~** the ears burst*
dobog 1. *(szív)* throb **2.** *(lábbal)* stamp (one's feet)
dobogó *fn*, platform, stage
dobol drum, beat* the drum
dobos drummer
doboz box, *(karton)* carton
dobverő drumstick
docens (university) lecturer, reader
dogma dogma, tenet
dogmatikus dogmatic
dohány tobacco
dohánybolt tobacco shop, tobacconist's
dohányos *fn*, smoker
dohányzás smoking; **tilos a ~** no smoking
dohányz|ik smoke
dohányzó I. *mn*, smoking; **~ szakasz** smoking compartment **II.** *fn*, smoker; **nem ~** non-smoker
dohog 1. *(vk)* grumble, mutter **2.** *(gőzgép)* puff
dohos musty, fusty
dokk dock, dockyard
dokkmunkás dock-worker, docker
doktor doctor, *(orvos)* physician; **~ért küld** send* for a doctor; **~rá avat** confer the doctor's degree upon sy
doktorál take* one's doctor's degree
doktorátus doctorate
dokumentáció documentation
dokumentál prove, document
dokumentumfilm documentary (film)
dolgos industrious, diligent
dolgozat 1. *(tudományos)* dissertation, paper **2.** *(iskolai)* exercise, composition
dolgozatfüzet exercise/theme book
dolgoz|ik work, labour, toil; **vmn ~ik** work on sg; **gyárban ~ik** he works in a factory; **keményen ~ik** work hard
dolgozó I. *mn*, working; **a ~ nép** the working people; **~ paraszt** working peasant **II.** *fn*, *(munkás)* worker, working man *(tbsz* men), labour-

er; **~k iskolája** workers' school
dolgozószoba study, work-room
dollár dollar
dolog 1. *(munka)* work, task, labour; **sok a dolgom** I have* much to do **2.** *(ügy)* matter, business, affair; **a dolgok állása** the state of affairs; **ez az én dolgom** that's* my business; **nem az én dolgom** none of my business; **ízlés dolga** a question of taste; **pénz dolgában** as regards money; **szép kis ~!** a fine affair!; **hogy megy a dolgod?** how are* you getting on? **3.** *(tárgy)* thing, object
dolomit dolomite
dóm cathedral
domb hill, hillock
domboldal hillside
dombormű relief
domborod|ik swell* out, bulge
domború round, convex
domborulat *(kisebb)* boss, hump, *(nagyobb)* elevation
domborzati térkép relief map
dombos hilly
dombvidék hilly country
dominál prevail (over sg), dominate (sg)
domínium dominion
dominó domino
donga stave
dongó *(légy)* bluebottle, *(méh)* bumble-bee
dorbézol revel, carouse
dorgál chide*, rebuke
dorombol purr
dorong log, thick, stick, pole
dosszié file
dotál pay*, salary
dózis dose
döcög *(kocsi)* jolt, *(vonat)* go* slowly, *(ember)* jog
döf 1. *(kés)* run* (a knife into sy/sg), stab (sy) **2.** *(szarvval)* butt
döfés thrust, stab
dög carrion
dögl|ik die, perish; **tudja mitől ~ik a légy** he knows* what's what
döglött dead *(animal)*
dögvész pestilence, plague
dől 1. *(hajlik)* lean* (on one side), *(oldalt)* tilt **2.** *(esik/bukik)* fall*, tumble down **3. dugába ~** fail **4.** *(árad)* pour, gush; **~ hozzá a pénz** money flows to him; **könynyek ~tek a szeméből** tears were* streaming from her eyes
dőlt oblique; **~ betű** italics *(tbsz)*
dölyfös arrogant, haughty
dönget bang, batter; **tárt kapukat ~** try to force an open door
dönt 1. *(felfordít)* upset*, overturn, *(fát)* fell, *(féloldalra)* tilt **2. nyomorba ~** reduce to destitution; **veszélybe ~** endanger **3.** *(elhatároz)* decide, come* to a decision; **úgy ~ött hogy** he decided to
döntés *(elhatározás)* decision, *(bírói)* verdict
döntetlen undecided; **a mérkőzés ~ül végződött** the match was* a draw
döntő I. *mn*, decisive; **~ bizonyíték** conclusive proof; **~ fontosságú** of crucial importance *(ut)*; **~ pillanat** critical moment **II.** *fn (sport)* final, finals *(tbsz)*; **bejut a ~be** reach the finals
döntőbíró arbiter, *(sportban)* umpire
döntőbíróság court of arbitration
dörgés 1. *(égé)* thunderclap **2. ismeri a ~t** he knows* the ropes
dörgölőz|ik *(vkhez)* fawn (on sy)
dörmög *(medve)* growl, *(em-*

ber) mutter, *(bosszankodva)* grumble
dörög thunder
dörömböl *(ajtón)* hammer (on a door), *(más vmn)* thump (on sg)
dörrenés thunder, detonation
dörzsfék friction brake
dörzsöl rub
dörzsölőd|ik *(vm vmhez)* rub against sg
dörzspapír emery paper
dörzstörülköző *(GB)* Turkish towel, *(US)* terry towel
dőzsöl carouse, revel
Dr. = *doktor* doctor, D.
drága 1. *(költséges)* expensive, dear 2. *(értékes)* precious 3. *(személyről)* dear
drágagyöngy genuine pearl
drágakő precious stone
drágaság 1. *(költségesség)* dearness, expensiveness (of sg), *(ároké)* high prices *(tbsz)* 2. **~om** my dear, dearest
drágít . make* dearer, raise prices
drágulás rise in prices
dráma drama
drámai dramatic; **~ színész** dramatic/tragic actor
drámaíró dramatist, playwright
dramatizál dramatize
dramaturgia dramaturgy
drapéria drapery
drapp drab, beige
drasztikus: ~ eszköz drastic means; **~ kifejezés** coarse expression
drazsé chocolate bonbon, dragée
drb. = *darab* piece, pc.
dressz (sports) dress
drogéria chemist's shop, drug-shop
drót wire; **vkt ~on rángat** have* sy on a string
drótakadály wire entanglement
drótkefe wire brush
drótkerítés wire fencing
drótkötél cable(-rope)
drótkötélpálya cable-railway
drótnélküli: ~ távíró wireless telegraphy
drótszita wire sieve
drótszőrű rough-coated
drótválasz wired/cabled reply
drukkol I. *(vknek)* keep* fingers crossed (for sy's success), *(csapatnak)* support (team), be* a fan (of a team) 2. *(fél)* be* in a (blue) funk
drusza namesake
du. = *délután* afternoon, p.m.
dúc 1. *(támasztó)* prop 2.. *(galamb)* pigeon-house 3. *(ideg)* nerve-centre
duda 1. bagpipe, bagpipes *(tbsz)* 2. *(autón)* horn
dudál 1. play the bagpipe 2. *(autós)* honk, hoot, *(gyár)* sound the hooter
dúdol hum (a tune)
dudorodás *(testen)* hunch, bump, *(tárgyon)* boss, knob
dudva weed
duett duet
dug 1. *(illeszt)* stick*, put* *(amibe* into); **vmt vmbe ~** insert sg in/into sg 2. *(rejt)* hide*, conceal
dugába dől fail, miscarry
dugáru smuggled goods *(tbsz)*
dugaszol *(palackot)* cork, *(lyukat)* stop (up), *(hordót)* bung
dugattyú piston
dugattyúlöket piston stroke
dugdos 1. *(vhová)* stick*, put* (into sg) 2. *(vk elől)* try to hide*/conceal (sg/sy from sy)
dughagyma seed onion
dugig full up
dugó stopper, *(parafa)* cork, *(villany)* plug, connector; **~t kihúz** *(palackból)* uncork, unstop
dugóhúzó corkscrew
dugós csatlakozó plug connector
dugul 1. *(cső stb.)* get* stopped 2. *(bél)* become* constipated

dugulás 1. *(cső)* clogging 2. *(bél)* stoppage of the bowels
dugva secretly, stealthily
dugvány cutting, slip, set
duhaj reckless, debauched
duhajkod|ik lead* a loose life
dúl 1. *(pusztít)* ravage, devastate 2. *(vihar/háború)* rage
dulakodás scrimmage, scuffle
dulakod|ik *(vkvel)* wrestle (with sy)
dúl-fúl fume with rage
dúlt arc drawn face
duma 1. *(orosz)* duma 2. *(beszéd)* patter, gassy talk
Duna Danube
dunai Danubian
Duna-medence the Danube basin
Dunántúl Transdanubia
dunapart *(kiépített)* Danube embankment
dundi chubby
dunyha wadded quilt
dupla 1. double, twofold 2. *(kávé)* large black (espresso) coffee
duplán doubly
dúr major (scale/mode)
durcás sulky, peevish
durcáskod|ik sulk, be* in the sulks
durdefekt blowout, puncture
durran *(robbanószer)* explode, detonate, *(puska)* crack
durranás detonation, explosion
durranólég fire/mine damp
duruzsol 1. *(ember)* murmur 2. *(tűz)* crackle
durva 1. *(modor)* rough, raw, rude, *(ember)* boorish, rude, vulgar; ~ **hiba** glaring blunder 2. *(anyag)* coarse, rough
durván 1. *(modorban)* roughly, rudely 2. *(anyagban)* coarsely; ~ **megmunkál** rough down; ~ **számítva** at a rough estimate
dús opulent; ~ **haj** thick hair
dúsgazdag immensely rich
dúskál *(vmben)* have* sg in abundance; ~ **a pénzben** roll in wealth
dutyi lockup
duzzad swell*, *(izom)* bulge out; ~ **az egészségtől** be* in the pink of health
duzzadt swollen
duzzasztógát dam, coffer-dam, weir
duzzog sulk, pout
dübörög rumble, rattle
düh fury, rage; **~be hoz** infuriate, enrage; **~be jön** get* into a fury, lose* one's temper
dühít enrage, infuriate
dühöng rage, be* furious (with sy); **szélvihar** ~ a storm is* raging
dühös furious (with sy), infuriated (with sg)
dühroham fit of rage
düledez|ik *(épület)* fall*/crumble to pieces
dűlő 1. *(mesgye)* balk, baulk 2. *(területrész)* a large unit of fields 3. **~re jut vkvel** come* to an understanding with sy
dülöng(él) totter, stagger
dűlőút path across the fields, by-way
dűne dune, sand-hill
dünnyög mumble
D-vitamin vitamin D
dzsem jam
dzsessz jazz, ragtime
dzsesszzenekar jazzband
dzsungel jungle

E

e[1] *(ez)* this *(tbsz* these); **e héten** this week; **e célból** for that purpose
-e[2] *(vajon)* whether; **láttad-e?** have* you seen it?; **hogy**

elment-e? whether he is*/has* gone
É = *észak* north, N., Nor.
eb dog; **egyik ~ másik kutya** six of one and half a dozen of the other
ebbe in/into this; **~ nem megyek bele!** I do* not consent to that
ebben in this, here(in)
ebből from/of this, out of this; **~ következik hogy** it follows from this/that
ebéd lunch, luncheon, midday meal, *(Angliában este elköltött)* dinner; **~re vár** expect for/to dinner; **behozták az ~et** lunch was* served
ebédel dine, lunch, take*/have* dinner/lunch
ebédidő dinner-time, noon
ebédlő dining-room
ebédszünet lunch break
ébenfa ebony
éber 1. *(átv)* watchful, *(polit)* vigilant 2. *(nem alvó)* waking, awake *(ut)*
éberség watchfulness, wakefulness, *(polit)* vigilance
ébred wake* (up), awake*; **öntudatra ~** come* to oneself
ébren awake, waking; **~ van** be* awake/up
ébreszt waken, wake* (up); **reményt ~** raise hope
ébresztőóra alarm-clock
ecet vinegar
ecetes uborka pickled cucumber
ecset brush
ecsetel 1. *(leír)* describe, depict 2. *(orv)* paint
ecsetvonás stroke of the brush; **az utolsó ~ok** the finishing touches
eddig 1. *(hely)* up to this point 2. *(idő)* till now, so far
Ede Edward
edény vessel, pot, utensil
édes 1. sweet 2. *(átv, tárgyról)* delightful, *(személyről)* dear
édesanya mother; **édesanyám** Mother
édesapa father; **édesapám** Father
édesget allure (with promises); **magához ~** *(átv)* win* over
édesít 1. sweeten 2. *(átv)* dulcify
édeskés sugary
édesség *(ennivaló)* sweetmeat, sweets *(tbsz)*
édességbolt sweet-shop, confectionary, *(US)* candy-shop
édestestvér full/blood brother/sister
édesvízi fresh-water
Edit Edith
edz 1. harden, steel, *(acélt)* temper 2. *(sport)* train, coach
edzés 1. hardening, steeling, *(acélt)* tempering 2. *(sport)* training, coaching
edzett hardy, trained
edző *(sport)* coach
edződ|ik harden
edzőtábor training camp
efelől from this side
effektív real, actual, effective
efféle such, of this kind/sort *(ut)*
ég[1] *ige*, 1. burn*, be* on fire, *(lánggal)* flame, blaze; **~ a lámpa** the light is* on 2. *(átv)* **~ az arca** have* a flushed face; **~ek a kíváncsiságtól** I am* burning with curiosity; **~ a vágytól** be* all afire (to do sg)
ég[2] *fn*, sky, heavens *(tbsz)*; **a jó ~ tudja** Heaven only knows; **szabad ~ alatt** in the open air
égbekiáltó atrocious
égbolt sky, firmament
egér mouse *(tbsz* mice); **szegény mint a templom egere** poor as a church-mouse
égerfa alder tree

egérfogó mousetrap
egérutat nyer get* a good start (in one's escape)
égés 1. *(vegytan)* oxidation 2. *(seb)* burn
égési seb burn
egész I. *mn*, whole, entire, complete, all; **~ életében** all his life; **~ nap** all day (long) II. *fn*, 1. (the) whole, totality; **~ben véve** on the whole, altogether 2. **ennyi az ~?** is* that all?
egészen entirely, quite, altogether; **~ Debrecenig** as far as D.; **~ olyan mint** just like; **nem ~** not quite
egészség 1. (good) health 2. **~ére!** *(iváskor)* to your health!
egészséges *(ember)* healthy, *(étel)* wholesome
egészségi állapot state of health
egészségtelen unhealthy, *(gondolkodás)* perverse, twisted
egészségügyi hygienic, sanitary; **~ szolgálat** medical service, *(katonai)* medical corps *(tbsz* corps)
éget burn*, *(nap)* scorch; **~i a villanyt egész nap** leave* the light on all day
égető: **~ kérdés** burning question; **~ szükség** pressing necessity
egetverő *(dolog)* colossal, *(zaj)* infernal
éghajlat climate
éghajlati viszonyok climatic conditions
égi heavenly
égiháború thunderstorm
égitest heavenly body
egoista egoist, egotist
égő I. *fn*, *(villany)* (electric) bulb II. *mn*, burning, glowing
égöv zone; **forró ~** the tropics *(tbsz)*
egres gooseberry
égszínkék azure
égtáj: **a négy ~** the four cardinal points
egzaltált unbalanced, eccentric
egzisztencia 1. *(megélhetés)* living, existence 2. *(egyén)* **kétes ~** shady character
egzotikus exotic
egy I. *számnév* one; **~ kötetben** in one volume; **~ pár** a couple of, some, a few *(mind tbsz)*; II. *névelő*, a *(magánhangzó előtt)* an III. *fn*, one; **~ meg ~ az kettő** one and one are two; **~ null** one (goal) nil; **~re megy** it is* all the same; **~től ~ig** (one and) all
egyágyas szoba single bedroom
egyáltalán altogether, at all; **~ nem** not at all, *(válaszul)* not a bit
egyaránt alike, equally, both
egybe together
egybees|ik *(vmvel)* coincide (with sg)
egybegyűjt collect, assemble
egybegyűl|ik 1. *(több ember)* assemble, gather 2. *(tárgy)* be* collected
egybehangol coordinate
egybehangzó concordant; **~an** unanimously; **~ tanúvallomások** concordant depositions; **~ vélemény** unanimous opinion
egybekel wed, marry *(akivel* sy)
egyben 1. *(egyúttal)* at the same time 2. *(egy darabban)* in one piece
egybeolvad *(vmvel)* unite, merge (with)
egybeolvaszt blend, fuse
egybeseregl|ik flock together
egybevágó concordant, *(mértan)* coincident
egybevágóság congruency, *(mértan)* coincidence
egybevet *(kéziratokat)* collate, *(híreket)* compare

egyéb other, else; **egyebek között** among others; **nem ~ mint** nothing else but
egyébként *(egyébiránt)* on the other hand, however, *(másként)* otherwise; **~ hogy tetszik a ruhám?** by the way(,) how do* you like my dress?
egyed individual, entity
egyedáruság monopoly
egyedi individual
egyeduralkodó monarch
egyeduralom autocracy, monarchy
egyedül 1. alone, by oneself; **~ álló** lone, lonely **2.** *(csak)* solely, only
egyedülálló *(példátlan)* unique, singular; **~ teljesítmény** an unparalleled achievement
egyedüli sole, only, single
egy-egy each
egyelőre for the time being
egyén individual person
egyenáram direct current
egyenérték equivalent, *(kereskedelem)* exchange value
egyenértékű *(vmvel)* equivalent (to sg), *(átv)* tantamount (to) *(ut)*
egyenes I. *mn,* **1.** *(vonal/út)* straight, direct (line), *(tartás)* upright (carriage) **2.** *(átv)* straightforward, open, plain; **~ adás** *(rádióban)* direct transmission; live broadcast; **~ adózás** direct taxation; **~ kívánságára** at his express wish **II.** *fn,* **~be jön** have* one's difficulties straightened out
egyenesen straight, upright, *(közvetlenül)* straight, directly, *(átv)* honestly; **~ arányos** be* directly proportional (to); **~ előre** straight ahead; **ez ~ nevetséges** that's perfectly ridiculous
egyenetlen 1. *(átv is)* uneven **2.** *(nem harmonikus)* discordant
egyenetlenség 1. unevenness **2.** *(átv)* dissension, *(véleményeké)* disagreement; **~et szít** sow* the seeds of discord
egyenget level; **(vknek/vmnek) útját ~i** make* things smooth (for sy)
egyéni individual, personal, *(sport)* single; **~ gazdálkodás** individual farming; **~ kezdeményezés** individual initiative
egyénileg individually, personally; **~ dolgozó paraszt** individually farming peasant
egyenirányító cső rectifying valve
egyéniség individuality, personality, character
egyenjogú possessing equal rights *(ut)*, *(kivívott)* **emancipated**
egyenjogúság emancipation
egyenjogúsítás emancipation
egyenként one by one
egyenleg balance, remainder
egyenlet equation; **elsőfokú (másodfokú/harmadfokú) ~** simple (quadratic/cubic) equation; **~et felállít** establish an equation; **~et megold** resolve an equation; **~et rendez** reduce an equation
egyenletes 1. *(felületű)* even, smooth **2.** *(arányú)* equal; **~ gyorsulás** constant acceleration; **~ mozgás** uniform motion
egyenletesen uniformly, evenly; **~ gyorsuló mozgás** uniformly accelerating motion
egyenlít *(sport)* equalize
egyenlítő equator
egyenlő *(vmvel)* equal (to), same (as), *(átv)* equivalent (of); **nem ~** unequal; **~ feltételek mellett** under the

same conditions; **~ nagyságú** of equal size *(ut)*; **~ szárú** isosceles; **~ szögű** equiangular
egyenlően equally, alike
egyenlősdi egalitarianism
egyenlőség equality, parity
egyenlőségjel sign of equality
egyenlőtlen unequal, disproportionate, uneven
egyenrangú equal; **a vele ~ak** his equals *(tbsz)*
egyenruha uniform
egyensúly balance, equilibrium; **~ban van** be* balenced
egyensúlyoz balance, counterbalance, *(lelkileg)* compensate
egyértelmű 1. *(félreérthetetlen)* unambiguous **2.** *(azonos értelmű)* synonymous; **ez azzal ~ (hogy)** that amounts to saying (that)
egyes I. *mn*, **1.** single, individual **2.** *(bizonyos)* certain, some; **minden ~** every single; **~ számú szoba** room No. 1 *(olvasva* number one) **3.** *(nyelvtanban)* **~ szám** singular **II.** *fn*, **1.** *(osztályzat)* mark one, *(szám)* (number) one; **~ével** one by one **2.** **~ek** some people *(tbsz)* **3.** *(sport)* single
egyesít unite, join (with sg)
egyesül unite, join, *(egyesületbe)* associate
egyesülés union, *(intézményeké)* amalgamation
egyesület society, association, *(sport)* club
egyesült united; **~ erővel** with united forces; **az Egyesült Államok** the United States (of America) *(röv* U. S. A.); **Egyesült Nemzetek Szövetsége** United Nations (Organization) *(röv* U. N. O.)
egyetem university; **~re beiratkozik** matriculate at the university; **~re felvesz** admit to the university
egyetemes universal, general
egyetemi university; **~ hallgató** university student; **~ tanár** university professor
egyetemleges joint, total
egyetért *(vkvel vmben)* agree (with sy in sg)
egyetértés agreement, concord, harmony; **~ben vkvel** in unison/harmony with sy
egyetlen only, sole, single; **~ gyermek** an only child; **~ példány** unique copy
egyéves one-year-old; **~ gyermek** one-year-old child *(tbsz* children)
egyévi one year's, of one year *(ut)*
egyez|ik *(vmvel)* agree/correspond with; **az elveimmel nem ~ik** it does* not fit in with my ideas
egyezked|ik negotiate
egyezmény agreement, pact; **nemzetközi ~** international convention
egyezményes conventional
egyező identical (with), agreeing; **nem ~** discordant (with), dissimilar (to); **mintával ~** up to sample
egyezség 1. compromise; **~et köt** make* an arrangement (with sy) **2.** *(béke)* concord, agreement
egyeztet 1. *(ellenfeleket)* try to reconcile (the parties) **2.** *(nyelvtan)* make* sg agree with sg
egyeztető bizottság conciliation committee
egyfelől 1. *(azonos irányból)* from the same direction **2.** **~ ... másfelől** on the one hand ... on the other (hand)
egyfolytában uninterruptedly, continuously
egyforma uniform, the same

egyformán alike, equally
egyhangú 1. *(unalmas)* monotonous, dull, tedious 2. *(szavazat)* unanimous; **~ vélemény szerint** by common consent
egyhangúlag unanimously; **~ megszavazva** carried unanimously
egyház *(intézmény)* the Church
egyházi church, ecclesiastical; **~ esküvő** church wedding
egyházközség parish
egyházmegye diocese
egyhetes one week's, of one week *(ut)*
egyheti one week's, of one week *(ut)*
egyhónapi one month's, of one month *(ut)*
egyhónapos one month's, of one month *(ut)*
egyidejűleg simultaneously
egyidejűség simultaneity
egyidős of the same age (with sy) *(ut)*
egyik I. *mn,* **~ barátom** a friend of mine, one of my friends II. *fn,* **~ünk** one of us
Egyiptom Egypt
egyiptomi Egyptian
egyirányú közlekedés one-way traffic
egyke only-child(ism)
egykedvű indifferent, apathetic
egy-két one or two, a few
egy-kettőre in a jiffy,on the spot
egykor 1. *(régen)* at one time, once upon a time, once 2. *(órakor)* at one (o'clock)
egykori former, one-time
egykorú 1. *(egyidős)* of the same age *(ut)*; **~ velem** he is* of my age 2. *(egy időben élt)* contemporary
egylet society, association, club
egymaga alone, in itself; **~ csinálta** he did* it on his own
egymás one another, each other; **~ba** into one another; **~ért** for each other; **~hoz illeszt** fit together; **illenek ~hoz** harmonize, match; **~hoz tartoznak** belong together; **~ közt** between/among ourselves/yourselves; **~ mellé** side by side; **~nak** (to) one another; **~on** one on the other; **segítenek ~on** help each other; **~ra következő** consecutive, sucessive; **~t** each other, one another; **~ után** one after the other, successively; **~sal szemben** facing one another
egynéhány some, a few; **harminc ~** thirty-odd
egynemű *(vmvel)* 1. homogeneous 2. of the same gender *(ut)*
egyoldalú 1. *(ember/felfogás)* one-sided 2. *(szerelem)* unrequited (love)
egyoldalúság one-sidedness
egyórai 1. *(tartó)* lasting one hour *(ut)* 2. **az ~ vonat** the one-o'clock train
egyórás of an hour *(ut)*
egyöntetű uniform, identical
egyre 1. **~ megy** it is* all the same 2. *(mindig)* continually, on and on, ever; **~ inkább/több** more and more; **~ jobb** better and better
egyrészt 1. in one respect 2. **~ . . . másrészt** partly . . . partly; on the one hand(,) on the other (hand)
egység 1. *(mennyiségtani/katonai)* unit 2. *(egységesség)* unity, *(egyetértés)* concord
egységesen uniformly; **~ járnak el** act in concert
egységesít *(szervezetileg)* unify, consolidate, *(minőségileg)* standardize
egységnyi unit
egysejtű *mn,* unicellular

egysoros 1. *(zakó)* single-breasted 2. *(levél)* one-line
egyszámlarendszer single-account system
egyszemélyi vezetés one-man management
egyszer 1. once; **~ csak** all of a sudden, all at once; **még ~** once more; **~ s mindenkorra** once and for all 2. *(múltban)* once, one day, *(jövőben)* some day; **~ volt (hol nem volt) egy ember** once upon a time there was* a man
egyszeregy *(táblázat)* multiplication table
egyszeres simple, single
egyszer-másszor every now and then
egyszerre 1. *(hirtelen)* all at once, all of a sudden 2. *(egy időben)* at the same time 3. *(egy alkalomra)* for one occasion
egyszersmind at the same time
egyszerű simple, plain; **mi sem ~bb** nothing could be simpler; **ez nem olyan ~** it is* not so simple
egyszerűen simply; **~ azért mert** for the simple reason that
egyszerűség simplicity, plainness
egyszerűsít 1. simplify 2. *(mennyiségtan)* reduce
egyszerűsöd|ik simplify (into)
egyszínű 1. *(egyetlen)* unicoloured 2. *(azonos)* of the same colour
egyszobás lakás one-room flat, *(US)* one-room apartment
egyszólamú unison, unisonous
egyszóval in brief, in a word
egytálétel one-course meal
egytől egyig all, from first to last
egyujjas kesztyű mitten(s)
egyúttal at the same time
együgyű simple, simple-minded, naive
együléses single-seater
együtt together, *(vkvel)* with; **~ érez vkvel** sympathize with sy; **feketekávéval ~ 20 forint** 20 forints coffee included; **~ jár vkvel** *(fiú és lány)* go* steady with sy; **~ jártunk iskolába** we were* schoolmates; *lásd még* **együttjár**
együttélés living together, *(átv)* coexistence
együttérzés sympathy, compassion
együttérző sympathizing
együttes I. *mn*, joint, common, collective II. *fn*, ensemble, *(sport)* team
együttható co-efficient
együttjár *(vmvel)* go* together/with, go* hand in hand (with), *(hozzátartozik)* attend, be* incidental (to)
együttlét being together; **bizalmas ~** tête-à-tête
együttműködés collaboration, co-operation
együttvéve (taken) all together, all in all
együvé together
egyveleg mixture, miscellany, *(zenei)* potpourri
éhbér starvation-wage(s)
ehelyett instead (of this)
éhen hal starve to death
éhenkórász starveling
éhes hungry, starving; **~ marad** go* hungry, *(átv igével így is)* long for sy
ehetetlen inedible, uneatable
ehető eatable
éhez|ik 1. hunger, starve 2. *(vmre, átv)* long (for)
éheztet starve, famish
éhgyomorra veendő be to be taken before meals
éhhalál death from starvation
ehhez to this; **~ képest** com-

pared with this; ~ **mit szólsz?** what do* you say to this?
éhínség famine, starvation
éhség hunger
éhségsztrájk hunger-strike
ej o(h)! ah!
éj night
éjfél midnight; **~kor** at midnight
ejha bless me!, well(,) well!
éjjel I. *fn*, night **II.** *hat*, at night
éjjeli I. *mn*, night, nightly; ~ **mulató** night club; ~ **műszak** night shift; ~ **ügyelet** night duty **II.** *fn (edény)* chamber-pot
éjjeliőr night-watchman *(tbsz* night-watchmen)
éjjeliszekrény night-table
éjjel-nappal night and day
ejnye 1. *(sajnálkozva)* what a pity **2.** *(haragosan)* confound it
éjszaka night; **jó éjszakát** good night!
éjszakás night-worker, be* on the night shift
éjszakáz|ik be* up all night, *(dolgozva)* work all night
ejt drop*, let sg fall; **foglyul ~** take* prisoner; **gondolkodóba ~** set* sy thinking; **hibát ~** make* a mistake; **útba ~** pass on the way
ejtőernyő parachute
ejtőernyős paratrooper, parachutist; ~ **alakulat** paratroop(s); ~ **ugrás** parachute jump
ék wedge
ÉK = *északkelet* north-east, NE
ekcéma eczema
eke plough, *(US)* plow
ékel wedge (in)
ékes ornate, adorned
ékesít adorn, decorate
ékesség ornament, decoration
ékesszólás eloquence, rhetoric
ékesszólóan eloquently
ekevas ploughshare
ékezet accent
EKG *elektrokardiogram* electrocardiogram, ECG, EKG
ekként thus, so, in this way
ekkor then, at this time
ekkora as large as this *(ut)*
ekkorra by this time
eközben meanwhile, in the meantime
ékszer jewel
ékszerész jeweller, goldsmith
eksztázis ecstasy
éktelen 1. *(lárma)* infernal (noise); ~ **ordításba tör ki** utter a dreadful howl **2.** *(csúnya)* ugly, ungainly
el 1. away, off **2.** ~ **innen!** be off!, get away!
él[1] *ige*, live, be* alive, exist; **~jen!** long live . . .!; **ha még ~ünk** *(akkor)* if we are* spared; ~ **az alkalommal** make* the best of an opportunity; **vhogyan** ~ lead* a life; **jól ~nek** they get* on well together; **rosszul ~nek** they have* a hard time, *(házastársak)* they lead* a cat and dog life; ~ **vmből** live on/by (sg), earn one's living by; ~ **vhol** live, dwell*, reside; **~t ötven évet** lived fifty years, *(sírkövön)* aged fifty
él[2] *fn*, **1.** *(késé)* edge, *(nadrágé)* crease **2. mozgalomnak az ~én áll** head the movement **3. ~ére állítja a dolgot** push things to extremes
elad sell*, dispose of; **~ja magát** sell* one's honour
eladás sale, selling (of sg)
eladási ár selling price
eladatlan unsold
eladhatatlan unsalable
eladó 1. *mn*, *(kisebb tárgy)* on sale *(ut)*, *(nagyobb tárgy)* to be sold *(ut)*; ~ **lány** marriageable girl **II.** *fn*, sel-

ler, vendor, *(üzleti)* shop assistant
eladósod|ik get*/run* into debt
elágazás 1. ramification 2. *(vasúti)* junction
elágaz|ik ramify, *(kétféle)* bifurcate, *(ut)* branch off
elajándékoz give* away
elájul faint (away), swoon
elakad *(beszédben)* come* to a sudden stop, *(jármű)* get* stuck, *(munka)* stop
eláll 1. *(étel)* keep* (good/over) 2. *(megszűnik)* cease, stop; **~t a lélegzete** he lost* his breath 3. *(vmtől)* give* up 4. **~ja az utat** block the way
elállít 1. *(vérzést)* stop (bleeding) 2. *(gépet/mozgást)* stop, bring* to a standstill
elálmosít make* sleepy
elálmosod|ik become*/get* sleepy
elalsz|ik 1. *(vk)* go* to sleep, fall* asleep 2. *(tűz/lámpa)* go* out 3. **hagyja elaludni az ügyet** let* the affair fizzle out
elaltat 1. put* to sleep 2. *(orv)* narcotize
elámít perplex, amaze
elámul gape in astonishment
elapad cease flowing, dry up
elapróz 1. *(vágva)* cut* into little bits 2. *(időt/tehetséget)* fritter away
eláraszt 1. *(vízzel)* inundate, flood 2. *(átv)* swamp, overwhelm
elárul 1. betray, *(titkot)* reveal, disclose; **~ja magát** give* oneself away 2. *(vkt)* betray, denounce, *(jellemvonás vmt)* denote
elárusító salesman *(tbsz* salesmen), shop assistant
elárusítóhely stand, stall
elárusítónő shopgirl, saleswoman *(tbsz* saleswomen)
elárverez sell* by auction
elárvereztet put up for auction
elárvul 1. be* left an orphan 2. *(átv)* be* abandoned
elás bury, hide* in the ground
elátkoz curse, call down curses on
elavul become* obsolete
elavult out of date, obsolete, archaic
eláz|ik 1. *(esőben)* get* drenched, soak through 2. *(részeg)* get* drunk
elbágyad grow* languid, languish
elbágyaszt exhaust, enervate
elbájol charm, enchant
elbájoló charming
elbánás treatment; **rossz ~** maltreatment
elbán|ik *(vmvel)* handle sg, *(vkvel)* treat sy (scurvily/roughly)
elbeszél tell*, relate, narrate
elbeszélés 1. *(történet)* story tale 2. *(műfaj)* short story
elbeszélget talk*, chat
elbeszélő *mn,* narrative, epic; **~ költemény** epic (poem)
elbír 1. *(súlyt)* be* able to carry 2. *(átv)* bear*, stand*, endure
elbírálás judgement
elbizakodott conceited, presuming
elbízza magát be*/become* conceited/cocksure
elbocsát *(szolgálatból)* dismiss (from service), *(US)* fire, *(munkást)* lay* off, *(foglyot)* set* free, liberate, *(katonát)* discharge
elbocsátás dismissal, discharge, *(fogolyé)* liberation, setting free; **~át kéri** ask to be dismissed
elbolondít *(becsap)* fool, dupe
elborít cover, envelop, *(víz)* inundate *(amivel)* with/by
elborul 1. *(ég)* cloud over 2.

(vk tekintete) darken 3. *(elme)* become* deranged
elborzad be* horrified *(amitől* at sg)
elborzaszt horrify
elbotl|ik *(vmben)* slip (up) (on sg)
elbúcsúz|ik take* leave (of), part (from), say* good-bye (to)
elbúj|ik hide* (away), conceal oneself
elbuk|ik 1. *(elesik)* fall*, tumble 2. *(átv)* fail, *(küzdelemben)* go* under, *(vizsgán)* fail
elbuktat 1. *(vizsgán)* fail/plough sy 2. *(gáncssal)* trip up
elburjánz|ik 1. *(gyom)* get* weedy 2. *(átv)* spread*
elbutít make* stupid, stupefy
elbutul grow* stupid/silly
elbűvöl charm, bewitch; **el van bűvölve vktől** be* fascinated by sy
elbűvölő charming
élc jest, joke
élcelőd|ik *(vkvel)* jest (with sy), joke (with sy), chaff (sy)
elcipel 1. carry off 2. *(átv vkt vhova)* drag (sy) along
elcsábít 1. *(vkt vhová)* entice away to 2. *(rossz útra)* lead* astray, *(nőt)* seduce
elcsal *(vkt vhonnan)* lure, allure, draw* away
elcsap 1. *(vkt)* discharge, fire 2. **vm ~ta a hasát** sg gave* him diarrhoea
élcsapat van, vanguard
elcsavar 1. twist, turn off 2. **~ta vk fejét** he turned her head
elcsen filch, scrounge, pilfer
elcsendesed|ik 1. quiet, calm down 2. *(vihar)* abate
elcsendesít quiet, silence
elcsenevészed|ik become* stunted
elcsépelt *(átv)* trite, hackneyed
elcserél 1. exchange (sg for/against sg) 2. *(tévedésből)* mistake*
elcsigázott tired out, exhausted
elcsíp *(vkt)* collar, catch*, *(vmt)* get* hold of
elcsökevényesed|ik atrophy
elcsúfít disfigure, deform
elcsúsz|ik 1. *(vk)* slip up (on sg) 2. *(vm minőségileg)* pass unnoticed
elcsügged lose* heart, despair
eldarál run* through (a story) mechanically
eldicseksz|ik *(vmvel)* boast (of sg)
eldől 1. *(tárgy)* fall* down 2. *(ügy)* be* decided
eldönt *(ügyet)* decide, settle
eldöntetlen undecided, open; **~ kérdés** unsettled question; **a mérkőzés ~** the score is* equal
eldördül *(ágyú)* go* off
eldug hide*, conceal
eldugul get* stopped up
eldugulás stoppage
elé: lába ~ borul throw* oneself at the feet of sy; **szeme ~ kerül** come* in sight of sy; **törvény ~ állít** bring* to court
elébe before, in front of; **~ áll** *(sorrendben)* stand* in front of sy, *(feltartóztatva)* get* in the way of sy; **állok ~** here I am*; **~ helyez** *(átv)* prefer sy/sg to sy/sg; **~ megy** *(vk vknek)* go* to meet sy; **~ néz** look forward to; **~ tesz** put*/set* (sg) before (sy); **~ vág** *(vknek)* overtake* (and pass), *(átv)* steal* a march on sy, *(vmnek)* forestall sg
éled revive, come* to life again
eledel food, *(tbsz)*, victuals, *(állaté)* fodder
elefánt elephant
elefántcsont ivory
elég[1] *ige,* burn* (away/up)

elég[2] I. *mn*, enough, sufficient; **nincs ~ vmből** be* short of sg; **sokáig ~ lesz** it will go a long way; **~ baj!** that's* a pity!, that's* too bad; **~ volt!** enough!, stop it! II. *fn*, **eleget tesz** *(igéretnek)* keep*, fulfil (promise) III. *hat*, fairly, rather; **~ gyakran** often enough; **~ jól** fairly well
elegáns elegant, *(öltözködés)* smart
elégedetlen discontented, *(vmvel)* dissatisfied (with sg)
elégedett content, contented, *(vmvel)* satisfied (with sg)
elegen enough (people)
elegendő sufficient, enough, *(igével)* suffice
eléget burn, *(tetemet)* cremate
eléggé sufficiently, fairly, pretty
elégia elegy
elégséges I. *mn*, sufficient, *(minőségileg)* satisfactory II. *fn*, *(osztályzat)* pass mark
elégszer often enough
elégtelen I. *mn*, insufficient, *(minőségileg)* unsatisfactory; **~nek bizonyul** prove insufficient II. *fn*, *(osztályzat)* fail mark
elégtétel satisfaction, amends *(tbsz)*; **~t kér** demand satisfaction; **~t ad** make* amends (for sg)
elegy mixture, medley
elegyed|ik mix, mingle (with); **beszédbe ~ik vkvel** strike* up a conversation with sy
eleinte at first, in the beginning
eleje *(vmnek ált)* fore-part, *(időnek)* beginning; **elejét veszi** *(bajnak)* prevent; **elejétől végig** *(időben)* from beginning to end
eléje before him/her/it; **elém** before me; **elém jöttek** they came* to meet me
elejt 1. *(tárgyat)* drop, let* fall **2.** *(vadat)* kill **3.** *(inditványt)* abandon, *(tervet)* give* up, *(célzást)* drop (a hint)
Elek Alexis, Alec
elektród(a) electrode
elektrolízis electrolysis
elektromágnes electro-magnet, magneto
elektromérnök electrical engineer
elektromos electric, electrical
elektromosság electricity
elektron electron
elektroncső electronic tube/valve
elektronika electronics
elektronikus számológép (electronic) computer
elektrotechnikus electrician, electrotechnician
elél live for a time, survive
élelem food, foodstuffs *(tbsz)*, victuals *(tbsz)*
élelmes practical, resourceful
élelmez supply/provide with food, feed*, *(vendéglátó iparban)* cater for
élelmezés feeding, *(vendéglátó iparban)* catering
élelmiszer foodstuffs *(tbsz)*, provisions *(tbsz)*
élelmiszer-ellátás food-supply
élelmiszeripar food industry
élelmiszerjegy ration card
elem 1. element, **2.** *(villany)* battery, *(vegytan)* element **3.** *(átv)* element; **~ében van** be* in one's element; **dacol az ~ekkel** brave the elements
élemedett *(korú)* aged
Elemér Elmer
elemez 1. analyse **2.** *(nyelvtan)* parse
elemi elementary, primary; **~ erővel** with (an) overwhelming force; **~ iskola** elementary/primary school
elemista *fn*, child attending elementary/primary school *(tbsz* children . . .)

elemózsia food, provisions *(tbsz)*
elemzés 1. analysis *(tbsz* analyses) 2. *(nyelvtan)* parsing
elénekel sing*
elenged 1. *(kézből)* let* go, *(állatot)* let* loose 2. *(tartozást/büntetést)* remit
elengedhetetlen indispensable
élenjáró leading; **~ elmélet** the most advanced theory
élénk 1. *(ember)* animated, lively; **~ érdeklődés** keen interest; **~ színű** colourful; **~en tiltakozik** protest vehemently 2. *(fürge)* agile, brisk
élénkít animate, brighten
elenyésző insignificant, slight
eleped *(vmért)* pine (for sg); **~ a szomjúságtól** be* almost dying with/of thirst
elér *(átv is)* reach; **eredményt ~** achieve/get* result(s); **magas kort ér el** live to a ripe old age
elered begin* to flow/fall
elereszt let* go; **~i a füle mellett** leave* unheeded
elérhetetlen 1. *(fizikailag)* out of reach of sy *(ut)* 2. *(átv)* unattainable
elérhető within reach *(ut)*, *(átv)* attainable
elérkez|ik 1. *(vhová)* arrive (at a place) 2. *(idő)* come*; **még nem érkezett el az idő** the time is* not yet ripe (for)
elernyed 1. *(feszültség megszűnik)* relax 2. *(elfárad)* grow* weary, tire
elerőtlened|ik lose* one's strength
elértéktelened|ik lose* (its) value, become* worthless
elérzékenyül be* touched/moved (by sg)
éles sharp, *(arcvonások)* marked, clear-cut (features), *(fény)* strong, piercing (light), *(hang)* shrill (voice); **~ elméjű** keen-witted, quick-witted; **~ hangon** shrilly; **~ lövészet** live fire manoeuvre; **~re állít** *(lencsét)* bring* into focus; **~re tölt** load with ball-cartridge; **~ szemű** keen-sighted, sure-sighted; **a kép nem ~** the picture is* out of focus
élesed|ik *(osztályharc)* grow* (more) embittered/acute
eleség food, provision, *(állati)* fodder
eles|ik 1. *(menés közben)* fall* down 2. *(csatában)* fall*, *(vár)* fall*, capitulate 3. *(vk vmtől)* be* deprived of sg 4. *(nem számítható be)* be* dropped
éléskamra larder, pantry
élesség 1. *(késé)* sharpness 2. *(elméé)* subtlety, *(levegőé)* crispness 3. *(fényképé)* clearness
éleszt *(embert)* revive, *(tüzet)* strike*/poke up (fire)
élesztő *fn*, yeast, leaven
élet 1. life *(tbsz* lives), living; **~be lép** come* into force; **~be léptet** put* into force, *(törvényt)* enact; **~be vágó** vital; **~be vágó dolog** a matter of life and death; **~ben marad** survive; **~ben van** be* alive; **~re-halálra** for life and death; **~re kelt** revive, restore to life; **~et önt vkbe** infuse life into sy; **~ét veszti** lose* one's life 2. *(lendület)* life, vigour, go 3. *(megélhetés)* living, existence
életbiztosítás life insurance
életerős vigorous, lusty
életfelfogás view of life
életfogytig(lan) for life
életforma manner of living
élethivatás vocation
élethű lifelike
életjáradék life-rent

életjel sign of life
életkedv joy of life
életképes fit for life *(ut)*; **~nek bizonyul** prove viable
életkor age (of life)
életkörülmények circumstances of life *(tbsz)*
életlen blunt, *(kép)* out of focus *(ut)*
életmentő I. *fn*, life-saver **II.** *mn*, life-saving
életmód manner/way of life; *(vmlyen)* **~ot folytat** follow (some) course in life
életmű life-work, oeuvre
életműködés life-functions *(tbsz)*
életnagyságú full-size(d)
életösztön vital instinct
életpálya 1. *(egésze)* career **2.** *(foglalkozás)* profession
életrajz biography
életrevaló *(ember)* resourceful, practical
életszínvonal living standards *(tbsz)*; **az ~ emelkedik** the living standards rise*
életszükséglet necessities of life *(tbsz)*
élettan biology, phisiology
élettapasztalat practical experience; **van ~a** he is* a man of experience
élettárs partner in life
élettartam span of life
élettelen *(vk)* lifeless, dead **2.** *(vm)* inanimate
élettörténet biography, life story
életunt weary of life *(ut)*
életveszély danger of life
életveszélyes perilous
életviszonyok living conditions
eleve 1. *(előre)* in advance **2.** *(magától értetődően)* as a matter of course
eleven I. *mn*, *(élő)* live, alive *(ut)* **II.** *fn*, **~ek és holtak** the quick and the dead: **~ére tapint** touch a sore point
elévül 1. become*/get* out of date **2.** *(jog)* become* superannuated, lapse
elévült obsolete
elfagy 1. *(testrész)* be* frost-bitten **2.** *(termés)* be* destroyed by frost
elfajul degenerate
elfajulás degeneration
elfárad tire, grow* tired; **~tam** I am* tired
elfáraszt tire (out), exhaust
elfásult indifferent, insensible *(vm iránt* to sg)
elfecseg *(titkot)* blab out
elfecsérel waste, trifle away, *(időt)*, fiddle away (one's time), *(pénzt)* squander
elfektet *(ügyet)* let* sg drag on
elfelejt forget*; **hogy el ne felejtsem!** by the bye/way; **teljesen ~ettem** I forgot* all about it
elfelejtkez|ik *(vmről)* forget* sg
elfér find*/have* room (in sg); **a kocsiban nyolcan ~nek** the car accommodates eight people
elferdít 1. *(hajlít)* bend* **2.** *(átv)* distort
elfintorítja az orrát screw up one's face
elfog 1. *(vkt/vmt)* catch*, capture, *(rendőrség)* arrest **2.** *(érzés vkt)* overcome* sy, be* overcome (by/with sg); **~ta a düh** he was* seized with a fit of rage
elfogad 1. *(pénzt/ajándékot)* accept, receive; **nem fogadja el** refuse, decline **2.** *(ajánlatot)* accept (offer), *(javaslatot)* carry, adopt, (a motion) **3.** *(törvényt/költségvetést)* pass (bill/budget)
elfogadhatatlan unacceptable
elfogadható *(kifogás/kérés)* admissible, *(ár)* reasonable
elfogat have* sy arrested
elfogatóparancs warrant for arrest

elfoglal 1. *(helyet)* take* up, occupy 2. *(katona)* take*, occupy 3. *(hivatalt)* enter (office) 4. *(vkt vm munka)* keep* busy
elfoglalt 1. *(hely)* reserved, booked 2. *(tartomány)* occupied 3. *(ember)* busy
elfoglaltság occupation, engagement
elfogódott embarrassed
elfogulatlan unbiassed, impartial
elfogult *(részrehajló)* prejudiced (against), partial (to), biassed (against), *(elfogódott)* embarrassed
elfogultság prejudice, partiality *(elfogódottság)* embarrassment
elfogy 1. give* out, *(vknek vmje)* run* out (of sg) 2. **~ott a türelme** he has* lost his patience
elfogyaszt 1. use up 2. *(ételt)* eat* up, consume
elfojt 1. suffocate, *(tüzet)* put* out 2. *(érzelmet/lázadást)* suppress; **vmt csírájában ~** nip sg in the bud
elfojtott suppressed
elfordít 1. turn away 2. *(figyelmet)* divert (attention) 3. *(lapot)* turn over (page)
elfordul 1. turn away (from) 2. *(érzelmileg vktől)* become* alienated (from)
elforgácsol *(erőt)* fritter away (strength), *(időt)* trifle away (time)
elfő boil away
elföldel bury, inter
elfúj 1. *(szél)* blow* away 2. *(gyertyát)* blow* out 3. *(leckét)* rattle off
elfúl *(lélegzete)* get* out of breath
elfut 1. run* away/off, *(menekülve)* escape (from) 2. **arcát ~otta a pír** he blushed deeply; **~ja a méreg** fly*/get* into a rage
elfűrészel 1. *(fát)* saw* up 2. *(vkt)* crab, knife
elgáncsol 1. *(futball)* trip (up) 2. *(átv)* cross sy's plans
élgárda vanguard
elgázol *(jármű)* run* over
elgázosít *(folyadékot)* gasify
elgémbered|ik grow* numb
elgennyed suppurate
elgondol 1. imagine, fancy 2. *(megfontol)* consider
elgondolás 1. idea, conception 2. *(terv)* plan
elgondolkod|ik reflect, meditate (on)
elgörbül bend*, become* crooked
elgőzölög evaporate
elgurul roll away/off
elgyalogol go* on foot, walk
elgyengül weaken, become* weak/feeble
elhadar rattle off
elhagy 1. *(vk vkt)* leave*, abandon 2. *(szokást)* leave* off, give* up 3. **~ja magát** lose* heart 4. **~ta az ereje** his strength forsook* him
elhagyatott deserted, abandoned, *(magányos)* lonely
elhagyatottság loneliness
elhájasod|ik grow* too fat
elhajít throw*/cast* away
elhajlás 1. *(vonalé)* bend, curve, *(fényé)* deflection 2. *(mágneses)* declination 3. *(polit)* deviation
elhajl|ik deviate
elhajlít bend*, turn aside
elhajló *fn*, deviator
elhajt drive* away/off
elhal die, decease, *(növény)* wither, decay
elhalad *(vm mellett)* pass (by)
elhalálozás death, decease
elhaláloz|ik die, decease
elhalaszt put* off, postpone, *(tárgyalást/ülést)* adjourn

elhallgat 1. stop speaking/talking 2. *(vmt vk elől)* keep* back, conceal (sg from sy) 3. *(hosszasan hallgatja)* listen (to); **~nám órák hosszat** I could listen to him/it for hours
elhallgattat silence
elhalmoz (over)load; **dicséretekkel ~** heap with praises; **munkával ~** overwork
elhaló hangon in a faint voice
elhalványod|ik 1. (grow*/turn) pale 2. *(hírnév)* become* eclipsed
elhamarkodott rash, hasty, *(cselekedet)* thoughtless
elhamvaszt burn/reduce to ashes, *(halottat)* cremate
elhangz|ik 1. *(vhová)* be* heard in 2. *(előadás)* be* delivered, *(parancs)* be* issued
elhantol bury, inter
elhány 1. *(havat)* shovel away 2. *(ismeretlen helyre)* mislay*
elhanyagol neglect; **~ja magát** be* careless of one's apearance; **el van hanyagolva** *(épület)* be* in bad repair
elharapódz|ik spread*, gain ground
élharcos *(átv)* champion (of sg), fighter (for sg)
elhárít 1. *(akadályt)* clear away *(ütést)* parry 2. *(felelősséget)* decline, *(gyanút/veszélyt)* avert
elháríthatatlan inevitable
elhárul be* averted
elhasal 1. fall* flat on one's face 2. *(vizsgán)* fail, be* ploughed
elhasznál use up
elhasználód|ik be* used up, be* consumed
elhatalmasod|ik spread*, *(vmn)* take* hold (of sg)
elhatárol delimit, rail off
elhatároz 1. decide (on/to), resolve (to) 2. **~za magát** make* up one's mind (to)
elhatározás decision, resolution; **megváltoztatta ~át** he changed his mind
elhelyez 1. place 2. *(vkt állásban)* find* a place/job/employment (for sy)
elhelyezkedés *(állásban)* finding a job
elhelyezked|ik 1. *(állásban)* find* a job/employment 2. *(kényelmesen)* make* oneself comfortable
elherdál squander
elhervad fade (away), wither
élhetetlen unpractical, helpless
elhibáz 1. make* a mistake (about/in sg) 2. *(lövést)* miss
elhidegül *(vktől)* become* alienated (from by)
elhint *(magot)* sow* (the seed); **~i a viszály magvát** sow* discord (between. . .)
elhisz believe (sg to be true), give* credit (to sg)
elhitet *(vkvel vmt)* make* sy believe (sg)
elhívat *(vkt)* send* for (sy)
elhíz|ik grow* fat
elhódít win*/gain over, *(nőt vktől)* cut* sy out (with her)
elhomályosít 1. *(árnyék)* shade 2. *(vmnek értelmét)* gloss (the meaning of sg), *(dicsőséget, hírnevet)* overshadow
elhomályosul 1. become* dim/obscure, darken, *(üveg)* tarnish 2. *(vm jelentősége vm más mellett)* sink* into insignificance (beside sg)
elhord 1. carry away 2. *(ruhát)* wear* out (clothes) 3. **~ja magát** clear out; **hordd el magad!** get out!, be off!, *(US)* scram!
elhoz 1. *(magával)* bring*/carry along (with one) 2. *(vhonnan)* fetch (from swhere)
elhull *(állat)* die, perish

elhuny die, depart from life
elhunyt I. *mn*, dead, deceased II. *fn*, **vknek az ~a** sy's death
elhurcol *(tárgyat)* drag away, *(börtönbe/fogságba)* carry off (to prison), *(ragályt)* spread*
elhurcolkod|ik move away
elhúz 1. *(vmt vhonnan)* draw*/ pull away/off 2. *(nótát hegedűn)* fiddle, play; **majd ~om én a nótádat!** I'll teach you what for! 3. *(időt/tárgyalást)* prolong 4. *(vkt vizsgán)* plough 5. *(vk mellett)* overtake*, pass by
elhúzód|ik *(vktől)* draw* away (from sy), *(tárgyalás/ügy)* drag on; **a vihar ~ott** the storm passed; **a késői éjjeli órákig ~ott** it lasted well into the night
elidegened|ik *(vktől)* become* estranged (from sy)
elidegenít 1. *(tárgyat)* alienate (property) 2. *(érzelmileg)* estrange, detach (from)
elidegeníthetetlen inalienable
eligazít 1. *(vmt)* arrange, set* right 2. *(vkt)* direct, *(katona)* brief
eligazodás orientation
eligazod|ik find* one's way; **jól ~ik rajta** he's* familiar with it
elígérkez|ik promise to go (swhere)
elijeszt frighten away
elillan *(vk)* slip/steal* away
elindít 1. start, *(gépet)* set* in motion 2. *(támadást)* launch (attack)
elindul start, depart, set* out
elintéz 1. *(ügyet)* settle, arrange; **valahogy majd csak ~em** I shall manage somehow 2. *(vkt gúnyosan)* settle sy's affair; **majd én ~ lek!** I'll give you what for!
elintézés arrangement, settling; **~ alatt áll** be* pending; **~re vár** await arrangement/settlement
elírás slip of the pen
elismer 1. *(bevall)* admit, acknowledge, *(hibát)* admit, avow (mistake) 2. *(igazol)* recognize; **nem ismer el** refuse to recognize/acknowledge
elismerés acknowledgement, *(érdemeké)* appreciation; **~re méltó** laudable, praiseworthy; **szolgálatainak ~éül** for services rendered; **~sel tartozik** pay* tribute to
elismerő oklevél honourable mention
elismert recognized, acknowledged
elismervény receipt, voucher
elismétel repeat
elítél 1. condemn, *(vmre)* sentence (to) 2. *(rosszall)* disapprove
elítélt *fn*, convict, the condemned
eljár 1. *(idő)* pass 2. **~ a szája** blab 3. *(ügyben)* proceed, act; **vk ügyében/érdekében ~** intervene on sy's behalf 4. **táncot ~** (perform a) dance
eljárás 1. *(hivatalos)* procedure 2. *(viselkedés)* behaviour, manners *(tbsz)*
eljátsz|ik 1. *(darabot)* play, perform 2. *(becsületet)* forfeit (one's honour)
eljegyez affiance, become* engaged to (sy)
eljegyzés engagement, betrothal; **~t felbont** break* off an engagement
éljen! hurrah!, hurray!
éljenez cheer (sy)
éljenzés cheers *(tbsz)*, cheering
eljön *(vhonnan)* come* away from, *(vkért/vmért)* come* for, come* to fetch; **eljössz-e**

holnap? are* you coming tomorrow?; ~ **egyszer az idő amikor** the time will come when; **eljött az ideje hogy** the time has* come to
eljut 1. *(vhova)* come* to, reach, arrive (at); **hogy jutok el innen Egerbe?** how do* I get to Eger from here? **2.** *(vmre, átv)* attain (sg)
eljuttat *(vmt vkhez)* get* sg to sy
elkábít 1. *(ütés)* stun, daze, *(orv)* narcotize **2.** *(átv)* stupefy
elkábul get* stunned, become* stupefied/dazed
elkalandoz|ik *(vmtől)* wander (from), *(tárgytól)* digress (from)
elkallód|ik get* lost
elkanyarod|ik turn aside, swerve
elkap 1. *(vk elől)* snatch away, *(labdát)* catch*; **~ja vk tekintetét** catch* sy's eyes **2.** *(betegséget)* catch* (disease)
elkápráztat dazzle
elkártyáz gamble away
elkedvetlened|ik *(kedvét veszti)* become* disheartened, *(lehangolódik)* become* depressed
elkel 1. *(áru)* find* a market, sell*, be* sold; **25 Ft-ért kelt el** it went* for 25 forints; **minden jegy ~t** the house is* sold out **2.** *(szükséges)* be* necessary; **több is ~ne** I could do with some more
elkényeztet *(lelkileg)* spoil*, pamper, *(testileg)* coddle, mollycoddle
elképed be* stupefied
elképeszt stupefy, astound, take* sy aback
elképesztő fantastic
elképzel imagine, fancy
elképzelés idea, conception
elképzelhetetlen unthinkable
elkér *(vktől vmt)* ask (sy for sg), *(számít)* demand
elkéredzked|ik ask leave of absence
elkerget chase/drive* away, expel
elkerít *(területet)* fence in
elkerül 1. *(szándékosan)* avoid, shun **2.** *(véletlenül)* miss; **~i vk figyelmét** escape sy's attention; **~ték egymást** they missed each other **3.** *(vhova)* get* somewhere, come* to
elkerülhetetlen unavoidable, inevitable
elkeseredés despair, exasperation; **~ében** in his despair
elkeseredett bitter, embittered
elkesered|ik become* exasperated *(ami miatt* about/over sg)
elkeserít embitter
elkés|ik be* late (for sg), come* too late; **10 perccel ~ett** he was* ten minutes late, *(vmről)* he missed it by ten minutes
elkészít *(munkát)* do*, achieve, *(ételt)* prepare, cook, *(vmt készre csinál)* finish, complete
elkészül 1. *(vm)* be* finished, be* ready **2.** *(vk vmvel)* be* ready with sg, finish sg **3.** *(vmre)* get* ready (for sg), prepare (oneself for sg); **erre nem voltam ~ve** I did* not expect this
elkevered|ik 1. *(vmvel)* mix, mingle (with sg) **2.** *(tömegben)* get* lost (in)
elkezd begin*, start, commence; **~ vmt csinálni** commence to do sg; **~ett énekelni** she started singing; **~i a munkát** begin*/start to work; **~ett esni** it started to rain
elkezdőd|ik begin*, start, commence
elkísér go* with, accompany, see* (sy to a place)
elkoboz confiscate, seize
elkomolyod|ik turn serious

elkop|ik wear* out/away, *(ruha)* become* threadbare
elkoptat 1. wear* out/away 2. **~ott frázisok** hackneyed clichés
elkorcsosod|ik degenerate, deteriorate
elkorhad moulder, decay, rot
elkotród|ik move off, clear out
elkótyavetyél sell* at any price, throw* away
elködösít 1. *(katona)* lay* down a smoke-screen 2. *(átv)* fog, befog, confuse
elkölt 1. *(pénzt)* spend* *(amire* on) 2. *(ételt)* consume, eat*
elköltöz|ik move (off), change one's abode
elkönyvel 1. book (an item) 2. *(átv)* attribute to sg; **vmnek ~** put* down as
elköszön *(vktől)* take* leave (of), say* good-bye (to)
elkövet 1. *(rosszat)* commit; **hibát követ el** make* a mistake; **~te azt a hibát hogy** he made* the mistake of . . . 2. *(megtesz)* do*; **mindent ~** do* one's best/utmost
elkövetkez|ik *(idő)* arrive, come*; **~ik majd az idő amikor** the time will come when
elkövetkező (forth)coming to come *(ut)*
elküld 1. *(vmt)* send* (off), *(árut)* forward, *(vkt vhova)* send* (sy to); **~tem a levelet** I posted/mailed the letter; **szíveskedjék csekken ~eni** kindly remit by cheque; **~tek az orvosért** the doctor was* sent for 2. *(elbocsát)* discharge, dismiss
elkülönít 1. separate 2. *(szétválaszt)* sunder
elkülönül separate, be* isolated *(amitől* from)
ellágyul 1. be* softened 2. *(szíve)* be* moved/touched
ellanyhul *(erőfeszítés)* abate, *(erő)* flag, *(árfolyam)* sag
ellaposod|ik *(átv)* become* uninteresting
ellát 1. *(élelemmel)* supply (with food), *(pénzzel)* provide (with money) 2. *(hivatalát)* fill, administer 3. **majd ~om a baját!** I'll give* him what for! 4. **ameddig a szem ~** as far as the eye can reach
ellátás *(étkezés)* board; **lakás teljes ~sal** board and lodging
ellátatlan unprovided for *(ut)*; **~ családtag** dependent
ellátogat *(vhová)* go* to visit/ see (sy)
ellen against, counter to, *(jogilag)* versus; **tizet egy ~ (hogy)** ten to one (that)
ellenáll *(vmnek)* resist (sg), *(átv)* oppose (sg)
ellenállás resistance, opposition; **~t fejt ki** put* up resistance
ellenállási mozgalom resistance movement
ellenállhatatlan irresistible
ellenálló I. *mn, (összet.)* -resisting, -resistant, -proof II. *fn, (polit)* resistance fighter
ellenállóképesség power of resistance
ellenben on the other hand
ellene against, in opposition to; **~ van vmnek** be* against sg
ellenében *(fejében)* against, in return for; **nyugta ~** against a receipt; **5 forint befizetése ~** on payment of 5 forints
ellenére despite, in spite of, notwithstanding; **annak ~** in spite of the fact
ellenérték equivalent,counter-value
ellenérv counter-argument
ellenes opposed/hostile to *(ut)*

ellenez oppose (sg), *(nem egyezik bele)* disapprove (of)
ellenfél 1. opponent adversary 2. *(ellenség)* enemy
ellenforradalmár *fn/mn,* counter-revolutionary
ellenforradalom counter-revolution
ellenhatás reaction, counteraction; **~t vált ki** produce a reaction
ellenindítvány counter motion
ellenjavaslat counter-proposal
ellenjegyez countersign
ellenjelölt opponent
ellenkezés 1. *(ellenállás)* opposition 2. *(értelemeltérés)* disagreement
ellenkez|ik 1. *(szembeszáll)* resist 2. *(vmvel)* be* inconsistent with; **~ik a józan ésszel** be* contrary to right and reason
ellenkező I. *mn,* 1. contrary, opposing, opposite; **~ esetben** else, otherwise; **~ véleményen van** think* just the opposite 2. *(ellenálló)* resisting II. *fn,* opposite, contrary (of sg); **az ~je** just the (very) opposite; **az ~jét állítja** assert the contrary
ellenkezőleg on the contrary
ellenméreg 1. *(szervezetben termelt)* antitoxin 2. *(gyógyszer)* antidote
ellennyugta counter-receipt
ellenőriz control, check, *(munkát)* supervise, oversee*
ellenőrzés control, supervision; **állami ~ alatt** under government control
ellenőrző control; **~ bizottság** control commission; **~ körút** tour of inspection; **~ szelvény** check, counterfoil
ellenpár counterpart
ellenpróba counter-proof, *(szavazáson)* counter-verification (of votes)
ellenség enemy, *(ellenfél)* adversary; **az ~ keze** enemy action; **~évé válik vknek** become* sy's enemy
ellenséges hostile, inimical
ellenségeskedés 1. *(személyi/családi)* hostility, quarrel, feud 2. *(nemzeteké)* hostilities *(tbsz)*
ellensúlyoz 1. counterbalance 2. *(átv)* compensate
ellenszámla check account
ellenszegül *(vknek/vmnek)* resist (sy/sg), *(vknek)* defy (sy), refuse to obey (sy)
ellenszenv *(vk ellen/iránt)* antipathy (to/against/for), *(vm iránt)* aversion (for/to), dislike (of)
ellenszenves *(ember)* antipathetic, unpleasant, *(vm)* repugnant, offensive
ellenszer antidote (to)
ellenszolgáltatás return service; **~ nélkül** without compensation
ellentámadás counter-attack
ellentengernagy rear-admiral
ellentét 1. *(vm ellenkezője)* opposite, contrast; **~be állít** contrast with, set* against; **~ben áll vmvel** contrast with sg, be counter to sg 2. *(nézeteltérés)* antagonism, difference; **az ~ek kiéleződnek** differences become* more acute; **~et áthidal** bridge over the differences
ellentétes 1. *(ellenkező)* contrasted 2. *(nézeteltérésben)* antagonistic
ellentmond 1. *(vknek)* contradict (sy) 2. *(vmvel nem egyezik)* be* inconsistent (with sg)
ellentmondás contradiction, opposition; **~okba keveredik** contradict oneself; **~t nem tűrő hangon** in a peremptory manner/tone

ellenvélemény contrary opinion; **~t jelent be** object (to), disagree (with)
ellenvetés objection (to), protest (against); **~ nélkül** without (a word of) protest
ellenzék opposition; **~be megy át** go* into opposition
ellenzéki képviselő member of the opposition
ellenzés opposition (of), disapproval (of)
ellenző *fn*, *(szemen)* eye-shade, *(kályha előtt)* screen, fender, *(sapkán)* peak (of cap)
ellep cover, *(víz)* flood, *(növényzet)* overgrow*
elles *(vktől vmt)* learn* by close observation; **életből ~ett** (taken) from life
ell|ik bear*, bring* forth (young), *(juh)* yean, *(kutya)* have* puppies, *(ló)* foal, *(macska)* have* kittens, *(tehén)* calve, *(disznó)* farrow
ellipszis ellipse
ellop steal* (from), run* away with
ellök push away
ellustul grow*/become* lazy
elmagyaráz explain, expound
elmagyarosod|ik become* Magyarized
elmarad 1. *(nem történik meg)* not happen/occur, not take* place; **a hangverseny ~** the concert is* (put) off **2.** *(hátramaradozik)* lag/fall* behind; **munkájával ~** be* behind with one's work
elmaradás *(vké vhonnan)* absence, *(előadásé)* postponement; **~át igazolja** *(kimenti magát)* apologize for one's absence
elmaradhatatlan inevitable
elmaradottság *(átv)* backwardness
elmaradt 1. *(szellemileg)* backward **2.** *(hátramaradozó)* straggling behind *(ut)*
elmarasztal condemn (sy), sentence
elmázol smudge, smear
elme mind, intellect, wit; **nagy ~** master mind; **elméjébe vés** impress upon sy; **ép elméjű** of sound mind *(ut)*
elmebaj mental disorder, insanity
elmebajos I. *mn*, insane **II.** *fn*, lunatic, madman *(tbsz* madmen)
elmegy 1. *(vhonnan)* go* away/off, depart; **elment** he is* gone, *(nincs otthon)* he is* out **2.** *(vhová)* go* to, walk to, *(autón)* drive* to, *(kerékpáron, villamoson, lóháton)* ride* to; **~ vkvel** go* with sy; **~ vkért** go* for sy, (go* to) fetch sy **3. ~ katonának** enlist, join up **4.** *(vmeddig, átv* is) go* as far as; **~ egy bizonyos határig** go* to a certain extent **5. ~ a kedve vmtől** lose* one's interest in sg
elmegyógyász alienist, psychiatrist
elmegyógyintézet lunatic asylum
elmélet theory; **~ben** in theory, theoretically; **~et felállít** put*/bring* forward a theory
elméleti theoretical; **~ kérdés** an academic question
elméletileg in theory
elmélkedés meditation, reflection
elmélked|ik *(vmn)* meditate (on), ponder (sg), muse (on)
elmélyed *(vmbe)* become* absorbed (in sg); **~ gondolataiba** be* wrapt in thought
elmélyít 1. deepen **2.** *(átv)* intensify, *(kapcsolatokat)* further (connections)
elmélyül: a válság ~ the crisis becomes* more serious

elmenekül get*/run* away, (make* one's) escape, *(vhova)* take* refuge (swhere); **~ vm elől** flee* from sg; **~ vk elől** fly* from sy
elmenetel departure, leaving
élmény experience
elmérgesed|ik 1. *(seb)* become* septic **2.** *(helyzet)* get* worse
elmerül 1. sink*, *(hajó)* go* down, *(fuldokló)* drown **2.** *(átv)* be* immersed/absorbed in sg
elmés witty, smart; **~ mondás** witticism
elmesél tell* (story), relate
elmeszesedés calcination, calcification
elmezavar insanity, mental disorder; **pillanatnyi ~** momentary mental aberration
elmond 1. tell*, narrate **2.** *(beszédet)* deliver, make* (speech) **3. mindennek ~ták** they called him names
elmosód|ik 1. *(vonal)* become*/grow* indistinct/dim **2.** *(emlék)* fade (away)
elmosódott indistinct, dim, faded
elmosogat wash up (dishes)
elmosolyod|ik smile, begin* to smile
elmozdít 1. *(vmt helyéről)* move, remove **2.** *(vkt állásából)* remove, dismiss (sy)
elmozdul · move, *(csak ember)* stir; **nem mozdul el** stand* fast
elmúlás 1. *(időé)* passing **2.** *(halál)* death
elmulaszt 1. *(vmt megtenni)* fail (to do sg), *(alkalmat)* miss, *(kötelességet)* neglect (duty); **nem fogom ~ani hogy** I shall not fail to **2.** *(fájdalmat)* stop
elmúl|ik pass (away), elapse; **5 óra ~t** it is* past 5 o'clock; **~t 40 éves** he is* over forty
elmúlt past, bygone, gone; **az ~ héten** last week; **az ~ napokban** the other day, recently
élmunkás ace/outstanding worker
elnagyol *(munkát)* do* sg superficially
elnapol adjourn, postpone
elnémít 1. silence **2.** *(vkt meglepetés)* dumbfound
elnémul 1. *(vk meglepetéstől)* be* dumbfounded **2.** *(vm)* become* silent
elnéptelenedés depopulation
elnéptelened|ik become* depopulated/deserted
elneveti magát begin* to laugh, burst* out laughing
elnevez call, name; **vmt/vkt vkről ~** name sg/sy after/from sy
elnéz 1. *(hosszasan)* look at, watch **2.** *(vknek hibát)* forgive* (sy), overlook **3.** *(vmt tévedésből)* overlook, miss **4.** *(félrenéz)* look away **5. vk feje felett ~** overlook, miss
elnézés 1. leniency; **~t kérek hogy** I beg your pardon for; I apologize for; **~sel van** *(vm/vk iránt)* make* allowances (for) **2.** *(tévedés)* mistake, error; **~ből** by mistake
elnéző indulgent, lenient
elnök president, *(gyűlésen)* chairman *(tbsz* chairmen)
elnökhelyettes deputy/acting president
elnöki presidential; **~ tanács elnöke** president of the presidium
elnököl preside (at/over sg), *(gyűlésen)* be* the chairman of sg
elnökség 1. *(helyiség)* office of president **2.** *(testület)* presidency, presidium **3.** *(szerep)* presidency

elnökválasztás presidential election
elnyel 1. swallow (up), *(ételt)* devour; **majd ~te a szemével** he devoured her with his eyes 2. *(vegyileg, hőt)* absorb
elnyer 1. win* (sg from sy), gain 2. *(átv)* obtain, gain
elnyom 1. *(népet)* oppress, *(forradalmat)* beat* down, suppress 2. *(érzelmet)* repress 3. **~ta az álom/buzgóság** he was* overcome with sleep 4. *(erős a gyengét, átv)* dwarf 5. **~ja a cigarettát** put* out the cigarette
elnyomás oppression, suppression
elnyomó *fn*, oppressor, despot
elnyomott oppressed; **~ nép** oppressed people *(tbsz)*
elnyújt *(átv)* drag/spin* out
elnyúl|ik 1. *(fekve)* stretch (oneself) out 2. *(vmeddig ér)* reach
elnyű wear* out
elnyűhetetlen hard-wearing
elnyűtt worn-out, threadbare
elodáz put* off, delay
elold untie, unfasten, unbind*
elolt *(lámpát/villanyt)* switch off, *(tüzet)* extinguish, put* out (fire)
elolvad melt, *(hó)* thaw
elolvas read* (through/over)
elolvaszt melt, liquefy
eloson steal* off/away
eloszlat 1. *(tömeget)* disperse 2. *(kétséget)* resolve; **félreértést ~** clear up a misunderstanding
eloszl|ik 1. *(tömeg)* disperse 2. *(kétség)* be* resolved 3. *(vm részekre)* be* divided
eloszt 1. *(részekre)* divide *(into)* *(munkát/földet)* parcel out 2. *(kioszt)* distribute (among) 3. *(mennyiségtan)* divide *(amivel* with)
elosztó I. *mn*, distributive; **~ bizottság** committee of distribution II. distributor
élő I. *mn*, living, alive; **~ nyelvek** modern languages II. *fn*, living person
előad 1. *(elővesz)* produce, show* 2. *(bizonyítékokat)* present, produce, *(kérést)* come* forward (with a request); **ahogy ő ~ja** in his version; **~tam neki az ügyet** I put* the case to him 3. *(színdarabot)* perform, act, *(verset)* recite, *(zeneművet)* play 4. **~ja magát** happen, occur 5. *(vmről)* hold* forth (on sg), *(egyetemen)* lecture *(amiről* on)
előadás 1. *(közlés)* relation, report 2. *(színházi)* performance; **~ra kerül** be* performed 3. *(egyetemen stb.)* lecture; **~okra jár** attend a course on sg; **~t tart** lecture, deliver a lecture 4. *(módja)* delivery; **Casals ~ában** in the rendering of C.
előadássorozat series of lectures, course
előadó *fn*, 1. *(egyetemen)* lecturer, reader 2. *(referens)* rapporteur, official in charge of. . .
előadóterem lecture-hall, auditorium
előáll 1. step forward 2. *(vmvel)* come* forward (with) 3. *(keletkezik)* come* into being, arise*
előállít 1. *(készít)* produce, make*, *(iparcikket)* manufacture 2. *(rendőrségen)* arrest
előállítás production, manufacture
előállítási ár cost price
előbb 1. *(azelőtt)* sooner, before; **minél ~** as soon as possible 2. *(mielőtt vmt tesz)* first; **~ tudni akarom** first

I want to know **3. az ~** just now; **~ említett** afore-mentioned
előbbi I. *mn*, preceding **II.** *fn*, former
előbbre való more important
előbb-utóbb sooner or later
előbukkan appear (suddenly), emerge
előcsarnok hall, *(színházé)* foyer, lounge
előd 1. *(hivatali)* predecessor **2.** *(ős)* ancestor, forefather
elődöntő semi-finals *(tbsz)*
előélet antecedents *(tbsz) (rendőri priusz)* police record
előérzet presentiment; **rossz ~em van** I have* misgivings
előest eve
előétel savoury dish
előfeltétel preliminary condition
előfizet *(vmre)* subscribe (to a paper)
előfizetés subscription
előfizetési díj subscription rate
előfizető *fn*, subscriber
előfordul happen, occur, take* place; **ez többet elő ne forduljon!** this must not happen again
előfutam (preliminary) heat
előfutár precursor
előgyújtás advanced ignition
előhegység foot-hills *(tbsz)*
előhírnök forerunner, precursor
előhív *(fényképet)* develop
előhoz 1. *(tárgyat)* bring* forward **2.** *(szóban)* mention, make* mention (of sg)
előhozakod|ik *(vmvel)* bring* up (sg)
előhúz draw* forth, *(zsebből)* produce
előidéz cause, bring* about, *(kellemetlenséget)* raise
Elő-India East India
előír prescribe, *(hatóság)* ordain, *(minőséget)* specify, *(vknek vmt)* impose (sg on sy)
előirányoz estimate, *(összeget)* provide, set* aside
előirányzat 1. *(összeg)* allowance **2.** *(költségtervezet)* statement of costs
előírás prescription, *(parancs)* orders *(tbsz)*, *(szabály)* regulation
előírásos prescribed, regular
előítélet prejudice, bias
előítéletmentes unprejudiced
előjáték prelude, *(zeneműhöz)* overture
előjegyez 1. make* a note of sg **2.** *(jegyet)* book in advance, reserve
előjegyzés note; **~be vesz** make* a note of sg, *(rendelést)* make* an advance booking
előjel 1. indication, omen **2.** *(mennyiségtan)* sign
előjog privilege, prerogative
előjön 1. come* forward/forth **2.** *(kívánsággal)* come* forward (with)
előkelő distinguished, illustrious, aristocratic; **~ származású** high-born
előképzettség preliminary training
előképző I. *mn*, **~ tanfolyam** preparatory course **II.** *fn*, *(nyelvtan)* prefix
előkerít bring* forth, find*
előkerül come*/turn up
előkészít prepare, get*/make* ready; **vkt vizsgára ~** cram, prepare (for)
előkészítés preparation, arrangement
előkészül *(vmre)* prepare oneself (for sg), make* preparations/arrangements (for sg)
előkészület preparation(s), arrangement(s); **~eket tesz** make* preparations
elöl *(vhol)* ahead, in front; **jó példával jár ~** set* a good example
elől *(vhonnan)* from before

away from; **takarodj a szemem ~!** get out of my sight!
előleg advance
előlegez make* an advance *(amennyit* of . . .)
élőlény living being/creature
előlép 1. step forward 2. *(rangban)* rise*, be* promoted
előléptet *(rangba)* promote (sy to sg)
elöljáró 1. *(hivatali)* superior, principal 2. *(nyelvtan)* preposition 3. **~ban** by way of introduction
elöljáróság *(testület)* magistracy; **községi ~** local board
elölnézet front view
elölről 1. *(nézve)* from the front 2. *(kezdve)* from the beginning, *(újra)* afresh, anew
előmenetel progress, advance
előmérkőzés qualifying round
előmozdít further, promote (a cause)
előmunkálat preparatory work, preparations *(tbsz)*
előmunkás foreman *(tbsz* foremen), charge hand
előnév *(nemesi)* title of nobility
elönt inundate, flood; **~ötte a düh** it made* him furious
előny advantage, *(haszon)* profit; **~ben részesít** prefer, give* preference to; **~ére** to (sy's) advantage; **előnnyel indul** have* a good start
előnyomul advance, press forward
előnyös advantageous, *(feltétel)* favourable (condition), *(anyagilag)* profitable
előnytelen disadvantageous, *(nem csinos)* unbecoming
előnyverseny handicap race
előőrs advance(d) guard, outpost
előrajzol *(mintát)* sketch, *(hímzéshez)* stencil (a pattern)
előráncigál 1. drag out 2. *(átv)* drag in/up
előránt pull out suddenly, whip out, *(kardot)* draw* out (sword)
előre I. *hat*, 1. *(térben)* forward, ahead 2. *(időben)* in advance; **~ is hálásan köszönöm** thank you in advance; **~ megfontolt** premeditated II. *int*, forward!, (go*) ahead!
előrebocsát 1. *(vkt)* yield precedence (to sy) 2. *(beszédben)* mention sg in advance
előrehajol lean* forward
előrehaladás progress, *(hadseregé)* advance, *(tantárgyban)* proficiency
előrehaladott advanced
előrejelzés forecast
előrejut get* on/ahead
előrelátás foresight
előrelátható presumable; **ez ~ volt** this was* to be expected
előreláthatólag in all probability, presumably
előrelátó forseeing, farseeing
előrelátott anticipated; **előre nem látott** unforeseen
előremegy go* forward
előrenéz look ahead
előresiet hurry forward
előreszegezi tekintetét look straight ahead
előretol push forward, *(mutatót)* advance; **~t hadállás** advanced post
előretör forge ahead
előretörés forging ahead, *(katonai)* breaking through
előrevisz 1. carry forward 2. *(előmozdít)* further, promote
előrohan rush forward
élősdi 1. parasite 2. *(csak ember)* hanger-on *(tbsz* hangers-on)
elősegít help (on), further, promote
élősköd|ik *(vk)* sponge/live on sy
élősúly live weight

előszed = **elővesz**
előszele vmnek *(átv)* premonitory signs *(tbsz)* of sg
előszeretettel van vm iránt be* partial to sg, show* a preference for sg
előszó preface, foreword
előszoba vestibule, *(angol házban)* hall, *(hivatalé)* waiting-room
élőszóban by word of mouth, orally
először 1. *(első izben)* the first time 2. *(sorrendben)* (at) first; ~ **is** first of all 3. *(eleinte)* (at) first 4. *(felsorolásban)* first, firstly
előtanulmány preliminary study
előtér 1. foreground 2. **~be kerül/lép** *(átv)* come* into prominence; **~be tol** *(átv)* emphasize
előteremt procure, produce; **pénzt** ~ raise money
előterjeszt submit (sg to sy), *(ügyet)* report; **kérést** ~ make* a request
előterjesztés 1. *(irott)* report 2. *(javaslat)* proposal, proposition
előtör 1. break* forth 2. *(víz)* spring* up
előtt 1. *(időben)* before; **három hét** ~ three weeks ago; **idő** ~ prematurely 2. *(térben)* before, in front of
előtte before him/her/it; **az** ~ **való napon** the day before
előtti ante-, pre-, before
előtűn|ik appear, come* in(to) sight
elővarázsol conjure up
előváros suburb(s), satellite town
elővéd advance(d) guard
elővesz take*/bring* out (of sg), produce
elővétel *(jegyé)* advance booking
elővigyázat (pre)caution, care
elővigyázatos (pre)cautious, careful
elővigyázatosság (pre)caution; **kellő ~gal** with due precaution; **minden ~i intézkedést megtesz** take* all necessary precautions
előz overtake*, pass
előzékeny obliging, attentive
előzetes previous, preliminary; **~en** in advance
előzmény antecedents *(tbsz)*, precedents *(tbsz)*; **az ~ekből következik** it follows from the foregoing
előző previous, preceding, former
előzőleg previously, before-hand
elpanaszol complain
elpárolog 1. evaporate 2. *(átv)* scamper away
elpártol *(vktől)* desert (sy), forsake* (sy), *(párttól/hittől)* turn renegade
elpattan *(húr)* snap, break*, *(üveg)* crack
elpazarol waste, squander
elpirul blush, turn red
elpiszkol make* dirty, sully, soil
elpiszkolód|ik get*/become* dirty, soil
elpocsékol waste, squander
elporlad crumble/fall* to dust
elpuhul become* effeminate/soft
elpuhult soft, enervate; ~ **ember** effeminate man *(tbsz* men)
elpusztít *(tárgyat/várost)* destroy, ruin, *(országot/területet)* devastate
elpusztíthatatlan indestructible
elpusztul 1. be* destroyed, *(ország)* be* laid waste 2. *(élőlény)* perish *(ami miatt* for/through)
elrabol 1. *(vmt)* steal*, rob, *(embert)* kidnap 2. **sok időmet ~ta** *(vm)* it took* a lot of my time

elragad 1. *(vktől vmt)* snatch, take* away (from) **2.** *(vkt kedvességgel)* charm, enchant **3.** *(vkt szenvedély)* overcome*
elragadó charming, enchanting, captivating
elragadtat 1. ~ja magát *(dühében)* lose* one's temper **2. el voltam tőle ragadtatva** I was* delighted with him/it
elragadtatás extasy, enthusiasm; **~sal beszél vmről** be* enraptured by sg
elrak 1. put* away, *(télire stb.)* store up, *(befőzve)* preserve **2.** *(vkt)* give* sy a good hiding
elraktároz store up
elrejt conceal
elrejtőz|ik hide* (oneself)
elrémít terryfy, horrify
elrémül be* terrified/horrified
elrendel direct, order, command, *(rendelettel)* decree; **az orvos szigorú diétát rendelt el** the doctor prescribed a strict diet
elrendez 1. *(rendbe tesz)* arrange, set*/put* in order, *(szortiroz)* sort **2.** *(függő ügyet)* settle
elrendezés 1. *(eredmény)* arrangement, order, *(folyamat)* arranging, setting in order **2.** *(ügyé)* settlement
elreped crack, *(ruha)* tear*
elrepül 1. fly* away/off **2.** *(idő)* flee*
elrettentő példa warning, deterrent
elriaszt 1. frighten away/off **2.** *(átv)* discourage
elrobog drive* away (at full speed)
elrohan rush away/off, *(vhonnan)* leave* in a hurry
elroml|ik 1. go* bad/wrong **2.** *(készülék)* break* down, get* out of order
elront 1. *(szerkezetet)* put* out of order **2. ~ottam a gyomrom** my stomach is* upset; **~ja vk örömét** spoil* sy's pleasure **3.** *(munkát)* bungle
elrothad rot, decompose
elsajátít 1. *(szokást)* acquire, *(tudást)* make* oneself master (of sg) **2.** *(eltulajdonít)* appropriate
elsápad turn/grow* pale, lose* colour
elsatnyult stunted, dwarfed
elseje the first; **május ~** 1st May, *(olvasva* the first of May), *(mint ünnepnap)* May Day
elsekélyesed|ik become* shallow
elsiet 1. hurry off, run* away **2.** *(elhamarkodik)* be* rash/overhasty; **ne siesd el a dolgot** take* your time
elsikkad get* lost
elsikkaszt embezzle, *(közpénzt)* peculate (public moneys)
elsikl|ik *(vm felett átv)* pass over
elsimít 1. smooth away **2.** *(átv)* smooth over, *(nézeteltérést)* settle
elsimul 1. become*/get* smooth **2.** *(nehézség)* disappear
elsirat lament, mourn (for) sy
elsírta magát she melted/burst* into tears
elsodor *(áradat)* sweep* away, *(vihar)* whirl away
elsorol enumerate
elsorvad pine away, *(szerv)* become* atrophied
elsóz 1. *(vmt)* put* too much salt (in sg) **2.** *(átv nehezen eladható)* get* rid of sg
első I. *mn*, first, *(időben)* earliest, *(értékrendben)* foremost, principal, leading; **~ emelet** first floor, *(US)* second floor; **~ fokú bíróság** court of first instance; **~ fokú egyenlet** simple equation; **I. Henrik** Henry the First, Henry I;

~ ízben at first; **~ osztályú** first-class/rate; **~ személy** first person **II.** *fn,* **~nek érkezik** he was* the first to come; **~be jár** go* to the first form
elsőbbség 1. *(időben)* priority; **2.** *(rangban)* precedence, superiority; **~e van** take* priority
elsődleges primary
elsőéves of the first year *(út)*; **~ egyetemi hallgató** first-year student, *(US)* freshman *(tbsz* freshmen)
elsőkerék-meghajtás front-wheel drive
elsöpör 1. sweep* away **2.** *(átv)* overthrow*
elsőrangú first-rate, first-class; **~ minőség** highest quality
elsősegély first-aid; **vknek ~t nyújt** apply/give first-aid to sy
elsősorban first (of all), above all
elsőszülött first-born
elsötéted|ik become*/get* dark, darken
elsötétít darken, *(légó)* black out
élsportoló leading sportsman *(tbsz* sportsmen)
elsurran *(mellette)* hurry past
elsül 1. *(puska)* go* off **2.** *(sikerül)* succeed; **a dolog rosszul sült el** it fell* through, it failed; **a dolog visszafelé sült el** it boomeranged
elsüllyed sink*
elsüllyeszt 1. sink* **2.** *(zsebében)* hide*
elsüt *(puskát)* fire, discharge
elszabadul *(ember/rab)* get* away, *(állat)* break* loose
elszabotál sabotage
elszakad 1. *(kötél)* break*, *(ruha)* tear* **2.** *(vktől)* detach oneself (from); **~ a tömegektől** lose* touch with the masses; **~ a párttól** break* away from the party
elszakadás 1. *(kötélé)* breaking **2.** *(vktől)* separation
elszakít 1. *(kötelet)* break*, *(ruhát)* tear* **2.** *(vmt vmtől)* detach (from), *(vkt vktől)* separate, estrange (from)
elszakíthatatlan *(kötelék/kapcsolat)* strong, unbreakable (ties/bonds)
elszalad run* away/off, *(idő)* fly*
elszalaszt 1. *(vkt vhová)* send* sy (off/running) to **2.** *(alkalmat)* miss
elszáll *(madár/gép)* fly* away, *(füst)* rise*
elszállásol put* sy up, lodge, accommodate, *(katonát)* quarter
elszállít 1. *(vhová)* convey, transport, *(árut vasúton)* forward **2.** *(vhonnan)* remove (from)
elszállítás transport, shipping, forwarding
elszámol 1. *(pénzzel/tetteiről)* give* an account of sg **2.** *(vkvel)* settle accounts/up (with sy) **3.** *(tételt)* reckon up
elszámolás 1. *(átv)* pay-off **3.** *(írásos)* accounts *(tbsz)*
elszánja magát make* up one's mind (to do sg), resolve
elszánt *mn,* determined, resolute
elszántság resolution, determination
elszaporod|ik multiply, increase
elszárad wither, dry
elszaval recite
elszed *(vktől vmt)* take* away, *(elkoboz)* seize, confiscate
elszédít 1. make* dizzy **2.** *(átv)* turn sy's head
elszédül become* dizzy
elszegényed|ik become* poor/impoverished

elszegőd|ik enter service
elszégyelli magát feel* ashamed
elszéled disperse, scatter in all directions
elszenderül fall* into a slumber, doze off
elszenesed|ik be* charred, carbonize
elszenved endure, suffer, bear*
elszigetel isolate (from)
elszigetelőd|ik become* isolated
elszigetelt isolated
elszíneződ|ik discolour
elszok|ik 1. *(vmtől)* get*/become unused to sg 2. **~tam a gépeléstől** I forgot* how to type
elszólás slip of the tongue
elszólja magát make* a slip of the tongue
elszomorít make* sad, sadden, distress
elszomorod|ik become* sad/sorrowful, grieve
elszór scatter (about), spread*
elszórakoz|ik *(vmvel)* amuse oneself with, *(vhol jól)* have* a good time
elszórakoztat entertain, amuse
elszórtan sporadically, scattered
elszorul get* stuck; **~t a szíve** his heart sank
elszök|ik run* away/off, *(katona)* desert, *(állat)* break* away
elszörnyed be* terror-stricken, become* panic-stricken
elszundít doze off
elszürkül 1. *(szine)* turn grey 2. *(átv)* become* dull
eltakar cover (up), *(elrejt)* hide*, conceal
eltakarít clear away
eltakarod|ik clear out, *(útból)* get* out of the way
eltalál 1. *(fegyverrel)* hit* (the mark) 2. *(kitalál)* hit* upon, guess (right) 3. *(hasonlóságot)* hit* sg off; **nem találta el a hangot** he didn't* strike the right note 4. *(vhová)* find* the way (to)
eltáncol dance, perform
eltántorít divert from
eltántoríthatatlan unswerwing
eltanul learn* (sg from sy)
eltapos trample down/on, crush
eltart 1. *(vkt)* keep*, support, maintain 2. *(egy ideig)* last, *(elég)* suffice; **estig ~** it will last till the evening
eltartó *fn*, supporter
eltartott *fn*, dependent, dependant
eltaszít *(magától)* cast* off, *(csak átv)* turn one's back (upon sy)
eltávolít 1. *(vkt)* remove 2. *(vmt)* clear away
eltávolod|ik 1. move away/off, remove (oneself) 2. *(lélekben)* become* estranged
eltávozás (short) leave
eltávoz|ik go* away, leave*
eltekint *(vmtől)* disregard (sg); **ettől ~ve** apart from this
eltel|ik 1. *(vmvel)* fill up (with), *(érzéssel)* fill (with) 2. *(idő)* pass; **évek fognak ~ni addig** it will take years
eltelve full of, filled with
eltemet 1. bury, entomb 2. *(átv)* hide*
eltemetkez|ik *(könyveibe stb.)* bury oneself (in one's books), *(világtól elvonul)* live a retired life
eltép tear*
eltér 1. *(iránytól)* deviate (from) 2. *(szabálytól)* depart (from the rules) 3. *(vélemény)* differ 4. *(tárgytól)* digress (from point)
elterel *(figyelmet)* divert, *(gyanút)* avert
eltérés 1. *(iránytól)* deviation 2. *(átv)* deviation, *(véleményé)* difference

eltérít divert; **~i szándékától** divert from his intention; **~i útjából** lead* sy out of his way
elterjed spread*, *(szokás)* become* general, *(vélemény)* be* gaining ground
elterjedt wide-spread, general
elterjeszt *(hírt/betegséget)* spread*, *(szokást)* bring* into fashion
eltérő *(vmtől)* different (from), unlike sg *(ut)*; **~ vélemény** difference of opinion
eltérően differently, *(vmtől)* contrary (to)
elterül 1. *(terület)* lie*, be* situated **2.** *(vk a földön)* fall* down at full length
éltes elderly, aged
eltesz 1. *(máshová)* lay* aside, *(vhonnan félre)* put* away **2.** *(élelmiszert)* preserve, can **3. ~ láb alól** make*/do* away with sy
éltet 1. *(éljenez)* cheer **2.** *(életben tart)* keep* alive; **a remény ~ bennünket** hope sustains us
éltető *mn*, life-giving
eltéved lose*/miss one's way
eltéveszt miss; **nem lehet ~eni** there is* no mistaking it
eltikkad swelter, *(szomjúságtól)* be* parched (with thirst)
eltilt forbid*, prohibit
eltipor 1. trample down/on **2.** *(népet zsarnok)* oppress
eltitkol keep* (sg) secret, conceal
eltol 1. *(térben)* move away **2.** *(időben későbbre)* put* off **3.** *(elhibáz)* bungle
eltolódás *(időben)* postponement
eltolód|ik *(időben)* be* postponed
eltoloncol deport, transport
eltompul 1. (become*) blunt **2.** *(átv)* become* dull
eltompultság dul(l)ness, apathy
eltorlaszol barricade, block up
eltorzít 1. deform *(arcvonásokat)* distort **2.** *(vmt átv)* misrepresent, *(értelmet)* distort
eltorzul become* deformed, *(arc)* be* distorted
eltökél decide (upon), resolve (on); **~i magát** make* up one's mind resolve
eltökéltség determination
eltökélt szándékom I am* firmly resolved (to)
eltölt 1. *(vmvel)* fill (with); **megelégedéssel tölt el** it gives* me great satisfaction to **2.** *(időt)* pass away, spend*
eltöm stop/fill up, choke
eltömőd|ik become*/get* plugged/choked
eltöpreng *(vmn)* brood/meditate over sg
eltör break* (to pieces)
eltör|ik break* (to pieces), be* broken
eltöröl 1. *(intézményt)* abolish **2.** *(vm nyomait)* efface; **~ a föld színéről** wipe out
eltörpül *(vm mellett)* be* dwarfed by sg
eltulajdonít appropriate
eltúloz exaggerate, overdo*
eltussol hush up
eltűnés disappearance
eltűn|ik disappear, vanish (from sight); **~t a szemem elől** I lost* sight of him; **~t az órám** my watch is* gone
eltűnőd|ik *(vmn)* meditate, brood (over sg)
eltüntet make* disappear; **a nyomokat ~i** cover up (the traces)
eltűr endure, tolerate, suffer
eltüzel burn* (up)
elújságol tell*, narrate
elun *(vmt)* get* tired of (sg)
elúsz|ik *(pénz)* be* lost (in

enterprise etc.), *(munkával)* fall* below schedule
elutasít 1. *(vmt)* refuse, reject 2. *(vkt)* turn away
elutasítás 1. *(vmt)* refusal, rejection, *(ajánlaté)* rejection 2. *(vkt)* turning away
elutasító válasz negative answer, refusal
elutazás departure
elutaz|ik depart, leave*; **~ott** he is* away; **~ott Londonba** he left* for London, he went* to London
elül *(zaj)* die down; **~ a szél** the wind drops
elüldögél sit* about
elüldöz drive* away, expel
elültet *(növényt)* plant, bed
elüt 1. *(autó vkt)* run* over 2. *(vkt vmtől)* snatch away (from before sy) 3. **tréfával üti el a dolgot** pass sg off with a joke 4. *(vm vmtől)* differ (from), contrast (with)
elütő different, contrasting
elűz drive* away, expel, *(gondot)* banish
élüzem leading factory/plant/workshop
elv principle; **vm ~et vall** advocate a principle; **~ként leszögez** lay* down as a principle
elvág 1. cut* 2. *(átv összeköttetést)* break* off, cut*
elvágód|ik 1. *(földön)* fall* at full length 2. *(vizsgán)* be* ploughed
elvakít 1. blind 2. *(átv)* delude
elvakult blinded (by sg) *(ut)*
elválás 1. *(búcsú)* parting 2. *(házassági)* divorce
elválaszt 1. part, separate, *(szót)* divide 2. *(házasfeleket)* divorce 3. *(csecsemőt)* wean 4. *(mirigy)* secrete
elválaszthatatlan inseparable
elválasztójel hyphen
elválhatatlan inseparable
elvál|ik 1. part, separate, *(vk vktől)* take* leave (of sy) 2. *(házasféltől)* divorce (sy) 3. **majd ~ik!** wait and see, time will show
elvállal undertake*, *(megbízást)* accept
elvált *mn*, divorced; **~an élnek** they live apart
elváltozás change, alteration
elváltoz|ik change, alter
elváltoztat change, alter, transform (into sg)
elvámol levy duty (on sg); **van vm ~ni valója?** have* you anything to declare?; **~va** duty paid
elvan: ~ vm nélkül do* without sg; **jól ~nak együtt** they get* on well
elvár *(vktől vmt)* expect (sy to do sg); **~ják tőle hogy** he is* expected/supposed to; **ezt nem vártam volna el (tőle)** I was* not prepared for that (on his side)
elvarázsol 1. *(vmt/vkt)* cast* a spell (upon sg/sy), charm 2. *(más vmvé)* change (into sg)
elvás|ik wear* out; **~ik tőle az ember foga** it sets* one's teeth on edge
élve alive
elvégez 1. *(befejez)* finish, complete, accomplish 2. *(megtesz)* do*, perform
elvégre after all
elvegyít mix, mingle
elvegyül mingle (with)
elver 1. *(vkt)* thrash, beat* soundly 2. *(vagyont)* squander, waste 3. **a jég ~te a vetést** the hail has* destroyed the corn
elvermel clamp
elvérz|ik 1. bleed* to death 2. *(átv)* fail
elvesz 1. take* (away/off) 2. **sok időt vesz el** take* up

much time; **~i a kedvét** spoil* sy's humour 3. *(feleségül)* marry
elvész 1. *(tárgy)* be*/get* lost, *(szem elől)* vanish, disappear 2. **rossz pénz nem vész el** ill weeds grow* apace
elveszett lost; **~ tárgyak** lost property
elveszít lose*; **~i a fejét** lose* one's head; **~i az eszméletét** lose* consciousness, faint
elveszteget *(időt)* dawdle away (one's time), *(pénzt)* waste, *(árut olcsón)* sell* ridiculously cheap
elvesztés loss
elvet 1. *(magot)* sow* (seed) 2. *(eldob)* throw*/cast* away 3. *(elutasít)* reject, refuse; **~i a gondját vmnek** get* sg off one's mind
elvetél miscarry, abort
elvetemült vicious, infamous
elvetőd|ik 1. *(vhova)* happen to get (somewhere) 2. *(kapus labdáért)* dive (for the ball)
elvétve now and then
élvez 1. enjoy 2. *(jövedelmet)* be* the recipient (of income)
elvezet 1. *(vhonnan)* lead* away, *(vhova)* lead* to 2. *(áramot)* branch, shunt, *(folyót)* divert 3. **az út a ház előtt vezet el** the road goes* past the house
élvezet pleasure, delight; **~et talál vmben** find* pleasure in sg
élvezetes enjoyable, delightful
élvezhetetlen unenjoyable, *(étel)* unfit to eat *(ut)*, *(könyv)* unreadable
elvhűség consistency of principle
elvi of principle *(ut)*; **~ jelentőségű** of fundamental importance *(ut)*; **~ kérdést csinál vmből** make* it a matter of principle
elvileg theoretically
elvirágz|ik 1. cease flowering 2. *(átv)* fade
elvisel 1. *(elnyű)* wear* out 2. *(eltűr)* endure, tolerate, suffer
elviselhetetlen unbearable, insupportable
elvisz 1. *(tárgyat)* carry away/off, *(elszállít)* transport away, *(víz vmt)* wash away; **ezt nem viszi el szárazon!** he will smart for this; **vigyen el az ördög!** the devil take you 2. *(vkt magával)* take* along 3. *(fegyver vm távolságra)* carry (to a distance)
elvitat dispute; **azt nem lehet ~ni hogy** it cannot be denied that
elvitathatatlan indisputable
elvon 1. draw* away/off, *(vktől vmt)* deprive (sy of sg), *(csapatokat)* withdraw* 2. **~ja a figyelmet** divert attention
élvonal forefront
élvonalbeli leading
elvonókúra tapering-off cure
elvonszol drag away
elvont abstract
elvontat haul away
elvonul 1. *(vihar)* pass 2. *(katonaság vhonnan)* march away/off, *(díszmenetben)* defile 3. *(szobájába)* withdraw*, retire
elvonulás withdrawal, retirement
elvonultság seclusion, retirement
elvörösöd|ik turn/grow* red, flush
elvtárs comrade, *(nem megszólításként)* fellow-Communist
elvtársi comradely
elvtársnő woman-comrade *(tbsz*

women-comrades), *(megszólítás)* comrade
elzálogosít (put* in) pawn, pledge, *(ingatlant)* mortgage
elzár 1. *(vmt vhová)* lock up/in, *(nyílást)* stop, *(utat)* close; **az út ~va!** no thoroughfare, road closed **2.** *(gázt)* turn off, *(áramot, rádiót)* switch off **3.** *(vkt hatóság)* lock up
elzárás *(büntetés)* custody, imprisonment
elzárkóz|ik 1. *(vhová)* shut*/lock oneself in **2.** *(kérés elől)* turn a deaf ear to; **nem zárkózik el vm elől** is* not averse to (doing sg)
elzárócsap cut-off cock
elzártság *(átv)* isolation
elzüll|ik fall* into depravity
elzsibbad grow* numb, *(láb)* go* to sleep
em. = *emelet* floor, story
emancipáció emancipation
emancipált *mn*, emancipated
ember 1. man *(tbsz* men), human (being); **~ek** people *(tbsz)*; **~t farag vkből** make* a man of sy **2. az ~** *(mint általános alany)* one, people *(tbsz)*, we, you; **az ~ sohasem tudja** one never knows*, you never know*, you never can tell **3. vknek az ~ei** sy's men
emberbarát philanthropist, *(önzetlen)* altruist
emberélet 1. human life *(tbsz* lives) **2. ~ben nem esett kár** there were* no casualties
emberemlékezet óta from time immemorial
emberevő *fn*, man-eater, cannibal
emberfeletti superhuman
embergyűlölő *fn*, misanthrope
emberi human, *(emberséges)* humane; **az ~ nem** the human race; **~ számítás szerint** as far as we can tell; **tévedni ~ dolog** to err is* human
emberies humane
emberiség humanity, mankind
emberismerő observer of human nature
emberke little fellow
emberkerülő unsociable person, misanthrope
emberkínzás torture, torment
emberölés homicide; **szándékos ~** wilful homicide
emberöltő generation
emberrabló kidnapper
emberség 1. humanity **2. a maga ~éből** by his own efforts
emberséges humane
emberszabású majom anthropoid ape
emberszerető humane, charitable
embertan anthropology
embertárs fellow-creature
embertelen inhuman, cruel, brutal
embertömeg crowd/mass of people
embléma emblem, token, device
embólia embolism
embrió embryo
embrionális embryonic
eme this *(tbsz* these)
emel lift, hoist, *(magasságot/árat/fizetést, fokozva)* raise, increase, *(épületet/szobrot)* erect, raise, *(kalapot)* raise, *(kártyát)* cut; **kezet ~ vkre** raise/lift a hand against sy; **szót ~ vm ellen** protest against sg; **szót ~ vm érdekében** speak* in behalf/support of sg; **vádat ~ vk ellen** bring* a charge against sy; **hatványra ~** raise to a power; **a munka termelékenységét ~i** increase the productivity of work, step up production
emelet story, storey, floor

harmadik ~ third story/floor, *(US)* fourth floor; **felmegy az ~re** go* upstairs (to)
emeletes: egy~ ház two-storey house, *(US)* one-story house; **~ autóbusz** double-decker bus
emelkedés rise, *(érték)* increase, *(lejtőé)* ascent; **az életszínvonal ~e** rise in living standards
emelkedett *(gondolat)* lofty; **~ hangulat** elevated spirits *(tbsz)*
emelked|ik *(ár)* rise*, increase *(amire* to), *(repgép)* climb; **szólásra ~ik** arise*, take* the floor
emelkedő I. *mn,* rising; **~ irányzat** upward tendency **II.** *fn, (úté)* rise; **~ben van** be* on the rise
emellett *(azonfelül még)* besides, in addition to, moreover
emelő *fn* lever, lifter, jack
emelődaru (hoisting) crane
emelőkar lever arm
emelőrúd crow-bar, lever
emelőszerkezet hoisting apparatus, jack
emelővas crow-bar, jack
emelvény platform, *(szónoki)* rostrum *(tbsz* rostrums, rostra)
émelyeg be* seized with nausea; **~ a gyomrom** I feel sick*
émelygés nausea, sickness
émelyítő sickening, *(átv)* mawkish
emerre this way here
emészt 1. *(ételt)* digest **2. vkt vm ~** sg is* preying on sy's mind; **~i magát** worry (about)
emésztés digestion, digesting; **rossz ~** indigestion
emészthetetlen indigestible
emésztő *mn, (átv)* consuming, wasting
emésztőcsatorna alimentary canal
emésztőgödör cesspool
emésztőszervek digestive organs
emez this one here
emiatt for this reason
emigráció 1. *(száműzetés)* exile **2.** *(kivándorlás)* emigration
emigrál emigrate
emigráns *fn,* (political) exile, refugee, *(nem politikai)* emigrant
eminens érdek primary/vital importance
emleget mention repeatedly
emlék 1. *(tárgy)* souvenir, keepsake, memento, *(régi becses)* relic **2.** *(emlékezet)* memory, remembrance; **vm ~ére** in memory of sy **3.** *(mű)* memorial
emlékbélyeg memorial stamp
emlékbeszéd memorial speech
emlékezés remembrance
emlékezet memory, recollection, remembrance; **~ben marad** be* kept in mind; **~em szerint** to the best of my memory; **~ébe idéz** call sg to sy's mind; **~ből** from memory, *(kívülről)* by heart
emlékezetes memorable, remarkable
emlékez|ik *(vmre)* remember, recollect, recall (sg); **ha jól ~em** as far as I can remember; **nem ~em** I can't remember
emlékezőtehetség (power of) memory; **jó ~** retentive memory
emlékeztet *(vmre)* remind (sy of sg)
emlékeztető *fn,* reminder, memento
emlékirat 1. *(hivatalos)* memorial **2.** *(magán)* memoirs *(tbsz)*
emlékkő memorial stone
emlékkönyv 1. (keepsake)

album 2. *(tudósnak)* testimonial volume
emléklap memorial leaf *(tbsz* leaves)
emlékmű monument, memorial
emléktábla memorial/commemorative tablet, *(US)* marker
emléktárgy souvenir
emlékül as a souvenir, *(könyvajánlásban)* as a token of affection
emlékünnep commemoration service/festival
említ mention, make* mention (of sg), *(név szerint)* refer (to sy)
említés mention, reference (to sg); **~re méltó** worth mentioning *(ut)*, remarkable
említett (just) mentioned; **az előbb ~** *(írásban)* above-mentioned, *(szóban)* before-mentioned
emlő (woman's) breast, *(állaté)* udder
emlős(állat) mammal *(tbsz* mammals, mammalia)
emögött behind this
én 1. *(személyes névmás)* I; **~ vagyok** it is* I; **~ magam** I myself; **~ is** I also, *(úgy teszek)* so do I; **~hozzám** to me; **~mellém** to my side; **~nálam** at my place; **~nekem** to me; **~rám** on me; **~tőlem** of/ from me; **~velem** (together) with me 2. *(személyragos főnév előtt)* my; **az ~ anyám** my mother 3. *(vk énje)* self, ego
enciklopédia (en)cyclopeadia
Endre Andrew
ének 1. *(dal)* song, *(egyházi)* hymn, chant 2. *(eposzé)* canto, book
énekegyüttes choir
énekel sing*, *(madár)* warble; **~ni kezd** begin* to sing
énekes I. *mn*, **~ madár** song-bird II. *fn*, singer, *(énekkarban)* chorister
énekesnő (female) singer, vocalist
énekkar chorus, choir
énekóra singing lesson
énekpróba 1. *(felvételi)* hearing, audience 2. *(kari)* singing practice
enélkül without/lacking that
energetika energetics
energia energy, power, force; **az ~ megmaradásának elve** principle of the conservation of energy
energiaellátás power supply
energiafogyasztás power consumption
energiaforrás source of power/ energy
energikus energetic, vigorous
enged 1. *(vmt)* allow, permit, let*, grant 2. *(vknek/vmnek)* yield, give* way 3. *(vmből)* relax; **~ az árból** reduce the price; **nem ~ a negyvennyolcból/elveiből** stick* to one's guns 4. *(megfeszített dolog)* yield, give* way
engedékeny yielding, indulgent
engedelem permission, leave; **szíves engedelmével** with your (kind) permission, by your leave
engedelmes obedient, dutiful
engedelmesked|ik *(vknek/vmnek)* obey (sy); **nem ~ik** disobey (sy)
engedély 1. permission, *(irat)* permit, *(hivatalos)* authority 2. *(iparűzési)* licence
engedélyez allow, permit, *(hatóság)* authorize
engedetlen disobedient, undutiful
engedetlenség disobedience
engedmény 1. *(vitában)* concession 2. *(kereskedelem)* allowance, discount, reduction (in price); **~t ad** allow

a discount of 3. *(jog)* cession, transfer
engedményez assign, transfer
engem me
engesztel appease, conciliate
engesztelhetetlen implacable, relentless; ~ **gyűlölet** undying hatred
engesztelő expiatory; ~ **áldozat** propitiatory sacrifice
ennek 1. *(ezé)* of this 2. *(számára)* to/for this; ~ **köszönhető (hogy)** it is* due to this (that)
ennél 1. *(nála)* at this/that 2. *(hozzá képest)* than this/that
ennélfogva consequently, hence
ennivaló I. *mn*, *(csinos)* charming, lovable II. *fn*, eatables *(tbsz)*, victuals *(tbsz)*
ENSZ *(Egyesült Nemzetek Szervezete)* United Nations Organization *(röv* U.N., U.N.O)
ÉNy = *északnyugat* north-west, NW
enyéim mine
enyeleg dally, trifle, *(nővel)* flirt
enyém mine; **ez a könyv az** ~ this book is mine, this book belongs to me
enyhe *(éghajlat)* mild (climate), *(ítélet)* light (sentence); **enyhén szólva** to put it mildly
enyhít *(bánatot/fájdalmat)* mitigate, ease, alleviate, *(éhséget)* appease (hunger), *(ítéletet)* reduce, *(szomjúságot)* quench
enyhítő mitigating; ~ **körülmény** mitigating, circumstance; ~ **sz.̀r** anodyne
enyhül *(fájdalom)* subside, abate, *(feszültség)* ease, *(idő)* grow* milder
enyhülés mitigation, *(fagy után)* thaw
ennyi *(súly/terjedelem)* so much, *(számban)* so many; ~ **az egész** that's* all
ennyire so far as that, so (very) much
enyv glue
ép 1. *(egész)* whole, intact, unbroken 2. *(egészséges)* healthy, sound
epe bile
epebaj bilious complaint
eped languish, *(vmért)* long, yearn *(mind* for)
epegörcs bilious colic
epehólyag gall-bladder
epekő bilestone, gallstone
eper 1. *(földi)* strawberry 2. *(fán)* mulberry
eperdzsem strawberry jam
epés bilious
epeszt cunsume, grieve; ~**i magát** worry
épeszű normal, sane
epigramma epigram
epikus *mn*, epic
epilepszia epilepsy, falling sickness
epilógus epilogue
épít 1. build*, *(rendszert)* build* up, construct, *(utat)* make* (a road) 2. *(vmre átv)* rely, reckon (upon); **nem lehet a szavára** ~**eni** there is *no relying on him
építés building, construction; ~ **alatt** under construction
építési building; ~ **költség** building cost(s); ~ **vállalkozó** building contractor
építész architect, builder
építészet architecture
építészmérnök architect
építkezés building, construction
építkez|ik build*, have* a house built
építő *mn*, *(átv)* constructive, positive; ~ **kritika** constructive criticism
építőanyag building material
építőipar building industry
építőipari munkás construction worker
építőmester master builder

építőmunka *(átv)* constructive work
epizód episode
épkézláb sound, able-bodied
eposz epic (poem)
éppen just, exactly, precisely, very; **~ akkor** just then; **~ akkor amikor** just when; **~ akkora** just as big (as); **~ azért/ezért** for that very reason; **~ hogy (elég)** only just (enough); **~ nem** by no means, not at all; **~ úgy** even as, just as
éppúgy even/just as
épség wholeness, completeness, *(átv)* safety; **~ben** intact, *(ember)* safe and sound
épül 1. be* built/constructed **2.** *(vmn)* be* based on **3.** *(okul)* be* edified by
épület building, edifice
épületes edifying
épületfa timber
épületszárny wing, side-wing
épülő in building *(ut)*; **~ ház** house under construction
ér[1] *ige*, **1.** *(vhová)* get* (to), arrive (at), reach **2.** *(vmeddig)* reach (to), extend, stretch (as far as) **3.** *(értéket)* be* worth (sg); **mennyit ~?** what is* it worth? **nem sokat ~** it is* not worth much; **nem sokat ~sz vele** it is* not (of) much use to you **4.** *(vm vkt/vmt)* hit*, befall*, overtake*; **véget ~** come* to an end; **baleset ~te** an accident befell* him **5.** *(vkt vmn)* catch*, take* (in the act); **tetten ~** catch* sy in the (very) act
ér[2] *fn*, **1.** *(testben)* vein, artery, *(falevélen)* rib, vein, *(kábelé)* core; **eret vág vkn** bleed* sy **2.** *(kőzetben)* seam **3.** *(víz)* brooklet, rill
éra era, age, epoch, period
érc 1. *(nyers)* ore, *(fém)* metal; **~ben gazdag** rich in ore *(ut)* **2.** *(bronz)* bronze; **~be önt** cast in bronze
érces metallic
érckohó smelting furnace
ércöntöde metal-foundry
érctartalmú metalliferous
erdei wood-, forest-; **~ ösvény** forest path
erdeifenyő Scotch fir
érdek interest; **~edben áll** it is* in/to your own interest; **az ügy ~ében** for the sake of the cause
érdekcsoport syndicate
érdekel 1. *(érdeklődést kelt)* interest, be* interesting (to); **nem ~** I don't care for it **2.** *(kihat rá)* affect, touch, concern; **~ve van vmben** be* interested in sg
érdekellentét clash of interests
érdekelt interested; **az ~ felek** the interested parties
érdekeltség 1. interest **2.** *(cég)* concern
érdekes interesting; **nem ~** uninteresting
érdekfeszítő exciting, thrilling
érdekházasság marriage of convenience; **~ot köt** marry for money
érdekképviselet business federation
érdekkör sphere of interest
érdeklődés interest (shown); **felkelti vk ~ét** arouse sy's interest; **vk ~ét leköti** hold* sy's interest
érdeklőd|ik 1. *(vm iránt)* be* interested (in sg) **2.** *(tudakozódik vm iránt/után)* inquire (after sg), make* inquiries (about)
érdektelen 1. *(nem érdekes)* uninteresting **2.** *(nem érdekelt)* disinterested
Erdély Transylvania
erdélyi Transylvanian
érdem 1. merit, desert; **~einek**

elismeréséül for services rendered; **~ei szerint** according to his deserts 2. *(ügyé)* substance, main point/issue; **~ben** in all detail, in effect/reality
érdemel deserve, merit; **szót sem ~** not worth mentioning, *(köszönést elhárítva)* don't mention it, not at all!
érdemes 1. *(ember)* worthy, excellent; **a Magyar Népköztársaság ~ művésze** Merited Artist of the Hungarian People's Repubiic 2. *(vmre)* worthy (of sg) *(ut)*, worth (-while) *(ut)*, *(igével)* deserve *(sg)*; **nem ~** not worth (one's) while; **~ megnézni** well worth seeing
érdemesít *(vmre)* consider worthy of (sg); **válaszra sem ~ett** he did* not deign to answer
érdemjegy *(bizonyítványban)* mark
érdemjel decoration
érdemleges *(döntés)* definitive, final (answer/decision)
érdemrend decoration, order
érdemtelen 1. *(ember)* unworthy; **~né válik** become* unworthy of 2. *(meg nem érdemelt)* undeserved, unmerited; **~ül** undeservedly
érdes rough, *(felület)* uneven
erdész forester, forest-ranger
erdészet forestry
erdészeti of forestry
erdészlak forester's lodge
erdő *(nagy)* forest, *(kisebb)* wood; **a fától nem látja az ~t** he can't see the wood for the trees
erdőgazdaság forestry
erdőkerülő ranger, gamekeeper
erdős wooded, woody; **~ vidék** woodland
erdőség forests *(tbsz)*, woodland
erdősítés afforestation
ered 1. *(folyó vhol)* have*/take* its source (in), spring* (from) 2. *(átv)* issue, derive *(amiből* from), *(időből)* date from 3. **útnak ~** set* out, start off; **~j innen!** be* off with you!
eredendő original; **~ hiba** inherent defect
eredet origin, *(folyóé)* source, *(szóé)* derivation
eredeti 1. original, genuine 2. *(különös)* original, odd, peculiar
eredetileg originally, primarily
eredmény result, issue, effect, *(cselekedeté)* outcome, *(számtani)* result, answer; **mi az ~?** *(sport)* what's* the score?; **~t ér el** do* (very) well; **~t hirdet** publish the results; **a tárgyalások nem vezettek ~re** the negotiations were* unsuccessful
eredményes successful, effective; **~en** with good results, effectively
eredményez result (in), yield
eredménytelen unsuccessful, futile
eredő *(erővonalaké)* resultant (of two forces)
ereklye relic
érelmeszesedés arteriosclerosis, hardening of the arteries
erély energy, firmness
erélyes energetic, firm
erélyesen energetically; **~ tiltakozik** protest forcefully
érem medal; **az ~ másik oldala** the reverse of the medal
erény virtue
erényes virtuous
eres veiny, venous
eresz eaves *(tbsz)*
ereszcsatorna eaves gutter
ereszkedés 1. descent 2. *(lejtő)* slope
ereszked|ik 1. *(alá)* descend

2. **beszédbe ~ik** engage in conversation
ereszt 1. *(vhová/vhonnan)* let* go, let* pass; **szabadon ~** set* free, release; **hosszú lére ~** *(átv)* spin* a long yarn about sg **2.** *(vmt átv)* **gyökeret ~** strike* root
ereszték joint, juncture
éretlen 1. *(gyümölcs)* unripe **2.** *(átv)* immature
eretnek *mn/fn,* heretic
érett 1. ripe, mellow **2.** *(átv)* mature, *(megfontolás)* close (consideration) **3.** *(érettségin)* passed the final examination at a secondary school *(ut)*
érettségi I. *mn,* **~ bizonyítvány** certificate of final examination in secondary schools **II.** *fn,* final examination (at a secondary school)
érettségiz|ik sit* for the final examination (in secondary school)
érez 1. *(testileg, lelkileg)* feel*, be* sensible of (sg), *(szagot)* smell*; **előre ~ vmt** have* a presentiment of sg; **kötelességemnek érzem** I feel* it my duty to; **úgy érzem hogy** I feel* as if **2. vhogy érzi magát** feel*; **jobban érzi magát** feel* better; **együtt ~ vkvel** sympathize with sy
érezhető palpable, sensible, *(vm vmn)* smack (of sg)
éreztet *(vkvel vmt)* make* sy feel sg
ér|ik ripen, mature
érint *(átv is)* touch; **kellemetlenül ~ett** it touched me on a sore spot; **ez engem közelről ~** it concerns me close ly
érintés touch, contact; **a vezeték ~e életveszélyes!** danger!, high voltage!
érintetlen untouched, *(egészben levő)* whole, intact; **vmt ~ül hagy** leave* sg untouched
érintkezés contact; **~be lép vkvel** enter into communication with sy
érintkezési pont point of contact
érintkez|ik 1. *(emberek vkvel)* have* intercourse, communicate **2.** *(tárgyak)* touch
érintő I. *mn,* *(átv)* concerning *(ut)* **II.** *fn,* *(mértan)* tangent
erjed ferment, work
erjeszt ferment
erkély 1. balcony, gallery **2.** *(színház)* **első emeleti ~** dress-circle, *(US)* balcony
erkélyülés seat in the dress-circle, *(US)* balcony seat
érkezés arrival
érkez|ik arrive (at/in), come* (to); **a vonat a harmadik vágányra ~ik** the train comes* in on platform three
erkölcs morals *(tbsz)*, morality
erkölcsi moral; **~ bizonyítvány** certificate of good character; **~ tanulság** moral (of a story)
erkölcsileg morally
erkölcsös moral, virtuous, *(nemileg)* chaste
erkölcstelen immoral, *(csak nemileg)* lewd
erkölcsű of . . . morals *(ut)*; **jó ~** of good morals
érlel ripen, make* ripe
érme coin, *(tantusz)* counter
Ernő Ernest
ernyedt *(ember/test)* spent, tired, *(átv)* loose
ernyő 1. *(eső)* umbrella; **~t kinyit** put* up the umbrella **2.** *(lámpáé)* shade **3.** *(virágé)* umbel
erotikus erotic
erő power, strength, vigour, *(jogi/katonai)* force; **jó ~ben levő** in good condition *(ut)*;

teljes ~ből with all one's might; erejéhez mérten/képest to the best of one's power/ability; 200 forint erejéig up to 200 forints; ~nek erejével forcibly, at all costs; ~re kap regain strength; ~t gyűjt gather strength; ~t merít vmből draw* strength from sg; ~t vesz magán restrain oneself; minden ~vel with all one's might

érő worth *(ut)*; **sokat ~** valuable, of great value *(ut)*

erőátvitel power transmission

erőd fort(ress), *(átv is)* stronghold

erődítés fortification

erőfeszítés effort, exertion; **~t tesz** make* an effort

erőleves beef-tea

erőlköd|ik endeavour, *(vmvel)* struggle, toil (with sg)

erőltet 1. *(vkt vmre)* force/compel sy to do sg 2. *(vmt vkre)* force sg on sy

erőltetett forced, *(átv)* unnatural

erőmű power (generating) plant/station

erőpróba trial/test of strength

erős 1. strong, powerful, vigorous; **~ és egészséges** hale and hearty 2. *(akarat)* strong, *(jellem)* firm, *(szavak/kifejezes)* strong, coarse; **ez az ő ~ oldala** that is* his strong point 3. *(fűszer)* hot; **~ dohányos** heavy smoker

erősen 1. strongly 2. *(nagyon)* very (much); **~ keresett** much in demand

erősít 1. strengthen, make* stronger, *(lelkileg)* fortify, steel 2. *(vmt vhová)* fix (to), fasten (to)

erősítés strengthening, *(katonai)* reinforcement

erősítő amplifier

erősöd|ik 1. get*/become* stronger, *(beteg)* pick up 2. *(mozgalom)* spread*

erőszak force, violence; **enged az ~nak** yield to force; **~ot alkalmaz** use force; **~kal** by main force, forcibly

erőszakol force (matters), press (things)

erőszakos violent, aggressive; **~ ember** bully

erőszakoskod|ik use violence, *(vkvel)* bully (sy)

erőtan dynamics, mechanics

erőtartalék power reserve

erőteljes powerful, vigorous

erőtér field of force

erőtlen 1. weak, feeble, faint 2. *(átv)* ineffective

erőviszonyok balance of forces

erre 1. *(vmre rá)* on this 2. *(idevonatkozólag)* concerning this; **~ nézve** on this point 3. *(merre?)* this way; **~ tessék!** come this way please! 4. *(időben)* thereupon; **~ fel** thereupon, upon that

errefelé 1. in this direction 2. *(hely)* hereabouts

erről 1. *(miről?)* about this; **~ van szó** that's the point 2. *(honnan?)* from this

érsek archbishop

erszény purse

erszényes állat marsupial *(tbsz* marsupialia)

ért 1. *(megért)* understand*, grasp, comprehend; **~esz?** do* you follow me? *(US)* do* you get me?; **hogy ~ed ezt?** what do* you mean?; **nem ~em hogy miért** I do* not see why; **nem ~i a tréfát** he cannot take a joke 2. *(vmre)* refer (to); **ezt nem rád ~ettem** I did* not mean you 3. *(vmhez)* understand* (sg), be* proficient (in sg), *(gyakorlatilag)* be* expert/skilled (in sg); **jól ~ vmhez** be* strong in sg

érte for it/him, for its/his sake; **~ jön** come* to fetch; **~ küld** send* for; **~d** for you; **~ünk** for us
érték *(pénzbeli)* value, *(erkölcsi)* worth; **minta ~ nélkül** sample (of no value); **~ét veszti** lose* its value
értékcikk *(postai)* stamps *(tbsz)*
értékel 1. *(megbecsül)* value, esteem; **nagyra ~** set* great value on 2. *(felbecsül)* value, estimate
értékelés appreciation, valuation
értékelmélet theory of value(s)
értékes valuable, precious
értékesít 1. *(elad)* sell*, realize 2. *(felhasznál)* make* use of
értekezés dissertation, treatise
értekez|ik 1. *(vmről)* treat (sg), discuss (a question) 2. *(tanácskozik)* consult, confer
értekezlet conference, meeting
értékjelölés indication of value
értékmérő standard of value
értékpapír share(s), securities *(tbsz)*, bonds *(tbsz)*
értéktárgy valuables *(tbsz)*
értéktelen worthless, valueless
értéktöbblet surplus value
értéktőzsde Stock Exchange
értékű of (great/little) value *(ut)*
értékveszteség depreciation
értelem 1. *(ész)* intelligence, intellect, understanding, reason 2. *(beszédé/szóé)* meaning, *(cselekedeté)* significance; **mi értelme (van annak)?** what is* the good of it?; **nincs értelme** *(cselekedetnek)* there's no reason for (doing sg); **abban az ~ben** to the effect; **melynek értelmében** according to which; **nem látom az értelmét** I cannot see the point/sense of it
értelmes 1. intelligent, sensible; **rendkívül ~** remarkably clever 2. *(érthető)* intelligible
értelmetlen 1. *(ember)* unintelligent 2. *(beszéd)* meaningless, unintelligible, *(cselekedet)* senseless
értelmetlenség 1. *(emberi)* unintelligence 2. *(beszédé)* meaninglessness, *(cselekedeté)* senselessness
értelmez interpret, explain; **hibásan ~** misinterpret
értelmezés interpretation, explanation; **János ~e szerint** as understood* by John
értelmező jelző apposition
értelmi intellectual, spiritual; **~ képesség** intellectual faculty; **~ szerző** originator, *(bűné)* instigator (of sg)
értelmiség intelligentsia
értelmiségi intellectual
értés understanding; **~ére ad** give* (sy) to understand
értesít inform, let* sy know, *(hivatalosan)* notify
értesítés information, communication, *(hivatalos)* notice; **~ szerint** as per advice; **további ~ig** until further notice
értesítő 1. *(iskolai)* report 2. *(folyóirat)* bulletin
értesül *(vmről)* hear* (of sg), learn* (sg), be* informed (of sg); **örömmel ~tem hogy** I was* pleased to learn that
értesülés information
érthetetlen 1. *(értelmetlen)* unintelligible 2. *(rejtélyes)* incomprehensible, inconceivable
érthető 1. intelligible, clear, *(belátható)* understandable; **könnyen ~** easy to understand *(ut)* 2. *(füllel)* distinct, clear
érv argument, reason; **felhoz**

egy ~et advance an argument
érvágás 1. letting blood, bleeding **2.** *(pénzügyi)* unexpected (and fairly great) expense
érvel argue, reason
érvelés argumentation, reasoning
érvény: ~ben van be* valid; **~be lép** come* into operation, become* effective; **~t szerez** *(vmnek)* enforce (sg)
érvényes valid, effective, *(pénz)* current, good; **2 hónapig ~** be* good/valid for 2 months
érvényesít *(igényt)* enforce, assert, *(okiratot)* render valid, endorse, *(csekket, számlát)* endorse
érvényesítés *(igényé)* enforcement, assertion, *(okiraté)* endorsement, validation
érvényesül 1. *(ember)* get* on, succeed **2.** *(vk akarata)* prevail
érvényesülés success
érvénytelen invalid, void
érvénytelenít invalidate, nullify, annul
érverés pulse
érzék 1. *(szerv)* sense (organ) **2.** *(tehetség)* sense (of/for sg); **~e van a zenéhez** be* musical
érzékel perceive, feel*
érzékelés perception, sensation
érzékelhető perceptible, sensible
érzékelhetőség perceptibility
érzékeltet make* perceptible, render palpable
érzékeny sensitive *(amire* to), *(betegségre)* susceptible (to disease); **~ pont** sore spot
érzékenység sensitiveness, *(betegségre)* susceptibility, *(sértődékenység)* touchiness
érzéketlen *(testileg)* insensible (to), *(lelkileg)* insensitive (to)
érzéki 1. *(érzékszervekkel kapcsolatos)* sensuous **2.** *(buja)* sensual
érzékszerv organ of sense
érzelem sentiment, feeling
érzelgés sentimentalism
érzelgős (sloppily) sentimental, mawkish
érzelmes sentimental, emotional
érzés 1. *(lelki)* feeling, sentiment **2.** *(testi)* sensation, feeling; **az az ~em (hogy)** I have* the feeling (that)
érzéstelenít *(orv)* anaesthetize
érzéstelenítés anaesthesia
érzet sensation, sense (of sg)
érz|ik (may) be* felt; **vm ~ik vmn** smack of sg
érző feeling; **~ szívű ember** a man of feeling
érzület sentiment, feeling; **demokratikus ~ű** democratically minded, democratic
Erzsébet Elizabeth, Elisabeth
és and; **~ a többi** and so on/forth, etcetera *(röv* etc.)
esedékes due; **~ összeg** amount due; **már régóta ~ volt** it was* long overdue
esedez|ik implore, beseech
esély chance, *(kilátás)* prospect; **semmi ~e sincs** he has* no chance whatever
esélyes *fn*, probable winner, favourite
esemény event, occurrence
eseménytelen uneventful
esernyő umbrella
esés fall, *(áré)* drop, fall, decline (in prices)
eset 1. case, instance, *(esemény)* event; **volt rá ~** it actually happened (that); **azon ~ben** in (this) case, in the event; **a legrosszabb ~ben** if the worst comes* to the worst; **ellenkező ~ben** otherwise; **legjobb ~ben** at best; **halála ~én** in the event of

his death; **minden ~re** in any case, at any rate; **semmi ~re (sem)** in no case, on no account 2. *(ügy)* affair, business, matter 3. *(történet)* story, tale 4. *(nyelvtan)* case
esetenként from time to time
esetleg by chance, maybe; **~ ha bemész** if you happen to go in, should you go in
esetlen awkward, clumsy
eshetőség possibility; **minden ~re számítva** prepared for all emergencies
es|ik 1. *(pottyan)* fall*, drop 2. *(eső)* rain, fall*; **~ik (az eső)** it is* raining 3. *(ár)* fall* 4. *(időpont)* fall*; **keddre ~ett** it fell* on Tuesday 5. *(vkre vm átv)* fall* to sy; **a választás Jancsira ~ett** the choice fell* on Johnny 6. **jól ~ik vm vknek** give* pleasure to sy, please sy 7. **vm rendelkezés alá ~ik** come* under (a rule/regulation) 8. **szó ~ik vmről** mention is* made of sg
eskü oath; **~ alatt** on oath; **~ alatt tett nyilatkozat** *(írásban)* affidavit; **~ alatt vall** depose; **~t tesz** take* an oath *(amire* on); **~t kivesz** administer an oath *(akitől* to)
esküdt I. *mn*, sworn; **~ ellenség** sworn/mortal enemy **II.** *fn*, *(bírósági)* juryman *(tbsz* jurymen)
esküdtbíróság jury
esküdtszék common jury
esküsz|ik 1. swear*, *(amire* on/by); **nem ~öm rá** I would not swear on it 2. **örök hűséget ~ik vknek** wed sy, marry sy
esküvő wedding, marriage (ceremony)
eső[1] *fn*, rain, *(szitáló)* drizzle; **esik az ~** it rains, *(most)* it is* raining; **~re áll** it looks like rain
eső[2] *mn*, falling; **adó alá ~** liable to taxation *(ut)*, taxable; **vm alá ~** falling under *(ut)*, subject to *(ut)*
esőcsepp raindrop
esőfelhő rain cloud
esőköpeny raincoat, mackintosh, waterproof
esős rainy
esővíz rainwater
esőzés rainfall, rainy weather
esperes (rural) dean
este I. *fn*, evening, nightfall **II.** *hat*, in the evening; **előző ~** the night before; **ma ~** this evening, tonight; **tegnap ~** yesterday evening, last night; **késő ~** late at night
estefelé towards evening
esteled|ik night is* falling, it is* getting dark
estély evening party, soirée
estélyi ruha evening dress
esti evening; **~ lap** evening paper; **~ tagozat** evening course
ész reason, mind, wit, intelligence, brain, sense; **ő a család esze** (s)he is* the bright light of the family; **~ nélkül** without thinking; **~be kap** suddenly realize sg; **~re térít** bring* to one's senses; **megáll az eszem** I am* at my wits' end; **eszem ágában sincs** I should not dream* of (doing sg); **elment az eszed?** are you mad?, have you lost your senses?; **legyen eszed!** don't be crazy!, be sensible!; **máshol járt az esze** his thoughts were* elsewhere; **eszembe jut** it occurs to me; **erről jut eszembe** this reminds me, by the way/by; **kiment az**

eszemből it slipped (from) my memory; **többet ésszel mint erővel** more brain than brawn
észak (the) North, north
Észak-Amerika North America
Észak-amerikai Egyesült Államok the United States of North America *(röv* U. S. A.)
Észak-atlanti Szövetség North Atlantic Treaty Organization
észak-atlanti tömb North Atlantic block
északi north, northern; **~ fény** polar light; **~ irányban** towards the north; **~ oldal** north(ern) side; **~ szél** north wind
Északi-sark the North Pole
északi-sarki arctic
északkelet (the) north-east
északnyugat (the) north-west
észbontó ravishing, fascinating
eszelős crack-brained, idiotic
eszencia essence
eszerint in this way
eszes intelligent, clever, sharp-witted
esz|ik eat*, *(elfogyaszt)* consume; **vacsorát ~ik** have* dinner/supper; **mit ettél reggelire?** what did* you have for breakfast?; **te mit ~el** *(= óhajtsz)* what will you have?; **egyék még!** have* some more!
észjárás way of thinking; **lassú ~ú** slow-witted
eszkimó Eskimo
eszköz 1. instrument, *(szerszám)* tool; **termelési ~ök** means/instruments of production **2.** *(átv vm)* means *(tbsz is)* **3.** *(anyagi)* resource, resources *(tbsz)*, means *(tbsz)*
eszközöl accomplish, achieve
észlel observe, notice
eszme idea, conception, notion
eszmecsere exchange of views, conversation; **eszmecserét folytat vkvel** he has* conversation with sy
eszmei ideal; **~ tartalom** intellectual content
eszmél 1. *(ájulásból)* come* to (one's senses) **2.** *(rádöbben)* become* conscious (of sg)
eszmélet consciousness; **~re tér** recover consciousness; **elveszti ~ét** lose* consciousness
eszméletlen unconscious
eszmény ideal
eszményi ideal
eszményít idealize
eszménykép ideal, model
eszmetársulás association of ideas
észok rational motive/argument
eszperantó Esperanto
eszpresszó coffee-room, coffee-bar, espresso
eszpresszógép percolator, espresso machine
észrevehető perceptible, noticeable; **~ eredmény** tangible result
észrevesz observe, notice, become* aware of (sy/sg)
észrevétel 1. observation **2.** *(megjegyzés)* remark, comment; **~t tesz** remark
észrevétlen unobserved
esszé essay
ésszerű rational, reasonable, logical
ésszerűsítés rationalization
ésszerűtlen unreasonable, illogical
észt Est(h)onian
esztelen unreasonable, foolish
esztendő year; **ma egy esztendeje** this day last year; **egy álló esztendeig** a whole year
eszterga lathe, turning-lathe
esztergályos turner, lathe operator
esztergályoz turn (on a lathe)

esztergapad turn-bench, lathe
esztétika aesthetics
esztétikus I. *mn*, aesthetic II. *fn*, aesthetician
Észtország Est(h)onia
et. = *elvtárs* comrade
étel *(ennivaló)* food, *(táplálék)* nourishment, provisions *(tbsz)*, victuals *(tbsz)*, *(állatoké)* food, feed
ételes *(pincér)* waiter
ételhordó *fn*, *(edény)* dinner-carrier
Etelka Ethel, Adelaide
éter ether
etet give* (sy) to eat, feed*, *(csak állatot)* fodder
etika ethics
etikett etiquette
etimológia etymology
étkészlet tableware, table set
étkezde eating-place, cook-shop
étkezés meal
étkez|ik take* one's meal(s), *(vhol rendszeresen)* board
étkezőkocsi dining car, diner
étkeztetés feeding
étlap menu, bill of fare
étlen-szomjan hungry and thirsty
etnográfia ethnography
étrend menu, *(betegé)* diet
étterem restaurant, dining-room
ettől from this; **~ kezdve/fogva** from this time onward
étvágy appetite; **jó ~at!** I wish you a good appetite!
étvágygerjesztő I. *mn*, appetizing II. *fn*, appetizer, *(orv)* stomachic
étvágytalan without an(y) appetite *(ut)*
étvágytalanság lack of appetite
Európa Europe, *(Britannia nélkül)* the Continent
európai European
év year, twelvemonth; **jövő ~** next year; **múlt ~** last year; **~ek múltán** years after; **~ek óta** for many years; **minden ~ben** every year; **~ekkel ezelőtt** years ago; **~ről ~re** year by year
Éva Eva
évad season
evangélikus Evangelical, Lutheran
evangélium gospel
evégből for that p rpose, to that end
évelő perennial (plant)
évente yearly, every year
éves (. . .) year(s) old; **hány ~?** *(vk)* how old is* he/she?; **húsz ~** twenty years old, aged twenty *(ut)*; **húsz ~ lány** a twenty-year-old girl, a girl of twenty
evez row, oar
evezés rowing
evező oar
evezős rower, oarsman *(tbsz* oarsmen)
évezred thousand years *(tbsz)*, millenium *(tbsz* millennia)
évf. = *évfolyam* year, volume, vol.
évfolyam 1. *(folyóiraté)* volume 2. *(iskoláé)* class, year
évfolyamtárs classmate
évforduló anniversary
évi yearly, annual; **~ fizetés** annual salary; **folyó ~** this year's, of the current year *(ut)*; **jövő ~** next year's; **múlt ~** last year's
evickél flounder (about)
evidens evident, obvious
évjáradék annuity
évkönyv almanac, *(intézményé)* year-book
evolúció evolution
évőd|ik *(vkvel)* chaff, tease (sy)
evőeszköz cutlery *(tbsz* cutlery)
evőkanál table-spoon
évszak season
évszám date (of year)
évszázad century

évszázados century old
évtized decade
évzáró ünnepély breaking-up festival (at school)
excentrikus eccentric
exhumál disinter, exhume
exkavátor excavator
expedíció expedition
explozíva *(hang)* plosive
exponál 1. *(fényképezés)* make* an exposure 2. **~ja magát vkért** take* up sy's cause
export exportation, exports *(tbsz)*
exportál export
exportáru export goods *(tbsz)*
exportőr exporter
expressz I. *mn,* *(levélen)* urgent, express delivery, *(US)* special delivery II. *fn,* *(vonat)* express (train)
expresszáru express goods *(tbsz)*
extraprofit super-profit
ez this *(tbsz* these), that; **~ az!** that's* it!, that's* right!; **~ idő szerint** at present, for the time being
ezalatt meanwhile
ezáltal hereby, by this means
ezek these
ezelőtt formerly, *(határozott időjelöléssel)* ago; **két évvel ~** two years ago
ezelőtti former, earlier
ezen at/on this
ezenfelül besides, moreover
ezenkívül besides, in addition
ezennel herewith, hereby
ezentúl henceforth, from this time on
ezer (a/one) thousand
Ezeregyéjszaka the Arabian Nights *(tbsz)*
ezermester jack-of-all-trades
ezért therefore, for this reason
ezóta since this time, ever since
ezred regiment
ezredes colonel
ezredik thousandth
ezrelék per thousand/mille
ezrével by/in thousands
ezt this *(tbsz* these)
ezután 1. after this 2. *(ezentúl)* from now on, from this time on
ezúton thus, *(hivatalos nyelven)* hereby
ezúttal this time
ezüst silver
ezüstlakodalom silver wedding
ezüstműves silversmith
ezüstnemű 1. silver-ware 2. *(háztartási)* silver(-plate)
ezüstös silvery
ezüstöz silver, plate (with silver)
ezüstpapír tinfoil
ezüströka silver fox
ezüsttartalom silver content
ezzel 1. with this, herewith, hereby; **~ szemben** whereas 2. **~ már el is szaladt** having said* this he ran away

F

f = *fillér* filler
fa *(élő)* tree, *(anyag/tüzelő)* wood, *(épitőanyag)* timber; **maga alatt vágja a fát** cut* the ground from under one's own feet; **rossz fát tett a tűzre** he has* got into mischief
faág branch, *(nagyobb)* bough
fabatkát sem ér it is* not worth a groat
faburkolat panelling, *(szobáé)* wainscot (of room)
fácán pheasant
facsar 1. *(mosásnál)* wring* 2. *(vm/vknek az orrát)* irritate (sy)
facsemete sapling
fafaragás wood-carving
fafűtés wood-heating
faggat interrogate (closely)
fagot bassoon

fagy I. *ige*, freeze*; **majd ha ~!** when hell freezes* over II. *fn*, frost, *(enyhe)* chill
fagyal privet
fagyás *(testen)* chilblain
fagyaszt freeze*, *(ételt)* chill, refrigerate
fagyasztott frozen, chilled
faggyú *(kiolvasztva)* tallow, *(természetes állapotban)* suet
fagykár frost damage
fagylalt ice(-cream)
fagylaltoz|ik have* an ice-cream
fagylaltozó *(helyiség)* ice-bar
fagyos frosty, chilly
fagyoskod|ik shiver with cold
fagyöngy mistletoe
fagypont freezing-point; **~ alatt** below freezing-point
fahéj *(fűszer)* cinnamon
faipar wood (working) industry
faiskola nursery-garden
faj kind, sort, *(emberi)* race, *(növényi/állati)* species *(tbsz* species); **~ok eredete** origin of species
fáj *(élesen)* hurt*, *(tompán)* ache, *(vm lelkileg vknek)* pain (sy); **~ a fejem** I have* a headache; **~ a foga** have* tooth-ache **~ a foga vmre** long/yearn for sg
fajankó blockhead, booby
fájás *(kis/múló)* ache, hurt, *(nagy/belső)* pain
fajd grouse
fájdalmas painful, aching, sore
fájdalom 1. *(testi)* pain, ache; **~ nélküli** painless 2. *(lelki)* grief, sorrow; **~mal értesültem** I was* grieved to hear
fájdalomcsillapító anodyne, palliative, analgesic
fájdalomdíj smart-money, *(jogilag)* damages *(tbsz)*
fájdalommentes painless
fajhő specific heat
fajl racial; **~ megkülönböztetés** racial discrimination
fajlagos specific
fájlal 1. *(testrészt)* complain of a pain (in sg) 2. *(átv)* regret
fájó 1. painful, aching 2. *(átv)* suffering, sorrowful
fájós aching, sore
fajsúly specific gravity/weight
fajta 1. *(faj)* kind, sort, *(növényi/állati)* species *(tbsz* species) 2. *(féleség)* sort, type, *(áru)* brand, make
fajul *(vmvé)* degenerate (into sg), decline
fakad 1. *(forrás)* spring* 2. *(vmből, átv)* arise*, take* its origin 3. *(virág)* blossom out, *(rügy)* burst* 4. **sírva ~** break*/burst* into tears
fakanál wooden spoon
fakaszt *(könnyeket)* draw* (tears from sy's eyes)
faképnél hagy give* sy the slip
fakéreg bark, rind (of tree)
fakír fakir, yogi
fakít fade, discolour
fáklya torch
fakó pale, colourless
fakul lose* colour, fade
fakultás faculty
fakultatív optional, facultative
fal[1] *ige*, devour
fal[2] *fn*, wall; **négy ~ között** indoors; **~hoz állít** *(= becsap)* do* sy in, get* round sy; **~ra borsót hány** waste one's breath; **~lal elválaszt** partition (off)
falánk gluttonous, voracious
falat mouthful, bit(e); **nincs egy betevő ~ja** have* not a morsel to eat
falatoz|ik eat*, have* a snack
falatozó snack-bar, refreshment-room
falevél leaf (of a tree) *(tbsz* leaves)
falfestmény wall-painting, fresco
fali mural, wall-
falidugó wall-plug, *(amibe dugjuk)* wall-socket

falikar wall-bracket
falióra wall-clock
faliújság wall newspaper
falka *(kutya/farkas)* pack (of hounds/wolves), *(disznó/szarvas)* herd (of pigs/deer)
falragasz poster, bill
faltörő kos battering ram
falu village
falusi I. *mn*, rural, village-, country- **II.** *fn*, *(ember)* villager; **a ~ak** country folk/people
fametszet woodcut
fanatikus fanatic
fánk doughnut
fantasztikus fantastic
fantázia fantasy, fancy, imagination
fanyalod|ik *(vmre)* resign oneself unwillingly (to sg)
fanyar *(íz)* tart, acrid (taste), *(mosoly)* wry (smile)
far 1. *(emberé)* bottom, backside, *(állaté)* hindquarters *(tbsz)* **2.** *(hajóé)* stern, poop
fárad 1. *(elfárad)* tire, get* tired **2.** *(fáradozik)* take* the trouble (to do sg); **szíveskedjék ide ~ni!** kindly come* here!
fáradékony easily tired *(ut)*
fáradhatatlan untiring
fáradozás trouble, pains *(tbsz)*, effort
fáradoz|ik take* pains
fáradság *(fáradozás)* trouble, pains *(tbsz)*, effort; **nem éri meg a ~ot** be* not worth the candle; **veszi magának a ~ot** take* the trouble to
fáradságos tiring, fatiguing
fáradt tired *(amitől:* with), weary; **~an** wearily
fáradtság *(érzés)* tiredness, weariness, fatigue; **erőt vesz rajta a ~** be* overcome with fatigue
farag 1. *(fát)* carve, *(követ)* hew*, *(szobrot)* sculpture **2.** **vkből embert ~** make* a man of sy
faragás carving, hewing
faragatlan *(átv)* rough, unpolished
faragott *(fa)* carved, *(kő)* hewn, *(szobor)* sculptured
fáraó Pharaoh
fáraszt tire, fatigue, weary; **bocsánat hogy ide ~ottam** excuse me for troubling you to come here
fárasztó tiring, exhausting
fark tail
farkas wolf *(tbsz* wolves)
farkaskutya Alsatian dog
farkasszemet néz vkvel look each other steadily in the eyes
farkatlan tailless
farktoll tail-feather
farm farm
farmotoros autóbusz rear-engined bus
farol *(csúszva)* (tail) skid
farsang carnival (time)
fartő rump (of beef)
farzseb hip pocket
fasírozott meat ball, mince--meat (ball), *(US)* hamburger
fasiszta fascist, *(német)* nazi
fásítás afforestation
fasizmus fascism, *(német így is)* nazism
fáskamra wood-shed
fasor line of trees, *(kettős)* avenue
fásult indifferent *(ami iránt:* to)
faszeg (wood) pin/peg
faszén charcoal
fatalista fatalist
fatelep timber-yard, *(US)* lumber-yard
fatönk stump, stub
fatörzs tree-trunk
fátyol veil; **~t borít vmre** *(átv)* let* bygones be bygones
favágó 1. *(erdőn)* woodman

(*tbsz* woodmen) 2. (*tűzifáé*) woodcutter
favorit favourite
favorizál favour
fazék pot, cooking-pot
fazekas potter
fáz|ik 1. be*/feel* cold 2. (*átv, vmtől*) shrink* (from sg)
fázis phase
fazon (*ruháé*) cut
f. é. = *folyó évi* this year's
febr. = *február* February, Feb.
február February; **~ban** in February; **~ 11-én** on 11th February (*olvasva* on the eleventh of February)
februári (in/of) February
fecseg chatter
fecsegő chatterer, chatterbox
fecsérel waste, squander
fecske swallow
fecskendez 1. squirt 2. (*tűzoltó*) play the hose (on sg)
fecskendő 1. squirt 2. (*orv*) (injection) syringe 3. (*tűzoltó*) fire-engine
fed 1. cover (over/up), (*házat*) roof (in) 2. **ez nem ~i a tényeket** this does* not conform to the facts
fedd reprove, rebuke
feddhetetlen irreproachable, (*jellem*) unimpeachable
fedél (*házé*) roof, (*dobozé*) cover, lid
fedeles covered
fedélzet (*hajóé*) deck, board; **a ~en** on board (ship)
fedetlen fővel bare-headed
fedett uszoda indoor swimming-pool
fedez 1. cover, (*költségeket*) meet* (the costs) 2. (*tornában*) fall* into line; **~z!** fall* in!
fedezék entrenchment
fedezet 1. (*kereskedelem*) security 2. (*katonai*) escort 3. (*sport*) half (*tbsz* halves), half-back
fedő *fn*, (*edényen*) lid, pot-lid
fedőlap (*nyiláson*) lid
fedőnév code-name
fedőszerv cover organization
fegyelem discipline; **fegyelmet tart** maintain discipline
fegyelmez discipline, keep* under discipline; **~i magát** control oneself
fegyelmezetlen undisciplined
fegyelmezett disciplined
fegyelmi I. *mn*, disciplinary; **~ úton eltávolították** was* summarily dismissed; **~ vizsgálat** departmental investigation II. *fn*, disciplinary procedure; **~t indít vk ellen** take* disciplinary action against sy
fegyenc convict
fegyház convict prison, (*US*) penitentiary; **ötévi ~ra ítél** sentence to five years of penal servitude
fegyházbüntetés penal servitude
fegyőr gaoler, jailer
fegyver weapon, arms (*tbsz*); **~ben áll** be* in arms; **~rel tiszteleg** present arms; **~t fog/ragad** take* up arms (against sy); **~t kovácsol vmből** forge a weapon out of sg; **saját ~ét fordítja ellene** hoist sy with his own petard
fegyveres armed; **~ erő** armed force, military forces; **~ szolgálat** military service
fegyverkezés armament, (*újra*) rearmament
fegyverkezési verseny armaments race/drive
fegyverkez|ik arm (oneself,) (*újra*) rearm
fegyverletétel laying down of arms
fegyvernem branch of service
fegyverraktár arsenal, (*US*) armoury

fegyverszünet armistice, truce; **~et köt** conclude an armistice
fegyvertelen unarmed
fegyverviselés carrying of arms; **~i engedély** gun-licence
fegyverzet armament
fehér white; **~ vérsejt** leucocyte
fehérje *(tojásé)* white of egg, *(vegytan)* protein
fehérjetartalmú albuminous
fehérnemű *(testi)* body linen, underclothing
fej[1] *ige*, milk
fej[2] *fn*, head *(testületé)* leader, head; **~ ~ mellett** neck and neck; **~ vagy írás** head or tails; **azt sem tudja hol áll a ~e** he does* not know which way to turn; **szegény ~e** poor thing/devil; **~ébe vesz vmt** get*/take* sg into one's head; **nem megy a ~embe** it is* beyond me; **vmnek ~ében** in return for sg; **~ből** from memory, by heart; **~ére nő vknek** put* upon sy; **megmossa vk ~ét** haul sy over the coals; **elvesztette a ~ét** he lost* his head; **fel a ~jel!** take* courage!, cheer up!
fejadag ration (per head)
fejedelem reigning prince
fejel 1. *(labdát)* head (the ball) 2. *(cipőt)* vamp
fejenként a/per head, each
fejes I. *mn*, 1. *(makacs)* headstrong 2. *(van feje)* -headed; **~ saláta** cabbage-lettuce; **~ káposzta** garden cabbage; **~ vonalzó** *T*-square II. *fn*, 1. *(futballban)* heading 2. **~t ugrik** take* a header 3. *(átv nagyfejű)* bigwig
fejetlenség disorder, anarchy
fejezet chapter
fejfa wooden cross
fejfájás headache
fejhallgató earphone
fejkendő kerchief
fejléc heading
fejlemény developments (of an affair) *(tbsz)*
fejleszt 1. develop 2. *(áramot/gázt)* generate (power/gas)
fejlesztés 1. development 2. *(áramé, gázé)* generation
fejletlen undeveloped
fejlett fully/well developed, advanced
fejlettség state of development, *(élőlényé)* maturity
fejlődés development, evolution, *(átv)* progress, advance
fejlőd|ik develop, *(átv)* progres, advance; **vmvé ~ik** *(átv)* lead* to sg; **a dolgok oda ~tek** things came* to such a pass
fejőstehén milk-cow, *(átv)* milch-cow
fejsze axe, felling-axe
fejt 1. *(borsót)* shell (peas) 2. *(szenet)* hew*, pick (coal) 3. *(varrást)* undo* 4. *(álmot)* explain (dream), *(rejtvényt)* solve (puzzle)
fejteget expound, explain
fejtegetés discussion, exposition
fejtörés racking one's brains
fejtörő *fn*, puzzle
fejvesztés terhe alatt under penalty of death
fejvesztett panic-stricken
fék brake; **~en tart** keep* in check, restrain
fekbér storage(-charge), demurrage
fekély 1. ulcer 2. *(átv)* evil, plague
fekete I. *mn*, black, *(átv)* dark II. *fn*, *(kávé)* black coffee
feketepiac black market
feketerigó blackbird
Fekete-tenger the Black Sea
feketéz|ik 1. drink* black coffee 2. *(átv)* trade in the black market
feketéző *fn*, black-marketeer

fékez put* on the brake(s); **~i magát** restrain oneself
fékezhetetlen *(átv)* unmanageable, ungovernable
fékező *(vasúti)* brake-man *(tbsz* brake-men)
fekhely resting-place, couch
fekszik 1. *(élőlény)* lie*, recline *(amin* on); **feküdj!** *(vezényszó)* (lie*) down! **2.** *(ingatlan)* lie*, be* situated, *(tárgy vmn)* lie* (on sg), *(vagyon vmben)* be* invested *(in* sg) **3. nekem ez a dolog nem ~ik** that is* not to my taste
féktelen wild, unrestrained
fektet 1. *(vkt ágyba)* put* (to bed), *(vmt vhova)* lay* **2.** *(pénzt vmbe)* invest (money in sg) **3. súlyt ~ vmre** lay* stress on
fekvés *(vidéké)* situation, location, site; **déli ~ű** facing south *(ut)*
fekvőhely resting-place, couch
fekvőszék deck-chair
fel up; **~ és alá** up and down, to and fro
fél[1] *ige, (vmtől)* fear (sg), be* afraid (of sg); **ne ~j** have* no fear, never fear; **attól ~ek hogy** I am* afraid of, I fear (that)
fél[2] **I.** *fn,* **1.** *(vmnek a fele)* half (of sg) *(tbsz* halves) **2.** *(ügyfél kereskedelemben)* customer, *(ügyvédé)* client; **érdekelt ~** party concerned; **a szerződő felek** the contracting parties **II.** *mn,* **~ óra** half an hour; **~ öt** half past four; **fele arányban** half-and-half; **fele áron** at half price; **fele úton** half way
felad: *(kabátot vkre)* help sy on (with his overcoat), *(leckét:)* set* (lesson), *(levelet)* post (a letter), *(táviratot)* dispatch, send*(telegram), *(harcot/játszmát)* give* up

feladat: 1. task, work *(átv)* mission, duty **2.** *(iskolai)* lesson, exercise
feladó *(levélé)* sender, *(borítékon)* From:
feladóvevény registration form, *(postai)* receipt (for letter)
felajánl offer *(akinek* to), *(teljesítményt)* pledge
felajánlás offer; **~t tesz** *(munkaversenyben)* make* a pledge
felakaszt hang* up, *(embert)* hang
feláldoz sacrifice; **~za magát** sacrifice oneself
feláll 1. *(ülésből)* get*/stand* up **2.** *(vmre)* get* up on sg **3. ~tak az induláshoz** they lined up for the start
felállít 1. set*/put* up, *(csapatot vhol)* arrange (in position) **2.** *(intézményt)* establish, found, *(elméletet)* devise, *(egyenletet/rekordot)* establish
felapróz *(vágva)* cut* into little bits, *(törve)* break* into small pieces
felár extra charge
félárboc half-mast; **~ra ereszt** half-mast
félárú jegy half-fare ticket
felás dig (up)
felavat 1. *(új tagot)* initiate **2.** *(épületet)* inaugurate
felbátorít encourage
felbátorod|ik take* heart/courage
felbecsül appraise, estimate
felbecsülhetetlen priceless, inestimable, *(átv)* invaluable
félbehagy break*/leave* off
félbemarad be* broken off, remain undone
-félben in the course of, about to; **induló~** about to start/leave*
felbérel hire sy (to do sg unlawful)
félbeszakad be* broken off

félbeszakít interrupt
felbillen tilt/roll over, overturn
felbiztat *(vkt vmre)* encourage sy to do sg
felbomlik 1. disintegrate, *(varrás)* come* apart, *(vegytan)* decompose 2. *(átv)* break* up; **az eljegyzés ~ik** the engagement is* broken off; **~ott a fegyelem** discipline broke*
felboncol dissect
felbont *(levelet/csomagot)* open *(házasságot/szerződést* dissolve, *(vmt vegyileg)* decompose, *(tervet)* parcel, break* down (plan)
felbontatlan unopened
felborít turn/push over, overturn, upset*
felborul 1. overturn 2. *(rend)* be* upset
felbosszant irritate, make* sy angry
félbőr-kötés half-calf, half--leather binding
felbőszít enrage, infuriate
felbőszül fly* into a rage, get*/become* furious
felbujt abet, instigate
felbujtó *fn*, instigator, inciter
felbukkan appear suddenly
felbuzdul grow* enthusiastic
felbuzdulás sudden enthusiasm
félcipő shoes *(tbsz)*
felcsap 1. *(láng)* dart/shoot* up 2. *(katonának)* enlist
felcsavar 1. *(vmt vmre)* wind* sg on (sg) 2. *(villanyt)* switch/turn on
felcseperedik grow*/shoot* up
felcserél 1. *(sorrendet)* invert 2. *(tévedésből)* mistake* (for sg), confound (with sg)
felcsigáz *(érdeklődést)* excite (the curiosity of sy)
felcsillan flash, gleam
feldarabol cut* into pieces, chop up, *(átv)* divide up, *(országot)* dismember
felderít 1. *(rejtélyt)* throw* light on, *(katona)* reconnoitre 2. *(jókedvre hangol)* cheer (up)
felderítés *(rejtélyé)* clearing up, *(katonai)* reconnaissance
felderül *(hangulat)* cheer up
feldíszít decorate, adorn
feldob throw*/fling* up
feldolgoz 1. *(iparilag)* work (up), prepare 2. *(témát)* write* up, treat
feldolgozó ipar processing industry
feldől upset*, overturn
feldönt knock/push over, upset*, overturn, *(poharat)* spill
feldörzsöl chafe, rub up
féldrágakő semi-precious stone
feldúl 1. *(országot)* ravage, devastate 2. *(boldogságot)* destroy, ruin (sy's happiness)
fele lásd **fél**[2] **II**
felé towards, **10 óra ~ gyere** come* about ten; **a vége ~** towards the end; **~m** towards me
féle *(fajta)* kind, sort
felebarát fellow-man *(tbsz* fellow-men)
felébred wake* (up), awake*
felébreszt 1. wake* up, awake* 2. *(átv)* arouse
feledékeny forgetful
feledés oblivion; **~be megy** fall*/sink into oblivion
feledhetetlen unforgettable
feléget reduce to ashes, scorch
felegyenesedik take* an upright position
felejt forget*; **nyitva ~** leave* open
felejthetetlen unforgettable
felekezet sect, denomination
felel 1. answer, (make* a) reply; **nem ~** make* no reply 2. *(iskolában)* recite the lesson 3. *(vmért/vkért)* answer, vouch (for sy), *(vmért)* guarantee (sg)

felél consume, use up
feléled 1. revive, awaken 2. *(átv)* be* reborn
félelem fear (of sg); ~ **fogta el** he was sized by fear; **attól való félelmében** for fear of (sg happening); ~**mel tölt el** strike* terror in sy
felelés *(iskolai)* recitation, *(vizsgán)* oral (examination)
felelet answer, reply
felelevenít *(szokást)* revive, *(vm emlékét)* recall
félelmetes fearful, frightful
felelős I. *mn*, responsible (for sg); ~ **szerkesztő** managing editor; **vkt** ~**sé tesz** hold* sy responsible (for sg) II. *fn*, person/official responsible for sg
felelősség responsibility (for sg), *(bajért)* blame; **vk** ~**ére** at sy's risk; ~**re von** call sy to account; **vállalja a** ~**et** assume responsibility (for)
felelősségérzet sense of responsibility
felelőtlen irresponsible
feleltet *(iskolában)* question (pupil in/on sg)
felemás dissimilar
felemel 1. lift (up), raise, *(tárgyat földről)* pick*/take* up, *(géppel)* hoist 2. *(árakat/fizetést)* raise 3. ~**i szavát vm ellen** make* a protest against; ~**i szavát vk/vm érdekében** speak* up for sy/sg
félemelet entresol, mezzanine
felemelkedés 1. rise, ascent, *(repgépé)* take-off 2. *(átv)* progress, advance
felemelked|ik 1. rise*, *(földről)* get* up, *(repgép)* take* off 2. *(magasba)* ascend
felemelő 1. elevating, lifting 2. *(átv)* imposing, touching
felemelt raised; ~ **helyárakkal** at higher prices; **a** ~ **terv** the stepped-up plan
felemészt consume, use up
felenged 1. *(hideg idő)* grow* milder, *(fagy)* yield 2. *(feszültség)* ease
félénk shy, timid
felépít build*, erect
felépítmény superstructure
felépül 1. *(épület)* be* built 2. *(betegség után)* recover
felér 1. *(értékben)* be* worth (of sg) 2. *(ésszel)* comprehend, grasp
felerősít 1. strengthen, *(hangot)* amplify 2. *(vmt vhová)* fix, fasten
feles sharing in *(ut)*; ~**ben** fifty-fifty
feleség wife *(tbsz* wives); ~**ül vesz** marry
felesel answer back
felesleg surplus, *(többlet)* excess, *(maradék)* residue
felesleges superfluous, unnecessary; ~ **mondanom (hogy)** needless to say
féleszű half-witted, crazy
felett 1. *(szilárdan)* above, *(mozogva)* over; **a föld** ~ overground 2. *(átv)* about, concerning
felette 1. ~ **áll vmnek** be* superior to sg 2. *(fölöttébb)* exceedingly, extremely
felettes superior; ~ **hatóság** superior authority
feleúton midway, halfway
félév half-year, six months *(tbsz)*, *(tanulmányi)* term, semester
felez halve, divide into halves
felfakad *(kelés)* burst*, break*
felfal eat* up, devour
felfed uncover, disclose, *(titkot)* reveal (secret)
felfedez discover, *(vm titkát)* find* out
felfedezés discovery
felfedező út voyage of discovery

felfegyverez arm, *(újra)* rearm
felfegyverkez|ik arm (oneself), *(újra)* rearm
felfelé upward(s), *(dombra)* uphill, *(folyón)* upstream
felfeszít *(ajtót/fedelet)* force/break* open, *(keresztre)* crucify
felfigyel *(vmre)* take* note (of sg)
felfog 1. *(ütést)* ward off 2. *(ésszel)* grasp, comprehend; **fel nem foghatom** it's beyond me
felfogad engage (sy)
félfogadás reception, office hours *(tbsz)*
felfogás 1. *(szellemi)* grasp, comprehension; **jó ~a van** be* quick-witted 2. *(vélemény)* opinion; **~ kérdése** a matter of opinion
felfoghatatlan *(ésszel)* incomprehensible
felfogóképesség grasp, power of comprehension
felfordít upset*, overturn, overthrow*
felfordul 1. overturn, turn over 2. *(állat)* die
felfordulás confusion, chaos, disorder
felforgat 1. overturn, upset* 2. *(társadalmi rendet)* overthrow* (social order)
felforgató *fn*, subverter
felforr (come* to the) boil
felforral boil, *(tejet)* scald (milk)
felfortyan burst* out
felfrissít refresh, *(átv)* rejuvenate
felfrissül be* refreshed, refresh oneself
felfúj 1. inflate 2. *(ügyet)* exaggerate the importance (of sg)
felfújt pudding, soufflé
felfuvalkodott conceited
felfüggeszt 1. *(állásából)* suspend (sy) 2. *(eljárást)* stay (proceedings), *(ülést)* interrupt (session)
felfűz string*
félgömb hemisphere
felgöngyöl roll up
felgyógyul recover (one's health), get* well again
felgyorsul pick up speed
felgyújt 1. set* fire to sg, set* sg on fire 2. *(lámpát)* switch on (the light) 3. *(átv)* inflame, stir up, kindle
felgyüleml|ik accumulate, collect
felgyűr *(ingujjat)* roll/turn up (sleeves)
felháborító scandalous, shocking
felháborodás indignation, outcry
felháborod|ik *(vmn)* become* indignant (at sg), be* shocked (with sg)
felhagy *(vmvel)* give* up, leave* off, stop *(mind* sg)
felhajt 1. *(szegélyt)* turn up, *(ingujjat)* roll up 2. *(pénzt)* raise (money), *(árakat)* put* up the market 3. *(italt)* drink* off, gulp down
felhalmoz 1. *(rak)* heap/mass up 2. *(gyűjt)* accumulate, *(árukészletet)* store up (goods), stockpile
felhalmozódás accumulation
felhalmozód|ik accumulate
felhangz|ik sound, resound, be* heard
felhánytorgat reproach (sy with sg)
felharsan sound, be* sounded
felhasít split*, *(textilt)* slit* open
felhasznál 1. *(elhasznál)* use up, make* use of, *(pénzt vmre)* spend* (on sg) 2. *(alkalmaz)* use, employ; **~ja az alkalmat** avail oneself of the opportunity 3. *(vkt*

vmre) make* use of sy('s services)
felhatalmaz empower, authorize *(amire:* to)
felhatalmazás authority, authorization
felhatalmazott attorney
felhevül grow* hot, warm (up), *(lelkileg)* get* excited
felhív 1. *(vmre)* call upon sy (to), invite sy (to); **~ja a figyelmet vmre** draw*/direct attention to sg **2. telefonon ~** *(vkt)* ring*/call (sy) up
felhívás request, invitation, *(hirdetmény)* warning, notice; **~t intéz vkhez** appeal to sy
félhivatalos semi-official
felhizlal feed*/fatten up
félhold half-moon, crescent (of moon)
félholt half-dead; **~ra ver** beat* within an inch of his life
félhomály semi-darkness, *(esti)* twilight
felhorzsol chafe, graze, rub off
felhoz 1. bring*/fetch up **2.** *(esetet)* mention, refer to, *(mentségére)* bring* up (in defence); *(bizonyítékul)* bring* forward (proof); **mit tudsz ~ni mentségedre?** what can you say for yourself?
felhő cloud; **~kben jár** build* castles in the air
felhőátvonulás passing clouds *(tbsz)*
felhőkarcoló skyscraper
felhördül exclaim (in protest)
felhős clouded
felhőszakadás cloud-burst
felhőtlen cloudless
felhúz 1. draw*/pull up, *(cipőt)* put* on, *(órát)* wind* (up) (the clock), *(zászlót)* hoist **2.** *(vkt bőszít)* make* sy angry, rile
felidéz 1. *(emléket)* recall **2.** *(előidéz)* bring* about
félidő *(sport)* half *(tbsz* halves), half-time
félig half, semi-
féligazság half-truth
félig-meddig partly, somewhat
felindul be* greatly agitated, *(haragra)* be* roused
felindulás emotion, excitement
felindult agited, moved, touched
felingerel irritate, rouse, *(vkt vk ellen)* set* (sy against sy)
felingerül become* irritated
felír: 1. *(feljegyez)* write*/note down **2. ~ta a rendőr** the policeman took* his name and address **3.** *(feliratot intéz vhová)* write* to
felírás *(műemléken mint szöveg)* inscription, *(tárgyon használati:)* label, *(kép alatt:)* caption
felirat *(felsőb hatósághoz)* representations *(tbsz)*
feliratkoz|ik register
felismer recognize *(amiről:* by*)*
felismerhetetlen unrecognizable
felitat *(tintát)* blot (up) (the ink), *(szivaccsal)* sponge up
felizgat excite, rouse
feljárat way up (to), *(kocsinak)* carriage-drive
feljáró way up
feljebb *(magasabban)* higher up; **lásd ~** see above; **még neki áll ~** be* insolent (though in the wrong)
feljebbvaló *fn,* superior, principal
féljegy *(vasúti)* half-fare, *(színházi)* half-price ticket
feljegyez note (down), make* a note (of), *(hivatalosan)* register
feljegyzés note, record
feljelent denounce (sy)
feljelentés denunciation

feljogosít authorize, entitle, empower *(amire mind:* to do sg)
feljön come* up, *(nap/hold)* rise*
felkacag break*/burst* into a laugh
felkap 1. *(tárgyat vhonnan)* snatch (up) **2.** *(ruhát magára)* put* on hastily **3. ~ja a fejét** toss up one's head **4.** *(divatos dolgot)* take* up (as a fashion)
felkapaszkod|ik climb up
felkapott in vogue *(ut)*, fashionable
felkarol *(ügyet)* take* up, embrace (a cause)
félkarú one-armed
felkavar 1. *(átv is)* stir up; **~ja a gyomrát** make* sy sick **2.** *(lelkileg)* agitate, upset*
félkegyelmű *mn*, half-witted, idiotic
felkel 1. *(ágyból/helyéről)* get* up; **a beteg már ~t** he is* up and about **2.** *(nap/hold)* rise* **3.** *(nép)* rise* (in arms), revolt
felkelés *(fegyveres)* rising, revolt
felkelő *fn*, insurgent, rebel
felkelt 1. *(álmából)* wake* (up) **2.** *(érzést)* arouse; **~i k'váncsiságát** make* sy wonder
felkér ask, request; **táncra ~** ask (sy) for a dance
felkeres *(vkt)* call on sy
félkész gyártmány semi-finished product
felkészül prepare oneself for sg, *(kellemetlenségre)* take* precautions against sg
felkészültség preparedness, *(tudományban)* thorough grounding (in)
felkiált exclaim, ejaculate
felkiáltójel mark of exclamation
felkínál offer (up)
felkoncol massacre, *(katona)* put* to the sword
felkop|ik az álla go* hungry *(átv)* go* away empty-handed,
félkör semicircle; **~ alakú** semicircular
felköszönt *(lakomán)* toast (sy), *(évfordulón)* congratulate (sy on the occasion of an anniversary)
felköszöntő *fn*, toast, congratulatory words *(tbsz)*
felköt 1. bind*/tie up **2.** *(embert)* string* up
felkúsz|ik climb up, *(kötélre)* swarm up, *(növény)* creep* (up)
felkutat 1. *(keres vmt)* search for sg **2.** *(megtalál vmt)* track down, *(földből, rejtett helyről)* unearth, dig up*
felküld send* up
felküzdi magát work one's way up
féllábú one-legged
fellángol blaze/flame up
fellázad rebel, rise* (against sg)
fellebbez appeal *(ami ellen:* against, *ahova:* to)
fellebbezés appeal (to a higher tribunal
fellebbviteli bíróság Court of Appeal
fellegvár citadel
fellélegz|ik breathe freely (at last)
fellelkesít fill with enthusiasm, inspire
fellendít further, promote
fellendül *(átv)* prosper, flourish
fellendülés prosperity, boom
fellengős *(stílus)* high-flown
fellép 1. *(vmre)* step up **2.** *(szerepben)* play, appear **3.** *(képviselőnek)* stand* for election **4.** *(viselkedik)* behave, act (as)
fellépés *(színészé)* appearance, *(magatartás)* behaviour; **jó**

~e van present a good appearance
felléptet 1. *(színészt)* present, engage **2.** *(képviselőjelöltet)* nominate, put* up
fellépti díj fee
fellobban 1. blaze/flame up **2.** *(átv)* flare up
fellobogóz flag, decorate with flags
fellök push/knock over
felmagasztal exalt, *(dicsérve)* laud, praise highly
felmar eat* into, corrode
felmász|ik climb (up); **~ik a fára** climb a tree
felmegy 1. *(vhová/vmn)* go* up **2.** *(ár)* rise*, advance **3. ez a cipő nem megy fel a lábamra** this pair of shoes won't go on
felmelegedés *(időjárási)* rise in temperature
felmeleged|ik 1. grow*/get* warm, *(motor)* run* hot **2.** *(ember átv)* warm up
felmelegít (make*) warm, heat, *(ételt)* warm up, *(vm hőfokra)* raise the temperature (to)
felmenő ág ascending line
felment 1. *(vm alól)* exempt (sy from sg); **~ állásából** relieve sy of his office, dismiss **2.** *(vádlottat)* acquit (the accused) (of sg) **3.** *(katonaság)* liberate
felmentés 1. *(vm alól)* exemption **2.** *(vádlotté)* acquittal
felmér measure, weigh, *(területet)* survey
felmérhetetlen immeasurable
felmerül 1. emerge **2.** *(kérdés)* arise*; **~t költségek** expenses incurred
félmeztelen half-naked
felmond 1. *(leckét)* repeat **2.** *(lakást bérlőnek)* give* notice (to quit) **3.** *(munkavállaló)* give* in one's notice **4.** *(a gép)* **~ta a szolgálatot** (the machine) broke* down
felmondás *(leckéé)* repetition, *(munkaviszonyé)* notice; **~i idő** period of notice
felmos 1. *(padlót)* scrub **2.** *(ájultat)* splash water in sy's face (to make him come to)
félmúlt imperfect (tense)
felmutat show* up, *(okmányt/eredményt)* produce
felnagyít *(fényképet)* enlarge
felnevel bring* up, *(állatot)* raise
felnevet burst* out laughing
felnéz 1. look up **2.** *(vkhez)* drop in (on sy)
felnő grow* up
felnőtt *fn/mn*, adult, grown-up
felnyalábol gather up in the arms
felnyergel saddle
felnyit open, *(zárat)* unlock
felnyúl reach up
felocsúd|ik 1. *(ájulásból)* come* to one's senses **2.** *(meglepetéséből)* recover one's wits
felold 1. *(folyadékban)* dissolve **2.** *(vkt vm alól)* absolve (sy from sg) **3.** *(tilalmat)* lift (a ban)
féloldali on (the) one side *(ut)*
féloldalt on one side, sideways
feloldód|ik *(folyadékban)* dissolve
felolvad melt, dissolve
felolvas 1. *(hangosan)* read* (aloud) **2.** *(előad)* lecture (on sg)
felolvasás 1. reading (aloud) **2.** *(előadás)* lecture; **~t tart** deliver a lecture
felolvasó *fn*, lecturer
félóra half an hour
félóránként every half an hour
félórás of half an hour *(ut)*, half-hour's
feloszlat *(testületet)* dissolve,

(katonai alakulatot) disband, *(céget)* liquidate
feloszl|ik 1. *(részekre)* divide (into) 2. *(katonaság)* disband
feloszt *(részekre)* divide (into), *(szétoszt)* distribute (among), *(országot)* partition
felosztás *(részekre)* division, *(szétosztás)* distribution, *(országé)* partitioning
feloszthatatlan indivisible
félő *(hogy)* it is* to be feared (that)
felől 1. *(irány)* from (a direction) 2. *(róla)* about
felőle 1. *(róla)* about 2. **~m ugyan** for all I care
felölel embrace, *(tartalmilag)* comprise, include
felölt 1. put* on 2. *(átv)* assume
felöltő overcoat, greatcoat
felöltözköd|ik dress, put* on one's clothes
felöltöztet dress, *(átv)* clothe (sy)
felőrlőd|ik go* to pieces
felőröl *(átv)* wear* out, *(egészséget)* undermine
félős timid, shy
felötl|ik appear, *(vknek vm)* strike* sy
felparcelláz parcel out
felpattan 1. *(kinyílik)* burst*/fly* open 2. *(helyéről)* spring*/jump up 3. *(vmre)* spring* on (to sg)
felperes plaintiff
felpofoz box sy's ears
felpróbál try on
felpumpál inflate
felragad *(vmt)* snatch/catch* up (sg). take* hold (of sg)
felragaszt stick* on
felragyog sparkle, shine*; **~ott az arca** his face brightened
felrak 1. *(egymásra)* pile/heap up 2. *(járműre)* load (vehicle with sg)
felráz 1. shake* up, *(álomból)* wake* by shaking 2. *(lelki leg)* stir up
félre aside; **~ az útból!** get out of the way!
félreáll *(útból)* stand*/step aside; *(közéletből)* withdraw*
félreállít set* aside
félrebeszél be* delirious, rave*
félrecsúsz|ik slip sideways, get* awry
félreért misunderstand*
félreértés misunderstanding
félreérthetetlen unmistakable
félreeső out-of-the-way, remote
félrehív call/take* sy aside
félrehúzód|ik draw*/stand*/step aside, *(közéletben)* hold* aloof (from sg)
félreismer mistake*, misjudge
félrelép *(hibáz)* err
félrelök push/shove aside
félremagyaráz misinterpret
félrenéz look away
felreped split*/burst* open
felrepül fly* up, *(repgép)* take* off
félretesz 1. lay* aside, put* away 2. *(vm célra)* reserve (for), *(pénzt)* save (money)
félretol 1. push aside 2. *(átv)* set* aside
félrever *(harangot)* toll the church-bell (as a sign of alarm)
félrevezet *(átv)* mislead*
félrevonul withdraw*, retire
felriad start up (in alarm), *(álmából)* wake* (up) with a start
felrobban *(tárgy)* blow* up, *(robbanóanyag)* explode
felrobbant *(tárgyat)* blow* up
felrohan rush/hurry up
felrúg kick over; **~ja a szabályokat** disregard the regulations
felruház 1. provide sy with clothes 2. *(hatalommal)* invest, *(joggal)* authorize
felség majesty

felséges 1. *(pompás)* splendid, exquisite 2. *(rangban)* majestic
felségjel(zés) (aircraft) markings *(tbsz)*
felségsértés high treason
felségterület national territory
felségvizek territorial waters
felserdül arrive at puberty, *(vmvé)* grow* up into (a man/woman)
felsikolt cry out, scream
felsóhajt heave*/fetch a sigh
felsorakoz|ik 1. line up, *(katona)* fall* in(to a line) 2. *(vk mögött, átv)* side (with sy)
felsorakoztat align, line up
felsorol enumerate, list
felsorolás 1. *(cselekmény)* enumeration 2. *(lista)* list
felső upper, higher, superior; **~ ajak** upper lip; **~ határ** upper limit, maximum
felsőbb upper, higher, superior; **~ bíróság** higher court; **~ matematika** higher mathematics
felsőbbrendűség *(minőségi)* superiority, *(rangbeli)* supremacy
felsőbbség 1. superiority 2. *(hatóság)* the authorities *(tbsz)*
felsőéves senior
felsőfok *(melléknévé)* superlative
felsőfokú superlative; **~ oktatás** higher education
felsőház the Upper House, *(GB)* the House of Lords, *(US)* Senate
felsőkabát overcoat
felsőkar upper arm
felsőoktatás higher education
felsős senior
felsőtest trunk, *(női)* bust
felsül fail, blunder
felszabadít (set*) free, liberate, *(jog)* emancipate, *(futballban)* clear
felszabadítás liberation, *(jog)* emancipation
felszabadító I. *mn*, liberating II. *fn*, liberator
felszabadul get* free, be* liberated, *(elnyomás alól)* be* delivered (from)
felszabadulás liberation
felszakad split*, tear*
felszakít tear*/rip open
felszalad run* up
felszáll fly* up, *(köd)* lift, *(repgép)* take* off, *(lóra)* mount (horse), *(hajóra)* go* on board (the ship), *(autóbuszra, villamosra)*, get* on (bus, train), *(vonatra)* get* into (train), board (train), *(madár vmre)* perch (on sg)
felszállás 1. *(járműre)* boarding (of bus/train), getting into (car/tram), *(lóra)* mounting (of horse) 2. *(levegőbe)* flying up, *(repgép)* take-off
felszállópálya *(repgépé)* runway
felszámít charge (expenses) *(akinek: to sg)*
felszámol 1. *(felszámít)* charge 2. *(vállalatot)* liquidate
felszánt plough/break* up (the soil)
felszárad dry (up), get* dry
felszed pick/take* up, *(betegséget)* catch* (disease), *(horgonyt)* weigh (anchor); **~i a szemet a harisnyán** mend a ladder in a stocking
felszeg 1. *(ruhát)* hem 2. *(fejet)* throw* back (one's head)
félszeg awkward, clumsy
felszel slice, *(pecsenyét)* carve
felszentel *(papot)* ordain (clergyman)
felszerel 1. *(készlettel)* stock, provide (with), *(katonát)* fit out, arm 2. *(gépet)* install, mount
felszerelés *(gépen)* mountings *(tbsz)*, *(szakmai)* accessories

(tbsz), *(gazdasági)* implements *(tbsz)*, *(katonai)* outfit, equipment
félsziget peninsula
felszín surface; **~re hoz** bring* to light
felszisszen exclaim in pain
felszít stir/fan up
felszívód|ik be* absorbed
felszólal rise* to speak, speak*, *(vitában)* intervene, *(vk mellett)* raise one's voice (for sy), *(vm ellen)* raise objections (to sg)
felszólalás speech, *(rövidebb)* remarks *(tbsz)*
felszólaló speaker; **az előttem ~** the last speaker
felszólamlás protest, complaint
felszolgál 1. *(ételt)* serve up (dishes) 2. *(asztalnál)* wait (at table)
felszolgáló waiter, *(nő)* waitress
felszólít 1. *(vmre)* invite (to), *(fizetésre)* dun 2. *(iskolában tanulót)* question (a pupil)
felszólítás call, invitation
felszólító: ~ levél letter requesting payment; **~ mód** imperative
félt fear (sg), be* anxious (about sg/sy)
feltalál 1. invent 2. **~ja magát** keep* one's presence of mind
feltálal *(ételt)* serve up
feltaláló *fn*, inventor
feltámad 1. *(halott)* rise* again 2. *(szél)* rise*, get* up 3. *(vk ellen)* revolt against
feltámaszt 1. *(halottat)* resurrect, raise from the dead 2. *(düledező dolgot)* prop up 3. *(emlékeket)* evoke
feltápászkod|ik struggle to one's feet
feltár 1. *(bányát)* open up, *(régész vmt)* discover 2. *(szívét vk előtt)* open (one's heart to sy), *(helyzetet)* reveal (the situation)
feltart 1. *(magasba)* hold* up 2. *(vkt vmben)* keep* sy from (sg/work)
feltartóztat 1. *(mozgást)* arrest, *(eseményeket)* stay 2. *(vkt munkában)* keep* (sy from work), hinder
feltartóztathatatlan inevitable, unavoidable
feltárul 1. open (wide), *(ajtó)* fly* open 2. *(titok)* come* to light
feltehető (hogy) presumably
félteke hemisphere
féltékeny jealous *(akire:* of sy)
féltékenyked|ik *(vkre)* be* jealous (of sy)
féltékenység jealousy
feltép rip open
felterjeszt *(vhová)* lay* before sy/sg
felterjesztés 1. *(iraté)* presentation 2. *(javaslat)* memorandum *(tbsz* memoranda)
feltérképez map, chart
féltermék semi-finished product
féltestvér stepbrother, stepsister
feltesz 1. *(kalapot)* put* on 2. **mindent egy kártyára tesz fel** stake everything on one chance 3. *(kérdést)* put*, ask (question) 4. **~i magában** resolve (to) 5. *(feltételez)* suppose; **tegyük fel** let us suppose (that)
feltétel condition, *(kikötés)* proviso; **~ nélküli** unconditional; **~hez köt** subject to conditions; **azzal a ~lel hogy** on condition that
feltételes conditional; **~ megálló** request stop; **~ mód** conditional; **~ reflex** conditioned reflex
feltételez suppose, presume; **ezt nem tételeztem volna fel róla** I would not have* thought it of him
feltétlen *(bizalom)* absolute,

(megadás) unconditional (surrender)
feltétlenül by all means, without doubt
feltett szándéka it is* his firm intention
feltéve (hogy) provided/supposing that
feltevés supposition, *(logikai)* premise
feltölt 1. fill (up), *(töltéssel)* embank 2. *(létszámot)* bring* up to normal strength
feltör 1. break* open, *(zárat)* force, pick (a lock) 2. *(diót)* crack (nuts) 3. *(ember bőrét)* chafe; **~te a sarkát** have* a blistered heel 4. *(víz)* rush up 5. *(versenyző)* push ahead
feltörés 1. forcing open, *(diót)* cracking, *(földet)* ploughing, 2. *(lábon)* blister
feltöröl wipe/mop up
feltűnés 1. *(felbukkanás)* appearance 2. **~t kelt** cause a sensation
feltűn|ik 1. *(felbukkan)* appear, emerge 2. *(átv)* be* striking; **~t nekem** it struck* me (that)
feltűnő conspicuous, sensational; **~ hogy** it is* remarkable/surprising how
feltüntet 1. *(vmlyennek/vhogyan)* make* (sg) appear (as); **úgy akarja a dolgot ~ni mintha** he wants to give the impression that 2. *(vmt)* indicate, show*
feltűr *(ingujjat)* roll up (sleeve), *(gallért)* turn up (collar)
felugr|ik 1. *(ültéből)* jump up 2. *(vkhez)* drop in on (sy)
felújít renovate, *(színdarabot)* revive (play), *(barátságot)* renew (old friendship)
felújítás renovation, *(színdarabot)* revival
felújul be renewed, revive
félúton half-way
felüdít refresh, recreate
felügyel *(vmre/vkre)* look after (sy/sg)
felügyelet supervision, control; **rendőri ~ alatt** under police supervision
felügyeleti hatóság superintending/supervisory authority
felügyelő superintendant, *(munkára)* overseer
felül[1] *ige*, 1. *(ágyban)* sit* up 2. *(lóra/vonatra)* get* on 3. *(vknek)* be* taken in (by sy/sg)
felül[2] *hat*, 1. *(vmn rajta)* above, over 2. *(mennyiségen)* over; **ezen ~** in addition, besides
felülbélyegez stamp
felülbírál examine, supervise
felülemelked|ik *(vmn)* be* superior to sg
felület surface
felületes superficial, *(munka)* perfunctory
felüli over, above
felüljáró overpass, overhead crossing
felülkereked|ik *(vkn)* prevail (over sy), *(nehézségen)* overcome* (difficulty)
felülmarad come* out on top, win*
felülmúl surpass *(amennyivel* by), outdo*
felülmúlhatatlan unsurpassable
felülnézet top-view
felülről from above
felültet *(becsap)* take* in, make* a fool of sy
felülvizsgál revise, re-examine, check
felülvizsgálat revision, re-examination
felüt 1. *(tojást)* break* (up); **~i a térdét** bruise one's knee 2. **~i a fejét** raise its head
felvág 1. cut* up, *(szeletekre)* slice, cut* (in slices), *(mű-*

tétnél) incise 2. **~ták a nyelvét** have* a ready tongue 3. *(nagyzol)* show* off, swagger
felvágott *fn*, *(hideg)* cold plate
felvállal undertake*
félvállról slightingly
felvált 1. *(pénzt)* give* sy change (for) 2. *(őrséget)* relieve (sentry/guard) 3. *(helyébe lép)* be* followed by
felváltva by turns, alternately
felvarr sew* (sg) on
felvásárol buy* up, *(készletgyűjtésre)* hoard
félvászon(-kötés) half-cloth binding
felvázol sketch out, outline
felver 1. *(álmából)* awaken, rouse 2. *(tojásfehérjét)* beat* (up), whisk 3. *(árakat)* force/send* up (prices) 4. **nagy port ver fel** *(átv)* cause sensation
félvér *(ember)* half-blood, *(néger és fehér)* mulatto, *(indiai és fehér)* half-caste, *(állat)* hybrid, *(ló)* halfbred
felvesz 1. *(vk vmt)* take*/pick/lift up, *(adatokat)* take* down, *(fizetést)* receive (one's salary), *(kölcsönt)* raise (loan), *(ruhát)* put*/get* on (one's clothes); **fel sem veszi** *(sértést)* care nothing for sg 2. *(vk vkt) (munkást)* take*/sign on, engage (worker), *(iskolába, egyetemre)* admit (to) 3. *(vm vmt) (piac árut)* absorb, *(posta levelet/táviratot)* accept (the letter/telegram) 4. *(vmnek az alakját)* take* on (the shape of sg)
felvet 1. *(szemet)* raise (one's eyes) 2. *(gondolatot)* raise (an issue) 3. **majd ~i a pénz** be* rolling in wealth/money
felvétel 1. *(csomagé postán)* parcels counter 2. *(fényképé)* photograph 3. *(munkásé)* employment, engagement, *(tagé testületbe)* admission, *(diáké)* enrol(l)ment, admission, registration; **nincs ~** no vacancies
felvételi vizsga entrance examination
felvetés 1. *(kérdésé)* putting/raising (a question) 2. *(textilt)* warping
felvetőd|ik *(kérdés)* be* raised
felvevő(készülék) camera
felvevőképesség *(piacé)* demand
felvidék highlands *(tbsz)*
felvidít cheer (up)
felvigyáz *(vkre/vmre)* watch (over sy/sg)
felvigyázó overseer, inspector
felvilágosít enlighten, inform
felvilágosítás 1. *(szellemi)* information 2. *(tudakozóhely)* inquiry office
felvilágosodás enlightenment
felvillan flash; **~t hirtelen az agyamban** a thought flashed through my mind
felvillanyoz electrify, stimulate
felvirágz|ik thrive*, prosper
felvirrad dawn; **~t a (nagy) nap** the (long-awaited) day has* come
felvisz 1. *(vmt vhová)* carry/take* up 2. *(átv, vmre)* attain (to a dignity)
felvon *(zászlót)* hoist (flag), *(horgonyt)* weigh (anchor), *(vitorlát)* set* (sail)
felvonás 1. *(drámáé)* act 2. *(zászlóé)* hoisting
felvonó lift, *(US)* elevator
felvonógép elevator
felvonul march up, *(szemlén)* march past
felvonulás *(katonai szemlén)* march-past, *(ünnepélyes)* procession, *(tüntető)* demonstration

felzaklat upset
felzárkóz|ik 1. close up (the ranks) 2. *(vk mellé átv)* join forces (with sy)
felzavar 1. *(álmából)* rouse 2. *(vizet)* stir
felzet heading
felzúdulás indignation
fém metal
fémes metallic
fémgyűjtés scrap drive
fémipar metallurgy
fémipari metallurgical
fémjelzés hall/plate-mark
fémkohászat metallurgy
fémkohó foundry
fémmunkás metal-worker
fémtartalmú metalliferous
fémtömegcikkek metal ware, hardware
fen sharpen, set*; **~i rá a fogát** *(bosszúvággyal)* wait for the hour of reckoning (with sy)
fene I. *mn* damned, deuced; **~ nehéz** damned hard II. *fn*, **egye meg a ~** damn it!; **menj a fenébe!** go* to hell!
fenék bottom; **nagy feneket kerít vmnek** spin* a long yarn; **fenekestül felforgat** turn upside down
feneketlen *(átv)* fathomless, unfathomed
fenevad 1. wild beast 2. *(emberről)* brute
fenn above, up; **~ van** *(vk)* be* up (and about), *(már nem beteg)* be* about (again)
fennakad 1. *(beleakad)* get* caught/stuck 2. *(megáll)* stop, come* to a standstill 3. *(megütközik vmn)* take* sg amiss
fennakadás stoppage, standstill; **~ nélkül** without a hitch
fennáll 1. *(létezik)* exist 2. *(érvényes)* be* valid
fennállás existence, continuance
fennálló existing, *(érvényes)* valid
fennhangon aloud, in a loud voice
fennhatóság (superior) authority, supremacy
fennhéjázó haughty, arrogant
fennkölt lofty
fennmarad 1. *(utókornak)* survive 2. *(nem fekszik le)* stay up 3. *(vizen)* float (on the surface) 4. *(mennyiség)* remain
fennsík plateau, table-land
fenntart 1. *(intézményt)* maintain, *(rendet)* preserve 2. *(családot)* keep*, maintain; **~ja magát** maintain/support oneself 3. *(helyet)* reserve; **minden jog ~va** all rights reserved 4. *(kapcsolatot)* maintain, *(állítását)* uphold*
fenntartás 1. *(intézményé)* maintenance; **a rend ~ára** to maintain order 2. *(családé)* keeping 3. *(feltétel)* reservation; **~ nélkül** without reserve, unreservedly; **azzal a ~sal** except for/that, provided that
fenntartott hely reserved/booked seat
fent above, up; **~ nevezett** above-mentioned, aforesaid
fény 1. light, *(csillogó)* glitter, sparkle, *(ragyogó)* brightness; **szeme ~e** *(átv)* apple of the eye; **~t áraszt** shed*/radiate light; **~t vet vmre** throw*/shed* light on sg 2. *(átv)* splendour, pomp
fénycső fluorescent tube
fenyeget *(vkt vmvel)* threaten, menace (sy with sg)
fenyegetőzés menaces *(tbsz)*, threats *(tbsz)*
fényegység unit of light
fényerő luminous intensity
fényérzékeny light sensitive
fényes shining, bright, radiant,

(átv) splendid, brillant; **~ nappal** in broad daylight
fényesít polish, *(padlót)* (bees-) wax (the floor)
fényesség luminosity, brilliance
fényév light-year
fényez *(bútort)* varnish
fenyít punish, chastise
fénykép photo, photograph, *(amatőr)* snapshot
fényképalbum photo(graph) album
fényképes photographic
fényképész photographer
fényképészet photography
fényképez photograph, take* a photo(graph) (of sy/sg), *(amatőr)* make* snapshots
fényképezőgép camera
fénykor golden age
fényl|ik shine*, *(csillogva)* glitter, gleam, *(vakítva)* glare
fénymásolat photostat
fenyő fir, pine, pine-tree
fenyőerdő pine-forest
fénypont *(műsoré)* star-turn, attraction
fényrekesz diaphragm
fényreklám neon sign, advertising lights *(tbsz)*
fénysugár ray/beam of light
fényszóró searchlight, *(autón)* headlight, *(színpadi)* spotlight
fénytan optics
fénytelen dull, dim
fénytörés refraction of light
fényűzés luxury
fényűző luxurious, opulent
fenyves pinewood
fenyvesmadár fieldfare
fényvisszaverődés reflection
fér *(vmbe)* go* (into sg), find* room (in/on sg), get* (in sg); **nem ~ a bőrébe** he cannot* contain himself (for sg); **ehhez nem ~ kétség** there is* no doubt whatever about that
fércel tack, baste
fércmunka slap-dash work
ferde 1. slanting, oblique 2. *(nézet)* wrong, false; **~ helyzetbe jut** get* into an awkward position
ferdén obliquely
féreg worm, insect
féregnyúlvány appendix *(tbsz* appendixes, appendices)
Ferenc Francis
férfi man *(tbsz* men)
férfias manly, masculine
férfidivatáru men's outfitting
férfiruha man's clothes *(tbsz)*, suit
férfiszabó men's tailor
férges wormy
fergeteg storm
Feri Frank
férj husband; **~hez ad** marry off (to); **~hez megy** get* married (to sy), marry (sy)
férjes married (woman)
férkőz|ik *(vhova/vmbe)* gain/find* access (to)
férőhely space, room
fertő slough (of crime)
fertőtlenít disinfect
fertőtlenítés disinfection, *(műszeré)* sterilization
fertőtlenítőszer disinfectant, antiseptic
fertőz be* contagious/infectious
fertőzés infection
fertőző infectious, contagious
feslett 1. *(életmód)* lewd 2. *(ruha)* threadbare
fesl|ik 1. *(ruha)* come* unstitched 2. *(bimbó)* burst*
fess smart, chic
fest 1. paint, *(hajat/kelmét)* dye, *(arcot)* paint, make* up, *(kifest)* colour; **derűs színekkel ~** paint in bright colours 2. **így ~ a dolog** this is* how things are
festék paint, colour, *(kelméé/hajé)* dye, *(arcnak)* paint, rouge
festékpárna ink(ing)-pad

festés 1. *(folyamat)* painting, colouring, *(hajé, kelméé)* dyeing 2. *(réteg)* (coat of) paint
festészet (art of) painting
festetlen unpainted, *(textil)* undyed
festmény painting, picture
festő 1. painter 2. *(mázoló)* house-painter
festőállvány easel
festői *(látvány stb.)* picturesque
festőművész painter(-artist)
fésű comb
fésül comb
fésülköd|ik do* one's hair, comb oneself
fésűsfonó combing-works, worsted mill
feszeget 1. *(zárat)* try to open by force 2. *(kérdést)* harp on sg
fészek nest; **fészket rak** build* a nest
feszélyez embarrass
feszeng fidget, be* restless
fészer shed, lean-to
feszes 1. *(ruha)* tight 2. *(tartás)* upright
feszít 1. stretch, tighten, *(izmot)* flex (muscle) 2. *(hencegve)* show* off
fészkelőd|ik fidget, be* restless
fesztáv span
fesztelen free and easy, unaffected
feszül tighten, stretch, *(ruha)* fit tightly
feszület crucifix
feszült: ~ **figyelem** close attention; ~ **helyzet** tense situation; ~ **viszony** strained relations *(tbsz)*
feszültség 1. *(feszült viszony)* strained relations *(tbsz)*, *(polit)* tension 2. *(lelki)* (mental) tension 3. *(műszaki)* strain, *(áramé)* voltage
fetreng roll about
feudális feudal
feudálkapitalista feudal-capitalist
f. év = *folyó év* this/current year
f. hó = **folyó hó** current/this month, inst.
fiatal young, youthful; ~ **koromban** in my youth, when I was a young (wo)man
fiatalember young man *(tbsz* men), youth
fiatalkorú youthful, juvenile
fiatalos youthful, juvenile, *(külsőleg)* young-looking
fiatalság *(életkor)* youth, *(állapot)* youthfulness, *(fiatalok)* young people
ficam *(boka/csukló)* sprain, *(másutt)* wrick, rick
ficánkol frisk about, caper, *(ló)* prance
fickó fellow, chap, lad
figura figure
figyel 1. *(vmt/vkt)* watch, keep* (close) watch (on sy) 2. *(vmre)* pay* attention (to), heed 3. *(tanuló)* listen attentively
figyelem 1. *(érdeklődés)* attention, interest; ~**mel kísér** follow with attention; ~**re méltó** remarkable; **vk figyelmét felhívja vmre** call/draw* sy's attention to sg; **elkerülte a figyelmemet** it escaped my attention 2. *(tekintet vmre)* consideration, regard, respect; ~**be vesz** take sg into consideration/account; **figyelmen kívül hagy** leave* sg out of consideration 3. *(figyelmesség vk iránt)* thoughtfulness, consideration, courtesy
figyelmes 1. *(aki figyel)* attentive 2. *(előzékeny)* thougthful, considerate
figyelmetlen *(nem figyelő)* inattentive, careless

figyelmeztet 1. *(tárgyra)* call attention (of sy to sg) **2.** *(eszébe juttat)* remind (sy of sg)
figyelmeztetés *(intő)* warning, *(emlékeztető)* reminder
filharmonikus phillharmonic
fillér fillér; **nincs egy ~em se** I have* not a penny
film *(nyersanyag)* film, *(előadott)* (motion) picture, film; **~re visz** screen, film
filmbemutató film première
filmez film, *(szinész)* act in a film/picture
filmfelvétel shooting of a film
filmfelvevő gép camera
filmgyár film studio
filmgyártás motion picture industry
filmhíradó newsreel
filmoperatőr cameraman *(tbsz* cameramen)
filmrendező director, producer
filmszínész screen actor
filmszínház motion picture theatre, cinema
filmsztár star of the screen
filmtekercs roll film
filmváltozat screen version
filmvászon screen
filmvetítő (gép) film projector
filológia philology
filológus philologist
filozofál philosophize
filozófia philosophy
filozófus philosopher
finánc exciseman *(tbsz* excisemen)
finanszíroz finance, *(támogat)* subsidize, sponsor
finn I. *mn,* Finnish **II.** *fn, (ember)* Finn, Finlander
Finnország Finland
finnugor Finno-Ugrian, Finno-Ugric
finom fine, *(íz)* delicious
finomít make* better, *(alkoholt)* re-distil
finommechanika precision-mechanics
finomság fineness, *(nemesfémé)* standard
fintor grimace
fintorgat pull faces
finnyás fastidious, dainty
fiók 1. *(bútoré)* drawer **2.** *(cégé)* branch (establishment)
fióka young (of birds)
fiola vial, phial
firkál scribble, scrawl
firtat be* inquisitive about sg; **ezt most ne firtassuk** let's* leave it at that
fitogtat make* a show (of sg), display
fitos orr snub nose
fitymál turn up one's nose (at sg), disparage (sg)
fittyet hány *(vknek/vmnek)* snap one's fingers at (sy/sg)
fiú 1. (young) boy, lad **2.** *(vk fia)* (sy's) son
fiús boyish
fivér brother
fixíroz *(vkt)* stare/glare at sy
fizet pay*, *(adósságot)* discharge, *(számlát)* settle; **(pincér) ~ek!** bill please!; **mennyit ~ek?** what have* I to pay?; **ezért ~sz!** you shall pay*/smart for it!
fizetés 1. *(cselekmény)* payment **2.** *(vknek adott)* pay, *(illetmény)* salary, *(bér)* wage
fizetéscsökkentés wage-cut
fizetésemelés rise of salary, wage-increase
fizetéses paid, salaried; **~ szabadság** holiday with pay
fizetési: ~ eszköz means of payment; **~ feltételek** terms of payment; **~ kötelezettség** liability (to pay); **~ nap** *(béré)* pay-day; **~ pótlék** extra allowance
fizetésképtelen insolvent
fizetéstelen unpaid
fizetőpincér headwaiter

fizika physics
fizikai physical; ~ **dolgozó** manual worker
fizikus physicist
flanell flannel
flastrom plaster, patch
flegmatikus phlegmatic
flekken *(kb)* barbecue
flóta flute
flotta fleet, naval force
flört flirtation
fodor 1. *(ruhán)* frill **2.** *(vízen)* ripple
fodrász hairdresser
fodros frilled, ruffled
fog[1] *ige,* **1.** hold*, *(megragad)* seize, take* hold of, grasp; **kézen ~ vkt** take* sy by the hand; **fegyvert ~** take* up arms **2.** *(állatot)* catch*, *(tőrrel)* (en)trap, (en)snare; **tüzet ~** catch* fire **3.** *(rádión)* get*, pick up **4. rövidre ~ta** he made* it short **5. vkre ~ vmt** impute/attribute sg to sy **6. szaván ~ vkt** take* sy at his word **7.** *(vmhez)* begin* to do sg, set* about/to sg **8.** *(toll)* write*, *(szín/festék)* stain, dye **9.** *(vkn vm)* have* an effect/influence (on sy)
fog[2] *(segédige)* shall, **(2.** *és* **3.** *személyben)* will; **menni ~ok** I shall go; **menni fogsz** you will go, *(parancsként)* you shall go
fog[3] *fn,* tooth *(tbsz* teeth); **fáj a ~a** have* toothache; **~ához veri a garast** coutn ?very penny; **~at ~ért** tooth ior tooth; **~at húzat** have* a tooth out/drawn; **otthagyta a ~át** he bit* the dust
fogad 1. *(vkt)* receive, *(kihallgatáson)* grant an interview (to sy) **2. fiává ~** adopt (sy as son); **alkalmazottat ~** engage, hire, employ **3.** *(elfogad)* accept, receive; **vk köszöntését ~ja** return sy's greeting; **~ja hálás köszönetemet** accept my best thanks **4.** *(szentül ígér vmt)* vow, pledge one's word **5. szót ~ vknek** obey sy **6.** *(vkvel vmben)* bet*, wager (sy sg) **7.** *(orvosi táblán)* **~ 3–5-ig** Consulting Hours **3–5** p.m.
fogadalom pledge, oath
fogadás 1. *(vkt)* reception **2.** *(pénzben)* wager, bet; **~t köt** make*/lay* a bet
fogadkoz|ik promise, vow
fogadó *fn,* **1.** *(vendéglő)* inn, hostel **2.** *(teniszben)* striker
fogadóóra consulting hours
fogadószoba parlour, drawing/sitting room
fogadott *(gyermek)* adopted, foster-
fogadtatás welcome, reception
fogalmaz draw* up, draft, compose
fogalmazás draft, *(iskolai)* composition
fogalmazvány draft
fogalom idea, notion; **fogalmam sincs róla** I have* no idea (of it)
foganat: nincs ~ja have* no effect/result
foganatosít carry into effect, carry out, execute
fogantyú handle
fogas[1] **I.** *mn,* **~ kérdés** thorny/difficult question **II.** *fn, (ruhának)* clothes-rack
fogas[2] *fn, (hal)* pikeperch
fogás 1. *(kézzel)* grip, grasp; **jó ~t csinál** make* a good catch **2.** *(ügyes)* trick, knack, *(mesterségbeli)* technique **3.** *(étel)* course, dish
fogaskerék cog-wheel
fogaskerekű vasút cog-wheel railway
fogász dentist
fogászat dentistry, dental surgery

fogászati dental; **~ rendelő** dental surgery
fogat *(hintó)* carriage
fogatlan toothless
fogazat 1. *(szájban)* teeth *(tbsz)* 2. *(eszközön stb.)* dentation 3. *(bélyegen)* perforation
fogékony susceptible (to sg)
fogfájás toothache
foggyökér root of tooth
fogható *(vmhez)* comparable (to sg) *(ut)*; **nincs hozzá ~** it is* matchless/unequalled
fogház prison, gaol, jail
foghegyről beszél vkvel talk to sy in an offhand manner
foghíjas gap-toothed
foghús gums *(tbsz)*
foghúzás extraction of tooth
fogideg dental nerve
fogkefe tooth-brush
fogkő tartar, scale
fogkrém tooth-paste, dentifrice
foglal 1. *(birtokba vesz)* seize, occupy; **helyet ~** take* place 2. *(végrehajtó)* distrain (upon) 3. **írásba ~** put* in writing 4. **magába(n) ~** contain, include, *(csak átv)* imply
foglalat *(műszaki)* socket, holder, *(drágaköé)* setting
foglalkozás occupation, business, employment, *(szakma)* trade, *(szellemi pályán)* profession; **~ára nézve** by trade/profession; **~t űz** pursue an occupation; **~ nélküli** unemployed
foglalkozási ág (line of) occupation
foglalkozásszerűen by occupation
foglalkoz|ik be* employed/engaged, *(kérdéssel)* deal* (with); **mivel ~ik?** what is* his business/profession/trade?
foglalkoztat give* employment (to); **20 embert ~** employ twenty hands/people
foglaló deposit, down payment
foglalt occupied, engaged; **a vonal ~** number engaged, *(US)* line busy
foglaltat|ik *(benne)* be* comprised/included (in sg)
fogó 1. *(szerszám)* pliers *(tbsz)*, pincers *(tbsz)* 2. *(fogantyú)* handle, holder
fogócska game of tag/tig
fogódzkod|ik *(vkbe/vmbe)* cling* (on) to
fogoly[1] I. *mn*, captive II. *fn*, *(hadi)* prisoner (of war), captive
fogoly[2] *(madár)* partridge
fogolytábor prisoner-of-war camp
fogorvos dentist, dental surgeon
fogpiszkáló toothpick
fogpor tooth-powder
fogság *(hadi)* captivity, *(rabság)* imprisonment; **~ba ejt** take* prisoner
fogsor row/set of teeth, *(hamis)* denture, (dental) plate
fogtömés *(művelet)* stopping (of) a tooth, *(plomba)* filling
fogva 1. *(időben)* from, since; **keddtől ~** from Tuesday onwards, as from Tuesday; **mától ~** from now on 2. *(vm oknál)* in consequence of, as a result of 3. **~ tart** keep* in prison
fogz|ik teethe, cut* one's teeth
fogy 1. lessen, grow* less, decrease, *(áru)* sell*, be* sold, *(pénz)* be* running out 2. *(súlyban ember)* lose* weight; **hat kilót ~ott** he has* lost twelve pounds 3. *(hold)* wane
fogyaszt 1. *(ételt)* consume 2. *(soványra)* reduce, slim
fogyasztás consumption
fogyasztási: **~adó** excise (duty); **~ cikkek** consumer(s') goods
fogyasztó *fn*, consumer, customer

fogyatékos deficient, scanty
fogyatékosság deficiency, shortcoming
fogyatkozás 1. *(testi)* defect **2.** *(égitestnél)* eclipse
fogyókúra slimming cure/diet
fogytán van be* coming to an end, *(pénz)* be* running out
fohászkod|ik pray
fojt choke, stifle, *(füst)* suffocate, *(vízbe)* drown; **magába ~ja érzelmeit** suppress one's feelings
fojtó *(füst)* suffocating (smoke), *(hőség)* sweltering (heat)
fojtogat try to strangle; **düh ~ja** choke with rage; **sírás ~ja** have* a lump in one's throat
fok 1. *(beosztásban)* degree, scale **2.** *(lépcsőé)* step, *(létráé)* rung, *(tűé)* eye **3.** *(hőé)* degree **4.** *(hegyé)* cape, promontory **5.** *(fejlődési)* stage; **~ról ~ra** by degrees, gradually; **egy bizonyos ~ig** to a certain degree/extent
fóka seal
fokbeosztás graduation
Fokföld Cape Colony
fokhagyma garlic
fokmérő 1. *(mértan)* protractor **2.** *(átv)* measure, standard
fokonként gradually, by degrees
fokoz 1. *(termelést)* increase *(amennyivel* by), *(termelékenységet)* speed* up (productivity) **2.** *(melléknevet)* compare (adjective)
fokozás 1. *(termelésé)* inrease, *(termelékenységé)* speeding up **2.** *(melléknévé)* comparison (of adjectives)
fokozat *(rangban)* degree, class, *(katonai)* rank, *(fizetési)* scale, class
fokozatos gradual, successive
fokozódás increase, rise
fokozód|ik increase, grow*
fokozott increased; **~ mértékben** to a greater extent
fókusz focus *(tbsz* foci)
Fokváros Cape Town
folt 1. *(pecsété)* stain, spot, *(tintáé)* blot(ch); **~ot ejt** stain sg; **~ot kivesz vmből** remove stains from sg **2.** *(felvarrt)* patch **3.** *(jellemen)* stain, blemish
foltos stained, spotted, *(foltozott)* patched
foltoz *(ruhát)* patch, *(fehérneműt)* mend
folttisztítás stain removal
folyadék fluid
folyam 1. river, stream **2.** **vmnek ~án** in the course of, during, while (doing sg)
folyamat process, course (of proceedings); **~ban van** be* in progress
folyamatos continuous, unbroken; **~ jelen idő** present continuous tense
folyamhajózás river navigation
folyami river
folyamod|ik 1. *(vmért)* apply (for sg), request (sg) **2.** *(vmhez)* resort (to), adopt (measures)
folyamodvány application, request
folyás flow, course, run, *(váladék)* discharge; **szabad ~t enged vmnek** give* free rein to sg
folyékony 1. fluid, liquid **2.** *(beszéd)* fluent; **~an beszél angolul** speak* fluent English
foly|ik 1. *(folyadék)* flow, run* **2.** *(tart)* go* on, be* in progress; **a tárgyalások ~nak** the negotiations continue **3.** **ebből ~ik** *(átv)* it follows from this
folyó I. *fn,* river, stream; **~n felfelé** upstream; **~n lefelé** downstream **II.** *mn,* **~ hó** current/this month; **~ ügyek**

ordinary business; **~ víz** *(csapról)* running water
folyóírás longhand
folyóirat periodical
folyomány result, consequence
folyondár creeping/twining plant
folyópart (river-)bank
folyósít make* payable
folyosó corridor, passage
folyószám (running) number
folyószámla banking/current account, *(US)* bank account; **folyószámlát nyit** open an account
folyótorkolat mouth (of a river)
folyt. köv. = *folytatása következik* to be continued
folytán *(vmnek)* in consequence of sg, owing/due to sg
folytat 1. continue*, go* on/ahead (with); **~ja útját** walk on, proceed on one's way 2. *(vmlyen életet)* lead* (a life), *(mesterséget)* follow, pursue, *(tárgyalásokat)* enter into (negotiations)
folytatás continuation; **~a következik** to be continued
folytatásos *(regény)* serial (novel)
folytatód|ik continue, proceed
folytatólagos continuous
folyton continually, always
folytonos continuous, continual
fon *(fonalat)* spin* (yarn), *(kosarat)* weave* (basket), *(kötelet)* twist (rope)
fonák I. *mn*, absurd, anomalous **II.** *fn*, **1. a szövet ~ja** wrong/back side of cloth **2.** *(teniszben)* back-hand stroke
fonal yarn, thread, *(átv)* thread; **vörös ~ként húzódik végig vm vmn** sg runs* right through sg
foncsor amalgam, silvering
fondorlat machination, intrigue
fonetika phonetics
fonetikus *mn*, phonetic
fonoda spinning mill, spinnery
fonód|ik *(vm köré)* twine round, entwine (sg)
font pound
fontolóra vesz ponder, consider
fontos important, significant; **nem ~** unimportant, of no importance *(ut)*; **a leg~abb az hogy** the main thing is* that
fontoskod|ik (make*) fuss
fontosság importance, significance; **~ot tulajdonít vmnek** attach importance to sg, set* great store by sg; **~gal bír** be* of importance
fonnyad wither, fade, droop
fordít 1. turn (round), *(lapot)* turn over (page); **~s!** *(lap alján)* please turn over **2.** *(más nyelvre)* translate *(into)* **3. gondot ~ vmre** bestow care on sg; **vmre ~ja pénzét** spend* money on sg
fordítás *(nyelvi)* translation
fordító *fn*, *(nyelvi)* translator
fordított 1. *(sorrendi)* reversed; **~ arányban** *(vmvel)* in inverse ratio (to) **2.** *(nyelvből)* translated (from)
fordítva inversely
fordul 1. turn (round), revolve **2. jóra ~** take* a favourable/happy turn; **másként ~t a dolog** things took* a different turn; **~t a kocka** the tables are* turned; **ha úgy ~na a dolog** should it happen (that) **3.** *(vkhez)* turn (to sy) **4.** *(vmn, átv)* depend (on/upon sg) **5. vk ellen ~** turn/rise* against sy
fordulat 1. *(keréké)* revolution, rotation **2.** *(átv)* (sudden) change, turn (in fortunes); **~ áll be** the tide turns; **a ~ éve** decisive year

fordulatszám revolution per minute
forduló *fn*, **1.** turn, turning **2.** *(sport)* season, series of games
fordulópont turning-point
forgács shavings *(tbsz)*, turnings *(tbsz)*
forgácsol *(fémet)* cut* (metal)
forgalmas busy
forgalmaz 1. *(forgalomba hoz)* put* into circulation **2.** *(eredményez)* bring* in, take*
forgalmi 1. ~ akadály traffic block **2. ~ adó** turnover tax; **~ érték** market value
forgalom 1. *(utcai)* traffic **2.** *(üzleti)* turnover, trade; **~ba hoz** put* into circulation; **~ban van** run*, be* in circulation; **~ból kivon** withdraw* (from circulation)
forgás *(keréké)* turn, *(tengely körül)* rotation, *(tengelyé)* revolution, *(égitesté)* movement, *(pénzé)* circulation
forgástengely axis *(tbsz axes)* of rotation
forgat 1. turn (round), revolve, rotate **2.** *(filmet)* shoot* **3.** *(kardot)* brandish, *(könyvet)* read*, peruse **4. vmt ~ a fejében** turn over sg in one's mind
forgatag whirl, drift
forgatókar crank, crank-shaft
forgatókönyv scenario, script
forgatónyomaték torque
forgó I. 1. *(csontok között)* joint **2.** *(tolldísz)* tuft **3.** *(vízben)* eddy **II.** *mn*, turning, revolving
forgóajtó revolving door
forgolód|ik 1. *(sürögve)* bustle about, *(vm körökben)* move about (in) **2.** *(ágyban álmatlanul)* toss and turn
forgószél whirlwind, hurricane
forgószínpad revolving stage
forgótőke working capital
forint *(magyar)* forint, *(angol)* florin, *(holland)* guilder
forma 1. form, shape; **a ~ kedvéért** for form's sake; **jó formában van** *(sport)* be* in good form **2.** *(minta)* mould
formai formal
formál form, mould, frame
formális formal
formalista I. *mn*, formalistic **II.** *fn*, formalist
formás well-shaped
formaság formality; **~okat mellőz** dispense with formalities
formátlan shapeles, deformed
formula formula
forog 1. turn, revolve **2.** *(pénz/könyv/hír)* circulate **3.** *(társaságban)* move about **4. veszélyben ~** be* in danger; **kockán ~** be* at stake
forr boil, *(bor)* ferment; **~ benne a méreg** boil with anger
forradalmár revolutionist
forradalmasít revolutionize
forradalmi revolutionary
forradalom revolution, *(kisebb)* rising, revolt
forradás 1. *(seb)* scar **2.** *(forrasztott fémen)* seam
forral 1. boil, *(tejet)* scald **2.** *(gonoszságot)* plot (mischief)
forrás 1. *(víz)* spring, source **2.** *(eredet)* source, origin
forrásmunka source, authority
forrásvíz spring water
forraszt 1. *(fémet)* solder **2. torkára ~ja a szót** shut* sy up
forrasztópáka soldering iron
forráz pour boiling water on sg, *(teát)* infuse
forró (very) hot, *(égöv)* torrid (zone), *(átv)* ardent, fervent, *(szerelem)* passionate
forrong be* in ferment/revolt
forrongás agitation, turbulence

forróság *(hőség)* heat
forrpont boiling point/temperature
fortély trick
fortélyos smart, tricky
fórum *(hatóság)* authority
foszforeszkál phosphoresce
foszlány 1. shred, rag **2.** *(átv)* scraps *(tbsz)*
foszl|ik fray, *(ruha)* get* threadbare
foszt *(kukoricát)* strip (maize), *(tollat)* pick, pluck (feather)
fosztogat loot, pillage, plunder
fotel armchair, easy-chair
fotelágy chair-bed
fotokópia photoprint
fotoriporter camera-man *(tbsz* camera-men)
fő[1] *ige*, boil, cook, *(tea)* brew; **~ a fejem** my head is* full (with sg)
fő[2] *fn*, head; **~be lő** put* a bullet through sy's head; **három ~ből álló bizottság** a committee of three; **egy ~re eső** per capita/head; **emelt ~vel** with head erect
fő[3] *mn*, **1.** *(lényeges)* important, principal, main; **legfőbb** most important **2.** *(összetételekben)* chief, principal, head
főbejárat main entrance, front door
főbenjáró *(bűn)* capital (crime)
főbérlő lessee, tenant
főbűnös the person most guilty, ringleader
főcím main title, *(újságban)* headline
födém ceiling, floor
föderáció federation
főétkezés principal meal
főfoglalkozás main occupation
főhadiszállás general headquarters *(tbsz)*
főhadnagy first lieutenant
főhatalom supremacy
főisk. = *főiskola(i)* college, academy, coll., acad.
főiskola (university) college academy
főiskolás student of an academy/college, undergraduate
főkapitányság police headquarters *(tbsz)*
főként mainly, chiefly
főkonzul consul-general
főkönyv chief account-book
főkönyvelő head book-keeper
főkötő bonnet, mob-cap
föl[1] *fn*, *(teje)* skim
föl[2] *hat*, up
föld 1. *(anyag)* earth, soil; **a ~ön** on the ground/earth; **~höz vág** dash to the ground, *(vkt)* knock sy down, floor sy; **~ig ér** reach to the ground **~et ér** touch land, land **2.** *(égitest)* the Earth, *(világ)* earth, world; **a ~ kerekségén** the world over; **még a ~ alól is** at any price **3.** *(birtok)* land, estate, property; **~höz juttat vkt** allot land to sy
földalatti underground; **~ mozgalom** underground movement; **~ villamos** the underground (railway), *(US)* the subway
földbérlet tenure of land
földbirtok landed property/estate
földbirtokos landowner, landed proprietor
földbirtokreform land/agrarian reform
földel *(áramot)* earth, ground
földelés earthing
földesúr landowner, landlord squire
földgáz natural gas
földgömb (the) globe
földi I. *mn* **1.** *(földön termő)* ground- **2.** *(evilági)* earthly, worldly **II.** *fn*, fellow-countryman *(tbsz* fellow-countrymen), fellow-townsman *(tbsz* fellow-townsmen)
földieper strawberry

földigiliszta earthworm
Földközi-tenger the Mediterranean (Sea)
földmérés (land) survey
földmunkás navvy
földművelés agriculture
Földművelésügyi Minisztérium Ministry of Agriculture
földműves tiller of the soil, *(munkás)* farm hand, *(szántóvető)* ploughman *(tbsz* ploughmen*)*
földművesszövetkezet farmers' co-operative
földosztás distribution of land
földönfutó *mn,* homeless
földöntúli *(mosoly)* unearthly (smile), *(boldogság)* heavenly (bliss)
földrajz geography
földreform land/agrarian reform
földrengés earthquake
földrész continent
földszint 1. *(házban)* ground--floor **2.** *(színházban, elöl)* stalls *(tbsz)*, *(hátrább)* pit
földszintes one-storied
földtan geology
földvezeték *(rádió)* earth(-line)
fölé over, above; **~be helyez vmt vmnek** *(átv)* prefer sg to sg; **~je kerekedik vmnek** get* the better of sg
főleg chiefly, mainly, mostly
fölény superiority, advantage; **~be kerül get*** the advantage over sy
fölényes 1. superior; **~ győzelem** easy win, walkover **2.** *(fennhéjázó)* supercilious
főlépcső front stairs *(tbsz)*
fölöttébb exceedingly, extremely
fölöz *(tejet)* skim (milk)
főmérnök chief engineer
főmondat main/head clause
főnemes aristocrat
főnév noun, substantive (noun)
főnök *(hivatali)* principal, head (of department), *(vasútállomásé)* station master, *(törzsé)* chief(tain)
főnyeremény first prize (in lottery), *(átv)* stroke of luck
főorvos *(kórházi)* head physician/surgeon, *(SZTK/megyei)* chief medical officer
főparancsnok commander-in--chief
főparancsnokság *(hely)* general headquarters *(tbsz)*; **Voroslov marsall ~a alatt** under the high command of Marshall Voroshilov
főpincér headwaiter
főpróba dress rehearsal
förtelmes loathsome, hideous
fösvény I. *mn,* avaricious, stingy **II.** *fn,* miser, niggard
főszerep leading part
főszereplő chief/leading character
főszerkesztő general editor, editor in chief
főtárgyalás trial, public hearing
főtitkár secretary-general
főutca High/Main Street
főútvonal main road, highway
fővádlott principal defendant
főváros capital, metropolis
föveny sand, quicksand
fővezér commander-in-chief
fővonal *(vasút/távíró)* main/trunk line, *(út)* main road
főz 1. *(ételt)* cook, prepare, *(pálinkát)* distil (brandy), *(kávét/teát/szappant)* make* **2.** *(vkt)* cajole (sy)
főzelék vegetable dish, *(főzelékfélék)* vegetables *(tbsz)*, greens *(tbsz)*
főzőedény pot, pan
főzőfülke kitchenette
főzőkanál stirring spoon, stirrer
főzőlap *(villany)* boiling/cooking plate, *(házi tűzhelyen)* cooktop
frakció fraction, clique
frakk evening dress, tail-coat
frakking dress shirt

francia I. *mn*, French **II.** *fn*, Frenchman *(tbsz* Frenchmen), Frenchwoman *(tbsz* Frenchwomen)
franciakulcs monkey-wrench
Franciaország France
frappáns striking
fráter 1. *(szerzetes)* brother *(tbsz* brethren) **2.** *(megvetőleg)* fellow
frázis phrase, catchphrase
freskó fresco
Frici Fred
Frigyes Frederick
friss *(hír)* recent, *(levegő/víz)* fresh; **~ csapolás** beer on draught
frissen *(elevenen)* briskly, *(újonnan)* freshly, newly; **~ mázolva** *(feliratként)* "wet paint"
frissítő *fn*, refreshment
frivol frivolous
frizura hair-do
frizsider refrigeratcr, fridge
front front (line); **~ot változtat** change tactics
frontátvonulás frontal passage
frontharcos *(tényleges)* front-line solider, *(volt)* veteran
frottírtörülköző bath/Turkish towel
fröccs wine-and-soda
fröcsköl splash
fsz. = *földszint* ground-floor
Ft. = *forint* forint
fúj blow*; **ébresztőt ~** sound (the) reveille; **tudja honnan ~ a szél** know* which way the wind is* blowing
fújtató bellows *(tbsz)*, wind-bag
fukar miserly, stingy
fukarkod|ik *(vmvel)* be* miserly/stingy (with sg)
fuldokl|ik 1. *(vízben)* be* drowing **2.** *(nem kap levegőt)* gasp (for breath)
fullad be* stifled, choke, *(vízbe)* drown
fullánk sting
funkció function, duty
funkcionális functional
funkcionárius official, functionary, *(US)* executive
fúr 1. bore, drill, *(kutat)* sink* (well) **2.** *(vkt)* backbite **3. vm ~ja az oldalát** sg vexes/puzzles him
furakod|ik push, intrude
furcsa *(körülmény)* curious, strange, odd, peculiar, *(figura)* funny, grotesque; **~ módon** oddly enough
furcsaság strangeness, oddity
furdal *(vkt lelkiismerete)* feel* remorse (at sg)
furfangos trickish, wily, *(kérdés* captious
fúria fury, *(házsártos nő)* termagant
furkósbot cudgel, club
furnír veneer, plywood
fúró *fn*, *(szerszám)* drill, bit
fúród|ik *(vmbe)* penetrate (sg), bury itself (in sg)
furulya flute, pipe
furunkulus furuncle, carbuncle
fut 1. run*, *(sportban rövid távon)* sprint, *(hosszútávon)* race; **~ni kezd** set* off running; **versenyt ~** run* a race **2.** *(menekül)* flee*, run* away/off *(amitől* from) **3. erre már nem ~ja** *(a pénzéből)* he cannot* afford it; **ha ~ja az időmből** if I have* enough time left
futam 1. *(énekben)* roulande, *(zene)* rapid scale passage **2** *(sport)* round, heat
futár 1. messenger, *(diplomáciai)* courier **2.** *(sakkban)* bishop
futás run, *(menekülő)* flight, *(sport)* race, foot-race; **~nak ered** take* to flight, run*
futball (association) football, soccer
futballista football player

futballmeccs football match/game
futballpálya football field/ground
futkos run*/rush about
futó I. *fn*, **1.** *(sport)* racer, runner **2.** *(sakkban)* bishop **II.** *mn*, **1.** *(szaladó)* running **2.** *(futólagos)* momentary, passing; **~ zápor** passing/sudden shower
futóhomok quickstand, sand-drift
futólag cursorily, casually
futólépés double quick pace, *(vezényszó)* double *(ut)*; **~ben** at the run, in double time
futónyövény creeper, twiner
futószalag production line, *(mint gyártásmód)* moving-band production; **~on készült** mass-produced
futószerkezet under-carriage
futószőnyeg runner (carpet)
futótűzként terjed spread*/grow* like wildfire
futóverseny foot race
futtat *(ezüsttel)* plate, silver, *(arannyal)* gild*
fuvar 1. *(szállítmány)* freight, cargo, load **2.** *(szállítóeszköz)* conveyance, transport
fuvardíj freight(age), carriage
fuvarlevél waybill
fuvaros (common) carrier
fuvaroz carry, convey
fuvarozási vállalat carrier
fuvola flute, flageolet
fúvós 1. ~ hangszer wind-instrument **2.** *(zenész)* winder, blower
fúvószenekar brass band
fű grass; **~be harap** bite* the dust; **~höz-fához kapkod** catch* at every straw; **~t-fát ígér** promise everything/wonders
füge fig; **fügét mutat vknek** snap fingers at sy

függ 1. *(lóg)* hang* (on) **2.** *(vmtől/vktől)* depend (on sg/sy); **attól ~** it depends
függelék appendix *(tbsz* appendices/appendixes)
függés *(átv)* subordination (to), dependence (upon)
független *(vmtől/vktől)* independent (of sg/sy)
függetlenít make* independent
függetlenség independence
függetlenségi harc war of independence
függő I. *mn*, **1.** *(lógó)* hanging, suspended **2.** *(vktől/vmtől)* dependent on/upon; **~ viszony** dependence; **vmt vmtől ~vé tesz** make* sg depend on sg **3. ~ beszéd** indirect/reported speech **II.** *fn*, *(ékszer)* pendant
függőágy hammock
függőben undecided; **~ hagy** leave* the matter open; **~ van** be* unsettled
függőhíd suspension bridge
függőleges perpendicular
függöny curtain; **a ~ legördül** the curtain falls*
függővasút suspension railway
függvény *(mennyiségtan)* function
fül ear, *(edényen)* handle, ear, loop, *(sapkán/zsebben)* flap; **se ~e se farka** it does* not make sense; **~ig pirul** blush to the roots of one's hair; **~ig szerelmes vkbe** be* head over heals in love with sy; **~ön fog vkt** take* sy by the ears; **~ét hegyezi** prick up one's ears
fülbemászó *mn*, catching, melodious
fülbevaló *fn*, ear-drop, ear-ring
fülcimpa ear-lobe, ear-flap
fülel be* all ears
fülemüle nightingale
fülesbagoly long-eared owl
fülész ear-specialist

fülészet otology
fülhallgató ear-phone
fülkagyló auricle, pinna
fülke *(hajón)* cabin, *(telefoné)* box, call-box, *(vasúti)* compartment
fülledt close, sultry
füllent (tell* a) fib
Fülöp Philip
Fülöp-szigetek the Philippine Islands
fülsértő *(túl hangos)* ear-splitting, *(diszharmonikus)* jarring
fülsiketítő deafening
fültanú ear-witness
fülzúgás buzzing in the ears
fürdés bath, *(szabadban)* bathe
fürdet bath sy, give* sy a bath
fürd|ik *(kádban)* take*/have* a bath, *(szabadban)* bathe
fürdő *fn*, **1.** *(kádban)* bath **2.** *(intézmény)* public baths *(tbsz)*, *(uszoda)* swimming-bath/pool
fürdőhely watering-place, spa, *(tengeri)* seaside resort
fürdőkád bath(tub), tub
fürdőköpeny bathing wrap, *(US)* bath-robe
fürdőnadrág trunks *(tbsz)*
fürdőruha bathing costume, swim-suit
fürdősapka bathing-cap
fürdőszoba bathroom
fürdővendég visitor at a spa
fürdővíz bath water; **fürdővizet ereszt** run* a bath
fűrész saw
fűrészel saw* (off/up)
fűrészmalom sawmill
fűrészpor sawdust
fűrésztelep sawmill, *(US)* lumber mill
fürge nimble, agile, brisk
fürj quail
fürkész search (for)
fürt 1. *(szőlő)* bunch (of grapes) **2.** *(haj)* lock (of hair)
fürtös *(haj)* curly, tressy
füst smoke; **egy ~ alatt** at the same time; **~be megy** come* to nothing
füstöl smoke
füstölög *(kémény)* smoke
füstölt *(hús)* smoked, smoke-cured (meat)
fűszál blade of grass
fűszer spice, condiment
fűszeres I. *mn*, *(aromás)* spicy, *(étel)* (highly) spiced **II.** *fn*, *(kereskedő)* grocer, *(mint üzlet)* grocer's (shop), *(US)* grocery
fűszerez season, flavour, *(átv is)* spice
fűszerüzlet grocer's (shop), *(US)* grocery
fűt heat, *(kazánt)* stoke (up)
fűtés heating, *(kazáné)* stoking
fűtetlen unheated
fűtő *fn*, stoker, fireman *(tbsz* firemen)
fűtőanyag fuel
fűtőház *(vasúti)* engine-house
fűtőtest radiator, heater
fütty whistle, whistling
fütyül whistle, *(madár)* pipe, sing*; **~ök rá!** I couldn't care less!
füves grassy
fűz[1] *ige*, **1.** *(könyvet)* stitch (book) **2.** *(tűbe)* thread (needle) **3.** *(vmhez vmt)* attach, bind* (sg to sg), *(vmhez megjegyzést)* remark (on sg)
fűz[2] *fn*, willow
füzér *(gyöngy)* string, *(virág)* garland
füzet 1. *(irka)* exercise-book, copy-book **2.** *(nyomtatott)* pamphlet, brochure
fűzfa willow(-wood)
fűző *fn*, *(női)* **1.** *(csípőszorító)* girdle, *(egész)* foundation, *(orvosi)* corset **2.** *(cipőbe)* (shoe) lace(s)
fűződ|ik *(vmhez)* be* connected (with sg), attach (to sg)

fűzős cipő laced/tie boots *(tbsz)*
fűzött könyv paper-back

G

gabona corn, grain (crop)
gabonafélék cereals, grain crops
gabonaföld corn field/land
gabonatermés grain crops *(tbsz)*
gabonatermő corn-producing
Gábor Gabriel
Gabriella Gabriella
gágog cackle, gaggle
gagyog prattle, babble
galád mean, base, vile, low
galagonya hawthorn, may
galamb pigeon, *(vad)* dove, turtle-dove; **~om** darling, duckie
galamdúc dove-cot, pigeon--house
galandféreg tape-worm
gáláns 1. *(világ)* elegant **2.** *(kaland)* amorous
galéria gallery
galiba mix-up, trouble
gálic vitriol
gall Gallic; a **~(us)ok** the Gauls
gallér 1. collar **2.** *(köpeny)* cape
galóca agaric
galopp gallop
galoppoz|ik gallop
galuska noodles *(tbsz)*, gnocchy *(tbsz)*
gálya galley
gályarab galley-slave
gally twig, sprig, *(nagyobb)* bough
gáncs 1. ~ot vet vknek trip sy up, *(átv)* put*/throw* obstacles in sy's way **2.** *(átv)* blame, censure
gáncsol *(átv)* blame, censure
ganéj dung
garancia guarantee
garantál guarantee, warrant
garas groat, farthing; **nincs egy ~a sem** he hasn't* got a penny; **nem ér egy ~t** it is* not worth a straw
garat 1. *(malomban)* hopper **2.** *(torokban)* gullet; **felöntött a ~ra** he had* a glass too many
garatmandula pharyngeal tonsil
garázdálkod|ik ravage, play havoc with sg
garázs garage
garázsmester garage foreman *(tbsz* foremen)
gárda *(katonai)* guards *(tbsz)* *(testőri)* bodyguard
gargarizál gargle (one's throat)
garnitúra set
garzonlakás bachelor's flat/apartment
gát 1. *(folyómenti)* dam, dike, embankment, *(duzzasztó)* weir, barrage, *(sportban)* hurdle; **~at emel** erect a dam; **legény a ~on** a man of mettle **2.** *(akadály)* impediment, obstacle; **~at vet vmnek** put* a stop to sg, check sg
gátfutás hurdle race
gátlás *(lelki)* inhibition
gátlástalan uninhibited
gátol hinder, impede, throw* an obstacle in sy's way
gatya drawers *(tbsz)*, pair of pants
gavallér cavalier, gentleman *(tbsz* gentlemen)
gaz I. *mn*, villainous, wicked **II.** *fn*, *(gyom)* weed, rank grass
gáz gas; **harci ~** poison gas
gázálarc gas-mask, gas-helmet
gázcsap gas-tap, gas-cock
gázcső gas-pipe
gazda 1. *(földes)* farmer **2.** *(tárgyé/üzemé)* owner, *(főnök)* chief, boss; **gazdát cserél** change hands
gazdag 1. *(ember)* rich, wealthy **2.** *(vmben)* ample, abundant

gazdagít enrich
gazdagság **1.** *(vagyon)* riches *(tbsz)* **2.** *(bőség)* richness, abundance
gazdálkodás **1.** *(földön)* farming, agriculture **2.** *(háztartási)* housekeeping **3.** *(rendszer)* economy, *(üzemi)* management
gazdálkod|ik **1.** *(földön)* farm, till the soil **2.** *(házvezető)* keep* house **3.** *(átv)* manage sg, *(takarékosan)* save; **rosszul ~ik** mismanage sg
gazdálkodó *fn*, farmer, smallholder
gazdaság farm, *(nagyobb)* estate; **állami ~** state farm
gazdasági *(mezőgazdasági)* agricultural, farming, *(közgazdasági)* economic; **~ akadémia** agricultural college; **~ élet** economic life; **~ eszköz** farming implement; **~ földrajz** economic geography; **~ helyzet** economic situation; **~ hivatal** finance office; **~ rendszer** economic system, economy; **~ válság** economic crisis *(tbsz* crises)
gazdaságos economical, thrifty; **nem ~** *(eljárás)* uneconomical
gazdaságtan economics; **politikai ~** political economy
gazdász **1.** *(főiskolás)* student of an agricultural college **2.** *(végzett)* agronomist
gazdasszony housekeeper, housewife *(tbsz* housewives)
gazdátlan *(tulajdon)* unclaimed, *(állat)* stray
gazember blackguard, scoundrel, rascal
gázfejlesztő gas generator
gázgyár gas-works
gázháború gas warfare
gázkályha gas-stove, *(fürdőszobai)* geyser
gázlámpa gas lamp
gázláng gas flame
gázleolvasó gas meter man *(tbsz* men)
gázló *fn*, ford, shallows *(tbsz)*
gázmérgezés asphyxiation, gassing
gázmérő gas meter
gázművek gas-works
gáznemű gaseous, gasiform
gázol **1.** *(autó)* run* over/down, *(halálra)* crush to death **2.** *(vízben)* wade **3.** **vk becsületébe ~** defame/injure sy's character
gázolás running over, street accident
gázóra gas meter
gazos weedy
gázosít gasify, *(motornál)* carburet
gázpedál accelerator (pedal)
gázresó gas-ring, gas-cooker
gazság villainy, perfidy
gázszámla gas bill
gáztámadás gas attack
gaztett base/outrageous deed
gáztűzhely gas-range/oven
gebe nag, hack, jade
gége throat, larynx *(tbsz* larynges, larynxes)
gégész laryngologist
gégészet laryngology
gém **1.** *(madár)* heron **2.** *(kúté)* sweep
gémberedett numb
gémkapocs paper-clip
generáció generation
generális general
generáljavítás general overhaul
generátor generator, dynamo
Genf Geneva
géniusz genius *(tbsz* geniuses, genii), spirit
genny pus, matter
gennyed suppurate, gather pus
gennyes purulent
geodézia geodesy, surveying
geofizika geophysics
geológia geology
geológus geologist

geometria geometry; **ábrázoló ~** descriptive geometry
gép machine, *(készülék)* apparatus, instrument
gépalkatrész machine/engine parts *(tbsz)*
gépállomás *(mezőgazdasági)* tractor-station
gépel 1. *(írógépen)* type-(write*) **2.** *(varrógépen)* machine
gépesít mechanize, *(katonaság/mezőgazdaság)* motorize
gépesítés mechanization, motorization
gépész engineer, mechanician, machinist, *(mozdonyvezető)* engine-driver
gépészet (mechanical) engineering
gépészmérnök mechanical engineer
gépezet *(átv is)* machinery
gépgyár engine/machine factory
gépgyártás machine production
gépház engine-house, *(gépszín)* engine-shed
géphiba defect, breakdown
gépies mechanical, automatic
gépipar machine industry
gépírás 1. *(cselekedet)* typewriting **2.** *(szöveg)* typescript
gépíró(nő) typist
gépjármű motor vehicle
gépjárművezető driver; **~i vizsga** driving test
gépkocsi motor (car), motor vehicle, *(US)* automobile
gépkocsivezető driver, *(hivatásos)* chauffeur
gépkocsivezetői igazolvány driving licence
géplakatos engine fitter
gépolaj machine/lubricating oil
géppark machine stock
géppisztoly machine pistol, submachine gun
géppuska machine-gun
géprész engine part
gépselyem machine-twist
gépszíj driving belt
géptan mechanics
gépzsír lubricant
gereben flax-comb, *(gyapjúnak)* card
gereblye rake
gereblyéz rake
gerely 1. *(fegyver)* spear **2.** *(sportban)* javelin
gerelyvetés *(sportban)* javelin throw
gerenda beam, *(tetőé)* rafter, *(támasztó)* joist
gerezd *(gyümölcs/dinnye)* slice, *(szőlő)* bunch, *(fokhagyma)* clove
Gergely Gregory
gerinc 1. *(emberi)* spine, backbone **2.** *(hegyé)* ridge
gerinces 1. *(lény)* vertebrate *(tbsz* vertebrata) **2.** *(jellemes)* of strong character *(ut)*
gerincoszlop spinal/vertebral column
gerinctelen 1. *(állat)* invertebrate **2.** *(ember)* weak, pliant
gerincvelő spinal marrow/cord
gerjed 1. *(tűz)* take* **2. haragra ~** fly* into a temper, become*/get* angry (with sy)
gerjeszt 1. *(tüzet)* kindle, *(hőt)* heat **2.** *(haragra)* anger sy **3.** *(áramot)* generate **4.** *(étvágyat)* rouse (sy's appetite)
gerlice turtle-dove
germán I. *mn*, Germanic **II.** *fn*, German *(tbsz* Germans)
gersli pearl barley
gesztenye chestnut
gesztikulál gesticulate, gesture
gesztus gesture, motion
gettó ghetto
géz 1. antiseptic gauze **2.** *(tépés)* lint
gézengúz scamp, rascal, rouge
giccs trash, tripe
gida *(kecske)* kid, *(őz)* fawu

giliszta worm
gimn. = *gimnázium* secondary/grammar school
gimnazista grammar-school student, *(US)* high-school student
gimnázium grammar-school, secondary school, *(US)* high school
gipsz *(természetes)* gypsum, *(égetett)* plaster of Paris; **~be tesz** put* in plaster
gipszkötés plaster cast
gírhes *(ember)* seedy, skinny, *(ló)* lean, raw-boned
gitár guitar
gitároz|ik play the guitar
gitt (glazier's) putty
Gizella Gisela
gleccser glacier, ice-flow
globális total, inclusive
glória *(fény)* halo, aureole
gnóm gnome, troll
góc *(gyújtópont)* focus *(tbsz* foci, focuses), *(idegeké)* plexus, *(betegségé)* centre
gócpont 1. focus *(tbsz* foci, focuses), focal point **2.** *(forgalmi)* junction; **kereskedelmi ~** trade centre
gól goal; **~t lő** score a goal; **egy ~lal vezet** be* one goal up
Golf-áram the Gulf Stream
golfoz|ik play golf
golfpálya golf course
golfütő golf club
gólya 1. stork **2.** *(egyetemista)* freshman *(tbsz* freshmen)
gólyahír marsh marigold
golyó 1. ball, globe, *(játék)* marble **2.** *(puskába)* bullet, *(ágyúba)* ball, cannon-ball
golyóscsapágy ball-bearing
golyóstoll ball(-point) pen
golyóstoll-betét refill
golyószóró machine-gun
golyva goitre, goiter, struma *(tbsz* strumae)
gomb button, *(ajtón/fiókon/sétapálcán)* knob
gomba *(ehető)* mushroom, *(mérges)* toadstool
gomblyuk buttonhole
gombóc dumpling, *(húsból/burgonyából)* ball
gombol button (up)
gombolyag ball, *(motring)* skein, reel
gombolyít ball, wind* up, reel
gombostű pin
gomolyag *(füst)* wreathe, *(felhő)* swirl, whirl
gond 1. *(aggódás/bánat)* care, worry, anxiety; **sok ~ot okoz vknek** give*/cause sy much trouble **2.** *(törődés)* care (for sg), concern, attention; **vk ~jaira bíz** entrust to sy; **~om lesz rá** I shall see to it; **egyetlen ~om az volt hogy** my only concern was* to; **~ját viseli vmnek** take* care of sg
gondatlan careless, negligent
gondnok warden, *(kiskorúé)* guardian, *(gazdasági)* steward, overseer
gondnokság 1. guardianship, *(mint állás)* office of guardian; **~ alá helyez** place in charge of a guardian **2.** *(intézményé)* board of trustees **3.** *(gondnoki hivatal)* warden's office
gondol 1. *(vmt)* think*, consider, believe; **ezt komolyan ~od?** you don't* (really) mean that?; **mást ~** change one's mind; **úgy ~om (hogy)** I think*/believe **2.** *(vmt vmlyennek vél)* think*, imagine, judge, find*; **angolnak ~ták** he was* taken for an Englishman **3.** *(vmre/vkre)* think* (of/about), reflect (on); **az akire én ~ok** the person I have* in mind; **hova ~sz!** how can you think (of such a thing)! **4.** *(vmvel/vkvel*

törődve) think* (about), care (for/about), mind
gondola gondola
gondolat thought, idea; **az a ~om támadt** it occurred to me; **~ban** mentally, in one's mind; **~okba elmerülve** lost/sunk in thought, absorbed, pensive(ly)
gondolatjel dash
gondolatkör sphere of thought
gondolatmenet sequence/order of ideas
gondolattársítás association of ideas
gondolatvilág world of thought, *(vké)* intellectual world
gondolkodás 1. *(művelet)* thinking 2. *(gondolkodásmód)* way of thinking
gondolkod|ik *(vmről)* think* (about/of), *(fontolgatva)* ponder (over), consider, reflect (on/about)
gondolkodó I. *mn*, thinking II. *fn*, thinker, *(filozófus)* philosopher; **~ba ejt** make* sy reflect
gondos careful, conscientious
gondosan carefully, with care *(ut)*; **~ megvizsgál** examine closely
gondoskod|ik *(vkről/vmről)* take* care (of), provide (for): **mindenről ~ott** he provided for everything
gondosság care, *(szerető)* solicitude
gondoz look after, attend to
gondozatlan uncared-for, neglected, *(külső)* shabby, untidy
gondozó 1. caretaker, keeper, attendant 2. *(intézmény)* welfare-centre
gondozott *fn*, nurs(e)ling, foster-child (*tbsz* -children)
gondtalan care-free, light
gondviselés providence
gongütés (sound of the) gong
gonosz evil, wicked, vile
gonoszság wickedness, viciousness
gonosztett crime, misdeed, outrage
gonosztevő evil-doer, malefactor
gordonka violoncello, cello
gordonkás cellist
gordonkáz|ik play the (violon-) cello
gorilla gorilla
goromba rough, rude; **~ fráter/pokróc** churl, brute, curmudgeon
gorombáskod|ik be* rude/offensive (to sy)
gót Gothic; **~ stílus** Gothic/ogival style
gödör pit, hole
gőg arrogance, haughtiness
gőgös arrogant, haughty
gömb ball, orb, *(mértan)* sphere, *(föld)* globe; **~ alakú** spherical
gömbölyít (make*) round
gömbölyöd|ik (become*/get*) round
gömbölyű round, spherical
gömbszelet spherical section
gömbtükör spherical mirror
gömbvas round iron
Göncölszekér Great Bear, Big Dipper
göndör curly, kinky
göndörít curl, make* curly
göngyöl roll (up), pack (up)
görbe curved; **~ szemmel néz** look askance at; **~ tükör** distorting mirror
görbít bend*, make* crooked
görbül curve, become* crooked
görbület curvature
görcs 1. *(fában)* knot 2. *(testi)* spasm, *(izomé)* cramp, *(gyomoré)* colic
görcsös 1. *(fa)* knotty, knotted, 2. *(ismétlődő)* fitful, spasmodic
gördít wheel, roll; **akadályokat**

~ **vk útjába** throw* obstacles in sy's way
gördül roll (along), *(körbe)* revolve
gördülékeny *(stílus)* easy, easy-flowing, fluant
gördülőcsapágy anti-friction bearing
görény polecat, fitchew
görgőscsapágy roller bearing
görkorcsolya roller-skates *(tbsz)*
görnyed bend*, bow
görnyedt bent, bowed; **~en jár** walk with a stoop
görög Greek; **~ katolikus** Uniat(e)
görögdinnye water-melon
görögkeleti orthodox; **~ egyház** the Greek (Orthodox) Church
Görögország Greece
görögtűz Bengal light
göröngyös cloddy, lumpy, uneven; **~ út** lumpy road
gőte water-salamander, triton
gőz vapour, *(munkára fogható)* steam; **teljes ~zel** (at) full steam, at full speed
gőzfürdő steam/vapour bath
gőzgép steam-engine
gőzhajó *(kisebb)* steamer, *(nagyobb)* steamboat, steamship
gőzmozdony locomotive, steam engine
gőzöl steam
gőzölög steam, smoke
gr = *gramm* gram(me), g., gm.
grafika graphic art
grafikon graph, diagram
grafit graphite, *(ceruzában)* black-lead
grafológus graphologist
gramm gram, gramme
grammatika grammar
gramofon gramophone
gramofonlemez (gramophone) record, disc
gránát 1. *(robbanó)* grenade, shell **2.** *(kő)* garnet
gránit granite
gratuláció congratulation
gratulál congratulate; **~ok!** congratulations!, I congratulate you!; **~ok születésnapjára** I wish you many happy returns (of the day)
gravitáció gravitation
gravitál gravitate (towards sg), tend (towards)
grimasz grimace
gríz groats *(tbsz)*, *(finom)* semolina
gróf count
grófnő countess
groteszk grotesque
gubbaszt huddle, cower, crouch
gubó 1. *(rovaré)* cocoon **2.** *(máké)* poppy-head
guggol squat (on one's heels), crouch
gukker field-glass
gúla pyramid
gulya herd (of cattle)
gulyás 1. *(ember)* herdsman *(tbsz* herdsmen) **2.** *(étel)* (Hungarian) goulash
gumi 1. rubber, caoutchouc **2.** *(törlő)* India-rubber
gumiabroncs (pneumatic) tyre, *(US)* tire
gumibélyegző rubber stamp
gumibot (rubber) truncheon
gumicsizma rubber boots *(tbsz)*
gumidefekt blow-out, puncture
gumiharisnya elastic stocking
gumikesztyű rubber gloves *(tbsz)*
gumilabda rubber ball
gumimatrac air bed
gumisarok rubber heel
gumitalp rubber sole
gumó *(burgonyáé)* tuber, root, *(virágé)* bulb
gúnár gander
gúny ridicule, mockery; **~t űz vkből/vmből** make* fun of, ridicule
gúnynév nickname
gúnyol mock, ridicule

gúnyolód|ik be* derisive/sarcastic
gúnyos sarcastic, ironic(al), scornful
guri-guri double-runner
gurít roll, *(labdát/tekét)* bowl
gurul roll
gusztus taste, *(vmre)* appetite (for sg); **~a van vmre** have* an appetite for sg
gusztusos appetizing, inviting
gusztustalan disgusting, unappetizing
guta apoplexy, (paralytic) stroke; **megüt a ~ ha** I shall have*/throw* a fit if
gutaütés stroke of apoplexy
gúzsba köt 1. bind* hand and foot **2.** *(átv)* hamstring*
gügyög *(kisbaba)* coo, babble
gümőkór tuberculosis, consumption (of the lungs)
gürcöl drudge

Gy

gyakorlás exercise (of), practice (of)
gyakorlat 1. *(elmélet ellentéte)* practice; **átviszi a ~ba** put* into practice **2.** *(jártasság)* routine; **nagy ~a van** *(vmben)* have* great/long experience (of sg); **~ot folytat** practise, be* practising **3.** *(végzett)* exercise
gyakorlati practical; **~ ember** practical man *(tbsz)* men; **~ érzék** practical common sense
gyakorlatilag practically, in actual practice; **~ megvalósíthatatlan** unworkable, impraticable
gyakorlatlan unpractised (in), inexperienced (in)
gyakorlatoz|ik *(katona)* drill
gyakorló practising; **~ iskola** training-school (attached to teachers' college); **~ orvos** medical practitioner
gyakorlótér *(katonai)* drill-ground, parade-ground, *(lövészethez)* experimental range
gyakorlott practised, trained, experienced
gyakornok junior clerk, assistant, apprentice
gyakorol 1. practise, exercise; **befolyást ~** exert influence (on sg); **~ja magát** practise, train (for sg) **2.** *(hangszeren)* practise, play* exercises (on)
gyakran often, frequently; **~ jár vhova** frequent a place
gyaláz abuse, calumniate
gyalázat shame dishonour
gyalázatos 1. *(szégyenletes)* shameful, dishonourable **2.** *(szörnyű)* infamous, monstrous
gyalog I. *hat*, on foot, afoot **II.** *fn*, *(sakkban)* pawn
gyalogezred infantry/foot regiment
gyalogjáró *fn*, **1.** *(járda)* pavement, *(US)* sidewalk **2.** *(gyalogos)* pedestrian
gyalogol go* on foot, walk
gyalogos *fn*, **1.** *(utas)* walker **2.** *(katona)* foot-soldier, infantryman *(tbsz* infantrymen) **3.** *(sakkban)* pawn
gyalogösvény footpath
gyalogság infantry
gyalogtúra walking tour, hiking
gyalogút footpath, footway
gyalu 1. plane **2.** *(konyhai)* slicer, cutter
gyalul 1. (smooth with a) plane, trim (wood) **2.** *(káposztát)* slice (cabbages)
gyalupad work-bench
gyám 1. *(jogi)* guardian, tutor, trustee; **~ul kirendel** appoint (sy) as a guardian **2.** *(támasz)* prop, pillar

gyámhatóság court of guardians
gyámkod|ik vk fölött *(átv)* patronize sy
gyámolít support, assist
gyámoltalan 1. *(tehetetlen)* helpless **2.** *(ügyetlen)* awkward, clumsy
gyámság guardianship; **~ alá helyez** place under the care of a guardian
gyanakod|ik be* suspicious/mistrusful (of sy), suspect (sy)
gyanakvó suspicious, suspectful; **nem ~** confiding
gyanánt as, by way of
gyanít suspect, presume, guess
gyanta resin, *(hegedűnek)* rosin
gyanú suspicion; **az a ~m hogy ő** I suspect (him to be); **~ba vesz vkt** form suspicions regarding/about sy; **~t fogott** he formed/had* a suspicion
gyanús suspicious, suspect, *(ügy)* queer
gyanúsít suspect sy of sg
gyanúsítás insinuation, imputation
gyanúsított suspect
gyanútlan unsuspecting, unsuspicious
gyapjú 1. wool, *(állaton)* fleece **2.** *(jelzőként)* woollen
gyapjúszövet woollen cloth/stuff
gyapot cotton
gyapotszedés cotton harvest/crop
gyapottermés cotton crop
gyapotültetvény cotton-plantation
gyár factory, works, plant; **~ban dolgozik** work in a factory
gyarapít increase, augment
gyarapodás growth, increase
gyarapod|ik increase, grow*, *(testileg)* grow* stronger; **tudásban ~ik** grow* richer in knowledge
gyári *(áru)* industrial, manufactured (goods); **~ ár** factory/cost price; **~ felszerelés** factory equipment; **~ munkás** factory-hand, factory/industrial worker
gyárigazgató manager of a factory
gyáripar manufacturing industry
gyárkémény chimney-stack
gyarló 1. *(dolog)* poor **2.** *(ember)* frail, feeble
gyarmat colony, settlement; **~ok** colonies *(tbsz)*, possessions *(tbsz)*
gyarmatáru colonial goods *(tbsz)*
gyarmati colonial
gyarmatosít colonize, settle
gyarmatosítás colonization, settlement
gyarmatosító colonizer
gyáros manufacturer, millowner
gyárt manufacture, produce
gyártás *(folyamat)* manufacturing
gyártási eljárás manufacturing process
gyártásvezető *(filmé)* producer, *(gyárban)* production manager
gyártmány product, manufacture; **magyar ~** made in Hungary
gyárüzem industrial plant, works
gyász mourning; **~ba borít** throw*/plunge into mourning
gyászbeszéd funeral oration
gyászfátyol crêpe, crape
gyászjelentés mourning-card, *(újságban)* obituary
gyászinduló funeral march
gyászkeret mourning border
gyászkíséret funeral procession
gyászol *(vkt)* mourn (sy), be* in mourning (for)

gyászos 1. mournful, sorrowful 2. *(szegényes)* wretched, sorry

gyatra sorry, miserable, *(középszerű)* mediocre

gyáva I. *mn*, cowardly II. *fn*, coward, poltroon

gyékény 1. *(növény)* bulrush, rush 2. *(fonat)* matting, *(lábtörlő)* door-mat; **egy ~en árulnak** *(átv)* be* playing the same game

gyémánt diamond

gyenge I. *mn*, weak, *(erőtlen)* feeble, *(erélytelen)* lenient, indulgent, *(törékeny)* frail, delicate; **~ elméjű** mentally defective; **~ egészség** poor health; **~ minőségű** shoddy, second/third-rate; **~ oldala vmnek** vulnerable point; **~ a számtanban** be* poor at figures II. *fn*, *(vk gyengéje)* weakness, weak side of sy; **az ital a gyengéje** he has* a failing/partiality for drink

gyengéd gentle, tender

gyengédség tenderness, gentleness

gyengeelméjű feeble-minded; **a ~ek** the mental defectives

gyengélked|ik be* unwell/indisposed

gyengén weekly, feebly, poorly

gyengeség 1. *(múló)* weakness, feebleness, *(alkati)* frailty 2. *(erkölcsi)* frailty, failing 3. *(tehetetlenség)* powerlessness, impotence

gyengít weaken, *(testileg)* enfeeble, *(lelkileg)* enervate

gyengül weaken, grow*/become* weak, *(emlékezet)* fail, *(erőben)* lose* strength, decline

gyep grass, lawn, green

gyepes grassy

gyeplabdázás hockey

gyeplő rein; **megereszti a ~t** loosen/slacken the reins; **kurtára fogja a ~t** keep* a tight hand on sy

gyér sparse, scanty, *(haj)* thin (hair)

gyere come (along/on)!; **~ ide!** come here!

gyerek child *(tbsz* children); **ne légy ~!** don't be silly/childish

gyerekes childish, infantile

gyerekjáték 1. children's game, *(játékszer)* toy 2. *(könnyű dolog)* child's-play, trifling matter

gyermekágy 1. *(fekhely)* cot, crib 2. *(orv)* childbed, confinement

gyermekbénulás infantile paralysis, polio(myelitis)

gyermekbetegség children's disease, infantile disorder

gyermekkocsi perambulator, pram, *(US)* baby-carriage

gyermekkor infancy, childhood

gyermekláncfű dandelion, blowball

gyermekmenhely home for destitute children

gyermekmese nursery tale

gyermekorvos pediatrist

gyermekotthon children's home

gyermekruha child's dress

gyermekszerető fond of children *(ut)*

gyermekszoba nursery

gyermektelen childless

gyertya 1. candle 2. *(autóban)* sparking-plug

gyertyánfa hornbeam tree

gyertyatartó candlestick

gyík lizard

gyilkol murder, slay*, kill

gyilkos I. *mn* murderous, bloody, deadly II. *fn*, murderer, assassin

gyilkosság murder; **~ot követ el** commit murder

gyógyászat therapy, therapeutics *(tbsz)*

gyógyforrás mineral/medicinal spring
gyógyfürdő 1. *(víz)* medicinal bath 2. *(hely)* watering-place, spa
gyógyhely health resort
gyógyít cure, restore to health
gyógyítás curing, medical treatment
gyógyíthatatlan incurable, *(csak átv)* hopeless
gyógyítható curable
gyógykezel treat (medically), attend; **~teti magát** undergo* treatment
gyógykezelés (medical) treatment, cure
gyógymód cure, therapy
gyógynövény medicinal plant/herb
gyógypedagógia (special) education of backward children
gyógyszer 1. medicine, drug; **~t szed** take* medicine 2. *(átv)* remedy
gyógyszeráru pharmaceutical product
gyógyszerész chemist, pharmacist, *(US)* druggist
gyógyszertan pharmacology
gyógyszertár pharmacy, chemist's (shop), *(US)* drugstore
gyógytorna gymnastics *(tbsz)*
gyógyul be* recovering (from sg), *(seb)* be* healing (up)
gyógyulás recovery, convalescence, *(sebé)* healing
gyógyvíz medicinal water
gyolcs (fine) linen, cambric
gyom weed
gyomlál weed, *(átv)* weed out
gyomor stomach, *(állaté)* maw, *(madáré)* crop; **jó ~ kell hozzá** it is* hard to stomach/swallow
gyomorbaj gastric complaint
gyomorégés heartburn
gyomorfájás stomach-ache, pain in the stomach
gyomorfekély gastric ulcer
gyomorgörcs colic
gyomoridegesség nervous dyspepsia
gyomormosás gastric lavage
gyomorrák cancer of the stomach
gyomorrontás indigestion
gyomorsav gastric acid; **~ hiány** hypacidity; **~ túltengés** hyperacidity
gyomortágulás gastric dilatation
gyomorvérzés gastric haemorrhage
gyomos weedy
gyón|ik make* a confession
gyopár cottonweed; **havasi ~** edelweiss
gyors 1. quick, *(vonat/munka)* fast, *(mozgó tárgy)* rapid 2. *(bekövetkezésben)* speedy, immediate; **~ egymásutánban** in quick succession 3. *(mozgékony)* nimble, brisk
gyorsan quickly, fast, rapidly
gyorsáru express goods *(tbsz)*
gyorsaság speed, quickness, rapidity, fastness
gyors- és gépíró steno-typist
gyorsforgalmi autóút speedway, freeway
gyorsforraló *(spirituszos)* spirit-lamp, *(villamos)* electric kettle
gyorshajtás speeding
gyorsírás shorthand (writing), stenography; **~sal ír** take* down in shorthand
gyorsít increase the speed, accelerate
gyorskorcsolyázás speed skating
gyorssegély immediate relief
gyorsul gather speed, quicken, grow*/become* faster
gyorsulás acceleration; **egyenletes ~** uniform acceleration
gyorsúszás free-style swimming
gyorsvonat fast/express train, express
gyök 1. *(mennyiségtan)* root;

~öt von extract a root 2. *(fogé)* root 3. *(szóé)* radical (of a word)
gyökér root; **gyökeret ver** take*/strike* root; **gyökeret ver a lába** stop dead in one's tracks
gyökeres *(átv)* radical, thorough; **~ változás** radical change
gyökerez|ik *(vmben, átv)* be* founded/based on sg
gyökértelen *(átv)* have* no roots
gyökjel radical sign, root-sign
gyökvonás extraction of root
gyömbér ginger
gyömöszöl stuff, cram, squeeze (into)
gyöngy pearl, *(üveg/izzadság)* bead; **~öt fűz** thread beads
gyöngyház mother-of-pearl, nacre
gyöngyöz|ik 1. *(ital)* sparkle, bubble 2. *(izzadság)* form in beads
gyöngysor string of pearls
gyöngytyúk guinea-fowl
gyöngyvirág lily of the valley *(tbsz* lilies of the valley)
gyönyör pleasure, delight, bliss
gyönyörköd|ik *(vmben)* take* pleasure/delight (in the sight of sg), enjoy (sg)
gyönyörű lovely, wonderful, magnificent, splendid
gyönyörűség 1. *(vmnek gyönyörű volta)* delightfulness, loveliness, magnificence 2. *(élvezet)* pleasure, delight; **vmben ~ét leli** take*/have* pleasure in (doing) sg, enjoy sg
György George
Györgyi Georgiana, Georgina
gyötör 1. *(testileg)* torture, torment 2. *(belsőleg)* worry, *(zaklatva)* tease, plague
gyötrelem 1. *(testi)* pain, torture, torment 2. *(lelki)* anguish, agony, worry
gyötrelmes 1. tormenting, painful 2. *(lelkileg)* agonizing, anxious
gyötrőd|ik 1. *(lelkileg)* suffer torment(s), be* worried 2. *(testileg)* be*/writhe in pain
győz 1. *(harcban)* gain a/the victory, triumph (over sy/sg), *(sportban)* come* in first, win*, gain a victory 2. *(erővel)* be* capable of doing, be* able to do/beat, *(munkát)* manage (to do*), *(pénzzel)* afford; **nem ~i** *(a munkát stb.)* be* overwhelmed by
győzelem victory, triumph, *(sportban)* win; **3 : 1-es ~** 3 : 1 win
győzelmes victorious, triumphant
győzelmi triumphal
győzhetetlen invincible
Győző Victor
győztes I. *mn,* victorious, *(sportban)* winning II. *fn,* victor, *(sportban)* winner
gyufa match; **gyufát gyújt** strike* a match
gyufaskatulya match-box
gyufaszál match(-stick)
gyújt 1. *(tüzet)* light*, kindle (a fire); **cigarettára ~** light* a cigarette 2. *(motor)* spark, fire
gyújtás *(motorban)* ignition
gyújtáskapcsoló ignition switch, *(kulcsa)* ignition key
gyújtó : I. *mn.* 1. *(hatású)* firing, inflammatory 2. *(csak átv)* stirring, exciting II. *fn,* 1. *(gyufa)* match 2. *(gyutacs)* percussion cap
gyújtóbomba incendiary bomb
gyújtogat (set* on) fire, set* fire (to sg)
gyújtogató *fn,* incendiary; **háborús ~** warmonger, aggressor
gyújtógyertya spark(ing)-plug
gyújtómágnes magneto

gyújtópont focus *(tbsz* foci)
gyújtós *fn*, matchwood, kindling
gyújtószeg *(puskáé)* firing--needle, firing-pin
gyújtótávolság focal distance
Gyula Julius
gyúlékony inflammable, combustible
gyullad catch*/take* fire; **haragra ~** fly* into a passion
gyulladás 1. combustion 2. *(orv)* inflammation; **~ba jön** be* inflamed
gyulladt *(orv)* inflamed
gyúr 1. *(tésztát)* knead (dough) 2. *(masszíroz)* massage, *(embert átv)* work on sy
gyúródeszka pastry-board
gyutacs *(katonai)* percussion--cap, *(bányászati)* primer
gyűjt collect, gather/get* together, *(előirásokat/előfizetőket)* canvass (for subscriptions), *(erőt)* gather, *(katonai erőket)* concentrate (forces), *(készletet)* hoard, stockpile
gyűjtemény collection, *(válogatott)* selection
gyűjtő *fn*, collector, gatherer
gyűjtőér vein
gyűjtőív list of subscriptions
gyűjtőlencse convex lens
gyűjtőmedence reservoir, cistern
gyűjtőnév collective noun
gyűjtőtábor concentration camp
gyülekezet 1. assembly, crowd 2. *(egyházi)* congregation
gyülekez|ik assemble, come*/get* together, rally
gyűlés meeting, assembly; **~t összehív** call a meeting; **~t megnyit** open the proceedings; **~t bezár** close a meeting
gyülevész had/nép mob, rabble
gyűl|ik 1. *(tömeg)* assemble, come*/get* together, rally 2. *(seb)* gather (into an abscess) 3. *(pénz)* be* accumulating
gyűlöl hate, feel* hatred (against/for sy)
gyűlölet hatred, hate
gyűlöletes hateful, odious
gyümölcs fruit, *(eredmény)* result; **~öt terem** bear*/yield fruit
gyümölcsfa fruit-tree
gyümölcsíz (fruit) jam, *(narancs)* marmalade
gyümölcslé fruit juice
gyümölcsös *fn*, orchard, fruit--garden
gyümölcsöz|ik *(átv)* bear* good results, yield (profit)
gyümölcsöző 1. fruitful, productive 2. *(átv)* profitable
gyümölcsöztet make* profitable
gyümölcstermelés fruit-growing
gyümölcstermés fruit crop
gyűr 1. crumple, crush 2. *(vmbe)* stuff, cram (into) sg
gyűrhetetlen crease-resistant
gyűrkőz|ik *(vmnek)* buckle to
gyűrődés crease, wrinkle
gyűrőd|ik crease, crumple
gyűrű 1. ring, *(műszaki)* hoop, collet 2. *(ellenséges)* encirclement
gyűrűsujj ring-finger, third--finger
gyűrűz|ik coil, form rings
gyűszű thimble
gyűszűvirág foxglove

H

h. = *hétfő* Monday, Mon., Mond.
ha if, supposing, when; **~ tetszik ~ nem** (whether you) like it or not; **~ ugyan** if indeed; **és ~?** and if so?; **~ igen** if so; **~ nem** if not; **~ nem tévedek** if I am* not mistaken; **~ tudnám** if (only) I knew* (it); **~ tudtam volna**

if only I had* known it, had* I known it; ~ **(mégis) eljönne** should he come
hab *(söré)* froth, *(szappané)* lather, *(tejszíné)* whipped cream, *(tojásé)* beaten egg--whites *(tbsz)*, *(tengeren)* foam; **~ot ver** *(tejszínből)* whip(cream), *(tojásfehérjéből)* whisk (the whites of eggs)
habar stir, mix
habár though, although, notwithstanding
habarcs mortar
habcsók meringue
háborgat disturb, molest, bother
háborítatlan undisturbed
háborog 1. *(tenger)* run* high, be* stormy/rough 2. *(tömeg)* be* irritated, *(ember)* grumble
háború war, warfare; **~ előtti** pre-war; **~ utáni** postwar; **~t visel** make*/wage war (on/against)
háborúellenes anti-war
háborús of war *(ut)*, war-; **~ bűnös** war-criminal; **~ uszító** warmonger
háborúskod|ik 1. war, wage war *(akivel* on against) 2. *(civódik vkvel)* quarrel (with sy)
habos foamy, *(sütemény)* filled/topped with whipped cream *(ut)*; **~ kávé** coffee with whipped cream
habozás hesitation, doubt; **~ nélkül** unhesitatingly
haboz|ik hesitate (about sg), *(vmt tenni)* be* reluctant (to do sg)
habverő egg-whisk
habz|ik *(szappan)* lather, *(sör)* foam; **~ik a szája** *(dühtől)* foam at the mouth (with rage)
habzóbor sparkling wine
habzsol eat* greedily, devour
hacsak if only; **~ lehet** if possible (at all); **~ nem** unless, except, save, but
had 1. *(sereg)* army troops *(tbsz)* 2. *(háború)* war, feud; **~at üzen** declare war (on/upon); **~at visel** war, wage/make* war (on)
hadakoz|ik wage war (on), fight* (sy)
hadállás position, post
hadar speak* very rapidly, gabble
hadászat strategy
hadbíró judge of military tribunal
hadbiztos commissary
hadd lássam let me see
haderő military force, (armed) forces *(tbsz)*
hadgyakorlat manoeuvre, army exercises *(tbsz)*
hadi military; **~ helyzet** strategical situation
hadiállapot state of war
hadianyag war material
hadiárva war orphan
hadifelszerelés armament(s)
hadiflotta navy, naval force
hadifogoly prisoner of war
hadifogság captivity
hadihajó warship, war vessel
hadiipar war industry
hadijelentés communiqué, war bulletin
hadikikötő naval port/harbour
hadikórház field-hospital
hadilábon: ~ áll vkvel be* on bad terms with sy; **~ áll vmvel** be* bad at sg
hadiözvegy war-widow
hadirokkant disabled soldier
haditanács war council
haditengerészet the Navy
haditermelés war production
haditerv plan of campaign, *(csak katonai)* stratagem
hadititok military secret
haditörvényszék court-martial; **~ elé állít** court-martial (sy)
haditudósító war correspondent
hadiüzem war factory

hadizsákmány booty, trophy
hadjárat campaign
hadkötelezettség compulsory military service; **általános ~** universal conscription
hadművelet military operation(s)
hadnagy second-lieutenant
hadonász|ik gesticulate
hadoszlop column
hadosztály division
hadparancs general order
hadsegéd aide-de-camp *(tbsz* aides-de-camp), adjutant
hadsereg army, armed forces *(tbsz)*
hadszíntér theatre of operations
hadtest army corps *(tbsz* army corps)
hadügyminiszter Minister of War, *(GB)* Secretary of War, *(US)* Secretary of Defense
Hadügyminisztérium Ministry of War, *(GB)* War Office, *(US)* Department of Defense
hadüzenet declaration of war
hadvezér general, commander
hadviselés 1. war(fare) **2.** *(mint tudomány)* strategy
hág 1. *(vmre)* step up (on sg), mount sg **2. nyakára ~ vmnek** run* through (a fortune); **tetőpontra ~** reach its climax
Hága the Hague
hágcsó step, *(kötélből)* rope ladder, *(autón)* running-board
hágó mountain pass, col
hagy 1. let*, leave*, allow, permit; **~d!** leave it alone!; **nem ~ja magát** not give* in; **~j békén!** leave me alone! **2.** *(örökül)* leave*, bequeath
hagyaték legacy, bequest
hagyma 1. onion **2.** *(növényé)* bulb
hagyomány 1. tradition **2.** *(hagyaték)* bequest, legacy
hagyományos traditional
hahota loud laugh
hahotáz|ik roar with laughter
haj hair; **~ánál fogva előráncigált** far-fetched; **~ba kap** *(vkvel)* have* a row (with sy); **~at mos** shampoo (one's hair); **~at vágat** have*/get* one's hair cut
háj *(disznóé)* leaf-lard, *(emberen)* fat; **minden ~jal megkent** wily, double-dyed
hajadon maiden, girl
hajadonfővel bare-headed
hájas (very) fat, obese
hájastészta shortcake
hajbókol *(vk előtt)* kowtow (to sy)
hajcsár 1. drover **2.** *(munkásoké)* slave-driver
hajcsat hair clip
hajcsavaró hair curler
hajdanában in olden times, formerly; **~ itt laktunk** we used to live here
hajfestés (hair) dyeing
hajfürt lock, ringlet, curl
hajháló hair-net
hajhász strive* to obtain; *(vk kegyeit)* curry (sy's favour), *(pénzt)* run* after (money), *(népszerűséget)* court (popularity)
hajít throw*, hurl, cast*, fling*
hajkefe hairbrush
hajlam *(vmre)* inclination (to), *(hivatási)* call (to), vocation
hajlamos *(vmre)* susceptible (to) inclined (to)
hajlandó *(vmre)* ready, willing, inclined *(mind* to); **nem ~** unwilling, reluctant (to do sg) *(ut)*
hajlás 1. bend, *(függőleges tárgyé)* lean, *(úté)* curve, *(úté vertikális)* gradient **2.** *(meghajlás)* bow
hajlásszög angle of inclination
hajlék shelter, cover, roof
hajlékony 1. flexible; pliable,

(test/végtag) supple 2. *(lelkileg)* pliant, compliant
hajléktalan homeless, unsheltered
hajl|ik 1. bend*, *(ívben)* arch, *(vm oldalirányba)* curve 2. *(vmre átv)* incline (to); **~ik a jó szóra** listen to sense
hajlít bend*, curve, crook, *(térdet)* bend*, bow (knee)
hajlong 1. *(udvariasságból)* bow (low), curtsey, *(talpnyalón)* kowtow (to sy) 2. *(ide-oda hajol)* sway, waver
hajlott: ~ hát humped back; **~ kor** advanced age
hajmeresztő hair-raising, horrific
hajmosás shampooing
hajnal dawn, daybreak; **~ban** at *(ea*rly) dawn, at daybreak
hajnalka bindweed, morning glory
hajnalod|ik dawn, day is* breaking
hajnyírás haircut
hajó 1. ship, boat, *(gőz)* steamer *(óceánjáró)* liner, ocean-liner; **~n** on board ship, aboard; **~ra száll** embark, go* on board (ship) 2. *(templomi)* nave 3. *(varrógépé)* reel-holder
hajóablak porthole
hajóállomás landing place
hajócsavar screw
hajóépítés shipbuilding
hajófuvarlevél bill of lading
hajógyár shipyard
hajóhad fleet
hajóhíd 1. *(folyón)* pontoon bridge 2. *(kikötő-stég)* raft 3. *(hajón)* gangway
hajóhinta swing-boat
hajójárat 1. *(vonal)* line 2. *(szolgálat)* boat service
hajókár average
hajókaraván convoy
hajókirándulás boat-excursion
hajókötél hawser, rope
hajol bend* (down), stoop, *(oldalt)* lean*
hajóraj fleet, *(csak hadi)* navy
hajórakomány shipment, cargo, shipload
hajóroncs wreck(age), (sea-) wrack
hajós sailor, seaman *(tbsz* seamen)
hajóskapitány captain, *(kereskedelmi hajón)* shipmaster, *(nagy óceánjárón)* commodore, *(hadihajón)* commander
hajóstársaság shipping company
hajótér ship's hold
hajótörés shipwreck; **~t szenved** be* shipwrecked
hajóút voyage
hajózás navigation, sailing
hajózható navigable, passable
hajóz|ik sail, voyage
hajrá 1. *ind*, forward II. *fn*, *(verseny finise)* the finish, *(munkával)* rushing
hajsza 1. *(vm után)* hunt (after sg), chase, pursuit (of sg), *(vk ellen)* persecution (of sy) 2. *(munkával)* harassment, rush
hajszál (single) hair; **~on függ** hang* by a single hair; **~on múlt** it was* a close shave; **~nyi** a hair's breadth
hajszalag hair-ribbon
hajszálrúgó hair-spring
hajszárító hair-drier
hajszol hunt (after), pursue, *(embert)* chase (after), *(állást)* hunt (for)
hajt[1] 1. drive*, *(gépet erő)* drive* work 2. *(vadat)* beat* (game) 3. *(átv)* press/push on 4. *(hashajtó)* purge 5. **hasznot ~** yield/produce profit 6. *(jármű)* drive*, travel
hajt[2] *(papírt)* fold, *(ráhajlít)* bend*; **térdet ~** bow/bend* the knee; **fejet ~** bow the head

hajt[3] *(növény vmt)* grow*, send* forth; **gyökeret ~** strike* root
hajtány line inspection trolley
hajtás[1] 1. *(vadászaton)* beat 2. *(járműé)* drive, *(gépé)* running 3. *(növény)* sprout, bud
hajtás[2] 1. *(ruhán)* pleat 2. **egy ~ra kiissza** drink* sg at one draught/gulp
hajtás[3] *(növényé)* sprout, shoot
hajtási igazolvány driving licence
hajthatatlan inflexible, *(csak átv)* unyielding, firm
hajtóerő motive power
hajtogat 1. *(papírt)* fold (repeatedly) 2. *(ismétel)* repeat (again and again)
hajtóka 1. *(kabáté)* lapel, *(nadrágé)* turnup 2. *(paroli)* regimental facing
hajtókar *(motorban)* cylinder side-rod, *(kurblié)* crankarm, *(kerékpáré)* pedal crank
hajtókerék driving-wheel
hajtómű driving mechanism
hajtószíj driving belt
hajtóvadászat 1. hunt 2. *(átv)* manhunt
hajtű hairpin
hajtűkanyar hairpin bend
hajvágás hair-cut
hajviselet hair-do
hal[1] *ige*, die, expire
hal[2] *fn*, fish *(tbsz* fish, fishes); **úgy él mint ~ a vízben** live at ease, be* in clover
hál sleep*, spend* the night
hála gratitude, thanks *(tbsz)*; **hálát ad** thank (sy), return thanks (to sy for sg)
halad 1. *(megy)* go*, advance, go* on, *(jármű)* proceed, travel 2. *(átv)* go* forward, progress, make* progress, *(minőségileg)* improve; **jól ~** be* coming on well (with sg); **az idő ~** time passes; **nagyot ~t** he made* a great stride forward
haladás 1. progression, advance 2. *(átv)* progress, advance
haladék postponement, extension
haladéktalanul immediately, without delay, *(US)* right away
haladó I. *mn*, *(átv)* progressive, advanced; **~ értelmiség** the progressive layer of the intelligentsia II. *fn*, 1. *(politikailag)* progressive 2. *(tanulmányokban)* advanced student
haladvány (mathematical) progression
halál death, decease; **~án van** be dying; **~ra gázolja vm** be* killed in a fatal accident; **~ra ítél** sentence/condemn to death; **~ra rémül** be* frightened to death; **hősi ~t hal** die in action, die a hero's death
halálbüntetés capital punisment
haláleset death, *(családban)* bereavement
halálfélelem fear of death
hálákod|ik express one's gratitude
halálos deadly, mortal, *(végzetes)* fatal; **~ ágy** death-bed; **~ csend** dead silence; **~ ellenség** deadly/mortal enemy; **~ ítélet** sentence of death; **~ veszedelem** deadly peril
halálosan komoly dead earnest
halálozás death, decease, *(statisztikailag)* mortality
halálraítélt man *(tbsz* men) condemned to death
halálsápadt deathly/deadly pale
haláltusa agony
halandó mortal
halandzsáz|ik gas, talk double Dutch
hálás 1. *(vknek vmért)* grateful (to sy for sg), thank-

ful (for) 2. ~ **téma** fruitful subject/topic
halastó fish pond
halász fisher, fisherman *(tbsz* fishermen)
halászat fishing
halászbárka fishing boat
halászháló fishing net
halász|ik fish (for sg)
halaszt postpone, delay; **következő hétre** ~ put sg off until the next week
halasztás postponement, delay, *(adósnak)* respite; **~t szenved** suffer delay; **nem tűr ~t** be* pressing, brook no delay
halaszthatatlan pressing, urgent
hálátlan 1. ungrateful (towards sy for sg), unthankful 2. *(munka)* thankless
haldokl|ik be* dying
halhatatlan immortal, undying
halk soft, low; **~abban!** not so loud!; ~ **szavú** soft-spoken
halkan in a low voice, softly
halkít *(beszédhangot)* lower (one's voice), *(hangot)* soften
halkonzerv tinned/canned fish
halkul become* faint/lowered
hall[1] *ige,* 1. *(hangot)* hear*, *(zajt)* perceive, notice; **nagyot** ~ be* hard of hearing; **alig lehet ~ani** it is* scarcely audible; **~ani sem akar róla** he wouldn't hear of it; **~juk!** hear! hear!; **na ~od!** well I never! 2. *(értesül)* hear* (of), learn* (of), be* told; **úgy ~om hogy** I have* just heard that, I was* just told that
hall[2] *fn, (lakásban)* hall, *(szállóban)* lounge
hallás (sense of) hearing; **jó ~a van** *(zeneileg)* have* an ear for music; **első ~ra** at first hearing; **nincs ~a** be tone-deaf
hallat let* sg be heard; ~ **magáról** let* hear from oneself
hallatára on hearing it/this; **fülem** ~ in my hearing
hallatlan unheard-of, unprecedented; **~!** that's* the limit
hallatsz|ik be* heard/audible, sound
hallgat 1. *(vmt/vkt)* listen (to), hear* 2. *(egyetemi előadást)* attend (lectures on sg) 3. *(nem szól)* keep* silence/silent; **hallgass!** silence! 4. *(vkre)* listen to (sy), *(tanácsra)* take*/follow (sy's advice); ~ **a jó szóra** listen to reason; **ide hallgass!** look here!, listen!
hallgatag taciturn, silent
hallgató *fn,* 1. *(rádiót stb.)* listener, *(egyetemi)* student 2. *(készüléké)* receiver, earphone
hallgatólagos tacit, unspoken; ~ **beleegyezés** silent consent
hallgatóság audience, *(egyetemi)* students *(tbsz)*
hallható audible
halló *(telefonban)* hullo!, hallo(a)!, *(US)* hello!
hallókészülék hearing-aid
hallomás hearsay, rumour; **~ból ismer** know* by hearing
hallószerv organ of hearing
hallótávolság earshot, hearing distance
halmaz heap, pile, stack, mass
halmazállapot state, physical condition
halmoz heap/pile up, amass, accumulate, *(árut)* hoard, *(készletet)* store (supplies), stockpile
halmozás accumulation, storing (up), hoarding
halmozódás accumulation
halmozód|ik accumulate, heap/pile up
háló net, *(átv)* snare, web; **~ba kerül** be* ensnared

halogat keep* postponing/delaying
hálóing *(férfi)* nightshirt, *(női)* night-dress
hálókocsi sleeping-car, sleeper
hálóköntös dressing gown, *(US)* wrapper
halom 1. hill, mound **2.** *(tárgyakból)* heap, pile; **~ra dönt** overthrow*, upset*, *(átv)* frustrate
hálószoba bedroom, bed-chamber
hálóterem dormitory
halott I. *mn*, dead, *(elhunyt)* deceased **II.** *fn*, a dead person, the deceased; **a ~ak** the dead
halottasház *(temetőben)* mortuary
halottaskocsi hearse
halotthamvasztás cremation
halotti death-, funeral; **~ beszéd** funeral oration; **~ csend** dead silence
halottkém coroner
hálózat network, *(vasúti/cső stb.)* network system, *(villamos)* mains *(tbsz)*
hálózati mains; **~ áram** mains current; **~ csatlakozás** mains supply; **~ feszültség** mains voltage
hálózsák sleeping bag
halpiac fish market
halpikkely fish scale
halszálka fish bone
halva dead; **~ született** *(vk)* still-born
halvány pale, *(szín)* faint; **~ fogalmam sincs (róla)** I have* not the faintest/vaguest idea
halványod|ik turn/grow* pale, *(szín)* fade, *(fény)* grow* dim
halvaszületett *(átv)* abortive
hályog cataract, *(zöld)* glaucoma; **lehullt szeméről a ~** scales the fell* from his eyes
hám *(lószerszám)* harness; **kirúg a ~ból** *(átv)* paint the town red
hamar quickly, fast, soon
hamarjában 1. *(felületesen)* in a haphazard manner **2.** *(kapásból)* offhand, right away, straightway
hamarosan before long, shortly
hámfa whipple-tree
hamis 1. *(tárgyról)* false, not genuine, forged, *(pénz)* counterfeit (coin); **~ ékszer** imitation jewellery; **~ fog** false/artificial tooth *(tbsz* teeth) **2.** *(átv)* false, *(érzelem)* feigned, untrue, *(ember lelkileg)* treacherous, cunning; **~ eskű** perjury: **~ tanú** false witness
hamisan falsely; **~ énekel** sing* out of tune
hamisít falsify, *(bankót/aláírást)* forge, *(pénzt)* counterfeit
hamisítás forgery, counterfeiting
hamisítatlan unadulterated, genuine
hamisító *fn*, forger, counterfeiter
hamisítvány counterfeit, forgery
hamiskártyás card-sharper
háml|ik peel, scale
hámor foundry
hámoz peel
hamu ashes *(tbsz)*, *(cigarettáé)* ash
hamutartó ash-tray
hamvad burn* to ashes, *(tűz)* burn* low
hamvas *(gyümölcs)* bloomy, *(arc)* blooming
hancúrcz|ik romp/frisk about, frolic
handabandáz|ik brag, bluster
hanem but, however
hang 1. sound, *(emberé)* voice, *(állati)* cry, *(zenei)* tone, note; **~ot ad vmnek** give* voice to **2.** *(hangnem/modor)*

tone; **nagy ~on beszél** talk big
hangadó leading, influential
hangár hangar
hangerő volume of sound
hangerősítő (sound) amplifier,
hangfelvétel recording (of sound); **~ről közvetít** relay a recording
hanghordozás accent, tone
hangjáték radio play
hangjegy note (in score)
hangköz interval
hanglejtés intonation
hanglemez (gramophone) record, disc
hangnem 1. key 2. *(átv)* tone
hangol *(hangszert)* tune (instrument); **jókedvre ~** put* in a good humour, cheer up
hangos loud, *(lármás)* noisy
hangosan loudly, *(fennhangon)* aloud; **beszéljen hangosabban!** speak up!
hangosfilm sound-film
hangoztat assert, declare
hangrezgés sound vibration
hangrobbanás supersonic boom
hangsebesség sound velocity, sonic speed
hangsúly stress, accent, emphasis
hangsúlyos stressed, accented
hangsúlyoz stress, *(átv)* emphasize; **~ni kívánom** I want to stress
hangszalag 1. vocal chord 2. *(magnóhoz)* tape
hangszálak vocal chords
hangszer (musical) instrument
hangszerel score
hangszigetelés sound insulation
hangszín timbre
hangszóró loud-speaker, megaphone
hangtalan soundless, noiseless
hangtan 1. *(fizika)* acoustics 2. *(nyelvtan)* phonetics
hangulat mood, humour, disposition, *(gyűlésé)* feel (of the meeting); **jó ~ban van** be* in good humour; **rossz ~ban van** be* in a bad humour, be* out of temper
hangverseny concert, *(egy művészé)* recital
hangversenydobogó concert platform
hangversenyez give* a concert/recital
hangversenyterem concert hall
hangversenyzongora concert-grand (piano)
hangzás sound, tone
hangzat chord
hangzatos sonorous, *(elítélő értelemben)* high-sounding; **~ jelszavak/szólamok** big words
hangz|ik sound
hangzó *fn*, vowel
hangya ant
hangyaboly ant-hill
hant clod
hánt peel (off)
hantol bury
hántol *(rizst)* husk, hull (rice)
hány[1] *ige*, 1. *(okád)* vomit, be* sick 2. *(dob)* throw*, cast*, fling*; **havat ~** shovel snow; **szikrát ~ a szeme** *(haragtól)* fury gleams in his eyes, *(pofontól)* see* stars
hány[2] *(mennyi)* how many?; **~ óra van?** what's* the time?, what time is* it? **~ éves** how old is* he?
hányad proportion (of), quota, share
hányadán how?; **~ vagyunk?** how do* we stand?
hanyadéves vagy? in which grade do* you belong?, how many years have* you been going to college
hányadik which?, how many? **~a van ma?** what is* the date (to-day)?, what date is* it to-day?; **~os vagy?** to which class do* you go?, in which class do* you belong?

hányados quotient
hanyag 1. negligent, careless 2. *(munka)* slipshod
hanyagság carelessness, negligence
hányas what number?, *(cipő/ kalap)* what size?
hanyatlás decline, decay
hanyatl|ik decline, (be* in) decay, *(erő)* fail, *(vm minőségileg)* fall* off
hanyatló declining; **~ban van** be* on the decline
hanyatt on one's back, backward; **~ fekszik** lie* on one's back
hanyatt-homlok head over heels, headlong
hányaveti *(elbizakodott)* bumptious, *(hetyke)* impudent
hányféle how many sorts/kinds (of)
hányinger retching, nausea
hánykolód|ik 1. *(ágyban)* toss about (in bed) 2. *(hajó viharban)* be* storm-tossed
hányód|ik be* thrown about
hányszor how many times?, how often?
hápog quack
harácsol loot
harag *(haragvás vm miatt)* grudge, spite, *(indulat)* anger wrath; **~jában** in a fit of temper; **~ban van** be* on bad terms (with sy); **~ra lobban** fly* into a rage
haragos I. *mn*, angry (with sy, at sg) II. *fn*, enemy
haragsz|ik 1. be* in a temper, be* cross 2. *(vm miatt)* be* angry (at sg), *(vkre)* be* angry (with sy); **~ik vm miatt** be* angry at sg
haramia brigand, highwayman *(tbsz* highwaymen)
háraml|ik *(vkre)* fall* to the lot/share (of sy)
harang (church) bell
harangoz ring* the bell(s)
harangvirág bluebell, harebell
haránt I. *mn*, transversal, transvers, II. *hat*, diagonally, transversely
harap bite*, *(vmből)* take* a bite (out of sg)
harapás 1. bite 2. *(falat)* mouthful
harapnivaló sg to eat, food
harapófogó pincers *(tbsz)*, nippers *(tbsz)*
harapós biting, snappish; **~ kedvében van** be* snappish; **~ kutya** vicious dog
haraszt 1. *(bozót)* brushwood; **nem zörög a ~ (ha a szél nem fújja)** there is* no smoke without a fire 2. *(növény)* fern
harc fight, combat, battle, *(átv)* struggle; **~ba száll** go* to war (with/against); **~ban áll vkvel** fight*/struggle with sy; **~ra kész** ready to fight *(ut)*; **~ot folytat/vív** fight* a battle, *(átv)* carry on a stuggle
harcászat tactics
harci battle-, war-; **~ feladat** *(polit)* urgent task
harcias warlike
harcképtelen disabled
harckocsi tank
harcmező battlefield
harcmozdulat evolution, manoeuvre
harcol 1. fight (for/against/ with) 2. *(átv)* strive*, struggle (with/for)
harcos I. *mn*, fighting, warlike, *(átv)* bellicose II. *fn*, combatant, warrior
harctér the front, the field
harcsa sheat-fish, catfish
hárem harem
hárfa harp
hárfáz|ik play* the harp
harisnya *(hosszú)* stocking, hose, *(rövid)* sock; **harisnyát húz** put* on stockings;

harisnyát stoppol mend stockings; **szalad a szem a harisnyádon** you have* a ladder in your stocking
harisnyakötő *(férfi)* (sock-) suspenders *(tbsz)*, garter, *(női) (GB)* suspenders *(tbsz)*, *(US)* girdle, garter
hárít *(vkre felelősséget)* shift (responsibility upon sy), *(költségeket)* charge (sy with the expenses)
harkály woodpecker
harmad third (part)
harmadik I. *mn*, third; **~ személy** *(nyelvtan)* third person, *(jog)* third party; **~ utas** middle-of-the-roader II. *fn*, **~nak ért be** he came* in third; **f. hó 3-án** on 3rd inst., *(olvasva* on the third *instant)*; **~ba jár** go* to the third form/class
harmadszor 1. *(harmadszorra)* for the third time 2. thirdly
hármas *(szám)* (number) three
hármashangzat common chord
hármasszabály rule of three
hármasugrás hop(,) skip/step(,) and jump
harmat dew
harmatos dewy, wet with dew *(ut)*
harmatsúly bantam-weight
harminc thirty
harmincadik thirtieth
harmónia harmony
harmonika accordion, *(száj)* mouth-organ
harmonikáz|ik play (on) the accordion
harmonikus harmonious
három three; **~ példányban** in three copies, in triplicate
háromdimenziós three-dimensional
háromemeletes three-storeyed, *(US)* four-storied
háromfelvonásos three-act
háromnegyed three-quarters *(tbsz)*; **~ öt** a quarter to five
háromszáz three hundred
háromszínű three-colour(ed)
háromszor three-times
háromszög triangle
háromszögű triangular
hárs lime-tree, linden-tree
harsan sound, blare (out), resound
harsány loud, shrill; **~an** stentoriously
harsog resound, *(trombita)* blare
harsona trumpet, bugle
hártya film
hárul *(vkre)* fall* to the lot/share (of sy)
has belly; **fáj a ~a** have* the gripes; **megy a hasa** have* diarrhoea; **~ból beszél** *(átv)* talk* through the hat; **~ra esik vk előtt** kowtow to sy
hasáb 1. *(fa)* billet (of firewood), log 2. *(újságban)* column 3. *(mértan)* prism
hasábburgonya French fried potato
hasáblevonat *(nyomdai)* galley-proof, slip
hasad 1. burst*, crack, *(szövet)* tear*, rend* 2. **~ a hajnal** dawn is* breaking
hasadás *(tárgyon)* split, break, *(szövetben)* tear, rend
hasadék 1. *(tárgyon)* split, crack 2. *(hegyben)* mountain-gorge
hasal 1. lie* on one's stomach 2. *(mellébeszél)* (talk) drivel
hashajtó laxative
hashártyagyulladás peritonitis
hasít 1. cleave*, split*, *(szövetet)* rip, tear*, rend* (cloth) 2. *(levegőt)* cleave* (the air), *(hajó hullámokat)* plough through (the waves)
hasmenés diarrhoea
hasnyálmirigy pancreas
hasogat: szőrszálat ~ split* hairs; **fájdalom ~ja (tagjait)**

have* acute pains (in one's limbs)
hasonlat simile, comparison
hasonlatosság similarity, resemblance
hasonlít 1. *(hasonló vmhez/vkhez)* resemble (sg/sy), be* similar to (sg/sy); **apjához ~** he takes* after his father 2. *(összehasonlít)* compare *(hasonlóval:* with, *eltérővel:* to)
hasonlíthatatlan incomparable, unparalleled
hasonló similar (to), resembling, like
hasonlóan similarly, likewise
hasonmás 1. *(arckép)* likeness, portrait 2. *(személyé)* double, double-ganger 3. *(írásé)* facsimile
hasonul *(vmhez)* become* assimilated (to sy)
használ 1. *(vmt)* use, make* use of, *(módszert/eljárást)* employ, apply, *(pénzt vmre)* spend* (for/in) 2. *(vm vknek)* be* of use (to), be* useful (to/for), *(gyógyszer/eljárás)* do* (sy) good; **~t neki vm** sg did* him good; **nem ~t** it was* of no use
használat use, *(ruháé)* wear, *(szóé)* usage; **~ba vesz** put* to use; **~ előtt felrázandó** to be shaken before taken
használati: ~ cikk consumer('s) goods; **~ tárgy** article for personal use; **~ utasítás** direction(s) for use
használatos in use *(ut)*, usual; **nem ~** not in use *(ut)*
használhatatlan unusable, of no use *(ut)*
használható useful, serviceable
használt used, second-hand
hasznavehetetlen 1. useless 2. *(ember)* good-for-nothing
hasznos useful, *(vmre)* good (for), *(anyagilag)* profitable, *(egészségre)* beneficial
hasznosít utilize, make* use of, *(tudást/szabadalmat)* exploit
haszon 1. *(hasznosság)* advantage, benefit; **mi haszna?** what's the use (of it); **hasznát veszi vmnek** make* use of sg 2. *(nyereség)* profit, gain; **hasznot húz vmből** make* a profit out of sg
haszonbér 1. *(bérlet)* lease 2. *(összeget)* rent
haszonélvezet usufruct, use
haszonélvező beneficiary
haszonlesés greed, profiteering
haszonnövény cultivated/industrial plant
haszonrészesedés share in the profits
haszontalan 1. *(hiábavaló)* useless, vain 2. *(ember)* good-for-nothing, worthless
hasztalan I. *mn*, useless, unsuccessful II. *hat*, in vain, vainly
hat[1] *ige*, 1. *(vm vkre)* impress, affect, *(vk vkre)* influence (sy), *(gyógyszer)* act, affect 2. *(vmnek tűnik)* give* the impression of
hat[2] *számnév*, six
hát[1] *fn*, back, *(vm visszája)* reverse (side); **borsódzik a ~a** it makes* his flesh creep; **~at fordít vmnek** turn one's back to sg; *(átv)* abandon, desert; **~ba támad** attack from the rear, *(orvul)* stab in the back
hát[2] *köt*, well, why; **~ aztán?** what then/next?, what about it?; **~ még mit nem!** what do* you take me for?; **~ akkor** well then; **~ persze** of course, to be sure; **~ még ha** what if
hatalmas mighty, powerful, *(épület)* monumental, *(testileg)* huge
hatalom power, might, strength, *(uralkodás)* domination,

authority; **hatalmában van/áll** *(vknek vm lehetőség)* be* within sy's power; **hatalmában tart** have* sy in one's power; **hatalmon van** be* in power, *(kormány)* be* in office; **hatalmat gyakorol** wield power
hatalomátvétel take-over
hatály power, force; **~ba lép** come* into operation/force; **~on kívül helyez** *(törvényt)* repeal, *(ítéletet)* quash; **augusztus 3-i hatállyal** as from August 5, valid of/from Aug. 5; **azonnali hatállyal** with immediate effect
hatálytalanít repeal, invalidate
határ 1. *(területé)* boundary, *(országé)* frontier, border **2.** *(átv)* verge, *(képességé)* limit; **mindennek van ~a** there's a limit to everything; **nem ismer ~t** know* no bounds
határállomás frontier station
határérték limit (value)
határidő term, date, *(vm benyújtására)* deadline; **~ előtt** ahead of schedule
határidőnapló date calendar
határincidens border incident
határol border, bound
határos 1. *(vmvel)* bordering (on) **2.** *(átv)* verging (on)
határoz decide, determine (sg), resolve; **vmre ~za magát** decide on sg; **az nem ~** it does* not matter; **másként ~** change one's mind
határozat decision, resolution; **~ot hoz** *(gyűlés)* pass/adopt a resolution, *(bíróság)* pass judgement/sentence
határozati javaslat declaratory resolution
határozatképes capable of making a decision *(ut)*
határozatképtelen *(igével)* have* no quorum
határozatlan 1. indefinite, undetermined **2.** *(ember)* irresolute, hesitant **3.** *(nyelvtan)* indefinite
határozó *(nyelvtan)* adverbial complement/phrase
határozószó adverb
határozott 1. *(jellemben)* determined, resolute; **~ fellépés** self-confident air; **~ hangon** in a firm voice **2.** *(pontosan körülírt)* precise, definite; **~ névelő** definite article; **~ válasz** definite answer
határőr frontier guard
határsáv frontier zone
határszél frontier-line, border-line
határtalan unlimited, boundless
határvillongás frontier incidents *(tbsz)*
határzár closing of the frontier(s)
hatás 1. effect, influence, impression, *(vegyi/belső)* action; **~t gyakorol** have* an effect (on), influence **2.** *(következmény)* effect, result; **érezteti ~át** makes* its influence felt
hatásfok (degree of) efficiency
hatáskör sphere of authority, powers *(tbsz)*, *(bírói)* competence; **~ét túllépi** exceed one's powers
hátasló saddle-horse
hatásos 1. effectual, *(beszéd)* rousing **2.** *(orvosság)* efficacius
hatástalan ineffective, ineffectual, inefficacious
hatásvadászó theatrical
hátborzongató gruesome, creepy
hatéves six-year-old, of six years *(ut)*
hátgerinc spine, backbone
hátha but if/supposing, maybe
hathatós effectual; **~ segítség** powerful help
hátizsák knapsack, rucksack
hátlap back, *(képé, éremé)* reverse, *(lapé)* verso

hatóanyag effective substance
hatodik I. *mn,* sixth; **II.** *fn,* **január 6-án** on January 6th *(olvasva* on January the sixth*)*; **~ba jár** go* to the sixth form/class
hatóerő active force, agency
hatol *(vmbe)* penetrate (into)
hatos *(szám)* number six; **~ szoba** room number six
hatóság (public) authority
hatósági közeg official, public servant
hatótávolság range, radius *(tbsz* radii)
hátra *(irány)* back, backwards, *(hely)* behind; **~ van még** remain (to be done), be* still left
hátradől sit*/lean* back
hátrafelé back(wards)
hátrafordul 1. turn round **2.** *(csak fejjel)* look round/back
hátrahagy 1. leave* (behind) **2.** *(örökséget)* bequeath (to sy)
hátrál 1. *(ember)* back, step back, *(sereg)* retreat **2.** *(jármű)* back, reverse
hátralék arrears *(tbsz)*, remainder (of debt), *(restancia)* backlog
hátralevő remaining
hátráltat hinder, impede
hátramarad 1. *(vk elmarad)* remain/stay behind **2.** *(vk után)* be* left behind, *(örökség)* be* left/bequeathed
hátramegy go* back
hátranéz look back
hátrány disadvantage, drawback; **~ára van** be* a disadvantage/drawback to sy/sg
hátrányos disadvantageous; **~ helyzetben** at a disadvantage
hátsó *(rész)* hind, posterior, *(hátul levő)* back-, rear; **~ gondolat** ulterior motive; **~ kerék** back/rear wheel; **~ lámpa** rear lamp; **~ lépcső** back stairs *(tbsz)*; **~ ülés** back seat
Hátsó-India South-East India
hatszáz six hundred
hátszín rump (steak)
hatszor six times
hatszögű hexagonal
háttér background; **~be szorít** overshadow, surpass
hátul at the back, in the rear
hátulnézet rear view
hátulról from behind
hátúszás back-stroke swimming
hatvan sixty
hatvanadik sixtieth
hatvány power (of a number); **második ~ra emel** raise to the second power, square
hatványkitevő exponent, (power) index *(tbsz* indexes, indices)
hatványozott *(átv)* increased; **~ mértékben** to an increased degree
hátvéd rear-guard, *(futball)* full-back, back
hattyú swan
havas I. *mn,* snowy; **~ eső** sleet **II.** *fn,* snow-capped mountain; **a ~ok** the alps
havasi alpine
havaz|ik snow, be* snowing
havi monthly
havonta a/per month, monthly
ház 1. house, *(mint lakóhely)* dwelling, dwelling-place, residence; **~on kívül** *(szabadban)* outdoors, *(nincs hivatalában/otthon)* be* out **2.** *(képviselőház)* The House, the House of Commons
haza I. *fn,* native land, fatherland **II.** *hat,* home
hazaárulás (high) treason
hazaérkez|ik come*/arrive home
hazafelé homewards, on the way home
hazafi patriot
hazafias patriotic

hazafiság patriotism
hazai native, domestic, home; **~ ipar** home industry
hazajön come*/return home
hazakísér see*/accompany home
hazaküld send* home
házal peddle, hawk
házaló *fn*, peddler, hawker
hazamegy go* home
hazárd hazardous, risky
hazárdjáték gambling, game of chance
házas I. *mn*, married **II.** *fn*, **~ok** *(pár)* married couple
házasod|ik get* married, marry
házaspár (married) couple
házasság marriage, match, *(mint állapot)* married life *(tbsz* married lives)
házassági marriage-, matrimonial; **~ ajánlat** proposal of marriage; **~ anyakönyvi kivonat** marriage certificate; **~ segély** marriage grant
házasságkötés marriage
házzasságközvetítő matchmaker
házasságtörés marital infidelity, adultery
házastárs partner in marriage
házasulandók the bride and bridegroom
hazaszeretet patriotism
hazatér return/come* home
hazátlan homeless
hazavisz take* home, *(csak vmt)* carry home
házbér rent
házfelügyelő concierge, superintendent
házi household, house-, domestic; **~ feladat** home work; **~ használatra** for domestic use
háziállat domestic animal
házias house-proud
háziasszony 1. *(otthon)* mistress/lady of the house, *(vendégségkor)* hostess **2.** *(lakásadónő)* landlady
házigazda *(otthon)* master of the house, *(vendégségkor)* host
háziipar handicraft(s)
házilag *(készítve)* home-made
háziorvos family doctor
házirend rules of the house *(tbsz)*
házitanító private tutor
háziúr landlord, owner
házkutatás house search
házőrző kutya watch-dog
házszám street-number
háztáji gazdaság household (farming) plot
háztartás household, *(mint tevékenység)* housekeeping; **~t vezet** keep* house *(vkét* for sy)
háztartásbeli family member, *(US)* homemaker
háztartási alkalmazott domestic, home help, maid
háztartási gépek household appliances
háztető roof
háztömb block (of houses)
háztulajdonos house-owner, householder
hazud|ik (tell* a) lie
hazug lying, *(enyhébben)* untrue; **~ ember** liar
hazugság lie, *(enyhébben)* falsehood
hazulról from home
házvezetőnő housekeeper
hebeg stutter, stammer
hébe-hóba now and then
hebehurgya thoughtless, flighty
héber Hebrew, Hebraic
hederít: nem is ~ rá takes* no notice of sy
heged *(seb)* heal (up)
hegedű violin, fiddle
hegedül play the violin
hegedűművész violonist, violin virtuoso
hegedűs violinist, fiddler
hegedűverseny violin concerto
hegemónia hegemony, supremacy

hegeszt *(fémet)* weld (metal)
hegesztő welder
hegesztőpisztoly welding torch
hegy[1] mountain; *(kisebb)* hill, mount; **~nek fel** uphill; **~ről le** downhill
hegy[2] *(ceruzáé/késé/tűé)* point, *(ujjé/orré)* tip, *(tollé)* nib
hegycsúcs mountain top, peak
hegycsuszamlás landslide
hegyén-hátán topsy-turvy; **egymás ~** all in a heap
hegyes 1. *(vidék)* mountainous (district), hilly (country) **2.** *(tárgy)* pointed, sharp
hegyesszögű háromszög acute-angled triangle
hegyez 1. *(ceruzát)* sharpen (pencil) **2. ~i a fülét** prick up one's ears
hegygerinc (mountain) ridge
hegyi mountain-; **~ legelő** alpine pasture; **~ levegő** mountain air; **~ vasút** mountain railway
hegylánc (mountain) range, mountain chain
hegyoldal hill-side, slope
hegység mountain(s)
hegyvidék hilly country, highlands *(tbsz)*
héj skin, *(tojásé/dióé)* shell, *(kenyéré)* crust
héja hawk, kite
hektár hectare
helikopter helicopter
hely 1. *(férő)* place, room, space, *(ülő)* seat, place, *(helység)* locality, spot, place; **nincs ~** it's* full up, there is* no room/place; **~et foglal** take* a seat; **~et kérek!** make way please!; **~re tesz vmt** put* sg (back) in its place **2. vk ~ébe lép** succeed/replace sy; **a ~edben** if I were* you; **első ~en áll** stand* first; **3.** *(állás)* post, place, employment, job
helybeli local
helybenhagy approve (of), confirm
helycsere change of place
helyénvaló fitting, proper, appropriate; **nem ~** improper
helyes 1. right, proper, *(számszerűen)* accurate **2.** *(csinos)* pretty, nice **3. helyes!** that's right/it!, *(beleegyezően)* all right!
helyesbít correct, set* right, *(tévedést)* rectify
helyesbítés correction, amendment
helyesel approve (of), agree (with); **nem helyeslem** I disapprove of it
helyesírás orthography, spelling
helyesírási hiba spelling mistake, mis-spelling
helyeslés approval
helyeslően bólint nod assent
helyett instead of, in place of; **~em** instead of me
helyettes I. *mn,* deputy-, secondary, assistant- **II.** *fn,* deputy, substitute, *(orvosé, tanáré)* locum
helyettesít 1. *(vkt)* deputize (for sy), act as sy's substitute; **ő fog ~eni** he'll be my locum **2.** *(vmt)* substitute (sg for sg), replace (sg with sg)
helyez 1. *(vmt)* place, put*, set* **2.** *(vkt)* put*, place, post, *(hivatalba)* appoint (to)
helyezés 1. *(cselekedet)* placing, putting **2.** *(hely)* position **3.** *(sport)* place, placing
helyezetlen *(sport)* unplaced
helyezett *(sport)* place winner
helyezked|ik 1. *(vhol)* take* up a place somewhere; **vmlyen álláspontra ~ik** assume a point of view **2.** *(sport)* position oneself
helyfoglalás reservation (of seat/ticket)
helyhatározó adverb of place

helyi local; **~ beszélgetés** local call; **~ értesítés** local anaesthesia; **~ hatóságok** local authorities; **~ vonatkozású** of local interest *(ut)*
helyiérdekű vasút local/district railway
helyiség room, premises *(tbsz)*
helyjegy reserved seat (ticket)
helyőrség garrison
helyreáll be* re-established; **egészsége ~t** he recovered (from his illness); **a rend ~t** order was restored
helyreállít 1. *(vmt helyére)* right, set* up (right) again **2.** *(rongált dolgot)* repair, restore
helyreállítás restoring, restoration, repairs *(tbsz)*
helyrehoz recover, put* (sg/sy) right, *(hibát/bajt)* remedy (defect)
helyreigazít 1. set* right **2.** *(átv)* rectify, correct
helység place, locality, *(község)* community
helységnév place-name
helyszín locale, the scene of sg; **a ~en** on the spot; **(még) ott a ~en** then and there
helyszíni közvetítés running commentary (on), broadcast account (of)
helyszűke lack of space
helytáll *(vmért)* answer (for), *(vkért)* stand* surety (for sy); **kötelezettségének ~** fulfil one's commitments
helytálló acceptable
helytartó governor, vice-regent
helytelen incorrect, wrong
helytelenít disapprove (of), condemn
helyváltoztatás change of place
helyzet 1. *(tárgyé)* situation, position, *(testi)* posture, attitude **2.** *(társadalmi)* station (in life), social status/position; **a munkások ~e** the condition of the workers **3.** *(dolgoké)* situation, circumstance; **a ~ az (hogy)** the fact is* (that); **abban a ~ben van** *(hogy vmt megtehet)* be* in position to (do sg); **a ~ magaslatára emelkedik** rise* to the occasion
helyzeti energia potential energy
helyzetjelentés situation report
hempereg roll/tumble about
hemzseg swarm, *(hibáktól)* abound (in)
henceg brag, boast, swagger
henger cylinder, *(simító/nyomó)* roller, *(írógépé)* platen
hengerel *(utat/fémet)* roll, *(szövőüzemben)* calender
hengerész forge-roller
hengerít roll, trundle
hengermű roll(ing) mill
Henrik Henry
hentes pork-butcher, butcher; **a ~hez megy** go* to the butcher's
hentesáru pork-butcher's meat, sausages *(tbsz)*
henyél idle, laze, dawdle
hepehupás rough, uneven, bumpy (road)
herceg *(kontinensen és angol királyi)* prince, *(nem királyi)* duke
hercegnő *(kontinensen és angol királyi)* princess, *(nem királyi)* duchess
here 1. *(méh)* drone **2.** *(emberről)* idler, parasite **3.** *(testrész)* testicle
hering herring
hermelin ermine
hernyó catepillar, worm
hernyóselyem genuine/pure silk
hernyótalp caterpillar tread
hervad fade, wither, languish
hervadt faded, withered
hervadhatatlan unfading

hét[1] *fn*, week; **két ~** a fortnight; **a ~ elején** at the beginning of the week; **egy ~ múlva** in a week('s time); **egy ~ óta** for a week; **ma egy hete** a week ago; **mához egy ~re** a week from to-day; **múlt ~en** last week; **jövő ~en** next week; **~ről-~re** from week to week, week in week out
hét[2] *számnev*, seven; **~ órakor** at seven o'clock; **este ~ig** until seven in the evening, till seven p. m.
hetedik I. *mn*, seventh; **~ osztály** seventh form **II.** *fn*, **~be jár** go* to the seventh form/class; **január ~én** January 7th *(olvasva* on January the seventh)
hetenként weekly
hetes[1] **1.** *(szám)* (number) seven; **~ busz** bus number seven
hetes[2] **I.** *mn*, *(időtartam)* . . . weeks old *(ut)*, of . . . weeks *(ut)* **II.** *fn*, **2.** *(szolgálatban)* person on duty for a week, *(iskolában)* monitor
hétfő Monday; **~n** on Monday; **jövő ~n** next Monday; **múlt ~n** last Monday; **minden ~n** every Monday; **~n este** Monday evening; **~re** by Monday; **~ig** till Monday
hétfői Monday, of Monday *(ut)*
heti weekly, a week's
hetijegy weekly ticket
hetilap weekly (paper)
hetivásár weekly market/fair
hétköznap weekday
hétköznapi everyday
hétszámra by the week
hétvége week-end
hetven seventy
hetvenedik seventieth
hetvenked|ik bluster, brag
hetyke pert, impudent
hév heat, ardour; **vmnek a hevében** in the heat of sg; **~vel** enthusiastically
heveder strap, *(gépé)* belt, *(műszaki)* tie(-beam)
heveny acute, virulent
hevenyészett improvised
hever lie*, be* lying
heverő couch
heves violent, *(ember/természet)* sanguine, hot, violent, *(harc)* fierce, bitter *(fighting)*, *(vita)* heated (debate)
hevít 1. heat **2.** *(átv)* fire, stimulate
hevül 1. *(vk)* get* heated, *(vmért)* be* enthusiactic (about sg) **2.** *(tárgy)* get*/become* hot
hexaméter hexameter
hézag 1. *(nyílás)* gap **2.** *(átv)* deficiency
hézagos 1. discontinuous **2.** *(átv)* imperfect
hézagpótló supplying a great want
hiába in vain, vainly; **nem ~** not for nothing
hiábavaló useless, vain
hiány 1. want (of sg), lack; **vmnek ~ában** for want/lack of sg; **~t szenved vmben** be* short of sg, be* in want of sg **2.** *(árué)* shortage, *(költségvetési)* deficit, *(pénztári)* amount missing
hiánycikk article/material in short supply
hiányjel apostrophe
hiányol 1. *(hiányát érzi)* miss **2.** *(kifogásol)* object (to), disapprove (of)
hiányos defective, deficient, incomplete
hiányosság defect(iveness), insufficiency; **~ok** shortcomings, *(munkáé)* faultiness; **eszközeink ~a** the inadequacy of our means
hiánytalan complete, full
hiányz|ik 1. *(vk)* be* absent

(from), *(nem található)* be* missing 2. *(vm elveszett)* be* missing, *(vm nincs jelen)* be* wanting; **még csak ez ~ott!** that crowns all!

hiba 1. mistake, error, fault; **ez az ő hibája** it is his fault; **hibát ejt** make* a mistake; **hibát talál vmben** find* fault with sg; **beismeri hibáját** acknowledge one's mistake; **hibául ró fel** blame (sy for sg) 2. *(szervi)* defect *(működési)* trouble; **testi ~** deformity 3. *(sport)* foul

hibabejelentő repairs centre (of telephone installations)

hibapont *(sportban)* fault, penalty point

hibás defective, deficient, *(bűnös)* guilty; **ki a ~?** who is* to blame?; **nem ~** unblamable

hibátlan faultless, *(áru)* flawless, *(nyelvileg)* correct, standard, *(számítás)* exact

hibáz|ik *(vk)* make* a mistake

hibáztat blame (sy for doing sg)

hibbant crazy

hibrid hybrid

híd bridge; **hidat ver** throw*/build* a bridge

hidász pontonier

hideg I. *mn*, cold, chilly II. *fn*, cold; **~ van** it is* cold; **5 fok hideg van** it is* 5 degrees below zero

hidegen 1. cold 2. *(átv)* coldly, coolly; **~ hagy** *(vkt vm)* leave* one cold/unmoved

hidegháború cold war

hideghullám cold wave

hidegrázás the shivers *(tbsz)*

hidegvérű *(átv)* self-possessed, cool

hídkorlát parapet

hidrogén hydrogen

hidrogénbomba hydrogen bomb, *H*-bomb

hídverő bridge-builder

hiéna hyena

híg thin, watery, diluted

higany mercury, quicksilver

higgadt sober, staid, calm

higiénikus hygienic

hígít dilute, thin

hihetetlen unbelievable, incredible

híja: vmnek ~ lack/want of sg; **kicsi ~ volt (hogy . . . nem)** all but, almost, nearly

hím male

himbálódz|ik swing*, rock

hímez embroider

himlő pox, smallpox

himlőoltás vaccination

hímnem 1. male sex 2. *(nyelvtan)* masculine gender

himnusz (national) anthem

hímpor 1. *(növényé)* pollen 2. *(lepkéé)* scale

hímzés embroidery, needlework

hínár seaweed

hindu Hindoo, Hindu

hint strew*, spread*

hinta 1. *(kötélen)* swing 2. *(deszka)* see-saw

hintáz|ik swing* (to and fro), see-saw

hintó coach

hintőpor talcum

hiperbola hyperbola

hír 1. news (of sg), *(közvetített)* information; **~ek** *(rádióban)* news bulletin/service/broadcast; **mi ~?** what is* the news?, anything new?; **~ből ismer** know* sy by repute; **~t ad vmről** give* information about sg, inform sy of sg 2. *(hírnév)* reputation, fame, renown; **~be hoz vkt** get* sy talked about

híradás information, *(műszaki)* telecommunication

híradástechnika telecommunication (technique)

híradó 1. *(moziban)* newsreel 2. **~ alakulat** signal corps *(tbsz* signal corps)

hirdet 1. *(újságban)* advertise 2. *(tant)* preach, proclaim (doctrine); **új korszak kezdetét ~i** herald a new era
hirdetés *(szöveg)* advertisement, *(apró)* ad, *(plakát)* poster, bill
hirdetőoszlop (advertising) pillar
hirdetőtábla notice board, billboard
híres *(vmről)* famous, renowned, well-known *(mind* for sg), *(csak emberről)* distinguished
hírességs celebrity
híresztel spread* a report (of sg), rumour (sg)
hírhedt notorius
hírközlés telecommunication
hírlap newspaper, paper
hírl|ik it is* rumoured/said
hírmagyarázó news commentator
hírnév reputation, fame; **~re tesz szert** make* a name for oneself, become* famous
hírneves famous, renowned
hírnök herald, messenger
hírszolgálat news service, *(rádióé)* newscast
hirtelen I. *mn*, sudden, unexpected, *(mozdulat)* quick, rapid (movement) II. *hat*, suddenly, all of a sudden
hírügynökség news-agency
hírvivő *fn*, messenger, courier
história history, *(történet)* story, tale
hisz 1. *(vmt/vmben)* believe (in) sg; **nem ~** disbelieve; **nem ~em!** I do* not believe it, I don't* think so; **akár ~ed akár nem** believe it or not 2. *(vél)* believe, think*; **azt ~em** I think* (so), I suppose so 3. *(vknek)* believe sy, put* trust/confidence in sy; **nem ~vknek** distrust sy
hiszékeny credulous, naive
hiszen but, surely, well
hisztérikus hysterical; **~ roham** fit of hysterics
hit 1. *(hivés)* belief (in sg), faith 2. *(vallás)* religion, confession, faith 3. *(hiedelem)* belief, opinion; **abban a ~ben** *(hogy)* in the belief (that), thinking (that)
hiteget feed* with promises/hopes
hitel 1. *(kereskedelem)* credit; **~ben/re vesz** buy* on credit; **~t nyit** open a credit account 2. *(hihetőség)* trustworthiness, authenticity; **~t érdemel** be* worthy of credit; **aminek ~éül** in witness whereof
hiteles 1. authentic, genuine 2. 2. *(hitelesített)* authenticated, certified; **~ másolat** certified/attested copy
hitelesít authenticate, certify, *(mértéket)* check, test; **jegyzőkönyvet ~** confirm the minutes of the meeting
hitelez give* (on) credit
hitelező creditor
hitelintézet credit bank
hitelképes creditable (firm)
hitelkeret credit limit
hitellevél letter of credit *(röv* L/C)
hites 1. sworn; **~ könyvvizsgáló** chartered accountant; **~ tolmács** sworn interpreter 2. *(törvényes)* lawful; **~ feleség** wedded wife
hitetlen 1. *(kétkedő)* incredulous (of sg), sceptical 2. *(nem hivő)* unbelieving, faithless
hitközség religious community, parish
hitoktatás religious instruction
hitszegő *mn*, perfidious, treacherous
hittan 1. *(tantárgy)* religion 2. *(elméleti)* theology, divinity

hittérítő missionary
hittudomány theology, divinity
hitvallás 1. *(felekezet)* denomination 2. *(hit)* creed; **~t tesz vm mellett** declare one's adherence to
hitvány 1. *(minőségileg)* worthless, wretched 2. *(erkölcsileg)* base, unworthy, mean, vile
hitves consort, spouse
hiú vain; **~ vmre** be* vain of sg; **~ remény** vain hope
hiúság vanity
hiúz lynx
hív 1. call (to), *(magához)* summon; **telefonon ~** ring*/call sy up 2. *(nevez)* call, name; **hogy ~nak?** what's* your name?
hivalkod|ik *(vmvel)* parade (sg), make* a show (of sg)
hívat send* for sy, summon sy; **~va van** be* qualified/destined for
hivatal *(hely)* office, *(állás)* position, charge; **~ba lép** take* up office; **~ból** officially; **~t visel/betölt** occupy a post
hivatalnok official, civil servant, clerk
hivatalos 1. official; **~ idő** office/business hours; **~ úton** through (the) official channels 2. *(vhová meghiva)* be* invited (to)
hivatalsegéd office attendant
hivatás 1. *(hivatottság)* calling, vocation (to) 2. *(hivatal)* occupation, profession
hivatásos professional; **nem ~** non-professional
hivatkozás reference; **~sal vmre** with reference to sg
hivatkoz|ik *(vmre)* refer (to sg); **~va VIII. 10-i levelemre** with reference to my letter of August 10
hívatlan uninvited, *(kéretlen)* uncalled-for
hivatott *(vmre)* with a talent (for sg), destined (for sg) *(mind ut)*
híve 1. *(vknek/vmnek)* follower 2. *(vallás)* **a ~k** the flock/congregation
híven truly, faithfully; **parancsához ~** in compliance with his orders; **szokásához ~** as was* his custom
hívószám calling number
hízeleg *(vknek)* flatter (sy)
hízelgés flattery
híz|ik grow*/get* fat, fatten, *(csak ember)* grow* stout/corpulent
hizlal fatten, *(vm vkt)* make* fat
hízó *(sertés)* porker
hó snow; **esik a ~** it is* snowing
hóakadály snow-drift
hóbortos queer, eccentric
hócipő snow-boot(s)
hód beaver
hódít 1. *(földet)* conquer, *(népet)* subject, subdue (people) 2. *(nő/férfi)* make* a conquest of sy
hódítás conquest
hódító I. *mn*, **~ háború** war of conquest, aggressive war II. *fn*, conqueror
hódol 1. *(vknek)* pay* homage (to sy) 2. *(szenvedélynek)* have* a passion (for sg) *(divatnak)* follow
hódolat homage, devotion
hóeke snow-plough
hóember snowman *(tbsz* snowmen)
hóesés snowfall
hófehér snow-white
hófúvás snow-storm, snow-drift
hógolyó snowball
hogy[1] *hat*, 1. *(hogyan)* how, in what manner; **~ vagy?** how are* you? 2. **~ a szilva?**

how do* you sell (these) plums? 3. **~ volt!** encore!; **de még ~!** and how!
hogy[2] *köt*, 1. that; **azt mondta ~ el fog jönni** she said (that) she would come 2. *(célhatározó)* in order that/to, so that; **azért ment oda hogy angolul tanuljon** he went* there to learn English 3. *(kérdőmondat kötőszójaként)* whether, if; **kérdezte ~ mikor megyek** he asked me when I was going; **kérdezte ~ elmegyek-e** he asked me whether I was going; **kérdezte ~ mikor fog menni** he asked me when he would go
hogyha if, supposing
hogyhogy what do* you mean?
hogyisne nothing of the sort
hogylét state of health, condition
hogyne of course, naturally, certainly
hóhér executioner, hangman *(tbsz* hangmen)
hoki hockey
hokiz|ik play hockey
hol where?, whereabouts?; **~ volt ~ nem volt** once upon a time there was . . .
hólánc snow-chain
hold[1] moon, *(más bolygóé)* satellite
hold[2] *(földmérték)* 0,57 hectares, 1,42 English acres
holdfény moonlight; **~ben** by moon-light
holdfogyatkozás eclipse of the moon
holdkóros *fn*, *(beteg)* somnambulist, sleepwalker
holdtölte full moon
holdvilág moonlight
holdvilágos moonlit
hollandi *fn*, Dutchmann *(tbsz* Dutchmen), Dutchwoman *(tbsz* Dutchwomen)
Hollandia Holland, the Netherlands *(tbsz)*
hollét whereabouts; **~e ismeretlen** his whereabouts is* unknown
holló raven
holmi sy's things *(tbsz)*, belongings *(tbsz)*
holnap tomorrow; **~ reggel** tomorrow morning; **~ ilyenkor** tomorrow this time; **~hoz egy hétre** tomorrow week; **~ra** by tomorrow
holnapi of tomorrow *(ut)*, tomorrow's
holnapután the day after tomorrow
holott though, although, albeit
holt dead, deceased; **~ ág** *(folyóé)* backwater; **~tá nyilvánít** declare sy legally dead
holtpont dead point; **~ra jut** come* to a deadlock
holtsúly dead weight
holttest dead body, corpse
holtvágány siding, sidetrack
holtverseny dead heat, tie, draw
hólyag 1. *(szerv)* bladder, *(bőrön)* blister 2. *(emberről)* idiot, blockhead
homály 1. obscurity, dimness, *(átv)* mystery; **~ba burkol** obscure, veil 2. *(esti)* twilight, dusk
homályos 1. dim, obscure, *(fémfelület)* dull 2. *(értelmileg)* not clear, obscure
hombár granary
homlok forehead
homloküreg frontal sinus
homlokzat front, façade
homok sand
homokbucka sand-hill
homokkő sandstone
homokóra hour-glass
homokos sandy
homokzátony sand bank
homorú concave, hollow
hónalj armpit; **~a alatt** under one's arm
hónap month

hónapos monthly; ~ **retek** (small) earliest red radish
honfitárs compatriot, countryman *(tbsz* countrymen)
honfoglalás conquest
honnan 1. from where, whence, wherefrom; ~ **jössz?** where do* you come from? 2. *(átv)* how, why
honorál recompense, requite (sy's services)
honorárium fee, *(szerzői)* royalty
honvágy homesickness, nostalgia
honvéd Hungarain soldier
honvédelem national defence
honvédelmi: ~ **miniszter** Minister for National defence; **Honvédelmi Minisztérium** Ministry of Defence
honvédő háború defensive/patriotic war
honvédség Hungarian Army
hópehely snowflake
hord 1. *(visz)* carry, bear* 2. *(ruhát/cipőt)* wear* 3. **tenyerén** ~ make* much of sy, pamper; ~**d el magad** get out from here! 4. *(fegyver)* carry
horda horde
hordágy stretcher
hordalék *(folyóé)* stream deposit
hordár (station) porter
hordó barrel, *(bornak)* cask
hordozható portable
hordozórakéta carrier rocket
horgany zinc, *(kereskedelem)* spelter
horgas hooked, crooked
horgász angler
horgász|ik angle (for sg), fish
horgol crochet
horgolótű crochet-hook
horgony anchor; ~**t vet** cast*/drop anchor; ~**t felszed** weigh anchor
horgonyoz anchor
hórihorgas long-legged, long-shanked
horizont horizon, skyline
horkol snore
hormon hormone
hornyol groove, notch
horog hook, *(halászé)* fishing-hook, angle; ~**ra akad** *(hal)* take* the hook
horogkereszt swastika
horogütés hook
horony groove
horpadás dent (in sg), *(talajban)* dip
horzsol graze
horzsolás bruise, scratch
hossz length; **se vége se** ~**a** endless
hosszában lengthwise, *(vmnek a hosszában)* along; **széltében** ~ far and wide
hosszabbít 1. lengthen 2. *(időt)* prolong
hosszadalmas lengthy, *(körülményes)* roundabout, *(unalmas)* wearisome, tiresome
hosszmérték linear measure
hosszmetszet vertical section
hosszú long, *(emberről)* tall
hosszúság 1. length 2. *(földrajzi)* longitude
hosszútávfutás long-distance run
hotel hotel
hova in which direction, where, which way; ~ **lett a kalapom?** what has* become of my hat?; ~ **valósi** where does* he come from?
hovatovább soon, before long
hóvihar snow-storm, blizzard
hóvirág snow drop
hoz 1. bring*, carry, *(érte menve)* fetch; **isten** ~**ott!** welcome! 2. *(jövedelmez)* bring* in, yield; **termést** ~ yield crop
hozam output, yield
hozomány dowry, dower
hozzá to/towards sy; **még** ~

besides, moreover; **~m** to me; **~d** to you; **~juk** to them
hozzáad *(vmhez)* add (to sg)
hozzáér *(vmhez)* touch, graze (sg)
hozzáértés expertness, competence, know-how
hozzáértő *mn*, competent, expert, skilled (in sg); **hozzá nem értő** incompetent
hozzáfér *(vmhez)* reach (sg), *(vmhez/vkhez)* come*/get* near to (sg/sy); **nem fér hozzá semmi kétség** it is* beyond doubt
hozzáférhetetlen inaccessible
hozzáférhető accessible available
hozzáfog *(vmhez)* set* about, begin* (sg); **~ a munkához** get* down to work
hozzáfűz 1. *(vmhez)* fasten (to **2.** *(megjegyzést)* add (remark)
hozzáillő fitting, becoming, proper, *(színben)* to match *(ut)*
hozzájárul 1. *(vmhez)* contribute (to sg), *(anyagilag)* make* a contribution (to sg) **2.** *(beleegyezik)* assent, agree *(amihez* to)
hozzájárulás 1. *(anyagilag)* contribution **2.** *(beleegyezés)* assent, consent
hozzájut 1. *(térben vmhez)* get* at sg **2.** *(időben)* find* time (for sg)
hozzálát 1. *(vmhez)* set* about, begin*, start (sg) **2.** *(evéshez)* fall* to it
hozzámegy *(feleségül)* be* married (to sy), marry (sy)
hozzányúl *(vmhez)* touch, handle; **ne nyúlj hozzá!** leave it alone!
hozzásimul 1. *(szerelmesen)* cling* close (to sy) **2.** *(ruha)* fit (sy) close
hozzászámít *(vmhez)* include (in sg)
hozzászok|ik *(vmhez)* become*/grow*/get* accustomed (to sg)
hozzászoktat *(vmhez)* accustom (to sg)
hozzászól *(vmhez)* speak* on a subject, put* in a word; **mit szól hozzá?** what do* you think of it?
hozzászólás remarks (about sg) *(tbsz)*, *(vitához)* contribution (to)
hozzászóló speaker
hozzátartoz|ik *(vmhez)* belong to (sg)
hozzátartozó relative, relation; **legközelebbi ~** next of kin
hozzávaló *(kellék)* accessories *(tbsz)*, *(szabóé)* trimmings *(tbsz)*, *(ételhez)* ingredients *(tbsz)*
hozzávetőleg approximately, about, roughly (speaking)
hő I. *mn*, *(átv)* fervent, ardent **II.** *fn*, heat, warmth; **~t elnyel** absorb heat; **~t fejleszt** develop heat; **~t kibocsát** emit heat
hőálló heat-resisting
hőemelkedés *(orv)* slight fever, subfebrile condition; **~e van** have* temperature
hőenergia thermal energy
hőerőmű thermal power plant
hőfejlesztés heat generation
hőfok degree of temperature
hőforrás 1. *(víz)* hot/thermal spring **2.** *(hősugárzó test)* source of heat
hőhullám heat-wave
hölgy lady; **H~eim és Uraim!** Ladies and Gentlemen!
hölgyfodrász ladies' hair-dresser
hőmérő thermometer, mercury
hőmérséklet temperature
hőmérséklet-csökkenés decrease in temperature

hőmérséklet-emelkedés rise in/of temperature
hőmérséklet-ingadozás fluctuation of temperature
hömpölyög roll on/along, *(tenger)* heave*, billow
hőpalack thermos, vacuum--bottle/flask
hörcsög hamster
hörghurut bronchitis
hörög rattle in one's throat
hős I. *mn*, heroic(al), valiant II. *fn*, hero
hőség heat; **nagy ~ van** it is* very hot
hősi heroic, heroical, gallant; **~ emlékmű** war memorial; **~ halál** (a) hero's death; **~ halott** war dead
hősies heroic, valiant
hősnő heroine
hősugárzó *fn*, radiator, heater
hőszigetelő heat insulator
hővezető I. *mn*, heat-conveying II. *fn*, heat conductor
húg younger sister
húgy urine
huhog hoot, to-whoo, ululate
huligán hooligan
hull fall* (off), drop down/off, *(könny)* flow, *(haj)* fall* out
hulla corpse, *(állati)* carrion
hulladék waste, refuse, *(ételé)* garbage
hullaház mortuary
hullám 1. wave, *(tengeri)* billow; **nagy ~okat ver** *(átv)* cause great excitement 2. *(hajban)* wave
hullámfürdő surf-bath
hullámhossz wave-length
hullámos wavy, waved, undulating, *(tenger)* billowy
hullámsáv wave band
hullámtörő(gát) breakwater
hullámvasút switchback railway
hullámverés rolling sea, *(parti)* surf
hullámvonal wavy line
hullámz|ik 1. *(szeliden)* undulate, *(erősen)* surge, billow 2. *(áralakulás)* fluctuate
hullat drop, let* fall, *(könnyet/vért/levelet)* shed*, *(szőrt/hajat)* lose*
hullócsillag shooting star
humanista humanist
humanizmus humanism
humor humour
humorérzék sense of humour
humorista humorist
humoros humorous, funny, comic
huncut I. *mn*, 1. impish, roguish 2. *(nem becsületes)* wily, crafty II. *fn*, rogue, rascal; **te kis ~** you little imp
hunyorgat blink, nic(ti)tate
hunyorít wink with the eye(s)
húr *(hegedűn)* string, *(zongorán)* wire, *(mértanban)* chord; **egy ~on pendülnek** they are* thick as thieves; **más ~okat penget** change the tone
hurcol drag, haul, lug
hurcolkod|ik move (house), remove
hurka sausage
hurok noose, loop, *(állatfogó)* snare; **hurkot vet** lay* a snare
húros hangszer string instrument
hurrá hooray!, hurrah!
hurut catarrh
hús *(élő)* flesh, *(ennivaló)* meat; **jó ~ban van** be* well covered
husáng cudgel, club
húsbolt butcher's (shop)
húsdaráló mincer
húskonzerv canned/tinned meat
húsleves meat/clear-soup, *(erős)* broth
húsvét *Easter*
húsvéti tojás *Easter* egg
húsz twenty, a score
huszadik twentieth

huszár hussar, cavalryman *(tbsz* cavalrymen)
huszonegy twenty-one
húz 1. draw*, pull, *(vonszolva)* drag, haul; **cipőt ~** put* one's shoes on; **az időt ~za** mark time; **már nem sokáig ~za** he won't last long; **a rövidebbet ~za** come* off the loser; **ujjat ~ vkvel** pick a quarrel with sy; **nagyot ~** *(az italból)* take* a long draught 2. *(ugrat vkt)* kid, rile 3. **vkhez ~** feel* affection for sy, prefer sy 4. *(sakkozó)* (make* a) move; **ki ~?** whose move is* it?
huzal wire, *(erősebb)* cable
huzam: egy ~ban at one go, without a break
huzamos lasting, long-lasting
húzás 1. pull, draw 2. *(sakkban)* move, *(fogé)* extraction 3. *(kötvényé)* drawing
huzat *fn*, 1. *(kályháé/hőgépé)* intake of air, *(légvonat)* draught (of air) 2. *(bútorra)* cover, *(párnára)* case
huzatos draughty
huzavona delays *(tbsz)*
húzód|ik 1. *(anyag)* stretch 2. *(ügy)* drag on 3. *(terület)* extend (to/over) 4. *(vk vhová bújik)* withdraw* to
húzódoz|ik *(vmtől)* feel* reluctant/loath (to do sg), shrink* from (sg)
hű faithful, loyal
hűbéres vassal
hűbériség feudal system, feudalism
hűhó ado, fuss
hüledez|ik be* dumbfounded/astounded
hűlés *(meghűlés)* cold, chill
hüllő *fn*, reptile
hülye I. *mn*, idiotic, imbecile, stupid II. *fn*, idiot, imbecile
hűs cool, fresh, refreshing
hűség faithfulness, loyalty
hűséges faithful, loyal
hűsít refresh
hűsítő *fn*, *(ital)* cool/refreshing drink, refreshment
hűt cool, *(készülékkel)* refrigerate
hűtlen faithless, unfaithful, disloyal; **~ elhagyás** wilful/malicious desertion
hűtő 1. *(autóé)* radiator 2. *(szekrény)* refrigerator
hűtőház cold-storage plant
hűtőszekrény refrigerator, fridge
hüvely 1. *(kardé)* scabbard, *(töltényé)* cartridge-case, *(műszaki)* sleeve 2. *(növényé)* pod, hull
hüvelyesek pulse, leguminous plants *(tbsz)*
hüvelyk 1. *(kézen)* thumb; **H~ Matyi** Tom Thumb 2. *(mérték)* inch (= 2,54 cm)
hűvös *(kellemesen)* cool, fresh, *(kellemetlenül)* chilly; **~ van** it is* cool; **~ helyen tartandó** to be kept in a cool place; **~re tesz** *(bedutyiz)* clap in jail

I

ibolya violet
ibolyántúli ultra-violet
ide here, to this place; **gyere ~!** come here!; **hallgass ~!** listen (to me)!
ideál ideal
ideális ideal
idealista I. *mn*, idealistic II. *fn*, idealist
idealizál idealize
ideát over here
ideértve including, included *(ut)*
idefelé on the way here
idefenn up here

ideg nerve; **az ~ekre megy** it gets* on one's nerves, it is* trying
idegcsillapító *fn/mn*, sedative
idegen I. *mn*, **1.** *(ismeretlen személy)* unknown, strange, *(külföldi)* foreign, alien **2.** *(anyag)* extraneous; **~ test** foreign body **3.** *(másé)* another's **II.** *fn*, **1.** *(ismeretlen helybeli)* stranger **2.** *(külföldi)* foreigner, alien; **~eknek tilos a bemenet** no admittance
idegenforgalmi iroda tourist office/agency
idegenforgalom tourism, (foreign) tourist traffic
idegenked|ik 1. *(vmtől)* be* averse (to sg) **2.** *(vktől)* dislike (sy), have* an aversion (to sy)
idegenlégió Foreign Legion
idegenvezető guide
ideges nervous
idegesít make* nervous
idegesked|ik be* nervous
idegfeszítő nerve-wrecking
ideggyógyász nerve specialist
ideggyógyintézet neurological clinic
ideggyulladás neuritis
idegháború war of nerves, cold war
idegösszeomlás nervous breakdown
idegrendszer nervous system
idegsokk (nervous) shock
idei this year's
ideiglenes temporary, provisional; **~ megoldás** temporary solution; **~en** temporarily
idejében in time; **Mátyás király ~** in king Matthias' days
idejekorán in (good/due/proper) time, early
idején in the time (of); **a maga ~** in due time; **annak ~** *(akkor)* at that time, *(jövőben)* when the time comes
idejétmúlt outdated, obsolete
idén this year
idény season, time (of the year)
idénymunka seasonal employment/work
ide-oda here and there, to and fro
ideológia ideology
ideológiai ideological
ideológus ideologist
idestova nearly, almost
idétlen 1. *(alakra)* misshapen **2.** *(megjegyzés)* inept, foolish **3.** *(ügyetlen)* clumsy, awkward
ideutaz|ik travel here, come* to this place
idevágó referring to this *(ut)*
idevalósi local
idéz *(szöveget)* quote, cite, *(hatóság elé)* summon; **emlékezetébe ~** call to mind, recall
idézés *(bírósági)* summoning, *(irat)* summons *(tbsz* summonses)
idézet quotation (from)
idézőjel quotation marks *(tbsz)*
idill idyll
idióta idiot
idom *(mértani)* figure, *(női)* shape, form
idomít *(állatot)* train, *(vadállatot)* tame
idomtalan shapeless, unshapely
idomul *(vmhez/vkhez)* adjust/adapt oneself (to)
idő 1. time, *(tartam)* period, while, *(kor)* times *(tbsz)*, days *(tbsz)*, age; **mennyi az ~?** what is* the time?, what time is* it?; **egy ~ óta** for some time (past), lately; **itt az ideje (hogy)** it is* time to; **nincs rá ideje** has* no time to spare; **~ben** in time; **kellő ~ben** in due time; **mennyi ideig?** how long?; **egy ~re** for a while, **~ről**

~re from time to time; **~vel** in (the course of) time; **~vel megszereted** you will come to like it 2. *(időjárás)* weather; **milyen ~ van?** how is* the weather?, what is* the weather (like)?; **szép ~ van** it is* fine, it is* a fine day (to-day) 3. *(nyelvtan)* tense
időbeosztás time-table, schedule
időhatározó adverb of time
időhiány lack of time; **időhiánnyal küzd** be* pressed for time
időjárás weather; **ha az ~ megengedi** weather permitting
időjárási viszonyok weather conditions
időjárásjelentés weather-report, *(előre)* weather forecast
időjelzés time-signal
időközben meanwhile, (in the) meantime
időközönként from time to time
időmértékes verselés quantitative versification
időnként from time to time, now and then
időpont moment, (point of) time, date
időrend chronological order
idős old, aged, elderly; **milyen ~?** how old is* he?
időszak period, space (of time)
időszámítás 1. chronology 2. *(rendszer)* calender, style; **~unk előtt(i)** before our era, before Christ *(röv* B. C.); **~unk III. századában** in the third century of our era, in the 3rd century A.D.
időszerű timely, seasonable
időszerűtlen untimely, out of season/place *(ut)*
időz|ik 1. stay (swhere), sojourn 2. *(tárgynál)* dwell* long on (a subject)
időzített bomba time-bomb
idült chronic
i. e. = *időszámításunk előtt* before our era, before Christ, B.C.
ifjú I. *mn,* young, youthful II. *fn,* young man *(tbsz* young men/people), youth
ifjúkor youth, adolescence
ifjúmunkás young worker
ifjúság 1. *(kor)* youth, adolescence; **kora ~ában** in his early youth 2. *(ifjak)* youth, young people/men *(tbsz)*; **a dolgozó ~** working youth
ifjúsági juvenile, of/for youth *(ut)*; **~ mozgalom** youth-movement; **~ versenyszám** junior event
iga yoke; **igába hajt** *(átv)* subjugate, subdue
igásállat draught animal
igaz I. *mn,* 1. *(való)* true, real; **~?** isn't* that so? 2. *(becsületes)* true, straight; **~ barát** true friend II. *fn, (valóság)* truth; **~a van** he is* (in the) right; **nincs ~a** he is* (in the) wrong; **~at ad vknek** admit that sy is* right; **az ~at megvallva** to tell the truth
igazán 1. really, truly, indeed 2. *(kérdve)* really?, indeed?, is* that so?
igazgat *(vállalatot)* manage, direct, *(hivatalt/ügyeket)* administer (office)
igazgató *(vállalaté)* director, manager, *(általános iskoláé)* head (teacher), *(középiskoláé)* headmaster
igazgatóhelyettes *(vállalaté)* sub/under-manager, *(iskoláé)* deputy head(master)
igazgatónő *(vállalaté)* manageress, directress, *(iskoláé)* headmistress
igazgatóság 1. *(testület)* management, board of directors 2. *(állás)* managership, di-

rectorship 3. *(helyiség)* manager's/director's office
igazgyöngy real pearl
igazi true, real
igazít *(vmt vmn)* put* right, *(javítva)* repair, *(órát)* set*, regulate (clock)
igazod|ik 1. *(vk vmhez/vkhez)* go* by (sg/sy), *(vm vmhez)* follow (sg) 2. *(katona)* dress (back)
igazol 1. *(cselekedetet)* justify, *(állítást)* verify, *(mulasztást)* excuse (absence); **~juk ...i levelének vételét** we acknowledge receipt of your letter dated/of 2. *(gyanúsítottat)* clear, *(vk politikai múltját)* testimonialize sy politically 3. **~ja magát!** *(azonosságát)* prove your identity; **alulírott ezennel ~om** I (the undersigned) hereby certify (that), this is to certify (that)
igazolás 1. *(cselekedeté)* justification, *(állításé)* verification 2. *(politikai múlté)* political testimonialization 3. *(személyazonosságé)* proof of one's identity
igazolatlan unjustified
igazoltat demand sy's papers
igazolvány certificate, papers *(tbsz)*; **személyazonossági ~** identity card
igazság 1. *(valóság)* truth 2. *(igazságtétel)* justice; **~ot szolgáltat** administer/do* justice (to)
igazságos just
igazságszolgáltatás jurisdiction
igazságtalan unjust
igazságtalanság injustice
igazságügyminiszter Minister of Justice, *(GB)* Lord Chancellor, *(US)* Attorney-General
Igazságügyminisztérium Ministry/Department of Justice
ige verb
igeidő tense
igekötő verbal prefix
igen[1] I. *int*, yes; **esik-e az eső?** – **~** is* it raining? – yes it is* II. *fn*, **~nel felel** answer in the affirmative
igen[2] *hat*, *(nagyon)* very, greatly, *(igét nyomósítva)* very much; **~ szereti** *(vmt)* is* very fond of it, *(vkt)* likes/loves him very much
igenév participle; **főnévi ~** infinitive
igenis 1. yes (sir)!, certainly! 2. *(ellentétes)* **de ~ így lesz!** well(,) that's how it is* going to be
igenlés affirmation
igény 1. *(vmre)* claim (to); **~be vesz** *(eszközt)* make* use of, *(alkalmat)* take* advantage of, *(időt erősen)* take* up (time); **3 órát fog ~be venni** it will take three hours; **túlságosan ~be vesz** overburden (with); **~t tart vmre** lay* claim to sg 2. *(átv)* want, demand; **minden ~t kielégít** satisfy every demand
igényel claim, *(figyelmet/munkát)* demand, require
igényes 1. hard to please *(ut)*, exacting 2. *(színvonalas)* of high level *(ut)*
igényjogosult *mn*, entitled to sg *ut*
igénylés demand, claim (of sg)
igénytelen 1. *(szerény)* unassuming, modest 2. *(egyszerű)* simple, *(jelentéktelen)* insignificant
ígér 1. promise, *(átv)* give* hopes (of sg); **sokat ~** *(vm)* be* promising 2. *(kereskedelemben ajánlatot tesz)* **bid*, offer**
igeragozás conjugation (of verbs)

ígéret promise; **~ét megtartja** keep* one's promise; **megszegi ~ét** break* one's promise

ígérkez|ik 1. *(vmnek)* promise (to be sg) **2.** *(vhova)* engage oneself (to go swhere)

igézet enchantement, spell

így so, thus, in this way/manner; **a levél ~ szólt** the letter ran* as follows; **~ is úgy is** anyway, anyhow

igyekezet endeavour, effort

igyeksz|ik 1. *(szorgalmas)* work hard, do* one's best **2.** *(vmt tenni)* endeavour, strive* *(mind* to) **3.** *vhova)* make*/head for (a place)

ihatatlan undrinkable

iható drinkable

ihlet I. *ige,* inspire, give* inspiration (to) **II.** *fn,* (source of) inspiration

íj bow

ijedős easily frightened *(ut),* timorous

ijedtség fright, alarm, fear

ijeszt frighten, terrify

ijesztő frightening, frightful

iker twin

ikerház semi-detached house

ikertelefon party-line telephone

ikertestvérek twins

ikra 1. *(halé)* roe (of fish) **2.** *(lábon)* calf (of leg) *(tbsz* calves)

iksz-lábú knock-kneed

iktat register; **törvénybe ~** enact

iktató *fn,* **1.** *(személy)* registrar **2.** *(hivatal)* registrar's office

iktatókönyv register

iktatószám registry number

illat fragrance, scent, perfume

illatos fragrant, sweet-smelling

illatoz|ik smell* sweet, be* fragrant

illatszer scent, perfume

illatszerbolt perfumery

illedelmes well-behave[d]

illegális illegal, *(polit)* ... ground

illegalitás illegality; **~b**... go* underground

illem propriety, decency ... manners *(tbsz)*

illemhely lavatory, *(US)* ... -room

illemszabály rule of co...

illemtudó well brought-u... polite

illeszt *(vmbe)* fit (to/into)... (into), insert (in), *(egymá*... joint, connect (with)

illet 1. *(vm vké)* belong (to ... pertain (to sy) **2.** *(vonatk*... *vkre/vmre)* concern (sy/... refer (to sg); **ami azt ~i** ... to that, as regards th... as a matter of fact; **a**... **engem ~** as far as I am* co... cerned, as for me **3. sér**... **szavakkal ~** abuse sy

illeték dues *(tbsz)*

illetékes competent, responsi... ble; **~ helyen** in responsibl[e] quarters

illetékköteles subject to charges *(ut)*

illetékmentes duty-free

illetéktelen unauthorized

illetlen *(viselkedésben)* unbecoming, *(szemérmetlen)* indecent

illetmény pay, salary

illető I. *mn,* **1.** *(szóban forgó)* in question/point *(ut)* **2.** *(vkre vonatkozó)* concerning, relating to, *(vknek kijáró)* due to *(mind ut)* **II.** *fn, (ember)* the person in question

illetőleg 1. *(vkt/vmt)* concerning regarding, as for **2.** *(illetve)* respectively; **A-val(,) B-vel(,) ~ C-vel jelölve** marked A(,) B(,) and C(,) respectively **3.** *(helyesebben)* or rather

ill|ik 1. *(viselkedésben)* be*

(vmhez) suit (sg
t (sg), *(színben)*
), *(vkhez vm)*
it (sy)
fitting 2. *(vkhez/*
ming (sy/sg)
ustration
trate
rated, illustrious
n; **~kban** **rin-**
cherish an illu-

ch a(n), of this
ut); **~ az élet**
; **egy ~ okos**
a clever man
. in this way 2.
előtt) as follows
t akkor) then, so,

. at that time 2.
mal) in such a case
ch a thing; **~ nem**
no such thing exists
yer
ore, worship
z|ik pray
nyv prayer-book
og *(járva)* totter, stagger
ehold!, see!, lo!; **~ néhány**
da here are some examples
t a little while ago
nel-ámmal reluctantly
múnis immune (from)
perialista I. *mn*, imperialistic **II.** *fn*, imperialist
mperializmus imperialism
imponál *(vknek)* impress (sy), inspire respect (in sy)
import 1. *(művelet)* importation **2.** *(cikk)* imports *(tbsz)*
importál import
importőr importer
impregnál *(vízhatlanít)* waterproof
impresszió impression
improduktív unproductive
Imre Emery
ín tendon, sinew; **inába szállt a bátorsága** his heart sank
inas[1] 1. *(tanonc)* apprentice **2.** *(belső)* valet, footman *(tbsz* footmen)
inas[2] tendinous, *(hús)* stringy
incidens incident
incselked|ik *(vkvel)* tease (sy), jest (with sy)
inda *(kapaszkodó)* trailer, *(földön)* runner
index 1. *(iskolai)* school-record **2.** *(szám)* index *(tbsz* indices) **3.** *(autón)* direction indicator **4. ~re tesz** put* (a book) on the Index
India India, the East Indies *(tbsz)*
indiai Indian, Hindoo
indián (Red) Indian
indigó 1. indigo **2.** *(másolópapír)* carbon (paper)
indiszkrét indiscreet, tactless
indít 1. *(mozgalmat)* start, set* off; **pert ~** bring* an action; **tárgyalásokat ~** initiate negotiations **2.** *(gépet)* set* going, put/set* in motion **3.** *(jelt ad)* give* the starting signal **4. ez ~ja őt arra, hogy** that makes* him (do sg)
indíték motive, reason
indítógomb starter-button
indítókar starting-lever
indítóok motive, reason
indítvány motion (at a meeting), proposal, proposition; **~t tesz** make* a motion
indítványoz propose, suggest
individuális individual
indoeurópai Indo-European
indok motive, reason
Indokína Indo-China
indokol give* (one's) reason
indokolatlan causeless, unjustified
indokolt justified, reasonable
Indonézia Indonesia
indukció induction
indul 1. *(gép)* start, *(repgép)*

take* off, *(hajó)* sail, *(vonat)* depart, *(vk útnak)* start, be* off, depart, leave*; **jól ~** *(a dolog)* begin* well; **~j!** *(katona)* march! 2. *(sport)* take* part 3. **hanyatlásnak ~** (begin* to) decline

indulás *(gépé)* start, *(repgépé)* take-off, *(hajóé)* sailing, *(vonaté)* departure; **~ ideje** time of departure; **~ra kész** ready to leave

indulási oldal departure platform

indulat 1. impulse, temper 2. *(beállítottság)* mood, disposition (towards) 3. *(harag)* temper; **~ba hoz** make* angry

indulatos passionate, choleric

indulatszó interjection

induló *(zene)* march

indulóban van be* about to start

infekció infection

infláció inflation (of the currency)

influenza influenza; **egy kis ~** a touch of the flu

információ information, intelligence; **~s iroda** inquiry office

informál inform (sy of sg), give* information (on/about sg)

informálód|ik make* inquiries

infravörös infra-red

ing shirt, *(női)* chemise; **se ~em se gallérom** it has* nothing to do with me

inga pendulum

ingadozás 1. *(mennyiségi)* fluctuation 2. *(lelki)* hesitation

ingadoz|ik 1. *(lelkileg)* vacillate, hesitate 2. *(mennyiség)* fluctuate (between . . . and . . .)

ingajárat shuttle-service

ingaóra pendulum clock, *(padlón álló)* grandfather clock

ingatag 1. *(tárgy)* unstable, wobbling 2. *(lelkileg)* hesitating, vacillating

ingatlan immovable/landed property, real estate

ingatlanforgalmi iroda estate agency

inger stimulus *(tbsz* stimuli), irritation

ingerel 1. stimulate 2. *(boszszantva)* irritate, vex

ingerlékeny irritable, short-tempered

ingerült irritated

inggomb shirt-button, *(díszes)* stud

ingkabát jacket-shirt

ingóságok chattels *(tbsz)*, movable property

ingovány bog, swamp, fen, moor

ingoványos swampy, marshy

ingujj shirt-sleeve

ingyen I. *hat*, for nothing, free of charge II. *mn*, free; **~ minta** free sample

ingyenélő *fn*, parasite, sponger

injekció injection; **kapott egy ~t** he was* given a shot; **~s fecskendő** hypodermic syringe; **~s tű** hypodermic needle

inkább rather, sooner, more; **annál ~** all the more (because), so much the more; **~ nem** rather not

inkasszál collect

inkvizíció inquisition

innen 1. *(hely)* from here, hence 2. **~ van az hogy** that is* why 3. **vmn ~** this side of sg

innen-onnan 1. *(idestova)* nearly, almost 2. *(különböző helyekről)* from here and there

inog *(tárgy)* wobble, shake*

ínség 1. penury, need 2. *(szükség)* want, dearth

ínséges *mn*, destitute, miserable

inspekció *(éjszakai)* all night service
inspekciós *fn,* person on duty
int 1. make* a sign, *(kézzel)* beckon, wave, *(fejjel)* nod **2.** *(vkt vmre)* admonish (sy to do sg), *(vkt vmtől)* warn (against)
integet wave (one's hand to)
integrál(számítás) integral calculus
intelem admonition, warning
intelligens intelligent
intenzitás intensity
interjú interview
internacionálé 1. the International (Workmen's Association) **2.** *(dal)* the International(e)
internacionális international
internál intern
internáló tábor concentration camp
interurbán beszélgetés trunk call, *(US)* long-distance call
intéz 1. *(ügyet)* manage, arrange **2.** *(vmt vkhez)* address (sg to sy)
intézet institute, *(nevelő)* boarding-school
intézkedés measure, measures *(tbsz),* step, steps *(tbsz);* **további ~ig** until further notice; **megteszi a szükséges ~eket** take* the necessary measures/steps
intézked|ik 1. *(vk)* take* measures/steps, make* arrangements, *(vmről)* see* to/about sg **2.** *(törvény)* order, decree
intézmény institution, establishment
intézményes systematic, regular
intő I. *mn,* exhorting, warning; **~ példa** object-lesson **II.** *fn, (iskolai)* report of unsatisfactory progress
intrika intrigues *(tbsz)*
intrikál intrigue; plot *(aki ellen* against)
invázió invasion
inzulin insulin
íny gum, gums *(tbsz);* **nincs ~emre** it is* not to my taste/liking
ínyenc gourmet; **~ falat** delicacy, titbit
ipar industry, *(kisebb)* trade, (handi)craft; **állami ~** state-owned industry; **~t űz** be* in (a) trade
iparág (branch of) industry
iparcikk industrial product, manufacture
iparengedély trade licence
ipari industrial, industry-, trade-; **~ munkás** industrial worker, factory hand; **~ tanuló** industrial apprentice; **~ vásár** industrial fair
iparigazolvány trade licence
iparilag industrially
ipariskola industrial/technical school
iparkod|ik = **igyekszik**
iparművész industrial artist
iparművészet applied art(s)
iparos *(kis)* tradesman *(tbsz* tradesmen), craftsman *(tbsz* craftsmen), *(nagy)* industrialist
iparosít industrialize
iparosítás industrialization
iparvidék industrial area
ír¹ *ige,* write*; **hogyan ~juk?** *(ezt a szót)* how do* you spell it?
ír² I. *mn,* Irish **II.** *fn,* Irishman *(tbsz* Irishmen), Irishwoman *(tbsz* women)
iram pace, speed; **nem győzi az ~ot** be* unable to keep pace (with)
Irán Iran, Persia
iránt 1. toward(s), to **2.** *(hely)* in the direction of
irány direction, course, *(átv)* tendency; **~omban** towards

me; **~t változtat** change one's direction; *(átv is)* head towards, *(átv)* concentrate on sg
irányadó *mn*, *(vk)* competent, *(vm)* standard
irányár guiding price
irányelv directive, guiding principle
irányít direct, (to); **fegyvert vmre ~** level one's gun on sg; **figyelmét vmre ~ja** turn one's attention to sg
irányítás direction, directive
irányított guided, controlled; **~ gazdálkodás** planned economy; **~ lövedék** guided missile
iránytű compass
irányul *(vmre)* tend (towards/to); **minden figyelem feléje ~t** all eyes were* focussed on him
irányvonal direction line, *(polit)* line
irányzat tendency, trend; **hanyatló ~** downward trend
írás writing; **vknek az ~ai** sy's writings/papers; **szép ~a van** write* a fine hand; **~ba foglal** put* in writing; **Mikszáth ~ai** the writings/works of M.
írásbeli I. *mn*, written II. *fn*, 1. *(dolgozat)* composition 2. *(vizsga)* written examination
írásjel *(vessző stb.)* punctuation-mark, *(ékezet)* accent
írástudatlan illiterate
irat *fn*, writing, (written) paper; **az ~ok** *(egy ügyről)* documents *(tbsz)*; **~aim** my papers
íratlan unwritten
irattár archives *(tbsz)*
irattáska briefcase
Irén Irene
irgalmas merciful, charitable
irgalmatlan I. *mn* merciless, unmerciful II. *hat*, **~ nagy** enormous
irgalmaz be* merciful (to sy), have* pity/mercy (on sy)
irgalom mercy, pity, compassion
irha (animal's) hide, pelt; **menti az irháját** run* for dear life
irigy envious *(amire* of)
irigyel envy (sy/sg), *(vktől vmt)* grudge (sy/sg)
irigylésre méltó enviable
irigység envy; **majd megeszi az ~** be* green with envy
irka copy-book, exercise-book
írnok clerk, writer
író[1] *(tejtermék)* buttermilk
író[2] *(személy)* writer, author
íróasztal desk, writing-table
iroda office, bureau
irodaház office block
irodalmár man of letters *(tbsz* men)
irodalmi literary
irodalom literature, letters *(tbsz)*
irodalomtörténet history of literature, literary history
írógép typewriter; **~en ír** type
irónia irony
írónő authoress
Írország Ireland, Eire
irreális baseless, unfounded
irt *(lakosságot)* butcher, slaughter, *(élősdit)* exterminate (vermin), *(gyomot/növényt)* extirpate; **erdőt ~** deforest a region
irtás *(irtott hely)* clearing, cut-over area
irtózat horror, terror, dread
irtózatos horribile, dreadful
irtóz|ik *(vmtől)* have* a horror (of sg), shudder (at sg)
is also, *(mondat végén)* too; **én ~ ott leszek** I shall also be there, I shall be there too; **még Feri ~** even Frank; **látni fogod Pestet ~ Budát ~** you will see both Pest and

Buda; **itt ~ ott ~** here as well as there; **tízen ~ látták** as many as ten people saw* it
iskola school; **iskolába jár** go* to school
iskolaév school-year
iskolaköteles *mn*, of school age *(ut)*, schoolable
iskolapélda typical instance
iskolarendszer educational system
iskolás *fn*, *(diák)* pupil, schoolboy, schoolgirl *(tbsz* schoolchildren)
iskolatárs school-fellow, schoolmate
iskolázatlan unschooled, uneducated
iskolázott schooled, educated
iskoláztat school, send*/put* (child) to school
ismer know*, be* acquainted/familiar (with); **nem ~ vmt** sy does* not know sg, sy is* unfamiliar with sg
ismeret knowledge
ismeretlen unknown
ismeretség acquaintance
ismerked|ik make* acquaintances
ismerős I. *mn*, familiar (with) **II.** *fn*, acquaintance
ismert well-known
ismertet make* (sy) acquainted (with sg), *(könyvet)* review, *(álláspontot)* make* known
ismertetés *(könyvé)* review, *(helyzeté)* survey
ismertető *fn*, *(nyomtatvány)* prospectus
ismertetőjel distinctive feature, characteristic
ismét again, once more, anew
ismétel repeat, (re)iterate, *(összefoglalva)* recapitulate; **osztályt ~** stay in a form a second year
ismétlés repetition, reiteration, *(iskolai)* recapitulation
ismétlődik repeat itself, be* repeated
istálló *(ló)* stable, *(marha)* cow-house, cow-shed
istápol support, assist
isten god, God; **~ bizony** upon my honour; **~ ments!** God/heaven forbid!
istenfélő god-fearing, pious
istenhozzád good-by(e), farewell; **~ot mond vknek** bid* farewell to sy
isteni 1. divine **2.** *(pompás)* superb, splendid
istentagadó atheist
istentisztelet religious service
istráng traces *(tbsz)*
István Stephen
i. sz. = *időszámításunk szerint* of our era, A.D.
iszákos *fn*, drunkard, alcoholic
iszap 1. mud, *(folyóhordalék)* silt **2.** *(kohászatban)* dross
iszapfürdő mud-bath
iszapos muddy, muddied
iszappakolás mud-pack
isz|ik drink*; **~ik vmből** *(italból)* drink* of sg, *(pohárból, forrásból)* drink* from sg; **~ik mint a kefekötő** drink* like a fish
iszonyat horror, horrible sight
iszonyatos horrible, terrible, dreadful, awful
ital drink
italbolt drink/wine shop, pub
italmérés *(hely)* pub(lic house); **~i jog** liquor licence
italos I. *mn*, tipsy **II.** *fn*, *(pincér)* wine waiter
itat 1. give* sy to drink, *(állatot)* water **2.** *(itatós)* blot, *(vmvel, műszaki értelemben)* saturate (with)
itatós blotting paper, blotter
ítél 1. *(törvényszéken)* pass sentence/judgment (on sy); **vmt vknek ~** award sg to sy **2.** *(gondol)* form an opinion,

conclude; **vmlyennek ~ vmt** consider, hold*
ítélet 1. *(bírói)* judg(e)ment, *(büntető)* sentence; **~et végrehajt** execute a sentence **2.** *(vélemény)* opinion, conclusion; **~et alkot** form an opinion
ítélethirdetés (declaration of) sentence
ítélkez|ik judge, pass sentence (on sy)
ítélőképesség (faculty/power of) judgment
ítélőszék tribunal, court of justice
itt here, in this place; **~ Kovács** *(telefonon)* (this is) Kovács speaking; **~ van** here he/it is
ittas *mn*, drunk, tipsy
itthon (here) at home; **~ van** he is* at home, he is* in; **nincs ~** he is* not at home, he is* out
itt-ott 1. *(hely)* here and there **2.** *(idő)* now and then, occasionally
ív 1. *(boltozat/híd)* arch, *(mértan/fizika)* arc, *(vonal)* curve **2.** *(papír)* sheet; **jelenléti ~** attendance list
ivadék descendant, offspring
ível arch, bend; **pályája felfelé ~** his star is* rising
ívlámpa arc lamp
ivókúra drinking cure
ivóvíz drinking-water
íz[1] 1. *(ennivalóé)* taste, flavour **2.** *(lekvár)* jam, jelly
íz[2] *(tagolt rész)* joint, (p)article, limb; **egy ~ben** once, on one occasion; **~ekre szed/tép** tear* to pieces/shreds
izé what-d'ye-call-it
ízelítő sample, a taste of sg
ízeltlábú arthropodal
ízes savoury, tasty, delicious
ízesít flavour, *(fűszerrel)* season
ízetlen 1. tasteless, flavourless **2.** *(átv)* dull, flat
izgága quarrelsome
izgalmas exciting, thrilling
izgalom excitement, anxiety; **~ban van** be* excited, be* (all) in a flutter
izgat 1. *(vkt kellemetlenül érint)* excite, agitate, trouble, make* anxious/uneasy; **ne izgassa magát** don't worry (about it) **2.** *(érzéket)* excite, stimulate **3.** *(tömeget)* stir (up), provoke
izgatószer stimulant
izgatott excited, agitated
izgatottság excitement, agitation
izgul be* excited/anxious
ízig-vérig out and out, thorough-going
Izland Iceland
ízlel taste, sample
ízlés taste; **~ kérdése a** matter of taste; **~ szerint** to taste
ízléses tasteful, neat
ízléstelen tasteless, in bad taste *(ut)*
ízléstelenül in bad taste
ízletes savoury, tasty
ízl|ik *(jól)* taste well, *(vknek vm)* like sg; **hogy ~ik?** how do* you like it?; **nem ~ik neki** he does* not like it
izmos muscular
izmosod|ik grow* muscular/strong
izolált isolated
izom muscle, brawn, sinew
izomláz stiffness, muscular strain
Izrael Israel
izraelita Israelite
ízület joint, articulation
ízületi gyulladás arthritis
izzad 1. (be* in a) sweat, perspire **2.** *(átv, munkában)* toil, drudge
izzadság sweat, perspiration; **letörli az ~ot a homlokáról** mop one's brow
izzadt sweating, perspiring

izzás glow, incandescence
izzé-porrá tör break*/smash to pieces
izz|ik glow
izzó *mn*, 1. glowing; ~ **vas** red-hot iron 2. *(átv)* ardent, fervent
izzólámpa incandescent lamp

J

jacht yacht, pleasure boat
jácint hyacinth
jaj 1. *(fájdalom)* oh!, ah!, *(US)* ouch! 2. ~ **de szép!** how beatiful!
jajgat wail, yammer
Jakab Jacob, James
jámbor 1. *(vallásos)* pious *(jó)* simple, meek 2. *(állat)* tame *(animal)*
jan. = *január* January, Jan.
Jancsi Johnny
János John
január January; ~**ban** in January; ~ **9-én** on 9th January, on January 9th *(olvasva* the ninth)
januári January, in/of January *(út)*
Japán Japan
japán Japanese; ~**ul beszél** speak* Japanese
jár 1. *(helyét változtatja)* go* (about), *(gyalog)* walk, go* on foot, *(jármű)* go*, run*; **villamoson** ~ go* by tram 2. *(vhol)* be* somewhere; **hol** ~**tál?** where have* you been?; **külföldön** ~**t** he was* abroad 3. *(vhova)* go* (to); **vm után** ~ go* after sg; **vmnek utána/végére** ~ look into sg, find* out (the truth) about sg 4. *(mozog, gép/szerkezet)* work, run*; **az óra nem** ~ the clock has* stopped; **a lift nem** ~ the lift is* out of order, *(US)* the elevator is* not running 5. *(vm állapotba jut)* fare (ill/well), come* off (well/badly); **jól** ~**t** he came* off well; **pórul** ~ come* off badly 6. **ez nem** ~**ja!** that's not fair 7. **mennyi** ~ **(ezért)?** what do* you charge (for this)? 8. *(vm a következménye)* involve, bring* about (sg); **bajjal** ~ be* troublesome; **költséggel** ~ carry costs, be* costly 9. **kedvében** ~ **vknek** try to please sy 10. **milyen újság** ~ **hozzátok?** what paper do* you take (in)? 11. **késôre** ~ it is* getting late; **végét** ~**ja** its days are* numbered 12. ~ **vkvel** go* out with sy, go* steady with sy
járadék allowance, *(évi)* annuity
járás 1. *(közigazgatási)* district 2. **egy óra** ~**(nyi)ra van** it is* an hour's walk 3. **nem ismeri a** ~**t** he does* not know his way about
járásbíróság district court
járási tanács district council
járat I. *ige*, 1. **bolondot** ~ **vkvel** make* a fool of sy 2. **újságot** ~ take* in a paper, subscribe to a paper II. *fn*, 1. *(hajó/busz)* line, service 2. **mi** ~**ban van?** what are* you doing here?
járatlan 1. *(út)* untrodden 2. *(vmben)* inexperienced (in sg), unfamiliar (with sg)
járatos = **jártas**
járda pavament, sidewalk
járdaszegély kerb, *(US)* curb
járdasziget safety island
járhatatlan *(út)* impassable, *(átv)* impracticable
járható *(út)* passable, *(átv)* workable, practicable
járkál go*, walk, stroll *(mind:* about)
jármű vehicle

járókelő passer-by *(tbsz* passers-by)
járom yoke
járőr patrol
jártas *(vmben)* well up (in), well versed (in) *(mind: ut)* expert (of/in sg)
járul 1. *(vk elé)* appear (before sy), *(vk vmhez)* approach (sg) **2.** *(vmhez vm)* add (to sg)
járulék 1. *(hozzátartozó)* accessories *(tbsz)* **2.** *(fizetendő)* contribution
járvány epidemic, *(átv)* contagion
járványos epidemic, contagious
jászol manger, crib
játék 1. *(átv is)* play, *(szervezett)* game, sport, *(szerencse)* gambling; **~ból** for fun **2.** *(játékszer)* toy **3.** *(színdarab)* play, *(hangszeren)* play, playing, *(színészi)* acting
játékfilm feature film
játékkártya playing-card
játékos I. *mn*, playful **II.** *fn*, player, *(csapatban)* member of the team, *(szerencsejátékban)* gambler
játékszabályok rules of the game
játékszer toy, plaything
játékvezető referee, umpire
játsz|ik 1. play, *(művész)* perform, play **2. jól ~ik** be* a good player **3.** *(hangszeren)* play an instrument; **fejével ~** risk one's head **4.** *(szerepet)* play, act; **most mit ~anak?** what is* on at present? **5.** *(kártyázik)* gamble, *(pénzben)* play (for money) *(tőzsdén)* speculate; **életével ~ik** risk one's life
játszma game
játszód|ik take* place (in), happen
játszótárs playfellow, playmate
játszótér playground

java I. *mn*, best; **~ része vmnek** the best/better part of sg **II.** *fn*, **1.** cream (of sg); **a ~ még hátra van** the best is* yet to come **2.** *(üdve)* good, benefit; **a ~dat akarom** it is* for your good
javában at its height; **még ~ áll** it is* still going strong
javadalmazás allowance, *(hivatalnoké)* salary
javak goods, possessions
javára for the good of sy; in favour of sy; **~ válik/szolgál** do* good to, be* good for; **3 : 1 a Kinizsi ~ 3 – 1** to K.
javaslat proposal, suggestion, *(ülésen)* motion
javasol propose, suggest
javít 1. *(tárgyat)* repair, mend, *(US)* fix (up), *(dolgozatot)* correct (an exercise), *(rekordot)* break*, supersede (record) **2.** *(átv)* better, improve
javítás *(tárgyé)* repair(ing), *(dolgozaté)* correction; **~ alatt** under repair
javíthatatlan *(ember)* incorrigible
javítóintézet reformatory school
javított improved; **~ és bővített kiadás** revised and enlarged edition
javítóvizsga repeat examination
jávorfa maple-tree, *(anyag)* maple-wood
javul improve, (get*) better*, mend
javulás improvement; **~t kívánok** get* better quickly
jázmin jasmin(e)
jég ice; **~be hűt** (put* in) ice; **~be hűtött** iced, ice-cooled
jégcsap icicle
jegenye poplar
jeges I. *mn*, iced, icy **II.** *fn*, iceman *(tbsz* icemen)
jegesmedve polar/white bear
jégeső hail

Jeges-tenger Arctic/Antarctic Ocean
jéghegy iceberg
jégkocka ice cube
jégkorong *(játék)* ice-hockey
jégpálya skating rink, *(fedett/mű)* ice-rink
jégrevű ice show
jégszekrény icebox, *(villany)* refrigerator
jégtábla *(úszó)* floe, *(jégszekrénybe)* block of ice
jégverem ice-pit
jégverés hailstorm
jégvirág *(ablakon)* frost-work (on window)
jégzajlás ice drift
jegy 1. *(belépő)* ticket; **~et vált** buy* a ticket *(szinházba)* book a seat *(ahová* for); **kérem a ~eket!** tickets/fares please! **2.** *(jel és átv)* mark, sign, token; **vmnek ~ében** in the spirit of sg **3.** *(iskolai)* mark **4. ~et vált vkvel** become*/get* engaged to sy
jegyes I. *fn*, fiancé, *(nő)* fiancée **II.** *mn*, *(jegyre kapható)* rationed
jegyez 1. note, write* down **2.** *(kölcsönt)* subscribe
jegygyűrű *(esküvő előtt)* engagement ring, *(utána)* wedding ring
jegypénztár booking-office, *(US)* ticket-office, *(színház)* box-office
jegyszedő *(színházi)* usher, *(vasúti)* ticket collector
jegyváltás 1. *(vasút)* booking tickets, *(színház)* booking seats **2.** *(eljegyzés)* engagement
jegyzék 1. *(lista)* list, sheet, *(áruké)* specification, *(könyvekről)* catalogue **2.** *(diplomáciai)* note; **~et intéz vkhez** address a note to sy
jegyzékváltás exchange of (diplomatic) notes
jegyzet 1. note, *(magyarázó)* commentary **2.** *(egyetemi)* (distributed) lecture notes *(tbsz)*
jegyzetel make* notes
jegyzetfüzet note-book
jegyző 1. *(községi/városi)* parish-clerk, town-clerk **2.** *(ülésen)* writer of the minutes
jegyzőkönyv *(diplomáciai)* protocol, *(gyűlési)* minutes of meeting *(tbsz)*; **~et vezet** keep* (the) minutes (of a meeting)
jel 1. sign, mark, *(betegségé)* symptom, *(átv)* omen, presage **2.** *(figyelmeztető)* signal, sign; **~t ad** (give* a) signal
jelen 1. present; **~!** here! **2.** *(nyelvtan)* present tense
jelenet scene
jelenleg at present, for the time being
jelenlét presence
jelenléti ív attendance list, *(munkahelyen)* time sheet
jelenlevő present; **a ~k** those present
jelenség 1. occurrence **2.** *(tünet)* phenomenon *(tbsz* phenomena), symptom
jelent 1. *(vknek)* report (to sy), announce (to sy); **Chicagoból ~ik** Chicago reports (that) **2.** *(vm vmt)* mean*, signify
jelentékeny important, significant, considerable
jelentéktelen unimportant, insignificant, of no importance *(ut)*
jelentés 1. report, account, *(hadi)* bulletin, *(hivatalos)* communiqué **2.** *(szóé)* meaning, sense
jelentkez|ik present oneself, *(állásra)* apply (for a job), *(vizsgára)* sit* for (examination)
jelentő mód indicative (mood)

jelentőség importance, significance
jeles I. *mn*, excellent, first-rate, first-class II. *fn*, *(osztályzat)* very good (mark)
jelez 1. *(jellel)* mark, *(jelt ad)* signal 2. *(mutat)* indicate, show*
jelige motto, slogan
jelkép symbol
jelképes symbolic, symbolical, allegoric, allegorical
jelképez symbolize, represent
jelleg character, characteristic
jellegzetes typical, characteristic
jellem character, personality
jellemes of strong character *(ut)*
jellemez characterize, *(író/festő)* portray
jellemszínész character actor
jellemtelen characterless, dishonest
jellemtelenség dishonesty
jellemvonás characteristic, feature
jellemzés characterization
jellemző characteristic *(akire* of), typical; **~ vonás** peculiarity
jelmez costume, fancy dress
jelmezbál fancy-dress ball
jelmondat motto, *(polit)* slogan
jelöl 1. *(állásra)* propose (as candidate) 2. *(vmt vmvel)* mark (with sg)
jelölt candidate (for), *(állásra)* nominee
jelszó 1. *(párté)* slogan 2. *(katonai)* password
jelvény 1. badge 2. *(átv)* symbol
jelzálog mortgage
jelzés 1. *(tárgyon)* mark, stamp, *(kereskedelmi)* brand 2. *(vasúti)* signal 3. *(művelet)* marking, signalling
jelző 1. *(nyelvtan)* attribute, epithet 2. *(vasút)* signal, signalling apparatus
jelzőlámpa indicator lamp, *(forgalmi)* traffic light
jelzőszám index number
jelzőtábla sign-board
Jenő Eugene
jérce pullet
jó I. *mn*, good, *(íz)* delicious (taste), *(levegő)* fresh (air); **~ reggelt!** good morning!; **~ estét!** good evening!; **~ dolga van** be* well off; **ez ~ lesz** it/that will do; **~ szemmel néz** approve (of sg); **~ színben van** look well; **mire ~?** what is* the good of it?; **minden ~ ha a vége ~** all's well that ends well II. *fn*, good, welfare, benefit; **~ban van vkvel** be* on good terms with sy; **~ra fordul** take* a turn for the better; **a bor nem tesz ~t nekem** wine doesn't* agree with me; **minden ~t kívánok** my best wishes (to) III. *hat*, rather, pretty, fairly; **~ nagy** pretty big, fairly large
jóakaratú benevolent
jóakaró well-wisher, patron
jobb better; **annál ~** all the better, so much the better; **~nál ~** better and better; **~ kéz** right hand; **vknek a ~ keze** *(átv)* mainstay; **~ felé** to(wards) the right; **~ felől** from the right; **~ volna (ha)** it would be better (to/if); **~ oldal** right(-hand) side; **~ oldalon** on/to the right
jobbágy serf, bond(s)man *(tbsz* bond(s)men*)*
jobban better, *(erősebben)* more; **egyre ~** better and better; **~ szeret** *(vmnél)* prefer (sg to sg); **~ van** be* better
jobbára mostly, for the most part

jobbfedezet right half(-back)
jobbhátvéd right back
jobboldali *(polit)* right-wing; ~ **elhajlás** right-wing deviation
jobbösszekötő inside right
jobbra (to the) right; ~ **át!** right turn!
jobbszélső outside right
jobbulás improvement
jód iodine
jódoz iodize, *(sebet)* paint with iodine
jóformán practically, virtually
jog 1. right, *(vmhez)* title (to), claim; **minden ~ fenntartva** all rights reserved; **~a van vmhez** have* the right to (do sg); **~ot formál vmre** claim sg; **~gal** rightly, with good reason 2. *(rendszer/tudomány)* law; **~ot tanul** read* law, *(US)* study law
jogalap legal ground/title
jogar sceptre
jogász 1. jurist, lawyer 2. *(diák)* law student
jógáz|ik practise the yoga
jogcím title; **azon a ~en** on/under the pretext (of)
jogerős valid; **~sé válik** come* into force
jogfosztás deprivation of civil rights
jogi legal, juristic; ~ **osztály** legal department
jogilag by right, legally
jogkör sphere of authority, jurisdiction
jogos rightful, lawful, legal; **~an** by rights; ~ **tulajdonos** rightful owner;
jogosít entitle (to), empower (to)
jogosítvány licence
jogosulatlan unjustified, illegal
jogosult *mn*, authorized
jogszabály provision of law, rule
jogszerű lawful, legal
jogtalan unlawful, illegal; ~ **birtoklás** usurpation
jogtanácsos counsel, legal adviser
jogtudomány jurisprudence
jogutód legal successor, assign
jóhiszemű 1. *(vm)* well-meaning, well-intentioned 2. *(ember)* honest, unsuspecting; **~en cselekszik** do* sg in (all) good faith
jóindulat goodwill; **~tal van vk iránt** be* well disposed towards sy
jóindulatú 1. well-meaning, well-disposed, kind 2. *(betegség)* benign (disease)
jóízű 1. *(étel)* savoury, delicious 2. *(történet)* amusing
jókedvű gay, merry, cheerful
jóképű good-looking, handsome
jókívánság good wishes *(tbsz)*
jókor 1. *(idejében)* in (good) time 2. *(korán)* early
jókora considerable
jól well, *(helyesen)* properly, *(hibátlanul)* correctly; ~ **áll** *(ruha)* become* sy; ~ **értesült** well-informed; ~ **ismert** well-known; ~ **jön neki** *(vm)* come* in useful; ~ **megy** thrive*, prosper; **nincs ~** be* unwell; ~ **van!** (it's) all right!
Jolán Yolande
jóles|ik *(vknek vm)* be* pleased (by sg)
jólét welfare, *(anyagi)* wealth, plenty, *(testi)* well-being; **~ben él** be* well off
jóllak|ik eat* one's fill, have* enough
jóllehet though, although, notwithstanding
jómadár ne'er-do-well
jómód wealth, plenty; **~ban él** be* well off
jómódú well-to-do, wealthy
jóravaló honest, decent

jós oracle, prophet, **fo** tune-teller
jóság goodness, charity
jóságos good, kind, kind-hearted
Jóska Joe
jóslat prophecy, prediction
jósol 1. *(vk)* prophesy 2. *(vm átv)* foreshadow
jószág 1. *(állat)* cattle 2. *(birtok)* estate, property
jószívű kind-hearted, charitable
jótáll 1. *(vkért)* go*/stand* security (for sg) 2. *(vmért)* guarantee (sg)
jótállás surety, guarantee
jótékony charitable, generous; **~ célú előadás** charity performance; **~ hatás** beneficial result, good influence
jótékonyság charity
jótett good deed; **~ért jót várj** do well and have well
jótevő *fn,* benefactor
jóváhagy assent (to sg), *(intézkedést)* sanction, *(ítéletet)* uphold* (judgment/sentence), *(polit szerződést)* ratify (treaty/pact)
jóváhagyás assent, sanction, ratification
jóváír credit, *(akinek amit:* sy with sg)
jóval much, far; **~ előbb** long before
jóvátehetetlen irreparable, *(vétek)* inexpiable (sin)
jóvátesz *(hibát)* repair (a fault), *(sérelmet)* make* amends for (a wrong)
jóvátétel reparation, amends *(tbsz)*
józan sober; **~ ész** common sense
József Joseph
jön 1. come*, be* coming, *(érkezik)* arrive 2. **magához ~** recover consciousness, come* to/round 3. *(pénzbe)* cost* (money)
jöttment *fn,* vagrant, vagabond
jövedelem income
jövedelemadó income tax
jövedelmez yield an income, bring* in
jövedelmező paying, profitable
jövendő the future, the time to come
jövendőbeli *mn/fn,* sy's intended
jövetel coming, arrival
jövevény newcomer
jövő I. *mn,* future, coming; **~ évben** next year II. *fn,* 1. the future, the time to come; **a közeli ~ben** in the near future 2. *(nyelvtani idő)* future tense
jövőidejűség futurity
jövőre next year
jubileum jubilee, anniversary
Judit Judith
jugoszláv Jugoslav
Jugoszlávia Jugoslavia
juh sheep *(tbsz* sheep)
juharfa maple, maple-tree, *(anyaga)* maple-wood
juhász shepherd
juhtenyésztés sheep-breeding
juhtúró (curded) ewe-cheese
júl. = *július* July, Jul.
Júlia Julia, Juliet
július July; **~ban** in July
júliusi July, in/of July *(ut)*
jún. = *június* June, Jun.
június June; **~ban** in June; **~ 7-én** on 7th June, on June 7th *(olvasva* the seventh)
júniusi June, in/of June *(nt)*; **~ meleg** the heat of June
juss 1. (sy's) right 2. *(örökrész)* share of inheritance
jut 1. *(vhová)* come* (to), get* (to) 2. *(vmlyen állapotba)* become*; **mennyire ~ottál?** how far have* you got? **vmlyen eredményre ~** obtain a result; **tudomására ~** hear*, be* told 3. *(vmhez)* get* (at sg), come* (by sg), obtain (sg); **nem ~ottam szóhoz** I could not get in a word

edgewise **4.** *(vknek vm)* fall* to the share/lot (of sy)
jutalék commission, percentage
jutalmaz reward, recompense
jutalom *(jó teljesítményért)* reward, premium, bounty, *(szolgálatért)* recompense; **~ban részesít** reward sy; **szolgálatai jutalmául** for services rendered; **elvette méltó jutalmát** he has* got his (just) deserts
jutalomdíj 1. *(megtalálónak)* reward 2. *(szerzőnek)* prize
jutányos (it is*) a bargain
juttat 1. *(vkt vhová)* bring*, get* (sy to); **koldusbotra ~** reduce to beggary 2. *(vmhez)* let* sy get sg, *(kiutalásként)* allocate (sg to sy), allot, grant 3. **eszébe ~** remind sy of sg; **érvényre ~** carry into effect
juttatás assignment, allotment

K

k. = *kedd* Tuesday
kabala 1. *(babona)* superstition 2. *(tárgy)* mascot
kabaré cabaret
kabát 1. *(kis)* coat, jacket 2. *(felső)* (over)coat, greatcoat; **leveti a ~ját** take* off one's coat
kábel cable
kábelez cable
kabin 1. cabin 2. *(strandon)* bathing hut, dressing cubicle
kabinet *(kormány)* the Cabinet; **~et alakít** form/frame a Ministry/Cabinet
kábít 1. daze, *(ütés)* stun 2. *(kábítószer)* narcotize
kábító *mn*, 1. stunning, *(orv)* narcotic 2. *(átv)* dazzling
kábítószer drug, narcotic
kábult dazed, *(ütéstől)* stunned
kacag laugh heartily (at sg)
kacér coquettish, flirtatious
kacérkod|ik play the coquette, flirt (with sy)
kacsa 1. duck 2. **hírlapi ~** false report, hoax
kacsasült roast duck
kacsint *(vkre)* wink (at sy)
kád 1. *(fürdő)* bath 2. *(más)* vat, tun
kádár cooper
káder cadre
káderes cadre official
káderez screen sy politically
kagyló 1. *(állaté)* shell 2. *(állat)* shell-fish *(tbsz* shell-fish), mollusc, *(ehető)* mussel, cockle 3. *(emberi fülé)* conch 4. *(telefoné)* receiver 5. *(mosdóé)* wash basin
kajak kayak, canoe
kaján malicious, malevolent
kajszibarack apricot
káka bulrush, reed; **kákán csomót keres** be* always finding fault
kakaó cocoa
kakas 1. cock, *(US)* rooster 2. *(puskáé)* cock, hammer
kakasülő *(színházban)* gallery
kaktusz cactus *(tbsz* cacti *is)*
kakukk cuckoo
kalács brioche, plain cake
kaland 1. adventure 2. *(szerelmi)* love affair
kalandor adventurer
kalandos adventurous
kalandregény adventure story
kalap hat; **~ van a fején** have* a hat on; **egy ~ alá vesz** treat alike; **le a ~pal!** hats off! *(vk előtt* to sy)
kalapács hammer
kalapácsvetés throwing the hammer, hammer-throwing
kalapál hammer
kalapos *fn*, hatter, hatmaker, *(nő)* milliner
kalarábé kohlrabi
kalász ear/head of corn

kalászos cereal
kalauz 1. *(járműn)* conductor, *(vonaton)* guard 2. *(aki kalauzol)* guide 3. *(útikönyv)* guide(-book)
kalauzol guide sy, show* sy around
kaliber calibre, *(csöé)* bore
kalitka cage, bird-cage
kalkuláció calculation
kalkulál compute, *(árat)* cost* (sg)
Kálmán Coloman
kalmár merchant
kalória calorie
kalóz pirate
kálvária Calvary
kálvinista Calvinist
kályha stove, *(villany/gáz)* heater
kályhacső stove-pipe
kamara *(hivatal)* Chamber; *lásd még* **kamra**
kamaraszínház small repertory theatre
kamarazene chamber music
kamasz teen-ager, adolescent (boy)
kamat interest; **kamatos ~** compound interest; **~ostul visszaad** repay* with interest; **~ot fizet** pay* interest
kamatláb rate of interest
kamatmentes free of interest *(ut)*
kamatoz|ik bear*/yield interest (at . . . per cent)
kamatoztat 1. *(pénzt)* put* out at interest 2. *(tudást)* make* good use of (one's knowledge), profit by (one's knowledge)
kamatszámítás computation of interest
kámfor camphor; **~rá változott** he vanished
kamgárn worsted
kamilla camomile
kampány drive
kampó hook, *(bot végén)* crook

kamra 1. *(élelmiszernek)* pantry, larder 2. *(lomtár)* lumber-room
kan male (animal)
Kanada Canada
kanadai Canadian
kanál spoon, *(merítő)* ladle, **minden lében ~** have* a finger in every pie
kanális 1. *(csatorna)* canal 2. *(szennyvíznek)* drain(s)
kanapé settee, sofa, divan
kanári canary
kanca mare
kancellár chancellor
kancsal cross-eyed, squint-eyed
kancsít squint
kancsó *(italnak)* pitcher, jug, *(asztali, vizes)* carafe
kandalló fire-place
kandidátus candidate (for sg)
kandúr tomcat
kánikula the dog-days *(tbsz)*
kankalin primrose
kanna 1. can 2. *(teás)* teapot, *(amiben vizet forralnak)* tea--kettle
kanóc 1. *(gyertyáé)* (candle) wick 2. *(robbantó)* fuse
kantár bridle
kantáta cantata
kantin canteen
kántor cantor
kánya kite
kanyar bend, curve
kanyaró measles *(tbsz)*
kanyarod|ik turn
kanyarog wind*
kap 1. *(pénzt, vmt ajándékba)* get*, receive, *(hozzájut)* get*, obtain, *(betegséget)* catch*; **nem ~ni** is* not to be had; **két évet ~ott** he was* given two years; **ezért még ~sz!** you shall smart for this!; **levelet ~tam tőle** I had a letter from him 2. **~ja magát és** . . . on/of a sudden he . . . 3. *(kezével vmhez)* take* hold of, seize; **utána ~** try to catch

4. *(vmbe, átv)* fall* to, begin* 5. *(vmn, átv)* snatch/jump at; **~ az alkalmon** seize an opportunity; **~va ~ vmn** jump at sg 6. **erőre ~** regain strength, recover

kapa hoe, hack

kapacitás capacity

kapál hoe, hack

kapálódz|ik writhe, struggle; **kézzel-lábbal ~ik vm ellen** kick/protest against sg

kapar 1. scratch, scrape 2. *(torkot vm)* irritate

kapásból offhand, on the spot; **nem tudok ~ válaszolni** I can't tell you offhand

kapásnövények hoed plants

kapaszkod|ik 1. *(vmre fel)* climb up (on) 2. *(vmbe)* grasp (sg), cling* to (sg); **~j belém!** hold on to me!

kapaszkodó *(úté)* uphill (climb), ramp

kapca footcloth; **szorul a ~** be* in a tight corner

kapcsán in connection (with)

kapcsol 1. *(vmhez)* connect (with), join (up to/with), attach (to), *(áramot)* switch on, *(telefont)* connect (with); **kérem ~ja a 10 – 20-at** please put me through to 10 – 20; **második sebességre ~** go* into second gear 2. **gyorsan ~** *(átv)* be* quick-witted

kapcsolás *(telefon)* connection; **téves ~** wrong connection

kapcsolási rajz circuit diagram

kapcsolat connection, relation; **szoros ~** close connection; **~ban van vkvel** have* contacts with sy

kapcsolatos connected (with), related (to)

kapcsoló *fn, (villany)* (electric) switch

kapcsolód|ik *(vmhez)* join (with sg), connect (with sg)

kapcsolótábla instrument board, *(telefonközpontban)* switchboard

kapható obtainable, procurable, *(igével)* is* to be had; **mindenre ~** be* equal/up to anything

kapitalista capitalist

kapitalizmus capitalism

kapitány captain

kapitulál surrender, capitulate

kapkod *(vm után)* try to grip/catch; **levegő után ~** gasp for breath

kapkodás confusion

káplár corporal

kapocs 1. hook, clamp-iron 2. *(patent)* patent fastener

kápolna chapel

kapor dill

kapóra jön come* in very handy

kapós 1. *(vk)* popular 2. *(áru)* be* much in demand

káposzta cabbage; **káposztát savanyít** pickle cabbage

kappan capon

káprázat 1. *(nem valóság)* illusion 2. *(fény átv)* dazzle

káprázatos dazzling

kápráz|ik a szeme be* dazzled

kaptafa (shoemaker's) last; **mindent egy kaptafára húz** do* everything after the same pattern

kaptár (bee)hive

kapu 1. *(kerté)* gate, *(házé, zárt helyiségé)* (entrance-) door 2. *(futballban)* goal

kapufa *(sport)* post, goal-post; **kapufát lő** hit* the post

kapus 1. door-keeper, porter 2. *(futball)* goal-keeper

kapzsi greedy, avid

kar[1] 1. *(emberé)* arm; **~on fog** take* sy's arm 2. *(mérlegé)* beam, scale-beam, *(darué)* jib, arm 3. *(állapot)* condition; **jó ~ban** in good repair/condition

kar[2] 1. *(testület)* staff, *(egye-*

temi) faculty **2.** *(ének)* choir, chorus
kár *(anyagi)* damage, loss, *(erkölcsi)* harm, injury, wrong; **de ~!** what a pity/shame!; **~ hogy** it is* unfortunate that; **~ba vész** be* wasted; **~t okoz** (do*) damage; **~t szenved** suffer a loss, get* damaged
karácsony Christmas *(röv* Xmas); **~kor** at Christmas
karácsonyest Christmas eve
karácsonyfa Christmas-tree
karácsonyi Christmas; **~ ajándék** Christmas present; **~ üdvözlet** Christmas greetings *(tbsz)*
karaj *(sertés)* (pork) chop
karalábé kohlrabi
karám (sheep) pen, sheep fold
karambol collision, (traffic) accident
karát carat; **18 ~os arany** eighteen-carat gold
karaván caravan
karbantart mantain, keep* in (good) repair
karbantartás maintenance
kárbecslő insurance claims adjuster
karburátor carburettor
karcol scratch, scrape
karcsú slim, slender
kard sword, *(vívó)* sabre
kardántengely cardan shaft
kardigán cardigan
kardoskod|ik *(vm mellett)* insist on sg energetically
kardvívó swordsman *(tbsz* swordsmen)
karéj *(kenyér)* slice (of bread)
karfa *(hidé)* railing, *(lépcsőé)* banister, *(ülőbútoré)* elbow-rest
karfiol cauliflower
karhatalom force of arms; **~mal** by force
kárhoztat blame, damn, condemn; **vkt vmre ~** reduce/condemn sy to sg
kárigény claim for damages
karika 1. ring **2.** *(abroncs)* hoop **3.** *(rajzolt)* circle
karikatúra caricature
karima edge, border *(kalapé)* brim, *(csőé)* flange
karizom biceps
karkötő bracelet
kármegállapítás appraisal of damages
karmester conductor (of orchestra, *(énekkaré)* choir leader; **~i pálca** baton
karmol claw, scratch with nails
karnevál carnival
karnis curtain-rod
karó stake, post, stick; **~ba húz** impale sy
káró diamond
károg croak, caw
Károly Charles
karom claw, *(ragadozó madáré)* talon; **vk karmai közé került** get* into sy's clutches
káromkod|ik curse (and swear)
karóra wrist-watch
káros *(vmre)* injurious, harmful *(mind* to sg), *(egészségre)* noxious (to sy's health); **~an befolyásol** affect adversely
károsod|ik suffer/sustain a loss
karosszék arm-chair, easy-chair
károsult *fn,* injured/damaged person
karosszéria body (of car)
karöltve 1. *(vmvel)* simultaneously **2.** *(vkk átv)* with united efforts
káröröm malicious joy, gloating
Kárpátok the Carpathians *(tbsz)*
kárpitos upholsterer
kárpitoz *(bútort)* upholster, *(párnáz)* stuff
kárpótlás compensation, amends *(tbsz)*; **~ul** by way of compensation
kárpótol compensate (sy for

sg), make* amends (to sy for sg); **~ja magát** recoup oneself (for sg)
karrier career
karszalag arm-band
kartács grape-shot, canister--shot
kártalanít indemnify, compensate (for)
kartárs colleague
kártékony harmful, detrimental; **~ állat** noxious animal
kartell cartel, syndicate
kártérítés compensation, damages *(tbsz)*; **~t fizet** pay* damages (for); **~t kap** recover damages
kártérítési of/for damage(s) *(ut)*; **~ igény** claim for damages; **~ összeg** damages *(tbsz)*; **~ per** damage suit
kártevő *mn*, harmful, noxious
kártol card, comb
karton 1. *(papír)* cardboard **2.** *(ruhaanyag)* cotton, calico
kartoték card-index, file
kártya card; **egy csomag ~** a pack of cards; **kártyát oszt** deal* cards; **kártyát vet** tell* fortune by cards; **nyílt kártyával játszik** act fairly and above-board
kártyaparti game of cards
kártyavár house of cards
kártyáz|ik play (at) cards, *(nagyban/szerencsejátékot)* gamble
karvaly sparrow-hawk
karzat gallery
kas *(méheké)* hive, bee-hive
kása mush, pap, *(darából)* gruel
kastély castle, manor-house
kasza scythe
kaszabol slaughter, massacre
kaszál 1. scythe, reap **2.** *(füvet)* mow*; **szénát ~** make* hay
kaszálás mowing, reaping
kaszárnya barracks *(tbsz)*
kaszinó club, casino
kassza *(üzleti)* till, pay-desk, *(bolti pénztárgép)* cash-register; **kasszát csinál** balance (up) one's cash
kaszt caste
Katalin Catherine
katalógus 1. catalogue **2.** *(névsorolvasás)* roll-call
katasztrális hold cadastral yoke/acre (= 6823,95 square yards = 1,412 acres)
katasztrófa catastrophe, disaster
katedra 1. *(egyetemi tanárság)* (university) chair **2.** *(dobogó)* platform, *(tanári asztal)* teacher's desk
katedrális cathedral
kategória category
katicabogár ladybird
katlan *(üst)* cauldron, *(kisebb)* kettle
katód cathode, negative pole
katolikus Catholic
katona solider; **katonának megy** join the army
katonai military, solider's; **~ behívó** call-up papers *(tbsz)*; **~ megszállás** military occupation; **~ szolgálat** military service
katonaság military forces *(tbsz)*
katonáskod|ik do* military service, serve/be* in the army
kátrány tar, bitumen
kattan click
kattog rattle
kátyú puddle; **~ba jut** *(átv)* get* stuck
káva rim, well-curb
kavar stir
kavarog whirl, swirl; **~ a gyomra** feel* sick
kávé coffee; **~t főz** make* coffee; **~t darál** grind* coffee
kávédaráló cofee-mill
kávéfőző (gép) percolator
kávéház café
kavéskanál teaspoon
kávéz|ik have*/drink*/take* coffee

kavics pebble, *(apró)* gravel; ~ **talaj** gravelly soil
kazal rick, stack
kazán boiler
kazánkovács boiler-smith
kazetta case, *(filmnek)* cassette
kb. = *körülbelül* approximately, approx.
kebel bosom, breast
kebelbarát intimate friend
kecsege sterlet, sturgeon
kecsegtet hold* out promises of sg; **jóval** ~ **bid*** fair
kecses graceful, charming
kecske goat; **kecskére bízza a káposztát** set* the fox to watch the geese
kedd Tuesday; **~en** on Tuesday; **jövő** **~en** next Tuesday; **múlt** **~en** last Tuesday; **minden** **~en** on Tuesdays, every Tuesday; **~en este** Tuesday evening; **~re** by Tuesday
keddi Tuesday, of Tuesday *(ut)*; **egy** ~ **napon** on a Tuesday
kedély temper, humour, spirit; **jó** ~ good humour, high spirits *(tbsz)*
kedélyes jovial, merry
kedélytelen dull, bleak, cheerless
kedv *(hangulat)* mood, humour, *(öröm vmben)* liking, pleasure; **jó** ~ good humour, high spirits *(tbsz)*; **elmegy a ~e vmtől** lose* interest in sg; **~e telik benne** take*/find* pleasure in sg; **ha ~ed tartja** if you feel like it; **vknek ~ében jár** try to please sy; **vk ~éért** for the sake of sy, for sy's sake; **~ére való** (much) to sy's taste/liking *(ut)*
kedvel like, love, be* fond of
kedvenc favourite
kedves I. *mn,* **1.** *(szeretett)* dear **2.** *(nyájas)* kind, gentle, nice; **legyen olyan** ~ **és** be* so kind as to (do sg); **ez nagyon** ~ **tőled** that's* very sweet/kind of you **II.** *fn, (nő)* mistress, *(férfi)* lover
kedvesked|ik *(vknek)* do* sy a favour, *(vmvel)* favour (sy with sg)
kedvetlen dispirited, listless
kedvez 1. *(vk vknek)* favour (sy) **2.** *(vm vknek/vmnek)* be* favourable (to sy/sg)
kedvezmény advantage, favour, *(engedmény árból)* discount; **~t ad** make* a reduction on sg
kedvezményes preferential; ~ **ár** reduced price
kedvező favourable; ~ **pillanat** propitius moment; ~ **feltételek mellett** under favourable conditions, on easy terms
kedvezőtlen unfavourable, disadvantageous; ~ **feltételek** adverse conditions
kedvtelés pleasure, fancy
kefe brush, *(súroláshoz)* scrub
kefél brush
kefelevonat (galley-)proof
kegy favour, grace; **nagy ~ben áll** stand* in great favour (with sy)
kegyelem mercy, grace, *(elítéltnek)* pardon
kegyelet piety, reverence
kegyelmez *(vknek)* have* mercy (on sy)
kegyelmi kérvény clemency plea
kegyenc favourite, minion
kegyes 1. *(kedves)* kind, friendly **2.** *(leereszkedő)* condescending
kegyetlen *(vkhez)* cruel (to), merciless (with)
kegyvesztett (fallen) out of favour (with sy) *(ut)*
kehely 1. *(ivó)* chalice, drinking cup **2.** *(virágé)* flower-cup
kéj 1. *(nemi)* sensual pleasure **2.** *(átv)* pleasure, delight

kéjeleg *(vmben)* take* delight (in sg)
kék blue, *(égszín)* azure
kékítő blue
keksz biscuit, *(US)* cracker
kel 1. *(ágyból)* get* up, *(égitest)* rise* **2.** *(növény magról)* shoot*, sprout, germinate **3.** *(tészta)* rise*, swell* **4. levele okt. 25-én ~t** his letter was dated the 25th October **5. lába ~ vmnek** sg disappeared, sg got* lost; **útra ~** start, set* out/off
kelbimbó Brussels sprouts *(tbsz)*
kelendő marketable, saleable
kelengye 1. *(menyasszonyé)* trousseau **2.** *(babáé)* layette
kelepce trap, snare; **kelepcébe csal** lure into a trap
kelepel clatter
kelés boil, furuncle, abscess
kelet[1] the East, east, the Orient; **~en** in the east; **vmtől ~re** (lie*) east of sg; **~ről, ~ felől** from the East
kelet[2] *(keltezés)* date; **f. hó 5-i ~tel** under the date of the 5th inst.
kelete van; sell* well, be* much in demand
keleti eastern, East, oriental; **~ pályaudvar** Budapest East
Keleti-tenger the Baltic (Sea)
keletkezés rise, origin, beginning
keletkez|ik come* into being, *(vmből)* rise* (from sg), take* its origin (in/from sg)
kelkáposzta savoy
kell 1. *(vm szükséges)* be* wanting, be* needed/wanted, *(vknek vm)* (sy) wants (sg); **úgy ~ neki!** it serves him right!; **még csak ez ~ene!** what next!; **mi ~ még** what else do* you want? **2.** *(vmhez)* be* necessary/required (for) **3.** *(vmt tenni)* must (do sg), have* (to do sg); **nem ~** *(vmt tenni)* need not (do sg); **~ene** should (do sg), ought to (do sg); **el ~ mennem** I must go; **el ~ett mennem** I had* to go; **el ~ett volna mennem** I should have gone, I ought to have gone; **még nem ~ mennem** I need not go yet; **mondanom sem ~** I need hardly say
kellék 1. requisite, requirement, *(felszerelési)* necessaries *(tbsz)*, accessory **2.** *(színpadi)* (stage) property
kellemes agreeable, pleasant; **~ utat/utazást!** have a good/nice trip!
kellemetlen disagreeable, unpleasant, *(helyzet/ügy)* awkward, tiresome; **ha önnek nem ~** if you don't* mind
kellemetlenked|ik *(vknek)* molest, bother (sy)
kellemetlenség *(eset)* trouble, inconvenience, nuisance; **~et okoz vknek** give* trouble to sy
kellemetlenül disagreeably; **~ érzi magát** feel* ill at ease
kelleti magát try to please
kelletlen unwilling, reluctant
kellő proper, right, due; **~ időben** in due time ; **~ mértékben** duly, properly
kelme material, fabric, cloth
kelmefestő dyer
kelt[1] *ige*, **1.** *(alvót)* wake*, awake* **2.** *(reményt)* raise (hopes), *(szánalmat)* excite, arouse (pity); **feltűnést ~** make* a sensation
kelt[2] **tészta** leavened dough/pie/cake
kelt[3]: f. hó 10-én ~ b. levele your letter of 10th inst. *(olvasva* of the tenth instant); **~ mint fent** date as above
keltez date (a letter)
kelvirág cauliflower

kém spy, *(rendőri)* informer
kémcső test-tube
kémelhárítás counter-intelligence work
kemence 1. *(péké)* oven; **kemencében süt** bake 2. *(olvasztó)* furnace
kemény hard, stiff, *(átv)* severe, *(elhatározott)* resolute; **~ dió** hard nut to crack; **~ legény** game fellow; **~ tojás** hard-boiled egg
kémény *(házon)* chimney, *(gyáré)* chimney-stack, *(mozdonyon)* funnel, smoke-stack
keményít harden, stiffen, *(inget)* starch (shirt)
keményítő *fn*, starch
kéményseprő chimney-sweep(er)
kémia chemistry
kémikus chemist
kémkedés spying, espionage
kémked|ik act as a spy, *(vk után)* spy on/upon sy
kémlel pry (into), investigate
kémszervezet intelligence service
kémszolgálat secret/intelligence service
ken 1. smear (sg with sg), spread* (sg on sg); **vajat ~ a kenyérre** butter one's bread 2. **másra ~ vmt** lay* the charge at sy's door
kén sulphur
kender hemp
kendermagos speckled, spotted
kendő 1. kerchief 2. *(vállra)* shawl, scarf *(tbsz* scarves, scarfs)
kendőz 1. *(rejteget)* camouflage, disguise 2. *(arcot)* make* up*, paint
kenés 1. *(gépet)* lubrication 2. *(vesztegetés)* bribing
kenet unction; **utolsó ~** extreme unction
kenetes *(szavak/modor)* unctuous
kenguru kangaroo
kengyel stirrup
kenőcs 1. ointment 2. *(gépr részeké)* lubricant 3. *(cipőé)* shoe-cream
kenőolaj lubrication oil
kénsav sulphuric/vitriolic acid
kenu canoe
kényelem comfort, ease; **~be helyezi magát** make* oneself comfortable
kényelmes 1. *(vm)* comfortable, *(átv)* convenient 2. *(emberről)* comfort-loving
kényelmetlen uncomfortable, *(átv)* inconvenient
kenyér 1. bread; **egész ~** loaf *(tbsz* loaves), a loaf of bread *(tbsz* loaves) 2. *(kereset)* livelihood, living; **kenyeret keres** earn (one's) living
kenyérgabona bread-stuffs *(tbsz)*, cereals *(tbsz)*
kenyérhéj bread-crust
kenyéririgység professional/trade jealousy
kenyérkereső bread-winner, support (of the family)
kenyérmorzsa bread-crumbs *(tbsz)*
kenyértörésre kerül a dolog things have* come to a head/crisis
kényes 1. *(nem ellenálló)* delicate, tender 2. *(vk vmre)* sensitive (to), *(ízlésben)* refined, fastidious 3. *(nehezen megoldható)* thorny, ticklish; **~ ügy** delicate/ticklish affair
kényeskedik be* sensitive
kényeztet pamper, spoil
kényszer compulsion, force, pressure; **enged a ~nek** yield to pressure/force
kényszerhelyzet necessity; **~ben volt** his hands were* forced
kényszerít *(vkt vmre)* force compel (to do sg)
kényszerképzet fixed idea

kényszerleszállás forced/emergency landing
kényszermunka compulsory/slave labour, *(jogilag)* penal servitude
kényszerül *(vmre)* be* constrained/forced to (do sg); **arra ~ (hogy)** have* no (other) choice but to
kényszerűség necessity, compulsion; **~ből tesz vmt** do* sg under compulsion
kényszerzubbony strait-jacket
kénytelen: ~ vmre be* forced/compelled to; **~ vagyok** I cannot* help it, I cannot* choose (but)
kép picture *(képmás)* image, *(külső kép)* look, aspect, appearance; **van ~e hozzá** have* the face/impudence (to); **jó ~et vág a dologhoz** grin and bear* it
képcső picture tube
képernyő *TV*-screen
képes[1] 1. illustrated; **~ folyóirat** illustrated paper; **~ levelezőlap** picture postcard 2. *(képletes)* figurative
képes[2] *(vmre)* capable (of doing sg), able (to); **nem ~** unable, incapable
képesít 1. *(képessé tesz vkt vmre)* enable (sy to do sg) 2. *(képesítést ad)* qualify (sy for sg)
képesítés qualification; **~t szerez** qualify
képeskönyv picture-book
képeslap 1. *(újság)* illustrated paper 2. *(levelezőlap)* picture postcard
képesség capacity, *(szellemi)* intellectual power; **legjobb ~em szerint** to the best of my ability
képest *(vmhez)* considering sg, (as) compared with sg; **erejéhez ~** in accordance with one's capacity/power; **ehhez ~ fogunk eljárni** we shall proceed accordingly
képez 1. *(tanít)* instruct, teach* 2. *(alkot)* form, constitute, compose; **vmnek az alapját ~i** constitute the basis of sg 3. *(nyelvtan)* form
képkeret (picture) frame
képlékeny plastic
képlet formula
képletes figurative, symbolic(al)
képmás picture, image
képmutató I. *mn*, hypocritical, pharisaic(al) II. *fn*, hypocrite, pharisee
képtár picture gallery
képtelen 1. *(vmre)* incapable (of), unable (to) 2. *(lehetetlen)* absurd, impossible
képvisel represent, *(vk képviseletében eljár)* act on behalf of sy
képviselet representation, *(kereskedelemben)* agency
képviselő *fn*, 1. representative 2. *(parlamenti)* deputy, *(GB)* member of parliament, M.P.; **~nek fellép** stand* for an election, *(US)* run* for Congress
képviselőház chamber of deputies, *(Angliában)* House of Commons, *(US)* Congress, House of Representatives
képviselőválasztás parliamentary election, *(időközi)* bye-election
képzel imagine, fancy, figure; **mit ~?** what do* you think?; **nem is ~ed** you cannot imagine, you have no idea
képzelet imagination, fantasy; **minden ~et felülmúl** it's* beyond belief
képzeletbeli imaginary, fantastic
képzelődés 1. *(képzelgés)* day-dreaming 2. *(téves)* illusion
képzelőd|ik 1. *(álmodozik)*

dream*, indulge in dreams 2. *(hallucinál)* see* visions
képzelőerő fancy, imagination
képzés 1. *(oktatás)* instruction, training **2.** *(megalkotás)* forming **3.** *(nyelvtan)* formation
képzet idea, notion
képzett 1. *(tanult)* educated, trained **2. ~ szó** derivative
képzettség 1. *(szellemi)* education, erudition **2.** *(előképzettség)* qualification
képző *fn*, *(nyelvtan)* affix
képződ|ik form, be* formed, develop
képzőművész artist
képzőművészet fine arts *(tbsz)*
kér 1. *(vmt)* ask (for), request; **vkt vmre ~** ask/request sy to do sg; **csendet ~ek!** silence please!; **~ek még** may I ask for some more?; **önt ~ik a telefonhoz** you are wanted (on the phone) **2.** *(vmt vmért)* ask, want, charge; **mit ~ ezért** how much do* you want/ask/charge for it?, what will you take for it? **3.** *(udvariassági kifejezések)* **~em** please, *(nem értem)* **(I beg your) pardon?**, *(köszönömre adott válaszában)* do not mention it, not at all, it's nothing; **~em jöjjön be** come in(,) please
kerámia pottery, ceramics *(tbsz)*
kérdés 1. question, query, *(nyelvtan)* interrogation; **~t intéz vkhez** ask sy a question **2.** *(probléma)* question, problem; **ez más ~** that is* another matter; **napok ~e** it is* a matter of days
kérdéses 1. *(szóbanforgó)* in question *(ut)* **2.** *(eldöntetlen)* problematical, *(bizonytalan)* questionable, uncertain; **nem ~** there can be no doubt about it
kérdez ask, put* a question, *(vmre vonatkozólag)* inquire (about sg)
kérdezősköd|ik ask (many) questions; **~ik vknél vm/vk után** put* inquiries to sy about sg/sy
kérdő I. *mn*, interrogative **II.** *fn*, **~re fog/von vkt** call/bring* sy to account (for sg)
kérdőív questionary
kérdőjel question-mark
kéredzked|ik *(vktől vhová)* ask leave/permission (of sy to go swhere)
kéreg *(fáé)* bark, *(másé)* crust
kéreget beg (alms)
kéregető *fn*, beggar, cadger
kerek round, circular; **~ összeg** a round sum; **a ~ földön** in the whole world
kerék wheel; **~be tör** break* (sy) on the wheel; **hiányzik egy kereke** have* a screw loose; **kereket old** slip off
kereked|ik 1. *(keletkezik)* (a)rise*; **kedve ~ik vmre** feel* a sudden impulse to **2. vk fölé ~ik** get* the better of sy
kereken *(nyiltan)* roundly, in open terms, straight; **~ megmondja** tell* (sy sg) flat
kerékkötő *fn*, *(átv)* obstacle
kerékpár bicycle
kerékpáros cyclist
kerékpároz cycle, ride* (on) a bicycle
kerékvágás track; *(átv)* **kizökken a ~ból** get* out of the groove
kérelmez request, apply (to sy for sg)
keres 1. *(vmt)* look for, seek*, *(állást)* want **2.** *(vkt)* seek*, be* in quest of sy **3.** *(pénzt)* earn, *(üzlettel)* make* (money); **mennyit ~ett rajta?** how much did* he make on it?; **hárman ~nek a család-**

ban there are* three bread-winners in the family

kérés request; vk **~ére** at/upon sy's request; **~sel fordul vk-hez** make* a request of sy

kereset 1. *(megélhetés)* living, *(jövedelem)* income, earnings *(tbsz)* 2. *(beadvány)* action, suit; **~et indít** bring* an action; **~et elutasít** dismiss an action

kereseti adó income tax

keresetképtelen incapable of earning one's living *(ut)*

keresett wanted, *(cikk)* in demand *(ut)*, *(felkapott)* popular, *(túl választékos)* affected

kereskedelem trade, commerce

kereskedelmi commercial, mercantile; **~ kamara** chamber of commerce; **~ kapcsolatok** trade relations; **~ miniszter** minister of commerce; **~ szerződés** commercial treaty, trade agreement; **~ tárgyalások** trade talks; **~ utazó** commercial traveller

kereskedik trade; **~ vmvel** trade/deal* in sg

kereskedő *fn*, *(üzletember)* merchant, trader *(boltos)* tradesman *(tbsz.* tradespeople*)*

kereslet demand, inquiry; **~ és kínálat** demand and supply

kereső *fn*, 1. *(fényképezőgépen)* view-finder 2. *(kenyeret)* wage-earner

kereszt 1. cross; **~et vet vmre** *(átv)* give* up sg as lost 2. *(gabona)* shock, shook 3. *(zene)* sharp

keresztanya godmother

keresztapa godfather, sponsor

keresztbe crosswise, across; **~ teszi a karját** cross/fold one's arms

keresztcsont rump-bone

keresztel christen, baptize

keresztelő christening

keresztény Christian

kereszténység 1. Christianity 2. *(hit)* Christian faith

keresztes hadjárat crusade

keresztez 1. *(vonalat/területet)* traverse, *(egymást a levelek)* cross 2. **~i vknek az útját** cross sy's path 3. *(állatot/növényt)* cross

keresztezés 1. *(vasúti)* crossing 2. *(mezőgazdasági folyamat)* cross-breeding, *(növényé)* cross-fertilization

keresztfia *(vknek)* (sy's) godson

keresztkérdés cross-question

keresztmetszet cross-section, cross-cut; **szűk ~** bottleneck

keresztnév first/Christian name

keresztrejtvény cross-word (puzzle)

kereszttűz cross-fire

keresztút cross-road, cross-way

keresztutca cross street, side-street

keresztül 1. *(térben)* through, across, over, *(útiránynál)* via 2. *(időben)* for, during

keresztülhúz 1. *(töröl)* strike*/cross out 2. *(átv)* thwart, frustrate

keresztüljut get* through

keresztül-kasul through and through

keresztülmegy 1. *(átél)* suffer, go* through, undergo* 2. *(vizsgán)* pass

keresztülnéz *(vkn)* cut* sy (dead), ignore

keresztülvihetetlen impracticable

keresztülvisz 1. *(vmn)* carry/bear* through 2. **~i az akaratát** have* one's way/will

keret 1. frame, mount 2. *(katonai)* cadre 3. *(határ)* compass, framework; **vm ~ében** within the scope/framework of sg

kéret ask (sy) to come; **~i**

magát require/take* much persuading
keretantenna frame aerial
keretez frame, mount
kerevet couch, sofa, divan
kérges 1. crusty 2. *(kéz)* horny, callous
kerget chase, pursue
kergetőz|ik chase about
kering 1. *(bolygó)* revolve, *(vér/pénz)* circulate 2. *(hír)* spread* (about)
keringő *fn*, waltz
kerít get* hold of, procure; **hatalmába ~** *(vmt)* take* possession of
kerítés fence, railing
kérked|ik 1. talk big, brag 2. *(vmvel)* boast of sg
kérlelhetetlen implacable
kérő *fn*, *(leányt)* suitor
kérődz|ik chew the cud, ruminate
kert garden, *(gyümölcsös)* orchard, *(veteményes)* kitchen-garden
kertel beat* about the bush, hedge
kertész gardener
kertészet 1. *(foglalkozás)* gardening 2. *(kert)* garden
kerti garden; **~ növény** garden plant; **~ vetemény** vegetables *(tbsz)*
kerül 1. *(vhova)* get* somewhere, arrive at; **szeme elé ~** meet* sy, be* caught sight of 2. *(vmre)* come* to; **rá ~ a sor** it is* his turn now 3. **kezébe ~ vm** come* by chance upon sg 4. *(vmbe/pénzbe)* cost*, come* to, *(időbe)* take*, require; **mibe/mennyibe ~?** what is* the price/cost of it?; **sok időmbe ~t** it took* me a long time; **sok pénzembe ~t** it cost* me a lot; **sok munkámba ~t** I spent* a lot of work on it; **csak egy szavadba ~** you need only say a word 5. *(vkt/vmt)* avoid, shun 6. *(kerülőt tesz)* go* a roundabout way, make* a detour
kerület 1. *(körvonal)* outline, *(mértan)* circumference 2. *(terület)* section, district, region, *(városi közigazgatási)* district, borough
kerületi tanács borough council
kerülget 1. go* round about 2. *(témát)* talk round
kerülő *fn*, 1. *(út)* roundabout way, detour 2. *(erdőőr)* forester, (game) keeper
kérvény application
kérvényez make* an application, apply (for sg)
kés knife *(tbsz* knives)
késedelem delay, *(fizetési)* default; **nem tűr késedelmet** it brooks no delay; **~ nélkül** without delay
keselyű vulture
kesereg *(vmn)* grieve (at/over sg), lament *(*over sg)
kesergés lament, lamentation
keserű bitter
keserűség *(átv)* grief, distress
keserves 1. painful 2. *(nehéz)* troublesome, hard
keservesen bitterly; **~ zokog** sob one's heart out
késés lateness, *(vonaté)* late arrival
kés|ik 1. *(vk)* be*/come* late 2. *(óra)* be* slow, be* behind the time, *(vonat)* be* late/overdue; **ami ~ik nem múlik** all is* not lost that is* delayed
keskeny narrow
késleltet 1. *(feltart)* detain, keep* (back) 2. *(lassít)* delay, retard
késő late; **már ~ van** it is* late in the day; **~éjszakáig** far into the night; **~re jár** it is getting late
később later (on), further on

kész 1. *(befejezett)* ready, finished 2. *(vmre)* ready (to), prepared (for) 3. *(készen kapható)* ready-made 4. *(készséges)* obliging, willing; ~ **örömmel** with pleasure
készakarva deliberately, on purpose
készáru finished goods *(tbsz)*
keszeg I. *fn*, (river) bleak II. *mn*, lanky
készenlét readiness; **~ben áll** be*/stand* on the alert; **~ben tart** keep* in store, have* in reserve
készít make*, prepare, *(előállít)* produce
készítmény produce, product, *(vegytani)* preparation
készkiadás out-of-pocket expenses *(tbsz)*
készlet 1. *(áru)* store, *(tartalék)* reserve, supply 2. *(összetartozó dolgok)* set
készpénz ready/hard cash; **~ben fizet** pay* down/in cash; **~nek vesz vmt** take* sg at face value
készruha ready-made clothes *(tbsz)*
készség readiness; **~gel** readily, willingly
készséges ready, willing
késztet *(vmre)* induce/get* sy to do sg
kesztyű glove(s); **~t húz** put* on gloves
készül 1. *(munkában van)* be* being made 2. *(vm vmből)* be* made/composed (of sg) 3. *(előkészületeket tesz)* prepare (oneself to/for), make* preparations (for), *(szándékozik vmt tenni)* be* going (to do sg) 4. *(vhova)* be* ready/about (to go somewhere) 5. *(pályára)* be* going to be/become sg; **vizsgára ~** study for an examination; **tanár úr kérem nem ~tem** please teacher I haven't prepared anything 6. *(közeledik)* approach
készülék apparatus, appliance
készületlen unprepared; **~ül** without preparation
készülő I. *mn*, *(munkában levő)* in preparation *(ut)*, *(vmre)* preparing II. *fn*, **~ben van** be* under way
készülődés preparation; **háborús ~** preparations for war *(tbsz)*
készültség 1. preparedness 2. *(katonai)* alertness
két two; **~ kézzel kap vmn** jump/tumble at sg
kétágyas szoba double room
kételked|ik doubt, be* doubtful/sceptical (about sg)
kétéltű amphibian *(tbsz* amphibia)
kétélű fegyver *(átv)* it cuts* both ways
kétely doubt, scruple
kétemeletes three-storied
kétértelmű of/having double meaning *(ut)*, *(elítélő értelemben)* ambiguous
kétes doubtful, dubious, *(bizonytalan)* uncertain, *(nem megbízható)* unreliable
kétevezős two-oar
kétezer two thousand
kétfázisú two-phase
kétharmad two-thirds *(tbsz)*
kéthetenként fortnightly, bi-weekly
kétheti a fortnight's
kéthónapi two months'
kétkerekű two-wheeled
kétkulacsos *mn*, double-dealing
kétnapi two-day's
kétnyelvű bilingual
kétórai two hours'; **a ~ vonat** the two-o'clock train
kétórás lasting two hours *(ut)*
kétpályás autó(mű)út dual carriage-way
kétpólusú two-pole

ketrec cage, *(baromfinak)* coop
kétség doubt; **~be ejt** drive* to despair, dishearten; **~be von** question, doubt; **~be vonható** disputable, questionable
kétségbeejtő disheartening, *(helyzet)* desperate
kétségbeesés despair, desperation
kétségbeesett desperate
kétségbees|ik despair, lose* heart
kétséges doubtful, dubious
kétségkívül undoubtedly
kétségtelen unquestionable, doubtless
kétszáz two hundred
kétszemélyes for two (persons) *(ut)*
kétszer twice, two times; **~ annyi** twice as much; **~ kettő négy** twice two is*/are* four
kétszeres double; **~ére emelkedik** double, be*/become* doubled
kétszersült biscuit, rusk
kétszínű *(átv)* hypocritical, double-dealing
ketté in two (halves), asunder
kettes *(szám)* (number) two
kettesben together
kettesével by twos, two by two
kettétör|ik break* in two/half, snap
kettévág sunder, cut* in two
kettéválik fall* apart/asunder, separate
kettő two, *(vmből)* a couple of; **mind a ~** both (of them)
kettős I. *mn*, double, twofold; **~ könyvvitel** double-entry book-keeping **II.** *fn*, *(zene)* duet
kettőspont colon
kettőz double, duplicate
kétüléses two-seated; **~ autó** two-seater
kétütemű motor two-stroke engine
ketyeg tick
kéve sheaf *(tbsz* sheaves)
kévekötő aratógép harvester
kevély disdainful, haughty
kever 1. *(össze)* mix, mingle, *(főzéskor)* stir, *(vegyít)* combine **2.** *(kártyát)* shuffle; **~i a kártyát** *(átv)* intrigue **3.** *(átv, vmbe)* implicate, involve (in sg); **bajba ~ vkt** get* sy into trouble
kevered|ik 1. *(több egybe)* mix, mingle, *(fajilag)* interbreed* **2.** *(vk vmbe)* become*/get* involved (in sg); **bajba ~ik** get* into trouble
keverék mixture, *(rendszertelen)* mish-mash
kevés little *(utána egyes szám)*, few *(utána tbsz)*, *(idő)* short, *(nem elég)* wanting, not enough; **~ a pénzem** I have little money; **~sé** a little/trifle, somewhat; **~sel azután** shortly/soon after; **~sel ezelőtt** a short time ago, not long ago; **~sel indulása előtt** shortly before his departure
kevésbé (the) less; **annál ~ mert** all the less since
kevesebb less *(utána egyes szám)*, fewer *(utána tbsz)*
kevesell find*/think* sg too little
kevéssé somewhat, a little bit
kéz hand; **~ alatt** *(vásárol)* (buy*) second hand; **keze munkájából él** live by the sweat of one's brow; **keze ügyében van** be* near at hand; **vmt jól ~ben tart** *(átv)* keep* a firm hand on sg; **~nél van** be* ready to (one's) hand; **~ről ~re jár** go* round, circulate; **szabad kezet ad vknek** allow sy free play; **kezet fog vkvel** shake* hands with sy; **biztos ~zel** with a sure/firm hand
kézbesít deliver, hand

kézbesítetlen undelivered
kézbesítő *fn*, 1. deliverer 2. *(postás)* postman *(tbsz* postmen)
kezd start, begin*, commence *(amibe* sg); **nem tudom mit ~jek** I do* not know what to do; **azzal ~te hogy** he started by/with
kezdeményez take* the initiative in sg, start
kezdeményezés initiative
kezdet beginning, start; **~ben** in the beginning, at first; **a ~ ~én** at/in the very beginning; **~ét veszi** begin*, start; **~től fogva** from the (very) outset/beginning
kezdetleges primitive, rudimentary
kezdő *fn*, beginner
kezdőbetű 1. initial (letter) 2. *(nagybetű)* capital letter
kezdőd|ik begin*, start, commence
kezdve (as) from; **mostantól ~** from now (on), henceforth
kezel 1. *(beteget)* treat *(ami ellen for)*, attend, *(gépet, tárgyat)* handle, *(jegyet)* check, control 2. *(vkvel)* shake* hands (with sy)
kezelés 1. *(betegé)* treatment 2. *(gépé/tárgyé)* handling, *(jegyé)* control
kezelő *fn*, 1. *(gépé)* operator, mechanic 2. *(vagyoné)* trustee
kézelő cuff, *(ràvarrott)* wristband
kézelőgomb cuff-links *(tbsz)*
kézenfekvő obvious, evident
kezes[1] *fn*, 1. security 2. *(túsz)* hostage
kezes[2] *mn*, *(szelíd)* tame
kezesked|ik 1. *(jótáll vmért)* guarantee, warrant (sg), vouch (for sg) 2. *(biztosítékot nyújt)* stand*/be* surety (for sg)
kezesség surety, security; **~et vállal** *(jótáll)* stand* surety for sy, *(felel)* be* responsible for
kézi hand, manual
kézifék hand-brake
kézigránát hand-grenade
kézikönyv manual, handbook
kézikönyvtár reference library
kézilabda handball
kézilámpa electric torch
kézimunka *(női)* needlework
kézimunkáz|ik do* needlework
kézírás (hand)writing
kézirat manuscript
kézitáska 1. *(női)* handbag, reticule 2. *(kis bőrönd)* suitcase
kézjegy sign-manual
kézműves craftsman *(tbsz* craftsmen), artisan
kézügyesség manual skill
kézzelfogható palpable, *(kézenfekvő)* evident, obvious
kézzel-lábbal tiltakozik resist tooth and nail
kg = *kilogramm* kilogram(me), kg
ki[1] 1. *kérdő névmás*, who; **~ az?** who is* it/there?; **~t** who(m); **~ket?** who(m)?; **~é?** whose?; **~nek?** for/to whom? **~ben?** in whom 2. **~ erre ~ arra** some this way and some that (way)
ki[2] *hat*, out, *(kifelé)* outwards
kiabál shout, cry
kiábrándít disillusion
kiábrándul *(vmből)* lose* interest (in), be* disappointed (in)
kiad 1. *(kiszolgáltat)* deliver, give* up, *(bűnözőt)* extradite 2. *(munkát)* assign, *(parancsot)* give* 3. *(sajtóterméket)* publish, issue 4. *(helyiséget)* let* (on lease) 5. *(pénzt)* spend* 6. **~ja magát** *(vmnek/vknek)* pass oneself off (as) 7. **~ja vknek az útját** dismiss sy, turn sy off/away
kiadás 1. *(sajtótermékė)* publi-

cation; új ~ new edition; ~ában in the edition of. . ., published by 2. *(pénzé)* outlay, expenditure

kiadatlan unpublished

kiadó I. *mn*, to (be*) let *(ut)*, *(US)* for rent II. *fn*, *(könyvé)* publisher, publishing house

kiadóhivatal publishing office

kiadós abundant, plentiful

kiadvány publication

kiagyal think* out

kiaknáz 1. exploit 2. *(lehetőséget)* make* the best/most of

kialakít form, *(kifejleszt)* develop

kialakul form, take* shape, *(kifejlődik)* develop

kialakulatlan unformed

kiáll 1. *(vm vmből)* stand* out 2. *(vmért)* stand* up for, fight* for 3. *(fájás megszűnik)* cease, stop 4. *(vmt)* endure, suffer, stand*; **~ja a versenyt vmvel** hold* one's own against sg 5. **ki nem állhatom** I cannot stand/bear him

kiállhatatlan odious, *(viselkedés)* intorelable, unbearable

kiállít 1. *(sport)* send* off the field 2. *(közszemlére)* exhibit, display 3. *(külsőt ad)* get* up 4. *(okmányt)* make* out, *(űrlapot)* fill out/in

kiállítás 1. *(szemlére)* exhibition, show 2. *(külső)* get-up

kiállítási tárgy exhibit(ed article)

kiállító exhibitor

kialsz|ik 1. *(tűz)* burn* out/down 2. *(átv)* die away, fade 3. **kialussza magát** have* a good night's rest

kiált cry (out), shout, exclaim

kiáltás cry, shout

kiáltvány proclamation, manifesto; **Kommunista Kiáltvány** Communist Manifesto

kiapad 1. dry up 2. *(átv)* be* exhausted

kiapadhatatlan inexhaustible

kiárad 1. *(folyó)* flood 2. *(gáz/fény)* emanate

kiáraml|ik flow out

kiárusít sell* out, liquidate

kiás 1. *(romokat)* excavate 2. *(átv)* bring* to light

kibékít conciliate, *(vkt/vkvel)* reconcile sy (with/to sy)

kibékül *(vkvel/vmvel)* reconcile oneself (to sy/sg)

kibélel line

kibérel hire, *(lakást)* rent

kibernetika cybernetics

kibetűz make* out, decipher

kibír *(elvisel)* endure, bear*; **nem bírom ki** I cannot* stand/endure it *(any* longer)

kibírhatatlan unbearable, insupportable

kibocsát 1. let*/send* out 2. *(rendeletet)* issue

kibombáz bomb out

kiboml|ik come*/get* untied, *(haj)* get* loose

kibont open, undo*, *(hajat)* take*/let* down, *(zászlót)* unfurl

kibontakozás development, *(bonyodalomé)* dénouement

kibontakoz|ik 1. unfold, *(kifejlődik)* develop 2. *(vmből)* free/disentangle oneself (from sg)

kiborul *(edény)* be* upset/overturned

kibúj|ik 1. *(vm alól)* shun, shirk (sg) 2. *(vmből)* come* out, emerge (from); **~ik a szög a zsákból** show*/display the cloven hoof

kibuktat oust

kibúvó *fn*, pretext, *(mentség)* excuse

kicsal 1. *(vkből vmt)* wheedle/draw* sg out of sy, *(pénzt)* cheat/swindle sg out of sy 2. **könnyeket csal ki vkből** draw* tears from sy's eyes

kicsap *(iskolából)* expel

kicsapongás debauchery, dissipation
kicsavar 1. *(vizes ruhát)* wring* (out); **~ vmt vk kezéből** wrest sg out of sy's hands 2. **~ja a szavak eredeti értelmét** distort sy's words
kicserél exchange (sg for sg), *(újjal)* replace
kicsi I. *mn*, little, small, *(jelentéktelen)* petty, trifling; **~ korában** as a child, in his childhood II. *fn*, **~be vesz vmt** belittle; **egy ~t** a little/bit
kicsikar *(vktől)* wring*/extort sg from sy
kicsinyel *(lebecsül)* belittle
kicsinyell think* sg too small
kicsinyes narrow-minded, petty, fussy
kicsinyített reduced
kicsípi magát smarten/get* oneself up
kicsíráz|ik sprout, germinate
kicsoda whoever?
kicsomagol unpack
kicsorbul chip, get* notched
kicsordul overflow, run* over; **~t a könnye** tears came* to her eyes
kicsúfol mock (at)
kicsúsz|ik slip (out); **~ik a száján** slip from sy's mouth
kiderít find* out, bring* to light
kiderül 1. *(idő)* clear up, *(ég)* clear 2. *(kitudódik)* come* to light, be* discovered
kidob 1. *(vmt)* throw* out, *(pénzt)* away, waste 2. *(vkt vhonnan)* throw*/turn sy out (of swhere), *(állásából)* fire sy
kidolgoz 1. *(anyagot)* work (out) 2. *(témát)* elaborate *(tervet)* prepare, draw* up
kidolgozás *(anyagé)* working out, *(témáé)* elaboration, composition
kidomborít *(átv)* lay* stress upon, stress, emphasize
kidomborod|ik 1. bulge, swell* 2. *(átv)* become* evident
kidől 1. *(fa)* fall*, *(folyadék)* spill* 2. *(átv)* break* down; **~t sorainkból** he has* left us for ever
kidönt 1. *(fát)* fell 2. *(kiborít)* spill,* overturn
kidudorod|ik bulge, protrude
kidug *(vhol)* push/thrust* sg out of sg
kié whose; **~ ez a könyv?** whose book is this?, to whom does this book belong?
kiég 1. *(tűz)* die away, go* out 2. *(épület)* be* consumed by fire 3. *(biztosíték)* blow* out, go*
kiegészít complete, supplement
kiegészítő *(nyelvtan)* complement
kiegyenesed|ik straighten (out), *(kihúzza magát)* draw* oneself up
kiegyenlít 1. equalize, set*/put* aright 2. *(számlát)* settle (bill), *(adósságot)* clear, discharge (debt)
kiegyenlítés 1. *(erőben)* equalization 2. *(számláé)* settlement, *(adósságé)* clearing
kiegyenlítőd|ik equalize
kiegyensúlyoz balance
kiegyensúlyozott balanced
kiegyezés compromise, accord, *(csődben)* composition
kiegyez|ik *(vkvel)* come* to an arrangement/compromise (with sy)
kiéhezett 1. starved, famished 2. *(vmre, átv)* craving for sg *(ut)*
kiejt 1. *(kézből)* drop, let* fall 2. *(szót)* pronounce, utter
kiejtés pronunciation
kiél 1. *(szenvedélyt)* live out 2. **~i magát vmben** indulge in sg

kielégít satisfy
kielégítés satisfaction
kielégítő satisfactory; **nem ~** unsatisfactory
kielégül 1. *(vmben)* find* satisfaction (in sg) 2. *(vágy stb.)* be* sated
kiélesed|ik sharpen, *(harc)* grow*/become* more acute; **az osztályharc ~ett** the class-struggle was* sharpening
kiélesít sharpen
kiemel 1. *(hangsúlyoz)* stress, emphasize 2. *(vkt, átv)* raise, advance sy
kiemelked|ik 1. *(vhonnan)* rise* (from), stand* out (from) 2. *(szembetűnik)* be* striking 3. *(minőségre)* excel
kiemelkedő 1. *(kiugró)* projecting 2. *(kiváló)* outstanding, excellent
kienged 1. *(vkt)* let* (sy) out 2. *(ruhát)* let* out
kiengesztel conciliate
kiengesztelőd|ik become* reconciled
kiépít *(átv)* build*/work up, *(szervezetet)* organize
kiérdemel merit, deserve
kiereszt 1. *(vkt vhova)* let* (sy) out 2. *(lazít)* slacken
kierőszakol 1. *(vkből vmt)* wring*/force sg from sy 2. *(vmt)* force (sg), insist (on sg)
kiértékel evaluate, appraise
kies pleasant
kiesés 1. *(hiány)* deficiency 2. *(sport)* relegation; **~es verseny** elimination race
kies|ik 1. fall*/drop out (of sg) 2. *(sport)* drop out, be* eliminated; **~ik a szerepéből** forget* one's part/role; **~ik a kegyekből** be* out of favour
kieszel invent, think* out
kieszközöl procure, obtain
kietlen dreary, bleak, desolate
kifacsar wring* (out) *(gyümölcsöt)* squeeze out
kifakad 1. *(kelés)* burst*, *(bimbó)* (burst*) open 2. *(vk)* break* out into angry words
kifárad tire, grow* tired
kifáraszt tire (out), weary
kifecseg blurt/blab out, disclose
kifejez express; **vmben ~ve** in terms of; **~i magát** express oneself
kifejezés 1. expression; **~re juttat vmt** express, give* expression to 2. *(nyelvben sajátos)* locution
kifejezett explicit
kifejező expressive *(amit* of), suggestive
kifejleszt develop
kifejlőd|ik develop *(amivé* into sg), grow*
kifejt 1. *(borsót)* shell, *(más magot)* husk 2. *(képességet)* display, show* 3. *(szavakban)* expound, set* forth (in detail) *(magyaráz)* explain
kifelé out, outward
kifelejt forget* to mention/include, leave* out by mistake
kifest paint; **~i magát** make* up one's face
kifeszít stretch (out)
kificamít sprain, dislocate
kifiguráz caricature
kifinomult refined
kifizet 1. pay* (off/out/down), *(adósságot)* discharge, settle 2. **~i magát** it pays*
kifizetetlen unpaid
kifizetőd|ik it pays*
kifli crescent
kifog 1. *(vízből)* fish (out), *(halat)* catch*; **ezt jól ~tuk** *(rosszat)* we have had it 2. *(lovat)* unharness 3. *(vkn)* get*/have* the better of sy
kifogás 1. *(ellenkezés)* objection; **van vm ~a ellene ha...?**

do you mind if...?; **~t emel** raise an objection **2.** *(mentség)* pretext, excuse
kifogásol object to, protest against
kifogásolható objectionable
kifogástalan unexceptionable, unobjectionable
kifogy 1. *(vm vmből)* be* consumed/exhausted, *(vk vmből)* run* out/short of **2.** *(elfogy)* be* coming to an end
kifogyhatatlan inexhaustible
kifolyó *(kádban)* plug-hole, *(konyhai)* sink
kifolyólag in consequence of, owing/due to; **ebből ~** for this reason
kifordít reverse, *(ruhát)* turn (out/over)
kiforgat 1. *(vkt vmből)* cheat/do* sy out of sg **2.** *(értelmet)* twist, distort
kifoszt rob, plunder
kifőz *(tervet)* brew, plot
kifúj 1. *(orrot)* blow* **2. ~ja magát** recover/get* one's breath
kifullad get*/be* out of breath
kifúr 1. bore through, bore holes in sg **2.** *(vkt kifúr)* edge sy out **3. majd ~ja a kíváncsiság az oldalát** be* bursting with curiosity
kifut 1. *(hajó)* sail, stand* out to sea **2.** *(tej)* boil over
kifutó *(fiú)* errand-boy
kifutópálya *(reptéren)* runway
kifürkészhetetlen inscrutable
kifütyül hiss out/off sy
kigombol unbutton
kigondol think* out, conceive
kigördül roll out, *(vonat)* pull out
kigúnyol ridicule, mock
kígyó snake; **~t melenget keblén** cherish a snake in one's bosom
kigyógyít *(vkt vmből)* cure (sy of sg)
kigyógyul recover, get* well again
kigyomlál weed out
kigyóz|ik wind*, weave*, twist
kigyullad 1. *(fény)* light* up **2.** *(tüzet fog)* take*/catch* fire
kihágás contravention; **~t követ el** commit an offence
kihagy 1. omit, leave* out **2.** *(kimarad)* miss, *(motor)* misfire; **~ a pulzusa** his pulse misses a beat
kihajol lean* out; **~ni veszélyes** do not lean out of the window
kihajóz *(vkt)* debark, *(vmt)* unload
kihajt 1. *(állatot)* drive* out **2.** *(gallért)* turn down (one's collar) **3.** *(növény)* come* up, shoot*
kihajtó *(galléré)* lapel
kihal die out
kihallgat 1. *(kikérdez)* interrogate **2.** *(titokban)* overhear*
kihallgatás 1. questioning **2.** *(államfőnél)* audience; **~ra jelentkezik** request an interview (with), *(katona)* report
kihalt 1. *(faj)* died out, extinct **2.** *(vidék)* desolate; **~ utca** unfrequented street
kihány *(ételt)* throw*/bring* up, vomit
kiharcol obtain (by fighting for it)
kihasznál utilize; **~ja az alkalmat** take* advantage of the opportunity
kihasználás utilization, exploitation
kihasználatlan unutilized, *(mezőgazdaságilag)* uncultivated
kihat *(vmre)* have* effect (on sg), influence (sg)
kihatás effect, influence; **~a van vmre** have* effect on sg
kihelyez *(pénzt)* lend* out (at interest)

kihever overcome*, *(betegséget)* recover from, *(csapást)* survive
kihirdet proclaim, publish; **ítéletet ~** pronounce sentence
kihív 1. *(vkt vhova)* call out **2.** *(párbajra)* challenge **3.** *(diákot felelni)* ask questions (of a student)
kihívó provocative
kihoz 1. bring* out, fetch **2.** *(eredményt)* produce, *(filmet)* release **3. ~ vkt a béketűrésből** exasperate sy; **~ a sodrából vkt** upset* sy
kihúz 1. *(fogat)* draw*, extract (tooth) **2.** *(töröl)* blot/cross out, erase **3. ~za magát** draw* oneself up **4. ~za magát vmből** draw*/wriggle out of sg **5.** *(tussal)* trace, paint over **6.** *(kötvényt)* draw*; **~ták a számát** his number (in lottery) was* drawn
kihűl cool, get* cold
kihűt cool, refrigerate
kiigazít adjust, *(hibát)* correct, repair
kiigazítás adjustment, correction
kiigényel claim (and obtain)
kiindul *(vmből)* set* out (from sg/swhere)
kiindulási pont starting-point
kiír *(kihirdet)* publish, announce, proclaim; **az orvos ~ja** *(betegnek)* the (panel) doctor puts* sy down as sick, *(munkaképesnek)* the (panel) doctor certifies sy fit for work
kiirt 1. *(gyökerestől)* destroy root and branch **2.** *(állatfajt)* kill (off), *(erdőt)* clear, *(férget)* exterminate
kiismer come* to know; **~i magát** *(vhol)* find*/know* one's way about/around; **nem ismeri ki magát** be* at a loss
kiismerhetetlen inscrutable
kijár 1. *(vm vmből)* come* out **2.** *(vknek vm)* be* due/owing (to sy) **3.** *(vknél vmt)* manage to obtain/get sg for sy **4.** *(iskolát)* finish one's studies
kijárat way out, issue, exit
kijátsz|ik 1. *(kártyát)* lead* (card) **2.** *(becsap)* cheat; **kijátssza a törvényt** evade the law
kijavít 1. *(hibát/dolgozatot)* correct, *(helyesbít)* rectify **2.** *(gépet)* repair **3.** *(ruhát)* mend
kijavítás *(hibát)* correction, *(helyesbítés)* rectification, *(házat)* repair(ing), *(ruhát)* mend
kijelent 1. *(vmt)* declare, state **2.** *(vkt rendőrileg)* report the departure (of sy)
kijelentés declaration, statement
kijelöl 1. *(helyet)* indicate, point/mark out **2.** *(időt)* fix, appoint **3.** *(vkt vmre)* designate, nominate
kijózanod|ik 1. become* sober **2.** *(átv)* get* disillusioned (of sg)
kijön 1. *(vhonnan)* come* out (of) **2.** *(eredmény)* result (in sg) **3. kijött a gyakorlatból** be* out of training/practice; **kijött a sodrából** he lost* patience/temper **4. valahogyan ~ a pénzéből** he manages to make both ends meet **5.** *(vkvel)* get* on well with sy
kijövet on the way out
kijut *(vknek vmből)* have* one's share (of sg)
kikacag laugh at
kikap 1. *(megszidják)* be* scolded/rebuked **2.** *(vereséget szenved)* be* defeated; **~tak 3 : 1-re** they were* beaten

3–1 *(szóban* by three goals to one)
kikapar scrape/scratch out/off
kikapcsol 1. *(ruhát stb.)* unfasten, undo* **2.** *(áramot)* cut* (off), switch off, *(gépet)* disconnect, *(motort)* stop
kikapcsolódás *(átv)* relaxation
kikapcsolód|ik 1. *(kinyilik)* come* unfastened/undone **2.** *(vk vmből)* withdraw* from, *(pihenéssel)* relax
kikefél *(ruhát)* brush, *(cipőt)* polish
kikel 1. *(tojásból)* hatch out, *(növény)* spring*, sprout **2.** **~ magából** lose* temper/patience; **vk ellen ~** inveigh against sy
kikelet spring
kikényszerít enforce
kiképez *(vkt)* instruct, *(katonát)* drill, train
kiképzés 1. *(iskoláztatás)* instruction, *(katonai)* (military) training, drilling **2.** *(művészeti)* decoration, details *(tbsz)*
kikér 1. *(vkt cégtől)* ask for (sy's transfer), *(államok egymás közt)* ask for the extradition of sy **2.** **~ magának vmt** protest against sg
kikérdez question, cross-question, interrogate; **~i a leckét** hear* the lesson
kikeres look/search for, *(kiválogat)* choose*, select
kikeresztelked|ik become* Christian
kikerget *(vhonnan)* drive*/turn out (from swhere)
kikerics meadow-saffron
kikerül 1. *(kitér)* walk round, avoid **2.** *(vk vmből)* get* out of, escape; **győztesen kerül ki a küzdelemből** be* victorious
kikerülhetetlen inevitable, unavoidable
kikészít 1. *(előkészít)* put*/set* out **2.** *(iparilag)* process, *(bőrt)* curry **3.** *(vkt vm)* get* sy down **4.** **~i magát** make* (oneself) up
kikezd *(vkvel)* pick a quarrel (with), *(nővel)* make* passes (at)
ki-ki everybody, every one
kikiált 1. *(vkt vmvé)* proclaim sy sg **2.** *(eredményt)* announce (in a loud voice)
kikiáltási ár upset price
kikiáltó *(árverésen)* auctioneer, *(vásári)* barker
kikísér show*/see* sy out (to the door); **vonathoz ~** see* sy to the station
kikísérletez work out (experimentally)
kikosaraz reject, *(kérőt)* refuse (a suitor)
kikölcsönöz lend* out
kikölt incubate, hatch (out)
kiköszörüli a csorbát make* good, rectify (mistake)
kiköt 1. *(feltételt)* stipulate; **~ magának vmt** contract/reserve sg for oneself **2.** *(hajó)* land (at), put* in, drop anchor
kikötés 1. *(feltétel)* reservation; **azzal a ~sel** with/under the reservation **2.** *(hajóé)* landing
kikötő harbour, port; **~be ér** sail into harbour, reach port
kikötőhely landing-place
kikötőhíd landing stage
kikötőmunkás docker, longshoreman *(tbsz* longshoremen)
kikötőváros port, seaport
kiközösít expel, ostracize
kikristályosod|ik crystallize
kikutat explore, investigate
kiküld 1. *(vhonnan)* send* out (of) **2.** *(vhova)* send* out (to), *(megbíz)* delegate
kiküldetés (com)mission

kiküldött delegate, representative, deputy
kiküszöböl eliminate, remove
kilábal *(betegségből)* recover (from), *(kellemetlenségből)* get* out (of)
kilakoltat turn out, evict
kilátás 1. *(vhonnan)* view, sight, panorama 2. *(átv)* prospect, chance; **~ba helyez vmt** hold* out the prospect of sg
kilátástalan hopeless
kilátó *(hely)* look-out (tower)
kilátsz|ik be* visible, show*; **ki se látszik a munkából** be* snowed under with work
kilégzés exhalation
kilenc nine; **~ óra van** it is nine o'clock; **~kor** at nine; **~re** by nine
kilenced|ik ninth; **f. hó 9-én** on 9th inst. *(olvasva* the ninth)
kilences *(szám)* (number) nine
kilencven ninety
kilengés 1. *(ingáé)* oscillation, swing, *(eltérése)* amplitude 2. *(kicsapongás)* debauchery
kilép 1. *(vhonnan)* step/come* out; **~ a sorból** leave* the ranks, fall* out 2. **jól ~** walk quickly, step (it) out 3. **~ egy pártból** resign from a party; **szolgálatból ~** retire from service
kilét identity; **felfedi ~ét** disclose one's identity
kilincs door-handle
kiló kilogram(me)
kilóg hang* out, *(látszik)* show*
kilométer kilometre
kilométerkő kilometre mark
kilopódz|ik steal* away
kilowatt kilowatt
kilő shoot* out, *(rakétát)* launch
kilök push/thrust* out
kilyukad wear* through; **hova akarsz ezzel ~ni** what are* you driving at?
kilyukaszt 1. perforate, (make* a) hole, *(jegyet)* punch 2. *(koptatással)* wear* through
kimagasl|ik stand* out
kimagasló *(átv)* outstanding eminent
kimagyarázkod|ik explain ones' conduct
kimarad 1. *(sokáig)* stay away beyond one's time 2. *(kihagyták)* be* left out
kimaradás staying out/away, *(katonai)* leave; **~i engedély** permission to leave
kimász|ik *(átv)* get* out
kimegy 1. *(vhonnan)* go*/pass/get* out (of) *(ahová* to); **~ vk elé az állomásra** (go* to) meet sy at the station 2. **~ a divatból** go* out of fashion; **~ a fejéből** get*/go* out of one's mind
kímél take* care of, spare
kímélet forbearance, regard
kíméletes indulgent, considerate
kíméletlen unsparing, inconsiderate
kimélyít 1. deepen *(kiváj)* hollow out 2. *(jó viszonyt)* strengthen
kimélyül become*/grow* deeper
kimenet I. *fn*, way out, exit, issue II. *hat*, on the way out
kimenetel issue, outcome, result
kimenő I. *mn*, **~ ruha** walking-out clothes *(tbsz)* II. *fn*, leave; **~je van** have* a day-off
kiment 1. *(vmből)* rescue, save (sy from sg) 2. *(vknél)* excuse sy (with sy else)
kimér 1. measure (out) 2. *(büntetést)* inflict (punishment upon sy)
kimerít 1. *(készletet)* exhaust 2. *(kifáraszt)* wear* out, exhaust

kimeríthetetlen inexhaustible
kimerítő 1. exhaustive 2. *(fárasztó)* exhausting
kimért *(átv)* formal
kimerül 1. *(elfárad)* get* exhausted 2. *(elfogy)* be* used up, be* exhausted
kimerülés exhaustion
kimerült exhausted, worn out
kimerültség exhaustion
kimond pronounce, express; **bűnösnek mond ki vkt** find*/declare sy guilty
kimondott pronounced; **~an** really, definitely
kimos wash (out), launder
kimúl|ik die, decease
kimutat 1. *(megmutat)* show* (forth) 2. *(bebizonyít)* prove, demonstrate
kimutatás returns *(tbsz)*, account, *(jelentés)* statement, report; **~t készít vmről** make* a report about/on sg
kín pain, torture, torment
Kína China
kínai Chinese; **K~ Népköztársaság** People's Republic of China
kínaiul (in) Chinese; **~ beszél** speak* Chinese
kínál offer (sy sg); **többet ~** bid* higher
kínálat offer, supply
kínálkoz|ik offer/present oneself
kincs treasure, wealth
kincstár 1. treasury 2. *(átv)* thesaurus
kinevet laugh at
kinevez appoint (sy to sg), *(előléptet)* promote (sy to)
kinevezés appointment
kinéz 1. look out; **~ az ablakon** look out of the window 2. **jól néz ki** look well; **rosszul néz ki** look ill 3. **nem sok jót nézek ki belőle** I do* not put great confidence in him
kinézés appearance, air
kínlódás torment, agony
kínlód|ik 1. *(szenved)* suffer pain 2. *(átv, vmvel)* struggle (with)
kinn outside, out (of doors), outdoors
kinnlevőség outstanding debts
kínos painful, *(kellemetlen)* awkward, unpleasant
kínoz 1. torment 2. *(bosszant)* worry, plague
kinő 1. *(földből)* grow*, come* up, sprout 2. *(vmből)* outgrow* (sg) 3. **kinövi magát vmvé** become* sg, grow* into sg
kinövés 1. outgrowth 2. *(átv)* deformity, aberration
kínpad rack; **~ra von** put* sy to the rack, torture
kintorna barrel-organ, street--organ
kínzás torture
kínzó I. *mn*, *(testileg)* tormenting, *(átv)* worrying II. *fn*, tormentor
kínzókamra chamber of torture
kinyilatkoztat declare, state
kinyilatkoztatás revelation
kinyíl|ik open (out), *(virág)* blossom; **~ik a szeme** *(átv)* he begins* to see clearly
kinyit open (out), *(kulccsal)* unlock; **~ja a szemét** open one's eyes
kinyom press/squeeze out
kinyomoz trace, hunt (out/down)
kinyomtat have* (sg) printed
kinyújt 1. *(kezét stb.)* stretch/put* out/forth 2. *(meghosszabbít)* extend, draw*/pull out, *(tésztát)* roll out
kinyújtóz|ik stretch (one's limbs)
kinyúl|ik 1. *(kiáll)* protrude 2. *(bővül)* stretch (out)
kioktat instruct, brief
kioldód|ik come* undone

kiolt extinguish, put* out
kiolvas 1. *(könyvet)* read* through 2. **leveléből ezt olvasta ki** he gathered from (reading) his letter that...
kioson sneak/slip out
kioszt distribute, divide (among), give* out, *(díjat)* award, *(szerepet)* assign
kiosztás distribution; **a jutalmak ~a** prize-giving
kiöblít rinse (out)
kiölti a nyelvét put* out one's tongue
kiöml|ik pour/stream out
kiönt 1. pour out, spill* 2. **~i a szívét** open one's heart 3. *(folyó)* overflow, cause an inundation
kiöntő *(konyhában)* sink
kiöreged|ik become* too old (for sg)
kipakol unpack
kipattan 1. burst* out 2. *(titok, hír)* become* known
kipattogz|ik crack
kipellengérez expose, unmask
kipihen (take* a) rest (after sg); **~i a fáradalmakat** recover one's strength; **~i magát** have* a good rest
kipirul flush, blush
kiporol dust, beat* (the dust from sg); **jól ~ják a nadrágját** get* a sound thrashing
kipótol 1. make* up for sg 2. *(hiányt)* supply 3. *(teljesebbé téve)* complete
kiprésel 1. *(szőlőt)* press (grapes), *(egyéb gyümölcsöt)* squeeze 2. *(vkből vmt)* squeeze (sg) out (of sy)
kipróbál test/try sy/sg, make* a trial
kipróbált time-tested
kipufogó exhauster
kipuhatol *(helyzetet)* throw* out a feeler, *(vk szándékát)* sound sy
kipukkad burst* (out)
kipusztít exterminate
kirabol *(házat)* burgle, *(vkt úton)* rob, *(háborúban)* loot
kiradíroz erase
kiragad tear*/pull out, *(vmt)* snatch (sg from swhere/sy); **találomra ~** pick out at random
kirajzolód|ik become* distinct
kirak 1. *(vmt vmből)* take* out (of), *(árut)* unload 2. *(vmvel)* stud, trim (sg with sg)
kirakat shop-window
kirakatrendező window-dresser
kirakod|ik unload, *(hajóból)* unship
király king, sovereign; **az angol ~** the King of England
királyi royal; **~ ház** dynasty
királyné queen
királynő queen; **az angol ~** the Queen of England
királyság kingdom
kirándul *(vhová)* make* an excursion (to)
kirándulás excursion, outing
kiránt 1. *(konyha)* fry in bread-crumbs 2. *(átv)* get* out of, save
kirázza a hideg shiver with cold
kirekeszt exclude/eliminate from sg
kirendel *(vhova)* delegate, send* (sy swhere)
kirendeltség local office, agency
kirívó glaring, flagrant, striking
kiró *(büntetést)* inflict (punishment upon), *(bírságot)* fine (sy), *(adót)* levy (a fine on sy)
kirobban 1. explode 2. *(átv)* burst*, break* out
kirobbant *(átv)* cause to break out, *(háborút)* unleash (war)
kirohan 1. run*/dash out 2. *(vk ellen)* run* (sy) down 3. *(katona)* sally forth/out
kiről about whom?; **~ beszél** who are you talking about?
kirúg 1. *(vkt)* kick out, turn (sy) out of doors, *(állásból)*

sack 2. ~ **a hámból** kick over the traces
kis *(kevés)* little, *(apró)* small, *(nem magas)* short; **egy** ~ a little, a bit of, some; **evett egy** ~ **kenyeret** he ate* a little bread; **vett egy** ~ **cipót** he bought* a small loaf
kisajátít 1. *(hatóság)* expropriate 2. *(vmt magának, átv)* monopolize
kisasszony miss, young lady
Kisázsia Asia Minor
kisbaba baby; **kisbabát vár** expect a baby
kisbirtokos smallholder
kisebb *(nagyság)* smaller, *(fontosság)* less, minor; ~ **gondja is nagyobb annál** it is* the least of his worries; ~ **javítások** minor repairs
kisebbít 1. make* smaller, *(mennyiséget)* diminish, decrease 2. *(átv)* minimize
kisebb-nagyobb greater and smaller
kisebbség minority; **nemzeti** ~ national minority
kisegít 1. *(vkt vmből)* help out, *(vkt munkájában)* help (sy in his work) 2. *(vhol)* deputize (for sy)
kisegítő auxiliary, subsidiary; ~ **alkalmazott** temporary help
kiselejtez sort/weed out
kisemmiz cheat sy out of sg
kísér 1. go* with, accompany, *(katona)* escort; **rabot** ~ escort a prisoner 2. **figyelemmel** ~**i vk fejlődését** follow/watch sy's progress with attention 3. **zongorán** ~ accompany on the piano 4. *(vmt vm)* be followed by sg
kíséret 1. *(vké)* train, suite; **vk** ~**ében** in sy's company, accompanied/escorted by 2. *(katonai)* escort 3. *(zene)* accompaniment
kísérlet 1. *(megpróbálás)* attempt *(amire* in/at sg); ~**et tesz vmre** attempt sg 2. *(kipróbálás)* experiment, trial, test
kísérletezés experimenting
kísérletez|ik make* experiments (with sg)
kísérleti experimental; ~ **állomás** experimental station
kísérletképpen as an experiment
kísérő I. *fn*, 1. companion, follower 2. *(zene)* accompanist II. *mn*, accompanying; ~ **műsor** accompaniment, supporting programme
kísért *(szellem)* haunt
kísértés temptation; ~**be hoz/visz** tempt sy
kísértet ghost, phantom
kísérteties ghostly, ghastly
kisestélyi ruha cocktail dress
kisfeszültség low tension/voltage
kisfilm *(rövid játékfilm)* short feature film, *(fényképezőgépbe)* miniature film
kisfiú little boy
kisgazda smallholder
kisgyermek small/little child *(tbsz* children)
kishitű faint-hearted
kisikl|ik 1. *(vhonnan)* slip out of 2. *(vonat)* derail, get* derailed
kisipari termelőszövetkezet craftsmen's co-operative
kisiparos craftsman *(tbsz* craftsmen), artisan
kiskabát jacket
kiskanál tea-spoon
kiskereskedelem retail trade
kiskereskedő retail dealer, shopkeeper
kiskorú minor, under age *(ut)*
kislány little girl
kismama ruha maternity wear
kisorsol draw* (lots for sg)
kisöpör sweep* out
kisparaszt petty peasant proprietor, smallholder

kispolgár petty bourgeois
kispolgári petty bourgeois
kisportolt athletic, muscular
kissé a little (bit), slightly; **egy ~** a little/trifle, somewhat
kisugároz radiate, emit
kisugárzás radiation, reflection
kisujj little finger; **a ~ában van** he has* it at his finger's ends; **~át sem mozdítja meg érte** he will not stir/lift a finger for him
kisurran slip/steal* out
kisül 1. *(tésztaféle)* get* baked, *(hús)* get* roasted **2.** *(átv)* turn/come* out
kisüt 1. *(tésztafélét)* bake, *(húst)* roast, *(zsírban)* fry **2.** *(átv, vmt)* concoct, invent; **~ötték (hogy)** they came* to the conclusion (that) **3.** *(nap)* begin* to shine
kisüzem small plant/shop
kisvasút narrow-gauge railway
KISZ = Kommunista Ifjúsági Szövetség Communist Youth Union of Hungary
kiszab 1. *(ruhát)* cut* (out) **2.** *(büntetést)* inflict, impose (punishment on sy)
kiszabadít liberate, release
kiszabadul get* out/away (from); **~ a börtönből** be* discharged/released from prison
kiszakad *(szövet)* tear*, get* torn
kiszakít 1. *(ruhát)* tear*, rip **2. ~ vkt a környezetéből** uproot sy
kiszalad *(vhonnan)* run*/rush out
kiszáll 1. *(járműből)* get* off/out, alight **2. ~ a helyszínre** visit the scene/spot
kiszállás 1. *(járműből)* alighting, getting off/out; **~!** all change! **2.** *(hatósági)* visit to scene/ spot
kiszámít calculate, count
kiszámíthatatlan incalculable; **~ ember** an unaccountable man *(tbsz* people)
kiszárad dry up, run*/go* dry, *(növény)* wither
kiszed 1. *(vhonnan)* take* out (of swhere) **2.** *(nyomda)* set* up **3.** *(vkből vmt)* get*/draw* sg out of sy
kiszellőztet air
kiszemel select, choose* (sy for sg)
kiszenved expire, pass away
kiszimatol smell*/find* out
kiszínez 1. colour **2.** *(átv)* embellish
kiszív suck (out); **a nap kiszítta** the sun has* faded it
kiszolgál *(vkt)* serve (sy), attend on sy
kiszolgálás service
kiszolgáló *fn*, *(üzletben)* shop-assistant
kiszolgáltat 1. *(vkt/vmt)* deliver, hand over (sg/sy), *(bűnöst)* extradite; **~ja magát vknek/vmnek** surrender (oneself) to **2. ~ja magát vkvel** demand to be served
kiszorít 1. *(helyéből)* drive*/push out **2.** *(átv)* oust, supersede
kiszorul 1. *(vm vhonnan)* be* driven/squeezed out **2.** *(átv)* be* ousted/superseded
kiszögellés projection
kiszök|ik *(vhonnan)* slip from, *(országból)* flee* the country
kiszúr pierce, *(átv)* **majd ~ja a szemét** it is* glarinly obvious
kitagad 1. *(gyermeket)* disown **2.** *(örökségből)* disinherit
kitakar uncover
kitakarít clean (a room), do* (up)
kitakarítatlan *(szoba)* unmade (room)

kitakarod|ik get* out; **takarodj ki!** out/off with you!, get out!
kitalál 1. *(eltalál)* guess, make* out 2. **ezt ő találta ki** he made it up, he invented it 3. *(vhonnan)* find* one's way out
kitálal *(ételt)* 1. serve (up) 2. *(átv)* divulge, let* out 3. *(kiborít)* spill*
kitalált made-up, invented
kitanít school/train sy; **vkt vmlyen mesterségre ~** teach* sy a craft/trade
kitanul *(mesterséget)* learn* (a craft/trade)
kitanult *(szakmában)* trained, accomplished
kitapasztal experience
kitapos 1. *(cipőt)* wear* down (one's shoes) 2. *(utat)* beat* (a path)
kitár 1. *(ajtót)* throw*/fling* open 2. *(karját)* stretch out (one's arms) 3. **szívét ~ja vk előtt** open one's heart to sy
kitart 1. *(személy)* be* persistent 2. **~ vk mellett** remain loyal to, stick* to; **~ vm mellett** persist in, insist on; **~ álláspontja mellett** uphold* one's opinion
kitartás persistence
kitartó persevering, steadfast, tenacious, staunch
kitárul be* thrown/flung open
kitaszít expel (sy from sg)
kitelepít displace (persons/families)
kitel|ik 1. *(vmből)* be* enough/sufficient (for) 2. **tőle minden ~ik** he is* up to anything
kitép *(vmt)* tear*/pull out, *(gyökerestül)* uproot
kitér 1. *(útból)* get* out of the way 2. *(vmre)* touch upon sg 3. *(vallás)* change one's faith 4. *(mutató)* deviate
kitérés 1. *(útból)* detour 2. *(elbeszélésben)* digression 3. *(műszaki)* deflection
kiterít spread*/lay* out
kiterjed 1. *(terület)* extend (to) 2. *(vmre)* comprise/include sg
kiterjedés 1. extension 2. *(fizika)* dimension 3. *(átv)* extent, scope
kiterjedt extensive
kiterjeszked|ik 1. spread* over 2. *(átv)* include (sg)
kiterjeszt 1. spread* 2. *(átv)* extend to
kitermelés exploitation
kitérő I. *mn,* **~ válasz** an evasive answer II. *fn,* 1. *(vasút)* shunt, rail-siding 2. **~t tesz** make* a detour
kitessékel ask to leave (the room)
kitesz 1. *(kivülre)* put* out(side), *(kirakatba)* display 2. *(állásból)* dismiss, fire, discharge 3. *(vmnek)* subject/expose to; **~i magát vmnek** expose oneself to sg 4. *(összegszerűen)* amount/come* to 5. **~ magáért** do* one's utmost/best
kitétel *(kifejezés)* term, expression
kitevő *fn, (hatványé)* exponent
kitilt *(vhonnan)* expel from; **~ a házból** forbid* the house
kitisztít clean
kitódul: issue forth, swarm out (of)
kitol 1. *(dátumot)* defer, postpone 2. **~vkvel** take* it out of sy
kitolód|ik *(időpont)* be* postponed, be* put off
kitoloncol expel
kitölt 1. *(folyadékot)* pour out 2. *(űrlapot)* fill in/up 3. *(haragot)* vent (anger on

sy) **4.** *(büntetést)* serve (one's sentence)
kitöm stuff
kitör 1. break* **2.** *(háború/betegség/vihar)* break* out, *(tűzhányó)* erupt **3. könnyekbe tör ki** burst* into tears **4.** *(katona)* sally forth
kitör|ik 1. break* off **2.** *(testrész)* get* fractured
kitöröl 1. wipe (out) **2.** *(írást)* erase, blot/rub out
kitudód|ik come* to light
kituszkol hustle out
kitűn|ik 1. *(vk több közül)* excel, *(vmben)* excel in sg **2.** *(vm vmből)* be* evident/manifest (from); **amint később ~t** as it turned out eventually
kitűnő I. *mn,* excellent, eminent, first-class, first-rate, exquisite **II.** *fn,* *(iskolában)* best mark
kitüntet honour (with), *(rendjellel)* decorate (with a medal); **~i magát** distinguish oneself
kitüntetés 1. *(rendjel)* medal, decoration **2.** *(más)* honour, distinction
kitűz 1. *(jelvényt)* pin on/up, *(zászlót)* hoist **2.** *(időt)* appoint, fix **3. célul ~** set* oneself as an aim/target; **díjat ~** offer/set* a prize
kiugr|ik 1. *(vmből)* jump/spring* out; **majd ~ott a bőréből örömében** he almost burst* with joy **2.** *(térben)* jut/stick*/stand* out
kiút way out
kiutal allocate (sg to sy), order the payment (of a sum to sy), assign (to)
kiutalás allocation, remittance
kiutasít expel, banish (from the country)
kiutasítás expulsion
kiuzsoráz exploit, sweat
kiürít 1. empty, vacate (the premises) **2.** *(katonaság)* evacuate **3.** *(poharat)* drain
kiürül (become*) empty
kiüt 1. knock out, *(sakkfigurát)* take*; **vkt ~ a nyeregből** oust, supplant (sy) **2.** *(tűz/járvány)* break* out **3. rosszul üt ki vm** sg turns out ill **4.** *(vm vhol)* show*, come* up
kiütés 1. *(bokszban)* knockout **2.** *(bőrön)* rash
kiütéses tífusz spotted disease/fever
kiűz *(vhonnan)* drive* out
kivág cut* out, *(erdőt)* cut* down, clear, *(fát)* fell
kivágás *(ruhán)* neckline, décolletage
kiválaszt 1. *(több közül)* choose*, select **2.** *(testi szerv)* secrete
kiválasztás 1. *(több közül)* choice, selection **2.** *(szervi folyamat)* secretion
kiválasztódás selection
kivál|ik 1. excel **2.** *(vhonnan)* leave*, part from
kiváló eminent, excellent, outstanding; **~ tisztelettel** yours faithfully
kiválogat select, pick (out)
kivált 1. *(zálogot)* take* out (of pawn), *(foglyot)* ransom **2.** *(hatást)* produce, bring* about
kiváltságos privileged
kíván 1. *(vknek vmt)* wish (sy sg) **2.** *(vk vmt)* desire, long for sg **3.** *(megkövetel vmt)* demand sg
kívánalom requirement; **minden ~nak megfelel** fill every requirement
kívánatos desirable; **nem ~** undesirable; **nagyon is ~ lenne hogy** it is* much to be wished that
kívánatra on request
kíváncsi curious, inquisitive;

~ vmre be* curious/eager to know; ~ **vagyok vajon** I should like to know if, I wonder whether/if
kíváncsiság curiosity; **~ból** out of curiosity
kivándorlás emigration
kivándorló emigrant
kivándorol emigrate (from swhere to swhere)
kívánság wish, desire, request; **~a szerint** as requested; **vk ~ára** at sy's request
kivasal iron, press
kivéd parry, *(futball)* clear, save (the goal)
kivégez execute, put* to death
kivégzés execution
kiver 1. *(ellenséget)* drive* out **2.** *(szőnyeget)* beat* (dust out of sg) **3. ~ vmt vk fejéből** drive* sg out of sy's head
kivesz 1. take* out; **~i a szabadságát** take* a vacation/holiday; **~i a részét vmből** take* one's share of sg **2.** *(lakást)* take*, lease **3. szavaiból azt veszem ki hogy** I gather from his words that
kivész die out
kivet 1. ~i hálóját vkre have* designs on sy **2. adót vet ki vkre** impose/levy a tax on sy
kivétel exception; **a ~ erősíti a szabályt** the exception proves the rule; **~ nélkül** without exception; **vmnek ~ével** with the exception of, except for
kivételes exceptional
kivételesen exceptionally
kivételez make* exceptions (with sy)
kivetés 1. *(hálót)* casting **2.** *(adót)* imposition, levying
kivetnivaló objectionable
kivéve except, save; **~ ha** unless; **~ hogy** except/only that
kivezényel *(vkt vhova)* send*/dispatch swhere
kivezet 1. *(vhonnan)* lead* out **2.** *(út vhova)* lead* swhere
kivihetetlen *(átv)* impracticable, unrealizable
kivihető *(átv)* practicable
kivilágít 1. *(vhonnan)* shine* out **2.** *(szobát)* light* up, *(épületet)* illuminate
kivilágítás *(szobáé)* lighting up, *(épületé)* illumination
kivirágz|ik burst* into bloom/flower
kivisz 1. *(árut külföldre)* export **2.** *(megvalósít)* achieve, manage (to do sg), carry through
kivitel 1. *(külföldre)* export, exportation **2.** *(elkészítés)* workmanship, make; **~re kerül** be* carried out
kivitelezés making, execution
kiviteli engedély export permit/licence
kivív achieve, *(győzelmet)* win*, gain
kivizsgál examine
kivizsgálás examination; **általános ~** *(orvosi)* general check-up
kivon 1. ~ a forgalomból withdraw* from circulation; **a katonaságot ~ja vhonnan** withdraw* troops from swhere **2.** *(mennyiségtan)* subtract **3. ~ja magát vm alól** withdraw* oneself from
kivonandó subtrahend
kivonás 1. csapatok ~a withdrawal of troops **2.** *(mennyiségtan)* subtraction
kivonat 1. extract; **születési anyakönyvi ~** birth certificate **2.** *(könyvé)* précis, abstract, digest, summary **3.** *(vegytan)* essence
kivonatol make* an abstract (of sg)
kivonszol drag/pull out

kivonul march out
kivonulás 1. *(vhova)* marching to 2. *(szemle)* parade 3. *(vhonnan)* withdrawal
kívül 1. *(vhol kinn)* outside, without; **~ van/áll** *(átv)* stand* apart, keep* aloof/out 2. *(azonfelül)* besides, in addition to; **rajta ~ mások is** others besides him; **magán ~** beside oneself
kívülálló *fn*, outsider, stranger
kívüli beyond, extra; **iskolán ~** extra-curricular
kívülről 1. *(helyileg)* from outside 2. **~ tud vmt** know* sg by heart
kizár 1. *(pártból)* expel 2. **ki van zárva** it is* out of the question
kizárólag solely, exclusively
kizárólagosan exclusively, solely
kizökken a kerékvágásból get* out of the rut
kizsákmányol exploit, *(éhbérrel)* sweat
kizsákmányolás exploitation, sweating
kizsákmányoló *fn*, exploiter
kizsákmányolt exploited
Klára Clara, Clare
klarinét clarinet
klasszikus classic, classiscal
klerikális clerical, ecclesiastic
klérus clergy
kliens client, *(kereskedelem)* customer
klikk clique, coterie
klíma climate
klímaberendezés air-conditioning
klimax climax
klinika clinic, hospital
klinikai clinical
klisé cliché
klór chlorine
klozett lavatory, *(vizöblitéses)* water-closet
klub club
km = *kilométer* kilometre, km
koalíció coalition
kóbor vagrant; **~ kutya** stray dog
kóborol wander/roam about
koca sow
koccint clink (glasses)
kocka 1. cube, *(játékban)* die *(tbsz* dies, dice); **a ~ el van vetve** the die is cast; **mindent egy kockára tesz** risk everything on one throw 2. *(mintában)* square
kockacukor lump/cube sugar
kockás squared, checked
kockatészta *(kb)* lozenge (made of pastry)
kockázat risk, hazard, venture
kockáztat risk, jeopardize, hazard
kócos tousled, dishevelled
kócsag heron, egret
kocsány peduncle, pedicle
kocsi vehicle, *(autó)* car, *(hintó)* coach, *(szekér)* cart, *(vasúti)* carriage, *(villamos)* tram, streetcar; **~val**, by car
kocsikáz|ik take* a drive
kocsirakomány car/waggon-load
kocsis driver, coachman *(tbsz* coachmen)
kocsiszín car-shed
kocsiút roadway
kocsma inn, public-house, tavern, pub, *(US)* saloon
kocsmáros innkeeper
kocsonya jelly
koedukáció co-education
kofa market-woman *(tbsz* market-women)
koffer *(nagy)* trunk, *(kézi)* suit-case, portmanteau
kohász metalworker, foundryman *(tbsz* foundrymen)
kohászat metallurgy
kohó foundry
kohol invent, fabricate
koholmány forgery, invention
koholt invented, fabricated; **~ ürüggyel** under false preten-

ces; ~ **vád** trumped-up charge
koksz coke
kókuszdió coco(a)-nut
kolbász sausage
koldul beg
koldus mendicant, beggar
kolera cholera
koleszterin cholesterine
kolhoz kol(k)hoz, collective farm
kolhozparaszt collective farmer
kolibri humming-bird
kolléga fellow-worker, colleague
kollégium 1. *(diákszálló)* student's hostel 2. *(főiskola)* college 3. *(előadás)* course of lectures
kollektív collective; ~ **felelősség** joint responsibility; ~ **szellem** collective spirit; ~ **szerződés** collective bargaining agreement
kollektíva collective, community
kollektivizálás collectivization
kollokvium examination at the end of a semester
kolónia colony
kolostor monastery, cloister, *(apáca)* convent, nunnery
koma 1. godfather 2. *(barát)* chum, friend
komáz fraternize, be* on familiar terms (with sy)
kombájn (harvester) combine
kombináció hypothesis *(tbsz* hypotheses), combinations *(tbsz)*
kombinál combine (sg with sg)
kombinált bútor *(egyes)* combination unit (of furniture)
kombinát combine
kombiné slip
komédia comedy, farce
komikus I. *fn*, comedian, comic (actor) **II.** *mn*, comical, droll
komisz 1. *(erkölcsileg)* bad, vile 2. *(dolog)* abominable, wretched
komló hop
kommentál comment (upon)
kommentár commentary (on sg)
kommunista communist; **K~ Párt** Communist Party
kommunizmus communism
kommüniké communiqué, statement
komoly serious, grave, *(arc)* stern, *(ember)* earnest
komolyan seriously, earnestly; ~? really?; **nem gondolta** ~ he did* not mean it; ~ **vesz vmt** take* sg seriously
komolytalan *(beszéd)* irresponsible, *(eg én)* unreliable
komor gloomy, *(ember)* grave
komorna waiting maid
komornyik footman *(tbsz* footmen), valet
komp ferry, ferry-boat
kompenzáció compensation
komplett complete, entire
komplikáció complication
komplikált complicated, complex
komponál compose
kompót stewed fruit, *(eltett)* preserved fruit, *(konzerv)* canned fruit
kompromisszum compromise
kompromittál compromise
koncentrációs tábor concentration camp
koncentrál concentrate
koncert 1. *(előadás)* concert 2. *(zenemű)* concerto
kondás swineherd
kondenzátor condenser
kondíció condition
konfekció ready-made clothes *(tbsz)*
konferál announce, introduce
konferanszié master of ceremonies, announcer
konferencia conference
konfliktus conflict, dispute
kong ring*/sound hollow; ~ **az ürességtől** be* utterly empty

kongresszus congress, meeting
konjunktúra prosperity, *(US)* boom
konkrét concrete
konkurrencia competition, rivalry
konkurrens rival, competitor
konnektor 1. *(dugója)* plug 2. *(nyilás)* wall-socket
konok obstinate, stubborn
konspirál conspire, plot
Konstantinápoly Constantinople
kontaktus contact, intercourse
kontár bungler, botcher
kontinens continent
kontingens contingent, quota
kontrol control
kontrolál control
konty knot of hair, bun
konzekvencia consequence, result; **levonja a konzekvenciát** draw* one's conclusions (from sg)
konzerv conserve, tinned/canned food
konzervál conserve, preserve
konzervatív conservative
konzervatórium conservatoire
konzervdoboz tin, *(US)* can
konzul consul
konzultáció consultation
konyak brandy, cognac
konyha kitchen, *(főzésmód)* cuisine
konyhaedény kitchen utensils *(tbsz)*
konyhakert kitchen-garden, vegetable-garden
konyharuha kitchen-cloth
konyhasó common salt
konyít *(vmhez)* have* an inkling of sg
konyul droop, hang*
koordinátarendszer system of co-ordinates
kopár barren, bare, bleak
kopás wear and tear, *(műszaki)* attrition
kopasz bald, bald-headed; **~ra nyírt** close-cropped
kopaszod|ik get/grow* bald
kopaszt *(madarat)* pluck
kópé rascal, rogue, scamp
kop|ik wear* off/away/out
koplal 1. *(szándékosan)* fast 2. *(nincs mit ennie)* starve
kopó hound, foxhound
kopog knok (at/on), rap, *(eső, láb)* patter; **~tak** *(az ajtón)* there was* a knock (at the door)
kopogtat 1. *(ajtón)* knock (at), rap 2. *(orv)* sound (chest by percussion)
kopoltyú gill, branchia *(tbsz* branchiae)
koponya skull; **kitűnő ~** mastermind
koporsó coffin
kopott 1. worn, *(ruha)* shabby 2. *(átv)* trite, trivial
koppan clap, strike*, sound
Koppenhága Copenhagen
koptat wear* out/down
kor 1. *(életkor)* age; **30 éves ~ában** at (the age of) thirty; **15 éves ~a óta** since he was fifteen (years old); **~ához képest nagy** is* tall for his age/years 2. *(időegység)* age, epoch, era, period; **~unk problémái** the problems of our age; **~unkig** till now, till our day
kór disease, illness
kora early; **~ délután** early in the afternoon; **~ ifjúságában** in his early youth
korábbi former, earlier, previous
korabeli 1. *(egyidejű)* contemporary 2. *(akkori)* period-; **~ bútor** period furniture; **Mátyás ~** belonging to the period of Matthias *(ut)*
korai early, *(idő előtti)* untimely
korán early; **~ kel** rise* early; **még ~ van** it's early yet
korántsem by no means, not at all
koravén prematurely old

korbács lash, whip, scourge
korbácsol lash, whip, flog
kórbonctan pathological anatomy
korcs cross-breed, half-breed
korcsolya skate(s)
korcsolyapálya skating-rink
korcsolyáz|ik skate
kordbársony corduroy
kordély 1. *(kézi)* barrow 2. *(lófogatú)* tumbril
kordon police line, cordon
Korea Korea
koreográfia choreography
korhad moulder, rot, decay
korhadt rotten, decayed
kórház hospital; **~ba szállít** take* to hospital, hospitalize*
kórházi hospital-; **~ ápolás** hospital treatment; **~ osztály** hospital ward
korhely *fn*, rake, drunkard
korhol chide*, scold, reprove
korkülönbség difference in/of age
korlát 1. bar, barrier, *(karfa)* banister, railing 2. *(tornaszer)* parallel bars *(tbsz)* 3. *(átv)* limit; **~ok közé szorít vmt** limit, restrict
korlátlan boundless, *(lehetőség)* unlimited, *(mennyiség)* unrestricted
korlátolt dull, stupid
korlátoz restrict, limit
korlátozás restriction, limitation; **~okat megszüntet** lift controls, derestrict
korlátozód|ik be* limited/confined (to)
kormány 1. *(kerék)* steering-wheel, *(kerékpáron)* handle-bar 2. *(államé)* government, cabinet; **~t alakít** form/establish a cabinet/government
kormányátalakítás reshuffling of the cabinet
kormánybiztos commissioner
kormányférfi statesman *(tbsz* statesmen)
kormányforma form of government
kormányfő premier, prime minister
kormánykerék steering-wheel
kormányos steersman *(tbsz* steersmen), pilot
kormányoz 1. *(járművet)* steer, pilot 2. *(államot)* govern, rule
kormánypárt government party
kormányrendszer system of government
kormányrúd rudder
kormányszerv government office
kormányválság cabinet crisis
kormányzat regime
kormányzó *fn*, governor, regent
kormányzóság *(terület)* province
kormos sooty, smutty
kormoz make* sooty, soot
kóró dry stalk (of weed)
korog a gyomra his stomach rumbles
kórokozó *fn*, pathogene
korom soot
korona crown
koronatanú evidence for the state
koronáz crown; **fáradozásait siker ~ta** his efforts were* crowned with success
koronázás coronation
koronázatlan uncrowned
korong 1. disk, disc 2. *(sport)* discus, *(jégkorongban)* puck
koros elderly
kóros morbid
korosztály age-group, age-class
korpa 1. bran 2. *(fejbőrön)* dandruff
korpótlék long-service allowance
korrekt correct, fair; **nem ~** unfair
korrektúra proof-sheet

korrepetál coach, teach*
korrupt corrupt, venal, rotten
korsó jug, *(vizesüveg)* carafe
korszak period, era, epoch
korszakalkotó epoch-making
korszerű 1. *(mai)* modern, up-to-date 2. *(régi)* of the period *(ut)*
korszerűsít modernize, bring* up-to-date
korszerütlen out-of-date, behind the times *(ut)*
kortárs contemporary
kórterem hospital-ward, sick-ward
kortes canvasser
korty *(nagy)* draught, *(kis)* gulp
kórus choir, quire, *(mű is)* chorus
korzó promenade, walk
kos ram
kosár basket; **kosarat ad vknek** refuse sy
kosárlabda basket-ball
Kossuth-díjas Kossuth-prize winner
kóstol taste, try, sample
kószál stroll, rove, ramble
koszorú wreath
koszos dirty
koszt food
kosztol board, eat*
kosztüm costume
kotkodácsol cluck, cackle
kotlós brood-hen
kotnyeles perky, inquisitive
kotor 1. scoop 2. *(medret)* dredge
kotrógép excavator
kotta music
kótyagos 1. *(italtól)* tipsy 2. *(átv)* muddled, confused
kova flint, quartz
kovács smith, blacksmith
kovácsol forge
kovácsolt *(vas)* wrought
kóvályog 1. stroll 2. **~ a fejem** my head is* swimming
kovász leaven, ferment
kozák Cossack
kozmás burnt,s corched
kozmetika cosmetics *(tbsz)* *(a hely)* beauty parlour
kozmetikus beautician
kozmikus cosmic
kozmopolita cosmopolite, cosmopolitan
kő stone; **nagy ~ esett le a szívemről** a great weight/load was*/is* taken off my mind; **minden követ megmozgat** leave* no stone unturned; **~vé mered** be* petrified/thunderstruck
köb cube; **~re emel** raise to the third power
kőbánya quarry
köbmérték cubic measure
köbméter cubic metre
köbtartalom cubic capacity, cubature
köcsög milk-jug
köd *(sűrű)* fog, *(ritka)* mist
ködös foggy
ködösít *(átv)* try to mislead
kőfaragó stone-cutter, mason
köhög (have* a) cough
köhögés cough, coughing
kökény blackthorn
kőkorszak Stone-Age
kökörcsin anemone, wind-flower
kölcsön loan; **~t felvesz** raise a loan; **~ kenyér visszajár** tit for tat
kölcsönad lend* (sg to sy)
kölcsönkér borrow (sg from sy)
kölcsönkönyvtár circulating/lending library
kölcsönös mutual; **K~ Gazdasági Segítség Tanácsa** *(röv:* KGST) Council of Mutual Economic Aid *(röv* Comecon)
kölcsönöz 1. *(vknek)* lend* (sg to sy) 2. *(vktől)* borrow (sg from sy) 3. **vmlyen jelleget ~** endow with
köldök navel
köles millet, panic

Köln Cologne
kölnivíz eau de Cologne
költ 1. *(ébreszt)* rouse, wake* up **2.** *(madár)* breed*, brood **3.** *(verset)* compose, *(mesét/hírt)* invent **4.** *(pénzt)* spend* *(amire:* on)
költekez|ik spend* money (lavishly)
költemény poem
költés 1. *(ébresztés)* waking (up) **2.** *(tojást)* hatching **3.** *(verset)* composing **4.** *(pénzt)* spending
költészet poetry, poesy
költő poet
költői poetic(al); **~ szabadság** poetic licence
költöz|ik move (from a place to a place), remove, change residence
költözködés moving, *(állatoké)* migration
költöző madár migratory bird
költség expense, cost; **fedezi vmnek a ~eit** bear*/meet* expenses/charges; **vk ~én** at sy's expense
költséges expensive, dear
költségmegtérítés refunding of expenses
költségmentes free of charge *(ut)*, free
költségvetés estimate (on the cost), *(állami)* budget, estimates *(tbsz)*
kölyök 1. *(állaté)* young (of an animal) **2.** *(gyerek)* brat, kid
köménymag caraway seed
kőműves bricklayer, stonemason
köntörfalaz palter, beat* about the bush
könny tear; **~ek között** in tears; **~eket ejt** shed* tears
könnycsepp tear (drop)
könnyebbség facility, relief, ease
könnyebbül get*/become* lighter/easier
könnyed light, (free and) easy, *(stílus)* easy-flowing, unlaboured
könnyedén lightly, with ease
könnyelmű light-minded, *(veszélyben)* rash, *(pénzügyileg)* prodigal, wasteful
könnyelműség rashness
könnyen easily; **a dolog ~ megy** it's* an easy matter; **~ vesz vmt** make* light of sg
könnyes tearful
könnyez|ik shed* tears, weep*
könnyít *(terhen)* lighten, *(elfoglaltságon)* make* easier; **~ magán** relieve oneself
könnyű *(szellemi dologról)* easy, *(súlyra)* light; **~ ezt mondani** it's easy to say (so); **~ olvasmány** light reading; **~ zene** light music
könnyűfém light metal
könnyűipar light industry
könnyűsúly lightweight
könnyűszerrel easily, with ease
kőnyomat lithograph
könyök elbow; **már a ~ömön jön ki** I am* fed up with it
könyökcső elbow (pipe)
könyököl lean* on one's elbow
könyörgés entreaty
könyörög 1. *(vmért)* beg (for), supplicate (for) **2.** *(vkhez)* beg (sy), beseech* (sy)
könyörtelen merciless, pitiless
könyörület mercy, compassion, pity; **~ből** out of pity
könyv book; **~ nélkül tud** know* by heart; **~et vezet** keep* books/accounts
könyvárus bookseller
könyvbarát book-lover, bibliophile
könyvbírálat review
könyvel keep* books/accounts
könyvelő book-keeper
könyvesbolt bookshop
könyvespolc bookshelf *(tbsz* bookshelves)
könyvismertetés book-review

könyvjegyzék book-list
könyvjelző bookmark
könyvkereskedés bookshop, book store
könyvkereskedő bookseller
könyvkiadó publisher
könyvkötő bookbinder
könyvnap book-day
könyvnyomtatás printing, typography
könyvsiker bestseller
könyvszekrény bookcase
könyvtámasz book-ends *(tbsz)*
könyvtár library
könyvtáros librarian
könyvvitel book-keeping; **kettős ~** double-entry book-keeping
könyvvizsgáló accountant; **hites ~** chartered accountant
kőolaj crude oil, petroleum
köp spit*, spew
köpcös stumpy, stocky, dumpy
köpeny cloak, gown, overcoat, *(női)* wrap
köpet spittle, phlegm
köpönyeg cloak, overcoat; **eső után ~** mustard after meat, lock the stable-door after the horse is stolen; **~et fordít** change sides/colours
köpű 1. *(méheké)* bee-hive 2. *(vajkészítő)* churn
kör 1. *(vonal)* circle, ring; **~ alakú** circular 2. *(működési)* round, *(érdeklődési)* sphere, *(társas)* club, circle; **szűk ~ben** within narrow bounds/limits 3. *(versenypályán)* lap
kőr *(kártya)* heart(s)
körbe round (and round)
körben in circle, round
köré (a)round
köret plate of vegetables (with the meat course)
körforgás circulation, rotation, *(égitesté)* revolution
körhinta merry-go-round
kőrisbogár ash-fly
kőrisfa ash-tree
körít *(vmvel)* garnish
körítés side-dish
körív *(építészeti)* arch, bow, *(mértan)* arc
körkérdés all-round inquiry
körlevél circular (letter)
körmenet procession
körmondat period
körmöl scribble
körmönfont 1. *(ravasz)* cunning, artful 2. *(bonyolult)* complicated
környék surroundings *(tbsz)*, environs *(tbsz)*
környékez enclose, surround; **az ájulás ~i** be* on the verge of fainting
környezet 1. environment, surroundings *(tbsz)* 2. *(kíséret)* retinue
környező surrounding, neighbouring
körorvos (rural) district doctor
köröm finger-nail, *(állaté)* claw; **tíz ~mel** with tooth and nail; **körmére ég a dolog** be* hard pressed for time
körömlakk nail polish
körös-körül all round
köröz 1. *(vkt)* issue a warrant for the arrest of sy 2. *(kört ír le)* circle
körözvény circular (letter)
körpálya *(égitesté)* orbit
körszakáll full beard
körte 1. pear 2. *(égő)* incandescent lamp/bulb
körút 1. *(utca)* boulevard 2. *(művelet)* tour, *(szolgálati)* round
körutazás round trip
körül (a)round, about; **az ára 40 Ft ~ lehet** it will cost about 40 forints
körülbelül about, roughly; **~ egy hét múlva** in a week or so; **~ öt órakor** at about five o'clock
körülír circumscribe, define
körülmegy go*/walk round

körülmény circumstance, conditions *(tbsz)*; **ilyen ~ek között** in/under such/the circumstances; **nehéz ~ek között él** be* badly off; **semmi ~ek között** on no account
körülményes circumstantial, complicated
körülnéz have* a look round
körülötte round/about him/her
körültekintő *(átv)* circumspect
körülvesz surround
körvonal *(kontúr)* outline, contour, *(átv)* outline; **~aiban** *(összefoglalva)* in outline
körzet *(igazgatási)* district, zone, *(katonai)* sector
körzeti district; **~ orvos** panel/district doctor
körző compasses *(tbsz)*
kősó rock-salt
kőszén hard coal
kőszívű heartless
köszön 1. *(vknek üdvözölve)* greet (sy) 2. *(vknek vmt)* thank (sy for sg), *(vknek köszönhet)* owe sg to sy; **~öm!** thank you!, (many) thanks!
köszönés greeting
köszönet thanks *(tbsz)*; **nincs benne ~** there is* nothing to be gained by it; **fogadja előre is hálás ~emet** thank you in advance; **~tel vesz** receive with thanks
köszönhető due to; **neki ~** it is* due/owing to him (that)
köszönt 1. *(üdvözöl)* greet, salute 2. *(ünnepélyes alkalommal)* congratulate
köszöntő *(pohárral)* toast
köszörül 1. grind* 2. **torkát ~i** clear one's throat
köszörűs (knife-)grinder
köszvény gout
köt 1. bind*, tie, *(vmhez)* fasten (to), attach (to) 2. *(harisnyát)* knit* 3. *(könyvet)* bind* 4. *(békét/szerződést)* make*, conclude, *(üzletet)* do*, transact 5. **házasságot ~** marry (sy); **ismeretséget ~ vkvel** get* acquainted with sy 6. **lelkére ~ vknek vmt** enjoin sy to do sg 7. **~i magát vmhez** insist upon sg
kötbér penalty
köteg bundle, parcel, bunch
köteked|ik 1. *szemtelenül)* provoke 2. *(tréfásan)* banter, rally
kötél cord, rope; **ha minden ~ szakad** at the worst; **~nek áll** toe the line
kötelék 1. tie, bond 2. *(érzelmi)* link, ties *(tbsz)* 3. *(katonai)* unit
köteles *(vmt megtenni)* be* bound/obliged (to do sg); **~ tisztelet** due respect
kötelesség duty, obligation; **~ét teljesíti** fulfil/do* one's duty *(vkvel szemben* by sy)
kötelességtudó conscientious, dutiful
kötelez *(vmre)* oblige, compel (sy to do sg); **~i magát (vmre)** undertake*, commit oneself
kötelezettség obligation, engagement; **~ nélkül** without liability; **~et vállal** undertake* (to), enter into an obligation
kötelező obligatory, compulsory
kötelezvény bond
kötélpálya ropeway, cableway
kötéltáncos (tight-)rope walker
kötény apron, *(kislányé)* pinafore
kötés 1. *(kézimunka)* knitting 2. *(könyvé)* binding 3. *(műszaki)* bond, link 4. *(seben)* bandage 5. *(csomót)* binding, tying, knotting
kötet volume

kötőd|ik *(vkvel)* chaff (sy), banter (sy)
kötőgép knitting-machine
kötőjel hyphen
kötőmód subjunctive
kötőszó conjunction
kötött 1. *(kézimunka)* knitted; **~ ruha** tricot/jersey dress **2.** *(könyv)* bound **3. ~ gazdálkodás** controlled economy
kötöttáru knitwear
kötöttség restriction
kötőtű (knitting) needle
kötöz 1. tie (up) **2.** *(sebet)* dress, bandage
kötszer bandage
kötvény bond, security, *(biztosítási)* policy
kövér fat, stout, corpulent, *(állat)* fat
követ[1] *ige*, follow, succeed; **~i vk tanácsát** take* sy's advice
követ[2] *fn*, **1.** envoy, legate, minister; **rendkívüli ~** envoy extraordinary **2.** *(képviselő)* deputy
követel claim, demand
követelés claim, demand
követelmény requirement, demand; **~eknek megfelel** comply with the requirements
követelődz|ik put* in immodest claims
követendő exemplary; **~ példa** exemplar; **~ eljárás** procedure to be followed *(ut)*
következésképpen consequently
következetes consistent
következetlen inconsistent
következ|ik 1. *(sorrendben)* follow, succeed *(ami után* sg); **folytatása ~ik** to be continued; **most én ~em** it is* my turn now **2.** *(vmből)* result (from)
következmény consequence
következő following, succeeding; **a ~ alkalommal** next time; **a főbb adatok a ~k** the main data are (as follows)
következtében in consequence of; **ennek ~** therefore, thereupon
következtet conclude, come* to the conclusion
következtetés 1. *(folyamata)* reasoning, induction **2.** *(eredménye)* conclusion; **arra a ~re jut** come* to the conclusion; **~t levon** draw* the conclusion
követő *fn*, follower, disciple
követség 1. *(intézmény)* legation, mission **2.** *(funkció)* embassy
kövezet pavement
köz I. *fn*, **1.** *(idő)* interval **2.** *(tér)* distance **3.** *(utca)* close, alley **4.** *(közösség)* community public **5. ~e van vmhez** have* to do with sg; **mi ~öm hozzá?** it's* no business of mine **II.** *mn*, public, common
közalkalmazott civil servant
közállapot the general conditions *(tbsz)*
közbe *(összetételekben)* inter-, in-; *lásd még* **közben, közé**
közbecsülés public esteem
közbeeső intermediate
közbejön intervene, interfere
közbelép intervene, interfere
közbelépés intervention
közben 1. *(idő)* meanwhile, (in the) meantime **2.** *(térben is)* in between
közbenjár *(vkért)* intercede (on behalf of sy)
közbenjárás intervention
közbeszólás interruption
közbevetőleg by the way
közbiztonság public security
közé in between, among
közeg 1. *(vk)* organ; **hivatalos ~** official **2.** *(vm)* medium *(tbsz* media)

közegészségügy public health
közel I. *hat*, near; **~ sem** not by far; **~ jár vmhez** come* close to sg; **~ ezer forint** close on a thousand forints **II.** *fn*, proximity, vicinity
közelálló: a ~k *(átv)* intimate
közelebb nearer
közelebbi closer; **~ tájékoztatás** fuller information
közelebbről 1. *(térben)* more closely **2.** *(átv)* in detail; **~ megjelöl** specify
közeled|ik approach
közélelmezés public supply
közélet public life
közéleti public; **~ ember** public figure
közelgő approaching
közelharc hand-to-hand fight
közeli near; **~ rokonok** they are* close relatives
közelít approach (sg)
Közel-Kelet the Near East
közellátás *(élelmezés)* public supply
közellenség public enemy
közelmúlt recent past
közelről from a short distance; **~ érint** affect (sy)
közelség nearness, closeness
közép I. *mn*, *(minőség)* medium, middling **II.** *fn*, middle, centre; **vmnek a közepén** in the middle of
Közép-Amerika Central America
Közép-Ázsia Central Asia
középdöntő semi-finals *(tbsz)*
középérték middle value, *(mennyiség)* average
közepes medium, middling
közepette in the midst/middle of sg
Közép-Európa Central Europe
középfedezet centre half(-back)
középfok *(nyelvtani)* comparative
középhőmérséklet average temperature
középhullám middle wave
középiskola secondary/grammar school
középiskolai secondary/grammar school; **~ tanár** school teacher, (assistant) master
Közép-Kelet Middle East
középkor Middle Ages *(tbsz)*
középkori medi(a)eval
középkorú middle-aged
középnagyságú medium-sized
középosztály middle class, bourgeoisie
középparaszt middle peasant
középpont centre, *(US)* center
középső central, centre, middle; **~ ujj** middle finger
középsúly *(sport)* middle weight
középszerű middling, average
középút middle way, *(átv)* middle course, mean; **az arany ~** the golden mean
középutas middle-of-the--road(er)
középület public building
közérdek public interest
közérdekű of public interest *(ut)*
közérzet general state of health; **rossz ~** indisposition
kőzet rock, stone
közétkeztetés public catering, canteen meals *(tbsz)*
közfelfogás public opinion
közfelháborodás general consternation
közfeltűnés public sensation; **~t kelt** make* public sensation
közfigyelem general attention
közgazdaság economy
közgazdasági economic
közgazdaságtan economics
közgyűlés general assembly/meeting
közhasználati cikk consumers' goods *(tbsz)*
közhely commonplace
közhírré tesz notify the public
közhivatalnok civil servant

közigazgatás administration
közintézmény public institution
közismert well-known
közjáték interlude
közjegyző notary public
közjó public welfare
közjog constitutional law
közkedvelt popular
közkeletű everyday, common
közkívánatra by common request
közköltség public expense/cost
közlegelő common pasture
közlegény common soldier, private, *(US)* enlisted man *(tbsz* enlisted men)
közlekedés traffic, transport
közlekedési traffic; ~ **baleset** traffic accident; ~ **eszköz** conveyance; ~ **rendőr** traffic policeman *(tbsz* policemen)
közleked|ik *(vonat)* run*
közlekedő edények communicating vessels
közlékeny communicative
közlemény communication, *(hivatalos)* communiqué, statement, *(hírlapi)* article, news
közlés communication, message
közlöny gazette, journal
közmondás proverb
közmunka public work
közművek public utilities *(tbsz)*
közművelődés general/public education
köznapi 1. everyday 2. *(átv)* ordinary, common
köznyelv standard language
közoktatás public education
közöl 1. tell*, report, announce, make* known (to sy); inform (sy); **sajnálattal közlöm hogy** I regret to inform you that 2. *(újságban)* publish, print 3. *(energiát, hőt)* transmit
közömbös indifferent
közömbösít neutralize
közönség 1. public 2. *(színházi stb.)* audience
közönséges 1. *(általános)* general, usual, common 2. *(elítélő értelemben)* vulgar, gross
közönyös indifferent
közös common, collective, public; ~ **érdek** common interest; ~ **nevezőre hoz** reduce (fractions) to a common denominator; **legnagyobb** ~ **osztó** greatest common factor; **legkisebb** ~ **többszörös** least common multiple; ~ **tulajdon** co-ownership
közösség community, commonwealth
között *(kettőnél)* between, *(több mint kettőnél)* among; **többek** ~ among others
központ centre, middle
központi central; ~ **fűtés** central heating; ~ **iroda** head office; ~ **vezetőség** central board/committee
központosítás centralization, concentration
közraktár warehouse, storehouse
közrejátsz|ik take* part (in)
közreműköd|ik 1. *(vkvel)* collaborate (with sy) 2. *(vmben)* take* part (in sg)
közrend public order
község village, *(közigazgatásilag)* community
községháza parish hall
közszolgálat civil service
közszolgáltatás municipal services *(tbsz)*
közszükségleti cikkek consumers' goods *(tbsz)*
köztársaság republic
köztársasági republican; ~ **elnök** president of the republic
köztemető (public) cemetery
köztisztaság public sanitation
köztisztelet general esteem; ~**ben álló** universally respected
köztisztviselő civil servant

köztudat common knowledge; **átmegy a ~ba** become* generally known
köztudomású (it is) generally known
köztulajdon *(viszony)* public ownership, *(tárgya)* public property; **~ba vesz** place under public ownership
közúti public; **~ forgalom** road/public traffic; **~ jelzőtábla** traffic sign
közügy public matter
közül from (among), among; **melyik a kettő ~** which of the two
közület public body, community; **~ek** public institutions
közvélemény public opinion
közvéleménykutatás public opinion poll
közveszélyes it is* a public menace; **~ őrült** raving lunatic/maniac
közvetett indirect
közvetít 1. *(ügyben)* mediate, intermediate **2.** *(üzletet)* negotiate **3.** *(rádión)* transmit, broadcast*
közvetítés 1. *(ügyben)* mediation **2.** *(rádión)* transmission, broadcast, *(helyszíni)* radio report
közvetítő *fn*, mediator, intermediator
közvetlen direct, immediate; **~ kocsi** through carriage; **~ modor** free and easy tone/manner
közvetlenül *(térben)* directly, *(időben is)* immediately
közzétesz publish
Krakkó Cracow
kráter crater
kredenc sideboard, buffet
krém cream
krémes cream bun
kreol creole
KRESZ = *Közlekedésrendészeti Szabályzat* Hungarian Highway Code
kréta chalk
krikett cricket
krikettez|ik play cricket
kripta crypt, vault
kristály crystal
kristályosod|ik crystallize
kristályvíz mineral water
Krisztus Christ
kritika criticism
kritikus I. *mn*, **1.** critical **2.** *(átv)* decisive **II.** *fn*, critic
kritizál criticize
krizantém chrysanthemum
krízis crisis *(tbsz* crises)
krokodil crocodile
kromatikus chromatic
krónika chronicle
krónikus chronic
krt. = *körút* boulevard, blvd.
krumpli potato
krumplipüré mashed potatoes *(tbsz)*
ktsz = **kisipari termelőszövetkezet** producers' co-operative
Kuba Cuba
kubai Cuban
kubikos navvy
kucsma fur-cap
kudarc setback, failure; **~ot vall** fail
kugli skittles *(tbsz)*, ninepins *(tbsz)*
kukac grub, worm, *(gyümölcsben)* maggot
kukorékol crow
kuksol couch, crouch, cower
kukta 1. kitchen boy **2.** *(edény)* pressure-cooker
kukucskál peep/peek at/into
kulacs flask, *(katonai)* water-bottle
kulák kulak
kulcs 1. key; **~ra zár** lock **2.** *(zenei)* clef **3. a helyzet ~a** the clue to the situation
kulcsár chief-steward
kulcscsomó bunch of keys
kulcscsont collar-bone, clavicle

kulcsipar key industry
kulcslyuk keyhole
kuli coolie, *(átv)* slave
kulissza *(színházi)* wings *(tbsz)*; **a kulisszák mögött** behind the scenes
kullancs 1. *(állat)* tick **2.** *(átv)* burr; **olyan mint a ~** he sticks* like a limpet
kullog lag (behind)
kulminál culminate
kultivál cultivate
kultúra civilization, *(egyéni)* culture
kulturális cultural; **~ egyezmény** cultural agreement
kulturált 1. *(nép)* civilized **2.** *(személy)* cultured
kultúrest cultural program(me)
kultúrforradalom cultural revolution
kultúrmérnök civil engineer
kultúrterem cultural hall
kultusz worship, cult; **~t űz vmből** make* a cult of sg
kuncog chuckle
kunyhó hut, hovel, cottage
kúp cone
kupa cup, goblet
kupac small heap/pile
kupak cover, piece, *(műszaki)* cowl, cap *(pipáé)* lid
kupamérkőzés cup-match
kupec horse-dealer
kuplung clutch, coupling
kúpmetszet conic section
kupola cupola, dome
kúpos conical
kúra cure, treatment
kurbliz wind* up
kúria 1. *(vidéki)* mansion, country-house **2.** *(bíróság)* High Court of Justice
kurjongat shout (repeatedly)
kurta short, *(átv)* brief, curt
kuruttyol croak
kuruzsló quack, charlatan
kuruzsol practise quackery
kurzus 1. course **2.** *(árfolyam)* rate
kusza 1. entangled **2.** *(beszéd)* confused
kúsz|ik *(vízszintesen)* creep*, crawl, *(felfelé)* climb, clamber (up)
kúszónövény creeper (plant)
kút well, fountain, pump; **~ba esik** *(átv)* come* to nothing
kutat 1. investigate, search, *(tudományosan)* make* scientific investigations *(into sg)* **2.** *(expedíció)* explore (sg) **3.** *(vm után)* search *(after/for)*
kutatás 1. search **2.** *(tudományos)* research
kutató *fn*, **1.** *(tudományos)* researcher, research worker **2.** *(felfedező)* explorer
kutatóintézet research institute
kutatómunka research work
kútforrás source
kutya I. *fn*, dog; **kutyába se veszi** not care a button/rap about sy/sg **II.** *mn*, **~ baja sincs** there's nothing wrong with him **III.** *hat*, **~ nehéz munka** it's an uphill job; **~ hideg van** it's beastly cold
kutyafáját by golly, crikey
kutyafalka pack (of hounds)
kutyafuttában in a hurry, hastily
kutyaház dog-kennel, doghouse
kuvik screech owl
külalak outward form, exterior
küld send*, *(árut)* dispatch *(levelet)* forward, *(pénzt)* remit; **~ vkért** send* for sy
küldemény *(kereskedelmi)* consignment, *(pénz)* remittance
küldetés mission
küldönc messenger, *(kifutó)* errand-boy, *(katonai)* dispatch rider
küldött delegate, envoy, deputy
küldöttség deputation, delegation

külföld foreign countries/lands *(tbsz)*; **~ön, ~re** abroad; **~ről** from abroad
külföldi I. *mn,* foreign, alien **II.** *fn,* foreigner, alien
külképviselet foreign representation
külkereskedelem foreign trade
külkereskedelmi of foreign trade *(ut)*; **K~ Minisztérium** Ministry of Foreign Trade; **~ vállalat** foreign trading company
küllő spoke (of wheel)
külön I. *mn,* **1.** *(mástól elválasztott)* separate, different **2.** *(különleges)* special, particular; **~ bejáratú szoba** room with a private entrance; **~ levélben** under separate cover **II.** *hat,* **1.** *(elválasztva)* separately, separated, apart **2.** *(magában)* by itself, individually
különálló 1. *(független)* independent **2.** *(elkülönített)* separate, separated
különb finer, better (than sg), *(vknél)* superior (to sy)
különben 1. ~ is besides, moreover **2.** *(másként)* otherwise; **mert ~** or else
különbözet difference, balance
különböz|ik differ (from), be* different (from); **~ik vmben vmtől** differ from sg in sg
különböző different (from)
különbség difference (between)
különc eccentric
különféle diverse, various (kinds of)
különféleképpen in various/different ways
különítmény detachment
külön-külön separately, one by one
különleges special, particular, peculiar, extra
különlegesség speciality, specialty
különóra private lesson
különös *(vk)* strange, odd, *(vm)* strange; **semmi ~** nothing (in) particular
különösen 1. *(főként)* in particular **2.** *(furcsán)* singularly, peculiarly
különszoba private room, *(kórházi)* private ward
különvélemény dissenting opinion
különvonat special (train)
külpolitika foreign policy; **bel- és külpolitikánk** our policy at home and abroad
külpolitikai: ~ események events of world/foreign politics; **~ hírek** news of the world
külső I. *mn,* exterior, external, outside **II.** *fn,* *(személyé)* (outward) appearance, *(tárgyé)* exterior
külsőség *(átv)* formality
külszolgálat foreign service
kültag *(kereskedelem)* silent/sleeping partner
külügy foreign affairs *(tbsz)*
külügyminiszter Minister of Foreign Affairs, *(GB)* Foreign Secretary, *(US)* Secretary of State
Külügyminisztérium Ministry of Foreign Affairs, *(GB)* Foreign Office, *(US)* State Department
külváros suburb, outskirts *(tbsz)*
külvilág outside world
kürt *(hangszer)* horn, cornet, *(katonai)* bugle
kürtő flue
kürtöl trumpet; **világgá ~** trumpet abroad
kürtös cornetist, *(katonai)* bugler
küszköd|ik struggle
küszöb threshold, doorstep; **a ~ön áll** *(átv)* be* at hand
küzd struggle, *(vk/vm ellen)*

fight* (sy/sg); ~ **vmért** strive* for sg; ~ **vk ellen** fight* (against) sy
küzdelem struggle, fight
küzdelmes laborious, hard
küzdőtér battle-field
kvalitás quality
kvantumelmélet quantum theory
kvantummechanika quantum mechanics
kvarc quartz
kvarclámpa sunlamp
kvarcol be* treated by ultraviolet rays
kvártély quarters *(tbsz)*, lodging
kvartett quartet(te)
kvéker Quaker
kvintett quintet(te)
kvittek vagyunk we are* even/quits
kvóta share, quota

L

l = *liter* litre, l.
l. = **1.** *lap* page, p. **2.** *lásd* see, s.
láb 1. leg, *(alsó szár)* shin, shank, *(lábfej)* foot *(tbsz* feet) **2.** *(bútoré)* leg, *(hídé)* pier, pillar, *(hegyé)* foot *(tbsz* feet), base **3.** *(hosszmérték/versláb)* foot *(tbsz* feet) **4. eltesz ~ alól** do*/make* away with sy; **~a kel vmnek** disappear, get* lost; **alig áll a ~án** be* ready to drop; **milyen ~on állsz vele?** on what terms are* you with him?; **nagy ~on él** live in great style; **~ra kap** gain ground; **levesz vkt a ~áról** carry sy off his feet
lábad: szeme könnybe ~ tears come* (in)to his eyes
lábadoz|ik convalesce, be* convalescent
lábas *(edény)* pan, stew-pan
lábbeli footwear, footgear
labda ball
labdakezelés ball technique
labdarúgás (association) football, soccer
labdarúgó *fn*, footballer; **~-csapat** football team, eleven; **~-mérkőzés** football match
labdaszedő ball-boy
labdáz|ik play (with) ball
lábfej foot *(tbsz* feet*)*
lábfék foot-brake
labirintus labyrinth, maze
lábnyom footprint, footstep, *(állaté)* track; **lába nyomába sem léphet vknek** is* not fit to hold a candle to sy
laboratórium laboratory
laboratóriumi vizsgálat laboratory test
lábszár leg
lábtörés fracture of leg
lábtörlő hall-mat, door-mat
lábujj toe
lábujjhegy tiptoe; **~re áll** rise* on tiptoe
láda chest, box, *(csomagolásra)* case, crate
ladik barge, punt
lágy I. *mn*, soft; **~ tojás** soft-boiled egg **II.** *fn*, **benőtt már a feje ~a** be* no longer a child; **nem esett a feje ~ára** be* no fool
lágyék 1. *(véknya)* loin, flank **2.** *(has alatti)* groin
lágyít soften, make* soft
lagymatag tepid, lukewarm
lágyul soften, grow*/become* soft
laikus I. *mn*, lay **II.** *fn*, layman *(tbsz* laymen)
lajhár 1. sloth, **2.** *(átv)* sluggard
Lajos Lewis, Louis
lajstrom list, register
lakályos comfortable
lakás dwelling, home, *(főbérleti Angliában)* flat, *(USA-ban)* apartment, *(al-*

bérleti) lodging; **~ és ellátás** board and lodging; **~t kiad** let* out rooms to sy; **~t kivesz** take* a flat
lakáscsere exchange of flats
lakáshiány housing shortage
lakáshivatal Housing Board
lakásügy housing
lakat padlock; **~ alatt tart vmt** keep* sg locked up
lakatlan uninhabited, *(ház)* vacant
lakatos locksmith
lakbér rent, house-rent
lakberendezés *(bútorzat)* furnishing *(tbsz)*
lakbizonylat certificate of domicile
lakhely dwelling(-place), residence
lak|ik 1. *(állandóan)* live, reside 2. *(megszáll)* stay, stop
lakk lacquer, shellac
lakmároz|ik eat* heartily, feast
lakó *fn*, inhabitant, *(bérlő)* tenant
lakodalom wedding, bridal
lakóház dwelling-house
lakókonyha kitchen parlour
lakol pay*, suffer *(amiért* for sg); **ezért még ~ni fogsz!** you shall smart for it!
lakoma rich meal, feast
lakomáz|ik have* a rich meal/repast, feast *(amit* on sg)
lakos inhabitant, *(állandó)* resident; **Papp János budapesti ~** J. P. resident in/of Budapest
lakosság inhabitants *(tbsz)*, population
lakosztály apartment
lakótelep housing estate
laktanya barrack(s)
lám (you) see!, well!; **~ ~!** well well!; **hadd ~ csak!** let me see it!
láma[1] *(pap)* lama
láma[2] *(állat)* llama, alpaca
La Manche-csatorna (the) English Channel
lamentál lament, wail *(ami miatt* for)
lámpa 1. lamp 2. *(rádiócső)* valve
lámpaernyő lamp-shade
lámpaláz stage-fever
lámpaoszlop lamp-post
lámpás I. *fn*, lantern II. *mn*, **négy~ rádió** four-valve wireless set
lánc chain, *(rablánc)* chains *(tbsz)*, bonds *(tbsz)*; **~ra ver vkt** put* sy in chains; **~ot alkot** form a chain
lánchíd chain/suspension bridge
láncol *(vmt vmhez)* chain (sg to sg), join (things) with/by a chain
láncolat 1. *(kapcsolat)* chain 2. *(sor)* train, series *(tbsz* series)
láncszem link (of chain)
lándzsa lance, spear
láng flame; **~ba borul** take*/catch* fire; **~ra lobban** blaze up; **~ra lobbant** *(átv)* inflame, incense; **három ~ú petróleumtűzhely** three-burner paraffin-stove
lángész genius *(tbsz* geniuses, genii)
lángol 1. flame, *(ég)* be* on fire 2. *(arc)* glow
lángos fried dough
langyos lukewarm, tepid
lankadatlan unflagging
lankás *(lejtős)* gently sloping
lant lute; **leteszi a ~ot** *(átv)* call it a day
lány girl, *(vk lánya)* daughter
lanyha 1. lukewarm, tepid 2. *(átv)* flagging
lanyhul lose* vigour, relax
lap 1. *(mértani)* surface 2. *(fémből/papírból)* sheet 3. *(könyvé)* page; **az más ~ra**

tartozik *(átv)* that's* quite another thing **4.** *(hírlap)* paper, newspaper **5.** *(levelező)* (post/postal) card **6.** *(egy kártya)* card; **mindent egy ~ra tesz fel** put* all one's eggs in one basket

láp bog, moor

lapalji jegyzet footnote

lapály plain, lowland

lapát **1.** shovel **2.** *(evező)* oar

lapátol shovel, scoop

lapít **1.** make* flat, flatten **2.** *(rejtőzik)* lie* low/doggo

lapocka shoulder-blade

lapos flat, *(sík)* plain; **~ sarok** *(cipőn)* low heel

lapostányér dinner-plate

lapoz turn over pages/leaves (of book)

lappang lurk, be*/lie* hidden; **betegség ~ vkben** be* sickening for an illness

laptudósító newspaper correspondent

lapul **1. falhoz ~** stand* back against the wall **2.** *(észrevétlenül marad)* lurk, lie* doggo

lapzárta deadline; **~kor** as we go* to press

lárma noise, *(kiabálás)* clamour

lármás noisy

lármáz|ik **1.** *(zajong)* make* a noise **2.** *(követel/tiltakozik)* clamour

lárva **1.** *(rovaré)* grub **2.** *(álarc)* mask

lassan **1.** slowly; **~ járj tovább érsz** slow and steady wins the race **2.** *(csendesen)* softly, gently

lassanként **1.** gently, little by little **2.** *(nemsokára)* before long

lassít slow down

lassú **1.** slow; **~ víz partot mos** still waters run deep **2.** *(csendes)* soft, gentle

László Ladislas, Lancelot

lát **1.** see*, *(észrevesz)* behold*, *(felfog/ért)* perceive; **jól ~** have* good eyes; **rosszul ~** have* bad eyes; **se ~ se hall** he neither sees* nor hears*; **jónak ~ vmt** think* (sg) proper/fit; **~ja kérem . . .** you see!; **ki ~ott már ilyet?** did* you ever see the like of it?; **színét se ~tam már két hete** I haven't* seen anything (of it/him) for a fortnight; **azt szeretném én csak ~ni!** come on if you dare! **2. szívesen ~** welcome; **vendégül ~ vmre** treat sy to sg **3. vmhez ~** set* (oneself) to do sg, fall* to sg

látás sight, vision; **~ból ismer vkt** know* sy by sight; **első ~ra** at first sight

látási viszonyok visibility

látcső telescope, *(színházi)* opera glass

láthatár horizon, sky-line

láthatatlan invisible

látható visible, *(kivehető)* discernible, within sight *(ut)*; **ebből ~** this goes to show (that)

latin Latin

látkép view, panorama

látnivaló **I.** *mn*, *(nyilvánvaló)* obvious, clear **II.** *fn*, sight

látogat **1.** visit, pay* a visit (to sy), call (on sy) **2.** *(tanfolyamot)* attend, *(vmt gyakran felkeres)* frequent

látogatás visit, *(rövid)* call; **vknél ~t tesz** go* to see sy

látogató *fn*, visitor, caller; **~ba megy** go* to see sy

látóhatár horizon

látókör **1.** *(szemé)* range of vision; **~ön belül** within sight **2.** *(átv)* horizon, scope; **széles ~ű** with a wide intellectual horizon *(ut)*, open-minded

latolgat ponder, weigh; **~ja az esélyeket** be* considering the pros and cons
látomás vision, apparition
látótávolság range/distance of vision
látszat appearance; **azt a ~ot kelti (vk hogy)** have* the appearance of (doing sg), *(vm)* suggest sg; **fenntartja a ~ot** keep* up appearances
látszerész optician
látsz|ik 1. *(látható)* be* visible/seen, be* within sight **2.** *(nyilánvaló)* appear, seem, look; **úgy ~ik (hogy)** it appears/seems (that); **úgy ~ik esni fog** it looks like rain **3.** *(vmlyennek)* seem, look (like), appear; **betegnek ~ik** he seems to be ill, he looks ill; **ez a megoldás jónak ~ik** this solution seems (to be) good
látszólag apparently, seemingly
látszólagos 1. apparent, seeming **2.** *(csalóka)* illusory
láttamoz initial, countersign
láttára *(vmnek)* at the sight (of sg); **szemem ~** in my sight
látvány spectacle, *(tájé)* prospect, *(jelenet)* scene
látványos spectacular, sightly
látványosság spectacle, sight, *(vásári)* show; **~ok megtekintése** sight-seeing
láva lava
lavina avalanche
lavór washbasin
láz fever, temperature; **vkt ~ba hoz** *(átv)* throw* sy into a fever; **~at mér** take* sy's temperature
laza loose
lazac salmon
lázad revolt, rebel, riot
lázadás revolt, rebellion, *(katonai)* mutiny; **nyílt ~ban tör ki** rise* in open rebellion/revolt
lázadó rebel
lázas feverish, feverous
lazaság looseness
lázcsillapító antifebrile, antipyretic
lazít loosen
lázít instigate/incite rebellion
lázító *fn*, inciter, instigator
lázmentes free from fever *(ut)*
lázmérő fever thermometer
lázong be* turbulent/unruly
lazul 1. loosen, *(kötél)* slack **2.** *(fegyelem)* (begin* to) relax
lazsál go* slow, idle (at work)
ld. = *lásd* see, s.
le down
lé liquid, fluid, *(gyümölcsé)* juice; **minden ~ben kanál** have* a finger in every pie; **vmnek megissza a levét** have* to pay the piper
lead 1. *(nyújt)* give*/hand down, *(sportban labdát)* pass, *(puskalövést)* fire off (a shot); **~ja a szavazatát** vote, cast* one's vote **2.** *(rádió)* broadcast*
leadás 1. *(sport)* (long) pass **2.** *(rádió)* broadcasting
leadóállomás *(rádió)* broadcasting station
lealacsonyít abase, degrade
lealázó humiliating, degrading
leáll stop, halt, *(forgalom/gép)* come* to a standstill; **a gyár ~t** the factory has* closed down
leállít *(megállít)* stop, bring* to a stop/standstill, *(mozgást)* arrest, *(abbahagyat)* cancel, suspend
leány 1. girl, maiden **2.** *(vk leánya)* daughter
leánykor girlhood; **még ~ából ismerem** I used to know her before she was married

leánynév 1. girl's name 2. *(leánykori)* maiden name; **~en** née
leapad ebb, abate, subside, *(tömeg)* decrease
learat reap, harvest
lebarnul get* sunburnt
lebecsül 1. underestimate, undervalue 2. *(ócsárol)* belittle, depreciate
lebeg float; **nagy cél ~ előtte** have* a noble object in view; **élet és halál között ~** the patient is* (hovering) between life and death
lebélyegez stamp, *(postabélyeget)* cancel
lebeny lobe
lebernyeg *(köpeny)* loose cape/cloak
lebeszél *(vmről)* persuade/talk sy out of sg
lebilincselő captivating, fascinating
leblokkol 1. *(bélyegzőórán)* clock in/out 2. *(pénztárgépen)* register (on cash-register)
lebont *(házat)* pull down, demolish
lebonyolít arrange, settle, *(ügyletet)* effect (a deal); **nagy forgalmat bonyolít le** *(egy üzlet)* there is* a great turnover here
lebonyolód|ik pass off, come* to a close
leborotvál shave off
leborul *(vk előtt)* fall* on one's knees (before sy)
lebuj low pub/tavern
lebuk|ik 1. *(vízbe)* dive 2. *(átv)*get*/be* arrested/caught
lebzsel linger, loll, loiter
léc lath, slat
lecke lesson, *(átv)* task; **leckét felad** give*/set* (sy) a homework; **kikérdezi a leckét** hear* the lesson; **jó ~ volt ez neked!** that was* a good lesson for you!
leckéztet censure, lecture
lecsap 1. *(vmre)* swoop/sweep* down upon sg, *(megrohan vkt, átv is)* rush upon sy; **~ott a villám** a thunderbolt has* fallen 2. *(ledob)* throw*/fling* down, *(labdát)* smash 3. *(nőt vk kezéről)* cut out sy (with a woman)
lecsapódás *(vegytan)* precipitation
lecsapód|ik 1. *(fedél)* come* down (with a bang), *(bomba)* fall*, drop, hit* 2. *(vegytan)* precipitate
lecsapol drain
lecsendesed|ik subside, calm down
lecsendesít *(embert)* calm, soothe, appease
lecsökken decrease, diminish
lecsúsz|ik 1. slide*, glide, slip *(mind:* down) 2. *(vk átv)* come* down (in the world) 3. *(vk vmről átv)* miss the bus
ledér frivolous, lascivious
ledob throw* down, *(bombát)* release, drop (bombs)
ledolgoz work off
ledöf stab
ledől 1. *(vm)* collapse, tumble down 2. *(szunyókálni)* take* a nap
ledönt *(falat)* pull/break* down, *(fát)* fell; **lábáról ~** *(vkt betegség)* strike* down
ledörzsöl rub down
lédús juicy
leég 1. *(ház/tűz)* burn* down 2. *(bőr)* become* sunburnt 3. *(pórul jár)* fail
leejt drop, let* fall, slip
leél *(életet)* live, spend*
leendő future, to-be *(ut)*
leépít *(alkalmazottat)* lay* (sy) off, *(létszámot)* reduce (staff)
leépítés reduction
leér 1. *(vmeddig)* come*/reach down (to) 2. *(leérkezik)* get* down

leereszked|ik 1. descend 2. *(vkhez)* condescend to sy
leereszkedő *(átv)* condescending
leereszt let* down
leérettségiz|ik pass the final examination (of the secondary school)
leértékel *(pénzt)* devaluate, *(árut)* mark down
lees|ik fall*/drop down/off, *(ár)* fall*; **nagy kő esett le a szívemről** a great weight rolled off my mind
lefagy *(gyümölcs)* be* nipped (by the frost); **~ott a füle** his ear was* frostbitten
lefegyverez disarm
lefegyverzés disarmament
lefejez behead
lefékez put* on the brakes
lefeksz|ik 1. *(vmre)* lie* down (on sg) 2. *(aludni)* go* to bed; **nem fekszik le** *(este)* stay/sit* up
lefektet 1. *(vmt átv is)* lay* down 2. *(gyereket)* put* to bed
lefelé down, downwards; **fejjel ~** upside down
lefényképez take* a photo *(akit* of sy), *(amatőr)* take* a snapshot (of sy/sg)
lefest 1. paint 2. *(szavakkal)* depict
lefizet *(összeget)* pay* down/in
lefog 1. *(erőszakkal)* hold*/keep* down 2. *(bűnöst)* arrest 3. *(halott szemét)* close 4. *(bért)* withhold*
lefoglal 1. *(ingatlant)* seize, *(ingóságot)* distrain (upon sg) 2. *(helyet)* reserve 3. *(munka vkt)* absorb
lefogy *(vk)* lose* weight
lefokoz *(katonát)* reduce (sy) to the ranks
lefolyás *(eseményeké/betegségé)* course
lefoly|ik 1. flow down 2. *(vm vhogy)* take* a . . . course
lefolyó *fn*, *(mosdóé)* plug-hole
lefolytat *(tárgyalásokat)* conduct (negotiations), *(vizsgálatot)* make* (an investigation)
lefordít *(más nyelvre)* translate (into), make* a translation (of sg); **~ vmt angolról magyarra** translate sg from English into Hungarian
lefordul 1. *(vmről)* tumble down (from sg) 2. *(útról)* turn off
leforráz 1. pour boiling water (over sg), *(teát)* infuse 2. **ez a hír nagyon ~ta** he was completely dumbfounded by this piece of news
leföldel earth
lefölöz 1. *(tejet)* skim 2. *(hasznot vmről)* take* the best part of sg
lefőz *(vkt)* outdo* sy
lefúj 1. *(katonaság)* sound the dismiss 2. *(sportban)* stop (the play)
lefülel collar, nab
lég air, atmosphere, *(összetételekben)* air-, aerial
legalább at (the) least
legalsó lowest, bottom
legalul down below
légáramlás breeze, air current
légcsavar air-screw
légcső windpipe
légcsőhurut bronchitis
legel graze, browse, pasture
légelhárító *mn*, anti-aircraft
legelő *fn*, pasture
legelöl in (the very) front
legeltet 1. graze, pasture 2. **~i a szemét vkn** feast one's eyes on sy
legenda legend
legény young man *(tbsz* young men), lad; **~ a talpán** quite a lad
legényember bachelor

legényked|ik do* sg out of bravado, swagger
legénység *(katonaság)* troops *(tbsz)*, *(hajóé)* crew
legépel type
légfék air-brake
legfeljebb at (the very) most
legfelső topmost, supreme; **~ fok** highest degree
legfelül at the top
legfőbb chief, main; **~ ideje már** it is* high time (to that)
legfőképpen chiefly, mainly
légfürdő airbath
légfűtés hot-air heating
léggömb balloon
léghajó airship, dirigible
léghajózás aeronautics
léghuzat draught (of air)
légi aerial, *(összetételekben)* air-; **~ forgalom** air transport; **~ támaszpont** air base; **~ járat** airline
légierő air force
légies airy, ethereal
légiforgalmi társaság air line (company)
légikikötő airport
leginkább most, mostly, especially
légiposta air-mail
légiriadó air-raid warning
légitámadás air-raid, air attack
légitér air space
légiveszély danger of air-raid
legjobb best; **a ~ esetben** at (the) (very) best
legkevésbé least (. . . of all); **a ~ sem** not at all, by no means
legkevesebb least, minimum
legkisebb smallest, least
légkör atmosphere
légköri zavarok atmospherics
legközelebb 1. *(térben vmhez)* nearest (to sg), *(közvetlenül)* next (to sg) **2.** *(időben)* next (time)
léglökéses repülőgép jet-plane
légmentes airtight
legnagyobb biggest, largest, greatest; **a ~ mértékben** to the greatest extent; **a ~ örömmel** with the utmost pleasure
légnemű gaseous, aerial
légnyomás 1. air pressure **2.** *(robbanáskor)* blast (of explosion)
légoltalom anti-aircraft defence
legördül roll down; **a függöny ~** the curtain drops/falls*
legrosszabb worst; **a ~ esetben** if the worst comes to the worst
légsúly *(sport)* bantam-weight
légsúlymérő barometer
légsűrűség density of (the) air
légtér air space
légtornász acrobat
legtöbb most, the greatest part (of sg)
légtömeg air mass
leguggol squat (down)
legújabb newest, latest; **~ divat** latest fashion
legurul roll down
legutóbb 1. *(nemrég)* recently, lately **2.** *(utoljára)* last
légüres tér void, vacuum *(tbsz* vacua, vacuums)
légvárakat épít build* castles in the air
légvédelem anti-aircraft defence, airdefence
légvédelmi anti-aircraft; **~ ágyú** anti-aircraft gun
légzés breathing, respiration
légy[1] (house) fly; **még a ~nek sem árt** he wouldn't hurt a fly; **egy csapásra két legyet üt** kill two birds with one stone
légy[2] be; **~ olyan szíves . . .** (will you) be so kind (as) to . . .
legyengít weaken, *(betegség)* bring* low
legyengül grow*/become* weak, *(betegségből)* be* brought low

legyez fan
legyező fan
legyint 1. *(lemondóan)* wave one's hand 2. *(vmt)* flip, flick
legyőz defeat, conquer, *(sport)* beat*; **minden akadályt ~** surmount every obstacle
léha frivolous
lehajol bend*, bow down, stoop
lehajt 1. bend* down; **~ja a fejét** bow one's head 2. *(italt)* gulp down
lehalkít soften
lehangol depress
lehangolt 1. *(hangszer)* untuned 2. *(átv)* depressed
lehanyatl|ik 1. *(fej)* droop (suddenly) 2. *(átv)* decline, decay
lehel breathe
lehelet breath; **utolsó ~éig** to one's last breath/gasp
lehet 1. be* possible, (sy/sg) may/can be . . .; **amennyire csak ~** as far as possible; **mihelyt ~** as soon as possible; **~ (hogy)** it is possible (that), it may be (that), *(határozószókkal)* maybe, perhaps; **~ hogy holnap megérkezik** he may/might arrive to-morrow; **hogy ~ (az) hogy?** how is* it (possible that)? 2. *(segédigeként)* may, can; **mit ~ tudni?** you never can tell, who knows?
lehetetlen impossible
lehetetlenség impossibility
lehető possible; **a ~ legjobb megoldás** the best solution possible; **vmt ~vé tesz** make* sg possible
lehetőleg possibly, as far as possible
lehetőség possibility, *(érvényesülési)* chance; **a ~ szerint** as far as possible
lehetséges possible; **vmt ~nek tart** think* sg possible
lehevered|ik lie* down (at full length)
lehiggad calm down
lehord *(vkt)* scold, upbraid; **jól ~ vkt** bawl sy out
lehorgasztja a fejét hang* one's head
lehorgonyoz cast*/drop anchor
lehúz pull/strip off (sg from sy); **~za a cipőjét** take* off one's shoes
lehűl cool (down), grow*/turn cold(er)
leigáz subjugate
leint *(vkt)* warn (sy not to do sg)
leír 1. write* down, *(részletesen)* describe 2. *(összeget)* write* off 3. *(útvonalat/mértanban)* describe, trace
leírás description
leirat *fn*, rescript
leírhatatlan indescribable
leitat 1. *(vkt)* make* sy drunk 2. *(írást)* blot (the ink)
lejár 1. *(levehető)* be* removable 2. *(szerkezet)* run* down 3. *(határidő)* expire 4. **~ja a lábát** run* one's legs off
lejárat 1. way/passage leading down 2. *(határidőé)* deadline
lejáratja magát discredit oneself
lejátszód|ik take* place
lejön 1. *(vk)* come*/get* down, descend 2. *(vm)* come* off
lejt 1. *(vm)* slope, slant 2. *(táncot)* dance
lejtmenet descent
lejtő *fn*, 1. *(hegyé)* slope 2. *(egyszerű gép)* inclined plane
lejtős sloping, slanting
lék *(hajón)* leak, *(jégen)* icehole; **~et kap** spring* a leak
lekenyerez oblige (sy by a favour)
lekerül be* removed; **~ a napirendről** be* struck (off) from the agenda

lekés|ik be* late (for sg), miss (sg); **~ik a vonatról** miss the train
lekicsinyel belittle
lekonyul bend* down, droop
lekop|ik wear* off/down
lekottáz write*/take* down (a tune)
lekoszön resign, retire
leköt 1. bind*, tie/fasten down **2.** *(vegytan)* absorb **3.** *(árut)* contract, secure an option (on goods) **4.** *(figyelmet)* hold*, engage (attention) **5.** *(munka)* occupy; **nagyon le vagyok kötve** *(= elfoglalt)* I am* very busy
lekötelez oblige; **le van vknek kötelezve** be* indebted to sy (for sg); **nagyon ~ne ha** I should be very much obliged if you (would)
lekötelező obliging
leközöl publish
lektor 1. *(egyetemen)* lecturer **2.** *(könyvkiadónál)* publisher's reader
lektorál read*, scrutinize (manuscript)
lekuporod|ik crouch down, squat
leküzd overcome*, get* over (difficulty), *(akadályt)* surmount (obstacle)
lekvár jam
lel 1. find*, happen to find, hit*/come* (up)on sg **2.** **ugyan mi ~te?** what has* come over him?
lelátó *fn*, grandstand, stand
lélegzés breathing
lélegzet breath; **~hez jut** *(átv)* win* a breathing space
lélegzetvisszafojtva holding one's breath
lélegz|ik breathe
lélek soul, spirit, *(mozgatója vmnek)* (life and) soul; **egy (árva) ~ sem volt ott** not a (living) soul was* there; **lelkem!** my dear one!; **az ő lelken szárad** the blame will fall on him; **könnyebb a lelkének (ha)** he feels* better if (he can do it); **vmt vknek lelkére köt** make* it sy's duty to (do sg); **lelkére vesz vmt** take* sg to heart; **vkben a remény tartja a lelket** hope keeps* his spirit up; **Isten látja lelkemet!** God is my witness!; **vm nyomja a lelkét** have* sg on one's mind; **nyugodt ~kel (megtesz/állít vmt)** (do*/state sg) in good faith
lélekjelenlét presence of mind
lélekszakadva out of breath
lélekszám number of inhabitants
lélektan psychology
leleményes ingenious, *(ember)*
lelenc foundling
lelépési díj premium, *(lakásért)* key-money
leleplez 1. *(szobrot)* unveil **2.** *(átv)* reveal
lelet 1. finding **2.** *(orv)* medical certificate/report, diagnosis
lelkes enthusiastic, ardent
lelkesedés enthusiasm, ardour
lelkesed|ik *(vmért)* be* enthusiastic (about sg)
lelkesít animate, inspire
lelkész clergyman *(tbsz* clergymen)
lelketlen heartless
lelki spiritual, mental; **~ beteg** psychopathic; **~ nyugalom** peace of mind, composure
lelkiállapot state of mind
lelkierő strength of mind
lelkiismeret conscience; **tiszta a ~e** have* a good conscience
lelkiismeretes conscientious
lelkiismeretfurdalás pangs of conscience *(tbsz)*, remorse
lelkiismeretlen unscrupulous
lelkivilág mentality, frame of mind

lelohad 1. *(daganat)* go* down 2. *(tűz)* (begin* to) go* out 3. *(lelkesedés)* abate

leltár inventory, stock-list; **~ba vesz** enter sg in an inventory; **~t készít** take* an inventory of sg

leltári tárgy item of inventory

leltároz inventorize

lemarad 1. *(csoporttól)* remain/drop/fall* behind, *(vk vmről)* miss sg 2. *(tanulásban stb.)* slip/fall* behind, *(termelésben)* be* backward

lemaradás lag, backlog

lemásol copy

lemegy 1. go* down, descend 2. *(árvíz/láz)* abate, subside, *(árak)* fall* 3. *(nap)* go* down, set*

lemenő ág descending line

lemér measure, *(mérlegen)* weigh

lemészárol slaughter, massacre

lemez 1. *(vastag)* plate, *(vékonyabb)* sheet 2. *(hanglemez)* record, disk

lemezjátszó record-player

lemond 1. *(vmről)* renounce (sg), *(tisztségről)* resign; **~ a dohányzásról** give* up smoking; **a kormány ~ott** the Cabinet has* resigned 2. *(meghívást, előadást)* call off, (an invitation) 3. *(rendelést)* revoke (order)

lemondás renouncement, *(áldozat)* self-denial/sacrifice; **beadja ~át** tender one's resignation

lemorzsolód|ik *(létszámból)* drop out

len flax

lenáru linen (goods)

lencse 1. *(növény)* lentils *(tbsz)* 2. *(üveg)* lens 3. *(bőrön)* mole

lendít 1. swing* 2. *(vkn átv)* give* (sy) a lift, *(vmn átv)* give* an impetus/impulse (to sg); **ez nem sokat ~ a dolgon** it is* not of much use/help

lendítőkerék fly-wheel, flyer

lendület *(cselekvésre)* impetus, impulse, *(emberben)* energy, vigour, *(fejlődésé)* rate (of progress); **~et ad vmnek** give* sg momentum

lendületes energetic

lenéz *(vkt)* look down upon, despise

leng 1. *(mutató, inga)* swing* 2. *(zászló)* wave

lenge very light

lengés swinging

lengyel I. *mn*, Polish II. *fn*, Pole

Lengyelország Poland

lenini Lenin's, of Lenin *(ut)*

leninista Leninist

leninizmus Leninism

lenn below, beneath

lenni be*

lenvászon flaxen linen

lény being, *(elítélő értelmben)* creature

lényeg essence, substance; **a ~ az hogy . . .** the (main) point/thing is* that/to; **~ében** essentially; **~re tér** come* to the point

lényeges essential, substantial; **~ kérdés** a question of importance; **~ változás** significant change

lényegtelen unessential, of no importance *(ut)*

lenyel 1. swallow 2. *(sértést)* pocket (affront)

lenyomat 1. *(vm nyoma)* mark, print 2. *(nyomda)* copy, printing

lenyugsz|ik *(égitest)* set*, sink*, go* down

lenyűgöző fascinating

leolt *(lámpát)* put* out (light), *(villanyt)* switch off

leolvas *(műszert)* read*; **vmt ~ vknek az arcáról** read* sg in sy's eyes

leopárd leopard
leönt *(foltot hagyva)* stain; **abroszt ~** spill* (sg on) the table-cloth; **vkt vízzel ~** throw* water over sy
lép[1] *ige*, step, take* a step; **huszadik évébe ~** turn twenty; **színi pályára ~** go* on the stage
lép[2] *fn*, **1.** *(szerv)* spleen **2.** *(méhé)* honeycomb **3. ~re megy** be* caught in the trap; **~re csal** take* in, ensnare
lepattan 1. *(máz)* split*/crack off **2.** *(gomb)* fall* off
lépcső *(fok)* step, stair, *(sor)* stair(s); **felmegy a ~n** go* upstairs; **lemegy a ~n** go* downstairs
lépcsőház staircase
lépcsőzetes gradual
lepecsétel 1. *(viasszal)* seal (up) **2.** *(bélyegzővel)* stamp
lepedék *(orv)* fur
lepedő sheet, bed-sheet
lepel veil, *(halotti)* shroud; **vmnek a leple alatt** under cover of sg
lepény girdle-cake, *(töltött)* pie
lepereg run* down; **~ róla** *(hatástalanul)* roll off his back
lépés step, footstep, *(távolság)* step, pace, *(átv)* step(s), measures *(tbsz)*; **~ről ~re** step by step, gradually; **~t tart** keep* pace; **~t tart a korral** keep* abreast of the times; **~eket tesz** take* steps/measures
lépesméz honey in the comb
lepihen retire to rest, lie* down
lepipál outdo*, beat*
lepke butterfly
lepkesúly *(sport)* flyweight
leplez conceal, hide*
leplezetlen undisguised; **~ igazság** naked truth
leplezetlenül openly, frankly
leporol dust
lépték scale
lépten-nyomon at every step/moment
leragaszt stick* (down), *(levelet)* seal
lerajzol draw*, sketch
lerak put*/set* down, deposit, *(petéket)* lay* (eggs); **~ja vmnek az alapjait** lay* the foundations of sg
lerakat depot, store
lerakodás unloading
lerakódás *(üledék)* sediment, deposit
lerakod|ik unload
lerakód|ik *(üledék)* settle, be* deposited
leránt 1. pull/strip off (violently) **2.** *(vkt)* blow* (sy) up
leráz 1. *(gyümölcsöt)* shake* down (fruit), *(igát)* shake* off (yoke) **2.** *(magáról vkt)* get* rid of sy
lerészeged|ik get* drunk
leró *(tartozást)* discharge; **azzal rója le háláját (hogy)** give* proof of one's gratitude (by doing sg)
lerogy 1. *(épitmény, vk)* collapse **2.** *(székbe)* sink*
lerohan *(vkt)* rush sy, *(országot ellenség)* overrun* (country)
lerombol 1. *(épületet)* pull down **2.** *(átv)* destroy, ruin
leroml|ik 1. *(értékben)* deteriorate **2. ~ott** *(testileg)* be* in poor/weak health, be* in a run-down condition
lerongyolód|ik become* ragged
leroskad sink* (down)
les I. *ige*, *(vkt)* watch (sy), keep* an eye (on sy), *(vkre)* watch (for sy) **II.** *fn*, **~ben áll, ~en van** be*/lie* in ambush; **~en áll** *(labdarúgó)* stand* offside
lesállás offside

lesántul become* lame
leselked|ik *(vkre)* watch (for sy), *(vk után)* spy (upon sy); **vkre vm veszély ~ik** there is* danger ahead for sy
leshely hiding-place, *(katonai)* ambush
lesújt 1. *(villám)* fall* 2. *(átv)* cast* down
lesújtó *(hír)* staggering; **~ pillantás** look of scorn
lesül 1. *(ember)* get* sunburnt/brown(ed) 2. **nem sül le az arcáról a bőr** he has* the cheek of (doing sg)
lesüllyed sink* (down), *(átv)* degenerate
lesüti a szemét cast* down one's eyes
lesz 1. will be; **~ ami ~!** come what may!; **mi ~?** what next?; **jó ~ sietni** you'd better hurry; **rajta ~ek (hogy)** I'll do my best (to) 2. *(vmvé)* become* (sg), grow* (into sg)
leszakad 1. *(gomb)* get* torn off 2. *(ág)* break*/snap off
leszakít *(vmt vmről)* tear* (sg from/off sg), *(virágot)* pluck
leszáll 1. *(madár ágra)* alight, perch (on twig), *(repülőgép)* land 2. *(vk járműről)* get*/step off/down 3. *(köd)* descend, fall*; **~ az éjszaka** night is* falling 4. *(ár)* come* down, fall*
leszállás 1. *(járműről)* alighting, getting off 2. *(repgépé)* landing
leszállít 1. *(árakat)* reduce 2. *(árut)* deliver (goods)
leszállított *(ár)* reduced; **~ áron** at reduced prices
leszállópálya *(repgépé)* landing strip, runway
leszámít deduct
leszámitol discount
leszámol 1. *(elszámol)* settle one's account, *(vkvel átv)* get* even (with sy) 2. *(pénzt asztalra)* count down
leszámolás settling (of account)
leszármazott *fn*, descendant
leszavaz *(indítványt)* vote down
leszed *(virágot)* pick, pluck; **~i az asztalt** clear the table
leszerel 1. *(gyárat)* dismantle (factory) 2. *(katonát)* discharge, demobilize 3. *(vkt átv)* put* sy off, *(támadást)* check, stop
leszerelés *(katonai)* demobilization, disarmament
leszok|ik *(vmről)* leave* off sg
leszoktat disaccustom (sy to sg), make* (sy) leave off (sg)
leszól 1. *(fentről)* shout down 2. *(vkt)* speak* ill of sy, run* sy down
leszolgál *(időt)* serve one's time, *(katona)* do* one's military service
leszorít *(árat)* cut* down
leszögez *(tényt)* (put* on) record; **~i álláspontját** make* one's point of view (about sg) unmistakably clear
leszúr 1. *(vkt)* stab (sy to death) 2. *(disznót)* stick* (pig)
lét 1. existence, (state of) being; **küzdelem a ~ért** struggle for life 2. **öreg ~ére** old as he is*, though old
letagad deny (truth/fact); **nem lehet ~ni (hogy)** there is no denying the fact (that)
letagadhatatlan undeniable
letakar cover
letapos tread* down/underfoot
letarol devastate, *(erdőt)* cut* down
letartóztat arrest
letartóztatás arrest; **~ban** under arrest; **előzetes ~ban** in custody
leteleped|ik settle (down), establish oneself (swhere)

letel|ik *(idő)* come* to (an) end, pass; **~t az idő** time is up
letép tear* off, *(virágot)* pluck
leteper get* (sy) down, floor (sy)
letér turn aside/off; **~ a helyes útról** go* wrong
letérdel kneel* down
leterít 1. *(földre vmt)* spread* out (sg on the floor), *(vmt vmvel)* cover (with) **2.** *(vadat)* bring* down, *(vkt)* knock down
létesít institute, establish, *(alapít)* set* up, found
létesítmény establishment
létesül be* established, come* into being
letesz 1. put*/set*/lay* down, deposit, *(fegyvert)* lay down (arms) **2.** *(esküt)* take* (oath), swear*, *(vizsgát)* pass **3.** *(ötletről)* abandon, give* up
letét deposit; **vmt ~be helyez** deposit/lodge sg *(vhol* with sy/sg)
létezés existence, being; **nem ~** non-existence
létez|ik exist, be* (in existence); **az nem ~ik!** it can't be true!, nonsense!
létfontosságú of vital importance *(ut)*
letilt 1. prohibit **2.** *(fizetést)* stop (payment)
letipor crush
létjogosultság grounds *(tbsz)*
létkérdés question of vital importance
létminimum *(kereset)* living/subsistence wage; **csak a ~ot keresi meg** he earns a bare living
letorkol rebuff
letör 1. break* down **2.** *(lázadást)* crush, suppress
letör|ik beak* down
letöröl *(tárgyat)* wipe, *(könynyet)* dry
létra ladder
létrehoz *(intézményt)* establish, found, set* up, *(művet)* create, produce
létrejön come* into being, *(esemény)* take* place; **megállapodás jött létre** an agreement has* been concluded
létszám number, *(katonai)* effective (force); **teljes ~ban** in full numbers; **~ feletti** supernumerary
létszámcsökkentés reduction of staff
lett I. *mn*, Lettish, Latvian **II.** *fn*, Lett
Lettország Latvia
letűn|ik disappear, vanish
leugr|ik jump down/off
leutaz|ik *(vhova)* take* a trip down to
leül 1. sit* down; **üljön le kérem!** will you sit down please! **2. büntetését ~i** serve one's sentence
leüleped|ik *(üledék)* sink* down (to the bottom)
leüt knock/strike* down
levág 1. cut*, *(hirtelen)* chop off; **~atja a haját** have* one's hair cut **2.** *(állatot)* slaughter, butcher **3.** *(végtagot orv)* amputate
levál|ik come* off
levált *(állásból)* replace, *(katonát)* relieve
levegő air, *(átv* is) atmosphere; **tiszta a ~** *(átv)* the coast is* clear; **~be beszél** talk at random; **~be repül** blow* up
levegős airy, breezy
levegőtlen *(szoba)* stuffy
levegőváltozás change of air
levegőz|ik take* an airing
levél[1] *(fán)* leaf *(tbsz* leaves)
levél[2] *(írott)* letter; **~ben** by letter/post; **külön ~ben** under separate cover; **levelére válaszolva** in reply to your letter; **megkaptam becses levelét** I am* in receipt of

your letter/favour; **Smith úr leveleivel** (in) care of Mr. Smith, c/o. Mr. Smith
levélbélyeg (postage) stamp
levélboríték envelope
levelez correspond (with sy)
levelezés correspondence
levelező I. *fn*, correspondent **II.** *mn*, **~ oktatás** correspondence course
levelezőlap postcard
levélhordó postman *(tbsz* postmen)
levélpapír letter-paper, note-paper
levélszekrény pillar-box, *(US)* mailbox *(lakásajtón)* letter-box
levéltár archive(s), records *(tbsz)*
levéltárca wallet
levéltáros archivist
levendula lavender
lever 1. *(vmt földbe)* drive* (sg into the earth) **2.** *(tárgyat véletlenül)* knock down **3.** *(ellenfelet)* beat*, defeat **4.** *(kedélyileg)* depress, dispirit
levert cast* down, depressed
leves soup, *(húsból, csontból)* broth
leveses *(lédús)* juicy
leveseskanál table-spoon
levesestál soup-tureen
levesestányér soup-plate
levesz 1. take*/get* down, *(vmről)* take* off, *(ruhát/kalapot)* take*/pull off; **~i a kezét vkről** withdraw* one's assistance/protection from sy; **~ vmt a napirendről** strike* sg off the agenda **2.** *(lefényképez)* take* a snapshot of sy
levet 1. *(ruhadarabot)* take* off **2.** *(ledob)* throw*/fling* down
levetkőz|ik undress
levezet 1. *(vizet)* carry away/off **2.** *(ülést)* preside over, *(mérkőzést)* referee **3.** *(vmt vmből, átv)* deduce
levezetés *(mennyiségtani)* demonstration
levezető csatorna conduit
levisz 1. *(vmt/vkt)* take* down **2.** *(piszkot)* get* off
levizsgáz|ik pass one's examination; **alaposan ~ott!** it's* a fine exhibition!
levon 1. *(összeget)* subtract, discount, *(fizetésből)* keep* back, withhold*; **5%-ot ~** strike* off five p. c., *(ker)* allow five p. c. **2. tanulságot ~** draw* a lesson (from sg); **következtetést ~** conclude (sg from sg)
levonás subtraction, deduction
levonat *(nyomdai)* proof
lexikon (en)cyclopaedia
lezajl|ik pass off, take* place
lezár 1. *(kulccsal)* lock **2.** *(levelet/útvonalat)* close **3.** *(vitát)* end
lezáród|ik *(ügy)* close, end
lézeng linger, loiter, loaf
lezuhan fall*/tumble down, *(repgép)* crash
lezüll|ik become* corrupt(ed)
liba goose *(tbsz* geese)
libaaprólék goose-giblets *(tbsz)*
libabőrös lesz vmtől sg gives* him the creeps
libamáj goose-liver
libasor single file; **~ban mennek** go* in single file
libeg 1. *(felfüggesztve)* dangle **2.** *(vm szélben)* flap, float
liberális liberal, *(átv)* large-minded, open-minded
liberalizmus liberalism
libéria livery
licitál bid*, make* a bid
lidércnyomás nightmare
lift lift, *(US)* elevator; **a ~ nem működik** the lift is* out of order, *(US)* the elevator is* not running

liget grove
liheg pant, gasp (for breath); **bosszút ~** be* mad for revenge
likacsos porous
likőr liqueur
likvidál liquidate, wind* up (firm)
lila violet
Lili Lilian
liliom lily
limlom odds and ends *(tbsz)*, rubbish, trash
limonádé lemonade
Lipót Leopold
líra lyrical poetry
lírikus I. *mn*, lyric(al) **II.** *fn*, lyrical poet
lista list, roll, register
liszt flour, *(durvább)* meal
liter litre, *(US)* liter
litográfia lithography
litván Lithuanian
Litvánia Lithuania
ló 1. horse; **lovon** *(személy)* on horseback; **ha nincs ~ a szamár is jó** half a loaf is better than no bread; **lovat ad vk alá** *(átv)* aid and abet sy; **~vá tesz** deceive, fool sy **2.** *(sakk)* knight
lóbál swing*
lobban *(láng)* flare/blaze up; **haragra ~** lose* one's temper
lobbanékony 1. *(vm)* inflammable **2.** *(vk)* irritable
lobog 1. *(tűz)* flame, blaze **2.** *(zászló)* wave, float
lobogó *fn*, flag, standard, banner
lobogtat 1. *(kendőt)* wave **2.** *(vmt diadalmasan)* flourish
lóca bench
loccsan splash, plop
locsol sprinkle, *(virágot)* water (flowers)
lóden loden (cloth)
lódít 1. *(egyet vmn)* give* (sg) a push/toss **2.** *(hazudik)* (tell* a) fib, talk big
lóerő horse-power *(röv* h. p.)
lóg 1. hang* (down) **2.** *(iskolából)* play (the) truant, *(katona)* shirk
logaritmus logarithm; **~t keres** take* the logarithm
logarléc slide-rule
logika logic
logikus logical; **nem ~** illogical
lóhalálában post-haste
lóhát: ~on on horseback; **~ról beszél** *(átv)* ride* the high horse
lóhere trefoil, clover
lohol hurry along
lokomotív locomotive, engine
lókötő impostor, rogue
lom lumber, odds and ends *(tbsz)*
lomb foliage, leaves *(tbsz)*
lombfűrész fret-saw, scroll-saw; **lombfűrésszel kivág** fret-saw
lombik test-tube
lomblevelű deciduous
lombos leafy, in leaf *(ut)*
lombosod|ik come*/break* into leaf
lomha sluggish, inert
lompos *(személy)* slovenly, sluttish
lomtár lumber-room, box-room
lop steal*; **~ja a napot** idle/dawdle away one's time
lopakod|ik steal* (into)
lopás stealing, *(jog)* theft
lopó *fn*, sampling-tube
lopva stealthily
lószerszám harness
lószőr horsehair
lótás-futás running about, bustle
lótenyésztés horse-breeding
lottó lottery
lovag 1. knight; **vkt ~gá üt/avat** knight sy **2.** *(nőé)* gallant
lovagias chivalrous, *(nőkkel)* gallant; **~ ügy** affair of honour
lovagol 1. ride* (a horse) **2.** *(vmn, átv)* keep* harping on sg

lovagvár knight's castle
lovarda riding-school/hall
lovas rider, horseman *(tbsz* horsemen)
lovasság cavalry
lovász stud-groom, stableman *(tbsz* stablemen)
lóverseny horse-race
lő 1. shoot*, *(fegyverrel)* fire 2. **gólt ~** kick/score a goal
lőcs stake brace
lődörög loaf/loiter about
lőfegyver fire-arm, gun
lök give* (sg) a push, *(durván)* thrust*, knock
lökdösőd|ik jostle, hustle
lökés 1. push, shove, *(durvább)* toss 2. *(átv)* impetus, impulse; **~t ad vmnek** give* sg a push, *(átv)* get* the thing moving/going
löket stroke (of piston)
lökhajtásos jet-propelled; **~ repülőgép** jet-plane
lökhárító bumper, fender
lőpor powder, gunpowder
Lőrinc Lawrence
lőszer ammunition
lőtávolság range, gunshot; **~on kívül** out of range
lötyög 1. *(ruha vkn)* hang* loosely (on sy) 2. *(folyadék vmben)* toss about (in sg)
lövedék projectile, missile; **irányított ~** guided missile
löveg gun, cannon
lövell 1. *(folyadék)* spirt/spurt out, squirt 2. **szeme villámokat ~t** his eyes flashed
lövés shot, *(ágyúval)* shelling
lövész marksman *(tbsz* marksmen), *(katonaság)* rifleman *(tbsz* riflemen)
lövészárok trench
lövölde shooting/rifle-range
lubickol paddle, splash
lucerna lucerne, *(US)* alfalfa
lucskos wet
lúd goose *(tbsz* geese)
ludas *(vmben)* have* a finger in the pie
lúdtalp flat-foot *(tbsz* flat-feet)
lúg lye, *(vegytan)* alkali
lugas bower, arbour
Lujza Louisa, Louise
lumpol carouse
lurkó imp, urchin
lusta lazy, idle
lustálkod|ik idle (away one's time), laze
lustaság laziness, idleness
lutheránus Lutheran
lutri lottery; **kihúzta a ~t** he has* had it
luxus luxury
lüktet *(szív)* beat* (strongly), pulse *(amitől* with), throb
lüktető pulsating, throbbing

LY

lyuk hole
lyukacsos full of holes *(út)*, *(szerkezetű)* porous
lyukas holed; **~ óra** free hour; **~ a cipője** his boots let* in water
lyukaszt *(jegyet)* punch
lyukasztó *(jegyé)* ticket-punch

M

m = *méter* metre, m.
ma to-day, today; **~ délután** today/this afternoon; **~ éjjel/este** to-night; **~ egy hete** this day last week; **mához egy évre** this time next year; **máról holnapra** *(hirtelen)* overnight, *(nehezen élve)* from hand to mouth; **ma nekem holnap neked** to-day me(,) to-morrow thee; **mától fogva** from now on

mackó 1. bear 2. *(játék)* Teddy bear
macska cat; **kerülgeti mint ~ a forró kását** beat* about the bush
macskajaj hangover
macskakaparás scrawl
macskakörmök *(írásjel)* inverted commas *(tbsz)*
madár bird; **mit keresel itt ahol a ~ se jár?** what are* you doing in this out-of-the-way place?; **madarat lehetne fogatni vele** be* happy as a lark; **madarat tolláról embert barátjáról** birds of a feather flock together
madáretető feeding-table
madárfióka young bird, nestling
madárház aviary
madárijesztő scarecrow
madártávlat bird's-eye view
madzag string
mafla I. *mn*, stupid II. *fn*, simpleton, blockhead
mag 1. seed, *(apró szem)* grain, *(csontos)* kernel, *(almáé, narancsé)* pip, *(atomé)* nucleus; **elveti/elhinti vmnek a magvát** sow* the seeds of sg 2. *(kohászatban)* core (of mould) 3. *(vm lényege)* the main point, the gist/heart of the matter
maga 1. *(ön)* you 2. *(az ember általánosságban)* oneself; **én ~m** (I) myself; **te ~d** (you) yourself; **ő ~** he himself, she herself, it itself; **magunk közt (legyen mondva)** between you and me; **magába foglal** include, contain; **magába száll** *(bűnbánóan)* repent; **magában** *(egyedül)* alone, in itself; **magában beszél** talk to oneself; **magából kikelve** beside oneself; **magához tér** *(ájult)* recover consciousness, come* to; **magának él** live a lonely life; **magánál van** be* conscious; **nincs magánál** be* unconscious; **magára hagy** leave* sy to oneself; **magára marad** *(egyedül)* be* left alone, *(nézetével)* find* no support; **magára vonja a figyelmet** attract attention; **megkapja a magáét** get* one's due; **megmondja a magáét** *(vknek)* tell* sy a few home truths; **magától** *(beavatkozás nélkül)* of itself; **magától értetődik** it goes without saying; **magától értetődő** *(nyilvánvaló)* self-evident, obvious; **magáévá tesz** *(nézeteket)* accept, *(ügyet)* adopt (a cause); **magával ragadta hallgatóit** he carried his audience with him; **a ~ ura** one's own master
magabiztos sure of oneself *(ut)*
magánalkalmazott employee (of private firm)
magánélet private life *(tbsz* lives)
magánember private person
magángazdaság individual farm
magánhangzó vowel
magániskola private school
magánjog civil law
magánkézben van be* privately owned
magánkívül 1. *(eszméletlenül)* unconscious(ly) 2. *(örömtől/dühtől)* beside oneself (with)
magánlakás private rooms *(tbsz)*
magánóra private lesson
magános *(különálló)* isolated, *(elhagyatott)* solitary, lonely, *(félreeső)* secluded; **~an él** lead* a solitary life
magánpraxis private practice
magánszektor private sector
magánszorgalomból spontaneously

magántanuló private student
magántulajdon 1. *(viszony)* private ownership 2. *(tárgyak)* private property
magánúton privately
magánügy private affair
magánvélemény personal opinion
magánvizsga private examination
magánzárka 1. cell 2. *(büntetésnem)* solitary confinement
magánzó person of independent means
magány solitude, loneliness
magányos solitary, lone(ly), *(félreeső)* secluded
magas *(tárgy)* high, lofty, *(ember/oszlop)* tall, *(állás/rang)* high, distinguished; **~ fokú** high-class, superior; **~ rangú** high-ranking; **~ sarkú cipő** high-heeled shoes *(tbsz)*; **ez nekem ~!** that's all Greek to me; **fenn a ~ban** high above; **~an** high; **~ra tart** *(árat)* ask a high price for sg
magasépítés surface construction, architectural engineering
magasföldszint mezzanine
magaslat height, altitude(s); **a helyzet ~ára emelkedik** rise* to the occasion
magaslati high-altitude; **~ levegő** mountain-air
magasl|ik rise*, be* prominent
magasság height, *(nagy)* altitude
magasugrás high-jump
magasvasút elevated railway
magasztal praise (highly); **vkt az egekig ~** praise sy to the skies
magasztos sublime
magatartás attitude, conduct
magaviselet conduct, behaviour
Magdolna Magdalen
magfizika nuclear physics
magház ovary
mágia magic, black art
máglya bonfire, stake
mágnás magnate, aristocrat
mágnes magnet
mágneses magnetic
mágnesség magnetism
mágnestű magnetic needle
magnetofon tape-recorder
magnetofonszalag magnetic/recording tape; **~ra vesz** tape
magol swot (up), cram
magtalan barren, sterile, *(növény)* seedless
magtár granary, barn
magvas *(átv)* pithy, substantial
magvaváló free-stone
magzat 1. *(utód)* descendant, offspring 2. *(méhmagzat)* embryo
magyar Hungarian, Magyar; **~ ember** a Hungarian/Magyar; **a ~ nép** the Hungarian people *(tbsz)*; **~ nyelv** Hungarian (language); **M~ Népköztársaság** the Hungarian People's Republic; **M~ Szocialista Munkáspárt** Hungarian Socialist Workes' Party
magyarán mondva frankly speaking
magyaráz 1. explain, *(szöveget)* comment 2. *(indokol)* account (for sg)
magyarázat 1. explanation, comment(ary) 2. *(indok/ok)* reason
magyarázkod|ik *(mentegetőzve)* excuse oneself, apologize
Magyarország Hungary
magyaros Hungarian
magyarosít Magyarize
magyarság 1. Hungarians *(tbsz)*, the Hungarian nation 2. *(nyelvi/stiláris)* Hungarian; **jó ~** good/correct Hungarian
magyartalan un-Hungarian, *(beszéd)* bad Hungarian

magyarul (in) Hungarian
maholnap sooner or later
mai 1. today's **2.** *(korszerű)* up-to-date, modern
máj. = *május* May
máj liver
májashurka liverwurst, white pudding
majd 1. *(egyszer, valamikor)* some time/day (in the future); **~ egyszer** some day or other; **~ ha fagy!** tomorrow come never **2.** *(később, aztán)* then, later (on) **3.** *(majdnem)* almost
majdnem almost, nearly; **már ~...** be* on the point (of doing sg); **~ semmi** next to nothing
majmol ape, imitate
majom monkey, *(emberszabású és átv)* ape
majonéz French dressing
major farm, grange
majoros farmer, tenant-farmer
májpástétom liver paste
majszol nibble
május May; **~ban** in May; **~ 4-én** on 4th May, on May 4th *(olvasva* the fourth); **~ elseje** *(mint ünnep)* May Day **~ elsejei felvonulás** May Day march/parade
májusi May, in/of May *(ut)*; **~ eső** rain in May
mák poppy
makacs stubborn, obstinate
makacskod|ik be* stubborn/obstinate
makacsság obstinacy
makk acorn
makog mumble, mutter
makrancos recalcitrant, *(gyerek)* unmanageable
makulátlan spotless
malac 1. pig **2.** *(paca)* blot (of ink)
maláj Malay(an)
malária malaria
malaszt divine grace; **írott ~ marad** remain a dead letter
maláta malt
málé[1] *mn*, lumpish, awkward
málé[2] *fn*, polenta
málha luggage, *(US)* baggage
máll|ik crumble, disintegrate
málna raspberry
málnaszörp raspberry-juice
malom mill; **az én malmomra hajtja a vizet** it is* to my advantage
malomipar (flour) milling industry
malter mortar
mályva mallow, hollyhock
mama mother, Mam(m)a, Mammy
mamlasz I. *mn*, simple-minded **II.** *fn*, simpleton
mámor 1. intoxication, *(szesztől)* drunkennes **2.** *(örömtől)* rapture, ecstasy
manapság nowadays
mancs paw
mandarin 1. *(kínai)* mandarin **2.** *(gyümölcs)* tangerine
mandátum mandate, *(képviselői)* seat (in Parliament)
mandula 1. almond **2.** *(szerv)* tonsil
mandulagyulladás tonsillitis
mandzsetta cuff
mandzsu Manchurian
mángorol mangle, *(műszaki)* calender
mánia mania
manikűröz manicure
manipulál scheme, manoeuvre
mankó crutch, crutches *(tbsz)*
manó imp, hobgoblin
manőver manoeuvre, intrigue
manzárdszoba garret room
mappa 1. *(írószeré)* portfolio **2.** *(térkép)* map
mar 1. *(állat)* bite* **2.** *(sav)* corrode, *(rozsda)* fret **3.** *(géppel)* mill **4.** *(átv)* **aki bírja ~ja** everybody for himself and the devil take the hindmost

már already, *(kérdésben)* already, yet, *(tagadásban)* any more; **~ nem** no longer/more; **~ megint** again; **megjött ~?** has he come yet?; **~ megjött** he's* here already; **~ éppen menni akartam** I was* about to leave

mára *(mai napra)* for to-day, *(legkésőbb máig)* by to-day

marad 1. remain, rest; **ennyiben ~unk** we'll leave it at that; **ez nem ~hat ennyiben!** it can't go on like that!; **köztünk ~jon** this is strictly between ourselves; **vm mögött ~** *(átv)* be* inferior to sg; **~ok kiváló tisztelettel** *(levél végén)* I remain yours truly 2. *(vkre)* fall* (to sy's lot) 3. *(vmennyi)* be* left over; **semmi sem ~t** nothing was* left (of it)

maradandó lasting, enduring

maradék 1. remainder, rest, *(kevés)* remnant(s) 2. *(étel)* leavings *(tbsz)*

maradéktalanul fully, entirely

maradi 1. *(eszme)* old-fashioned 2. *(személy)* backward, hidebound

maradvány 1. *(mennyiségi)* residue, remnant 2. *(régi dolgoké)* relic; **(vk) földi ~ai** mortal remains (of sy)

marakod|ik quarrel, wrangle

marasztal detain, ask to stay on

marasztaló ítélet judgement given against sy

márc. = *március* March

marcangol 1. lacerate 2. *(kín)* torment, torture

marcipán marchpane

március March; **~ban** in March; **~ 20-án** on 20th March, on March 20th *(olvasva* the twentieth)

márciusi March, in of March *(ut)*; **~ napsütés** March sunshine

mardos *(lelkiismeretfurdalás)* prick

marék handful

margaréta daisy

margarin margarine

Margit Margaret

margó margin

marha 1. cattle, live-stock 2. *(emberről)* blockhead

marhahús beef

marhanyelv ox tongue

marhaság nonsense

marhasült roast beef

Mária Mary, Maria

márka 1. *(védjegy)* trade mark 2. *(gyártmány)* brand 3. *(pénz)* mark

markáns *(vonások)* sharp (features)

márkás quality; **~ áru** branded goods *(tbsz)*

markol grasp, seize; **ki sokat ~ keveset fog** grasp all(,) lose all

markolat *(kardé)* hilt

markos muscular, robust

már-már almost, nearly

marok 1. (hollow of the) hand; **markába nevet** laugh in one's sleeve; **markában tart vkt** have* sy in one's power 2. *(mennyiség)* a handful (of . . .)

Marokkó Morocco

marokszedő swath-layer

marólúg caustic lye

marós *fn*, miller, milling machine operator

márpedig but, however

marsall marshal

márt *(vmbe)* plunge (sg into sg), *(vízbe)* douse

Márta Martha

martalék prey; **lángok ~a lesz** become* the prey of flames

mártás sauce, gravy

martinász open-hearth furnaceman *(tbsz* furnacemen)

mártír martyr

Márton Martin

márvány marble

márványszobor marble statue
márványtábla marble tablet
marxi Marxian, Marxist
marxista Marxist; **~-leninista** Marxist-Leninist
marxizmus Marxism
más I. *mn*, other, different **II.** *fn*, **1.** *(vk)* somebody/someone else, *(kérdésben)* anything else; **az már ~!** that makes a difference!; **semmi ~** nothing else; **nincs ~ hátra mint** there is* nothing else left (but); **beszéljünk ~ról** let's change the subject; **egyet-~t** a few things; **„~sal beszél"** *(telefon)* (line) engaged **2.** *(vk mása)* (sy's) alter ego, *(vm mása)* replica
másállapot pregnancy; **~ban van** be* pregnant
másé somebody/someone else's
másfajta different
másfél one and a half; **~ óra** one/an hour and a half
másfelől *(viszont)* on the other hand
máshol elsewhere
máshonnan from elsewhere
máshova elsewhere
másik another; **egyik a ~ után** one after the other
maskara *(jelmez)* fancy dress, masquerade, *(nevetséges öltözet)* mummery
másképpen 1. otherwise **2.** *(nem így)* differently
máskor another time
máskülönben otherwise
másnap next day; **~ reggel** next morning
másnaposság hangover
másodfokú of the second degree *(ut)*; **~ egyenlet** quadratic equation
második I. *mn*, second; **~ Richárd** *(számmal)* Richard II, Richard the Second **II.** *fn*, **1. május ~a** the second of May; **~ helyezett** runner up **2. ~ba jár** go* to the second form/class
másodkézből second-hand
másodlagos secondary
másodpéldány duplicate (copy)
másodperc second
másodrangú second-rate
másodszor 1. *(másodízben)* (for) the second time **2.** *(másodsorban)* secondly
másol copy
másolat 1. copy, duplicate (copy) **2.** *(fényképé)* print
másolópapír carbon paper
másrészről on the other hand
mássalhangzó consonant
másvalaki somebody/someone else
másvalami something else
másvilág the other world
maszatos stained, dirty, soiled
maszek self-employed (person), in the private sector (of industry)
mász|ik climb, crawl
maszk 1. mask **2.** *(színészé)* make-up
mászkál ramble, stroll, roam *(mind:* about)
maszkíroz mask, *(színészt)* make* up (actor)
maszlag *(átv)* humbug
mászókötél climbing rope
massza mass
masszázs massage
masszíroz massage
masszív massive, solid
matematika mathematics
matematikus mathematician
materiális material
materialista I. *mn*, materialistic; **~ történelemszemlélet** materialist conception of history **II.** *fn*, materialist
materializmus materialism; **dialektikus ~** dialectical materialism
matiné morning performance
matrac mattress

matróz sailor, mariner
matt *(sakk)* (check)mate; **~ot ad vknek** checkmate sy
Mátyás Matthias
maximális maximum, utmost; **~ ár** maximum/ceiling price
maximum maximum
máz 1. glaze **2.** *(modorbeli)* polish
mázol paint; **vigyázat ~va!** wet paint!
mázsa 1. *(súly)* two hundredweight **2.** *(mérleg)* weighing machine
mázsál weigh
mázsás *(átv)* crushing (weight); **~ súllyal nehezedik rá** he is* crushed by the weight of it
mazsola raisin, currant
mechanika mechanics
mechanikus I. *mn*, mechanical **II.** *fn*, mechanician
mechanizál mechanize
mécs night-light
meccs match
mecset mosque
meddig 1. *(térben)* how far **2.** *(időben)* how long
meddő 1. barren, sterile **2.** *(törekvés)* ineffective, vain
medence 1. basin **2.** *(orv)* pelvis
meder bed, channel; **a tárgyalások jó ~ben folynak** the negotiations are* proceeding favourably
medikus medical student
medve bear; **ne igyál előre a ~ bőrére** don't count your chickens before they are hatched, first catch your hare then cook him
meg 1. *(felsorolásban)* and; **kettő ~ kettő az négy** two and/plus two is*/are* four **2.** *(nyomatékul)* **te ~ mire vársz?** and what are you waiting for?
még 1. *(kérdésben és kijelentésben)* still, *(tagadásban)* yet; **~ eddig** so far; **~ egyszer** once more; **itt van ~?** is* he still here?; **~ nem jött meg** he has not come yet; **~ mindig** still; **és ~ hozzá** and what is more; **~ mit nem!** by no means!; **~ pedig** namely, that is (to say); **van ~?** is* there any more?; **kérek ~!** may I have some more? **2.** *(még ... is)* even; **~ akkor is ha** even if
megacéloz *(átv is)* steel, harden
megad 1. *(kérést/fizetést stb.)* grant; **meg kell adni (hogy)** it must be admitted (that) **2.** *(pénzt vknek)* repay* (sy); **~ta az árát** *(átv)* he paid* dearly for it **3.** *(adatokat)* give* **4.** **~ja magát** surrender; **~ta magát sorsának** he submitted to his fate
megadás 1. *(vmé)* granting **2.** *(katonai)* surrender; **feltétel nélküli ~** unconditional surrender **3.** *(beletörődés)* resignation; **~sal viselte sorsát** he met* his fate with resignation
megadóztat levy a tax (on sg), tax (sg)
megafon megaphone, loudspeaker
megagitál win* (sy) over
megágyaz make* the bed
megajándékoz present (sy with sg)
megakad *(szerkezet)* stop, get* stuck, *(beszédben)* come* to a halt; **~ vmn a szeme** one's eyes fasten on sg
megakadályoz hinder, prevent *(akit amiben* sy from doing sg)
megakaszt stop, check, *(forgalmat)* jam, stop
megalakít form, organize *(bizottságot)* set* up
megalakul be* formed, be* set up

megalapít found, establish
megalapoz lay* the foundation (of sg)
megaláz humiliate, humble
megalázkod|ik humble oneself
megalázó humiliating
megáld bless
megalkusz|ik 1. *(vkvel)* come* to an agreement (with sy) **2.** *(átv)* compromise
megalkuvás *(átv)* compromise, *(elítélő értelemben)* opportunism; **~t nem ismer** be* uncompromising
megáll 1. stop, come* to a standstill, *(egy időre)* pause; **~t az eszem** I was* at my wit's end; **állj meg!** stop there! **2.** *(támaszték nélkül)* stand* up; **~ a maga lábán** *(átv)* be* capable of holding one's own **3. ~ja a helyét** cope with sg **4. nem állja meg hogy ne...** he can't help (doing sg)
megállapít 1. establish, ascertain, state **2.** *(kimutat)* find* (out); **~ották (hogy)** it has* been found (that) **3.** *(meghatároz)* determine, fix
megállapodás agreement, compact
megállapod|ik 1. *(vkvel)* agree (on sg with sy), settle (sg with sy), come* to an agreement (with sy concerning sg); **~tak abban (hogy)** it was* agreed (that) **2.** *(megszilárdul)* settle **3.** *(vk vhol)* stop, halt
megállapodott fixed; **~ ember** staid man
megállás stop(ping); **~ nélkül** without stopping, non-stop
megállít stop, *(járművet)* hold* up
megálló(hely) stopping-place, stop
megalsz|ik *(tej)* curdle
megalvad *(vér)* clot
megárad swell*, rise*
megárt *(vknek/vmnek)* do* (sy/sg) harm; **jóból is ~ a sok** too much is as bad as nothing at all
megátalkodott confirmed, obdurate, *(makacs)* stubborn
megátkoz curse, damn
megavasod|ik get* rancid
megáz|ik *(vk)* get* wet, *(vm)* become* wet
megbán repent (of sin), regret; **ezt még ~od!** you shall rue it!
megbánás repentance, regret
megbánt offend, hurt* sy's feelings
megbarátkoz|ik 1. *(vkvel)* make* friends (with sy) **2.** *(vmvel)* accustom oneself (to sg)
megbecstelenít rape, violate
megbecsül 1. *(vkt)* esteem, appreciate **2.** *(vm értékét)* estimate, *(kárt)* assess (damage) **3. ~i magát** behave properly
megbecsülés 1. esteem, appreciation **2.** estimation
megbecsülhetetlen priceless
megbékél become* reconciled
megbékít 1. conciliate **2.** *(vmvel)* accustom (to sg)
megbélyegez brand
megbélyegzés branding, *(átv)* denunciation
megbénít paralyse
megbénul be*/become* paralysed
megbeszél 1. talk (sg) over, discuss **2.** *(megegyeznek)* come* to an agreement; **ahogy ~ték** as (was) agreed
megbeszélés 1. talk, discussion; **~t folytat vkvel** have* a talk with sy **2.** *(megállapodás)* agreement
megbetegedés illness, disease
megbetegsz|ik fall*/get* ill
megbillen lose* balance
megbírál criticize
megbirkóz|ik *(nehézséggel)* overcome* (sg)

megbírságol fine
megbíz *(vkt vmvel)* charge, entrust (sy with sg), *(képviselettel)* delegate (sy to ...)
megbízás commission, charge; **vk ~ából** on behalf of sy; **~t kap vmre** be* commissioned to do sg; **vételi ~** order to buy
megbízhatatlan unreliable
megbízható reliable; **~ forrásból tudom** I have* it on good authority
megbíz|ik *(vkben/vmben)* trust (sy/sg), rely (on sy)
megbízólevél *(kereskedelmi)* letter of commission, *(diplomatáé)* credentials *(tbsz)*; **átadja megbízólevelét** present one's credentials
megbizonyosod|ik make* sure/certain of sg
megbízott *fn*, deputy, *(diplomáciai)* representative, *(jog)* delegate
megbocsát forgive*, pardon; **bocsáss meg!** excuse me!, I'm sorry!, I beg your pardon!
megbocsáthatatlan unforgivable, inexcusable
megbokrosod|ik *(ló)* bolt, run* away
megboldogult deceased, *(csak jelzőként)* the late (So-and-So)
megbolondít drive* (sy) mad
megbolondul go* mad
megbolygat dissarrange, upset*
megbont *(egységet)* disrupt, *(rendet)* disturb (peace)
megbonthatatlan egység indissoluble unity
megborotvál shave
megborotválkoz|ik shave (oneself), *(borbélynál)* get* shaved
megborzad be* shocked
megborzong 1. *(hidegtől)* shiver **2.** *(félelemtől/undortól)* shudder
megbosszul revenge (sy/sg); **vm ~ja magát** sg brings* its own punishment
megbotl|ik stumble *(amiben over sg)*; **~ik a nyelve** make* a slip of the tongue
megbotránkoz|ik *(vmn)* be* scandalized/shocked (at sg)
megbotránkoztat shock, disgust
megbuk|ik 1. fail **2.** *(kormány)* fall*
megbuktat 1. *(vizsgán)* reject **2.** *(kormányt)* overthrow* *(szindarabot/tervet)* bring* about the failure of sg
megbűnhőd|ik suffer (for sg)
megbüntet punish, *(pénzbírsággal)* fine
megcáfol *(érvekkel)* confute, *(hírt)* contradict, deny
megcáfolhatatlan irrefutable
megcímez address
megcukroz sugar, *(hintve)* sprinkle with sugar
megcsal deceive, cheat, *(házastársat)* be* unfaithful to
megcsapol tap
megcsappan diminish, decrease
megcsavar turn, *(csavaros dolgot)* screw, twist
megcsiklandoz tickle
megcsinál 1. do*, *(elkészítve)* get* sg ready, *(ételt)* prepare, *(ruhaneműt)* make*; **~tad a házi feladatot?** have* you done your home-work? **2.** *(rendbe hoz)* mend, fix, *(szerkezetet)* repair
megcsíp 1. *(ujjával)* pinch, nip, *(élősdi)* bite*, *(csalán/darázs)* sting* **2.** *(rajtakap vmn)* catch* sy at sg
megcsodál admire, gaze at
megcsókol kiss (sy)
megcsontosodott *(átv)* confirmed, hidebound
megcsóvál 1. *(fejét)* shake* **2.** *(farkát)* wag
megcsömörl|ik grow* disgusted (with sg)

megcsúnyul grow* ugly/plain
megcsúsz|ik slip
megdagad swell*
megdarál grind*, *(húst)* mince
megdermed 1. *(hidegtől vk)* be* (be)numbed with cold 2. *(ijedtségtől)* become* paralysed with fear
megdicsér praise (sy for sg)
megdob throw* (sg at sy)
megdobbant a szíve his heart gave* a leap
megdolgoz|ik *(vmért)* work hard for sg
megdorgál reprimand, rebuke
megdöbben be* shocked (with sg), be* startled/astonished (at sg)
megdöbbenés shock, consternation, astonishment
megdöbbent startle, shock; **a hír ~ett** I was* stunned by the news
megdöbbentő shocking, startling; **~ hír** a startling news
megdögl|ik die, perish
megdől 1. *(gabona)* be* beaten down 2. *(átv)* prove a failure, *(hatalom/uralom)* be* overthrown; **~t az a feltevés** *(hogy)* the theory is* ruled out (that) 3. *(rekord)* fall*
megdönt 1. *(hatalmat/uralmat)* overthrow* 2. *(rekordot)* beat*, break* (record)
megdönthetetlen irrefutable
megdördül begin* to roar
megdühöd|ik become* furious, lose* one's temper
megebédel (have* one's) lunch
megedződ|ik (become*) hardened, harden
megég burn*, be* burnt
megéget burn*; **~i az ujját** burn* one's finger(s), *(átv)* singe one's wings
megegyezés agreement; **(közös) ~re jut vkvel** arrive at an agreement with sy; **közös ~sel** by mutual consent
megegyez|ik agree (with sy/sg)
megegyező corresponding to; **az eredetivel ~ másolat** copy corresponding to the original
még egyszer once more
megéhez|ik grow* hungry
megejt 1. **a vizsgálatot ~i** make* investigations 2. *(megigéz)* seduce, charm
megél 1. *(eleget keres)* earn/make* one's living 2. *(vmből)* subsist (on sg); **nem tud ~ni a fizetéséből** he can't live on his salary
megelégedés satisfaction; **~ére** to one's satisfaction
megelégedett satisfied
megelégel have* enough of sg; **~te** he cannot stand it any longer
megelégsz|ik be* satisfied (with)
megélénkül 1. quicken 2. *(forgalom)* become* lively
megélhetés living, subsistence; **biztos ~** safe job; **~i költségek** cost of living
megelőz 1. *(betegséget/veszélyt)* prevent 2. *(sorrendben)* precede; **~te korát** is* ahead of his time 3. *(jármű)* overtake*
megelőző *mn,* 1. preceding, previous 2. *(orv)* preventive
megelőzően previously, prior to
megembereli magát 1. *(gyáváról)* pluck up one's courage 2. *(lustáról/fukarról)* pull oneself together
megemészt digest
megemleget: ezt még ~ed! you shall smart for it!
megemlékezés 1. commemoration; **~ül** in commemoration of 2. *(nekrológ)* obituary (notice)
megemlékez|ik *(vmről)* commemorate (sy/sg)
megemlít mention; **meg kell említenem** mention must be made (of)

megenged 1. *(vknek vmt)* allow/permit sy sg; **sokat enged meg magának** take* a good many liberties; **nem engedhetem meg magamnak** I cannot afford it; **~heti magának** he can afford it; **engedje meg (hogy)** let me. . ., would you mind if I . . . **2.** *(állítást elfogad)* admit sg
megengedett admissible, *(törvényes)* legitimate; **~ terhelés** permissible load
megengedhetetlen unpardonable, inadmissible
megenyhül 1. *(fájdalom)* subside **2.** *(időjárás)* grow* milder, soften
megépít build*, erect
megér[1] *(él addig)* live to see; **ha ~em** if I am spared
megér[2] *(értékben)* be* worth; **nem éri meg a pénzt/fáradságot** it is* not worth the money/trouble
megérdemel deserve, earn; **~te** it served him right!
megérdemelt well-deserved, **~ jutalom** due reward
megered 1. *(eső)* start raining, *(könny)* start flowing **2. ~t a nyelve** he became* talkative
megereszt 1. slacken, relax, let* go/out; **~i a csapot** turn on the tap **2.** *(átv)* give* full vent (to sg); **~ egy tréfát** crack a joke
megérez 1. feel*, *(előre)* have* a presentiment (of sg) **2.** *(vmnek hatását)* be* influenced (by sg)
megér|ik 1. ripen, grow* ripe **2.** *(vmre, átv)* be*/become* ripe for sg
megérint touch (lighty)
megérkezés arrival; **~kor** on arrival
megérkez|ik arrive (at/in a place), come* (to); **háromkor kell ~nie** he is* to arrive at three (o'clock); **~tünk!** here we are!
megérlelőd|ik ripen, mature
megerőltet overwork; **~i a szemét** strain one's eyes
megerőltetés exertion, strain; **~ nélkül** effortlessly
megerősít 1. make* fast **2.** *(erősebbé tesz)* strengthen **3.** *(katonailag)* fortify **4.** *(átv)* confirm, *(állítást)* corroborate
megerősöd|ik become* stronger, strengthen
megért understand*, comprehend; **~etted?** is* that clear?; **nem értik meg egymást** *(átv)* they don't* get on well together
megértet make* sy understand sg; **~i magát** make* oneself understood
megértő sympathetic, understanding
megérz|ik 1. *(vkn vm)* have* the air of sg **2.** *(vmn vm)* smell*/taste of
meges|ik 1. *(megtörténik)* happen, occur, *(vkvel vm)* sg befalls* sy **2. ~ik a szíve vkn** feel* pity for sy
megesküsz|ik 1. take* the oath, swear* **2.** *(házasságot köt)* get* married (to sy)
megesz|ik *(vmt)* eat* (up); **egye meg amit főzött** as you make your bed you must lie on it
megetet feed*
megfagy freeze*
megfájdul begin* to hurt/ache; **~t a feje** she has* got a headache
megfázás a cold, chill
megfáz|ik catch* (a) cold
megfejt solve, find* out, *(rejtjelet)* decode
megfejtés solution, explanation, *(rejtvényé)* answer, clue
megfékez 1. *(lovat)* bridle **2.**

(támadást) stop 3. *(szenvedélyt)* control, master, bridle
megfeledkez|ik 1. *(vkről/vmről)* forget* (about sy/sg) 2. *(átv)* **~ik magáról** lose* one's self-control
megfelel 1. *(vmlyen célra)* be* suitable (for sg), suit (sg), answer; **~ a követelménynek** fill the requirements; **~ a célnak** it will do, it serves the purpose; **nem felel meg a várakozásnak** fall* short of expectations 2. *(vm megegyezik vmvel)* correspond to, 3. **jól ~t neki** gave* him a smart answer
megfelelő I. *mn*, 1. *(alkalmas)* suitable (for/to), *(megkívánt)* appropriate; **~ áron** at a fair price; **nem ~** unsuitable 2. *(egymás között)* corresponding II. *fn*, **ennek a szónak nincs magyar ~je** this word has* no equivalent in Hungarian
megfelelően according to; **ennek ~** accordingly
megfélemlít intimidate
megfelez halve, divide in two; **felezzük meg!** let us go halves
megfellebbez appeal (against a sentence)
megfenekl|ik 1. *(jármű)* get* stuck 2. *(terv)* fail
megfér *(vkvel)* get* on, agree, be* on good terms *(mind: with sy)*
megfertőz 1. *(élőlényt)* infect 2. *(átv)* defile
megfest 1. *(vmlyen színűre)* colour, *(textilt)* dye 2. *(képet)* paint
megfésül comb (one's hair)
megfeszít 1. *(hurt/kötelet)* stretch 2. *(keresztre)* crucify 3. *(átv)* **minden erejét ~i (hogy)** do* one's best (to achieve sg)
megfeszített munka strenuous work
megfeszül stretch
megfiatalod|ik grow* younger again
megfigyel 1. observe 2. *(vkt)* watch, *(rendőrileg)* shadow
megfigyelés 1. observation, watching 2. *(rendőri)* shadowing, police supervision
megfigyelő *fn*, observer, spectator
megfigyelőállomás observation post
megfilmesít adapt for the film, screen
megfizet 1. *(vmt)* pay* (for sg) *(adósságot)* pay* back, repay* 2. *(vmért átv)* get* even with sy
megfizethetetlen 1. *(ár)* prohibitive 2. *(becses)* priceless
megfog 1. *(kézzel)* seize, *(marokra)* grip, clutch; **fogják meg!** stop him! 2. *(festék)* stain
megfogad 1. *(vkt)* engage 2. *(vmt)* vow; **~ja a tanácsot** heed advice
megfogalmaz draw* up
megfogalmazás drafting, formulation
megfogamz|ik *(oltás)* take* (effect)
megfoghatatlan inconceivable
megfogódz|ik clutch hold of sg, cling* (on) to sg
megfojt 1. *(kézzel)* throttle, *(kötéllel)* strangle 2. *(vízben)* drown
megfoltoz mend
megfontol weigh, think over, ponder
megfontolás reflection, meditation; **alapos ~ után** after due consideration
megfontolt deliberate, thoughtful; **előre ~** wilful
megfordít turn (over/back), *(sorrendet)*, reverse

megfordul 1. turn, *(változik)* change 2. *(vk vhol)* be* swhere, mix; **sokszor ~tam náluk** I've been in and out of their house a good deal; **~t a fejemben hogy** it occurred to me that 3. **a dolog azon fordul meg (hogy)** the matter depends (on)
megforr ferment (péld. befött)
megfoszt deprive (of)
megfő cook, boil, get*/be* cooked
megfőz 1. cook 2. *(vkt átv)* gain sy's sympathy
megfullad 1. suffocate 2. *(vízben)* drown
megfúr 1. drill, bore/make* a hole in sg 2. *(tervet)* torpedo, *(vkt)* stab in the back
megfutamod|ik run* away, flee*
meggátol hinder, prevent
meggazdagod|ik grow* rich, make* a fortune
meggémbered|ik grow* stiff (with cold)
meggondol 1. think* (sg) over; **ha jól ~om** all things considered 2. **~ja magát** change one's mind
meggondolás reflection, consideration
meggondolatlan 1. *(cselekedet)* thoughtless, hasty 2. *(ember)* rash
meggörbül bend*; **egy hajszála sem fog ~ni** not a hair of his head shall be hurt
meggyaláz 1. outrage 2. *(nőt)* violate
meggyanúsít suspect (sy of sg)
meggyengül become* weak(er)
meggyilkol murder, assassinate
meggyógyít heal, cure
meggyógyul recover (one's health), get* well again
meggyorsít quicken, speed* up
meggyorsul become* faster
meggyökerez|ik 1. strike* root 2. *(átv)* become* established
meggyötör torture, torment
meggyőz *(vmről)* convince (of sg)
meggyőző convincing, persuasive
meggyőződés conviction, persuasion; **az a ~e (hogy)** be* convinced (that); **jobb ~e ellenére** against his better judgement
meggyőződéses convinced
meggyőződ|ik *(vmről)* be* convinced/persuaded (of sg), ascertain (sg); **meg vagyok róla győződve** I am convinced (that)
meggyújt *(cigarettát, tüzet)* light*, *(villanyt)* switch on
meggyullad catch* fire
meggyül|ik 1. *(orv)* fester; **~t ujj** gathered finger 2. **~ik a baja vkvel** have* trouble with sy
meghagy 1. *(vmely állapotban)* leave* 2. *(utasít)* bid*, direct 3. **azt mégis meg kell hagyni (hogy)** it must be granted (that)
meghagyás *(utasítás)* charge, order; **fizetési ~** order for payment
meghajlás *(köszöntés)* bow
meghajol bow
meghajt[1] *(fejet)* bend*, bow, *(zászlót)* lower (the colours); **~ja magát** bow
meghajt[2] 1. *(kereket)* drive* 2. *(orv)* purge
meghal die
meghalad 1. *(térben)* surpass 2. *(átv)* exceed, transcend; **~ja erejét** it is* beyond his power; **~ja a várakozást** it is* beyond expectation
meghálál show one's gratitude (for sg by doing sg)
meghall 1. hear* (sg) 2. *(megtud)* come*/get to know
meghallgat 1. listen (to) 2. *(kérést)* grant (request)

meghallgatás 1. hearing, audience 2. *(színészé, énekesé)* audition
meghamisít 1. falsify 2. *(írást/okmányt)* forge
meghámoz peel, shell
meghány-vet 1. *(magában)* turn sg over (and over) in one's mind 2. *(mással)* examine minutely the pros and cons
megharagsz|ik *(vkre)* get* angry (with sy)
megharap bite*
meghasad tear*, split*; **majd ~ a szíve** it breaks* one's heart
meghasonl|ik *(önmagával)* come* into conflict (with oneself)
meghat touch, move
meghatalmaz authorize
meghatalmazás procuration, mandate, *(vmre)* authorization; **~ nélkül** unauthorized
meghatalmazott I. *mn*, authorized; **~ miniszter** minister plenipotentiary II. *fn*, attorney, respresentative
meghatároz 1. determine, *(fogalmat)* define 2. *(időpontot/tervet)* fix, settle 3. *(növényt)* classify
meghatározott definite, *(irány, idő)* given, *(nap)* fixed
megható touching, moving
meghatód|ik be* touched/moved
meghatottság emotion
meghátrál retire, retreat
megházasod|ik marry, get* married
meghazudtol belie
meghibásod|ik *(jármű)* break down, get* disabled
meghitelezés *(okmány)* letter of credit, L/C
meghitt intimate, familiar
meghiúsít frustrate
meghiúsul fail, miscarry
meghív invite
meghívás invitation; **eleget tesz a ~nak** accept the invitation
meghívó *fn*, invitation (card)
meghívott: a ~ak the guests *(tbsz)*
meghíz|ik put* on weight, grow* fat
meghódít 1. *(vmt)* conquer, subdue 2. *(vkt)* make* a conquest (of sy's heart)
meghódol give* in, yield (to sy)
meghonosít 1. *(növényt)* acclimatize 2. *(szokást)* introduce
meghonosod|ik get* acclimatized
meghosszabbít lengthen, *(mérkőzést)* prolong; **~ja a határidőt** prolong the time-limit
meghoz bring* (in), fetch; **~za ítéletét** pass judgment
meghökken be* taken aback, (by sg), start (at sg)
meghunyászkod|ik come* to heel
meghurcol *(átv)* calumniate
meghúz 1. pull, *(vk, fülét)* tweak, *(gyeplőt)* pull in 2. **~za magát** draw* back *(vhol)* hide* (somewhere)
meghúzód|ik *(vm mögött)* hide* oneself (behind sg)
meghűl catch* (a) cold
meghűlés (common) cold; **~sel fekszik** be* down with a cold
megidéz summon
megigazít put*/set* right, adjust
megígér promise
megihlet inspire
megijed be*/get* frightened (of/at sg)
megijeszt frighten
megillet *(jár vknek)* be* due (to sy)
megillető *(rész)* due; **vkt ~ rész** sy's share
megilletőd|ik be* moved/touched
megindít 1. *(mozgásba hoz)*

start 2. *(meghat)* touch, move
megindító moving, touching
megindokol motivate, give* the grounds (for sg)
megindul 1. begin*, *(gép/jármű)* start 2. **a bírói eljárás ~t ellene** legal proceedings were* instituted against him
megindultság (deep) emotion
megingat shake*
megingathatatlan unshakable, firm
meginog waver
megint *(ismét)* again, once more
meginterjúvol interview (sy)
megír write*; **~ vknek vmt** write* sy about sg
megirigyel become* envious (of sg/sy)
mégis yet, nevertheless, still
megismer 1. *(elismer vkt)* recognize, know* 2. *(megismerkedik)* get*/become* acquainted with (sy/sg)
megismerked|ik get* acquainted (with sy/sg)
megismétel repeat
megismétlőd|ik repeat itself; **nem fog ~ni** it will not happen again
megisz|ik drink*; **ennek megissza a levét** he will smart for it
megítél 1. *(vmt)* judge 2. *(vknek vmt)* adjudge (sg to sy)
megítélés judgement; **~em szerint** in my opinion
megízlel 1. taste 2. *(átv)* experience
megizmosod|ik 1. become* strong/muscular 2. *(átv)* gain strength
megizzad perspire, sweat
megjár 1. *(rosszul jár vmvel)* make* a bad bargain (with sg) 2. **~ja** *(tűrhető)* passable, not so bad

megjátsz|ik 1. *(színlel)* pretend' feign 2. *(tétet)* stake
megjavít 1. improve (upon) ameliorate, *(vmt helyrehoz)* put* sg right, fix up 2. *(gépet)* repair 3. *(rekordot)* break* (record)
megjavul 1. improve, get* better 2. *(erkölcsileg)* reform
megjegyez 1. *(magának vmt)* note (sg); **jegyezze meg magának** keep* that in your mind 2. *(megjegyzést tesz)* remark, comment on
megjegyzés remark, note
megjelenés appearance
megjelen|ik 1. appear *(személy)* make* one's appearance 2. *(könyv)* be* published
megjelöl mark
megjósol predict, foretell*
megjön *(megérkezik)* come*, arrive; **megjött az esze** he has* become wiser
megjutalmaz reward (sy for sg)
megkap 1. *(megfog)* catch*, seize 2. *(elnyer)* get*, obtain, *(levelet)* receive; **~tam szíves levelét/sorait** I am* in receipt of your letter/favour 3. *(betegséget)* catch*, get* 4. **~ja a magáét** *(átv)* get* hauled over the coals
megkaparint snatch, grab
megkapaszkod|ik *(vmben)* clutch (at), cling* (to)
megkapó fascinating
megkarmol scratch, claw
megkárosít wrong, harm, damage
megkedvel take* a liking to
megkegyelmez *(vknek)* pardon (sy), *(halálbüntetést átváltoztat)* reprieve
megkeményed|ik 1. become* hard, harden 2. *(átv)* harden
megken 1. (be)smear 2. *(átv, vkt)* bribe (sy) 3. **minden hájjal ~t ember** he is* slippery as an eel

megkér 1. *(vkt vmre)* ask (sy to do sg) 2. **~i vk kezét** propose (marriage) (to a girl)
megkérdez ask; **~i vknek a nevét** inquire/ask sy's name
megkeres 1. look/seek* for (sy/sg) 2. *(folyamodó)* appeal (to sy) 3. *(pénzt)* earn, make* (money)
megkeresztel baptize, christen
megkeresztelked|ik be* baptized/christened
megkerül 1. *(tárgy)* be* found 2. *(körüljárva)* go*/walk round 3. *(kérdést/törvényt)* elude
megkeserít embitter
megkeserül regret sg bitterly; **ezt még ~öd** you'll smart for this
megkettőz (re)double; **~i lépteit** quicken one's pace
megkezd begin* (sg), start (sg), *(munkát)* set* about (sg)
megkezdőd|ik begin*, start; **az előadás ~ött** the show is* on
megkímél 1. spare 2. *(kíméletesen bánik vkvel)* treat sy with consideration
megkínál offer *(akit amivel* sy sg); **~hatom egy csésze teával?** may* I offer you a cup of tea?
megkísérel try, attempt
megkíván 1. *(vk vmt)* desire/want sg 2. *(vm vmt)* require (sg); **~t** required
megkockáztat risk, venture
megkondul ring*, toll
megkonstruál 1. *(gépet)* design 2. *(összeállít)* assemble 3. *(mondatot)* construe
megkopaszod|ik get*/grow* bald
megkopaszt 1. *(szárnyast)* pluck 2. *(átv, vkt)* fleece, strip
megkop|ik *(ruha)* become* shabby
megkoronáz crown
megkóstol taste, sample
megkoszorúz 1. *(vkt)* crown with a wreath 2. *(sírt, emlékművet)* lay* a wreath on
megkönnyebbül feel* relief/better
megkönnyebbülés relief
megkönnyít 1. *(terhet)* make* lighter 2. *(vk feladatát)* make* easier
megkönyörül have* pity/compassion (on sy)
megkörnyékez try to get near sy
megköszön thank sy (for sg)
megköt bind*, fasten, tie (up); **~i a szerződést** conclude the contract; **~i az üzletet** transact/do* business
megkötés 1. *(csomóé)* binding 2. *(békét, szerződést)* conclusion, *(üzletet)* concluding, transacting 3. *(feltétel)* obligation, stipulation
megkövetel demand, require
megkövül a félelemtől be* paralysed with terror
megközelít 1. *(átv is)* approach 2. *(minőségileg)* be* nearly as (good/bad) as, *(mennyiségileg)* approximate
megközelíthetetlen 1. *(vk/vm)* inaccessible 2. *(erkölcsileg)* incorruptible
megközelíthető *(hely)* accessible; **könnyen ~** easy of access *(út)*
megközelítő *(számítás)* approximative, rough
megközelítőleg approximately, roughly
megkritizál criticize
megküld *(levelet, csomagot)* send* (off), dispatch, *(pénzt)* remit
megkülönböztet distinguish (sg from sg), differentiate; **nehéz őket ~ni** it is* difficult to tell them apart
megkülönböztetés distinction

megkülönböztethető distinguishable
megküzd fight*, *(nehézséggel)* tackle; **~ a betegséggel** combat a disease
meglágyít soften; **~ja vk szívét** move sy to pity/mercy
meglágyul soften; **~ a szíve** be* moved/touched
meglakol *(vmért)* expiate (sg)
meglapul lie* flat/low
meglassul slow down/up
meglát catch* sight (of sg), set* eyes on; **majd ~juk!** that remains to be seen, we shall see. . .
meglátogat pay* (sy) a visit, call on (sy)
meglátsz|ik appear, *(észrevehető)* look, seem; **~ik rajta hogy beteg volt** you can see he was* ill; **nem látszik meg rajta a kora** he does* not look his age
meglazul 1. slacken, *(csavar)* get*/become* loose **2.** *(fegyelem)* relax
megleckéztet reprimand
meglehet maybe, possibly, perhaps
meglehetősen rather, fairly, tolerably, quite; **~ jól** pretty/fairly well; **~ későn** rather late; **~ nagy** fairly large
meglep surprise; **nem lepne meg ha** I should not be surprised if
meglepetés 1. surprise; **~t szerez vknek** give* sy a surprise **2.** *(ajándék)* present
meglepő surprising; **nem ~ hogy** no wonder (that)
meglepőd|ik be* surprised (at sg), be* taken aback (with sg)
meglett grown-up
meglevő existing, disposable
meglincsel lynch
meglocsol sprinkle, *(utcát/növényt)* water
meglóg decamp, take* French leave
meglop steal* from (sy)
meglök knock/bump against, *(vkt)* jostle
megmagyaráz explain; **majd ~om** I shall explain it to you
megmagyarosít Magyarize
megmámorosod|ik get* intoxicated/drunk; **~ik az örömtől** be* drunk with joy
megmar *(kutya)* bite*, *(kígyó)* sting*
megmarad 1. *(vhol)* stay, remain **2.** *(fennmarad)* survive, last **3.** *(vmből)* be* left, remain (over) **4.** *(vm mellett)* persist (in), stick* (to); **~ a meggyőződésénél** maintain one's opinion
megmarkol grip, seize, grasp
megmárt dip
megmásít modify, alter, change; **~ja szándékát/tervét** change one's mind
megmásíthatatlan unalterable
megmeleged|ik get* warm; **~ett a tűznél** he warmed himself by the fire
megmelegít warm (up)
megmenekül escape
megment save, rescue
megmentő *fn*, rescuer, deliverer
megmér *(hosszt/mennyiséget)* measure, *(hőmérsékletet)* take* (the temperature of), *(súlyra)* weigh
megmereved|ik grow* stiff, stiffen
megmérgez poison; **~i magát** take* poison
megmérköz|ik *(vkvel)* measure one's strength with sy; **nem tud a feladattal ~ni** he is* not equal to the task
megmintáz sculpt(ure); **agyagból ~** mould out of clay
megmoccan stir, budge, move; **meg se moccant** he never budged

megmond say*, tell*; **nem ~tam?** didn't I tell you so?, there you are!; **~ja a nevét** give* one's name; **~ja a véleményét vmről** tell* one's opinion of sg; **úgye ~tam!** I told you so!; **jól/magyarán megmondja neki** tell* sy a few home truths

megmos wash; **~a a fejét vknek** *(átv)* haul sy over the coals

megmosd|ik wash (oneself), have* a wash

megmotoz search

megmozdít move, stir; **a kisujját se mozdította meg** he didn't* lift a finger

megmozdul move, stir; **az egész nemzet ~t** the nation as a whole was* roused to action

megmozdulás *(átv)* (collective) action, movement, *(tüntetésszerű)* manifestation; **forradalmi ~** revolutionary action

megmunkál *(anyagot)* work, process

megmunkálatlan *(anyag)* unworked, crude

megmutat 1. show*, display ; **~ja neki a várost** show* sy the sights (of the town) **2.** *(rámutat)* point sg out **3.** *(jelez)* indicate

megmutatkoz|ik appear, present oneself

megművel cultivate, till (the land); **~t terület** cultivated area

megnagyít enlarge

megnedvesít wet, moisten

megnehezít make* more difficult

megneheztel be* offended (with sy)

megnemtámadási szerződés non-aggression pact

megnémul become* mute

megneszel scent, smell* (out)

megnevez name; **~i magát** give* one's name

megnéz (have* a) look at; **~hetem?** may* I have a look; **~i magát a tükörben** look at; oneself in the mirror

megnő *(ember)* grow* up, *(növény)* grow*

megnősül marry, get married (to a girl)

megnöveked|ik grow*, increase

megnyer 1. win* **2. ~ vkt vm számára** win sy over to sg

megnyergel saddle

megnyerő pleasing, attractive

megnyilatkozás manifestation

megnyilatkoz|ik manifest itself

megnyílik open

megnyilvánul show/manifest itself

megnyilvánulás manifestation

megnyír 1. *(hajat)* cut*, clip **2.** *(birkát)* shear*

megnyirbál clip, cut*

megnyit open

megnyitás opening

megnyitó *mn/fn* opening, introductory; **~ beszéd** opening speech, inaugural address

megnyom *(csengőt)* ring* (bell); **minden szót ~** stress every word; **~ta a gyomromat** it weighs on my stomach

megnyomorít cripple, *(átv)* ruin

megnyugsz|ik calm down; **~ik vmben** resign oneself to sg

megnyugtat calm, soothe

megnyugtató reassuring, comforting

megnyugvás satisfaction

megnyúl|ik stretch, become* longer; **~t az arca he** made* a long face

megnyúz 1. *(állatot)* flay; skin **2.** *(átv)* fleece

megokol justify, give* the reason(s) for (sg)

megokolás motivation, justification

megolajoz oil, lubricate
megold 1. *(csomót)* untie, unbind* 2. *(átv)* solve; **nehéz feladatot ~** carry out a difficult task, solve a difficult problem
megoldás solution, settling, **a kérdés ~a** answer to a question
megoldatlan unsolved
megoldhatatlan insoluble
megoldód|ik 1. *(kötés)* come* undone; **~ik a nyelve** find* one's tongue 2. *(átv)* be* solved
megoltalmaz 1. *(vmtől)* protect 2. *(vmt)* defend
megolvad *(hó)* thaw
megolvas count, reckon (up)
megolvaszt melt
megoperál operate, perform an operation (on sy); **tegnap ~ták** yesterday he underwent* an operation
megorrol take* sg amiss
megoszlás distribution
megoszl|ik be* divided; **a vélemények ~anak** opinions differ
megoszt 1. *(több személy közt)* divide (among) 2. *(vmt vkvel)* share (sg with sy)
megóv 1. *(vmtől)* protect (from sg) 2. *(sportban)* raise a protest
megöl kill, murder
megölel embrace, put* one's arms round sy
megöregsz|ik grow*/become* old
megőriz preserve, (safe)guard; **megőrzi hidegvérét** keep* one's temper
megörül *(vmnek)* be* glad (of sg), be* delighted (at sg)
megőrül go*/become* mad; **~tél?** are you crazy?
megőrzés preservation; **a béke ~e** the maintenance of peace; **~ végett átad vmt** entrust sy with sg
megőszül turn/become* grey
megpályáz *(állást)* apply (for a post)
megparancsol order, direct, command
megpattan burst*, crack
megpecsétel *(szövetséget)* confirm; **a sorsa meg van pecsételve** his fate is* sealed
mégpedig namely
megpihen rest, take* a rest
megpillant catch* sight (of sy/sg)
megpirít roast, *(kenyeret)* toast
megpirul turn brown
megpofoz slap sy's face, box sy's ears
megpörköl scorch, *(kávét)* roast
megpróbál 1. try, *(kipróbál)* test 2. *(megkísérel)* attempt; **majd ~om elintézni** I shall see if I can arrange it
megpróbálkoz|ik make* a trial (with sg), give* sg a try
megpróbáltatás trial; **~on keresztülmegy** be* (sorely) tried
megpuhít soften
megpuhul soften
megpukkad burst*, split*; **mérgében ~** be* mad with rage; **majd ~ nevettében** split* with laughter
megrág 1. chew 2. *(átv)* **jól ~ja a dolgot** think* it over
megragad 1. seize, grasp, catch*; **~ja az alkalmat** take* the opportunity; **~ja figyelmét** catch* one's attention 2. *(átv magával ragad)* captivate
megragadó moving, fascinating
megrágalmaz slander
megrajzol draw*, design
megrak 1. load; **~ja a tüzet** feed* the fire 2. *(megver)* give* sy a beating
megrándít sprain, strain; **~ja a vállát** shrug one's shoulders

megrándul *(láb stb.)* sprain/twist one's ankle; **egy arcizma sem rándult meg** he did* not move a muscle
megránt jerk, pluck
megráz shake*
megrázkód|ik shudder
megrázkódtatás (mental) shock
megrázó upsetting, agonizing
megreggeliz|ik (have one's) breakfast
megreked *(jármű)* get* stuck, *(ügy)* come* to a standstill
megremeg quiver, shake*
megrémít terrify, horrify
megrémül be* terrified (of sg)
megrendel order (sg), give* an order (for sg)
megrendelés order; **~nek eleget tesz** carry out an order; **~re** to order
megrendez organize
megrendít 1. stagger **2.** *(vknek hitét/véleményét)* shake*, upset*
megrendszabályoz regulate
megrendül shake*, *(átv)* be* shocked (at/by); **~t az egészsége** his health is* impaired
megrendülés shock
megreped 1. *(kemény tárgy)* split* **2.** *(szövet)* tear*, rend*
megretten take* fright, get* frightened (of/at) sg)
megriad be* startled/frightened
megríkat make* sy cry/weep
megritkul rarefy, *(haj/növény)* (become*) thin
megró *(vkt vmért)* blame (sy for sg)
megrohad rot, become* rotten
megrohamoz attack, assault
megrokkan become* invalid
megroml|ik 1. deteriorate, *(étel)* spoil* **2.** *(egészség)* be* becoming worse, *(helyzet)* grow* worse
megrongál soil, damage
megront *(erkölcsileg)* corrupt
megroppan crack, break*
megrostál 1. sift **2.** *(átv)* sort out
megrothad rot, decay
megrovás blame, rebuke, reprimand; **~ban részesít** reprimand
megrozsdásod|ik rust, get* rusty
megrögzött settled, habitual, *(elítélő értelemben)* inveterate; **~ bűnös** habitual/confirmed criminal; **~ szokás** ingrained habit
megrökönyöd|ik stand* aghast, be* stupefied
megröntgenez X-ray, radiograph
megrövidít 1. shorten **2.** *(megkárosít)* wrong sy (of sg)
megrövidül 1. shorten **2.** *(károsodik)* be* wronged of sg
megrúg kick (sy/sg)
megsajnál pity (sy)
megsántul get* lame
megsarkal *(cipőt)* re-heel
megsavanyod|ik (turn) sour
megsebesül *(csatában)* be* wounded, *(balesetben)* get* injured; **halálosan ~** be* fatally wounded
megsegít help, assist, aid (sy)
megsejt have* a presentiment (of sg), guess (sg)
mégsem not... after all
megsemmisít 1. annihilate **2.** *(átv)* crush **3.** *(jog)* annul
megsemmisítő annihilating, destroy, *(vereség)* crushing
megsemmisül be* annihilated/destroyed
megsemmisülés annihilation, destruction
megsért 1. *(testileg)* injure, hurt* **2.** *(vkt átv)* insult **3.** *(törvényt)* violate, transgress (the law)
megsértőd|ik be* offended (at sg)
megsérül 1. *(vk)* be* wounded; **nem sérült meg** he did* not

hurt himself, he was* unhurt 2. *(vm)* get* damaged
megsimogat caress, fondle
megsirat mourn (for sy)
megsokall have* enough of sg
megsokszoroz multiply
megsóz salt, put* salt on sg
megsúg whisper sg in sy's ear; **~om neked** just between us
megsüketül become* deaf
megsül *(hús)* roast, *(tésztaféle)* get* baked; **majd ~ az ember** it is* scorching hot here
megsürget urge, press for
megsüt *(húst)* roast
megszab fix; **~ja a feltételeket** dictate/fix the terms; **~ja vmnek az árát** fix the price of sg
megszabadít *(vmből)* free, liberate, deliver, (from), *(vmtől)* rid*, relieve (of), *(veszélyből)* rescue (from)
megszabadító *fn*, liberator, deliverer
megszabadul rid* oneself (of sg), get* rid (of sg)
megszagol 1. smell* (at sg) 2. *(átv)* scent (sg)
megszakad break*, *(folyamat)* be* cut/broken off, break* off, *(telefonösszeköttetés)* be* cut off; **majd ~ a nagy erőlködésben** break* one's back; **majd ~ nevettében** be* bursting with laughter; **a tárgyalások ~tak** the negotiations were* broken off
megszakít break*, interrupt; **~ja a diplomáciai kapcsolatokat** break* off diplomatic relations (with)
megszakítás break*, interruption; **~ nélkül** unceasingly, uninterruptedly
megszáll 1. *(szállóban)* put* up 2. *(katonaság)* occupy 3. *(átv)* possess, *(vkt félelem)* be* overcome (with fear)
megszállás *(katonai)* occupation
megszálló *mn*, occupying; **~ hadsereg** army of occupation
megszállott I. *mn*, 1. *(terület)* occupied (territory) 2. *(átv)* possessed II. *fn*, *(személy)* fanatic
megszámlálhatatlan innumerable, countless
megszámol count
megszámoz number
megszán pity
megszaporod|ik increase, propagate
megszárad (become*) dry
megszárít dry
megszavaz *(indítványt)* adopt, *(törvényjavaslatot)* vote for, pass
megszédít 1. *(ütés)* daze 2. *(átv)* turn sy's head
megszédül become* dizzy; **~t a sikertől** he was* giddy with success
megszeg 1. *(átv)* break* 2. *(kenyeret)* cut* *(into a loaf)*
megszégyenít shame, make* (sy) ashamed of sg
megszégyenül be* humiliated
megszelídít tame, domesticate
megszelídül *(ember)* soften, melt, *(állat)* grow tame, be* domesticated
megszemélyesít personify, *(színész)* act, interpret
megszemlél look at, view
megszenved 1. *(vmért)* work hard, toil (for sg) 2. *(azért amit tett)* expiate (sg)
megszeppen get* frightened of/at sg)
megszépül grow* more handsome/pretty
megszeret 1. *(vkt)* become* fond of, take* a liking to, *(szerelemmel)* fall* in love with 2. *(vmt)* come* to like

megszerez get*, obtain, acquire
megszerkeszt 1. *(szöveget)* draw* up, write* 2. *(gépet)* construct
megszervez organize
megszervezés organization
megszid scold
megszilárdít strengthen stabilize
megszilárdul 1. *(anyag)* set* 2. *(átv)* become* consolidated
megszilárdulás stabilization consolidation
megszimatol scent, smell*
megszitál sift, *(lisztet)* bolt
megszívlel keep* in mind
megszok|ik 1. *(vkt/vmt)* get*/become* accustomed/used (to) 2. *(vhol)* become* acclimatized
megszokott 1. *(vmt)* accustomed (to) 2. *(szokásszerű)* habitual, usual
megszól speak* ill of sy
megszólal 1. *(vk)* start speaking 2. *(telefon)* (begin* to) ring*
megszolgál work for, *(kiérdemel)* merit
megszólít speak* to, address
megszólítás 1. *(szóval)* address 2. *(levélben)* salutation
megszomjaz|ik get* thirsty
megszorít 1. *(csomót/csavart)* tighten 2. **vk kezét ~ja** shake* hands with sy 3. *(korlátoz)* restrict
megszorítás 1. *(csavaré)* screwing up 2. *(átv)* restriction
megszoroz multiply (with/by)
megszorul 1. *(tárgy)* get* stuck, *(levegő)* get* stuffy 2. *(pénzben)* be* short of money
megszök|ik flee*, run* away, *(börtönből)* escape, *(nő férfivel)* elope (with sy)
megszöktet run* away with, *(nőt)* elope with
megszúr puncture, *(rovar)* sting*
megszűkít 1. make* narrow(er), *(ruhát)* take* in 2. *(korlátoz)* tighten (up)
megszület|ik 1. be* born 2. *(átv)* originate, (a)rise*
megszűn|ik 1. *(vmt csinálni)* stop (doing sg) 2. *(véget ér)* come* to an end, *(cég)* liquidate, close down
megszüntet stop, put* an end to, *(fájdalmat)* alleviate, *(korlátozást)* lift
megszüntetés 1. stopping, ceasing 2. *(eljárást)* suspension, *(engedélyt)* cancellation, *(korlátozást)* lifting 3. *(fájdalmat)* alleviation 4. *(céget, üzletet)* liquidation, closing-down
megtagad 1. refuse 2. *(magától vmt)* deny oneself sg
megtakarít save (up); **~ott pénz** savings *(tbsz)*
megtakarítás savings *(tbsz)*
megtalál find*, *(véletlenül)* discover, come* across; **~ja a módját** find* one's way
megtalálható to be found *(ut)*; **könnyen ~** easy to find *(ut)*
megtalpal (re)sole
megtámad attack, *(országot)* invade
megtámadás attack
megtámadhatatlan unassailable, *(átv)* indisputable
megtámadható assailable, *(átv)* disputable
megtámaszt support
megtáncoltat 1. dance with sy 2. *(átv)* lead* sy a dance
megtanít teach*, instruct (in sg)
megtántorod|ik 1. stagger, totter 2. *(átv)* waver
megtanul learn*; **~ olvasni** learn* to read
megtapint feel*, touch, *(orv)* palpate
megtapsol applaud, clap
megtárgyal discuss, talk it over
megtart 1. keep*, maintain 2. *(előadást)* give*, deliver

(lecture), *(ígéretet)* keep*, fulfil (promise), *(ünnepet, szokást)* observe, *(törvényt)* abide* by, *(vmt emlékezetében)* keep* in mind; **a mérkőzést nem lehetett ~ani** the match could not take place; **~hatom?** may I keep it?
megtáviratoz wire, cable
megtekint inspect, (take* a) view (of), *(kiállítást)* visit; **~i a látnivalókat** see* the sights
megtekintés sight, inspection; **~re** on approval
megtelefonál *(vmt vknek)* (tele-) phone sy (about) sg, ring* sy up about sg
megteleped|ik settle down
megtel|ik fill (up), *(vmvel)* fill with
megtépáz ruffle, tousle, *(átv)* maltreat
megtér 1. *(visszaérkezik)* return **2.** *(jobb útra)* reform oneself, *(vm hitre)* be* converted (to a faith)
megterem 1. *(vmt)* produce, grow* **2.** *(vm)* prosper, thrive*
megteremt create, produce
megterhel 1. charge (with); **~i a gyomrot** lie* heavy on the stomach **2.** *(vkt átv)* trouble **3.** *(számlát egy összeggel)* charge (an account with)
megterhelés 1. load, burden **2.** *(adóssággal)* encumbrance **3.** *(átv, vk számára)* burden
megterít lay*/set* the table
megtérít 1. *(vm hitre)* convert (to) **2.** *(pénzt)* pay* back, *(kárt)* compensate (for)
megtermékenyít 1. fecundate, make* fertile **2.** *(átv)* make* fruitful
megtermékenyítés fecundation, *(növényé)* pollination
megtermett: jól ~ robust, well-built
megtérül *(pénz)* get* one's money back; **a kár ~t** the damage was* recovered
megtestesít incarnate, embody
megtestesült jóság the embodiment of human kindness
megtesz 1. do*, perform, make*, accomplish; **~i a magáét** do* one's share/part; **~ minden tőle telhetőt** do* one's best; **megtehet** be* able to do, *(pénzügyileg)* afford; **~i a szükséges lépéseket** take* the necessary steps **2.** *(vkt vmnek)* make* sy sg **3.** *(utat)* do*, go*, cover; **óránként 100 km-t tesz meg** do*/go/ 100 kilometres an/per hour **4.** *(lovat)* bet on **5. az is ~i** that will (also) do
megtetsz|ik take* a liking to/for sy/sg
megtéveszt deceive, delude; **nem szabad hogy megtévesszen minket** we should not be led astray by it
megtévesztő delusive, deceiving; **~ hasonlóság** striking resemblance
megtilt forbid* (sy sg)
megtisztel honour (sy) with sg; **~ve érezzük magunkat** we are* honoured
megtisztelő honouring
megtiszteltetés honour, distinction
megtisztít (make*) clean, *(zöldséget)* peel, pare
megtisztul 1. clean(se) **2.** *(átv)* purify
megtizedel decimate
megtízszerez multiply tenfold
megtold add (sg to sg)
megtorlás reprisal, revenge; **~képpen** as a retaliation
megtorló *mn*, repressive
megtorol avenge, revenge (oneself for sg)
megtorpan stop short
megtorpedóz torpedo

megtölt 1. fill (up) 2. *(akkumulátort/puskát)* charge
megtöm stuff, *(pipát)* fill
megtör break*, crush; **ellenállást ~** bear* down resistance; **~i a jeget** break* the ice
megtör|ik 1. break*, be broken 2. *(vallatásnál)* crack
megtöröl 1. wipe 2. *(nedveset)* dry
megtörtén|ik 1. happen, occur, take* place 2. *(vkvel)* befall* (sy)
megtörülköz|ik dry oneself
megtrágyáz manure
megtréfál play a joke (on sy)
megtud come*/get* to know, learn*, find* out
megtűr tolerate, suffer
megtüzesít make* red-hot
megújít renew
megújul 1. renew, regenerate 2. *(remény/természet)* revive
megun get* tired of sg/sy, get* bored with sg
megúsz|ik have* a narrow escape; **olcsón ~ta** he came* off cheaply
megutál take* a loathing to
megül 1. *(vhol)* keep* one's seat 2. *(lovat)* ride* 3. *(ünnepet)* celebrate
megünnepel celebrate
megüresedés vacancy
megüresed|ik 1. *(ház/lakás)* (become*) empty 2. *(állás)* become* unoccupied
megüt 1. strike*, hit*; **~i magát** hurt* oneself; **~ vmlyen hangot** *(átv)* strike* a note; **vm ~i a fülét** sg strikes* sy's ear 2. **~ötte a guta** he had* a stroke of apoplexy 3. **~i a mértéket** meet* requirements 4. **~i a főnyereményt** draw* the first prize in the lottery
megütközés *(átv)* indignation; **~t kelt** sg shocks sy; **általános ~t keltett** it created general uproar, everybody was shocked
megütköz|ik 1. *(ellenséggel)* encounter 2. *(átv vmn)* be* shocked (by/at sg)
megüzen 1. send*/leave* word 2. *(háborút)* declare (war on)
megvacsoráz|ik have* dinner/supper, dine
megvádol accuse *(amivel* of), charge (with)
megvadul get*/become *wild
megvág 1. cut* 2. **~ vkt 5 forintra** tap sy for 5 forints
megvakít (make* sy) blind
megvakul go* blind
megválaszt elect, choose*
megvál|ik 1. *(vmtől)* part (with sg) 2. *(állástól)* resign (from position)
megvall admit, confess; **az igazat ~va** to tell the truth, as a matter of fact
megválogat choose*, select
megvalósít realize, accomplish
megvalósítás realization
megvalósul be* realized, materialize, *(álom)* come* true
megvált 1. *(pénzzel/vallásilag)* redeem 2. *(jegyet)* buy*, book
megváltoz|ik vary, change, alter
megváltoztat change, alter, vary transform
megvámol levy a duty on sg
megvan 1. exist, be*, subsist; **~ a lehetőség** there is* a possibility of 2. *(kész)* be* ready/finished 3. **~ vm nélkül** do* without sg 4. **hogy van? csak megvagyok** how are* you? not so bad 5. **jól ~nak egymással** get* on well together 6. *(amit kerestünk)* **~!** here it is! 7. **hányszor van meg kettő a kilencben?** how many times does* two go into nine?; **négyszer van meg és még marad egy** two goes* into nine four times and one over

megvár 1. wait (for sy) 2. *(állomáson)* go* to meet (sy at the station)
megvarr sew*
megvásárol purchase, buy*
megvéd defend, *(vmtől)* protect (from), preserve (from)
megvendégel entertain, treat (sy to sg)
megvénül grow* old, age
megver 1. beat* 2. *(ellenséget/sportban)* defeat; 2 : **1-re~ték** he was* defeated 2–1 *(kiolvasva* two to one)
megvesz buy*, purchase
megveszteget bribe, corrupt
megvet 1. *(vkt)* despise 2. *(ágyat)* make* (the bed) 3. **~i vmnek az alapját** lay* the foundation of sg; **~i a lábát** take* a firm stand
megvetendő contemptible; **nem ~** not to be despised *(ut)*
megvetés contempt, disdain
megvétóz veto
megvető contemptuous, disdainful
megvígasztal console, comfort
megvígasztalód|ik be* consoled/comforted, cheer up
megvilágít 1. light* (up), illuminate 2. *(átv)* enlighten, illumine
megvilágítás illumination; **más ~ba helyez** put* the matter in another light
megvilágításmérő lightmeter, photometer
megvilágosod|ik 1. light*/brighten up 2. *(kérdés)* become* clear
megvillan flash; **~t agyában** it flashed through his mind
megvirrad dawn, day is* breaking
megvisel try, wear* down
megviselt worn, tried
megvitat discuss, talk sg over
megvizsgál examine, test; **~tuk és helyesnek találtuk** examined and found correct; **miután ~tuk** after careful examination
megvon 1. withdraw*; **~ja szájától a falatot** stint oneself (with food); **~ja vktől a szót** order sy to sit down 2. *(határt)* draw*
megzavar *(cselekvést)* interfere with, *(kényelmében)* disturb, trouble
megzavarod|ik 1. *(átv)* falter 2. *(elme)* become* deranged
megzendül (re)sound, ring*
megzenésít set* to music
megy 1. *(vhova/vmn/vhogy)* go*, move, pass; **már ~ek!** coming!; **mennem kell** I must go*; **autón ~** go* by car; **villamoson ~** take* a tram; ; **gyalog ~** go* on foot; **kocsin ~** drive*, go* in a carriage/cab; **biciklin ~** ride* a bycicle; **Budapestre ~** go* to Budapest; **vidékre ~** go* to the country 2. **ez a cipő nem ~ a lábamra** these shoes won't go on my feet 3. **annyira ~ hogy** carry sg so far that; **ez nem ~ a fejébe** be* heyond une's understanding; **mi ~ a színházban?**, what are* they playing?, what is* on to-day; **ugyan menjen!** you don't say so!, nonsense! 4. **hogy ~ a sora?** how are* you getting on?; **jól ~** *(vm)* it's a success, *(vknek)* be* doing well; **ez nem ~** it can't be done, it is impossible; **fog ez menni!** you'll manage it all right! 5. *(vmnek)* **tanárnak ~** go* in for teaching, become* a teacher
megye county, *(GB)* shire
megyei tanács county council
meggy morello, sour cherry
méh[1] *(állat)* bee
méh[2] 1. *(testrész)* womb 2.

a föld ~e bowels of the earth *(tbsz)*
méhes apiary
méhészet bee-keeping/farm, apiary
méhkas beehive
méhraj cluster of bees
mekeg bleat, baa
mekkora *(kérdés)* how large/ big?, what size?
mélabús melancholy
meleg I. *mn*, warm, hot; **~ ruha** warm clothes *(tbsz)* **II.** *fn*, **~em van** I am* warm; **azon ~ében** straight away, immediately, forthwith; **szívem egész ~ével** with all my heart
melegágy hotbed
meleged|ik warm, get* warm/hot
melegedő *(jégpályán)* warming room
melegen warmly; **~ fogad** give* sy a hearty welcome; **~ tart** keep* warm
melegház green-house, hot-house
melegít warm
melegítő 1. *(ágyban)* hot-water bottle, bed-warmer **2.** *(sportolóé)* sports top and trousers *(tbsz)*
melenget 1. (keep*) warm **2. kígyót ~ a keblén** cherish a viper in one's bosom
mell chest, breast; **veri a ~ét** beat* one's breast, *(henceg)* throw* a chest; **~ben bő** wide round the chest; **~re szív** *(füstöt)* inhale deeply (cigarette smoke), *(átv)* take* sg too seriously
mell. = *melléklet, mellékelve* enclosure, enclosed, encl.
mellé beside, close to; **vk ~ áll** take* the side of sy
melléfog (make* a) blunder
melléfogás blunder
mellék accessory, auxiliary, complementary, secondary, by-, side-
mellékállomás *(telefon)* extension
mellékel add, attach (to), join
mellékelt enclosed, subjoined; **~en tisztelettel megküldöm** enclosed please find
melléképület outhouse
mellékes subsidiary, secondary; **~ dolog** matter of secondary importance
mellékesen besides, in addition; **~ is keres** he makes* some money on the side
mellékfoglalkozás sideline
mellékhelyiség offices *(tbsz)*, *(illemhely)* lavatory
mellékkiadások incidental expenses, extras
mellékkijárat side-door
melléklépcső backstair(s)
melléklet supplement, *(levélhez)* enclosure
mellékmondat subordinate clause
melléknév adjective
melléktermék by-product
mellékutca by-street
mellékvágány side-track, side-rail; **~ra terel** sidetrack (a question)
mellény waistcoat, *(US)* vest
mellérendelt mondat coordinate clause
mellesleg 1. *(mint megjegyzés)* by the way, by the by(e) **2.** *(mellékesen)* secondarily
mellett 1. by, beside, next to; **közvetlenül vm ~** close by, close to sg; **elmegy vk ~** pass by, go* past sy; **egymás ~** side by side; **vk ~ áll** *(átv)* back (up) sy; **ilyen feltételek ~** under these conditions **2.** *(vmn felül, átv)* over and above
mellette by/beside him/it, close/next to him/it; **minden ~ szól** has* everything in his/its favour
mellhártyagyulladás pleurisy

mellkas chest
mellkép half-length portrait
mellől from beside
mellőz 1. *(vmt)* disregard, *(cselekvést)* omit (to do sg) 2. *(vkt)* ignore, neglect
mellőzés omission, disregard
mellső anterior; **~ lábak** forefeet, fore-legs *(tbsz)*
mellszobor bust
melltartó bra(ssière)
melltű breast-pin, brooch
mellúszás breast-stroke swimming
mellvéd banister, hand-rail
melódia melody, tune
méltán deservedly
méltányol appreciate
méltányos fair; **~ ár** reasonable price; **~nak tart** consider fair
méltánytalan unfair
méltat appreciate; **vkt vmre ~** deem a person worthy of sg
méltatás appreciation, estimation
méltatlan unworthy (of sg)
méltatlankodás indignation
méltatlankod|ik be* indignant
méltó worthy (of); **ez nem ~ hozzád** this is* unworthy of you; **~ büntetés** just punishment; **~ ellenfelére talál** find* one's match; **~ jutalom** deserved/due reward
méltóság 1. *(fogalom/állás)* dignity; **~án alulinak tart** think* it beneath one to . . . 2. *(személy)* dignitary
méltóságteljes dignified, stately
mely which, that
mély I. *mn* deep, profound; **~re süllyed** *(átv)* fall* low II. *fn*, the deep, depth; **az erdő ~e** depths of the forest *(tbsz)*; **lelke ~én** in one's heart of hearts; **vmnek a ~ére hatol** go* to the root of the matter; **~re ható** profound, *(kutatás)* extensive, *(pillantásfelme)* keen
mélyed *(vmbe)* become* absorbed in; **gondolatokba ~** be* lost in thought
mélyedés cavity, dent
mélyen deeply; **~ alszik** sleep* fast; **~ tisztelt közönség!** Ladies and Gentlemen!
mélyépítés civil engineering
mélyfúrás deep-boring
mélyhegedű viola
melyik which (one), who; **~ a kettő közül?** which of the two?; **~ tetszik jobban?** which do* you prefer?; **~nek?** to which?; **~től?** of/from which?
mélyít deepen, *(műszaki)* recess
mélypont *(átv)* nadir; **~ot ér el** touch bottom
mélység depth
mélységes 1. very, deep, profound 2. **~ tudatlanság** crass ignorance
mélyszántás deep-ploughing
mélytányér soup plate
mélyül deepen, sink*
membrán membrane
memoárok memoirs
memorandum memorandum
memória memory
mén stallion
mendemonda hearsay
menedék refuge, shelter, *(átv)* resort; **utolsó ~ként** as a last resort
menedékház (tourist) hostel
menedékjog right of asylum
menekül flee*, fly*, *(vhonnan)* escape (from)
menekülés flight, escape
menekült *mn/fn* refugee
ménes stud-farm
menet I. *fn*, march, *(lefolyás)* course, current, *(csavaré)* thread (of screw); **temetési ~** funeral procession; **az első ~ben Papp győz** first round to Papp; **~ közben** on the way, *(átv)* in the course of progress II. *hat*, *(vm felé)* on the way there

menetdíj fare
menetel march
menetgyakorlat route-march
menetidő running time
menetirány direction, course; **~ban** facing the engine
menetjegy ticket; **~et vált** *(hajón)* book one's passage
menetjegyiroda ticket bureau, tourist agency
menetlevél waybill
menetrend 1. time-table, *(US)* schedule **2.** *(könyv)* railway guide
menetrendszerű járat regular service
menetszázad marching-company
menettérti jegy return ticket, *(US)* round-trip ticket
menhely alms-house
menlevél free pass
mennél: ~... annál the... the...; **~ több annál jobb** the more the better
menstruáció menstruation, menses *(pl)*
ment[1] save, rescue
ment[2] *(vmtől)* free (from)
mentalitás mentality
menteget make*/find* excuses (for), excuse
mentegetődz|ik excuse oneself, *(vmért)* apologize (for sg)
mentelmi jog parliamentary immunity
menten at once, immediately
mentén along; **a part ~** along the bank/ shore
mentes *(vmtől)* free/exempt from sg
mentesít exempt/free from
mentesül be* freed/relieved of sg
menthetetlen lost, hopeless
mentő I. *mn,* rescuing; **~ gondolat** saving idea; **~ körülmény** attenuating circumstance **II.** *fn, (személy)* ambulance man *(tbsz* men)
mentőállomás ambulance station
mentőautó ambulance, ambulance-car
mentőcsónak lifeboat
mentőöv life-belt, life-buoy
mentség plea, excuse; **arra nincs ~** there is* no excuse for that; **~ére legyen mondva** be* it said in his excuse/defence, by way of excuse
menü menu, bill of fare
menza student's canteen
meny daughter-in-law
menyasszony fiancée, *(esküvő napján)* bride
menyasszonyi ruha wedding dress
menyecske young wife *(tbsz* young wives), bride
menyét weasel
mennybolt firmament, sky
mennydörgés thunder
mennydörög thunder, it is* thundering
mennyezet ceiling, *(ágyé)* canopy
mennyezetvilágítás 1. *(mesterséges)* ceiling light **2.** *(természetes)* skylight
mennyi *(megszámolható, többes számú dolognál)* how many?, *(meg nem számolható egyes számú dolognál)* how much; **~ az idő** what's* the time?; **~be kerül?** what is* the price (of it)?, how much is it?
mennyiben 1. *(mértékben)* how far? **2.** *(vonatkozásban)* in what respect?
mennyiért for how much?; **~ vetted?** how much did* you pay for it?
mennyire 1. *(milyen messze)* how far? **2.** *(milyen mértékben)* how; **de még ~!** I should think so!
mennyiség quantity, mass; **nagy ~ben** in large quantities
mennyiségtan mathematics

mennyország heaven
meó quality standards section, quality control
meós (quality) checker, *(igével)* he checks quality standards
mer[1] *(vizet)* draw* , *(levest)* ladle (out)
mer[2] dare*, make* bold; **fogadni ~nék** I could bet; **aki ~ az nyer** fortune favours the brave
mér 1. measure (out/off/up), *(súlyt)* weigh **2. csapást ~ vkre** strike* a blow at sy
mérce measure, scale
mered 1. stand* (up), rise*; **minden hajszála égnek ~** make* one's hair stand on end **2. kővé ~** turn to stone, petrify **3.** *(szeme/tekintete vhová)* stare (at), be* fixed on (sg), gaze (at)
meredek steep
méreg 1. poison; **arra mérget lehet venni** *(átv)* you may swear to it **2.** *(düh)* anger, rage; **~be jön** get*/fly* into a passion/rage
méregkeverő *fn*, trouble-monger
mereng muse, meditate
merénylet (criminal) attempt; **~et követ el vk ellen** make* a criminal attempt (on sy's life)
merénylő *fn*, assailant
mérés measuring, measurement
merész bold, audacious
merészel dare*; **hogy ~sz ilyet mondani?** how dare* you say such a thing?
merészked|ik venture
merészség audacity
méret 1. measurement, *(ruhadarabé)* size **2.** *(átv)* proportions *(tbsz)*; **nagy ~eket ölt** grow* to considerable size/proportions
-méretű -sized, of. . . size *(ut)*
merev stiff, rigid
mérföld mile
mérföldkő milestone
mérgelőd|ik fret and fume
mérges 1. poisonous **2.** *(dühös)* angry; **~ vkre** be* angry with sy
mérgesít anger, irritate
mérgez poison
mérgezés poisoning
mérgezett poisoned
mérhetetlen 1. *(mennyiség)* immeasurable **2.** *(átv)* immense
mérhető measurable
merít 1. *(vmbe)* dip, plunge (into) **2.** *(vmből)* draw* (from) **3.** *(átv vmből)* fetch, take*, draw* upon
mérkőzés contest, *(sport)* match ; **~t vezet** referee a match
mérkőz|ik 1. compete (with) **2.** *(sport)* play (against)
mérleg 1. scales *(tbsz)* **2.** *(kereskedelem)* balance; **~et készít** draw* up a balance (sheet)
mérlegel weigh
mérlegelés *(átv)* consideration, reflection; **hosszas ~ után** after due consideration
mérlegképes könyvelő chartered accountant
mérnök engineer
merő mere, sheer; **~ véletlen** a mere accident; **~ben** wholly, entirely
mérőeszköz measuring instrument
merőkanál ladle
merőleges perpendicular; **nem ~** be* out of the straight; **~en vmre** at right angles to sg
mérőműszer measuring instrument
merre 1. *(hol)* where; **azt kérdezte (hogy) ~ van az állomás** he asked where the station was* **2.** *(hová)* in which direction, which way; **azt kérdezte (hogy) Péter ~**

ment she asked in which direction P. had* gone
merről whence, from where, where... from?
mérsékel moderate, *(fájdalmat/büntetést)* mitigate, *(árat)* reduce; **~i magát** control oneself
mérsékelt 1. *(éghajlat)* temperate 2. *(ár)* moderate
mérséklés 1. moderation 2. *(áré)* reduction, *(büntetésé)* mitigation
mérséklet moderation, restraint
mérséklőd|ik lessen, *(iram)* slacken, *(hőség)* abate
mert because, for, since; **~ különben** or else
mértan geometry
mértani geometrical
mérték 1. *(mérési)* measure(ment), degree, scale; **~ után készült ruha** suit made to measure; **betelt a ~!** that's the limit!; **teljes ~ben** fully; **~et vesz vkről** take* sy's measurements; **megüti a ~et** come* up to the mark; **~et tart** keep* within bounds 2. *(verstani)* metre
mértékadó authoritative, competent; **~ körök** responsible quarters
mértékegység unit of measure(ment)
mértékletes temperate; **~ vmben** moderate in sg
mértékrendszer system of weights and measures
mértéktartó moderate, temperate
mértéktelen immoderate, extravagant
merül 1. *(vízbe)* dive, submerge 2. **gondolatokba ~** be* absorbed in thought
mese 1. tale, fable 2. *(kitalálás)* story, yarn, *(nem valóság)* fiction
mesebeli mythical, fictitious
mesebeszéd stuff and nonsense
mesél tell*, relate, narrate
mesés fabulous
meséskönyv story-book
mester master, craftsman *(tbsz* craftsmen); **gyakorlat teszi a ~t** practice makes perfect
mestergerenda crossbeam
mesteri masterful, masterly
mesterkélt 1. *(viselkedés)* affected 2. *(hamis)* artificial
mestermű masterpiece
mesterség trade, profession; **nem nagy ~** it isn't difficult; **mi a ~e** what is* his trade?
mesterséges 1. artificial; **~ megtermékenyítés** artificial insemination 2. *(tettetett)* factitious
mész lime, *(meszeléshez)* whitening
mészárol slaughter, butcher
mészáros butcher; **vegyünk egy kis húst a ~nál** let's buy some meat at the butcher's
mészárszék butcher's shop
mészégető 1. *(kemence)* lime-kiln 2. *(munkás)* lime-burner
meszel whitewash
meszelő *fn*, whitewash brush
meszesedés *(szervezetben)* calcification, sclerosis
mészkő limestone
messze I. *mn*, far off/away, distant II. *hat*, 1. far; **~ vagyunk még attól** we are* still far from that; **nem ~ innen** not far from here 2. **~ a legjobb** by far the best
messzelátó I. *mn*, *(személy)* long-sighted, hypermetropic II. *fn*, *(távcső)* telescope
messzemenő considerable, far-reaching
messziről from (a)far, from a great distance
metafizika metaphysics
metélt *fn*, vermicelli

métely *(átv)* corruption, infection
meteorológia meteorology
meteorológiai előrejelzés weather forecast
méteráru dress material, piece goods *(tbsz)*, yardage
métermázsa one hundred kilograms
metsz 1. *(vág)* cut*, *(szőlőt/gyümölcsfát)* prune 2. *(művész fába stb.)* engrave (on) 3. *(mértan)* cut*, intersect
metszéspont (point of) intersection
metszet 1. cut, segment, *(mértani, orvosi)* section 2. *(művészi)* engraving
metszett engraved, cut; **~ üveg** cut glass
metsző piercing; **~ fájdalom** sharp pain; **~ gúny** pungent sarcasm; **~ hideg** piercing cold
metszőfog incisor (tooth) *(tbsz* incisors, incisor teeth)
mettől *(idő)* from what time?; *(hely)* **~ meddig?** from where to where?
méz honey
mezei *(állat/növény)* field-, *(vidéki/mezőgazdasági)* country, rural; **~ út** country lane; **~ munka** agricultural work
mezeiegér field mouse *(tbsz* field-mice)
mézeshetek honeymoon
mézeskalács honey-cake, gingerbread
mézes-mázos honeyed, honied
mezítláb barefoot(ed)
mező field
mezőgazda farmer, *(okleveles)* agronomist
mezőgazdaság agriculture
mezőgazdasági agricultural, agrarian; **~ akadémia** agricultural college
meztelen naked, nude
mi[1] 1. *személyes névmás,* we 2. *(személyragos főnév előtt)* our; **a ~ házunk** our house
mi[2] *kérdő névmás,* what?; **~ az?** what is* it/that?; **~ történt?** what happened?; **~ baj?** what is* the matter; **~ újság** what (is* the) news?
mialatt while, whilst
miatt 1. *(vm)* because of, on account of 2. *(vk)* for the sake of
mibe in(to) what?, *(mennyibe)* how much; **~ került?** how much did* it come to?
miben wherein?, in what?; **~ lehetek szolgálatára?** what can I do for you?, what can I serve you?
miből of what?; **~ van?** what is* it made of?; **~ él?** what does* he live on?
micsoda 1. *(kérdés)* what on earth?; **~ kérdés!** what a question! 2. *(meglepődve)* what do* you say?
midőn when
mieink ours
mielőbb as soon as possible
mielőbbi early; **~ szíves válaszát várva** we request the favour of a reply at your earliest convenience
mielőtt before
mienk ours
miért why?, what for?; **~ ne?** why not?; **azt kérdezte hogy a testvére ~ nem jött el** she asked why his sister had* not come
miféle what kind/sort of?, what?
míg while, as/so long as
Mihály Michael
mihelyt as soon as
Miklós Nicholas
mikor when?, at what time?; **~ aztán** and when; **~ szoktál felkelni?** when do you get up?; **~ ... hogy** it depends; **azt kérdezte hogy a**

vendégek ~ fognak megérkezni he asked when the guests would arrive
mikorra (by) when?
mikortól since when?, as from when
miközben while, whilst
mikróba microbe
mikrobarázdás lemez long-playing record
mikrofon microphone
mikroszkóp microscope
miliő surroundings *(tbsz)*
militarizál militarize
milliárd a thousand million, *(US)* billion
milliméter millimetre
millió million
milliomos millionaire
milyen 1. what?, what kind/sort of?; **(na és) ~?** what is* it like? **2.** *(felkiáltásban)* **~ szerencse!** what luck!; **~ jó!** how good/fine!
min on what?; **~ ül?** what are you sitting on?; **~ dolgozik?** what are* you working at? **megkérdezték tőle (hogy) ~ dolgozik** he was* asked what he was* working at
minap the other day, lately
mind 1. all *(utána többes szám)*, every, each *(utánuk egyes szám)* **2.** *(középfokkal)* continually; **~ nagyobb lesz** it is* growing continually, it is* getting bigger and bigger **3. ~ ... ~ ...** both ... and; **~ az egyik ~ a másik** both the one and the other
mindaddig amíg until, as long as
mindamellett nevertheless, all the same
mindannyian all (of us/you)
mindazonáltal however, nevertheless
mindeddig so/thus far
mindegy (it is*) all the same, no matter; **~ hogy milyen nagy** no matter how big
mindegyik each, every
mindegyre ever, always; **~ erősebb lesz** it is* growing stronger and stronger
minden I. *fn*, all, everything, anything; **~ben rendelkezésére állok** I am* at your service; **~ jó ha a vége jó!** all's well that ends well!; **~re képes** capable of anything *(ut)* **II.** *mn*, every *(utána egyes szám)*, all *(utána többes szám)*; **~ fiú** every boy, all boys; **~ bizonnyal** no doubt, certainly; **~ tekintetben** in every respect
mindenáron at any price
mindenekelőtt first of all
mindenekfölött above all
mindenesetre in any case, by all means
mindenfelé in every direction
mindenféle all kinds/sorts of
mindenhogyan anyhow
mindenhol everywhere
mindenhonnan from everywhere
mindenhova in/to all directions, everywhere
mindenképpen in any case, by all means, anyway
mindenki everybody *(utána egyes szám)*, all *(utána többes szám)*, every man, everyone *(utánuk egyes szám)*; **~ aki** whoever
mindenkor always, at any time
mindennap daily, every day
mindennapi 1. daily; **a ~ életben** in everyday life **2.** *(átv)* everyday, common; **nem ~** uncommon
mindentudó all-knowing, omniscient
mindenünnen from everywhere
mindenütt everywhere
mindez all this/these; **~ek alapján** on the basis of all these
mindhiába (all) in vain

mindig *always, ever*; **még ~** still; **mint ~** as *usual*; **~ erősebb lesz** it is* growing stronger and stronger
mindinkább more and more
mindjárt immediately, forthwith
mindjobban more and more
mindkét both
mindketten both of us/them
mindnyájan all (of us/you/them)
mindössze altogether
minduntalan incessantly
mindvégig to the (very) last
minek 1. ~ nézel? what do* you take me for? **2.** *(ok/cél)* why?, for what purpose? **3. ~ következtében** as a consequence of which
minél: ~ többet as much as possible; **~ előbb (,) annál jobb** the sooner (,) the better; **~ inkább ... annál kevésbé** the more ... the less
minimális minimum
minimum I. *fn*, minimum *(tbsz* minima) **II.** *hat*, at the least
miniszter Minister (of State); **~ első helyettese** Minister's First Deputy
miniszterelnök Prime Minister, Premier
miniszteri ministerial; **~ rendelet** departmental order
minisztérium ministry
minisztertanács Council of Ministers; **~ot tart** hold* a cabinet meeting
minket us
minőség 1. quality, class, kind **2.** *(szerep)* capacity; **milyen ~ben?** in what capacity?; **orvosi ~ében** as a doctor
minőségi qualitative; **~ áru** quality goods *(tbsz)*; **~leg rendben** checked for quality
minősít qualify, rate
minősítés qualification, classification
minősíthetetlen unspeakable, base
mint 1. as, like; **olyan ~** *(vm)* be* like sg; **~ ahogy** as **2.** *(összehasonlítás középfokkal)* than; **ez nagyobb ~ az enyém** this is larger than mine **3.** *(vmlyen minőségben)* in his capacity as
minta sample, *(kicsinyített)* model; **~ érték nélkül** sample(s) of no value
mintadarab sample, model
mintagazdaság model farm
mintakép model, pattern
mintakollekció collection of samples
mintapéldány specimen, *(gépé)* prototype
mintás *(szövet)* figured
mintaszerű model, exemplary
mintáz 1. model, shape **2.** *(műszaki)* mould
mintegy 1. *(körülbelül)* about, some **2.** *(mondhatni)* so to say, practically (speaking)
mintha as if/though; **úgy tesz ~** make* as if (to), pretend (to); **nem ~** not that
minthogy as, since, for; **~ nem tudok arabusul** since I do* not speak Arabic
mintsem than
mínusz I. *fn*, *(hiány)* deficit, shortage, lack **II.** *mn*, **1.** minus; **~ 10 fok van** it is* minus ten degrees (of frost), it is* ten degrees below zero **2.** *(kivonásnál)* minus, less; **8 ~ 5 az 3** eight minus five is equal to three
mióta since when?; **~ csak** ever since
mire 1. *(cél)* for what, what ... for?; **~ jó/szolgál ez?** what is* the use of this/it?; **nem tudom ~ vélni** I don't* know what to think **2.** *(hely)* (up)on what **3.** *(mikorra)* by the time

mirigy gland
miről of what?; **~ beszél?** what is* he talking about?
mise mass
misztikus mystic(al), mysterious
mit what; **~ adnak?** *(moziban)* what is* on?; **~ mond?** what does* he say? ; **azt kérdezte hogy ~ hallottam az ügyről** he asked me what I had* heard about the matter
mitológia mythology
mitől: **~ függ?** on what does* it depend?; **~ félsz?** of what are* you afraid?, what are* you afraid of?
miután after (having), when
mivel[1] *névmás*, with/by what?
mivel[2] *kötőszó*, because, since, as, for
mivolta nature, character (of sg)
moccan budge, stir, move
mocsár marsh, fen, *(átv)* gutter
mocsaras marshy
mocskol 1. dirty **2.** *(szidalmaz)* abuse
mocskos 1. dirty, filthy **2.** *(átv)* unclean, dirty
mód 1. *(eljárás)* mode, manner, method, way; **ezen a ~on** in this way, thus; **mi ~on?** how?; **ha csak egy ~ is van rá** if there's but one opportunity; **a maga ~ján** after his own fashion; **~ját ejti** find* ways and means **2.** *(mérték)* **~jával** keeping within bounds **3.** *(nyelvtan)* mood **4.** *(képesség)* power; **nincs ~jában** it is* not in his power **5.** *(anyagi helyzet)* resources, means *(mind tbsz)*
módbeli segédige modal auxiliary (verb)
modell model; **~t ül/áll** sit* for an artist
modern modern, up-to-date; **~ nyelv** modern/living language
modernizál modernize, bring* up to date
módfelett excessively, extremely
módhatározó adverb of manner
módjával with moderation
modor 1. *(viselkedés)* manners *(tbsz)*, behaviour **2.** *(stílus)* manner
modortalan ill-mannered
módosít modify, alter, *(helyesbítve)* rectify
módosítás modification, alteration
módosul be modified, alter
módszer method
módszeres methodical, systematic(al)
mogorva peevish, sullen, morose
mogyoró hazel-nut
moha moss
mohamedán Mohammedan, Mahometan
mohó eager, greedy
móka fun, jest, joke
mókás witty, droll
mókáz|ik joke, play tricks
mókus squirrel
molekula molecule
molekulasúly molecular weight
molesztál molest, pester, bother
moll minor (mood/mode)
molnár miller
móló mole, pier
moly moth
monarchia monarchy
mond 1. say* (sg), *(közöl vmt vkvel)* tell* (sy sg); **hogy úgy ~jam** so to say/speak; **jobban ~va** or rather; **~juk hogy** shall we say; **ne ~ja!** you do not say so!; **én ~om neked!** take it from me; **na(,) ~hatom!** well I never! **2.** *(vkt vmnek)* call, declare; **hogy ~ják angolul?** how do you say it in English? **3. beszédet ~** make*/deliver a speech; **ítéletet ~** pass sentence

monda legend, saga, myth
mondanivaló (sy's) say, sg to tell; **nincs semmi ~ja** have* nothing to say
mondás saying
mondat sentence
mondatrész part of a sentence
mondattan syntax
mondóka (sy's) say
mondvacsinált trumped up, invented
monitor monitor
monogram monogram, initials *(tbsz)*
monológ monologue, soliloquy
monopolista monopolist
monopólium monopoly
monopolizál monopolize
monopolkapitalizmus monopoly capitalism
monopoltőke monopoly capital
monoton monotonous
monumentális monumental
Mór Maurice
moraj murmur
morajl|ik rumble, *(tenger)* roar
morális moral
mord grim
morfium morphine
morgás *(vadállaté)* growling, *(emberi)* grumbling
mormol murmur, mutter
mormota marmot
morog *(állat)* growl, *(ember)* grumble
morzejel Morse signal
morzsa 1. *(kenyér)* crumb **2.** *(átv)* morsel, bit
morzsol crumble, *(kukoricát)* shell
mos wash, *(fehernemüt)* launder; **~sa a kezeit** *(átv)* wash one's hands of sg; **kéz kezet ~** one good turn deserves another; **vkt tisztára ~** *(átv)* clear sy (of crime/accusation)
mosakod|ik 1. (have* a) wash **2.** *(átv)* try to clear oneself of sg
mosás wash(ing), laundering; **~ és berakás** *(haj)* shampoo and set
mosatlan unwashed
mosdatlan dirty
mosd|ik wash (oneself)
mosdó 1. lavatory-basin **2.** *(helyiség)* lavatory
mosdószappan toilet soap
mosdótál wash basin, wash-hand basin
moslék *(disznónak)* hog-wash, *(átv)* dish-water, dish-wash
mosoda laundry, laundry-works
mosogat wash up
mosógép washing machine
mosókonyha wash-house
mosoly smile
mosolyog smile *(akire* at/upon)
mosónő washer-woman *(tbsz* washer-women), laundress
mosópor washing powder, detergent
mosószer detergent
most now, at present; **~ az egyszer** this once; **~ is** still, even now; **~ egy éve** this time last year; **~ az egyszer** for this once; **~ amikor** now that; **~ nem** not now
mostanában 1. *(nemrég)* lately **2.** *(manapság)* nowadays
mostoha I. *mn*, **1.** *(szülő)* step- **2.** *(átv)* harsh, cruel **II.** *fn*, stepmother
mostohaanya stepmother
mostohaapa stepfather
moszat sea-weed
Moszkva Moscow
motívum 1. *(indíték)* motive **2.** *(díszítő mintában)* motif
motor motor, engine
motorcsónak motor-boat
motorhiba engine trouble
motorkerékpár motorcycle
motorkocsi railcar *(motorvonaton)*
motoros I. *mn*, motor, motor-driven **II.** *fn*, motorist

motoroz|ik motorcycle
motorszerelő motor mechanic
motorverseny car-race
motorvonat motor-train
motoszkál fumble about; **vm ~ a fejében** sg is* running in his head
motoz *(vkt)* search (sy)
motring skein
motyog mumble, mutter
mozaik mosaic
mozdít move, stir; **kisujját sem ~otta** he never stirred a finger
mozdony engine, locomotive
mozdonyvezető engine-driver, driver, *(US)* engineer
mozdul stir, move
mozdulat movement, motion
mozdulatlan motionless, immobile
mozgalmas animated, lively
mozgalmi of the (workers') movement *(ut)*; **~ munka** political work
mozgalom movement, activity
mozgás 1. movement, motion; **~ba hoz vmt** put*/bring* sg in motion, start 2. *(átv)* stir, agitation
mozgásművészet eurhythmics
mozgat 1. move, agitate 2. *(átv)* promote, pull (the) strings
mozgató I. *mn*, **~ erő** impulse II. *fn*, **az ügy ~ja** the promoter of the affair
mozgékony mobile, agile
mozgó 1. moving, mobile 2. *(nem rögzített)* movable
mozgólépcső escalator
mozgolódás movement, *(átv)* commotion
mozgolód|ik be* moving/stirring about
mozgóposta travelling post office
mozgósít mobilize
mozgósítás mobilization
mozi cinema, *(US)* movie
moziműsor cinema programme
moziszínész film actor, *(híres)* film star
mozivászon film-screen
mozog 1. *(vk)* move, stir; **~j!** hurry up! 2. *(inog)* shake*
mozzanat moment
mozsár mortar
mögé behind
mögött behind; **vm ~ marad** remain/lag behind
mögül from behind (sg)
mukkan utter a word
mulandó fleeting, transitory
mulaszt 1. *(alkalmat)* miss (opportunity), *(kötelességet)* neglect (duty) 2. *(iskolából hiányzik)* be* absent (from school)
mulasztás absence, negligence
mulat 1. *(szórakozik)* amuse/enjoy oneself, *(lumpol)* carouse, revel; **mulass jól!** have a good time! 2. *(vmn)* be* amused (by), make* fun (of)
mulatóhely place of entertainment, night-club
mulatság 1. *(szórakozás)* amusement, fun 2. *(rendezvény)* party, dance
mulatságos amusing, entertaining
mulatt mulatto, half-caste
múlhatatlan indispensable
múl|ik 1. *(idő)* pass (away), elapse; **ahogy ~nak az évek** as the years go* by 2. *(fájdalom)* subside 3. *(vkn/vmn)* depend (on sy/sg); **rajtam nem fog ~ni** it will be no fault of mine 4. **ami késik nem ~ik** all is not lost that is delayed; **idejét ~ta** out of date
múló passing, momentary
múlt I. *mn*, past, last; **~ héten** last/past week; **~ évi** last year's, of last year *(ut)*; **~ hó 10-én** on the 10th ult. *(olvasva* on the tenth ulti-

mo) **II.** *fn*, **1.** past **2.** *(nyelvtan)* past tense, preterite
múltkor the other day, lately
múltkori recent, of late *(ut)*
múlva 1. *(jövőben)* hence, in; **öt perc ~** in five minutes **2.** *(múltban)* after
mulya simple, foolish
múmia mummy
munka work, labour, *(erőfeszítés)* toil, *(elfoglaltság)* job, *(feladat)* task; **munkába áll** enter service; **munkába vesz** take* in hand (a task/job); **munkában van** be* in hand; **munkához lát** set* to work; **munkát keres** look for a job; **munkát talál** find*/get* work
munkaadó *fn*, employer
munkabér wage(s), pay
munkabíró capable of work *(ut)*
munkadarab work, work-piece, job
munkadíj price (for the make)
munkaebéd, working luncheon
munkaegység work unit
munkaerő manpower, labour (force/power)
munkaerőhiány manpower shortage
munkaértekezlet work-meeting
munkafegyelem workshop discipline
munkafelajánlás pledge, work offering
munkafolyamat working process
munkahely place of work
munkaidő working hours *(tbsz)*, working time; **teljes munkaidejű** full-time
munkakedv love of work
munkaképes capable of work *(ut)*
munkaképtelen disabled, incapable of work *(ut)*
munkakönyv work-book
munkaköpeny smock, overalls *(tbsz)*
munkakör sphere (of activity)
munkaközösség co-operative
munkaközvetítő hivatal employment agency/office
munkálat work, operation; **a ~ok folynak** work is* in progress
munkálkodás activity, work(ing)
munkálkod|ik be* active, work (hard)
munkamegosztás division of labour
munkamenet working process
munkamódszer working method/system
munkamódszer-átadás passing on of working methods
munkanap working day
munkanélküli unemployed
munkanélküliség unemployment
munkaóra working hour
munkapad work-bench
munkaruha working-clothes *(tbsz)*, overalls *(tbsz)*
munkás worker, workman *(tbsz* workmen); **nehéz testi ~** heavy worker
munkásasszony workwoman *(tbsz* workwomen)
munkásbrigád workers' brigade
munkáscsalád working-class family
munkáskáder worker-cadre
munkáskérdés labour question
munkáslakások lodgings for workmen *(tbsz)*
munkáslány work/mill-girl
munkásmozgalom labour movement
munkásnegyed workmen's quarters *(tbsz)*
munkásnő woman-worker *(tbsz* women-workers)
munkásosztály working class, labour
munkás-paraszt szövetség worker-peasant alliance

munkáspárt worker's party, *(GB)* Labour Party
munkásság 1. *(mint osztály)* working class, labour 2. **vknek a ~a** sy's activity
munkásszálló workmen's hostel/home
munkásszármazású of working-class origin *(ut)*
munkásújító worker-innovator
munkaszolgálat labour service
munkaszünet *(rövid)* pause in work, break; **vasárnapi ~** Sunday rest
munkatábor labour camp
munkatárs *(fizikai munkában)* fellow-worker, *(egyéb munkában)* collaborator, co-worker
munkateljesítmény output, production
munkatermelékenység productivity
munkaterület range of action
munkaterv labour plan
munkavállaló *fn*, employee
munkaverseny work-competition; **szocialista ~** socialist competition/emulation
munkaviszony 1. *(jogviszony)* employment 2. **~ok** *(körülmények)* working/labour conditions
muskátli geranium, pelargonium
must must, grape-juice
mustár mustard
muszáj must, be* obliged to, have* (got) to
mutat 1. show*, present; **~ vknek vmt** show* sg to sy; **az óra ~ja az időt** the clock tells* the time; **mutasd csak!** let me see it! 2. *(érzést)* show*, express 3. *(szinlel)* feign, pretend; **csak úgy ~ja** he only pretends 4. *(vm vmt bizonyít)* show*, indicate; **ez azt mutatja hogy** it goes* to show that 5. *(kéz)* point 6. *(vmre vall vknél)* show*, denote, indicate; **a jelek arra ~nak** everything points to; **jó ízlésre ~** speaks* of a refined taste (in sy) 7. **jól ~** look well
mutatkoz|ik 1. *(vk vhol)* appear, show* (oneself) 2. *(vmlyennek)* look, seem; **hasznosnak ~ik** prove useful
mutató *fn*, *(órán)* hand
mutató névmás demonstrative pronoun
mutatós showy, good-looking
mutatószám index *(tbsz* indices), index-number
mutatóujj forefinger
mutatvány exhibition
mutogat keep* showing (sg)
múzeum museum
múzsa Muse
muzsika music
muzsikál make* music
muzsikus musician
mű I. *fn*, 1. work, *(irodalmi)* work, *(zenei)* composition, *(művészi)* work of art; **Ady Endre összes ~vei** the complete works of Endre Ady 2. **egy pillanat ~ve volt** it happened in an instant 3. **elektromos ~vek** electricity works II. *mn*, *(gyártott/szinlelt)* artificial
műalkotás work of art
műanyag plastic (material)
műbírálat art criticism
műbolygó earth satellite
műbőr imitation leather
műcsarnok art-gallery
műegyetem technical university/college, polytechnic
műélvezet artistic pleasure
műemlék (ancient) monument, historic building
műértő connoisseur
műfaj form, genre
műfog false tooth *(tbsz* teeth)
műfogsor set of false teeth, denture

műfordítás translation (of literary work)
műgyűjtő art collector
műhely (work)shop, workroom
műhold earth satellite
műjégpálya (artificial) skating rink
műkedvelő I *mn*, amateur; ~ **előadás** amateur performance II. *fn*, amateur, dilettante
műkereskedő art-dealer
műkincs art treasure
műkorcsolyázás figure skating
működés function(ing), *(gépé)* working, *(emberé)* activity; **~be jön** come* into action; **~ben van** be* in action/operation
működ|ik 1. *(gép/szerv)* work, run*, function, operate; **a lift nem ~ik** the lift is* out of order, *(US)* the elevator is not running 2. *(ember)* be* active, work
műremek work of art, masterpiece
műrepülés aerobatics
műrost synthetic fibre
műselyem rayon, artificial silk
műsor programm(e); **~on** now playing; **mi van ~on?** what is* on? **~ra tűz** *(filmet/színdarabot)* bill
műsoros est evening (with programme)
műsorszám item (of programme)
műstoppolás invisible mending
műszak shift, turn; **éjjeli ~** night-shift, night-turn
műszaki technical; **~ egyetem** technical university; **~ értelmiség** technical intelligentsia; **~ rajzoló** draughtsman *(tbsz* draughtsmen); **~ vezető** technical manager
műszál synthetic fibre
műszer instrument, apparatus
műszerész mechanician, mechanic
műszertábla dashboard, instrument board
műszó technical term
műtárgy work of art
műterem studio
műtét operation; **~et végez vkn** operate (on) sy
műtő operating theatre
műtőasztal operating-table
műtős surgeon's assistant
műtrágya artificial fertilizer
műugrás springboard/fancy diving
műút highway
művel 1. *(tesz)* do*, act 2. *(földet)* cultivate (land), till (soil) 3. *(vkt)* educate, refine, develop
művelet operation
műveletlen uneducated, *(terület)* uncultivated
művelődés culture, civilization
művelődéspolitika cultural policy
művelődéstörténet history of civilization
művelődésügy public education
Művelődésügyi Minisztérium Ministry of Education
művelőd|ik improve one's mind
művelt educated, cultured
műveltető ige factitive verb
műveltség education, cultivation
művész artist
művészet (fine) art
művészettörténész art historian
művészettörténet history of art
művészi artistic(al); **~ munka** artistic work, art-work
művészlemez classical record
művésznő artist
művészszoba greenroom
művezető foreman *(tbsz* foremen), shop-foreman *(tbsz* shop-foremen)

N

na *(biztatólag)* go on!, *(kérdőleg)* **~?** what's the news?, well?; **~ nem baj!** well(,) it doesn't matter; **~ és?** so what?; **~ ~!** now! now!
náci Nazi
nacionalista nationalist(ic)
nacionalizmus nationalism
nád reed, rush
nádas reeds *(tbsz)*
nadrág 1. *(hosszú)* pair of trousers, trousers *(tbsz)*, jeans *(tbsz)* **2.** *(térd alatt gombolt)* breeches *(tbsz)*, knickers *(tbsz)* **3.** *(női)* panties; *(női hosszú)* slacks *(tbsz)*, jeans *(tbsz)*, *(US)* pants *(tbsz)*
nadrágél crease
nadrágszár leg (of trousers)
nadrágszíj belt, waist-belt
nadrágtartó braces *(tbsz)*, *(US)* suspenders *(tbsz)*
nagy I. *mn*, **1.** *(lemérhetőleg)* large, big; **~ fontosságú** of great importance *(ut)*; **~ kiterjedésű** wide, extensive; **~ mennyiségű** in large quantities *(ut)*; **~ teljesítményű** high-capacity, efficient; **~ út** long way **2.** *(erkölcsileg)* great, grand; **~ jelentőségű** very significant, most important **II.** *fn*, **1. a ~ok** *(= felnőttek)* the grown-ups; **apraja ~ja** old and young **2. ~ra becsül** appreciate; **~ra van vmvel** make* a lot out of sg; **~ot nevet** burst* out laughing; **~ot néz** open one's eyes wide in surprise; **~okat mond** talk big, boast; **~ot hall** be* hard of hearing **III.** *hat*, **~ nehezen** with great difficulty
nagyanya grandmother
nagyapa grandfather
nagyarányú vast, large-scale
nagybácsi uncle
nagyban on a large scale, *(kereskedelem)* wholesale; **~i ár** wholesale price; **~ készülődik vmre** he is* preparing in earnest
nagybetű capital (letter)
nagybirtok large estate
nagybirtokos big landowner
nagybőgő contrabass
nagybőgős contrabassist
Nagy-Britannia Great Britain
nagyétkű voracious
nagyfeszültségű high-voltage; **~ vezeték** high-voltage/tension line
nagyfokú intense, considerable
nagyfrekvenciás high-frequency
nagygyűlés congress, general assembly
nagyhangú grandiloquent
nagyhatalom Great Power
nagyigényű very particular, exacting
nagyipar big industry
nagyiparos industrialist
nagyít 1. *(fényképész)* enlarge, *(lencse)* magnify **2.** *(túloz)* exaggerate
nagyítás 1. *(fényképé)* enlargement, *(nagyítóval)* magnifying **2.** *(túlzás)* exaggeration
nagyító magnifying glass
nagyjában on the whole
nagyjából by and large, on the whole
nagyjavítás general overhaul
nagykabát overcoat
nagykapitalista big capitalist
nagyképű conceited, self-important
nagykereskedelem wholesale trade
nagykereskedő wholesaler
nagykorú major, of (full) age *(ut)*
nagykorúság full age
nagykövet ambassador
nagykövetség embassy
nagyközönség the general public

nagylelkű generous, kindhearted
nagymama grandma(ma), granny
nagyméretű large-sized/scale
nagymértékben to a great extent, considerably
nagymérvű considerable, extensive
nagymosás washing day
nagynéni aunt
nagyobb larger, bigger, greater; **~ nehézségek nélkül** without major difficulties
nagyobbára mostly, for the most part
nagyobbít 1. *(nagyobbá tesz)* enlarge, increase **2.** *(átv)* enhance
nagyobbodás expansion, growth
nagyobbrészt mostly
nagyolvasztó blast-furnace
nagyon 1. *(melléknév mellett)* very, most; **~ sok** *(meg nem számolható, egyes számú)* very much, *(megszámolható, többes számú)* great many; **~ szívesen** with (great) pleasure; **~ valószínű** it is* most likely **2.** *(ige mellett)* very much; **~ örülök** I am* very pleased/glad; **~ szépen köszönöm** thank you very much
nagyothall be* hard of hearing
nagypapa grandpa(pa), grand-dad
nagypéntek Good-Friday
nagypolgár member of the upper middle-class
nagyravágyó ambitious
nagyrészt largely, mostly
nagyság 1. *(kiterjedés)* extent, dimension, *(méret)* size, measure; **~ szerint** according to size **2.** *(vmnek nagy volta)* bigness, largeness, *(lelkileg)* greatness **3.** *(személyiség)* notability
nagysikerű highly successful
nagyszabású vast, large-scale
nagyszálló Grand Hotel
nagyszámú many, numerous
nagyszerű grand(iose), splendid, *(felkiáltás)* splendid!, that's fine!
nagyszombat Holy Saturday
nagyszülő grandfather, grandmother; **~k** grandparents *(tbsz)*
nagytakarítás big cleaning
nagytőke big capital
nagytőkés great capitalist, plutocrat
nagyujj *(kézen)* thumb, *(lábon)* big toe
nagyüzem works *(tbsz is)*
nagyüzemi large-scale; **~ gazdálkodás** large-scale farming; **~ termelés** large-scale production
nagyvad big game
nagyvállalat big enterprise
nagyváros city
nagyvonalú *(terv)* grandiose
nagyzol show* off, swagger
nahát well(,) I never!
naív 1. *(gyermekded)* naive, ingenuous **2.** *(kicsit együgyű)* simple-minded
nála 1. with him/her, on him/her **2.** *(összehasonlításnál)* than he/she; **én idősebb vagyok ~** I am older than he/she
nap 1. *(égitest)* sun; **a ~ felkel** the sun rises*; **a ~ lenyugszik** the sun sets*; **süt a ~** the sun is* shining; **~nál világosabb** it's as plain as daylight **2.** *(24 óra)* day; **~ mint ~** day after day; **milyen ~ van ma?** what day is* (it) to-day?; **egy-két ~ alatt** in a day or two; **a ~ folyamán** in the course of the day; **egész ~** all day (long); **a ~okban** the other day; **kétszer ~jában** twice a day; **egy szép ~on** *(a múltban)* one day, *(a jövőben)*

some day; **~ról ~ra** from day to day
napbarnított sun-tanned
napéjegyenlőség equinox
napellenző 1. *(ponyva)* canopy **2.** *(sapkán)* eye-shade
napernyő parasol, sunshade
napfény 1. sunlight **2.** *(átv)* daylight; **~re hoz vmt** disclose/reveal sg; **~re kerül/jut** become* known
napfogyatkozás eclipse (of the sun)
napfolt sun-spot
napfürdő sun-bath
napfürdőz|ik sun-bathe
naphosszat all day long
napi daily, the day's; **~ bevétel** daily takings *(tbsz)*; **~ középhőmérséklet** daily average temperature; **egy ~ járásra van innen** it is* a day's march from here
napibér days' wage
napidíj allowance, *(kiszálláskor)* trave(ling) allowance
napihír daily news
napilap daily (paper)
napiparancs order of the day
napirend order of the day, agenda *(tbsz)*; **~re tűz** put*/place on the agenda; **ez a kérdés van most ~en** *(átv)* this is* the question of the day; **~re tér vm fölött** *(átv)* accept sg, let* bygones be bygones; **levesz egy kérdést a ~ről** drop the matter
napisajtó daily press
napkelte sunrise
napközi otthon day-nursery
naplemente sunset, sundown
napló diary; **~t vezet** keep* a diary
naplopó *fn*, idler, lounger
napnyugta sunset, sundown
napolaj suntan oil
naponként daily
napos I. *mn*, **1.** *(napsütötte)* sunny, sunlit **2.** *(korra vonatkozóan)* **két~ csecsemő** a two-days-old baby **II.** *fn*, person on duty
napoz|ik bask, take* a sunbath
napozó *fn*, **1.** *(hely)* terrace, sun-porch **2.** *(ruha)* beach-dress **3. a ~k** the sunbathers *(tbsz)*
nappal I. *fn*, day, day-time; **se éjjele se ~a** he is* toiling night and day **II.** *hat*, by day, in (the) day-time; **fényes ~** in broad daylight
nappali *fn*, *(szoba)* sitting-room, living-room, parlour
nappali fény daylight
napraforgó sunflower
naprendszer solar system
napsugár sunbeam, sunshine
napsütés sunshine
napszám 1. *(bér)* day's wage **2.** *(munka)* daywork; **~ba jár** work by the day
napszámos day-worker
napszemüveg sunglasses *(tbsz)*
napszúrás sunstroke; **~t kap** get* a (touch of) sunstroke
naptár calendar; **~i év** calendar year
napvilág daylight, sunlight; **~ra hoz** bring* to light, reveal; **~ot lát** come* to light
narancs orange
narancsdzsem marmalade
narancssárga orange
nárcisz narcissus *(tbsz* narcissi)
narkózis narcosis
naspolya medlar
nász 1. *(esküvő)* wedding **2. ~om** father-in-law of my son/daughter, mother-in-law of my son/daughter
naszád sloop, pinnace
nászajándék wedding-present
nászéjszaka wedding night
nászút wedding-trip, honeymoon
nátha (common) cold, cold in the head; **náthát kap** catch* a cold

náthás (suffering) with a cold *(ut)*; **~ vagyok** I have* (got) a cold
naturalista I. *mn*, naturalistic II. *fn*, naturalist
navigátor navigator
ne 1. *(felszólító mód előtt)* not; **miért ~?** why not?; **~ mondd!** you don't say so!; **~ lopj!** do not steal!, *(bibliai nyelven)* thou shalt not steal! 2. *(tiltószó)* no!, don't
nedv moisture, fluid
nedves wet, moist
nefelejcs forget-me-not
negatív negative; **~ előjel** minus sign
néger negro, black; **~ nő** negress
négy four; **~ felé vág** cut* into four; **~et ütött az óra** the clock has* struck four
negyed quarter, *(hang)* fourth; **~ kettő** quarter past one
negyedév quarter (of year)
negyedik I. *mn*, **IV. Béla** Béla IV *(olvasva* the fourth) II. *fn*, **január ~én** on January (the) fourth; **a ~be jár** he is* in the fourth class/form
negyedóra quarter of an hour
negyedrész quarter
négyes 1. *(szám)* (number) four; **~ sorokban** in fours 2. *(osztályzat)* mark four, *(zene)* quartet(te)
négyesével in fours
négyhatalmi egyezmény four-power pact
négykerekű four-wheeled
négykezes *(zenedarab)* piece for four hands
négykézláb on all fours
négylábú I. *mn*, four-footed II. *fn*, quadruped
négyszáz four hundred
négyszemközt in private
négyszer four times, *(négy alkalommal)* on four occasions; **~ annyi** four times as much
négyszög square, quadrangle
négyszögletes square
négyszögöl square-fathom
négyüléses *(autó)* four-seater (car)
negyven forty
negyvenedik fortieth
négyzet square; **~re emel** raise to the second power
négyzetcentiméter square centimetre
négyzetes quadratic
négyzetgyök square root; **~öt von** extract the square root (of a quantity)
négyzetméter square metre
néha sometimes, now and then
néhai late
néhány some, a few
nehéz I. *mn*, 1. *(súlyos)* heavy; **~ étel** heavy food; **milyen ~?** how much does* it weigh? 2. *(átv)* difficult, hard; **~ felfogású** slow of understanding *(ut)*, dull; **~ helyzetben van** *(anyagilag)* be* badly off, *(erkölcsileg)* be* between the devil and the deep sea; **~ idők** hard times; **~ testi munka** hard (physical) work II. *fn*, **a nehezén már túl vagyunk** we are* over the worst; **nehezemre esik ezt mondani** it pains me to have to say it
nehezed|ik press/weigh heavily (on sg)
nehezék 1. *(mérlegen)* balance weight 2. *(hajón/léggömbön)* ballast
nehezen with difficulty *(ut)*, hardly; **~ elképzelhető** hardly conceivable; **~ emészthető étel** indigestible food; **~ megy** it goes* very slowly, it is* hard work
nehézipar heavy industry
nehezít *(átv)* make*/render (more) difficult
nehézkes clumsy, difficult

nehezményez take* offence (at sg), take* exception (to sg)
nehézség *(átv)* difficulty, hardness; **~ekbe ütközött** it encountered difficulties; **~eket támaszt** raise objections; **~ekkel küzd** have* difficulties, *(pénzügyileg)* be* hard up
nehézségi erő force of gravity
nehézsúlyú birkózó heavy-weight wrestler
neheztel be* offended *(vkre)* bear* a grudge against sy
nehogy so that ... not; **~ elfelejtsük** lest we forget
néhol here and there
neki (to) him, (to) her; **nekem** (to) me; **nekem van** I have (got); **nekünk nincs** we have not, we haven't got
nekibátorod|ik take* heart
nekies|ik 1. *(feléje dől)* fall* against **2.** *(támadólag)* turn on, attack; **~ik az ételnek** pitch into one's food
nekifeksz|ik fall* to, *(minden erejével)* give* one's full mind to
nekifog set* about (doing sg)
nekifut run* at, *(lendülettel)* take* a start at sg
nekihajt drive* against, crash into
nekiindul start off, set* out
nekilát set*/fall* to sg
nekimegy 1. *(ütközve)* knock against sg **2.** *(támadólag vknek)* go* against sy, *(átv vknek)* fall* upon sy **3.** *(vizsgának)* tackle (an examination)
nekiszalad run* against
nekiszegez *(fegyvert)* aim sg at sy; **~tem a kérdést** I sprang* the question on him
nekitámad attack (sy)
nekiugr|ik 1. *(vmnek)* jump at **2.** *(vknek)* fly* at
nekiült a munkának he sat* down to work
nekiütőd|ik knock/hit* against
nekivadul become* more and more savage
nekivág set* out (to do sg), push out
nekrológ obituary
nélkül without; **könyv ~** by heart
nélkülöz 1. *(vm nélkül van)* do* without **2.** *(hiányát érzi)* miss sy/sg **3.** *(inséget szenved)* live in want
nélkülözés want, privation
nélkülözhetetlen indispensable
nem[1] *fn*, **1.** *(faj)* race, species *(tbsz* species); **emberi ~** human race, mankind; **2.** *(fajta)* kind, sort; **páratlan a maga ~ében** unique in its kind **3.** *(női/férfi)* sex **4.** *(nyelvtani)* gender
nem[2] **I.** *tagadószó*, **1.** no, *(igével)* not; **~ nagyon** not very/much; **már ~** no more/longer; **még ~** not yet; **vagy ~?** is it so?, isn't it so? **2.** *(összetételekben)* non-, un-, in-; **~ fizetés esetén** in case of non-payment; **~ hivatalos** unofficial **II.** *fn*, no; **~et mond** say* no
néma dumb, mute
nemcsak not only; **~ ... hanem ... is** not only ... but also
nemdohányzó I. *mn*, non-smoking; **~ szakasz** non-smoker **II.** *fn*, non-smoker
némelyik some *(tbsz)*; **~ük** some of them
nemes noble
nemesfém precious metal
nemesít 1. *(erkölcsileg)* ennoble **2.** *(fajtát)* improve
nemesség nobility; **~et adományoz vknek** ennoble sy
német German; **Német Demokratikus Köztársaság** German

Democratic Republic; **~ül tanul** learn* German
Németalföld (the) Netherlands *(tbsz)*
Németország Germany
németül (in) German; **~ beszél** speak* German
nemez felt
nemhogy: ~ nem fizet de egyre több pénzt kér far from paying he asks for more and more money
nemi sexual; **~ baj** venereal disease; **~ közösülés** sexual intercourse; **~ szervek** sexual organs *(tbsz)*, genitals *(tbsz)*
némi some
némiképpen to a certain extent
nemkívánatos undesirable
nemkülönben likewise, similarly
nemleges negative
nemrég lately, recently
nemsokára soon, before long
nemtelen ignoble, base
nemtörődömség negligence
nemz *(ember)* beget*, *(háziállat)* sire
nemzedék generation
nemzet nation
nemzetgazdaság national economy
nemzetgyűlés national assembly
nemzeti national; **~ bank** state bank, *(nálunk)* National Bank, *(GB)* Bank of England; **~ lobogó** national flag; **~ színház** National Theatre; **~ ünnep** national (holi)day
nemzetiség nationality
nemzetiségi nationality-; **~ kérdés** nationality problem; **~ politika** policy towards the nationalities
nemzetközi international
nemzetköziség internationalism; **proletár ~** proletarian internationalism
nemző szervek genitals *(tbsz)*
néni aunt(y), auntie
neoncső neon lamp/tube
neonvilágítás neon lighting
nép people; **a ~ államа** the people's state; **a ~ fia** man of the people *(tbsz* men of the people); **Európa ~ei** the peoples of Europe
népballada popular ballad
népbíróság people's tribunal
népbiztos commissar
népbolt people's (general) store
népbüfé (popular) snack-bar
népdal popular song
népellenes anti-popular
népes populous
népesség population
népfelkelés 1. *(katonailag)* levy in mass **2.** *(forradalmi)* insurrection
népfelkelő *fn*, militiaman *(tbsz* militiamen)
népfront Popular Front
népgazdaság national economy
népgazdasági terv national economic plan
népgyűlés public meeting
néphadsereg people's army
népi popular, people's; **~ demokrácia** people's democracy; **~ demokratikus** popular democratic; **Állami N~ Együttes** State Folk Ensemble; **~ származású** of peasant or working class origin *(ut)*; **~ zenekar** gipsy orchestra/band
népies popular
népiskola (public) elementary school
népképviselet popular representation
népkonyha soup-kitchen
népköltészet popular poetry
népköztársaság people's republic
népmese folk-tale
népművelés public/folk education
népművészet folk art

népnevelő people's educator, propagandist
népoktatás public education, *(elemi)* elementary education
néprajz ethnography
népréteg layer of society, social class; **~ek** social strata
népség mob, crowd
népsűrűség density of population
népstadion people's stadium
népszámlálás (national) census
népszavazás plebiscite
népszerű popular
népszerűség popularity
népszerűsít popularize
népszerűtlen unpopular
népszokás popular custom
népszónok popular orator, *(elítélő értelemben)* demagogue
néptanító school-teacher
néptelen unpopulated, deserted
néptömegek the masses *(tbsz)*
néptulajdon people's property
népügyész people's prosecutor
népünnepély popular feast
népvándorlás great migrations *(tbsz)*
népviselet national costume
nesz slight noise; **~ét veszi vmnek** get* wind of sg
nesze take it/this; **~ semmi(,) fogd meg jól!** it's eyewash!
neszesszer dressing-case
nesztelen noiseless
netán by (any) chance; **ha ~ megérkezném** should he arrive
nettó net; **~ súly** net weight
név 1. name; **~ szerint** by name; **nevében** on behalf of, in the name of; **a törvény nevében** in the name of the law; **jó ~en vesz** be* pleased by sg; **rossz ~en vesz vmt** take* sg amiss; **nevén nevezi a gyermeket** call a spade a spade **2.** *(hírnév)* reputation
névaláírás signature
nevel 1. bring* up, educate **2.** *(állatot)* rear
nevelés bringing up, education
neveléstan pedagogy
neveletlen uneducated, ill-mannered, ill-bred
nevelked|ik be* brought up
nevelő *fn*, educator
névelő article
nevelőnő governess
nevelőszülő foster-parent
nevelt gyermek foster-child *(tbsz* foster-children)
névérték nominal value; **~en** at par
neves famous, noted
nevet laugh; **~ vkn** laugh at sy; **nincs ezen semmi ~ni való** it's* no laughing matter; **mit ~sz?** what are* you laughing at?
nevetés laughter
nevetség jeer, mockery; **~ tárgyává lesz** make* oneself ridiculous; **ez kész ~!** this is* simply ridiculous!
nevetséges ridiculous
nevez 1. *(vmnek)* call, name (sg), *(vmről/vkről)* name (sg/sy after sg/sy) **2.** *(sportban)* enter (for)
nevezendő to be named/called *(ut)*; **minden/semmi néven ~** what(so)ever
nevezetes notable, celebrated; **~ vmről** noted/famous for; **~ nap** a memorable day
nevezetesen namely
nevezetesség celebrity; **a város ~ei** the sights of the town
nevezett called, named; **a ~ személy** the person in question
nevező *(mennyiségtan)* denominator; **közös ~re hoz** reduce to a common denominator, *(különböző érdekeket)* reconcile (different interests)
névjegy (visiting) card
névjegyzék list (of names) register
névleg nominally, in name

névmás pronoun
névnap name-day
névrokon namesake
névsor list of names, roll; **~t olvas** call the roll
névszó substantive
névtábla name plate
névtelen 1. unnamed, anonymous 2. *(ismeretlen)* unknown
névutó postposition
néz 1. *(vmt/vkt)* look (at sg), *(előadást)* watch, *(tv-adást)* watch, view; **~d csak!** (just) look at that!; **~ze kérem!** look here! 2. *(tekint)* consider, take* into consideration; **vkt vmnek ~** take* sy for sg; **ha nem ~ném korodat** if I did* not consider your age; **minek ~ maga engem**? what do* you take me for? 3. *(nyilik vmre)* look on to sg; **az ablakok a kertre ~nek** the windows give* on the garden
nézet 1. view 2. *(vélemény)* view, opinion; **~em szerint** in my opinion; **azon a ~en vagyok (hogy)** I am* of the opinion (that)
nézeteltérés disagreement
néző *fn*, onlooker, spectator, *(tv-néző)* viewer
nézőközönség public, audience
nézőpont point of view
nézőtér auditorium *(tbsz* auditoria, auditoriums)
nézve with respect to, as to
ni lo!, look!
nikkel nickel
nikotin nicotine
nincs 1. *(vm)* there is* no(t); **~ idő** there is* no time; **~ igaza** he is* wrong; **~ mit tenni** there is* nothing to be done 2. *(vknek/vmnek)* **~ pénzem** I have* no money
nincstelen pauper
nívó 1. level 2. *(átv)* standard
nívós first-rate
nívótlan of inferior quality *(ut)*
Nobel-díj Nobel prize; **~at kapott** he was* awarded the Nobel prize
Nobel-díjas Nobel prizeman *(tbsz* N. prizemen)
no de ilyet well I never!
nógat urge, prompt
noha (al)though
nokedli gnocchi *(tbsz)*
norma (industrial) norm, standard
normacsalás norm fraud
normalazítás slackening of the norm
normális normal
normamegállapítás fixing of norms
normann Norman
norvég Norwegian
Norvégia Norway
nos well?, well then?
nóta popular song, melody; **mindig ugyanazt a nótát fújja** he is* always singing the same tune
nótáskönyv song-book
notesz note-book, memo book
nov. = *november* November, Nov.
novella short story
november November; **~ben** in November; **~ 16-án** on 16th November, on November 16th *(olvasva:* the sixteenth)
novemberi November, in/of November *(ut)*; **~ időjárás** November weather
nő[1]: *ige*, 1. grow* 2. *(nagyobbodik)* grow*, increase *(szélességben)* expand, extend 3. **szívéhez ~ vknek** become* deeply attached to (sy/sg); **vknek vm a nyakára ~** sg is* getting out of control for sy
nő[2] *fn*, 1. woman *(tbsz* women) 2. **~ül megy vkhez** marry sy; **~ül vesz vkt** marry sy

nőcsábító lady-killer, Don-Juan
nőgyógyász specialist for women's diseases
női woman-, woman's, women's, feminine, female; **~ divat** ladies' fashions *(tbsz)*; **~ kézitáska** (lady's) handbag; **~ nem** womankind, fair/gentle sex; **~ szabó** ladies' tailor
nőies womanly, feminine
nőnem 1. female sex 2. *(nyelvtan)* feminine gender
nős married (man)
nőstény female; **~ macska** she-cat; **~ papagály** hen-parrot
nősül get* married, marry
nőszövetség Women's Association
nőtartás alimony
nőtlen unmarried
növekedés growth, increase; **a ~ 10%** growth/increase amounts to 10 p.c.
növeked|ik grow*, increase
növekedő growing, expanding; **~ irányzatot mutat** show* an upward tendency
növel 1. increase 2. *(átv)* heighten, enhance
növendék pupil, student
növény plant, vegetable
növényápolás care of plants
növényevő *mn*, grass-eating, plant-eating
növénygyűjtemény 1. *(élő)* collection of plants 2. *(szárított)* herbarium *(tbsz* herbariums, herbaria)
növényi vegetal, vegetable; **~ rost** vegetable fibre
növénykert botanic garden(s)
növénynemesítés plant improvement
növénytan botany
növényvilág flora
növényzet plants *(tbsz)*, vegetation
nővér sister
növeszt make* grow, grow*
nukleáris nuclear; **~ fegyverkísérletek** nuclear weapon tests
nulla zero, nought, *(számban kiolvasva* ou)
nullásliszt pure wheaten flour
nullpont zero point
nylon nylon
nylonharisnya nylons *(tbsz)*, nylon stockings *(tbsz)*
nyloning nylon shirt

Ny

Ny = *nyugat* west, W
nyafog whine, whimper
nyáj flock, herd
nyájas amiable, kind(ly)
nyak neck; **~ába sóz/varr** foist/impose sg (up)on sy; **~ig ül/van az adósságban** be* up to the eyes in debt; **~on csíp vkt** catch*, collar (sy); **~án él vknek** live on sy; **~ára jár** bother (sy); **vknek a ~ára nő** become* a burden on/to sy; **~át töri** break* one's neck
nyakas obstinate, stubborn
nyakaskod|ik be* obstinate/stubborn
nyakatekert tortuous, intricate
nyakbőség size in collar; **~ 40 cm** neck-band 15 ½
nyakék necklace
nyakkendő tie, neck-tie
nyakkivágás neckline
nyaklánc necklace
nyakleves cuff
nyakra-főre helter-skelter
nyakszirt nape
nyaktörő *mn*, break-neck
nyal lick, lap
nyál saliva, spit(tle); **folyik a ~a** *(vm után)* make* sy's mouth water
nyaláb bundle, armful (of sg)

nyalakod|ik eat* tit-bits by stealth
nyalánk sweet-toothed
nyalánkság *(jó falat)* dainty, tit-bit
nyálkahártya mucous membrane
nyár summer; **~on** in summer; **ezen a ~on** this summer; **múlt ~on** last summer; **jövő ~on** next summer
nyaral summer
nyaralás summering, summer holidays *(tbsz)*
nyaraló 1. *(épület)* villa **2.** *(személy)* summerer
nyaralóhely summer resort
nyárfa poplar
nyargal 1. hurry, rush **2.** *(lovon)* gallop; **vmn ~** *(átv)* keep* harping on sg
nyári summer-; **~ egyetem** summer school; **~ ruha** summer clothes *(tbsz)*; **~ időszámítás** summer-time, *(US)* daylight-saving time
nyárs spit, broach; **~ra húz** skewer
nyárspolgár petty bourgeois, philistine
nyárutó Indian summer
nyavalya illness, disease
nyavalyás *(átv)* wretched
nyávog mew, miaow
nyel swallow; **sokat kell ~nie** have* much to swallow
nyél handle, *(fejszéé/kalapácsé)* helve, *(ostoré)* crop
nyélbeüt carry through, accomplish
nyeles handled, with a handle *(ut)*
nyelőcső gullet
nyelv 1. *(szerv)* tongue; **~e hegyén van** have* sg on the tip of one's tongue; **ami a szívén az a ~én** speak* one's mind; **az emberek ~ére kerül** get* oneself talked about; **jól felvágták a ~ét** have* a ready tongue **2.** *(beszélt)* language
nyelvcsalád family of languages
nyelvel make* an insolent answer
nyelvérzék linguistic instinct
nyelvész linguist, philologist
nyelvészet linguistics, philology
nyelvgyakorlat grammatical exercise
nyelvhasználat usage, parlance
nyelvhiba grammatical mistake/fault
nyelvismeret knowledge of a language
nyelvjárás dialect
nyelvkönyv text-book of a language, reader
nyelvlecke language lesson; **angol ~** English lesson
nyelvmester language-teacher
nyelvóra language lesson
nyelvtan grammar
nyelvtanár teacher of (a) language; **angol ~** English teacher
nyelvtani grammatical grammar; **~ hiba** grammatical mistake
nyelvtanítás language teaching
nyelvtanulás learning a language, language learning
nyelvtehetség gift of tongues
nyelvterület language area
nyelvtörténet history of language
nyelvtudás knowledge of a language
nyelvtudomány linguistics
nyelvtudományi linguistic(al)
nyelvújítás language reform
nyelvű 1. *(beszélt)* -speaking **2.** *(szerv)* -tongued
nyelvvizsga proficiency examination (in a language)
nyer 1. gain, win*; **díjat ~** win* a prize; **mit ~ vele?** what is* the use (of doing sg)?; **~t ügye van** win* one's

case; **~ az üzleten** make* a profit on a transaction 2. *(kap/szerez)* get*, obtain, procure

nyereg saddle; **jól ül a ~ben** *(átv)* be* firmly established; **kiüt a ~ből** *(átv)* supplant, oust

nyeremény *(sorsjátékban)* prize, *(kötvényen)* premium on redemption

nyereménykölcsön lottery loan

nyereménysorsolás drawing of lottery bonds

nyereménytárgy lottery prize

nyereség gain, profit; **tiszta ~** net profit; **ő nagy ~ (nekünk)** he is* a great asset (to us)

nyereségrészesedés share of/in profits

nyerészked|ik profiteer, speculate

nyergel saddle

nyerges *fn*, 1. *(foglalkozás)* saddler 2. *(ló)* saddle-horse

nyerít neigh

nyers 1. *(anyag)* raw, crude 2. *(élelmiszer)* raw, unboiled; **~ koszt** raw food 3. *(ember)* rough, coarse

nyersanyag raw material

nyersanyaghiány shortage of raw materials

nyersérc crude ore

nyersgumi crude rubber, latex

nyersolaj crude/diesel oil

nyersselyem raw silk

nyersvas crude iron

nyertes *fn* winner

nyes prune, trim, cut* off

nyest stone marten

nyikorog crack, grind*

nyíl arrow

nyilallás shooting pain

nyilall|ik shoot*; **a szívébe ~ik** it cuts* one to the heart

nyílás opening, *(rés/hézag)* gap, breach, *(vm bedobására)* slot, *(szellőztető)* vent

nyilatkozat declaration, statement; **~ot tesz** make* a statement

nyilatkoz|ik declare, make* a statement; **~ik vmről** state/declare one's opinion about sg

nyíl|ik 1. *(ajtó)* open; **az ablakok a kertre ~nak** the windows give*/open on the garden; **ha alkalom ~ik rá** when the oppotunity arises* 2. *(virág)* blow*, bloom

nyílt open, *(nem titkolt)* plain, unconcealed; **~ kártyával játszik** show* one's cards; **~ pálya** open track; **~ színen** in public; **~ tengeren** at sea; **~ törés** *(csonté)* compound fracture

nyíltan openly, plainly; **~ kimondom** I make* no secret of it

nyilván evidently, obviously

nyilvánít 1. *(érzelmet)* express, give* expression to 2. *(vmnek/vmvé)* pronounce, declare (sy sg)

nyilvános public; **~an** in public; **~ távbeszélő állomás** public callbox

nyilvánosság *(köztudomás)* publicity, *(közönség)* public; **~ra hoz vmt** make* public, publish

nyilvántart keep* in evidence, record

nyilvántartás 1. *(tény)* recording 2. *(könyv)* records *(tbsz)* file, register

nyilvánul manifest/show* itself

nyilvánvaló evident, obvious; **~an** evidently, obviously

nyír[1] *ige*, *(hajat)* cut*, *(birkát)* shear*

nyír[2] *fn*, birch, birch-tree

nyiratkoz|ik have* one's hair cut

nyirkos moist, humid

nyirokmirigy lymphatic gland

nyit open; **tágra ~ja a szemét** open one's eyes wide
nyitány overture
nyitja *(vmnek)* key, clue (to sg)
nyitott open; **~ kapukat dönget** force an open door
nyitva open; **a múzeum ~ 9 órától 17 óráig** opening hours 9 a.m.–5 p.m.; **~ tartja a szemét** keep* one's eyes open
nyolc eight; **~ óra van** it is* eight o'clock; **~ órakor** at eight (o'clock); **~ órára** by eight o'clock
nyolcad 1. eighth (part) **2.** *(hangjegy)* quaver, eighth note, *(oktáv)* octave
nyolcadik I. *mn*, eighth; **VIII. Henrik** Henry VIII *(olvasva*: the eighth) **II.** *fn*, eighth; **f. hó ~án** on 8th inst; **~ba jár** go* to the eighth form/class (of a school)
nyolcas *(szám)* number eight; **a ~ villamos** tram number eight/8; **felszáll egy ~ra** take* a number eight tram/bus
nyolcéves eight-year-old, eight years old *(ut)*, of eight years *(ut)*
nyolcszög octagon
nyolcvan eighty
nyom[1] *ige* **1.** *(szorít)* press, *(vkt, átv)* opress (sy); **~ja a gyomrát** lie* heavy on one's stomach; **~ja a lelkét** sg is* in his mind **2.** *(súlyban)* weigh; **mennyit ~?** how much does* it weigh?; **sokat ~ a latban** be* of great account
nyom[2] *fn*, trail, trace, *(lábé)* footprint(s), *(átv)* footsteps *(tbsz)*; **~a sincs** there is* no trace of it; **~ába lép vknek** follow in sy's footsteps; **~ába sem léphet** is* not to be compared with sy; **~ára vezet** put* sy on the right track; **~ára akad** find* (traces of sg); **~ot hagy vmn** leave* his/its mark on sg
nyomás 1. pressure; **~t gyakorol vkre** put* pressure on sy **2.** *(nyomdászat)* printing; **~ alatt** in print
nyomasztó oppressive, *(levegő)* close
nyomaték emphasis *(tbsz* emphases), stress; **kellő ~kal** with due emphasis
nyomatékos emphatic
nyomban at once, immediately
nyomda printing office/press
nyomdahiba misprint
nyomdász printer
nyomdászat printing, typography
nyomdokaiba lép follow in sy's footsteps
nyomor misery, distress
nyomorék I. *mn*, crippled, disabled **II.** *fn*, cripple
nyomorgat torture
nyomornegyed slum (area)
nyomorog lead* a miserable life, live in misery
nyomortanya slum-dwelling
nyomorult 1. miserable, wretched **2.** *(hitvány)* knavish, villainous
nyomorúság misery
nyomorúságos miserable
nyomott 1. *(nyomdászat/textilipar)* printed **2.** *(lelki állapot)* depressed, low-spirited
nyomoz search (for), investigate
nyomozás investigation, search; **a ~ folyik** investigations are in progress
nyomozó *fn*, detective
nyomtalan traceless; **~ul eltűnt** disappeared without leaving a trace (behind)
nyomtat *(nyomdász)* (im)print
nyomtatás print(ing), typography; **~ban** in print
nyomtatott printed; **~ betűk**

(nyomdai) type, *(kézírással)* block-letters
nyomtatvány 1. print 2. *(postán)* printed matter
nyomtáv track; **keskeny ~** narrow gauge
nyomul advance, progress, *(vhová be)* penetrate, *(katona)* invade
nyög groan, moan
nyöszörög whine, whimper
nyugágy deck-chair
nyugállomány retirement
nyugalmas restful, calm
nyugalmaz pension (off), retire
nyugalmazott retired
nyugalmi állapot state of rest
nyugalom 1. *(cselekvés megszűnése)* rest, standstill, *(békesség)* calm(ness), restfulness, quiet(ness); **a ~ helyreállt** public order has* been restored 2. *(nyugalmazott állapot)* retirement; **~ba megy** retire (on a pension)
nyugat the West, west; **~on** in the west; **~ felől, ~ról** from the west
nyugati western, West, occidental; **~ pályaudvar** Budapest West
nyugdíj pension; **~ba megy** retire (on a pension); **~ban van** be* retired
nyugdíjas *fn*, pensioner
nyugdíjaz pension (off), put* on the retired list, *(korhatárnál)* superannuate
nyugdíjjogosult *mn*, pensionable
nyugdíjtörvény superannuation act
nyughatatlan restless
nyugodt 1. tranquil, restful 2. *(vm felől)* be* easy about sg; **legyen ~** have* no fear, you may rest assured (that)
nyugsz|ik 1. *(pihen)* (take* a) rest, lie*; **addig nem ~ik míg** he will not rest till; **itt ~ik** here lies 2. *(vmn)* rest upon
nyugta[1] *(írás)* receipt; **~ ellenében** against a receipt
nyugta[2] 1. *(nyugalom)* peace; **vknek nincs ~ vmtől/vktől** sg/sy never gives* sy a moment's rest 2. *(napé)* set, sun-set; **nyugtával dicsérd a napot** don't count your chickens before they are hatched, do not praise the day till it is over
nyugtakönyv receipt-book
nyugtalan unquiet, *(vm miatt)* anxious, uneasy (about sg)
nyugtalanít make* sy uneasy, trouble
nyugtalanító disquieting, worrying
nyugtalankod|ik 1. be* restless 2. *(aggódik)* be* anxious
nyugtalanság 1. restlessness 2. *(aggódás)* uneasiness, anxiety
nyugtat calm (down), still
nyugtáz acknowledge receipt (of sg)
nyugton: ~ marad keep* quiet; **~ hagy** leave* sy alone
nyugvópont rest, pause
nyújt 1. *(terjedelemben)* stretch, *(tésztát)* roll out 2. *(kezet)* stretch/hold* out 3. *(alkalmat)* afford (an opportunity), *(kölcsönt)* grant, *(látványt)* offer (a sight/view), *(segítséget)* render (help)
nyújtó *fn*, *(tornaszer)* horizontal bar
nyújtófa rolling-pin
nyújtóz|ik stretch oneself
nyúl[1] *ige*, 1. *(vhova)* put* one's hand out (for sg); **zsebébe ~** put* one's hand into one's pocket; **vm után ~** reach (out) one's hand for sg; **ne ~j hozzá!** leave it alone!, don't touch it! 2. *(átv vmhez)* resort to sg

nyúl[2] *fn*, rabbit, *(mezei)* hare
nyúlánk slender
nyúl|ik stretch, *(vmeddig)* reach (as far as)
nyúlós tensile, viscid
nyúlpecsenye roast hare
nyúlvány extension
nyurga lank(y)
nyuszi bunny
nyúz 1. *(bőrt)* skin 2. *(koptat)* wear* sg threadbare 3. *(alkalmazottat)* sweat
nyű 1. *(ruhát)* wear* down 2. *(lent/kendert)* pull up
nyűg *(teher)* burden
nyűgös grumpy, vexatious
nyüzsög swarm, teem

O

ó o!, oh!, ah!; **~ jaj** dear me!
oázis oasis, *(tbsz* oases)
óbégat lament, yammer
objektív objective, *(elfogulatlan)* impartial
oboa oboe
obsitos veteran
obszervatórium observatory
óceán ocean, sea
óceánjáró *fn*, ocean liner
ócsárol disparage
ócska old, trashy
ócskás old-clothes man *(tbsz* old-clothes men)
ócskavas scrap-iron
ocsmány ugly, hideous
ocsú tailings *(tbsz)*
oda there; **~ és vissza** there and back, *(jegy)* return (ticket); **~ se neki!** never mind!
óda ode
odaad hand over/to, give*
odaadás *(érzés)* devotion
odaadó devoted
odaát over there, opposite
odabenn inside, within
odabúj|ik nestle (close to sy)
odacsődít make* (people) throng to (a place)
odacsődül throng to (a place)
odadob throw* to
odaég 1. *(étel)* burn* (on), get* burnt 2. *(elpusztul)* perish in the flames
odaér 1. *(menve)* arrive at, get* to (a place); **mennyi idő alatt érünk oda?** how long will it take (us) to get there? 2. *(megérint)* touch
odaerősít fasten/attach to
odafejlődött az ügy (hogy) things have* come to such a pass (that)
odafelé on the way there
odafenn up there
odafigyel *(vkre)* listen to, *(feszülten)* be* all ears
odafordul turn towards sg, turn to sy
odafut run* (up) to
odahajol *(vkhez)* lean* over to
odahajt drive* there
odahat (hogy) exert one's influence (to)
odahaza at home
odahív call sy, summon
odáig as far as (that); **~ jutott hogy...** he got* to the point that...; **~ van (az örömtől)** be* beside oneself (with joy)
odaígér promise (to give) to sy
odaillő suitable, appropriate; **oda nem illő** inappropriate, unsuitable
odaint beckon (to sy)
odairányul be* directed towards
odaítél *(vknek)* award to
odajár *(gyakran egy helyre)* frequent (a place), visit (a place) frequently, haunt
odajön *(vhva)* come* (up) to
odajut reach, get* to; **~ott hogy...** *(átv)* he reached a point where...
odajuttat 1. *(tárgyat elküld)*

send* 2. *(vkt átv)* get* (sy) into (such a situation)
odakap *(vmhez)* seize, grab at
odakiált call out to
odakinn outside, outdoors
odaköt fasten, tie, bind*
odaküld send*, dispatch
odalenn down there, *(épületben)* downstairs
odalép *(vkhez)* step up to (sy)
odamarad remain/stay away
odamegy go* to, *(vkhez)* walk up·to sy
odamenet on the way there
odamond *(vknek)* give* sy a piece of one's mind
odamutat *(vmre)* point at
odanéz (cast* a) glance, look at; **~z!** look!
odaragad *(vmhez)* stick* (to)
odaragaszt *(vmhez)* stick*/glue on/to
odarendel send* for sy, summon sy
odasereglik crowd/flock to
odasiet hurry to
odasimul cling* to
odasúg whisper (sg to sy)
odaszegez *(vmre)* nail to, fasten
odatalál *(vhova)* find* one's way
odatámaszt lean* against, prop* (up) against
odatart 1. *(vhova megy)* make* one's way swhere 2. *(vmt kinálva)* hold* out, offer
odatartozik belong to
odatesz put*, lay*, place, set* (there)
odatűz 1. *(vmt vmre)* fasten on 2. **~ a nap** the sun is* shining on (sg)
odautazás outward journey
odautazik go*, journey, travel (there)
odaül sit* there; **~ vk mellé** sit* down next to sy
odaüt strike* a blow (swhere), *(vknek)* hit*/strike* sy
odavág 1. *(vmt)* throw*/fling* down 2. *(odaillik)* suit sg, fit* in with sg
odavaló 1. *(onnan származó)* belonging to *(ut)* 2. *(megjegyzés)* suitable, fit
odavan 1. *(távol van)* be* away 2. *(érzelmileg)* be* dismayed, be* beside oneself (with grief); **egészen ~ vm miatt** she is* quite upset about sg; **~ vkért** dote on sy, *(US)* have* a crush on sy 3. **~ minden pénze** he lost* all his money
odavész be* lost, disappear
odavet *(dob)* throw*; **~ egy megjegyzést** let* fall a remark; **~ett megjegyzés** casual remark
odavezet 1. *(vhova)* lead* 2. *(átv vmre vezet)*
oda-vissza there and back; **~ jegy** return ticket, *(US)* round-trip ticket
odébbáll 1. move on 2. *(átv)* make* off
ódivatú old-fashioned
ódon ancient, antique
odú 1. *(fában)* hollow 2. *(búvóhely)* den, hole
odvas hollow
offenzíva offensive
óhaj wish, desire
óhajt desire, wish for
ok cause, reason; **én vagyok az ~a** it's* my fault; **ennek ~a (hogy)** the reason (for this) is* (that); **~ot ad vmre** give* cause for sg; **~ nélkül** without any reason
okád 1. *(hány)* vomit 2. *(tüzet)* belch
okhatározó causal complement
okirat document
okirathamisítás forgery
oklevél 1. *(tanulmányi)* diploma 2. *(okirat)* charter, document
okleveles certificated, qualified
oklevéltár archives *(tbsz)*

okmány document, record; **~okkal igazol** document
okmánybélyeg stamp
okmányos inkasszó cash against documents
okol *(vmért)* blame (for sg)
ókor antiquity; **~i történelem** ancient history
okos *(értelmes)* clever, *(bölcs/tapasztalt)* wise, sensible; **hallgat az ~ szóra** listen to reason; **~abb lesz hazamenni** we had better go home
okoskodás *(érvelés)* reasoning
okoskod|ik argue
okoz cause, give* rise to
okozat effect, result
okt. = *október* October, Oct.
oktalan unwise, foolish
oktat educate, *(vkt vmre)* instruct (sy in sg)
oktatás education, instruction
oktató *fn*, teacher, instructor
oktatófilm educational film
oktáv octave
október October; **~ben** in October
októberi October, in/of October *(ut)*; **~forradalom** the OctoberRevolution
okul learn* (by experience), *(vmn)* draw* a lesson from sg
okvetetlenked|ik quibble, fuss
okvetlen(ül) for certain, surely, by all means
ól *(disznóé)* pigsty, *(kutyáé)* kennel, *(baromfié)* hen-house
olaj oil; **~at önt a tűzre** add fuel to the fire
olajfesték oil colour(s)
olajfestmény oil-painting
olajfűtés oil heating
olajkút oil well
olajmező oil field
olajos oily
olajoz oil, grease
olajozatlan unoiled
olajvezeték pipeline
ólálkod|ik loiter (around sg)
olasz Italian
Olaszország Italy
olcsó cheap
old 1. *(csomót)* undo*, untie **2.** *(vegyileg)* dissolve **3. kereket ~** hook it
old. = *oldal* page, p.
oldal 1. side; **~ba lök** nudge sy; **vknek az ~ára áll** take* the side of sy; **minden ~ról** from all sides **2.** *(könyvé)* page **3.** *(tulajdonság)* aspect, side, point; **erős ~a** strong point; **gyenge ~a** weak point; **a jó ~a** *(vké)* sy's good point
oldalág 1. *(folyóé)* (lateral) arm **2.** *(leszármazási)* collateral line
oldalas *fn*, side of bacon
oldalkocsi side-car
oldalnézet side/lateral view/elevation
oldalog sidle, skulk
oldalsó side-, lateral
oldalszárny 1. *(építészet)* side-wing **2.** *(katonaság)* wing
oldalt from the side, aside
oldalvonal *(futballpályán)* touch/side line
oldalzseb side-pocket
oldat solution
oldód|ik dissolve, melt
oldószer (dis)solvent
olimpia Olympic Games *(tbsz)*
olimpiai Olympic, olympic; **~bajnok** olympic champion; **~ csapat** Olympic team; **~ játékok** Olympic Games *(tbsz)*
olló a pair of scissors, scissors *(tbsz)*, *(ráké)* claw
ólmos eső sleet
ólom lead
ólomkristály lead-glass
ólomsúllyal nehezedik reá it oppresses him
olt 1. *(tüzet)* put* out, extinguish **2.** *(szomjúságot)* quench **3.** *(fát)* graft, bud **4.** *(orv)* vaccinate *(ami ellen* against)

5. *(vkbe vmt, átv)* imbue sy with sg
oltalmaz *(vmtől)* protect (from/against), guard
oltalom protection, shelter; **vknek az oltalma alatt** under sy's patronage
oltár altar
oltás 1. *(tűzé)* putting out 2. *(fáé)* grafting 3. *(orv)* vaccination
oltási bizonyítvány certificate of vaccination
oltóanyag vaccinate, serum
oltógyomor rennet stomach
oltókészülék fire-extinguisher
oltvány graft(ing), scion
olvad melt, *(hó/jég)* thaw
olvadás melting, thaw(ing)
olvas 1. read*; **a fejére ~** rebuke sy (with sg) 2. *(pénzt)* count
olvasás reading
olvashatatlan 1. *(írás)* illegible 2. *(szerző)* unreadable
olvasható legible
olvasmány reading
olvasnivaló reading matter
olvasó *fn*, 1. *(személy)* reader 2. *(vallás)* rosary
olvasójel book-mark(er)
olvasókönyv reader
olvasóközönség the reading public
olvasóterem reading-room
olvasott widely-read
olvaszt melt, *(fémet)* smelt, *(zsírt)* melt down, render
olvasztár smelter, furnaceman *(tbsz* furnacemen)
olvasztó *fn*, foundry
olvasztókemence (s)melting furnace
olvasztótégely crucible
olyan I. *mn*, such; **~ mint** such as, just like II. *hat*, so; **~ nagy** *(mint)* as big (as that); **~ nincs!** nothing of the kind!
olyankor at such times, on such occasions
olyannyira to such an extent (that)
olyasmi something like (it)
olykor sometimes, now and then
omladék ruins *(tbsz)*
omladoz|ik fall* into ruins, decay
oml|ik fall* to pieces, collapse
omlós tészta short pastry
ón tin
ondolál wave (sy's hair)
onnan from there
ont pour (out), *(könnyet/vért)* shed*
opció option
opera opera; **az Opera** the Opera-house
operáció operation
operaelőadás operatic performance
operaénekes opera singer
operaház opera-house
operál operate *(vkt* on sy)
operatőr 1. *(film)* cameraman *(tbsz* cameramen) 2. *(orv)* operating surgeon
operett operetta, musical comedy
opportunista opportunist
opportunizmus opportunism
optika optics
optikus optician
optimista I. *mn*, optimistic II. *fn*, optimist
optimizmus optimism
óra 1. *(fali/asztali/torony)* clock, *(zseb/kar)* watch; **az ~ 5 percet késik** the watch is* 5 minutes slow; az **~ siet** the clock is* fast 2. *(időpont)* **hány ~ van?** what is* the time?, what time is* it?; **öt ~ van** it is* five o'clock; 3. *(60 perc)* hour, *(iskolai)* lesson, class; **órák hosszat** for hours on end; **órákat ad** give* lessons; **órákat vesz** take* lessons 4. *(gáz/villany stb. mérő)* meter
órabér hourly wage(s)

óramutató hand; **~ járásával egyező** clockwise; **~ járásával ellenkező** counter-clockwise
óramű clockwork
orangután orang-outang
óránként 1. *(egy óra alatt)* hourly, an hour; **100 km ~** one hundred kilometres per/an hour; **~i sebesség** speed per hour **2.** *(minden órában)* every hour
órarend time-table
órás watchmaker, clockmaker
óraszíj watch-strap
oratórium oratorio
óraütés striking, *(toronyóráé)* chime(s)
orbánc erysipelas
orcátlan impudent, insolent
ordít shout, howl, roar
ordítás shout(ing), howl(ing), roar(ing)
orgánum 1. *(hang)* voice **2.** *(átv)* organ
orgazda receiver (of stolen goods)
orgazdaság receiving of stolen goods
orgia orgy
orgona 1. *(zene)* organ **2.** *(növény)* lilac
orgonál play (on) the organ
orgonista organist
orgyilkos assassin, murderer
óriás giant
óriási gigantic, huge, enormous, immense; **~ siker** tremendous success
orientáció orientation
orientálód|ik take* one's bearings
orkán hurricane, tornado, storm
ormány *(elefánté)* trunk
orom 1. *(házé)* top (of house) gable **2.** *(hegyé)* summit, peak
orosz Russian; **~ óra** Russian lesson
oroszlán lion
oroszlánrész lion's share
oroszlánszáj *(növény)* snapdragon
Oroszország Russia
orr *(emberé)* nose, *(állaté)* snout, *(cipőé)* toe, toe-cap, *(hajóé)* prow, stem; **~a előtt** under his (very) nose; **nem lát tovább az ~a hegyénél** he sees* no further than his nose; **vkt ~ánál fogva vezet** lead* sy by the nose; **nem kötöm az ~ára** I am* not going to let him into the secret; **vmbe beleüti az ~át** thrust* one's nose into sg; **felhúzza az ~át** turn up one's nose (at sg); **fennhordja az ~át** put* on airs
orrfacsaró *(szag)* offensive, putrid
orrhang nasal sound/twang
orrlyuk nostril
orrol take* sg amiss/ill
orrszarvú rhinoceros
orrvérzés nose-bleeding
orsó *(cérnáé)* bobbin, reel, *(műszaki)* spindle
ország country, land; **ebben az ~ban** in this country
országgyűlés parliament
országgyűlési parliamentary; **~ képviselő** representative, Member of Parliament, M. P.
országhatár frontier (of a country)
Országház Houses of Parliament *(tbsz)*
országos national; **~ rekord** national record; **~ választás** general election; **~ vásár** annual fair
országszerte all over the country
országút main road, highway
ortopéd orthopedic; **~ orvos** orthopedist
orvhallgató wireless pirate
orvos doctor, physician; **~hoz**

megy see* a/the doctor; **~t hivat** send* for the doctor
orvosi medical; **~ bizonyítvány** medical certificate, *(utazáshoz)* health certificate; **~ kezelés** medical treatment; **~ rendelő** consulting room, surgery; **~ vizsgálat** medical examination
orvosol cure, treat
orvosnő woman doctor *(tbsz* women doctors)
orvosság 1. medicine; **~ot szed** take* medicine **2.** *(átv)* remedy
orvostanhallgató medical student
orvostudomány medical science, medicine
orvtámadás attack from ambush
orvvadász poacher
ósdi antiquated
oson sneak, flit
ostoba stupid, silly, foolish
ostobaság stupidity, silliness, foolishness
ostor 1. whip, lash; **végén csattan az ~** who laughs last laughs longest **2.** *(átv)* scourge
ostorcsapás lash of whip
ostoroz 1. whip, lash **2.** *(átv)* scourge
ostrom siege, assault
ostromállapot state of emergency
ostromol besiege; **vkt kérdésekkel ~** bombard sy with questions
ostromzár blockade
ostya wafer
ószeres old-clothes man *(tbsz* old-clothes men)
oszl|ik 1. *(részekre)* divide into **2.** *(tömeg)* disperse **3.** *(holttest)* decompose
oszlop column, pillar
oszlopcsarnok colonnade
oszlopos 1. *(építészet)* columned **2. a társadalom ~ tagja** a pillar of society
oszlopsor colonnade, arcade
oszolj! dismiss!
oszt 1. *(mennyiséget)* divide; **se nem ~ se nem szoroz** it makes no difference **2.** *(kioszt)* distribute, *(kártyázó)* deal* (out) **3.** *(véleményt)* share
osztag detachment
osztalék dividend
osztály 1. *(társadalmi/iskolai/vasút)* class; **a harmadik ~ba jár** be* in the third form **2.** *(hivatalban/áruházban)* department **3.** *(kategória)* section, class; **~on felüli** super-class
osztályellenség class enemy
osztályellentét class antagonism
osztályérdek class interest
osztályértekezlet departmental conference
osztályfőnök 1. *(hivatali)* head of department **2.** *(iskolában) kb)* form-master
osztályharc class struggle
osztályidegen class-alien
osztálykönyv *(kb)* class register/diary (in schools)
osztály nélküli társadalom classless society
osztályoz 1. class(ify), *(árut)* sort **2.** *(iskolában)* give* marks
osztályozás 1. classification, *(árué)* sorting **2.** *(iskolában)* giving marks
osztályöntudat class-consciousness
osztályrész share, portion; **~ül jut vknek** fall* to sy's share
osztálysorsjáték (class) lottery
osztálytárs class-mate
osztálytársadalom class society
osztályú -class; **első ~** *(minőség)* first-class (quality)

osztályuralom class rule
osztályvezető head of a department
osztályzat mark
osztandó *(mennyiségtan)* dividend
osztás *(mennyiségtani)* division
osztatlan *(átv)* unanimous
osztó 1. *(mennyiségtan)* divisor **2.** *(kártyajátékban)* dealer
osztódás division of cells
osztód|ik divide, *(biológia)* multiply by bipartition
osztogat distribute, dispense
osztójel sign of division
osztoz|ik *(vmben)* share sg, *(vmn)* share
osztrák Austrian
osztriga oyster
óta 1. *(időpont-megjelölésnél)* since; **tegnap ~** since yesterday; **1954 ~** since 1954 **2.** *(időtartam-megjelölésnél)* for; **hetek ~ beteg** he has* been ill for weeks; **egy idő ~ nem láttam** I have* not seen him for some time
otromba 1. clumsy **2.** *(átv)* rude
ott there; **~ ahol** where; **~ benn** in there; **~ fenn** up there
otthagy 1. *(vkt)* desert, abandon **2.** *(vmt)* leave* behind
otthon[1] *fn*, home
otthon[2] *hat*, at home; **~ marad** stay at home; **~ ülő ember** family man *(tbsz* family men), home-bird; **nincs ~** he is not at home, he is* out; **mindenütt jó de legjobb ~** there is no place like home; **~ van a festészetben** be* familiar with painting
otthonos homely, cosy; **~ vmben** be* familiar with sg; **~an érzi magát** make* oneself at home
ottlét presence; **~em alatt** during my stay there
óv *(vmtől)* protect (from/against)
óvadék security, *(szabadlábra helyezetté)* bail
óva int *(vk, vmtől)* warn (against sg)
óvakod|ik take* heed, *(vmtől/vktől)* beware of
ovális oval
óvást emel object (to), protest (against sg)
óvatlan: egy ~ pillanatban in an unguarded moment
óvatos cautious, prudent
óvatosság caution
óvintézkedés preventive measures *(tbsz)*; **megteszi a szükséges ~eket** take* the necessary precautions
óvoda nursery (school), kindergarten
óvóhely *(légó)* air-raid shelter
óvónő kindergarten teacher
óvszer contraceptive
oxidálód|ik oxidize
oxigén oxygen
ózon ozone

Ö

ő *(férfi)* he, *(nő)* she; **~ maga** he... himself, she ... herself, it... itself; **az ~ könyve** his/her book; **az ~ könyvük** their book
öblít rinse, *(torkot)* gargle, *(vécécsészét)* flush
öblös 1. *(üreges)* cavernous **2.** *(domborodó)* bulging **3.** *(hang)* deep
öböl *(nagy)* gulf, *(közepes)* bay
öcs (younger) brother; **az öccse** his/her younger brother
ődöng roam, ramble
őgyeleg loaf, lounge, loiter
ők they; **~ maguk** they themselves; **~et** them
öklel butt
öklendez|ik retch

öklömnyi 1. *(kicsi)* tiny 2. *(nagy)* as big as my fist *(ut)*
öklöz pummel, *(ökölvívó)* box
ököl fist; **~be szorítja a kezét** clench one's fists
ököljog club law
ökölvívás boxing
ökölvívó boxer; **~ mérkőzés** boxing match
ökör ox *(tbsz* oxen)
ökörnyál gossamer
ökörszem *(madár)* wren
öl[1] *ige,* kill, slay*, *(marhát)* slaughter, *(disznót)* butcher
öl[2] *fn,* 1. *(testrész)* lap; **~be vesz** take* on one's lap 2. **~re megy vkvel** come* to grips with sy
öl[3] *(űrmérték fának* 3,5 *köbméter)* cord, *(hossz- és mélységmérték* 183 cm) fathom
öldöklés massacre, butchery
öldököl kill off, massacre
öleb lap-dog, pet-dog
ölel embrace, hug, put* one's arms round; **szeretettel ~** *(levél végén)* with (much) love
ölelés embrace
öles one fathom long/deep/broad; **~ ember** a six-footer
ölt 1. *(varr)* stitch 2. **nyelvet ~** stick*/put* out one's tongue 3. **testet ~** take*/assume shape
öltés stitch
öltöny suit
öltözet clothing, clothes *(tbsz)*, garment
öltöz|ik dress (oneself), put* on one's clothes, *(vmbe)* attire oneself (in sg); **jól ~ik** be* well-dressed
öltözköd|ik dress (oneself)
öltöző dressing-room
öltöztet dress, attire
ölyv hawk, buzzard
ömleng gush, be* effusive
ömleszt pour, dump
öml|ik flow, run*, pour into; **~ik az eső** it's pouring (with rain); **a Duna a Fekete-tengerbe ~ik** the Danube flows/falls* into the Black Sea
ön[1] *(névmás)* you; **~ök** you; **ez az ~(ök) könyve** this is* your book; **~é** yours; **~höz** to you
ön[2] *(összetételben)* self-
önálló independent
önállóság independence
önállósít make*/render independent; **~ja magát** make* oneself independent
önámítás self-deception
önarckép self-portrait
önbecsülés self-respect
önbírálat self-criticism
önbizalom self-confidence, self-esteem
öncélú with a(n) end/purpose in itself *(ut)*
önelégült complacent
önéletrajz *(irodalmi)* autobiography, *(pályázathoz)* curriculum vitae
önellátás self-sufficiency, *(gazdasági)* autarchy
önellátó self-supporting, self-supplying
önellentmondás self-contradiction; **~ba kerül** contradict oneself
önérzet self-respect
önérzetes self-respecting/confident
önfegyelem self-discipline, self-control
önfejű self-willed, headstrong
önfeláldozás self-sacrifice
önfeláldozó self-sacrificing
önfeledt absent-minded
önfenntartás subsistence; **~i ösztön** instinct of self-preservation
öngól self-goal
öngyilkos suicide
öngyilkosság suicide; **~ot követ el** commit suicide

öngyújtó lighter
önhatalmúlag arbitrarily
önhibáján kívül through no fault of his (own)
önhitt conceited
önindító *fn*, self-starter
önként voluntarily; **~ vállalkozik vmre** volunteer to do* sg
önkéntelen involuntary
önkéntes I. *mn*, voluntary II. *fn*, *(katona)* volunteer
önkény arbitrariness, despotism
önkényes arbitrary
önkényesked|ik act arbitrarily
önkényuralom autocracy, despotism
önképzés self-education
önkioldó delayed-action release
önkiszolgálás self-service
önkiszolgáló bolt self-service shop
önkívület 1. unconsciousness 2. *(átv)* ecstasy
önkormányzat self-government, autonomy
önköltség cost of production, prime cost
önköltségcsökkentés reduction of costs
önköltségi áron at cost (price)
önkritika self-criticism; **önkritikát gyakorol** exercise self-criticism
önmaga himself, herself, itself; **önmagában** in/by itself; **önmagától** by itself
önmegtagadás self-denial
önmegtartóztatás self-restraint
önműködő automatic
önrendelkezési jog free self--determination
önsúly net weight
önszántából of one's own free will
önt 1. pour, infuse 2. *(átv)* infuse; **bátorságot ~ vkbe** breathe courage into; **szavakba ~** put* sg into words 3. *(fémet)* cast*; **szobrot ~** cast* a statue
öntecs ingot
öntelt conceited
öntevékenység spontaneous activity
öntő foundryman *(tbsz* foudrymen)
öntöde foundry
öntött cast; **~ vas** cast iron
öntöz water, *(csatornákkal)* irrigate
öntözőcsatorna irrigation canal
öntözőkanna watering-can, *(US)* sprinkling can
öntözőkocsi watering-car
öntudat 1. consciousness 2. *(öntudatosság)* self-assurance, self-respect
öntudatlan unconscious, senseless
öntudatos 1. self-respecting 2. *(munkás)* class-conscious
öntvény cast(ing), mould(ing)
önuralom self-command, self--control
önvád self-accusation
önvallomás confession
önvédelem self-defence; **~ből** by way of self-defence
önzés selfishness
önzetlen unselfish
önzetlenség unselfishness
önző I. *mn*, selfish II. *fn*, egoist
őr keeper, guard, watchman *(tbsz* watchmen), *(katona)* sentry, *(átv)* guardian, protector; **~t áll** be* on the watch, *(katona)* keep* guard (over sg)
ördög devil, fiend; **vigye el az ~** the devil take* him; **az ~be is!** hang/damn it!
ördögi devilish, fiendish
ördöngös fickó a devil of a fellow
öreg I. *mn*, old, aged II. *fn*, old man *(tbsz* men); **~em!** old chap

öregasszony old woman *(tbsz* women)
öregebb older, *(családon belül)* elder; **két évvel ~ nálam** he is* two years my senior
öregember old man *(tbsz* men)
öreges elderly, oldish
öregít age, make* older
öregkor old age
öregség (old) age
öregsz|ik grow* old, age
őrház signal-cabin
őrhely 1. beat (of sentry) 2. *(átv)* watch, post
őriz watch, guard; **őrzi az ágyat** keep* to one's bed
őrizet care, protection, *(rendőri)* custody, ward; **~ben** *(vk)* under arrest
őrizetlen unguarded
őrizked|ik *(vmtől)* (be* on) guard against sg, beware of sg
őrjárat patrol
őrjöng rave
őrköd|ik 1. *(őrségben)* watch/guard over sg 2. *(vk/vm mellett)* take* care of sg/sy
őrlés grinding, milling
örmény Armenian
őrmester sergeant
őrnagy major
örök I. *mn*, eternal, perpetual, everlasting; **~ időkre** for ever; **~ időtől fogva** from time immemorial II. *fn*, **~be fogad** adopt; **~ébe lép vknek** succeed sy
örökké eternally, for ever
öröklakás freehold flat
öröklés succession, inheritance; **~ útján** by way of succession
örökletes hereditary, inheritable
öröklőd|ik 1. *(betegség)* be* hereditary 2. *(vagyon)* be* handed down
öröklött hereditary
örököl inherit (sg)
örökös[1] *mn*, *(ami örökké tart)* perpetual, eternal
örökös[2] I. *fn*, *(örökséggel kapcsolatos)* successor, heir; **~évé teszi** appoint sy as one's heir II. *mn*, hereditary
örökösödés succession, inheritance
örökre for ever
örökség inheritance, *(végrendeletileg)* legacy; **~ből kizár** disinherit; **~ül hagy** bequeath
örökvaku everflash
örökzöld evergreen
őröl grind*, mill
öröm joy, pleasure; **~öt szerez vknek** please/delight sy; **~ét leli vmben** take* pleasure in sg, enjoy sg; **~mel** joyfully, gladly, with pleasure; **kész örömmel** with pleasure
örömhír good news
örömittas overjoyed
örömkönny tears of joy *(tbsz)*
örömrivalgás shouts of joy *(tbsz)*
örömszülők parents of the bride and bridegroom (at the wedding) *(tbsz)*
örömtelen joyless, mirthless
örömteli joyful, glad
örömtűz bonfire
örömünnep festival, jubilee
őrs *(katonai)* sentry, *(úttörő)* patrol
őrség *(katonai)* guard, watch, *(hely/vár)* garrison; **~et áll** keep* sentry/watch
őrségváltás changing of the guard
őrszem sentry
őrtorony watch-tower
örül *(vmnek)* rejoice (at/in sg), be* glad (of sg), be* pleased (with sg); **~ hogy** be* delighted/pleased (to); **~ök hogy láthatom** I am* glad to see you; **nagyon ~** be* overjoyed
őrület madness, insanity

őrületes mad, terrific
őrült I. *mn*, mad, insane II. *fn*, madman *(tbsz* madmen) III. *hat*, ~ **sok** lots/heaps of sg
őrültség madness, insanity
örv 1. *(kutyáé)* collar 2. **vmnek az ~e alatt** on/under the pretext of sg
örvend 1. **~ek a szerencsének** (I am*) happy to meet you 2. *(átv)* enjoy; **jó egészségnek ~** enjoy good health
örvendetes pleasing, happy; ~ **hír** good news
örvendez|ik rejoice
örvény 1. whirlpool, eddy 2. *(átv)* whirl, turmoil
örvényl|ik whirl, swirl
őrvezető lance corporal
ős I. *fn*, ancestor, forefather II. *mn*, ancient, ancestral
ősbemutató world première
ősember primitive man *(tbsz* primitive men)
őserdő virgin forest, jungle
őshaza original home
ősi ancient, ancestral; ~ **ház** ancestral home/seat; ~ **szokás** ancestral custom, tradition
ősidők bygone days; **~től fogva** from time immemorial
őskor prehistoric age
őskori prehistoric
ősközösség primitive community
őslakó native; **~k** original inhabitants, aborigines
ősrégi ancient, ancestral
őstermelő primary producer
ösvény path
ősz[1] *fn*, autumn, *(US)* fall; **ősszel** in autumn/fall
ősz[2] *mn*, grey, grey-haired
őszi autumn, autumnal, *(US)* fall; ~ **búza** winter/autumn wheat
őszibarack peach
őszinte sincere, frank; ~ **vkvel** be* plain/open with sy; ~ **híve** *(levélben)* yours sincerely
őszintén sincerely, frankly; ~ **szólva** to say the truth, as a matter of fact
őszinteség sincerity, frankness
őszirózsa Michaelmas daisy
össz- total, global
összbenyomás general impression
összbevétel total income
össze together
összead 1. *(számokat)* add/sum up (figures) 2. *(összeesket)* marry, wed
összeadás addition, sum; **~t végez** add up a sum
összeáll 1. *(csoportba gyűl)* assemble, *(vkvel)* take* up with sy 2. *(ami folyós)* thicken
összeállít *(részeket)* put*/fit together, *(listát)* draw* up
összeállítás 1. *(részeket)* (re)assembling, putting/fitting together, *(csapatot)* selecting (a team), *(műsort)* organizing (a programme) 2. *(választék)* assortment, list
összebarátkoz|ik make* friends (with sy)
összeborzol dishevel, tousle
összebújj|ik press close together
összecsap 1. *(kezet)* clap 2. *(munkát)* throw* together 3. *(ellenféllel)* join battle (with) 4. **~tak feje fölött a hullámok** the waves dashed over his head
összecsapás clash
összecsavar screw/roll up
összecsavarod|ik twist up
összecserél 1. *(vmt vmvel)* mix up 2. *(vkt vkvel)* mistake* sy for sy
összecsomagol pack up, make* up (into a parcel)
összecsődít gather together
összecsődül assemble

összecsuk close, shut*
összecsukható folding, collapsible
összedől collapse, crumble
összeegyeztet *(vmt vmvel)* make* consistent with, *(nézeteket)* reconcile
összeegyeztethetetlen incompatible *(amivel* with)
összeegyeztethető compatible
összeér meet*, touch
összees|ik 1. *(személy)* collapse, fall* (down) *(amitől* with) 2. *(események időben)* coincide (with)
összeesküvés conspiracy
összeesküvő *fn*, conspirator
összefér 1. *(vkvel)* get* on (well) with, harmonize 2. *(vmvel)* be* compatible with
összefércel tack/stitch together
összeférhetetlen 1. *(vm)* incompatible 2. *(vk)* unsociable
összefog 1. *(vmt)* hold* together/up 2. *(rendőrség személyeket)* round up 3. *(vkvel)* unite (with), collaborate (with)
összefogás union, collaboration
összefoglal sum up, summarize
összefoglalás summary, recapitulation
összefoglaló *fn*, *(vizsga)* examination
összefogódz|ik join hands
összefoly|ik 1. join, *(folyók)* flow together 2. *(színek)* blend, merge
összefon *(kart)* fold
összefonód|ik *(átv)* interweave*
összeforr *(törött csont)* knit*, *(seb)* heal
összforraszt *(fémet)* weld, braze
összefut 1. *(emberek)* run* together, gather 2. *(tej)* turn, curdle
összefügg be* connected with
összefüggés connection, coherence; **~ben van vmvel** be* connected with
összefüggéstelen incoherent, disconnected
összefüggő connected, coherent
összefűz 1. bind*, join 2. *(átv)* unite
összeg sum, amount; **egy ~ben fizet** pay* prompt/cash
összegabalyít tangle up, mix up
összegez summarize, sum up; **~zük az elmondottakat** let us summarize what has* been said
összegöngyöl roll/coil up
összegyűjt collect, gather (together)
összegyűl 1. *(tömeg)* assemble, gather together 2. *(pénz/munka)* pile up
összegyűr *(papírt)* crumple, *(ruhát)* crease
összegyűrőd|ik *(ruha)* become*/get* creased
összehajlít fold (up)
összehajt fold (up)
összehangol 1. *(hangszereket)* bring* into accord 2. *(nézeteket)* co-ordinate
összehasonlít compare
összehasonlítás comparison
összehív call together, summon
összehord 1. *(vmt)* collect, bring* together 2. **hetet-havat ~** talk nonsense
összehoz bring* together, *(személyeket)* put* sy in touch with sy
összehúz pull/draw* together; **~za magát** *(testileg)* double up, *(anyagilag)* curtail expenses
összehúzód|ik *(izom)* contract
összeilleszt *(részeket)* assemble *(gépet)* fit together
összeill|ik fit, suit
összeillő well-matched, suitable
összeír 1. *(lajstromoz)* draw* up 2. *(két szót)* write*

in one word **3.** *(lakosságot)* take* a census of
összeírás 1. register, list **2.** *(népességé)* census
összejátsz|ik 1. *(vkvel)* collude with **2.** *(átv)* coincide (with); **minden ~ott ellene** everything seemed to be against him
összejön assemble, *(vk vkvel gyakran)* keep* company with; **mára sok munkám jött össze** a lot of work has* accumulated for today
összejövetel meeting, gathering
összekap 1. snatch up **2.** *(vkvel)* quarrel (with sy)
összekapcsol 1. connect, join **2.** *(kapoccsal)* clip together
összekarmol scratch
összeken besmear
összekerül *(vkvel)* meet* sy, come* across
összekevered|ik be*/get* mixed up (with)
összekovácsol weld/forge together
összeköltöz|ik set* up house together
összeköt 1. tie (up), fasten, bind* **2.** *(átv)* combine, unite; **~i a kellemest a hasznossal** combine the useful with the agreeable
összekötő I. *mn*, connecting, joining; **~ kapocs** *(átv is)* connecting link; **~ szöveg** connecting text **II.** *fn*, *(sport)* inside; **bal ~** inside left
összeköttetés 1. connection, contact; **üzleti ~** business relations *(tbsz)*; **jó ~ei vannak** have* good connections; **~be lép vkvel** get* into touch with sy **2.** *(közlekedés)* communications *(tbsz)*, *(vasúti)* train-service, *(telefon)* connection; **közvetlen ~** through connection
összekulcsolja a kezét clasp/fold one's hands
összekuporgat scrape together, save up
összekuszál 1. *(hajat)* dishevel **2.** *(átv, ügyet)* mix up, confuse
összekülönböz|ik *(vkvel)* quarrel
összeláncol chain together
összemegy 1. contract, *(szövet mosásban)* shrink* **2.** *(tej)* turn, curdle
összemér 1. compare (measures/weights) **2.** *(erőt)* match; **~ik a kardjukat** cross/measure swords
összemorzsol crush
összenéz exchange glances
összenő grow* together, *(törött csont)* knit*
összenyom compress, *(gyümölcsfélét)* squash, *(krumplit)* mash
összeolvad 1. melt **2.** *(átv)* merge into
összeolvas 1. *(összeszámlál)* count **2.** *(egyeztet)* collate
összeolvaszt 1. melt **2.** *(átv)* fuse, merge
összeomlás 1. collapse, breakdown **2.** *(bukás)* ruin, failure, *(gazdasági)* bankruptcy
összeoml|ik 1. collapse, *(épület)* tumble down **2.** *(birodalom)* fall* into ruin, *(ker vállalat)* fail
összeönt mix, pour together
összepakol pack up
összepiszkít dirty, soil
összeragad stick* together
összeragaszt stick* together
összerak 1. put*/lay* together *(gépezetet)* fit together **2.** *(pénzt)* collect
összeráncol wrinkle, *(homlokát)* frown
összeráz shake* (up), *(jármű)* jolt
összerezzen *(félelemtől)* shud-

der, *(meglepetéstől)* be* startled
összerogy collapse
összeroppan break* down, collapse
összeroppanás breakdown
összérték total value
összes all (the) *(és tbsz)*, *(egyes számmal is)* total, whole *(csak egyes számmal)* every, any; **~ bevétel** gross takings *(tbsz)*; **~ jövedelem** total income; **az ~ fiúk** all (the) boys, every boy; **Jókai ~ művei** the complete works of Jókai
összesen all, altogether, *(számoszlop összegezésekor)* sum total
összeseregl|ik flock together
összesít add/sum up, *(eredményeket)* summarize
összesítés **1.** adding/summing up **2.** *(kimutatás)* summary
összesített global, total
összesöpör sweep (together), *(szemetet)* sweep up
összespórol save up, scrape together
összesúg put* the heads together
összesűrít condense, concentrate
összeszámol count (up)
összeszed **1.** collect, gather, *(pénzt nehezen)* scrape together **2.** **~i magát** compose oneself
összeszerel assemble, mount; **~i a részeket** fit parts together
összeszid scold, reprimand
összeszorít compress; **~ja a fogát** set* one's teeth
összeszorul press close together; **~t a szíve** his heart sank*
összetákol improvise, throw* together
összetalálkoz|ik meet* (sy), come* across (sy)

összetapad stick* (closely) together
összetapos trample/tread* down
összetart hold*/keep* together
összetartás loyalty, solidarity
összetartozás connection, relation
összetartoz|ik belong together
összetép tear* up
összetesz put*/lay* together, *(kezet)* fold
összetétel combination, *(nyelvtan/mennyiségtan)* compound; **szociális ~** social composition
összetett *(átv)* combined, *(nyelvtan)* compound
összetéveszt mistake* (sg for sg)
összetevő *fn*, component, constituent
összetipor crush/tread* under foot *(tbsz* feet)
összetorlód|ik accumulate, pile up; **~ott a munkánk** we are* snowed under with work
összetör break* up, *(átv is)* smash, crush
összetör|ik break* (up)
összetört broken
összetűz **1.** pin/stitch together **2.** *(vkvel)* clash (with sy over sg)
összeül sit* together, *(vm megbeszélésre)* take* counsel together
összeütközés **1.** *(járműé)* collision, crash **2.** *(átv)* conflict; **~be kerül vmvel** run* counter to sg
összeütköz|ik **1.** *(jármű)* collide **2.** *(átv)* have* a conflict with, conflict with
összevág **1.** cut* up to pieces **2.** *(vmvel)* agree, correspond (with)
összevarr sew* together
összevásárol buy* up
összevegyít mix, (inter)mingle

összever thrash
összevereked|ik come* to blows (with sy)
összeverőd|ik assemble, come*/flock together
összevész fall* out (with), quarrel (with)
összeveszés quarrel, row
összevet compare, *(írást/szöveget)* collate; **vesd össze** compare, confer
összevéve: mindent ~ in short/brief
összevissza 1. *(rendetlenül)* upside down, topsy-turvy, at random; **~ beszél** talk at random 2. *(mindössze)* altogether, all in all
összevisszaság confusion, disorder
összevon 1. draw* together, contract; **~ja a szemöldökét** frown 2. *(mennyiségtan)* reduce 3. *(katonai csapatokat)* concentrate (troops)
összevonás *(mennyiségtan)* reduction
összezavar 1. *(vmt)* disorder, upset*, confuse 2. *(vkt)* confuse, upset* 3. *(vmt vmvel)* confound
összezördül quarrel (with sy)
összezúz crush, smash
összezsúfol compress, squeeze into
összezsugorod|ik shrivel/dry up
összfogyasztás total consumption
összhang harmony, accord; **~ba hoz** *(nézetet)* reconcile (views); **~ban van vmvel** be* in keeping with sg
összhangzat harmony, accord
összhatás general/total effect/impression
összjáték team-work
összjövedelem total income
összkép general effect (of a picture), overall picture (of sg)
összkomfort all modern conveniences *(tbsz)*
összköltség total expenditure
összpontosít concentrate; **figyelmét vmre ~ja** focus one's attention on sg
összpontosul become* concentrated
összsúly total weight
össz-szövetségi all-union
összteljesítmény total output
össztermelés total output, *(mezőgazdasági)* gross yield
ösztökél urge, egg (on)
ösztön instinct
ösztöndíj scholarship, bursary, stipend
ösztöndíjas *fn*, holder of a scholarship
ösztönös instinctive, impulsive **~en** instinctively
ösztönöz urge, incite, stimulate; **mi ösztönzi őt erre?** what makes* him do it?
ösztönzés urge, incitement, stimulation
őszül turn white/grey
öszvér mule
öt five
őt him, *(nőt)* her; **~ magát** himself, *(nőt)* herself
ötágú csillag five-pointed star
ötéves five years old *(ut)*, five-year-old; **~ terv** Five Year Plan
ötlet idea, notion; **jó ~e támadt** he had* a brain-wave
ötletes 1. *(szellemes)* witty 2. *(találékony)* resourceful, ingenious
ötl|ik: eszébe ~ik it occurs to him
ötöd *(rész)* fifth part, *(zene)* fifth
ötödik I. *mn*, fifth II. *fn*, 1. **5-én** on the fifth 2. **~be jár** go to the fifth form/class
ötös I. *fn*, *(szám)* (number/figure) five; **~re felelt** he was* given an excellent II.

mn, **~ autóbusz** bus number five
öttusa modern pentathlon
ötven fifty
ötvös goldsmith
ötvözet alloy
öv 1. girdle **2.** *(föld)* zone
övé his, hers, its; **ez a ház az ~** this house is his/hers, this house belongs to him/her
övéi his, hers
övéik theirs
övék theirs
övez encircle, girdle (sy with sg)
övezet *(terület)* zone, area, *(erdő)* belt (of forests)
őz deer, roe(-deer)
őzbak roebuck
őzcomb haunch of venison
őzgerinc saddle of venison
őzike fawn
özön *(áradat)* deluge, flood, *(átv)* (super-)abundance; **szavak ~e** flow/torrent of words
özönl|ik stream, flow, *(tömeg)* crowd/flock to (a place)
özönvíz deluge, *(bibliai)* the Flood; **~ előtti** antediluvian, *(átv)* old-fashioned
őzsuta (roe-)doe
özvegy I. *mn* widowed; **~en maradt** she remained a widow **II.** *fn*, *(asszony)* widow, *(férfi)* widower
özvegyi nyugdíj widow's pension
özvegységre jut become* a widow/widower

P

pác 1. *(konyhai)* pickle, *(bőripari)* steep **2.** *(átv)* **~ban van be*** in a hole/fix
paca ink-blot
pacák guy, bloke
pacal tripe
páciens patient
pacifista pacifist
pácol 1. *(konyha)* marinade, pickle **2.** *(bőrt)* steep, *(bútort)* stain
pacsirta lark, skylark
pacskol splash, plash
pad bench, *(iskolai és támla nélküli)* form
padlás loft, garret
padlásablak attic window
padlásszoba attic, garret-room
padló floor(ing)
padlókefélő gép floor-polisher
páfrány fern
páholy box
páholyülés box seat
pajkos playful, frolicsome
pajta barn, shed
pajtás comrade, companion, pal, *(úttörő)* pioneer
pajzán playful, frolicsome
pajzs 1. *(katona)* shield **2.** *(címeré)* escutcheon
pajzsmirigy thyroid gland
pajzstetű shield scale
páka soldering iron
paklikocsi luggage-van
pakol pack
paktum agreement, pact
Pál Paul
pala slate, shale
palack bottle, flask
palacksör bottled beer
palacsinta (French) pancake
palánk boar-fence
palánta seedling
palást cloak
palástol cloak
palatető slate roof
pálca stick, rod, *(fenyítő)* cane; **pálcát tör** *(vk felett)* pass a harsh judgment (on sy)
Palesztina Palestine
paletta (painter's) palette
pálinka brandy

pálinkamérés pub, gin shop
pallér foreman(-builder)
pallérozott polished, refined
palló plank, *(híd)* foot bridge
pallos sword
pálma palm, palm-tree
pálmaház palm house
palota palace, mansion
pálya 1. course 2. *(sport)* field, ground(s), *(futó)* track 3. *(vasúti)* track, railway line, *(US)* railroad line/track; **pályára állít** *(rakétát)* place into orbit 4. *(életpálya)* career, profession, vocation; **a szabad pályák** the professions; **vm pályára lép** go* in for sg; **pályát téveszt** miss one's vocation
pályabíró umpire
pályadíj prize; **~at tűz ki** offer a prize
pályafenntartás *(vasút)* track maintenance
pályafutás career
pályaőr line(s)man *(tbsz* linesmen), *(US)* trackman *(tbsz* trackmen)
pályaudvar (railway) station, *(US)* railroad station
pályaválasztás choice of career/profession
pályázat competition, *(mint kérvény)* application; **~ot ír ki** *(munkára)* invite tenders, conduct a competition; **~ot hirdet** *(állásra)* advertise a vacancy
pályáz|ik 1. compete (for) 2. *(meg akar szerezni)* angle (for)
pályázó *fn*, competitor, applicant
pamacs *(borotva)* shaving--brush, *(festék)* round paint--brush
pamflet pamphlet
pamlag couch, sofa
pamut cotton
pamutáru cotton goods *(tbsz)*
panama (financial) swindle
panasz complaint; **~t tesz** complain (to sy), lodge a protest (with sy); **~ nélkül** without a murmur
panaszkod|ik *(vmre)* complain (of sy/sg), lament (sg)
panaszkönyv complaint-book
panaszos I. *mn*, **~ hangon** in a plaintive voice II. *fn*, *(jog)* plaintiff
páncél 1. *(lovagi/átv)* armour, *(járműé)* armouring 2. *(rovaré)* shell
páncélautó armoured car
páncélos I. *mn*, armoured, mailed; **~ alakulatok** armoured troops II. *fn*, 1. *(katona)* tank man *(tbsz* tank men) 2. *(harckocsi)* tank
páncélszekrény safe
páncéltörő ágyú anti-tank gun
pancsol 1. splash 2. *(bort meghamisít)* water, doctor
pang stagnate; **az üzlet ~** business is* slack
pánik panic; **~ot kelt** create a panic
paníroz (bread-)crumb
panoptikum waxworks
panoráma view, panorama
pánt 1. band, clamp 2. *(keréken)* tyre 3. *(ruhán)* strap
pantalló slacks *(tbsz)*, *(US)* jeans *(tbsz)*
pántlika ribbon, tape
pap *(katolikus)* priest, *(protestáns)* clergyman *(tbsz* clergymen), minister
papa Dad, Daddy
pápa pope
papagáj parrot
papi ecclesiastical, clerical
papír paper; **~ba csomagol** wrap up in paper; **~ra vet** note (down), commit to paper
papírforma szerint on paper, in theory
papírgyár paper-mill/factory

papírkereskedés stationer's (shop)
papírkosár waste-paper-basket
papírpénz paper money, bills *(tbsz)*
papírszalvéta paper napkin
papírzacskó paper bag
paplan quilt, *(pehely)* eiderdown (quilt)
papnevelő *(katolikus)* seminary, *(protestáns)* theological college
papol chatter, gabble
paprika red pepper, paprika; **töltött ~** stuffed paprika
paprikajancsi Punch
paprikás I. *mn*, **~ csirke** paprika chicken **II.** *fn*, meat stewed with paprika
papucs slipper; **~ alatt van** be* henpecked
papucscipő loafer
pár I. *fn*, **1.** *(kettő)* pair, *(házas/szerelmes)* couple **2.** *(egyenértékű)* match; **nincsen ~ja** be* unmatched, have* no match/equal **3.** *(embernek átv)* companion; **hol van ennek a cipőnek a ~ja?** where is* the fellow of this shoe? **II.** *számnév*, **1.** *(kettő)* pair of **2.** *(néhány)* couple (of), some, few
pára steam, vapour, *(kipárolgás)* fumes *(tbsz)*; **kiadja páráját** die, give* up the ghost
parádé 1. *(felvonulás)* parade **2.** *(pompa)* pomp
parádéz|ik parade
paradicsom 1. *(növény)* tomato **2.** *(vallási)* paradise
paradicsomleves tomato soup
parafa cork
parafadugó cork
paragrafus article, paragraph
paraj spinach
parancs command, order; **~ot ad vmre** give* order (to); **~ot teljesít** carry out an order/command
parancsnok commander, commanding officer
parancsnoki híd bridge
parancsnokság 1. *(szerv)* headquarters *(tbsz)* **2.** *(ténykedés)* command; **átveszi a ~ot** take* (over the) command (of sg)
parancsol command, order, bid*; **mit ~?** (is* there) anything I can do for you?; **~ teát?** will you have some tea?, do you like tea?
parancsolat commandment
parancsoló commanding, ordering, *(ellentmondást nem tűrő)* imperative; **~ mód** imperative mood
parányi minute, tiny
párás vaporous, *(idő)* misty
paraszt 1. peasant; **dolgozó ~** working peasant **2.** *(sakkbáb)* pawn
parasztgazda farmer, peasant holder
parasztgazdaság peasant farm
parasztház farmhouse
paraszti peasant, rustic
parasztlázadás peasant(s') revolt
parasztpárt peasants' party
parasztság peasantry
parasztszármazású of peasant origin *(ut)*
páratlan 1. *(nem páros)* odd, *(csak szám)* uneven **2.** *(ritka)* unrivalled, unequalled; **~ a maga nemében** unique
parázs I. *fn*, glowing embers *(tbsz)* **II.** *mn*, **~ veszekedés** heated quarrel
parázsl|ik glow
párbaj duel; **~ra kihív** challenge to (a) duel
párbajtőr(vívás) épée(-fencing)
párbeszéd dialogue
parcella plot/parcel of land

parcelláz divide into plots/parcels
pardon sorry!, excuse me!, pardon me!
párduc panther, leopard
parfé parfait
parfüm scent, perfume
párhuzam parallel, comparison; **~ot von két dolog közt** draw* a parallel between two things
párhuzamos parallel (with/to); **~an** parallel with
pari par; **~n** at par
paripa steed
paritás parity
parittya sling(shot)
park 1. *(kert)* park, garden **2.** *(járműállomány)* park, pool
párkány edge, rim, *(ablaké)* sill
parkett parquet(ry)
parkol park
parkolás parking; **tilos a ~** no parking
parkolóhely parking space
parlag waste, uncultivated land; **~on hever** lie fallow, *(átv)* be* unutilized
parlament Parliament
párna 1. *(ágyban)* pillow **2.** *(ülésre)* cushion
párnahuzat pillow-slip/case
párnás cushioned; **~ ülés** upholstered seat
paródia parody, travesty
paróka wig
párol steam, stew, *(csak húst)* braise
párolt steamed; **~ alma** stewed apples; **~ káposzta** steamed cabbage; **~marhahús** braised beef
párolog steam, evaporate
páros I. *mn*, *(kettős)* paired; **~ műkorcsolyázás** pair skating **2. ~ oldal** *(utcáé)* side of even numbers; **~ számok** even numbers **II.** *fn*, *(sport)* double; **férfi ~** men's double
párosával in pairs, two and two
párosít 1. pair **2.** *(átv)* join, combine
párosod|ik mate, pair
párosul be* accompanied (by)
párszor once or twice, a few times
part *(állóvizé)* shore, *(tengeré)* coast, *(folyóé)* bank; **a ~on** on the bank/coast, ashore; **~ra** ashore; **~ra száll** land, disembark
párt 1. party; **kommunista ~** Communist Party; **belép a ~ba** join the party; **~on kívüli** non-party **2. ~ját fogja** take* sy's part
párta 1. pártában marad remain a maiden **2.** *(növényé)* corolla
pártállás party allegiance
pártatlan impartial, objective
pártbizalmi party steward
pártbizottság party committee
pártcsoport party group
partdobás *(sport)* throw-in
pártember member of the party, party-man *(tbsz* party-men)
pártértekezlet party meeting/conference
pártfegyelem party discipline
pártfogás protection, patronage
pártfogó patron, protector
pártfogol patronize, protect
pártfogolt protégé
pártfőiskola party college/academy
pártfunkcionárius party functionary
párthatározat party decision
párthelyiség party premises *(tbsz)*
párthűség party loyalty
parti 1. *(kártya)* game of cards **2.** *(házasság)* **jó ~** a good match
pártiskola party course
partitúra (musical) score

partizán partisan, guerilla
partizánharc guerilla fights *(tbsz)*
pártjelvény party badge
partjelző *fn*, *(sport)* linesman *(tbsz* linesmen)
pártkongresszus party congress
pártkönyv party card
pártközpont party centre
pártlap party organ
partmenti coastal, *(folyónál)* riverside
pártmunka party work
pártmunkás party worker
pártnap party meeting
partner partner
pártoktatás party education
pártol patronize, protect
pártonkívüli non-party man *(tbsz* men)
pártos 1. *(részrehajló)* partial **2.** *(munkásosztály érdekében)* party-minded
pártoskodás *(pártütés)* dissension
pártpolitika party politics *(tbsz)*, party policy
pártprogram party programme, *(US)* party platform
partraszállás landing, disembarkation
pártszerű in keeping with the party's attitude *(ut)*
pártszerűtlen contrary to the party line *(ut)*
pártszervezet party organization
párttag party member
párttagság 1. *(állapot)* party membership; **~i könyv** party card **2.** *(tagok)* party members *(tbsz)*
párttitkár party secretary
párttörténet history of the (Communist) Party
pártütő rebel
pártvezér leader of the party
pártvezetőség party committee
partvidék coastal region
partvis broom
pártviszály party strife
pártvonal party line
párz|ik pair, mate
pástétom paste
paszomány braid, trimming
passzió hobby
passzíroz pass through a sieve
passzív passive, inactive
passzívák liabilities *(tbsz)*
paszta paste
pasztell pastel
pasztellkép crayon, pastel
pasztilla pastille *(tabletta)* tablet, pill
pásztor shepherd
pasztőröz pasteurize
paszuly haricot bean
pata hoof *(tbsz* hooves)
patak brook, stream(let)
patakz|ik stream, gush
patentkapocs press-button
patika pharmacy, chemist's (shop), *(US)* drugstore
patikus chemist, pharmacist
patkány rat
patkó horseshoe
patkópénztárca tray purse
patkol shoe* (a horse)
patológiás pathological
patron *(autoszifonba)* sparklet
pattan 1. *(ostor)* crack **2.** *(ugrik)* spring*, jump; **tűzről ~t** fiery, temperamental
pattanás pimple
pattint snap
pattog 1. *(tűz)* crackle **2.** *(vk, átv)* rail
pattogatott kukorica pop-corn
patyolatfehér white as snow *(ut)*
pausálár flat rate, inclusive terms *(tbsz)*
pausálé lump sum
páva peafowl
pávián baboon, mandril
pavilon pavilion
pazar 1. *(fényűző)* luxurious **2.** *(bőséges)* profuse

pazarló I. *mn*, prodigal, thriftless **II.** *fn*, squanderer
pazarol squander, waste
pázsit lawn, grass
pech bad/hard/ill luck; **~je van** be* out of luck
peches unlucky
pecsenye roast (meat), joint
pecsenyezsír drippings *(tbsz)*
pecsét 1. *(viaszból stb.)* seal, *(hivatalos)* stamp; **~et ráüt vmre** stamp sg **2.** *(folt)* stain, spot
pecsétel 1. *(viasszal stb.)* seal **2.** *(lebélyegez)* stamp
pecsétes stained, spotted
pecsétgyűrű signet-ring
pecsétnyomó seal
pecsétviasz sealing-wax
pedagógia pedagogy
pedagógus pedagogue
pedál pedal
pedáns particular, precise, *(elítélőleg)* fussy
peder twist, twirl
pedig but, however, yet, nevertheless; **ha ~** should* it happen (that)
pedikűr chiropody
pedz 1. *(hal a horgot)* nibble at the bait **2. ~i már** (= *sejti)* he's near the truth, (= *rátér)* he's getting at it
pehely 1. *(hó/szappan)* flake **2.** *(szőr/toll)* fluff, down
pehelypaplan eiderdown quilt
pehelysúly feather-weight
pej bay, chestnut
pék baker
pékség bakery
péksütemény baker's ware
péküzlet baker's (shop)
példa 1. example, instance; **példának okáért** for instance/example *(röv.* e.g.); **példát ad** set* an example; **vk példáját követi** follow sy's example **2.** *(mennyiségtan)* problem
példakép model, pattern
példálódz|ik hint (at sg)
példamutató exemplary
példány *(könyvé/újságé)* copy, *(minta)* sample; **két ~ban** in duplicate
példányszám size of edition; **nagy ~ban jelenik meg** it has* a very wide circulation
példás exemplary
példátlan unprecedented
pelenka (baby's) napkin, diaper
pellengér pillory
pelyva chaff
penész mildew, mould
penészes mildewy, mouldy
peng sound, *(sarkantyú)* jingle
penge blade
penget (make*) sound, *(hangszerhúrt)* pluck (the strings), *(sarkantyút)* (make*) jingle; **más húrokat ~** change one's tune
penicillin penicillin
pént. = *péntek* Friday, Fri.
péntek Friday; **~en** on Friday; **jövő ~en** next Friday; **minden ~en** on Fridays, every Friday; **múlt ~en** last Friday; **~re** by Friday
pénteki Friday, of Friday *(ut)*
pénz money, *(mint érme)* coin, *(mint fizetési eszköz)* currency; **rossz ~ nem vész el** turn up like a bad penny; **nincs ~e** *(vmre)* he can't afford it; **~be kerül** it costs* money; **~t keres** make*/earn money; **~t ver** coin money; **~zé tesz** turn sg into money
pénzalap fund(s)
pénzátutalás money transfer
pénzbedobós távbeszélő-készülék penny-in-the-slot telephone apparatus
pénzbeszedő collector
pénzbírság fine, penalty; **~ra ítél** fine
pénzdarab coin, piece
pénzember financier
pénzesutalvány money order

pénzeszsák money-bag
pénzhiány shortage of money; **~ban szenved** be* pinched for money, be* short of (ready) money
pénzintézet bank
penzió *(Angliában)* boarding-house, *(a kontinensen)* pension
pénzjutalom money reward
pénzláb money rates *(tbsz)*
pénzmágnás plutocrat
pénznem currency
pénzösszeg amount, sum
pénzreform currency reform
pénzromlás depreciation
pénzsóvár grasping
pénztár pay-desk, cash-desk, *(bankban)* counter, *(színházi)* box-office, *(vasúti)* booking office; **~t csinál** balance up the cash
pénztárablak counter
pénztárca purse
pénztárgép cash-register
pénztárnapló cash book
pénztáros cashier, *(banké)* teller, *(vasúti)* booking clerk, *(US)* ticket agent
pénzügyek finances
pénzügyi financial, finance; **~ körökben** in financial circles
pénzügyminiszter Minister of Finance, *(GB)* Chancellor of the Exchequer, *(US)* Secretary of the Treasury
pénzügyminisztérium Ministry of Finance(s), *(GB)* the Exchequer, *(US)* Treasury Department
pénzügyőrség customs police
pénzverde mint
pénzzavar financial difficulties *(tbsz)*; **~ban van** be* in straitened circumstances, be* hard up for money
pép pulp, mush
pepecsel tinker away (at sg)
pépes pulpy, mushy
pepita checkered
per 1. (legal) action, (law)suit; **~be fog** bring* an action against sy; **~en kívüli egyezség** settlement out of court; **elveszti a ~t** lose* the suit **2.** *(átv)* quarrel, dispute; **~be száll vkvel** dispute/argue with sy
perc minute; **az állomástól öt ~re** five minutes from the station; **ebben a ~ben** just this moment; **csak egy ~re** (just) half a minute; **öt ~ szünet** an intermission of five minutes
percenként per minute; **száz fordulat ~** a hundred revolutions per minute
percent per cent, percentage
percmutató minute hand (of clock)
perdöntő decisive
perdül spin* round
perec pretzel
pereg spin*/whirl round, twirl; **könny ~ a szeméből** tears trickle from her eyes; **~ a film** the film is* showing; **~ a nyelve** have* a glib tongue
perel 1. *(jog)* take* action **2.** *(veszekszik)* quarrel
perem border, edge
peres litigious; **~ úton** by means of legal action; **~ ügy** lawsuit
peresked|ik litigate
pergamen parchment
perget 1. *(dobot)* roll **2.** *(filmet)* play **3.** *(mézet)* run*
pergőtűz drum-fire
perje meadow-grass
perköltség law costs *(tbsz)*
permetez drizzle, sprinkle, *(permetezővel)* spray
peron platform
peronjegy platform ticket
perpatvar squabble, altercation

perrendtartás: bűnvádi ~ code of criminal procedure
persely savings-box
perselyez collect
perspektíva 1. *(távlat)* perspective **2.** *(jövőre)* outlook
persze of course, certainly; **hát ~** why certainly
perzsa Persian, Iranian
perzsaszőnyeg Persian carpet
perzsel *(nap)* scorch, *(disznót is)* singe
Perzsia Persia, Iran
pestis plague, pestilence
pesszimista I. *n*, pessimist **II.** *mn*, pessimistic(al)
pete egg
petefészek ovary
Péter Peter
petrezselyem parsley
petróleum *(kőolaj)* petroleum, *(lámpába)* paraffin, *(US)* kerosene
petróleumfőző oil stove, *(US)* kerosene stove
petyhüdt loose, flabby
petty spot, dot
pettyes dotted, spotted
pezseg sparkle, fizz, *(átv)* teem, bustle
pezsgő I. *mn*, sparkling; **~ élet** bustling life **II.** *fn*, champagne
pezsgőfürdő sparkling bath
pfuj fie!, for shame!
piac market; **~ra dob** put* on the market
piaci ár market price
piaci árus huckster
piactér market place
pianínó upright piano
pici tiny, minute
pihe flock, *(textilanyagé)* floss
piheg pant, gasp
pihen rest, take* a rest, relax
pihenés rest, relaxation; **~ nélkül** unceasingly, ceaslessly
pihenő *fn*, *(munka közben)* rest, pause
pikáns piquant, *(történet)* naughty
pikk *(kártya)* spade(s)
pikkely scale
piknik picnic
pillanat instant, moment, second; **egy ~ alatt** in an instant, in a moment; **abban a ~ban** at that very instant/moment
pillanatfelvétel snapshot; **~t csinál** take* a snapshot
pillanatnyi momentary, temporary
pillanatnyilag for the moment
pillangó butterfly; **~ úszás** butterfly stroke
pillant glance (at sy/sg)
pillantás glance, look
pille moth, butterfly
pillér pillar, column
pilóta pilot, aviator
pilótafülke cockpit
pimasz impudent, insolent
pince cellar
pincegazdaság wine-cellars *(tbsz)*
pincelakás basement-flat
pincér waiter
pincérlány waitress
pincsi pom
pingpong ping-pong, table-tennis
pingpongoz|ik play table-tennis
pingpongütő (table-tennis) bat, *(US)* paddle
pingvin penguin
pinty (chaf)finch; **mint a ~** like blazes
pióca leech
pipa pipe
pipacs poppy
pipáz|ik smoke a pipe
pipere finery
piperecikk cosmetic article
pipereszappan toilet soap
pipogya helpless; **~ fráter** weakling
pír 1. *(arcé)* flush, blush **2.** *(hajnali)* flush of dawn
piramis pyramid
pirít toast

pirítós toast
pirkad the day is* breaking
pirkadás dawn, daybreak
pirongat lecture (sy), chide*
piros pink, rosy, red
pirosl|ik look red/pink
pirospozsgás ruddy-cheeked
pirul 1. *(arc)* flush, *(szégyentől)* blush 2. *(hús)* (begin* to) brown
pirula pill
piskóta finger-biscuit
pislákol *(fény)* glimmer, *(lámpa/tűz)* flicker
pislog blink
pisze snub-nosed, pug-nosed
piszkál *(vmt/tüzet)* poke, stir, *(vkt bosszantva)* annoy, tease; **fogát/orrát ~ja** pick one's teeth/nose
piszkavas poker
piszkít dirty, soil
piszkos 1. dirty, soiled 2. *(erkölcsileg)* filthy, foul; **~ csirkefogó** cad, rotter
piszkozat rough draft/copy
piszkozatfüzet notebook
piszmog potter (about), dawdle
piszok I. *fn*, dirt, filth II. *mn*, **~ fráter** dirty dog, rotter
pisszeg hiss
pisszen make* a slight sound
pisztoly pistol
pisztráng trout
pite pie, tart
pitvar 1. *(tornác)* porch 2. *(orv)* auricle
pityereg whimper, whine
pityke (metal) button
pitypang dandelion
pizsama pyjamas *(tbsz)*, *(US)* pajamas *(tbsz)*
pl. = *például* for instance/example, e.g.
plafon ceiling
plagizál plagiarize
plakát bill, poster
plakett plaque
plasztika 1. *(sebészet)* plastic surgery 2. *(szobrászat)* plastic art
platán plane-tree, platan
platina platinum
platinaszőke platinum blond
plébánia 1. *(kerület)* parish 2. *(épület)* parsonage
plébános parson, vicar
pléd travelling-rug
plédszíj rug strap
pléh tin
plenáris ülés plenary meeting
pletyka gossip, *(rágalmazó)* scandal, scandal-mongering
pletykál gossip
plexiüveg plexiglass
pliszészoknya pleated skirt
pliszíroz pleat
plomba lead seal, *(fogtömés)* filling
plombál *(fogat)* fill a tooth
plusz I. *fn*, *(többlet)* excess, surplus II. *fn/mn*, *(előjel)* plus
plüss plush
pocak paunch, pot-belly
pocakos paunchy, pot-bellied
pocsék worthless, beastly, rotten
pocsékol squander, waste
pocsolya puddle, mire
pódium stage, platform
poétika poetics
pofa 1. cheek, jowl; **fogd be a pofádat!** shut up!; **pofákat vág** make* faces; **van pofája** have the cheek/impudence 2. **jó ~** jolly good sort
pofaszakáll side-whiskers *(tbsz)*
pofátlan impudent
pofáz|ik jaw, talk much; **ne ~z!** shut up!, hold your jaw!
pofon slap in the face, box on the ear
pofonüt slap (in) the face
pogácsa *(kb)* small unsweetened round cake
pogány heathen, pagan

poggyász luggage, *(US)* baggage

poggyászfeladás 1. registration of luggage 2. *(hivatal)* luggage office

poggyászkocsi luggage-van, *(US)* baggage car

poggyászmegőrző cloakroom, *(US)* checkroom

poggyásztartó (luggage) rack

pohár glass, drinking-glass, *(vizes)* tumbler; **keserű ~** cup of bitterness; **poharát emeli vkre** drink* sy's health

pohárköszöntő toast; **~t mond** give* a toast

pohárszék sideboard, buffet

pohos pot-bellied, paunchy

pojáca clown, buffoon

pók spider

pókháló cobweb

pokol hell; **eredj a ~ba** go* to hell

pokoli hellish, infernal

pokróc coarse blanket; **goromba ~** churlish fellow

polc shelf *(tbsz* shelves)

polgár 1. *(államé)* citizen 2. *(polit)* bourgeois

polgárháború civil war

polgári 1. civil; **~ házasság** civil marriage 2. *(polit)* bourgeois, middle-class; **~ csökevények** remnants of a bourgeois way of thinking; **~ demokrácia** bourgeois democracy

polgárjog civic rights *(tbsz)*; **~ot nyer** be* granted civic rights

polgármester mayor

polgárság 1. citizens *(tbsz)* 2. *(mint osztály)* (the) middle classes *(tbsz)*, bourgeoisie

polgártárs fellow-citizen

polip octopus *(tbsz* octopi), polyp

politika politics *(tbsz)*, *(vké, vmé)* policy; **politikáról beszél** talk politics; **a kormány politikája** the policy of the government

politikai political; **~ bizottság** political committee; **~ gazdaságtan** political economics; **~ rendszer** political system

politikus I. *fn*, politician II. *mn*, *(célszerű)* politic; **~ válasz** a shrewd answer

politizál talk politics, engage in politics

politúr varnish

poloska (bed)bug

pólya 1. *(csecsemőé)* swaddling-clothes *(tbsz)* 2. *(orv)* bandage

pólyás *fn*, babe-in-arms

pólyáz 1. *(csecsemőt)* swaddle 2. *(kötöz)* bandage

pompa splendour, display, *(ünnepi)* ceremony, pomp

pompás splendid, luxurious, pompous, *(ember vmben)* excellent; **minden ~an megy** everything is* going on swimmingly

pompáz|ik look fine

pondró grub, worm

pongyola I. *mn*, careless, negligent II. *fn*, dressing-gown, *(csak női)* morning dress

póni pony, nag

pont I. *fn*, 1. *(térben)* point 2. *(mondat végén)* full stop, *(ékezet)* dot; **~ot tesz vm után** *(átv)* put* an end to sg 3. *(mérték)* point, stage, degree; **egy bizonyos ~ig** to a certain degree 4. *(részlet)* point, paragraph; **~ról ~ra** point by/for point 5. *(sport/játék)* score, mark II. *hat*, exactly, just; **~(ban) két órakor** at two (o'clock) sharp

pontatlan 1. *(időben)* unpunctual 2. *(nem precíz)* inexact, inaccurate

ponteredmény score

pontos 1. *(időben)* punctual, exact; ~ **idő** right/exact time; **az órám** ~ my watch keeps* good time **2.** *(precíz)* accurate, exact, correct
pontosan exactly, punctually; ~ **ugyanaz** just the same (thing)
pontosság punctuality, accuracy
pontosvessző semicolon
pontoz *(sportban)* score, award points
pontozásos győzelem *(sport)* victory on points
pontozóbíró *(sport)* scorer, judge
pontverseny points competition
ponty carp
ponyva 1. canvas, *(vízhatlan)* tarpaulin **2.** *(könyv)* trash
por *(úté)* dust, *(porított anyag és orv)* powder; **vk haló ~ai** ashes *(tbsz)*; **nagy ~t ver fel** create a sensation; **~t hint vk szemébe** throw* dust in sy's eye; **~t töröl** dust (the room)
póráz leash
porc cartilage
porcelán porcelain, china
porció portion, share
porcukor castor/powder sugar
póréhagyma leek
porhanyó *(talaj)* light, loose, *(anyag)* soft
porít pulverize
porkoláb gaoler, jailor
porlaszt pulverize, reduce to powder
porlasztó *(motoré)* carburettor
pormentes dustless, dustproof
porol *(ruhát)* dust, *(szőnyeget)* beat*
poroló *fn*, carpet-beater
porond arena
poronty kid, brat
poros dusty, powdery
porosz Prussian
poroszkál amble, pace
porszem grain of dust
porszívó vacuum cleaner
porta *(átv)* house, home; **a maga portáján** in one's own home/house(hold)
portás gate-keeper, door-keeper, *(US)* doorman *(tbsz* doormen), *(szállodai)* porter
portásfülke keeper's/porter's lodge
portéka merchandise, goods *(tbsz)*
portó postage
portómentes post-free
portörlő duster, dustcloth
portré portrait
portugál Portuguese
Portugália Portugal
portyáz|ik *(katona)* make* incursions, *(rabolva)* plunder
pórul jár come* to grief
pórus pore (of skin)
porzó stamen *(tbsz* stamina)
poshad stale, rot
posta 1. *(intézmény)* post **2.** *(hivatal)* post office; **postára ad** post, *(US)* mail **3.** *(küldemény)* mail, post
postabélyeg postage stamp
postabélyegző postmark
postacsomag parcel by post
postafiók post office box, *(röv.* P.O.B.)
postafordultával by return of post
postagalamb carrier pigeon
postahivatal post office
postai postal; ~ **díjszabás** postal/mail rate; ~ **küldemény** mail
postakocsi 1. *(régen)* stage--coach **2.** *(vonaton)* mail--car(riage)
postaláda pillar-box, letter-box, *(US)* mail box
postamester postmaster
postamunka urgent work
postán by mail; ~ **maradó** to

be* called for, post restante, *(US)* General Delivery
postás postman *(tbsz* postmen)
postatakarékpénztár postal savings bank
postautalvány postal/money order
postáz post, *(US)* mail
posvány swamp, *(átv)* slough
poszméh humble-bee
posztó cloth
pót- supplementary, extra-, additional
pótágy spare bed
pótalkatrész spare part(s)
pótanyag substitute (material)
pótdíj additional charge
pótkávé coffee substitute
pótkerék spare wheel
pótkocsi trailer
pótkötet supplement, supplementary volume
pótlás substitution, supplement(ing), *(helyettesítő)* substitute, *(veszteségé)* compensation; **a hiány ~ára** to make* up for the deficiency
pótlék substitute, *(díj)* bonus
pótlólag later on, subsequently, additionally
pótol *(helyére kerül)* replace (with), substitute (for), *(kiegészít)* supply (with), *(veszteséget/hiányt)* retrieve, *(kárt)* refund, compensate, *(mulasztást)* remedy *(leckét)* make* up for
pótolhatatlan irreplaceable, *(veszteség)* irrecoverable
pótolható replaceable, recoverable
potom trifling; **~ áron** at a ridiculously low price
potroh abdomen
pótszék extra seat
pótszer substitute
pótszög complementary angle
póttag substitute, alternate member
pótülés 1. *(motorkerékpáron)* partner seat, pillion **2.** *(lehajtható)* let-down seat
pótválasztás by-election
pótvizsga *(kb)* second examination
potya gratis, free of charge *(ut)*, free, *(könnyű)* easy; **potyára** for nothing
potyáz|ik sponge, scrounge
potyog plop/fall* repeatedly
pottyan plop, plump; **égből ~t** it came* as a godsend
póz attitude, pose
pozdorjává tör/zúz crush to pieces
pozíció 1. *(helyzet)* position **2.** *(állás)* post
pozitív positive
pózna pole, post, staff *(tbsz* staffs, staves)
pózol pose
pöcegödör cesspool
pödör twist, twirl
pöfékel puff, smoke
pöfög puff
pökhendi arrogant, insolent
pönálé forfeit, penalty
pörget spin*, whirl
pörköl *(kávét)* roast
pörkölt I. *mn*, roasted **II.** *fn*, stew, *(US)* goulash
pörög spin*
pörsenés pimple, boil
pösze lisping; **pöszén beszél** (have* a) lisp
pöszméte gooseberry
Prága Prague
praktikus practical
praxis practice
precedens precedent
precíz precise, exact
precíziós precision
préda prey, *(áldozat)* victim
prédikáció sermon, preaching
prédikál preach
prém fur
prémium *(ipar)* bonus, *(más)* reward
prepozíció preposition
prés press

présel press, squeeze
presztízs prestige
prézli bread-crumbs *(tbsz)*
pribék henchman (*tbsz* -men)
príma first-class, first-rate
primadonna prima donna, leading lady
prímás 1. *(egyház)* primate 2. *(zenekarban)* leader of a gipsy band
primitív primitive
primula primrose, cowslip
priusz *(rendőri)* police record
privát private
privilégium privilege
prizma prism
próba 1. test, proof, *(kísérlet)* trial; **~ szerencse** nothing venture nothing win; **próbára tesz** try, test; **(vk) kiállja a próbát** pass/stand* the test 2. *(ruha)* trying on, fitting 3. *(nemesfémen finomsági)* testing, hall-mark 4. *(színház)* rehearsal; **próbát tart** rehearse
próbababa dummy, dress-stand
próbadarab test-piece, sample
próbaidő (term of) probation
próbál 1. test, try, *(ruhát)* try on; **szerencsét ~** try one's luck 2. *(darabot)* rehearse 3. *(merészel)* venture
próbálkozás trial, attempt
próbálkoz|ik make* a trial (with sg)
próbareggeli bismuth meal
próbarepülés test flight
próbatétel test, trial
próbaút trial run
probléma problem, question
problematikus problematical, *(kérdéses)* questionable
produkál 1. produce 2. **~ja magát** give* a display of one's talent(s)
produkció production
produktív productive
prof. = *professzor* professor, prof.
professzor professor
próféta prophet
profi *(sport)* pro
profil profile
profit profit
profitál profit, benefit
prognózis *(időjárási)* weather forecast
program 1. program(me); **~ba vesz** schedule 2. *(polit)* platform
programbeszéd policy(-making) speech
programnyilatkozat (candidate's) declaration of programme
programzene programme music
progresszív progressive; **~ adózás** grad(uat)ed taxation
prókátor lawyer
proletár proletarian; **~ nemzetköziség** proletarian internationalism; **világ ~jai egyesüljetek!** proletarians/workers of the world unite!
proletárdiktatúra dictatorship of the proletariat
proletariátus proletariat
prolongál prolong, extend
propaganda propaganda; **suttogó ~** grape-vine propaganda
propagandaanyag propaganda material
propagandahadjárat propaganda campaign
propagandaosztály publicity department
propagandista propagandist
propeller *(csavar)* propeller
prospektus prospectus, folder
prostituált prostitute
prosztata prostate
protekció patronage, influence
protestál protest
protestáns Protestant
protezsál patronize
protoplazma protoplasm
prototípus prototype
provokáció provocation
provokál provoke

próza prose
prózai prosaic(al)
pruszlik bodice
prüszköl 1. sneeze 2. *(ló)* snort
pszichológia psychology
publikum the public, audience
pucér (stark) naked
pucol 1. *(ruhát, ablakot)* clean, *(cipőt)* polish 2. *(krumplit)* peal
puccs putsch
púder toilet-powder
púderdoboz *(retikülbe)* compact, flapjack
púderoz powder
púderpamacs powder-puff
pudvás *(fa)* mouldy, *(retek)* spongy
puffad swell* (up/out), puff
puffan plop, plump; **ahogy esik úgy ~** as the tree falls* it will lie
puffog *(puska)* crack, *(motor)* back-fire
pufók chubby
puha soft, *(hús)* tender
puhány 1. *(állat)* mollusc 2. *(ember)* weakling
puhatol investigate
puhít soften, mollify
puhul soften
pukkad 1. crack, burst* (up) 2. *(mérgelődik)* be* bursting with rage
pulóver pullover, jersey
pult counter
pulzus pulse; **megtapogatja vk ~át** feel* sy's pulse
pulyka turkey
pumpa pump
puncs punch
púp hump, hunch
pupilla pupil (of the eye)
púpos humpbacked, humped
puska 1. rifle, gun; **mintha puskából lőtték volna ki** like a shot 2. *(iskolában)* crib, pony
puskacső barrel, gun-barrel
puskagolyó bullet, rifle-bullet
puskalövés gun-shot, rifle-shot
puskaműves gun-maker, gun--smith
puskapor gunpowder; **nem találta fel a ~t** he won't set the Thames on fire
puskaporos hangulat explosive atmosphere
puskáz|ik *(iskolában)* crib
puszi kiss
puszta I. *mn*, 1. deserted, abandoned, bare, bleak 2. mere; **~ szemmel lát vmt** see* sg with the naked eye II. *fn*, lowland plain, prairie
pusztán merely, solely
pusztaság 1. *(síkság)* lowland, plain 2. *(kopár terület)* desert
pusztít devastate, ravage
pusztul perish, be* ruined/destroyed; **~j innen!** clear out from here!
pusztulás decay, destruction
puttony butt, dosser
pünkösd Whitsun(tide)
pünkösdi: ~ királyság passing glory; **~ rózsa** peony
püré mash
püspök bishop
püspökkenyér spice-cake, fruit bread/cake
PVC = *polivinilchlorid* polyvinyl chlorid, PVC

Q

q = **métermázsa** quintal, ql.

R

rá upon/onto me/you/him/it; **emlékszem ~** I remember him/it; **nincs ~ időnk** we have* no time for it
ráad 1. put* sg on sy 2. **~ja magát** *(szenvedélyre)* be-

come* addicted to 3. **nem adok rá semmit** I have* no great opinion of it/him
ráadás 1. sg extra, plus 2. *(művésznél)* encore
ráadásul into the bargain, *(átv)* moreover
ráakad get* caught on
rááll *(beleegyezik)* agree
rab 1. prisoner, captive 2. **~ja vmnek** be* devoted to sg
rábámul gaze/stare at
rábeszél persuade sy to do sg
rábeszélés persuasion
rábír get*/induce sy to do sg
rábíz entrust sg to sy; **~za magát** depend/rely on sy; **bízza csak rám** leave* that to me
rábizonyít prove sy guilty of sg
rablás robbery
rabló robber
rablóbanda gang of robbers
rablógazdálkodás ruthless exploitation (of natural resources)
rablógyilkos robber, murderer
rablótámadás robbery with violence
rabol rob, *(fosztogat)* plunder
ráborít 1. lay* sg over sg 2. *(folyadékot)* throw* on/at sg
ráborul *(vk)* cast* oneself (down) on
raboskod|ik live in captivity
rabság 1. *(fogság)* captivity 2. *(leigázottság)* bondage
rabszolga slave; **szenvedélyeinek rabszolgája** be* a slave to one's passions; **úgy dolgozik mint egy ~** toil like a nigger
rabszolgakereskedelem slave-trade
rabszolgaság slavery
rabszolgatársadalom slave society
rabszolgatartó *fn*, slave-holder; **~ állam** slave state
rabtárs fellow-prisoner
rábukkan come* across
rácáfol give* the lie to
racionalizál rationalize
rács grating, screen, grate
rácsap strike*, hit*
rácsavar screw on, *(fonalat/kötelet)* wind* on
rácsos latticed, grated
rácsozat lattice-work
radar radar
radiátor radiator
radikális radical; **~ intézkedés** drastic measures *(tbsz)*
rádió radio, wireless; **~n közvetít** broadcast*; **~t hallgat** listen in (on the wireless), listen to the wireless
rádióadás broadcast(ing)
radioaktív radioactive
rádióállomás broadcasting station
rádióamatőr ham
rádióbemondó announcer
rádiócső radio valve
rádióelőfizető radio subscriber
rádióhallgató listener
rádióhír broadcast news
rádióhullám Hertzian wave
rádiójáték radio play
rádiókészülék wireless set, radio
rádióközvetítés broadcast(ing)
rádióleadó transmitter
rádióműsor radio program(me)
rádiós *(szikratávirász)* wireless operator, *(hajón/repgépen)* signaller
rádiószerelő radio mechanic
rádiótávirat radio(tele)gram
rádióvétel reception
rádióz|ik listen in (on the radio)
radír india-rubber, eraser
radíroz erase, rub (out)
rádob throw*/cast* onto sg
rádöbben realize (suddenly)
rádől *(vmre esik)* fall* (headlong on)
ráébred realize
ráér find* time for sg; **nem érek rá** I am* busy

ráérő idő leisure, spare time
ráerősít fix/fasten on
ráerőszakol force sg upon sy
ráes|ik *(vmre)* fall*/tumble on/upon
ráeső rész one's share
rászmél realize
ráfanyalod|ik decide reluctantly to do sg
ráfeksz|ik *(vk vmre)* lie* down on
ráfér 1. *(hely van)* hold* 2. *(vkre vm, átv)* be* in need of; **~t ez a lecke** the lesson did* him a lot of good; **rám férne egy kis pénz** I could do with a little money
rafinált cunning, artful
ráfizet lose* money at (sg), come* off a loser
ráfizetés loss, deficit
ráfog 1. *(lőfegyvert)* aim at sy 2. *(vkre vmt)* impute sg to sy
ráfordít 1. **~ja a kulcsot** turn the key 2. **figyelmet fordít rá** pay* attention to
ráfordítás *(költség)* cost, expenditure
ráförmed *(vkre)* bawl at sy, bawl sy out
rag suffix, termination
rág chew, *(rágcsáló)* nibble; *(átv)* **~ja a fülét** nag sy
ragacsos sticky
ragad 1. stick*, cling* 2. **tollat ~** take* pen in hand 3. **magával ~** *(átv)* ravish, captivate
ragadós gluey, sticky; **a példa ~ volt** everybody followed suit
ragadozó I. *mn*, rapacious; **~ madár** bird of prey II. *fn*, beast of prey
rágalmaz slander, calumniate, *(írásban)* libel
rágalmazó *fn*, slanderer, libeller
rágalom slander, calumny, *(írásban)* libel
ragály contagion, epidemic
ragályos contagious, epidemic
ragaszkodás *(vkhez)* affection (for), *(vmhez)* adherence (to)
ragaszkod|ik cling*/stick* to
ragaszkodó loyal, staunch
ragaszt stick*
ragasztó *fn*, adhesive, glue
ragasztószalag adhesive tape
rágcsáló *fn*, rodent
rágód|ik ruminate on/over sg
rágógumi chewing gum
ragos inflected
rágós tough
ragoz inflect, *(igét)* conjugate, *(főnevet)* decline
ragozás inflection, conjugation, declension
ragtapasz adhesive plaster
ragyás pock-marked
ragyog shine*, glitter; **~ az arca az örömtől** his eyes are* shining with joy
ragyogás 1. brilliance 2. *(átv)* glamour, splendour
ragyogó 1. bright, shining 2. *(átv)* splendid, brilliant
rágyújt 1. *(dohányzó)* light* a cigarette 2. **~ egy nótára** break* into a song
ráhagy 1. *(örökséget)* leave* by will (to sy) 2. *(nem ellenkezik)* indulge sy in sg, agree to
ráhajol bend*/lean* over
ráhárul devolve upon
ráhatás influence, effect
ráhibáz hit* upon sg by accident
ráhúz 1. pull sg over/on sg; **~ egy emeletet az épületre** add a storey to a building 2. *(ráüt)* give* a slap
ráígér outbid* sy
ráijeszt frighten (sy)
ráill|ik suit sg/sy; **a leírás ~ik** the description fits him
ráirányít turn on/to, *(fegyvert)* point at; **~ja a figyelmet vmre** call attention to sg
ráismer recognize

raj 1. *(méheké)* swarm 2. *(katonai)* squadron
rájár : ~ **a rúd** ill-luck dogs his steps; ~ **a nyelve** it's* his habitual saying
Rajna Rhine
rajong be* enthusiastic (about)
rajongás enthusiasm
rajongó I. *mn*, enthusiastic II. *fn*, fanatic, devoted admirer, enthusiast
rájön 1. *(vkt elfog vm)* be* seized with 2. *(megtud)* find* out, discover; ~ **a nyitjára** get* the hang of it/sg
rajt *(sport)* start
rajta I. *hat*, 1. *(helyen)* on/upon 2. ~ **áll** it's* (all) up to him; ~ **a sor** it is* his turn; ~ **leszek hogy** I shall do my best to... II. *ind*, *(sport)* start!
rajtakap catch* sy in sg
rajtaüt take* sy unawares
rajtaütés (sudden) attack, raid; ~**szerűen** unawares
rajtaveszt come* off badly
rajtjel start signal
rajtol start
rajtvonal starting-line
rajvonal (firing) line
rajz drawing, *(minta)* design, *(átv)* description; ~**okkal ellát** illustrate
rajzasztal drafting table
rajzfilm animated cartoon
rajz|ik swarm
rajzol draw*
rajzoló draughtsman *(tbsz* draughtsmen)
rajzszeg drawing-pin
rajztábla drawing-board
rak put*, set*, *(egymásra)* stow, stack (up), *(elrendez)* arrange; **élére** ~**ja a garast** save up every farthing
rák 1. *(folyami)* crayfish *(tbsz* crayfish, crayfishes), *(tengeri)* lobster 2. *(orv)* cancer
rákapcsol 1. *(hozzá)* fasten attach to 2. *(sebességre)* increase speed
rakás pile, heap; **egy** ~**on** in a heap
ráken 1. *(kenyérre stb.)* spread*, *(mázol)* (be)smear with 2. *(hibát)* put* the blame (up)on sy
rákényszerít force/compel sy to do sg
rákényszerül be* compelled (to do sg)
rákerül a sor it is* his turn
rakéta rocket
rakétabomba rocket-bomb
rakétahajtás rocket propulsion
rakétakilövő állomás rocket range
rakétarepülőgép jet-plane
rakétatámaszpont rocket base
rakett (tennis) racket
rákezd begin*, *(énekre, zenére)* tune up
rákiált shout at/to sy
raklevél *(hajó, vasúti)* bill of lading
rakodás 1. *(berakodás)* loading 2. *(kirakás)* unloading
rakod|ik load, lade
rakód|ik be* deposited
rakodóhely loading platform, ramp
rakodómunkás docker, stevedore, longshoreman *(tbsz* longshoremen)
rakomány load, consignment, *(hajóé még)* cargo
rakoncátlan unruly, naughty
rákos cancerous
ráköszön raise one's hat to sy
rakpart quay
raksúly carrying-capacity
raktár 1. store-room; store-house, *(kereskedelem)* warehouse 2. *(készlet)* stock, supply; ~**on tart vmt** stock
raktáros store-keeper
raktároz store
Ráktérítő Tropic of Cancer

rálép step *(on)*to, *(vk lábára)* tread* on
rálő fire on sy/sg
ráma frame
rámegy *(pénz)* be* spent on
rámenős assertive; **~ ember** go-getter
rámér inflict sg on sy; **csapást mér rá** strike* a blow at
rámered stare/gaze at
rámutat 1. *(vkre/vmre)* point at/to **2.** *(átv vmre)* show*
ránc 1. *(arcon)* wrinkle **2.** *(ruhán)* fold
ráncbaszed discipline
ráncigál pull (sy) about
ráncol *(homlokot)* wrinkle
ráncos wrinkled
randevú appointment, date
rándul 1. arcizma se ~ not move a muscle **2. Egerbe ~t** made* a trip to Eger
rándulás *(ficam)* sprain
ránehezed|ik weigh heavily on
ránevel educate to, train for
ránevet smile at
ránéz look/glance at; **mindenki ~ett** all eyes were* focussed on him
rang rank, degree, *(társadalmi)* status
rangadó *(sport)* title bout
rángatódz|ik jerk, twitch
rangfokozat order of rank
rangidős senior (in rank)
rangjelzés insignia of rank, stripes *(tbsz)*
rangsor order of rank
-rangú -rate, of. . .rank *(ut)*; **harmad~ szálloda** third-rate hotel
ránt pluck, pull; **kardot ~** draw* one's sword; **vkt magával ~** carry along sy with one
rántás *(ételhez)* thickening
rántott: ~ csirke chicken fried in breadcrumbs; **~ leves** thick brown soup
rántotta scrambled eggs *(tbsz)*
rányom impress; **~ja a bélyegét vmre** leave* one's mark on sg
ráolvassa a bűneit vkre reproach sy with his faults
ráordít bawl/shout at sy
ráönt 1. pour (out) on/over **2. úgy áll rajta mintha ~ötték volna** it fits him like a glove
ráparancsol command sy sg
rapszódia rhapsody
ráragad stick* on/to; **~ a betegség** catch* a disease; **~t a gúnynév** the nickname stuck to him
ráragaszt stick*/glue on/to
rárak *(vkre vmt)* lay* sg on sy; **~ a tűzre** feed* the fire
ráruház transfer sg to sy
rásóz 1. fob off sg upon sy **2. egyet ~ vkre** give* sy a blow
ráspoly file
rásüt *(bélyeget)* brand, stamp
rászabadít turn loose on
rászáll 1. *(rárepül)* fly* on **2.** *(tulajdon)* fall* to
rászán 1. *(költséget vmre)* allot to **2. ~ja magát vmre** decide to do sg
rászed deceive, cheat, play sy a trick
rászegez 1. *(szöggel)* nail up **2.** *(fegyvert)* aim (a gun) at sy
rászok|ik become*/get* accustomed to (sg)
rászoktat accustom to
rászól *(rosszallólag)* rebuke sy
rászolgál deserve, merit
rászorul be* reduced to doing sg
ráta instalment
rátalál discover, come* at/on
rátámad attack (sy)
rátapad adhere to
rátapint *(vmre)* lay*/put one's finger on
rátapos trample/tread* on sg
rátarti uppish
rátér *(útra)* take* (the way) to; **~ a dolog lényegére** come* to the point

rátereli a figyelmet vmre call attention to
ráterelőd|ik: ~ik a beszélgetés the conversation turns to sg; **ráterelődött a gyanú** suspicion was* cast upon him
rátermett suitable/fit for sg
rátermettség aptitude
rátesz put*/lay* sg on sg; **a fejemet teszem rá (hogy)** I'll bet* anything you like (that); **~i a kezét vmre** *(átv)* lay*/take* hold of sg
ratifikál ratify
rátűz *(vmt)* stick* (sg) on sg
ráugr|ik jump on/at
ráun get*/grow* weary/tired of sg
ráutal: rá van utalva *(vmre)* be* in need of, *(vkre)* be* dependent on
ráül *(vmre)* sit* down on (sg)
ráüt 1. strike*, hit* **2.** *(bélyegzőt)* stamp, *(pecsétet)* affix (a seal to)
rávág 1. *(vkre)* strike (a blow) at sy **2. ~ja a választ** answer pat
rávall 1. *(bíróságnál)* accuse sy **2. ez egészen ~** it is* just like him
rávarr sew* on
ravasz[1] *mn*, sly, cunning, artful
ravasz[2] *fn*, trigger
ravaszság cunning, slyness
ravatal bier, catafalque
ravatalozó mortuary
rávesz *(vkt vmre)* get* sy to do sg
rávet *(vmt vmre)* throw*/cast* sg at sg
rávezet 1. *(vkt vmre)* give* sy a clue/hint **2.** *(vmt vmre)* write* sg on sg
ráz shake*; **kezet ~ vkvel** shake* hands with sy
rázendít *(dalra)* break* into, *(zenére)* strike* up
rázód|ik be* shaken
rázós *(út)* rough, bumpy
razzia police-raid
reagál react (upon/to)
reakció reaction
reakciós reactionary
reálbér real wage(s)
reális real, actual, true
realista I. *mn*, realistic **II.** *fn*, realist
realizmus realism
rebellis rebel
rebesget: azt ~ik (hogy) it is* rumoured (that)
réce duck
recehártya retina
recept 1. *(főző)* recipe **2.** *(orv)* prescription
reccsen crack(le)
recseg crack(le), *(cipő)* squeak
redő pleat, wrinkle
redőny shutter
redves decayed
referál report to sy
referátum report
reflektor searchlight
reflex reflex
reform reform
reformáció reformation
református reformed
refrén refrain
rege tale, legend
régebben formerly, previously
régebbi former, previous
régen long ago, formerly; **~ nem láttam** I have* not seen him for a long time
régente in the past, formerly; **~ itt egy ház állt** there used to be a house here
regény novel
regényes romantic
regényíró novelist, novel-writer
régész archeologist
régészet archeology
reggel I. *hat*, in the morning **II.** *fn*, morning; **jó ~t!** good morning!; **~től estig** from morning till night
reggeli breakfast
reggeliz|ik (take*/have*) breakfast

régi 1. *(régóta meglevő)* old; **~ barátom** an old friend of mine 2. *(a múltban megvolt)* ancient, old, past; **a ~ világban** in days of old 3. *(előző)* former, late 4. *(ócska)* worn, worn-out, old

régies antiquated, archaic(al)

régimódi old-fashioned

régiség antiquity

régiségkereskedés antique shop

regisztrál register

régmúlt I. *mn*, long past; **~ idők** bygone days II. *fn*, *(nyelvtan)* past perfect, pluperfect

régóta long (since)

rehabilitál rehabilitate

rejl|ik be*/lie* hidden; **ez ~ik cselekedete mögött** this lies* behind his action

rejt hide*, conceal

rejteget try to hide* (from), *(szökevényt)* shelter

rejtekhely hiding-place

rejtelmes mysterious

rejtély 1. riddle; **ez ~ előttem** I can't understand it, it is beyond me 2. *(titokzatosság)* mystery

rejtélyes mysterious, enigmatic

rejtett hidden, secret

rejtjel code, cipher

rejtőz|ik hide*

rejtvény riddle, puzzle; **~t megfejt** guess/solve a riddle

rekamié (studio-)couch, bed-couch, *(US)* davenport

rekedt hoarse

rekesz compartment

rekeszizom midriff

rekettye broom, furze

rekkenő hőség sweltering heat

reklám 1. *(reklámozás)* advertising 2. *(szövege)* advertisement

reklamáció complaint

reklamál 1. complain 2. *(vkn vmt)* demand sg of sy

reklámoz advertise

rekonstruál reconstruct, restore

rekord record; **~ot elér** achieve a record; **~ot felállít** set* a record; **~ot megdönt** beat*/break* the record

rekordtermés bumper crop

rektor Rector of the University

rekvirál requisition

relatív relative

relativitás elmélete the theory or relativity

relé relay

reléállomás relay station

relikvia relic(s)

rém 1. *(kisértet)* spectre, ghost 2. *(szörny)* monster

remeg 1. tremble, quiver *(amitől:* with) 2. *(átv)* be* afraid

remek I. *mn*, superb, splendid, *(felkiáltásban)* first-rate! II. *fn*, masterpiece

remekel excel

remekíró classic

remekmű masterpiece

remél hope (for), *(vmt vár)* expect; **~jük a legjobbakat** let us hope for the best

remélhető to be expected *(ut)*

remélhetőleg it is* only to be hoped that

remény hope, expectation; **~em van arra (hogy)**... I have* hopes of (...ing); **~ében** in the hope of sg; **annak a ~ének ad kifejezést (hogy)** express the hope (that); **minden ~ét vkbe helyezi** place all one's trust in sy

reménytelen: **~ dolog** hopeless matter/case; **reménytelen szerelem** unrequited love

rémes awful, dreadful

remete hermit

rémhír alarming, rumour

rémhírterjesztés spreading of rumours

rémít terrify, alarm

rémlik seen, appear (to sy); **úgy ~ik nekem mintha** I seem to remember (that)
rémség horror, atrocity
rémtett deed of horror
rémuralom reign of terror
rémül: halálra ~ be* half dead with fright
rémület terror, horror
rémült horrified, terrified
rend 1. *(elrendezettség)* order; **a ~ kedvéért** for the sake of order; **~ben van!** all right!, *(US)* O.K., okay; **~be hoz** put*/set* sg to right, *(megjavít)* repair, *(szobát)* clean up; **~be jön** settle down, *(a dolog)* things will straighten out; **~ben tart** keep* (in) order 2. *(sor)* row, line, *(katonai)* rank, order, *(lekaszált)* swath 3. *(természetrajzi)* class, division 4. *(osztály)* order/grade of society 5. **egy ~ ruha** a suit of clothes
rendbontó *fn*, disturber of the peace
rendel 1. *(árut)* order, *(ruhát/cipőt)* have* (sg*) made 2. **magához ~ vkt** summon sy 3. *(orvos fogad)* give* medical advice, attend, *(orvosságot vknek)* prescribe for sy; **~ 9-től 12-ig** morning surgeries (every week day) from 9 to 12 a.m. 4. *(vmlyen célra)* **a sors úgy ~te** he/it was* fated to...
rendelés 1. *(áruké)* order; **~re készült** made* to order/measure, *(US)* custom-made/-built 2. *(orvosi)* consultation (hours), surgery
rendelet order, decree
rendelkezés disposition, direction; **~re áll** be* at (sy's) disposal; **~re bocsát** place at (sy's) disposal; **állok ~ére** I am* at your service
rendelkezik 1. *(parancsot ad)* give* orders 2. *(vm felett)* dispose of
rendellenes irregular
rendelő *fn*, *(orv)* consultation-room, surgery
rendelőintézet (out-patients') clinic, polyclinic
rendeltetés *(cél)* purpose, *(hely)* destination, *(funkció)* function
rendeltetési hely destination
rendes 1. *(előírásszerű)* normal 2. *(szokásos)* usual; **~ körülmények között** under/in ordinary circumstances 3. *(rendszerető)* neat, orderly 4. *(tisztességes)* decent
rendetlen untidy, disorderly
rendetlenség disorder, confusion
rendez 1. *(elrendez)* arrange, order, *(egyenletet)* reduce 2. *(elintéz)* put*/set* to rights, settle 3. *(szervez)* organize, *(szinház, film)* direct
rendezés 1. *(elrendezés)* arrangement 2. *(átv)* settlement 3. *(szervezés)* organizing, *(színházi)* staging, direction
rendezetlen disordered, unsettled
rendezkedik make* order
rendező I. *fn*, *(színházi)* stage-manager II. *mn*, **~ pályaudvar** marshalling yard
rendezvény program(me)
rendfokozat *(katonai)* rank, grade
rendhagyó irregular
rendíthetetlen firm, solid
rendjel decoration, order
rendkívül extraordinarily, extremely; **~ fontos (hogy)** it is* of the utmost importance (that)
rendkívüli 1. *(szokatlan)* extraordinary, unusual 2. *(kivételes)* exceptional 3. *(különleges)* singular; **~ kiadás** *(lapé)* special edition; **~**

követ és meghatalmazott miniszter envoy extraordinary and minister plenipotentiary
rendőr policeman *(tbsz* policemen)
rendőrfőkapitány chief commissioner of police
rendőri police; **~ felügyelet alatt áll** be* under police supervision
rendőrkapitányság central police station
rendőrkézre kerül be* arrested
rendőrőrszem policeman on point-duty *(tbsz* policemen)
rendőrőrszoba police station
rendőrség police *(tbsz)*, police-force *(tbsz)*
rendreutasít call to order
rendreutasítás rebuke
rendszabály measures *(tbsz)*
rendszalag ribbon
rendszám serial number, *(autóé)* registration number
rendszámtábla number plate
rendszer system, method
rendszeres 1. *(rendszerezett)* systematic(al) **2.** *(állandó)* constant, *(megszokott)* regular
rendszeresít establish, introduce
rendszerető neat, of regular habits *(ut)*, orderly, tidy
rendszerez systematize
rendszerint as a rule, usually
rendszertelen unsystematic(al)
-rendű -class, -rate, -grade; **minden ~ és rangú ember** all sorts and conditions of men *(tbsz)*
rendületlen firm, steadfast
rendzavarás disturbance, riot(ing)
reneszánsz Renascence, Renaissance
reng shake*, rock, *(föld)* quake
rengeteg vast, huge, enormous; **~ barátja van** he has* lots of friends; **~ idő** plenty of time; **~ pénze van** he has* pots of money, he is* rolling in money; **~et dolgozik** work like a nigger
renovál *(épületet)* restore
rénszarvas reindeer
rentábilis profitable
renyhe inert, inactive
répa *(fehér)* turnip, *(sárga)* carrot, *(cukor)* sugarbeet
repce rape, colza
reped crack, burst*, *(ruha)* tear*
repedés *(hasadás)* cleft, *(rés)* gap, *(ruhán)* tear, rent
repertoár repertory
repes: a szíve ~ett örömében his heart leapt* for joy
repesz splinter
repít let* fly, throw*
repkény ivy
reprezentációs költségek entertainment expenses
repríz revival
reprodukál reproduce
reprodukció reproduction
repül 1. fly* **2. levegőbe ~** explode, blow* up
repülés flight, aviation
repülési magasság flying altitude
repülő *fn*, flyer, airman *(tbsz* airmen), pilot
repülőgép aircraft, (aero-)plane, *(US)* airplane; **utasszállító ~** air-liner
repülőgép-anyahajó aircraft carrier
repülőgép-szerelő air mechanic
repülőjárat air-line
repülőposta air-mail
repülőszerencsétlenség air crash/disaster
repülőtámadás air-raid
repülőtér airport, *(US)* aerodrome
repülőút flight
rés rift, slit, *(lyuk)* hole, gap; **~en van** be* on the alert/watch
respektál respect
rest lazy, slothful

restancia backlog
restaurál restore
restelked|ik be* ashamed
restell be* ashamed of (sg)
rész part, piece, *(osztályrész)* share, *(átv)* part, side; **~e van vmben** have* a share/hand in sg; **legnagyobb ~ben** for the greatest part, to a large extent; **~ekre bont/oszt** divide; **vk ~ére** for sy; **~emről** for/on my part; **~t vesz vmben** have* a share/part in, share/participate in, take* part in; **~t vesz vmn** attend (at), be present at; **kiveszi a ~ét vmből** take* a share in sg
részben partly, in part
részeg drunk(en), intoxicated; **~en** in a state of drunkenness
részeges drunken; **~ ember** drunkard, tippler
részegítő intoxicating
reszel 1. file, rasp 2. *(ételt)* grate
reszelő *fn*, 1. file, 2. *(ételhez)* grater
részes 1. *mn*, *(vmben)* sharing (in), *(érdekelt)* have* a hand/share in sg II. *fn*, participant in, *(bűnben)* accomplice (in)
részesedés 1. participation, share 2. *(osztalék)* dividend
részeshatározó dative
részesít *(vkt vmben)* give* (sy a share in); **előnyben ~** prefer *(amit amivel szemben*: sg to sg else)
részestárs (co)partner
részesül participate (in); **előnyben ~** be* preferred *(amivel szemben*: to sg)
részint partly; **~. . . ~** both. . . and
reszket 1. tremble 2. *(borzong)* shiver; **~ a gondolattól** shudder at an idea
reszkíroz risk, hazard
részleg part, section
részleges partial
részlet 1. detail, particulars *(tbsz)*; **~ekbe bocsátkozik** enter/go* into (the) details 2. *(része vmnek)* fragment, part, *(irodalmi/zenei műből)* selection; **~ek Erkel operáiból** excerpts from Erkel's operas 3. *(befizetésnél)* instalment; **~ekben fizet** pay* in instalments
részletes detailed
részletesen in detail
részletez detail, specify; **nem akarom ~ni** I will not enter into the details
részletfizetés part-payment
részletkérdés question of detail
részrehajló partial *(akinek javára* to sy)
résztvevő=részvevő I.
részvény share
részvényes share-holder, *(US)* stockholder
részvénytársaság joint-stock company, share company, *(US)* corporation
részvét compassion, sympathy (for), *(sajnálat)* pity; **kifejezi ~ét vknek** offer one's condolences to sy; **fogadja őszinte ~emet** accept my sympathy (in your great bereavement)
részvétel participation
részvétlen unsympathetic
részvevő I. *fn*, participant, *(értekezleten)* attendee II. *mn*, *(sajnálkozó)* sympathizing
rét meadow, field
réteg 1. layer 2. *(társadalmi)* stratum *(tbsz* strata)
réteges in layers *(ut)*
rétegvonal contour line
rétegződés 1. stratification 2. *(rétegezettség)* strata *(tbsz)*
retek radish
rétes puff, puff-paste, strudel
retesz bolt, fastener

retikül (lady's) hand-bag
retorika rethoric
retteg be* afraid/terrified (of sg/sy)
rettegés dread, fear
rettenetes terrible, dreadful
rettentő nagy colossal, enormous
retúrjegy return ticket, *(US)* round-trip ticket
retusál touch up
reuma rheumatism
reumás rheumatic
rév *(folyón)* ferry, *(kikötő)* harbour, port; **~be ér** come* to port
revánsmérkőzés return match/game
révén: vknek/vmnek a ~ by means of
révész ferryman *(tbsz* ferrymen)
revízió revision
revizionizmus revisionism
revizor inspector, *(kereskedelem)* auditor
revolver revolver, pistol
revolverez blackmail (sy)
revolverlövés revolver shot
révpénz ferriage
revü revue, show
réz *(vörös)* copper, *(sárga)* brass; **kivágta a rezet** *(átv)* he's* done it splendidly
rézbánya copper mine
rézbőrű indián redskin
rezeda reseda
rezervál reserve
rezesbanda brass band
rézgálic blue vitriol
rezgés quiver(ing), *(fizika)* vibration, oscillation
rezgésszám frequency
rezgő vibrant *(fizika)* vibrating
rézkarc etching
rézmetszet copperplate
rézpénz coppers *(tbsz)*
rezzen 1. *(élőlény)* start **2.** *(levél)* rustle
rezsi overhead (expenses *tbsz)*
rezsim government, regime
Rezső Ralph
rézsútos oblique
riadalom panic
riadó alarm
riadókészültség alert
riadt startled, alarmed
riasztó alarming, frightening
ribizli (red) currant
ricinus castor-oil
ricsaj shindy, din
rideg 1. *(ember)* cold, unfriendly **2.** *(éghajlat)* rigorous
rigó thrush, ouzel
rigolyás whimsical, freakish
rikácsol screech, scream
rikít glare
rikító glaring; **~ vörös** bright red
rikkancs newsboy
rikkant scream, shriek
rím rhyme
rimánkod|ik supplicate
rímel rhyme (with sg)
rímes rhymed
ring rock, swing*
ringat rock, swing*; **hiú reményekben ~ja magát** delude oneself with false hopes
ringlispíl merry-go-round
ringló greengage
riport report
riporter newsman *(tbsz* newsmen), reporter
ritka 1. *(nem gyakori)* rare, scarce; **~ jó ember** an uncommonly good man *(tbsz* uncommonly good men) **2.** *(nem sűrű)* thin, scanty
ritkán rarely, seldom, *(nem szorosan)* thinly
ritkaság rarity
ritkít *(vmt ami sűrű)* thin (out); **párját ~ja** he is* unmatched
ritkul 1. *(gyérül)* get* thin(ner) **2.** *(kevésbé gyakori)* get* rare(r)
ritmikus rhythmical

ritmus rhythm
rivaldafény footlights *(tbsz)*, *(átv is)* limelight
riválís rival
rizikó risk
rizs rice
rizsfelfújt rice pudding
ró 1. *(bevés jelet)* cut* (in) **2. vknek vmt hibául ~** blame sy for sg **3. adót ~ vmre** impose/levy a tax upon sg; **feladatot ~ vkre** set* sy a task
robaj din, loud noise
robban explode, burst*
robbanás explosion, burst
robbanó explosive
robbanóanyag explosive
robbanómotor (internal) combustion engine
robbant blow* up, explode
robbantás blowing up, explosion
robog 1. *(dübörög)* roll, rumble **2.** *(rohan)* rush
robogó motor-scooter
robot *(átv)* hard work, toil
robotol slave, toil
ródli sledge, sled
ródliz|ik sled
rogy fall*/drop down, collapse; **földre ~** sink* to the ground
roham 1. *(támadó)* attack, assault; **~ra indul vm ellen** launch an attack against sg **2.** *(betegségé)* fit
rohambrigád shock-brigade
rohamcsapat storming party
rohammunka shock-work
rohamos rapid, speedy
rohamoz attack, charge
rohamsisak steel-helmet
rohan run*/race along; **vesztébe ~** court danger
rojt fringe
róka fox
rokka spinning wheel
rokkant invalid
rokokó rococo
rokon I. *mn*, *(vkvel)* related (to) **II.** *fn*, relative, relation; **(közeli/távoli) ~ok vagyunk** we are* (closely/distantly) related
rokonértelmű synonymous; **~ szók** synonyms
rokonság 1. *(kapcsolat)* relationship **2.** *(rokonok összessége)* family, relatives *(tbsz)*
rokonszenv sympathy
rokonszenves sympathetic; **~ ember** pleasant/attractive man; **nyomban ~ volt nekem** I took* to him at once
rokonszenvez sympathize (with sy); **sohasem ~tem vele** I have* never had any liking for him
róla from him/her/it, of it; **nem tehetek ~** I cannot* help it; **szó sincs ~** it is* out of the question
roletta blind, roller-blind
roller scooter
rom ruin; **~okban hever** be* in ruins; **~ba dől** fall* into ruin(s); **~ba dönt** demolish, ruin
Róma Rome
római Roman; **~ katolikus** Roman Catholic; **~ számok** Roman numbers
román Rumanian; **~ nyelvek** Romance languages; **~ stílus** Romanesque style, *(GB)* Norman style
románc romance
románia Rumania
romantika romanticism
romantikus romantic; **~ környék** picturesque neighbourhood
rombol destroy, ravage
romhalmaz (heap of) ruins
romlandó perishable
romlás 1. deterioration **2.** *(anyagé)* decomposition **3.** *(pénzé)* devaluation **4.** *(erkölcsi)* depravation; **~ba dönt vkt** ruin/undo* sy
romlatlan undepraved

roml|ik 1. *(anyag)* deteriorate, decompose 2. *(pénz)* be* devalued 3. *(átv)* grow* worse *(fokozatosan)* deteriorate
romlott 1. *(anyag)* deteriorated, *(rothadt)* rotten 2. *(átv)* corrupt(ed)
róna plain
roncs wreck
roncsol shatter, ravage
ronda 1. *(csúnya)* ugly 2. *(átv)* horrid
rongál spoil, harm, damage
rongy rag
rongyos ragged; ~ **0 forintért** for a paltry 50 forints
ront 1. spoil, damage 2. *(vkt)* corrupt 3. *(vkre/vknek)* attack, rush at sy
ropog crack
ropogós crack(l)ing, *(sütemény)* crisp
ropogtat crackle, *(ételt szájban)* crunch
roppan crack
roppant huge
róseibni chips *(tbsz)*
roskad: **földre** ~ fall* down; **magába** ~ sink* into oneself
roskatag tumble-down, ramshackle
rost 1. fibre 2. *(hússütéshez)* grill
rosta riddle, sifter
rostál 1. riddle 2. *(átv)* select
rostély grate, grating
rostélyos stewed sirloin cutlet
rossz I. *mn*, bad, *(elvont értelemben)* ill, evil, *(káros vmre)* injurious (to), *(nem megfelelő)* poor, inadequate, *(téves)* wrong, *(nem működő)* out of order *(ut)*; ~ **gyerek** naughty child *(tbsz* children); ~ **fát tesz a tűzre** be* up to mischief; ~ **híre van** have* a bad reputation; ~ **minőség** poor quality; ~ **néven vesz** resent sg; ~ **pénz nem vész el** ill weeds grow* apace; ~ **szemmel néz vmt** frown upon, dislike sg; ~ **vége lesz** it will come* to no good II. *fn*, evil, *(helytelenség)* wrong; **jóban ~ban** for better for worse; **mindig ~ban töri a fejét** be* bent on mischief; **~at mond vkről** speak* ill of sy; **~at sejt** have* misgivings
rosszabb worse; **annál** ~ so much the worse
rosszabbod|ik grow*/get* worse
rosszakaratú ill-willed, malicious
rosszakaró *fn*, ill-wisher, enemy
rosszalkod|ik *(gyerek)* be* mischievous/naughty
rosszall disapprove (of)
rosszaság 1. *(gonoszság)* wickedness 2. *(gyereké)* naughtiness
rosszhiszemű dishonest
rosszindulat malice, spite; **~tal viseltetik vkvel szemben** bear* sy malice
rosszindulatú malicious, spiteful; ~ **daganat** malignant tumour
rosszkedvű moody, ill-humoured
rosszkor at the wrong time
rosszmájú malicious
rosszul ill, badly, *(helytelenül)* wrong(ly); ~ **áll a ruha vkn** the suit/dress fits badly; ~ **érzi magát** *(beteg)* feel* unwell, *(feszélyezett)* feel* out of place; ~ **esik vm vknek** hurt* sy; ~ **jár** *(póruljár)* come* to grief; *(óra)* go* wrong; ~ **megy a sora** he is* badly off; ~ **sikerül** fail; ~ **van** be* ill/unwell; ~ **viselkedik** misbehave
rosszullét indisposition
rotációs gép rotary press
rothad rot, decay
rothadás rot, decay
rothadt rotten, decayed
rovancsolás stock-taking, auditing

rovar insect
rovarcsípés insect-bite
rovarirtó insecticide
rovartan entomology
rovás 1. *(jel)* notch, *(írás)* runes *(tbsz)* **2.** *(megrovás)* reprimand **3.** *(átv)* **sok van a ~án** he has* much to answer for; **vknek a ~ára** at sy's cost/expenses
rovat column
rovatvezető columnist, editor
rovott múltú previously convicted *(ut)*
rozmár walrus
rozmaring rosemary
rozoga shaky, *(épület)* ramshackle, *(bútor)* rickety
rozs rye
rózsa rose; **nincsen ~ tövis nélkül** no rose without a thorn
rózsabimbó rosebud
rózsafa 1. rose-bush **2.** *(anyag)* rosewood
rózsaszín rose-colour, pink(ish); **~ben látja a világot** see* everything through rose-tinted spectacles
rozsda rust
rozsdamentes rust-proof; **~ acél** stainless steel
rozsdás rusty
rozsdásod|ik get*, rusty, rust
rozsdavörös rusty-red
rozskenyér rye-bread
rőf ell, yard
röfög grunt(le)
rög 1. *(göröngy)* clod, lump, *(vér)* clot **2.** *(átv)* soil
rögeszme monomania, obsession
rögtön at once, immediately, straight away, in a moment
rögtönöz improvise
rögtönzés improvisation
rögtönzött improvised
rögzít 1. secure, fix, fasten **2.** *(írásban)* put* down
röhej guffaw; **kész ~** it's* (simply) ridiculous
röhög guffaw
römi rummy
röntgen X-ray, radiography
röntgenátvilágítás radioscopy
röntgenez X-ray, radiograph
röntgenfelvétel X-ray photograph, radiograph
röntgenkészülék X-ray apparatus
röntgenkezelés X-ray treatment
röpcédula leaflet, handbill
röpgyűlés improvised meeting
röpirat leaflet, brochure
röpke fugitive
röplabda volley-ball
röpte volley
rőt red, russet
rövid short, brief; **~ idő múlva** in a short time, shortly
rövidáru haberdashery, *(US)* dry goods *(tbsz)*
rövidáru-kereskedés haberdasher's (shop)
rövidebbet húzza get* the worst of it
röviden in short/brief, briefly; **~ végez** *(vmvel)* make* short work (of sg)
rövidesen shortly, before long
rövidfilm short (film)
rövidhullámú (adó)állomás short-wave station
rövidít shorten, *(szöveget)* abridge
rövidítés *(jel)* abbreviation
rövidlátó short-sighted, near-sighted
rövidség shortness
rövidtávfutás sprint, dash
rövidtávfutó sprinter
rövidujjú short-sleeved
rövidül shorten
rövidzárlat short-circuit
rőzse brush-wood, vine clippings *(tbsz)*
rubel rouble
rubeóla German measles *(tbsz)*
rubin ruby
rubrika column, heading

ruca duck
rúd bar, rod, *(kocsié)* shaft, *(rúdugráshoz)* pole, *(vitorláé)* yard; **kifelé áll a (szekere) ~ja** *(átv)* be* about to be dismissed, be* about to leave
rúdugrás pole-vaulting
rúg 1. kick **2.** *(összeg vmre)* amount/come* to sg **3.** *(gólt)* score (a goal)
rugalmas elastic
ruganyos elastic, springy
rúgás kick
rúgkapál kick about
rugó spring, *(átv)* motive
rugós elastic, springy
ruha clothes *(tbsz)*, clothing, *(férfiöltöny)* suit, *(női)* dress; **nem a ~ teszi az embert** it is* not the cowl that makes* the monk; **ruhát felvesz** put* on one's clothes; **ruhát levet** take* off one's clothes; **ruhát vált** change (one's clothes)
ruhaakasztó clothes hanger
ruhaanyag dress material
ruhadarab article of clothing
ruhafogas 1. *(akasztó)* clothes--hook **2.** *(álló)* clothes--stand
ruhakefe clothes brush
ruhakereskedés clothier's, *(női)* dress shop
ruhanemű clothes *(tbsz)*
ruhaszárító kötél clothes-line
ruhaszekrény wardrobe
ruhaszövet cloth, dress material
ruhatár *(megőrző)* cloakroom, *(US)* checkroom
ruhatáros cloakroom attendant
ruhaujj sleeve
ruház 1. *(ruhával ellát)* clothe, dress **2.** *(vmt vkre)* confer (sg on sg)
ruházat clothes *(tbsz)*, clothing
ruházati cikkek wearing apparel
ruházkodás clothing, dressing
ruházkod|ik clothe oneself
rum rum
rút 1. ugly, hideous **2.** *(aljas)* base, mean
rutin routine
rutinos experienced
rúzs lipstick
rücskös *(arc)* pitted, *(felület)* rough
rügy bud, *(termő)* eye
rügyez|ik bud
rüh itch
rühes mangy
rüszt instep

S

sablon 1. *(műszaki)* model, mould **2.** *(átv)* commonplace
sablonos stereotyped, commonplace
sah shah
saját own, proper; **~ jószántából** of one's own free will; **~ kezébe** *(levélen)* private; **~ kezűleg** with one's own hand *(ut)*; **~ maga** he himself, she herself; **~ magam** myself
sajátos particular, peculiar, *(egyéni)* individual
sajátság characteristic, peculiarity
sajátságos characteristic, peculiar
sajgó aching; **~ fájdalom** burning pain
sajnál 1. *(vkt)* be* sorry (for sy), feel* pity (for), *(vmt)* regret; **nem ~ja a költséget és a fáradságot** he spares neither trouble nor pains **2.** *(vktől vmt)* (be)grudge sy sg
sajnálat pity, regret; **legnagyobb ~omra** to my greatest regret; **~tal értesültünk** we regret very much to hear

sajnálatos pitiable, deplorable, regrettable
sajnálkoz|ik be* sorry (for)
sajnos unfortunately, sorry (to say), alas
sajog smart, ache, throb
sajt cheese
sajtó press, *(nyomdai)* printing-press; **~ alá rendezte** edited by. . .; **~ alatt van** be* in/at press
sajtóattasé press attaché
sajtóbemutató press preview
sajtóértekezlet press conference
sajtófőnök head of press department, *(intézményé)* public relations man *(tbsz* men)
sajtóhadjárat press campaign
sajtóhiba misprint
sajtol press, squeeze
sajtónyilatkozat communiqué
sajtószabadság freedom of the press
sajtótermék publication
sajtótudósító pressman *(tbsz* pressmen)
sajtóügynökség press agency
sakál jackal
sakk chess; **~ban tart** keep* in check
sakkfigurák chess-pieces
sakkhúzás move; **ez ügyes ~ volt** this was* a clever move
sakkmatt checkmate
sakkoz|ik play chess
sakktábla chessboard
sál scarf *(tbsz* scarfs, scarves), muffler
salak 1. slag **2.** *(átv)* scum
saláta 1. *(növény)* lettuce **2.** *(étel)* salad
salétrom saltpetre, nitrate
sámfa boot-tree
sampion *(gomba)* (cultivated) mushroom
sampon shampoo
sánc 1. *(erődrész)* rampart, *(önálló erőd)* fortification **2.** *(síugráshoz)* ski jump
sanda szemmel néz look askance at sg
Sándor Alexander
sánta lame, limping
sántikál limp, hobble; **rosszban ~** he is* up to some mischief
sántít limp, hobble
sanzon song
sanzonénekesnő diseuse
sanyargat torment, torture
sápadt pale
sapka cap
sár mud, mire; **megállja a sarat** *(átv)* hold* one's own/ground
sárcipő galoshes *(tbsz)*, *(US)* rubbers *(tbsz)*
sárga I. *mn*, yellow; **~ irigység** green-eyed envy **II.** *fn*, **tojás sárgája** yolk
sárgabarack apricot
sárgaborsó split pea
sárgarépa carrot
sárgaréz brass
sárgarigó golden oriole
sárgaság jaundice
sárhányó mudguard, fender
sarj 1. *(növényé)* shoot **2.** *(vké)* offspring
sarjad 1. shoot* **2.** *(átv)* originate
sarjú second growth/crop
sark pole
sarkal *(cipőt)* heel
sarkall *(vkt vmre)* stimulate (sy to do sg)
sarkantyú spur
sárkány 1. dragon **2.** *(játék)* kite
sarki fény northern light
sarkítás polarization
sarkkutató (ant)arctic explorer
sarkvidék (ant)arctic region
sarló sickle; **~ és kalapács** sickle and hammer
saroglya forage ladder
sarok 1. *(cipőé/lábé)* heel; **vknek a sarkában van** dog the heels of sy; **állj a sarkadra!** be firm! **2.** *(szobáé)* corner, nook; **~ba szorít** *(átv)* drive*

to the wall 3. *(ajtóé)* hinge
sarokrúgás *(sport)* corner (kick)
sarokülés corner seat
Sarolta Charlotte, Caroline
sáros muddy, miry
saru 1. shoe, sandal 2. *(műszaki)* rocker
sas eagle
sás sedge, bulrush
sáska locust
sátán Satan
satnya stunted
sátor 1. tent; **~t üt** pitch a tent 2. *(vásári)* booth
sátorfa: felszedi a sátorfáját make* off; **hordd el a sátorfádat!** off you go!
sátortábor camp (of tents)
satu vise
sav acid
sáv stripe, streak, *(rádióban)* (wave-)band
savanyít (make*) sour
savanyú sour; **~ káposzta** sauerkraut; **~ uborka** pickled cucumber; **~ a szőlő** sour grapes; **~ képet vág** make* a long face
savanyúcukor acid/lemon drops *(tbsz)*
savbőség hyperacidity
savhiány subacidity
sávnyújtás band spread
savó 1. *(tejé)* whey 2. *(véré)* serum, blood-serum
savtúltengés hyperacidity
se neither; **~ pénz ~ posztó** neither goods nor money
seb wound, sore, *(sérülés)* injury, hurt; **~et ejt/üt vkn** wound/injure sy
sebaj it does* not matter, never mind!
sebes swift, speedy
sebesség speed, swiftness, rapidity, *(tempó)* rate, pace; **óránként 80 kilométeres ~gel haladt** he drove* at 50 miles an hour
sebességmérő speedometer
sebességváltó(kar) gear-shift lever, speed-change gear
sebességváltó(mű) gearbox
sebesült wounded
sebesvonat fast train
sebész surgeon
sebészet surgery
sebezhető pont vulnerable point
sebhely scar
sebhelyes scarred
segéd 1. aid, help 2. *(bolti)* shop assistant, *(US)* sales clerk 3. *(ipari)* journeyman *(tbsz* journeymen)
segédcsapat auxiliary troops *(tbsz)*
segédeszköz help, aid
segédige auxiliary (verb)
segédkezet nyújt vknek lend* sy a (helping) hand
segédkez|ik help, assist (sy)
segédkönyv handbook, manual
segédlet aid, assistance
segédmunkás unskilled worker, hand
segély help, aid, support, *(pénzbeli)* grant, subvention
segélyalap relief fund(s)
segélyegylet charitable institution
segélyez assist, support (sy)
segélykérés supplication (for help)
segélynyújtás assistance, help; **kölcsönös ~i egyezmény** mutual assistance pact
segít help, aid, assist *(akinek:* sy); **semmi sem ~** there is* no help
segítő: ~ kezet nyújt vknek lend* sy a helping hand; **~ egyesület** relief society
segítőtárs helper, helpmate
segítség aid, assistance, support; **~!** help help!; **~re szorul** be* in need of help; **~et kér vktől** ask for sy's help; **vknek ~et nyújt** help/aid sy; **vknek ~ével** by the help of sy

sehogyan by no means
sehol nowhere
sehonnan from nowhere
sehova nowhere
sejt[1] *ige*, guess, suspect; **~ vmt** have* a presentiment of sg, smell* sg; **mit sem ~ve** unsuspectingly
sejt[2] *fn*, cell
sejtelem presentiment; **sejtelmem sincs róla** I have* no(t the least) idea
sejtelmes mysterious
sejtet suggest
sekély shallow, flat
sekrestye sacristy
selejt *fn*, *(termék)* shoddy/substandard goods *(tbsz)*, waste
selejtes inferior
selejtmentes faultless
sellő mermaid
selyem silk
selyemhernyó silkworm
selyempapír tissue paper
selymes silky, silk-like
selypít lisp
sem neither, nor; **egy ~** none; **~ itt ~ ott** neither here nor there; **még látni ~ akarja** she will not even see him; **~ . . . ~** neither . . . nor; **azért ~** all the less
séma pattern, scheme
sematikus schematic
semhogy rather than
semleges 1. neutral, *(állást nem foglaló)* non-committal, 2. *(nyelvtan)* neuter
semlegesség neutrality
semmi I. *fn*, nothing, none; **az ~** it is* nothing; **~ sem** nothing at all, nothing whatever; **~ se lesz belőle** nothing will come of it; **~be (se) vesz** ignore, disregard; **nem tesz ~t** it does* not matter; **~vé lesz** come* to nothing II. *mn*, no; **~ áron/pénzért** at no price; **~ esetre** by no means; **~ közöd hozzá** it is* no business of yours
semmiféle no, not any
semmirekellő good-for-nothing
semmis invalid, void; **~nek nyilvánít** annul
semmiség *(csekélység)* trifle
semmitmondó meaningless, insipid
semmittevő *fn*, idler, loafer
senki nobody; **~ más** nobody else
senyved suffer, languish
seper sweep*, broom; **~jen a maga ajtaja előtt!** *(átv)* mind your own business!
seprű broom; *(átv)* **új ~ jól seper** new brooms sweep* clean
serceg crackle, *(irótoll)* splutter
serdületlen of tender age *(ut)*
serdülő adolescent; **~ fiú** youth, young lad; **~ kor** puberty; **~ korú** adolescent, teenager
sereg 1. *(katona)* army 2. *(ember)* lot, crowd (of people)
seregély starling
seregl|ik assemble, crowd
seregszemle review
sérelem injury; **sérelmet szenved** sustain an injury
sérelmes injurious
sérelmez find* sg prejudicial
serény active, brisk
serkent urge/spur on, stimulate
serleg cup, goblet
serpenyő 1. *(konyhai)* frying pan, saucepan 2. *(mérlegé)* scale (of a balance)
sért 1. *(testileg)* injure, hurt*; **~i az ember fülét** it grates upon the ear 2. *(érzelmileg)* offend; **~ve érzi magát** feel* offended 3. *(törvényt)* trespass (on)
sérteget keep* insulting sy
sertés hog, pig, swine *(tbsz* swine)
sértés *(érzelmi)* offence, insult
sertésborda pork-chop

sertéscomb leg of pork
sertéshús pork
sertéskaraj pork-chop
sertéssült roast pork
sertéstenyésztés pig-breeding
sértetlen 1. unhurt, unharmed 2. *(átv)* intact
sérthetetlen inviolable
sértődés hurt, resentment
sértődött offended
sértő szándékkal *(mond vmt)* with an insulting purpose
sérülés hurt, injury, *(tárgyé)* damage; **~t szenved** sustain an injury
sérült I. *mn*, hurt, *(tárgy)* damaged II. *fn*, wounded (person)
sérv rupture, hernia
sérvkötő truss
séta walk, promenade
setabot walking stick
sétatér walk(ing) place
settenked|ik *(vk körül)* hang* around sy, *(vhol)* sneak
sevró kid
sí ski
síel ski
siet 1. hurry (up), make* haste; **vhová ~** hasten to a place; **siess!** hurry up!, make* haste! 2. *(óra)* be* fast
sietős urgent; **a dolog nem ~** there's* no hurry
sietség hurry, haste
siettet hasten
sík I. *mn*, flat, level, plain II. *fn*, *(mértan)* plane
sikátor alley, lane
siker success; **nagy színházi ~** box-office hit; **fejébe szállt a ~** be* dizzy with success; **~t arat** achieve success, be* successful
sikeres successful
sikertelen unsuccessful
sikerül succeed; **jól ~** be* successful; **~t elérnem a vonatot** I succeeded in catching the train; **nem ~** fail, miscarry
sikerült successful
síkfutás flat-race
síkidom geometrical figure
sikít scream
sikkaszt embezzle
sikkasztás embezzlement
sikkasztó *fn*, embezzler
sikl|ik glide, slide*
sikló *fn*, *(állat)* grass-snake
siklórepülés gliding(-flight)
sikolt scream, shriek
sikoltás scream, shriek
síkos slippery
síkraszáll *(vmért/vkért)* enter the lists (for sy/sg)
síkság plain, lowlands *(tbsz)*
silány inferior, poor, *(eredmény)* mediocre
siló silo
silóz ensile
sima smooth, *(egyenletes)* even, plain, *(nem bonyolult)* simple; **simán megy** it goes* smoothly; **simára borotvált** clean-shaven
simít smooth, even
simítás 1. *(ált)* smoothing, *(talajé)* levelling, planing 2. **az utolsó ~okat végzi** put* the final touches to sg
simogat stroke, pet
simul 1. *(vm vmhez)* fit close/tight to 2. *(vk vkhez)* cling*/press close to
sín 1. rail 2. *(orv)* splint
sínautó rail-car
sincs is* not . . . either; **szó ~ róla** (it is*) out of the question
sínpár track, track-way
sintér dogcatcher
sínylőd|ik languish
síp whistle
sípcsont shin-bone
sípol whistle
sír[1] *ige*, cry, weep*; **~va fakad** burst* into tears
sír[2] *fn*, grave, tomb

siralmas deplorable, lamentable
sirály gull, mew
siránkoz|ik lament, wail, *(vm miatt)* bewail sg
sírás crying, weeping
sírásó gravedigger
sirat bewail
sírbolt vault, crypt
síremlék tomb, sepulchre
sírfelirat epitaph
síri csend gloomy silence
sírkő tomb-stone
sisak helmet
sistereg sizzle
sivár bleak, dreary
sivatag desert, wilderness
síz|ik ski
síző *fn*, skier
skála 1. scale 2. *(beosztás)* graduation
skandináv Scandinavian
Skandinávia Scandinavia
skarlát *(betegség)* scarlat-fever
skatulya box; **mintha skatulyából vették volna ki** look spick and span
skót I. *mn*, Scotch, Scots II. *fn*, Scot, Scotchman *(tbsz* Scotchmen), Scotsman *(tbsz* Scotsmen)
sláger hit
slamasztika: benne van a slamasztikában be* in hot water
slusszkulcs ignition key
smaragd emerald
smink make-up
smirgli emery
só salt
sodor[1] *ige*, 1. *(fonalat)* twist, *(cigarettát/tésztát)* roll 2. **magával ~** whirl along, *(víz)* carry along; **vkt veszélybe ~** plunge sy in danger; **háborúba ~** embroil in war
sodor[2] *fn*, *(vízé)* current; **kijön a sodrából** lose* one's temper; **kihoz vkt a sodrából** make* sy lose his temper
sodródeszka pastry board
sodród|ik *(vk vmbe)* be* involved in sg; **háborúba ~ik** drift into war
sodrófa rolling-pin
sodrony wire, cable
sofőr driver, *(taxié)* cabman *(tbsz* cabmen)
sógor brother-in-law *(tbsz* brothers-in-law)
sógornő sister-in-law *(tbsz* sisters-in-law)
soha never; **~ többé** never-more
sóhajt sigh
sóhajtás sigh
sok *(egyes számmal)* much, *(többes számmal)* many, plenty of, a lot of, a great deal of, lots of; **~ angol könyve van** he has* a lot of English books; **~ angol könyve van?** has* he many English books?; **~ kicsi ~ra megy** many a little makes* a mickle; **ami ~ az ~!** too much is* too much; **jóból is megárt a ~** it's* too much of a good thing; **nem ~ kell hozzá (hogy)** it needs little (to); **~ba kerül** it costs* much; **~ban** in many respects; **~ért nem adnám ha ...** I would do anything to ...; **~ra tart** *(vkt)* think* highly of; **~ra viszi még** he will get on/far; **~at ad** *(vkre/vmre)* have* a high opinion (of sy/sg)
soká for long, a long time
sokadalom multitude
sokall *(soknak tart)* find* sg too much, *(árat)* find* the price too high
sokan a great many people *(tbsz)*; **~ közülünk** many of us
sokára long afterwards
sokaság 1. *(élők)* crowd 2. *(tárgyak)* lot
sokatmondó significant
sokféle many kinds of, diverse

sokkal far, by far; **~ később** much later
sokoldalú manysided
sokszor many times, frequently
sokszoros multiple
sokszorosít multiply
sokszorosító gép duplicating machine
sokszög polygon
sólyom falcon, hawk
som cornel (cherry)
sompolyog creep*, slink*
sonka ham; **sült ~ tojással** ham and eggs
sopánkod|ik lament, wail
sor 1. row, line, *(eseményeké)* series (of events), *(mennyiségtani)* progression; **ha arra kerül a ~** if it comes* to that; **rajta a ~** (it's*) his turn 2. *(sors)* lot, fate; **jó ~a van** he is* well off; **ez a világ ~a** such is* life 3. *(sorozás)* **~ alá kerül** be* called up for military service 4. **~ba áll** *(ácsorgásnál)* form a queue; **~ba vesz** take* one after the other; **~ban** in turn, one after the other; **~on kívül** out of one's turn; **várjon ~ára** wait your turn
sorakoz|ik align, line up
sorakozó *fn*, fall-in
sorfal line; **~at áll** line up
sorol 1. *(vkt vhová)* rank, range (with), *(vmt vhová)* put*, count (to) 2. *(elszámlál)* enumerate
sorompó barrier, (level-crossing) gate
soroz recruit, enlist
sorozás recruiting, enlistment, draft
sorozat series *(tbsz* series), *(tárgyakból)* set
sorozatgyártás serial production
sorozatos serial
sorozatszám serial number
sorrend order, sequence; **megfelelő ~ben** in due course; **rossz ~ben** out of order
sors fate, *(vké)* lot; **jobb ~ra érdemes** deserve a better lot; **~ára hagy vkt** leave* sy to his fate; **~ot húz** draw*/cast* lots
sorsdöntő decisive
sorshúzás drawing of lots
sorsjáték lottery
sorsjegy lottery ticket
sorsol draw* (lots for sg)
sorszám serial number
sort(nadrág) shorts *(tbsz)*
sortűz volley, volley-firing; **sortüzet ad** fire a volley
sorvad 1. waste away 2. *(vk átv)* pine (away)
sorvaszt consume
sós salt(y), salted
sósav hydrochloric acid
sósborszesz spirit(s) of salt
sóska sorrel
sótalan unsalted
sótartó salt-cellar
sovány 1. *(élőlény)* lean, thin 2. *(átv)* poor
soványít make* thin/slim
soványod|ik grow* thin(ner)
sóvár eager (for), yearning (for)
sóvárog crave (for), yearn (for)
soviniszta chauvinist
sovinizmus chauvinism
sóz salt
sömör tetter
söntés tap-room, bar
söpredék *(átv)* riff-raff, mob
söprű broom
sör beer, ale, *(barna)* porter, stout
sörény mane
sörét shot
sörgyár brewery
söröshordó beer barrel
söröskancsó beer-mug, stein
söröz drink* beer
söröző *fn*, beer-house
sörte bristle
sőt (and) indeed, moreover,

even; ~ **mi több** and what is* more
sötét dark; ~ **alak** bad lot; ~ **bőrű** dark-skinned, swarthy; ~ **múlt** murky past; ~ **ügy** shady business; ~**ben tapogatódzik** grope about in the dark
sötétbarna dark brown
sötétedés dusk, twilight
sötéted|ik it is* getting dark
sötéten: túl ~ **lát** be* much too pessimistic; ~ **néz** look black
sötétkamra dark room
sötétkamra-töltés unspooled film
sötétkék dark/navy blue
sötétség dark(ness), gloom
sötétszürke dark grey
sötétzöld dark green
sövény hedge(row)
spagetti spaghetti
spanyol I. *mn*, Spanish **II.** *fn*, Spaniard
spanyolfal folding-screen
Spanyolország Spain
spanyolul (in) Spanish; ~ **beszél** speak* Spanish
spanyolviasz sealing wax; **nem ő találta fel a** ~**t** he will never set the Thames on fire
spárga 1. string **2.** *(növény)* asparagus
speciális special
specialista specialist
specialitás speciality
specializál specialize (in)
speiz larder, pantry
spékel lard
spektrum spectrum *(tbsz* spectra)
spekuláció speculation
spekulál speculate
spenót spinach
spicli informer
spirális spiral
spiritusz spirits *(tbsz)*
spongya sponge
spórol economize, save
sport sport(s)
sportcsarnok sports hall
sportegyesület sports-club
sportember sportsman *(tbsz* sportsmen), athlete
sporteredmények sports results
sportesemény sports event
sportfogadás state (football) pools *(tbsz)*
sportklub sports club
sportkocsi 1. sports car **2.** *(kisbabáé)* baby stroller
sportol cultivate some sport, go* in for some sport
sportoló *fn*, sportsman *(tbsz* sportsmen), athlete
sportpálya sports ground
sportrovat sports column
sportszerűen in good sporting spirit
sportverseny sports meeting, match, contest
sróf screw
srófol 1. screw **2.** *(árat)* raise
stabilizál stabilize
stadion stadium *(tbsz* stadia), *(US)* bowl
staféta 1. *(futár)* courier **2.** *(sport)* relay
stagnál stagnate
statárium martial law
statiszta mute, super
statisztika statistics
statisztikus statist
státus *(állomány)* list (of civil servants); ~**ban van** be* on the payroll
stb. = *s a többi* et cetera, etc.
stég landing stage
steril *(orv)* sterile
sterilizál sterilize
stilisztika stylistics
stilizál 1. *(fogalmaz)* compose **2.** *(művész)* stylize, conventionalize
stílszerű suitable, fitting
stílus style
stimmel *(egyezik)* be* correct; ~**!** that's* right!; **itt vm nem** ~ there is* sg wrong here
stoplámpa stop light

stopperóra stop-watch
stoppol 1. *(lyukat)* darn, mend 2. *(sportban)* clock
storníroz cancel
strand *(természetes)* beach, *(mesterséges)* open-air bath
strandfürdő open-air bath
strandol bathe
strandruha sun dress
strandtáska bathing bag
strapa drudgery, toil
strázsál be* on guard
stréber *fn*, climber
strucc ostrich
struccpolitika ostrich policy
struma goitre
stúdió studio
suba alatt clandestinely
sudár slender, slim
súg 1. *(vknek vmt)* whisper (sg to sy) 2. *(iskola/színház)* prompt
sugall suggest
sugár 1. *(fény)* ray 2. *(víz)* jet 3. *(mértani)* radius *(tbsz* radiuses, radii)
sugárhajtású repülőgép jet-propelled plane
sugároz 1. radiate 2. *(rádió)* transmit
sugárút avenue
sugárzás radiation
sugárz|ik radiate; **arca ~ik az örömtől** he is* beaming with joy
sugdolódz|ik be* whispering
súgó *fn*, prompter
suhan flit, glide
suhanc youngster, stripling
suhint flick, flip
suhog *(ruha)* rustle, *(ostor)* whizz
sújt 1. strike*, hit* 2. *(villám)* blast 3. *(átv)* afflict; **vkt büntetéssel ~** punish sy
súly 1. weight; **~ban gyarapodik** gain weight 2. *(átv)* emphasis, stress, *(jelentőség)* importance; **~a van a szavának** his word carries authority; **~t helyez vmre** lay* stress upon
súlycsoport *(sport)* weight-class
súlydobás shotput, putting the shot/weight
súlydobó weight putter
súlyegység unit of weight
súlyemelő weight-lifter
súlyhatár weight limit
sulyok: elveti a sulykot overshoot the mark
súlyos heavy, *(átv)* grave, *(betegség)* serious; **~ következményekkel jár** it involves grave consequences
súlyosbít 1. *(helyzetet)* worsen 2. *(büntetést)* increase
súlyosbod|ik worsen
súlypont 1. centre of gravity 2. *(átv)* main point
súlytalanság weightlessness
súlytöbblet overweight
súlyzó dumb-bell
súrlódás 1. *(tárgyaké)* friction 2. *(személyek között)* disagreement
súrlódási felület friction surface
súrol 1. *(edényt)* scour, *(padlót)* scrub 2. *(érint)* rub (against), *(golyó)* graze
súrolókefe scrubbing brush
surran scuttle, slide*
susog whisper, *(szél)* breathe
suszter shoemaker
suta I. *mn*, awkward, clumsy II. *fn*, *(állat)* doe
sutba dob throw* away
suttog whisper
süket deaf; **~ mint az ágyú** deaf as a door-post
süketnéma deaf and dumb/mute
sül *(tésztaféle)* bake, *(pecsenye)* roast
süldő *(malac)* piglet; **~ leány** girl in her teens
süllő pike perch
sült I. *fn*, roast II. *mn*, *(tésztaféle)* baked, *(húsféle)* roast-

(ed); **várja hogy a ~ galamb a szájába repüljön** he is* waiting for the plums to fall into his mouth
sülve-főve együtt vannak they are* inseparable
süllyed sink*, *(hajó)* be* sinking; **majd a föld alá ~t szégyenében** he could* sink through the floor with shame
süllyeszt sink*
sündisznó hedgehog
sündörög 1. *(ólálkodik)* lurk 2. *(vk körül hízelegve)* fawn (upon)
süpped sink*, subside
sürgés-forgás bustle, hurry
sürget urge; **az idő ~** time presses
sürgölőd|ik bustle, stir about
sürgöny telegram, wire
sürgönycím telegraphic address
sürgönyileg by telegram/wire
sürgönyöz wire, telegraph
sürgős urgent, pressing; **~ dolga van** have* some pressing business on hand; **~ ügy** urgent case; **~en** urgently
sűrít thicken, *(folyadékot)* condense, *(gázt)* compress
sűrű thick, dense; **az erdő ~jében** in the thick of the forest
sűrűség 1. thickness, *(fizika)* density 2. *(erdei)* thicket
süt 1. *(ételt)* bake, *(húst)* roast, *(zsírban)* fry **2. szemét földre ~i** cast* down one's eyes 3. *(égitest)* shine*
sütemény cake, pastry, *(cukrászé)* confectionary, *(péké)* baker's ware
sütkérez|ik (bask in the) sun
sütnivaló: van ~ja have* gumption
sütő *(tűzhelyrész)* oven
sütöde *(üzem)* bakery, *(üzlet)* baker's shop
sütőpor baking powder
sütőtök pumpkin
süvít howl, roar
svábbogár cockroach
Svájc Switzerland
svájci Swiss *(tbsz* Swiss); **~ sapka** beret
svéd I. *mn*, Swedish **II.** *fn*, Swede
Svédország Sweden
svindliz swindle, cheat

Sz

szab 1. *(ruhát)* cut* (out) **2. árat ~** fix a price; **feltételt ~** make* one's conditions
szabad I. *mn*, *(nem foglalt)* free, unoccupied, *(megengedett)* permitted, allowed *(út)*, *(nem fogoly)* free; **~ esés** free fall; **~ idő** leisure; **~ folyást enged a dolgoknak** let* things take their course; **~ kezet ad vknek** give* sy a free hand; **~ kikötő** free port; **~ levegő** open air; **~ szemmel látható** visible to the naked eye **II.** *fn*, **a ~ban** in the open (air); **~jára enged** let* go **III.** *ige*, *(vknek vmt tenni)* may, *(kopogtatásra feleletül)* come* in!; **~ kérem?** *(utat kérve)* excuse me please!; **~ a sót(,) kérem?** may I trouble you for the salt(,) please; **nem ~** must not, is* not to; **nem ~ odamenni** you must not go there; **ezt nem lett volna ~ megtenned** you ought not to have done this, you should not have done this
szabadalmaz patent
szabadalmi hivatal patent office
szabadalom patent, *(gyártásra)* licence
szabadegyetem university extension (course)

szabadelvű liberal
szabadgondolkodó free-thinker
szabadgyakorlatok free exercises *(tbsz)*
szabadít free, liberate
szabadjegy free ticket
szabadkoz|ik offer excuses
szabadkőműves freemason
szabadlábra helyez set* at liberty, release, free
szabadnap day off
szabadnapos having one's day off *(ut)*
szabadon 1. *(nyíltan)* openly, *(korlátozás nélkül)* without restriction 2. *(büntetlenül)* with impunity
szabados *mn,* licentious, loose
szabadrúgás *(sport)* free kick
szabadság 1. liberty, freedom 2. *(vakáció)* holiday; **~on van** be* on holidays; **fizetett ~** holiday(s) with pay
szabadságharc war of indepedence
szabadságharcos *fn,* freedom-fighter
szabadságjogok human rights *(tbsz)*
szabadságol grant leave (to sy
szabadságszerető freedom loving
szabadszájú free-spoken
szabadtéri színpad open-air theatre
szabadul 1. *(börtönből)* be* released 2. *(vmtől)* get* rid (of sg) 3. *(tanonc)* finish
szabály rule, *(mennyiségtan, vegytan)* formula
szabályos regular; **~ időközökben** at regular intervals
szabályoz regulate
szabályozó *fn,* regulator
szabálysértés petty offence
szabályszerű regular, normal
szabálytalan irregular, abnormal
szabályzat regulation(s), rules *(tbsz)*
szabás *(fazon)* cut, fashion
szabásminta pattern
szabász (tailor's) cutter
szabatos precise, accurate
szabó tailor
szabónő dressmaker
szabotál sabotage
szabotázs sabotage
szabott ár fixed price
szabvány standard, norm
szabványos standard
szag smell, odour; **jó ~a van** smell* good
szaggatott interrupted; **~ vonal** dotted line
szaglás sense of smell
szaglász *(kutya)* scent, *(nyomot)* track
szagl|ik smell* (of sg), *(büdös)* stink*
szagol smell*
szagos smelling, odorous
szagtalan odourless, scentless
szagtalanít deodorize
szagú smelling of sg *(ut)*; **jó ~** pleasant-smelling
száguld run* at top speed, gallop, tear*, dash
száj mouth; **~ába rág** drum sg into sy; **~ról ~ra** from mouth to mouth; **~át tátja** drop one's jaw
szájas insolent
szájaskod|ik mouth, *(feleseI)* answer back
szájharmonika mouth organ, harmonica
szájhős braggart, boaster
szájíze szerint to sy's taste
szajkóz 1. *(ismétel)* repeat like a parrot 2. *(magol)* cram
szájpadlás palate
szak 1. *(időé)* period 2. *(szakma)* profession, branch
szakács cook, chef
szakácskönyv cookery-book
szakácsművészet culinary art
szakácsnő cook
szakad 1. *(ruha)* tear*, rend 2. **~ az eső** it is* pouring

with rain; **ha törik ha ~** by hook or by crook; **vége ~** come* to an end
szakadás *(ruhán)* tear, rent
szakadatlan unceasing, endless
szakadatlanul without interruption
szakadék precipice, abyss
szakáll beard; **saját ~ára** on one's own account
szakasz 1. *(határolt rész)* section, part **2.** *(folyamatban)* period **3.** *(versben)* strophe, stanza *(törvényben)* article **4.** *(katona)* platoon **5.** *(vasúti kocsiban)* compartment
szakaszhatár *(járművön)* fare stage
szakasztott olyan exactly the same (as)
szakdolgozat thesis *(tbsz* theses)
szakember expert, specialist
szakérettségi specialized matriculation examination
szakértelem expertness, skill, *(US)* know-how
szakértő expert, specialist
szakfelügyelő school inspector
szakirodalom special/technical literature
szakiskola technical school, training college
szakít 1. tear*, rend*, *(virágot)* pluck; **időt ~ vmre** spare time for sg; **végét ~ja vmnek** make* an end to sg **2.** *(vkvel)* break* with sy
szakképzett qualified, skilled
szakképzettség qualifications *(tbsz)*
szakkifejezés technical term; **~ek** terminology
szakkönyv technical book
szakkör professional circle
szaklap technical journal, *(tudományos)* scientific review
szakma trade, profession; **mi a szakmája?** what is* his trade
szakmai professional, trade; **~ folyóirat** trade paper; **~ továbbképzés** refresher/extension course
szakmányban dolgozik do* piece-work
szakmunkás skilled worker
szakorvos specialist
-szakos: angol ~ hallgató student of English
szakosít specialize
szakosztály section
szakszerű expert; **~en** in a workmanlike manner
szakszervezet trade union; **Szakszervezetek Országos Tanácsa** Hungarian Trades Union Council
szakszervezeti trade-union; **~ bizalmi** trade-union steward, shop steward; **~ mozgalom** trade unionism; **~ tag** member of trade union
szakszótár special dictionary
szaktárgy special subject, *(US)* major
szaktárs colleague
szaktudás special knowledge
szaküzlet specialist('s) shop
szál 1. *(fonál)* thread; **gyengéd ~ak fűzik vkhez** be* tenderly attached to sy **2. egy ~ gyertya** a single candle; **mind egy ~ig** to a man
szalad run*
szalag ribbon, band
szalagfűrész band-saw
szalámi salami
szálfa 1. *(élő)* timber, tall tree **2.** *(levágott)* log
szálka splinter, *(halé)* fish-bone; **~ vk szemében** thorn in sy's flesh
száll 1. fly*, *(magasba)* rise*; **a gép földre ~t** the machine/aircraft landed; **fejébe ~t a dicsőség** his successes have* gone to his head **2. hajóra ~** board a ship; **vonatra ~** take* a train (for a place)

3. **a vagyon fiára ~t** his son inherited his fortune, his fortune fell* to his son
szállás quarter, *(katonai)* quarters *(tbsz)*; **~t ad vknek** accommodate sy, put* sy up
szállásadó *fn*, landlord, host
szállingóz|ik: a hó ~ik be* snowing softly; **hírek ~nak** rumours circulate
szállít 1. carry, transport, ship, *(leszállít)* deliver **2. vmnek az árát lejjebb ~ja** lower the price of sg
szállítás transport, conveyance, *(US)* haulage; **házhoz ~** delivery
szállítási határidő term of delivery
szállítmány consignment, *(rakomány)* cargo
szállítmányozó carrier, forwarding agent
szállító *fn*, carrier, deliverer
szállítólevél bill of delivery
szállítómunkás transport worker
szállítószalag conveyor belt
szálloda hotel
szállodai hotel-; **~ alkalmazott** hotel employee; **~ szoba** hotel room
szállodaköltség hotel expenses *(tbsz)*
szállóige adage
szalma straw; **széna vagy ~?** yes or no?, good news or bad?
szalmakalap straw hat
szalmakazal rick (of straw)
szalmaláng a flash in the pan
szalmaözvegy 1. *(nő)* grass widow **2.** *(férfi)* grass widower
szalmaszál straw; **a ~ba is kapaszkodik** snatch* at a straw
szalmazsák straw mattress
szalon drawing-room, sitting-room, parlour, *(US)* parlor, *(hajón, szállodában)* saloon, *(divat)* showroom
szaloncukor fondant
szalonka snipe
szalonna lard, bacon
szalonnabőr rind of bacon
szalutál salute
szalvéta napkin
szám number, *(napilapé)* issue, *(ruhadarabé)* size; **~ba jön** count; **~ba vesz** *(körülményt)* take* into account, *(összeszámol)* take* stock of, compute, calculate; **teljes ~ban** all, in full (number), complete; **~on kér** demand an account of sg, *(vktől vmt)* call sy to account for sg; **~on tart** take* note of, record, keep* track of, keep* in mind; **~ot ad vmről** give* account of sg; **~ot tart vmre** count/reckon on sg; **~ot vet vmvel** take* sg into account; **~ szerint harminchárom** thirty-three in number
számadás account, statement
számadat figure
szamár ass, donkey, *(átv)* fool; **ha ló nincs ~ is jó** half a loaf is* better than no bread
számára for him/her
szamárfül 1. *(könyvben)* dog-ear **2. ~et mutat vknek** pull bacon at sy
szamárhurut whooping cough
szamárság stupidity, nonsense
számbeli numerical; **~ fölény** numerical superiority
számérték numerical value
számfejt audit, calculate
számfejtés audit, calculation
számít 1. *(vmt)* calculate, compute; **mennyit ~ érte?** how much will you charge for it?; **nem ~va** not counting, let* alone; **20-tól ~va** as from the 20th **2.** *(vkk közé vkt)* count sy among **3.** *(vm)* count, matter; **ez nem ~** it does* not matter, it makes*

no difference 4. *(vmre/vkre)* reckon/count on 5. *(vm vmnek)* pass for; **ez öt pontnak ~** it scores five points
számítás *(számtani)* arithmetic, *(számvetés)* calculation; **~a szerint** according to his calculations; **~on kívül hagy** leave* sg out of consideration; **~ba vesz vmt** take* sg into account; **~ból cselekszik** act from selfish motives
számítógép (electronic) computer
számjegy figure, numeral
számla bill, invoice, *(könyvelési)* account; **vmt vknek számlájára ír** place sg to sy's account
számlál count, reckon
számláló *fn*, *(mennyiségtan)* numerator
számlap dial, dial-plate
számláz invoice, bill
számnév numeral
szamóca wild strawberry
számol 1. count, calculate, compute, *(megszámol)* keep* count of 2. *(vmvel)* reckon with sg; **ezzel ~ni kell** one has* to reckon with that
számolási hiba miscalculation
számológép calculator
számos numerous, many; **~ esetben** in many cases
számottevő considerable
számoz number
számozatlan unnumbered
számozott numbered
számrendszer numerical system
számszerű numerical
számtábla number plate
számtalan innumerable, countless
számtalanszor very often
számtan arithmetic, mathematics
számtani arithmetic(al); **~ művelet** mathematical operation
számtanpélda (arithmetic) problem
száműz banish, exile
száműzetés banishment, exile
száműzött I. *fn*, exile, outcast II. *mn*, banished, exiled
számvevő auditor
számvevőség audit(ing) office
számvitel accountancy
szán[1] *ige*, 1. *(sajnál)* pity, be* sorry (for) 2. *(vknek vmt)* intend (sg for sy/sg) 3. *(vmre összeget)* allot (a sum) to; **időt ~ vmre** find* time to/for 4. **fiát orvosnak ~ta** he intended his son to become a doctor
szán[2] *fn*, sleigh, sledge
szánakoz|ik pity sy
szánakozó compassionate, pitiful
szánalmas 1. pitiable, pitiful 2. *(elítélő értelemben)* miserable
szánalomra méltó pitiable
szanaszét on all sides, far and wide
szanatórium sanatorium *(tbsz* sanatoria), *(US* sanitarium *(tbsz* sanitaria)
szandál sandal
szándék intention, purpose; **~a vmt megtenni** he intends to do (sg); **előre megfontolt ~kal** deliberately, *(jogi nyelven, gonoszságról)* with malice aforethought
szándékos deliberate; **~ emberölés** wilful murder; **~an** intentionally, on purpose
szándékoz|ik plan, mean* (to do sg)
szánkáz|ik sledge
szánt plough, *(US)* plow
szántás 1. *(munka)* ploughing 2. *(föld)* ploughed land
szántóföld plough-land
szapora *(gyors)* quick, rapid
szaporít 1. *(növel)* increase,

swell* (the number of sg) 2. *(növényt)* propagate
szaporodás propagation, increase
szaporod|ik 1. *(élőlény)* multiply 2. *(mennyiség)* increase, grow*
szaporulat increase
szappan soap
szappanbuborék soap bubble
szappanhab lather
szappanoz soap, *(borotválkozáshoz)* lather
szappanpehely soap flakes *(tbsz)*
szappantartó soap-dish
szár 1. *(növényé)* stem 2. *(nadrágé)* leg
szárad dry (up); **az ő lelkén ~** he will* have it on his conscience
száraz I. *mn*, 1. dry, *(éghajlat)* arid 2. *(átv)* dry, dull II. *fn*, **~on és vízen** on land and water; **nem viszi el ~on** he won't* get away with it; **úgy érzi magát mint a ~ra vetett hal** he feels* like a fish out of water
szárazdokk dry dock
szárazföld continent
szárazföldi continental; **~ éghajlat** continental climate; **~ haderő** land army
szárazság *(aszály)* drought
szardella anchovy
szardellapaszta anchovy paste
szardína sardine
szárít (make*) dry
szarka magpie
szarkaláb 1. *(növény)* common larkspur 2. *(ránc)* crow's foot
származás origin
származék derivative
származ|ik originate, spring* (from), come*; **munkáscsaládból ~ik** come* of a working-class family
származó coming (of/from); *(ut)*; **a házasságból ~ gyermekek** the children issuing from the marriage
szárny 1. *(madáré)* wing; **vkt ~a alá vesz** take* sy under one's wing; **~ra kap** take* wing 2. *(ajtóé/ablaké)* leaf *(tbsz* leaves), *(épületé)* wing 3. *(hadseregé)* wing, flank
szárnyal soar, fly*
szárnyas poultry *(tbsz)*, fowl
szárnypróbálgatás: az első ~ok the first attempts
szárnyvonal *(vasút)* branch line
szaru horn(y matter)
szarv 1. horn 2. *(ekéé)* handle
szarvas deer, stag
szarvasbogár stag-beetle
szarvasbőr deerskin, buckskin
szarvasgomba truffle
szarvasmarha horned cattle
szász Saxon
szatén satin
szatíra satire
szatirikus satiric(al)
szatócs grocer
szatyor shopping bag
szavahihető trustworthy, reliable
szavajárás: ez a ~a it's* a usual phrase with him
szaval recite, declaim
szavalat recitation, recital
szavatol guarantee (sg), answer (for sg)
szavatolt guaranteed
szavatosság guarantee
szavaz vote, give* one's vote; **igennel ~** vote for sg; **nemmel ~** vote against sg
szavazás vote, *(gyűlésen)* voting; **~ alá bocsát** put* to the vote
szavazat vote; **~át vkre adja** (cast* a) vote for sy
szavazattöbbség majority
szavazó *fn*, voter, elector
szavazófülke polling booth
szavazóhelyiség polling-place
szavazólap ballot-paper

szaxofon saxophone
szaxofonos saxophonist
száz hundred; **~ával** by hundreds
század 1. *(idő)* century; **a XX. ~** the 20th century, the twentieth century 2. *(mérték)* hundredth 3. *(katonai)* company
századforduló turn of the century
százados *(katona)* captain
százalék per cent; **száz ~ban** one hundred per cent, entirely
százalékos: ~ arány/részesedés percentage; **~ megoszlás** percentage distribution; **50%-os hadirokkant** a fifty per cent war-cripple
százalékszámítás calculation of percentage
százas I. *mn*, *(beosztás)* centesimal; **a ~ szoba** room number 100 II. *fn*, *(bankjegy)* a hundred forint/pound/-dollar note/bill
százéves hundred years old *(ut)*, hundred-year-old
százlábú centipede
százszor a hundred times
százszorszép daisy
SZB = *Szakszervezeti Bizottság* Trade Union Committee
sze. = *szerda* Wednesday, W., Wed.
szecska chaff
szed 1. *(gyűjt)* gather, *(gyümölcsöt/virágot)* pluck, pick; **honnan ~i ezt?** where do* you take that from 2. *(díjat)* collect 3. *(nyomda)* set* (type), compose
szédelgő *fn*, swindler, cheat
szedelőzköd|ik be* preparing to leave
szeder blackberry
szederjes purple-blue
szedés 1. *(virágé/gyümölcsé)* plucking, picking 2. *(nyomdai művelet)* setting, *(a kész szedés)* composition, matter
szedett-vedett riff-raff
szédít *(átv)* bluff, swindle
szédítő giddy, dizzy
szedő *fn*, type-setter
szédül be*/feel* dizzy
szeg[1] 1. *(szegélyez)* border 2. *(esküt/nyakat)* break*
szeg[2] *fn*, nail, pin; **kibújik a ~ a zsákból** show* the cloven hoof; **fején találja a ~et** hit* the nail on the head; **~et üt a fejébe** puzzle sy
szegecs rivet
szegecsel rivet
szegély border, edge, *(ruháé)* trimming
szegény poor
szegényparaszt poor peasant
szegénység poverty, want
szegénységi bizonyítvány certificate of poverty
szegez 1. nail, *(szemet)* fix 2. **vk ellen fegyvert ~** aim/point one's weapon/gun at sy
szegfű carnation, pink
szegfűszeg clove
szegőd|ik 1. *(szolgálatba)* take* service with sy 2. *(vmhez)* join (sg)
szegy breast
szégyell be*/feel* ashamed (of); **~d magad!** for shame!
szégyen shame; **~ gyalázat!** what a shame!; **~be hoz vkt** be* a disgrace to sy; **~t vall** disgrace oneself
szégyenfolt blot, blemish
szégyenkez|ik *(vmért)* be*/feel* ashamed (of sg)
szégyenletes shameful, disgraceful
szégyenlős bashful, shy
széjjel asunder, apart
szék chair, seat; **két ~ közt a pad alá esik** fall* between two stools
székel 1. *(vhol)* reside (in) 2. *(ürít)* go* to stool

szekér wagon, cart
székesegyház cathedral
székesfőváros capital (town)
székház seat, headquarters *(tbsz)*
székhely seat, centre
széklet stool, excrement
székrekedés constipation
szekrény wardrobe, *(falban)* cupboard, *(öltözőben)* locker
szektor sector
szel slice, cut*
szél[1] 1. wind; **~nek ereszt** let* go, send* away 2. *(bélben)* flatulence 3. *(guta)* stroke; **megütötte a ~** he had* a stroke
szél[2] *(papiré/úté/asztalé)* edge, *(szakadéké)* brink, *(városé/erdőé)* fringe; **a sír ~én áll** have* one foot in the grave
szélcsend calm, calmness
szeleburdi harum-scarum
szelel *(kémény/szivar)* draw*
szelelőlyuk ventilation aperture
szelep valve
szeles 1. *(időjárás)* windy 2. *(ember)* thoughtless, rash
széles broad, wide; **~ körű** wide-ranging; **~ nyomtávú** broad/wide gauge; **~ e világon nem találni párját** he hasn't* his equal on earth
szélesség breadth, width, *(földrajzi)* latitude
szélességi kör parallel
szélesvásznú wide-screen
szelet 1. slice 2. *(mértani)* segment
szeletel slice, *(húst)* carve
szélhámos swindler, impostor, *(US)* confidence man *(tbsz* men)
szelíd 1. gentle 2. *(állat)* tame
szelídít tame
szélirány direction of wind
széljegyzet marginal note
szélkakas weather-cock
szellem 1. spirit 2. *(kísértet)* spirit, ghost; **ő az én rossz ~em** he is* my evil spirit 3. *(elme)* mind, wit 4. *(személy)* genius *(tbsz* geniuses, genii); **nagy ~ek** master minds
szellemes witty
szellemesség wit, witticism
szellemi mental, intellectual; **~ munka** intellectual work; **~ munkás** intellectual
szellemileg mentally
szellő breeze
szellős breezy, airy
szellőz|ik be* aired, be exposed to the air
szellőztet ventilate, air
szélmalom windmill
szélroham gust of wind
szélrózsa minden irányában in all directions
szélső I. *mn,* outside II. *fn,* *(sport)* wing
szélsőséges extremist
széltében 1. broadwise 2. **~-hosszában** far and wide
szélütött paralytic
szélvédő(üveg) wind-scren, *(US)* windshield
szelvény 1. *(papír)* coupon, ticket, *(US)* check 2. *(műszaki)* profile, section
szélvihar storm, gale, tempest
szem 1. eye; **~ előtt tart** keep* in view; **vknek a ~e előtt lebeg** be* always in one's mind; **a ~e láttára** before one's very eyes; **ha a ~e elé kerül** if he sets* eyes on him, should he see him; **vigyáz rá mint a ~e fényére** cherish sg as the apple of one's eye; **~ébe vág** *(vknek vmt)* cast*/fling* sg in sy's face; **~be ötlik/tűnik** strike* one's eye; **vk ~ében** in one's view; **~ére hány/vet vknek vmt** reproach sy with sg; **~et ~ért** an eye for an eye, tit for tat; **~et szúr vknek**

strike* one; **~et vet vkre/vmre** set* one's eye on sy/sg; **rajta tartja a ~ét** keep* one's eye on sg; **~től ~ben áll vkvel** stand* face to face with sy; **jó ~mel nézi** approve of; **rossz ~mel néz vmt** disapprove of sg; **rossz ~mel nézik** be* under a cloud; **~mel tart** keep* an eye on sg **2.** *(növényé)* grain **3.** *(kötés)* stitch, *(lánc)* link **4.** *(poré)* speck

szemafór semaphore

szembeállít 1. *(vkt vkvel)* set* sy against sy **2.** *(hasonlít vmt vmhez)* contrast

szembehelyezked|ik set* oneself against sg

szembejön velünk is* coming towards us

szembekötősdi blind-man's buff

szemben *(térben)* opposite to, facing; **~ áll vkvel** face sy; **~ áll vmvel** *(átv)* oppose sg; **~ álló** *(szemközti)* opposite, *(ellenséges)* contrary, antagonistic; **álláspontja vmvel ~** one's opinion about sg; **ezzel ~** on the other hand, whereas

szembenéz face *(amivel* sg)

szembesít confront

szembeszáll brave, oppose

szembeszökő striking

szembogár pupil, apple of eye

szemcsés granular

szemelvény selection, extract

személy person, individual; **~ szerint** personally

személyautó car

személyazonosság identity; **~át igazolja** prove one's identity

személyenként per/a head

személyes personal, *(egyéni)* individual; **~ használati tárgyak** articles for personal use; **~ tulajdon** personal property; **~ ügy** private/personal matter; **~en** personally

személyesked|ik be* personal

személyforgalom passenger traffic

személyi personal, private; **~ adatok** particulars *(tbsz)*; **~ igazolvány** identity card

személyiség personality

személykocsi 1. *(vasúti)* passenger-carriage/coach, *(US)* passenger car **2.** *(autó)* car

személynév proper name

személynévmás personal pronoun

személypoggyász luggage, *(US)* baggage

személyszállító hajó passenger-boat

személyvonat passenger train, slow train

személyzet personnel, staff, employees *(tbsz)*, *(házi)* servants *(tbsz)*

személyzeti osztály personnel department

szemérem chastity

szemérmes chaste, bashful

szemérmetlen impudent

szemes *(átv)* wide-awake; **~nek áll a világ** keep* your eyes open

szemész oculist

szemét rubbish, dirt; **annyi van mint a ~** they are* as common as dirt

szemétdomb garbage heap

szemetel 1. litter **2.** *(eső)* drizzle

szemetes dustman *(tbsz* dustmen), scavenger

szemeteskocsi dust/rubbish cart

szemétkosár waste-basket

szemétlapát dust-pan

szemez *(vkvel)* exchange glances with sy

szemfényvesztés deception

szemfog eye-tooth *(tbsz* eye-teeth)

szemforgató *fn*, hypocrite

szemfüles sharp, shrewd
szemgolyó eyeball
szemhatár horizon
szemhéj eyelid
szeminárium **1.** *(polit)* ideological study group **2.** *(egyetemi intézet)* institute, seminar, *(óra)* practice lesson
szemközti opposite
szemlátomást visibly, perceptibly
szemle review; **szemlét tart vm felett** review sg
szemlél view, behold*
szemlélet view (of sg)
szemléletes clear, graphic
szemlélő spectator, onlooker
szemléltet demonstrate, illustrate
szemléltető eszköz visual aid
szemmel látható *(átv)* obvious, evident, manifest
szemmérték measure taken by the eye
szemorvos ophthalmologist
szemölcs wart
szemöldök (eye)brow
szempilla (eye)lashes *(tbsz)*
szempillantás *(pillanat)* instant, second; **egy ~ alatt** in the twinkling of an eye
szempont point of view, standpoint; **ebből a ~ból** in this respect; **minden ~ból** in every respect
szemrebbenés nélkül brazenly, without so much as winking
szemrehányás reproach, reproof; **~t tesz vknek** reproach sy
szemtanú eyewitness
szemtelen impudent, impertinent
szemtelenség impudence
szemügyre vesz vmt inspect sg, examine
szemüveg spectacles *(tbsz)*, eyeglass, glasses *(tbsz)*
szén coal, *(vegytan)* carbon
széna hay; **~ vagy szalma?** good or bad?
szénaboglya hayrick
szénakazal haystack
szénaláz hay-fever
szénásszekér hay-wagon
szenátor senator
szenátus senate
szénbánya coal-mine, colliery
szénbányász collier
szende meek, artless
szendereg doze, slumber
széndioxid carbon dioxid(e)
szendvics (open) sandwich
szeneslapát coal-shovel
szénfejtés coal-cutting
széngáz carbon monoxide
szénhidrát carbohydrate
szénrajz charcoal drawing
szénsav carbonic acid
szent **I.** *mn*, holy, *(szentelt)* sacred, *(személynévvel)* Saint; **~ isten!** dear/bless me; **~ül hiszi** believe firmly **II.** *fn*, saint; **~té avat** canonize
szentel **1.** consecrate, *(pappá)* ordain (priest) **2.** *(átv)* devote (sg to sg), *(időt vmre)* bestow (time on sg)
szentély sanctuary, shrine
szentesít sanction; **a cél ~i az eszközt** the end justifies the means
szentírás the Holy Scripture
szentjánosbogár glow-worm
szentségtörés sacrilege
szenved suffer; **nem ~hetem** *(vkt)* I cannot* suffer/bear him
szenvedély **1.** passion **2.** *(szórakozás)* hobby
szenvedélyes passionate
szenvedés suffering
szenvedő **1.** suffering **2.** *(nyelvtan)* passive (voice)
szénvegyület carbon compound
szenzációs sensational
szenny dirt
szennyes **I.** *mn*, dirty, *(átv)* foul, filthy **II.** *fn*, soiled

linen; **kiteregeti a ~ét** *(átv)* wash one's dirty linen in public
szennyesláda laundry chest
szennyfolt stain
szennyvíz sewage
szennyvízcsatorna sewer
szép I. *mn,* beautiful, *(nő)* lovely, pretty, fair, *(férfi)* handsome; **~ idő** fine weather; **egy ~ napon** one fine day; **~ számban** a good many; **ez mind nagyon ~ de** that is all very well but **II.** *fn,* **sok ~et hallottam Önről** you were* highly spoken of; **teszi a ~et vknek** court sy
szepeg whimper
szépen beautifully, nicely; **kérem ~** will you please/ kindly, please; **köszönöm ~** thank you very much
szépirodalom fiction
szépít 1. *(díszít)* embellish, *(szebbé tesz)* beautify **2.** *(kimagyaráz)* whitewash
szépítőszer cosmetic(s)
szeplő freckle
szépművészet fine arts *(tbsz)*
szépség beauty, prettiness
szépséghiba flaw
szept. = *szeptember* September, Sep., Sept.
szeptember September; **~ben** in September
szeptemberi in/of September *(ut)*
szépül grow* more beautiful, *(dolog)* improve
szer 1. *(eszköz)* implement **2.** *(orvosság)* remedy, drug **3.** *(tornán)* apparatus **4. ~t tesz vmre** get*/obtain sg; **~ét ejtette hogy** he managed to
szerb Serb(ian)
szerda Wednesday; **szerdán** on Wednesday; **szerdán este** Wednesday evening; **szerdára** by Wednesday

szerdai of Wednesday *(ut),* Wednesday('s)
szerecsen Negro
szerel 1. *(gépet)* mount, assemble **2.** *(sport)* tackle
szerelem love; **az isten szerelmére!** for goodness sake!; **szerelmet vall vknek** declare one's love to sy
szerelés 1. mounting **2.** *(sport)* tackling
szerelmes I. *mn,* in love *(ut),* enamoured, amorous; **~ lesz vkbe** fall* in love with **II.** *fn, (vké)* sweetheart
szerelmeslevél love-letter
szerelmi love-; **~ bánat** lovesickness; **~ jelenet** love scene; **~ vallomás** declaration of love
szerelő mechanic, technician
szerelőcsarnok assembly shop
szerelvény 1. outfit **2.** *(vasúti)* train
szerelvényfal dashboard
szerenád serenade
szerencse luck, fortune; **szerencséje van** be* lucky; **szerencsére** luckily, fortunately; **szerencsét próbál** try one's luck; **szerencsét kíván vknek** wish sy good luck
szerencsejáték game of hazard, gambling
szerencsekívánat congratulation
szerencsés lucky, fortunate; **~ utat!** farewell!
szerencsétlen unlucky, unfortunate, *(esemény)* disastrous, *(körülmény)* adverse
szerencsétlenség misfortune, disaster; **halálos ~** fatal accident
szerencsétlenül jár meet* with an accident
szerény modest, humble; **~ véleményem szerint** in my humble opinion
szerénység modesty

szerénytelen immodest
szerep part, role; **fontos ~et játszik** play an important part/role
szerepel figure, occur, have* a part, *(szinpadon)* perform, *(vmlyen minőségben)* act/appear as; **ez nem ~ a listán** this is* not on the list
szereplő I. *mn*, **az ügyben ~ személyek** the persons involved in the affair II. *fn*, *(szinész)* performer, actor, *(alak ir. műben)* character
szereposztás cast
szeret 1. *(vkt)* love, like, be* fond of, *(szerelmes)* be* in love (with sy) 2. *(vmt)* like, be* fond of, have* a liking for; **jobban ~** prefer, like better (than); **~ táncolni** she is* fond of dancing 3. *(vágy/óhaj)* **~ném, ~nék** I wish, I'd like to...; **~ném tudni** I should like to know, I wonder (if/whether)
szeretet affection, love; **~re méltó** lovable; **~tel viseltetik vk iránt** have* a liking for sy; **~tel** *(levél végén)* with (much) love, yours affectionately
szeretetcsomag gift package
szerető *fn*, lover, sweetheart
szerez obtain, get*, acquire, procure; **betegséget ~** contract an illness; **örömöt ~ vknek** please sy; **pénzt ~** raise money; **tudomást ~ vmről** come* to know of sg; **zenét ~** compose music
szerfölött excessively
széria series *(tbsz* series)
szerint according to; **ezek ~** accordingly; **mérték ~** made to measure; **név ~ említ** mention by name
szerkeszt 1. *(gépet)* design, construct 2. *(lapot)* edit, *(okiratot)* draft, draw* up
szerkesztő *fn*, *(gépé)* constructor, designer, *(lapé)* editor
szerkesztőség 1. *(helyiség)* editorial office 2. *(személyzet)* editorial staff
szerkezet 1. *(struktúra)* structure 2. *(gépezet)* mechanism, apparatus, *(kicsi)* gadget
szerpentin (út) serpentine road
szerszám tool, instrument
szerszámgép machine-tool
szerszámlakatos toolman *(tbsz* toolmen), *tool*-smith
szertár 1. tool-house 2. *(katonai)* arsenal 3. *(iskolai)* laboratory
szertartás ceremony, rite
szerte 1. *(mindenütt)* all over 2. *(rendetlenül)* in disorder
szertelen immoderate, unrestrained
-szerű -like
szérűskert farm-yard
szerv organ
szervál serve
szerves organic; **~ összefüggésben van vmvel** be* in close connection with sg; **~ része vmnek** an integral part (of sg)
szervetlen inorganic
szervez organize
szervezés organization
szervezet 1. *(élő)* organism 2. *(létesitett)* organization
szervezeti szabályzat rules of organization *(tbsz)*
szervezetlen unorganized
szervezett organized
szervezkedés organization
szervezked|ik become* organized, *(munkások)* form a trade-union
szervező *fn*, organizer; **~ bizottság** organizing committee
szervi organic; **~ szívbaj** organic heart disease
szervíroz serve at table
szerviz 1. *(készlet)* set 2. *(gépkocsi)* service

szervusz hello, *(távozáskor)* cheerio, bye-bye
szerzemény 1. *(tulajdon)* acquisition **2.** *(zenei)* work, composition
szerzetes monk, friar
szerző author, *(zenei)* composer
szerződés contract, *(szolgálati, színházi)* engagement, *(nemzetközi)* treaty, *(polit)* pact; **~t felbont** cancel a contract; **~t köt vkvel** enter into a contract with sy, conclude an agreement with sy
szerződéses contractual
szerződésszegés breach of contract
szerződ|ik *(vkvel)* contract, *(vhová)* get* engagement
szerződtet engage
szerzői jog copyright
szesz alcohol
szeszély caprice, whim
szeszélyes capricious, whimsical
szeszes ital spirituous liquor, *(US)* hard drink
szeszgyár distillery
szesztilalom prohibition
szét asunder, apart
szétágaz|ik ramify
szétdarabol cut* into pieces, *(testet)* dismember
szétes|ik disintegrate, fall* to pieces
szétfejt *(ruhát)* undo*, *(varrást)* unpick (a seam)
szétfolyó *(átv)* diffuse
szétfoszl|ik 1. dissolve, *(köd)* lift **2.** *(átv)* disappear
széthány scatter
széthord carry away
széthull|ik fall* to pieces
széthúzás *(átv)* dis(ac)cord
szétkapcsol disconnect, *(telefon)* cut* (a connection)
szétkerget disperse, scatter
szétmáll|ik moulder
szétmegy go* (in)to pieces
szétmorzsol crumble, crush
szétnéz look round
szétnyitható folding
szétnyom squash
szétoszl|ik disperse, scatter, *(köd)* lift
szétoszt divide, distribute (among), share out
szétreped burst*, split*
szétrobban explode
szétrobbant explode, *(átv)* break* up
szétroncsol shatter, wreck
szétszakad tear*, split*
szétszakít tear* asunder, rend*
szétszalad run* in all directions
szétszed take* to pieces, take* apart, *(gépet)* dismantle
szétszedhető detachable, *(bútor)* knockdown
szétszór spread*/scatter about, *(ellenséget)* rout
szétszóród|ik be* scattered
széttárja karjait open one's arms
széttép tear* to pieces
széttipor tread* down
széttör break* to pieces
szétvág cut* to (pieces)
szétválaszt separate
szétvál|ik separate, divide
szétválogat select, pick apart
szétver *(ellenséget)* rout, disperse
szétzúz crush, smash
szezon season
szí 1. *(dohányt)* smoke **2. magába ~** absorb
szid chide*, scold
szidás scolding
sziget island, isle
szigetelés insulation
szigetelő *fn*, insulator
szigetország insular country
szigony harpoon
szigor rigour, severity
szigorlat university examination
szigorlatoz|ik sit* for a university examination

szigorló *fn*, examination student
szigorú rigorous, severe; **~ tél** hard/inclement winter
szigorúan severely; **~ bizalmas** strictly confidential; **~ tilos** strictly forbidden/prohibited
szigorúság severity, strictness
szíj strap
szíjaz fasten with a strap
szik *(talaj)* sodic soil
szikár gaunt, lean
szikes sodic
szikkad dry (up)
szikla rock
sziklás rocky
sziklaszilárd firm as a rock *(ut)*
szikra spark
szikratávíró wireless telegraph
szikráz|ik 1. scintillate, throw* out sparks, glitter **2.** *(szem)* flash
szilaj violent, vehement
szilánk splinter, chip
szilárd firm, *(erős)* strong; **~ meggyőződésem** it is* my firm conviction
szilárdság stability, firmness
szilfa elm-tree
szilva plum, prune
szilvalekvár plum jam
szilvapálinka plum brandy
szilveszterest New-Year's Eve
szimat scent; **jó a ~a** have* a good scent (for sg)
szimatol smell* scent
szimbolikus symbolic(al)
szimbólum symbol
szimfónia symphony
szimfonikus zenekar symphonic orchestra
szimmetrikus symmetrical
szimpátia sympathy
szimpatikus attractive, nice
szimpatizál sympathize (with sy)
szimpatizáns sympathizer
szimpla I. *mn*, simple, single **II.** *fn*, *(kávé)* small (black espresso) coffee
szimulál simulate, feign
szimultán játék simultaneous game
szín[1] 1. colour; **~ét veszti** loose* colour, fade **2.** *(arcszín)* complexion; **jó ~ben van** look well; **rossz ~ben van** look ill **3. semmi ~ alatt** on no account; **vk ~e előtt** in the presence of sy; **~t vall** show* oneself in one's true colours; **~ét sem láttam** I have* not seen him at all **4.** *(szövete, visszájával szemben)* right side, face **5.** *(felszín)* surface, level; **a tenger ~e fölött** above sea-level; **~ig megtölt** fill up **6.** *(tiszta)* pure
szín[2] *(fészer)* shed
szín[3] *(színház)* scene; **a ~ változik** the scene changes; **~re hoz** produce; **~re lép** enter the stage
színarany pure/fine gold
színárnyalat shade, hue
színdarab play, drama
színehagyott discoloured, faded
színe-java the very best of sg, the cream of sg
színes coloured, *(átv is)* colourful; **~ ceruza** colour(ed) pencil; **~ felvétel** colour photograph
színesfém nonferrous metal
színész actor, player
színészked|ik *(átv)* act a part (before sy)
színésznő actress
színez 1. colour, paint **2.** *(elbeszélést)* lend* colour (to a tale)
színezet *(átv)* appearance, look; **olyan ~e van a dolognak mintha** it looks like
színfal scenery
színház theatre

színházi előadás theatrical performance
színházjegy theatre-ticket
színhely scene
színiiskola school of dramatic art
színikritika dramatic criticism
színinövendék dramatic student
színjáték drama, play
színjátszás drama, dramatic art
szinkronizál *(filmet)* dub, synchronize
színlap playbill, program(me)
színleg apparently, seemingly
színlel feign, pretend
színlelt feigned, pretended; **~ beteg** malingerer
színmű drama, play
színműíró playwright
színűvész actor
színművészet dramatic art
színnyomás colour-printing
színpad stage; **~ra lép** *(mint pályára)* go* on the stage
színpompa colourfulness
szint level
színtársulat (theatrical) company
színtartó colour-fast
szinte almost, nearly
színtelen 1. colourless **2.** *(átv)* flat, dull
szintén likewise, also, as well
szintézis synthesis *(tbsz* syntheses)
színvak colour-blind
színvonal level
színvonalas (of) high standard
színvonalú: magas ~ of a high level *(ut)*
szipka cigar-holder, cigarette-holder
sziporkáz|ik scintillate
sziréna siren
szirom petal
szirt rock, clift
sziszeg hiss
szít stir (up); **lázadást ~** foment sedition
szita sieve; **átlát a szitán** see* through sy's game
szitakötő may-fly
szitál 1. sift **2.** *(eső)* drizzle
szitkozód|ik curse, swear*
szitok invective, abuse, curse
szív[1] heart; **~e mélyén** in one's heart of hearts; **~ből** heartily; **~hez szóló** touching, moving; **~én visel vmt** have* sg at heart; **nagyon a ~ére vette** he took* it too much to heart; **kiönti a ~ét** unbosom oneself; **~vel-lélekkel** with heart and soul; **jó ~vel van vk iránt** be* well-disposed towards sy
szív[2] **1.** *(dohányt)* smoke **2.** **magába ~** absorb
szivacs sponge
szivar cigar
szivárog ooze through, leak, escape
szivaroz|ik smoke a cigar
szivárvány rainbow
szivattyú pump
szivattyúz pump
szívbaj heart disease
szívbénulás heart-failure
szívdobogás *(rendes)* heart-beat(ing), *(gyorsabb)* throb
szívélyes hearty, cordial; **~ üdvözlet** friendly greetings, kind regards *(tbsz)*; **~ üdvözlettel** *(levél végén)* yours sincerely, cordially yours
szíves kind, amiable, cordial; **~ engedelmével** by/with your kind permission; **legyen ~** be* so kind as to, will you kindly . . .
szívesen 1. *(szívélyesen)* kindly, cordially **2.** *(készséggel)* with pleasure, *(„köszönöm"-re válasz)* don't mention it, not at all, *(US)* you are welcome
szíveskedjék értesíteni kindly inform him/me

szívesség favour; **tegyen nekem egy ~et** will you do me a favour; **~et kér vktől** ask sy a favour
szívfájdalom heart-ache, anguish
szívgörcs heart attack
szívhallgató stethoscope
szívműködés action of the heart
szívós 1. tough, hardy **2. ~ ellenállás** stout resistance
szívroham heart attack
szívszaggató heart-rending
szívszélhűdés heart-stroke/failure
szívtelen heartless
szívtrombózis coronary thrombosis
szívverés heartbeat, heart-throb; **elállt a ~e az ijedtségtől** he was* frightened to death
szkeptikus sceptical
szláv Slav(ic), *(nyelv)* Slavonic; **a ~ok** the Slavs
szlovák Slovak, Slovakian
szlovén Slovene, Slovenian
szmoking dinner jacket, *(US)* tuxedo
szo. = *szombat* Saturday, S., Sat.
szó word; **~ ami ~** to tell the truth; **~ nélkül** without (saying) a word; **arról van ~ (hogy)** the question is*; **~ sincs róla** it is* out of the question; **se ~ se beszéd** without a word; **~ szerint** literally; **~ba áll** speak* to; **~ba hoz** mention; **~ba kerül** come* up; **~hoz jut** get* the opportunity to speak*; **szaván fog** take* sy at his word; **~ra sem érdemes** not worth speaking of; **szavamra!** upon my word; **~ról ~ra** word for word; **szavát adja** give* one's word for it; **szavát megtartja** keep* one's promise; **szavát megszegi** break* one's word; **~t fogad** obey (sy); **~vá tesz** bring* it up, call attention to it, remark on; **~val** that is to say; **egy ~val** in one/a word; **más ~val** in other words; **néhány ~val** in a few words
szoba room, chamber; **~ kiadó** room to let
szobafestő house-painter
szobafogság house arrest
szoba-konyhás lakás room-and-kitchen flat
szobalány housemaid
szobatárs room-mate
szóbeli oral, verbal; **~ megállapodás** verbal contract; **~ vizsga** oral (examination)
szóbeszéd gossip, tittle-tattle
szobor statue, sculpture; **szobrot állít** erect a statue
szobrász sculptor
szobrászat sculpture
szociáldemokrácia social democracy
szociáldemokrata social democrat
szociális social; **~ intézmények** social welfare institutions; **~ összetétel** social background
szocialista I. *mn*, socialist(ic); **~ munkaverseny** socialist emulation; **~ szektor** collectivized sector; **~ tábor** socialist camp; **~ tervgazdaság** planned socialist economy **II.** *fn*, socialist
szocializál socialize
szocializmus socialism
szociológia sociology
szócső *(átv)* mouth-piece, spokesman *(tbsz* spokesmen)
szódabikarbóna bicarbonate of soda
szódavíz soda-water, carbonated water
szófaj part of speech, form class

szófogadatlan disobedient
szófogadó obedient, dutiful
szófukar taciturn, laconic
szójáték pun
szokás *(erkölcsi)* habit, habitude, *(népi/történelmi)* custom, *(gyakorlat)* use, usage; ~ **dolga** a matter of habit; **a ~ hatalma** the force of habit; ~ **szerint** as usual, usually; **ahány ház annyi ~** so many countries so many customs; ~**ban van** it is* customary
szokásos usual, customary
szokatlan unusual, unaccustomed
szok|ik 1. *(vmhez)* get* accustomed (to sg); **ehhez nem vagyok ~va** I am* unaccustomed to it 2. *(szokott)* is* wont to; **ahogy mondani ~ták** as is* usually said, as the saying goes*
szókimondó outspoken
szókincs vocabulary
szoknya skirt
szokott 1. *(vmhez)* used, accustomed (to) 2. *(szokásos)* usual, customary
szoktat *(vmhez)* make* accustomed (to)
szól 1. speak*, say*, talk; **a telefon ~** the phone rings*; **a rádió nem ~** *(mert elromlott)* the wireless is* out of order; **mit ~sz ehhez?** what do* you say to it?; **a célzás neked ~** the hint is* meant for you; **mellette ~** speak* in sy's favour 2. *(vmről)* deal* (with); **miről ~?** what is* it all about 3. *(érvényes)* **a meghívó két személyre ~** the invitation is* for two persons 4. **őszintén ~va** to tell the truth
szólam 1. phrase; **üres ~ok** empty slogans 2. *(zene)* voice
szólás 1. *(beszéd)* speech; ~**ra jelentkezik** request leave to speak 2. stock phrase, idiomatic expression
szólásmód phrase
szólásszabadság freedom of speech
szolfézs solmization
szolga servant, domestic
szolgál 1. serve, be* in service; **hogy ~ az egészsége?** how are* you? 2. **mivel ~hatok?** what can I do* for you?, *(vendéglőben)* what will it be?; ~**hatok teával?** will you have some tea?, do you like tea? 3. *(vmre)* serve; **javára ~** it is* to his advantage
szolgálat service, duty, *(állás)* post; ~**ba lép** enter (the) service; ~**ban van** *(vknél)* be* in sy's service; ~**on kívül** off duty; ~**ra alkalmas** fit* for service; **a motor felmondta a ~ot** the engine stalled; ~**ot tesz vknek** render sy a service
szolgálati: ~ **lakás** official quarters *(tbsz)*; ~ **szabályzat** service regulations; ~ **viszony** service relations *(tbsz)*
szolgálatkész obliging
szolgalelkű servile
szolgáló *fn*, servant, domestic
szolgáltat supply, provide; **okot ~** give* cause (for)
szolgáltatás supply, service
szolgaság servitude, bondage
szolid serious, reliable
szolidáris vkvel be* at one with sy
szolidaritás solidarity
szólista soloist
szólít call upon/on
szóló[1] *mn*, **névre ~ csekk** cheque payable to order; **névre ~ meghívó** a personal invitation
szóló[2] *n*, solo
szombat Saturday; ~**on** on

Saturday; ~ **este** Saturday evening; **~ra** by Saturday
szombati of Saturday *(ut)*
szomjas thirsty
szomjaz|ik thirst *(amire* after)
szomjúság thirst(iness)
szomorkod|ik grieve (at sg)
szomorú sad, sorrowful
szomorúság sadness, sorrow
szomszéd neighbour; **a ~ban** next door
szomszédos neighbouring, close by
szomszédság neighbourhood, vicinity
szonáta sonata
szonett sonnet
szónok speaker, orator
szónoklat speech
szónokol deliver a speech
szop|ik suck
szoprán soprano
szoptat suckle, nurse
szór sprinkle, scatter; **~ja a pénzt** squander money
szórakozás amusement
szórakoz|ik amuse oneself
szórakozóhely place of amusement
szórakozott absent-minded
szórakoztat amuse
szórakoztató amusing, entertaining; ~ **muzsika** light music; ~ **olvasmány** light reading
szórend word order
szorgalmas diligent, industrious
szorgalom diligence, industry
szorgoskod|ik be* busy, bustle
szorít 1. *(nyomva)* press; **kezet ~ vkvel** shake* hands with sy; **korlátok közé ~** restrict **2.** *(cipő)* pinch
szorítkoz|ik be* confined to
szorító 1. *(műszaki)* vice **2.** *(ökölvívásban)* boxing ring
szorong throng, crowd
szorongat press
szoros I. *mn*, tight, close; ~ **együttműködés** close co-operation; **a szó ~ értelmében** in the strict(est) sense of the word **II.** *fn*, **1.** *(hegyé)* pass **2.** *(tengeré)* strait
szorosan closely, tight(ly); ~ **véve** strictly speaking
szoroz multiply *(amivel* by/with)
szorul 1. jam, get* wedged in, *(vhová)* be* squeezed / crowded into **2.** *(átv)* **~ a kapca** be* in a tight corner **3.** *(vmre)* want; **magyarázatra ~** call for an explanation
szorulás constipation
szórványos sporadic
szorzás multiplication
szorzat product
szorzó multiplier, factor
szószátyár wordy, verbose
szószedet vocabulary
szószegő perfidious
szószék pulpit
szószóló mediator
SZOT = *Szakszervezetek Országos Tanácsa* Central Council of the Hungarian Trade Unions
szótag syllable
szótár dictionary
szótlan wordless, silent
szótöbbség majority; **nagy ~gel megszavazták** it was* passed by an overwhelming majority
szóval 1. *(röviden)* well, briefly **2.** *(nem írásban)* orally; *lásd még* **szó**
szóváltás altercation, argument
szóvivő spokesman *(tbsz* spokesmen)
szovjet I. *mn*, Soviet **II.** *fn*, the Soviets *(tbsz)*
Szovjetunió Soviet Union
szózat 1. voice **2.** *(felhívás)* manifesto, appeal
sző 1. weave* **2.** *(pók)* spin* **3. összeesküvést ~** plot
szöcske grasshopper

szög *(mértan)* angle; **vmlyen ~ alatt** at ... angles to
szöglet corner, angle
szögletes angular
szögletrúgás corner kick
szögmérő protractor
szökdécsel skip, hop, leap*
szőke blond, fair-haired
szökés fight, escape, *(katona)* desertion
szökevény fugitive, *(katonai)* deserter
szök|ik 1. a vér arcába ~ött blood rushed to his face **2.** *(menekül)* escape, flee*
szökőév leap-year
szökőkút fountain
szöktet 1. help escape, *(leányt)* elope (with a girl) **2.** *(futballista)* jink
szőlő grape; **lesz még ~ lágy kenyérrel** things will get better one day
szőlőfürt cluster/bunch of grapes
szőlőhegy vineyard
szőlőlugas vine arbour
szőlőskert vineyard
szőlőszem (a) grape
szőlőtő vine-stock
szőnyeg carpet, rug; **~re kerül** *(átv)* be* brought up (in discussion)
szőr hair, *(disznóé/keféé)* bristles *(tbsz)*; **~én-szálán elveszett** it is* lost (irretrievably)
szőrme fur, pelt(ry)
szörnyen horribly, awfully
szörnyeteg monster
szörnyű horrible, terrible
szörnyülköd|ik be* horrified (at sg)
szőrös hairy
szőröstül-bőröstül lock(,) stock and barrel
szörp syrup
szőrszál hair
szőrszálhasogató *fn*, hairsplitter
szőrzet 1. *(emberé)* hair(s) **2.** *(állati)* fur
szőttes homespun
szöveg text, *(dalé)* words *(tbsz)*
szövegez pen, word
szövegkönyv libretto
szövet 1. cloth, textile **2.** *(orv)* tissue
szövetkezet co-operative (society)
szövetkezeti tag member of a co-operative (society)
szövetkez|ik make* an alliance (with)
szövetség alliance, union, (con-)federation; **~et köt** conclude an alliance (with)
szövetséges I. *mn,* allied; **~ hatalmak** the Allies **II.** *fn,* ally
szövetségi federal, federative; **~ köztársaság** federal republic
szövettani vizsgálat biopsy, histological examination
szövevényes intricate, complicated
szövődményes with complications *(ut)*
szövőgép power-loom
szövőgyár textile mill
szövőipar textile industry
szövőszék loom
szpíker announcer
sztaniol tinfoil
sztár star
SZTK = *Szakszervezeti Társadalombiztositási Központ* Trade(s) Union Social Insurance Centre, TUIC
sztoikus *mn*, stoical
sztrájk strike
sztrájkol be* on strike
sztrájkoló *fn*, striker
sztrájkőrség picket
sztrájktörő *fn*, blackleg, strike-breaker
szú wood-borer
szubjektív subjective
szubrett soubrette

szubtropikus subtropical
szubvenció subsidy
szuggerál suggest
szuggesztív suggestive
szultán sultan
szundít doze, slumber
szunnyad slumber
szúnyog mosquito, gnat
szúnyogcsípés mosquito bite
szúnyogháló mosquito-net
szúr *(tű/tövis)* prick, *(rovar)* sting*, bite*, *(fájdalom)* twinge, shoot*; **szemet ~** strike*/hit* the eye
szúrás 1. prick(ing), sting **2.** *(vívás)* thrust
szurkol 1. *(fél)* be* in a funk **2** *(sportban csapatnak)* be* fan of a team, root for a team
szurkoló fan
szurok pitch, tar
szurony bayonet
szúrópróba random test
szúrós *(tekintet)* piercing
szuszog pant, snort
szutykos grimy, filthy
szuverenitás sovereignty
szűcs furrier
szűgy breast
szűk I. *mn, (út/nyilás)* narrow, *(ruha)* tight-fitting, *(hely)* close; **hét ~ esztendő** seven lean years; **~ keresztmetszet** bottleneck **II.** *fn,* **~ében van vmnek** be* pinched for sg
szűkebb értelemben in a narrow sense
szűkkeblű illiberal, ungenerous
szűkkörű exclusive
szűklátókörű narrow-minded
szűkmarkú parsimonious
szűkölköd|ik be* in need (of sg)
szükség 1. *(vmre)* need, necessity; **~ van vmre** sg is* wanted/needed; **~ törvényt bont** necessity knows* no law; **~et szenved** *(vmben)* be* in need/want of sg **2. ~ét végzi** relieve nature
szükséges necessary; **nem ~ mondanom** (it is*) needless to say; **~sé tesz** necessitate
szükséghelyzet emergency
szükséglakás temporary accommodation
szükséglet need, want; **~ét fedezi** meet* one's needs
szükségleti cikkek necessaries *(tbsz)*, consumer's goods *(tbsz)*
szükségmegoldás stopgap arrangement, makeshift
szükségmunka relief work
szükségtelen unnecessary, needless
szűkszavú taciturn, laconic
szül 1. bear*, give* birth to **2. rossz vért ~** *(átv)* breed* bad blood
szülés childbirth
szülési segély maternity grant
szülész obstetrician
szülészet *(kórház)* maternity hospital, *(osztály)* maternity ward
szülésznő midwife *(tbsz* midwives)
születés birth
születési: ~ anyakönyvi kivonat birth certificate; **~ év** year of birth; **~ hely** birthplace; **~ hiba** inborn defect
születésnap birthday
születésű: budapesti ~ native of Budapest *(ut)*
született born; **Nagy Pálné ~ Tóth Anna** Mrs. Pál Nagy née Anna Tóth
születlik be* born
szülő parent
szülőföld native land, motherland
szülői: ~ beleegyezés parental consent; **~ munkaközösség** Parents' and Teachers' Association
szünet 1. pause, stop, break,

(események között, szinházban) interval, *(iskolai egésznapos)* holiday, *(iskolai nyári)* vacation, holiday(s), *(iskolai óraközi)* intermission, break **2.** *(munkában)* stoppage, rest; **~et tart** pause
szünetel pause, *(működés)* be* interrupted, stand* still
szünetjel 1. *(zene)* pause **2.** *(rádió)* station signal
szünidő vacation, holiday(s)
szűn|ik cease, stop, *(fájdalom)* abate
szüntelen unceasing, uninterrupted
szűr 1. strain, filter **2.** *(átv)* screen
szürcsöl sip
szüret 1. *(szőlőé)* vintage **2.** *(gyümölcsé)* gathering, picking
szüretel vintage
szürke 1. grey **2.** *(átv)* ordinary, commonplace
szürkül *(este)* it is* growing dusk
szürkület twilight
szűrő *fn*, filter
szűrővizsgálat screening (test)
szűz I. *mn*, virgin(al), intact; **~ föld/talaj** virgin/unbroken soil **II.** *fn*, virgin
szvetter sweater
szvit suite

T

tábla 1. table, board **2.** *(iskolai)* blackboard **3.** *(könyvkötés)* board, cover **4.** *(könyvben)* plate, illustration
táblás ház *(szinházban)* full house
táblázat table
tabletta pill, tablet
tábor camp; **~t üt** pitch camp
tábori: ~ ágy camp-bed; **~ kórház** field-hospital
tábornagy marshal
tábornok general
táboroz camp
táborozás camping
tábortűz camp-fire
tag 1. *(testé)* limb, member **2.** *(egyesületé)* member, fellow; **levelező ~** corresponding member
tág wide, ample, spacious; **~abb értelemben** in a wider sense
tagad deny, contradict
tagadhatatlan undeniable
tagadó negative, denying; **~ választ ad** answer in the negative
tagállam member-state
tágas spacious, wide
tagbaszakadt robust
tagdíj (member's) subscription, (membership) dues *(tbsz)*
tagfelvétel admission of new members
taggyűlés general (party) meeting, *(kommunista)* Party meeting
tágít 1. enlarge, widen, *(cipőt)* stretch **2. nem ~** *(átv)* he won't give up his point
tagjelölt candidate (for party membership)
tagkönyv membership card
taglal analyse, dissect
taglejtés gesture
tagol 1. *(darabokra)* dissect **2.** *(beszédet)* articulate
tagolt articulate(d)
tagosítás commassation; regrouping of farm plots
tagozat section, branch; **esti ~os** *(egyetemi hallgató)* evening student
tagság 1. *(állapot)* membership **2.** *(tagok)* members *(tbsz)*
tagsági igazolvány membership card

tagtárs fellow-member, colleague
tágul enlarge, become* wider
táj 1. *(hely)* region, *(panoráma)* scenery; **a világ minden ~áról** from all parts of the world **2.** *(idő)* **1900 ~án** about 1900
tájékozatlan uninformed
tájékozódási képesség sense of direction
tájékozód|ik 1. *(térben)* orientate oneself **2.** *(átv)* inquire (about)
tájékozott well versed (in), familiar (with)
tájékoztat inform (sy about sg)
tájékoztató I. *mn*, informatory; **~ iroda** information bureau, *(tudakozó)* inquiry office **II.** *fn*, guide, prospectus
tájkép landscape
tájszólás dialect
tajtékz|ik: ~ik a dühtől foam with rage
takács weaver
takar 1. cover (up) **2.** *(vmt vmbe)* wrap* (up in) **3.** *(rejt)* hide*
takarékbetét deposit in a savings bank
takarékbetét-könyv savings book
takarékos economical
takarékoskod|ik economize, save
takarékpénztár savings bank
takaréktűzhely kitchen-range
takargat *(átv)* hide*
takarít tidy (up), clean
takarítatlan *(szoba)* unmade (room)
takarítónő charwoman *(tbsz* charwomen)
takarmány fodder
takarmánynövény fodder plant
takaró cover(ing), rug
takarod|ik get* off/out; **~j!** get* out!
takarodó retreat, tattoo; **~t fúj** sound the retreat
takaródz|ik cover oneself (with)
takaros smart, neat, tidy
taknyos snotty; **~ kölyök** snivelling brat
taksál estimate, *(értéket)* value
taktika tactics *(tbsz)*
taktus tact
tál 1. dish **2.** *(fogás)* course, dish
talaj ground, soil; **elveszti lába alól a ~t** lose* one's footing
talajmenti fagy surface frost
talajtalan rootless
talajtorna floor exercises *(tbsz)*
talajvíz subsoil water
talál 1. find*; **módot ~ rá (hogy)** find* means (to); **fején ~ja a szöget** hit* the nail upon the head; **úgy ~om (hogy)** in my opinion; **emberére ~** find* one's match **2.** *(lövés)* hit*, tell*; **~va érzi magát** find* that the cap fits **3.** *(esetlegesség)* happen; **azt ~tam mondani** I happened to say that
tálal 1. serve (up) **2.** *(átv vhogyan)* present (as)
találat hit
találékony inventive, ingenious
találgat guess
található to be found *(ut)*
találka appointment, date
találkoz|ik meet* (sy)
találkozó meeting
találmány invention
találó right, proper; **~ megjegyzés** appropriate remark
találomra at random
találós kérdés riddle
talán perhaps, maybe
talány riddle, puzzle
talapzat pedestal, base
tálca tray
taliga (wheel)barrow
talp 1. sole; **~ig becsületes** absolutely honest; **~on van** be* up; **~ra áll** *(felkel)* arise*, get* up, *(meggyógyul)*

recover 2. *(tárgyé)* support, *(ágyúé)* carriage
talpal 1. *(sokat jár)* be* on the tramp 2. *(cipőt)* resole
talpalatnyi föld foothold
talpbetét instep-raiser
talpfa sleeper, *(US)* tie
talpkő foundation-stone
talpnyaló *fn*, bootlicker
talpraesett quick-witted
tályog abscess
támad 1. *(keletkezik)* arise*; **az a gondolatom ~t** it has* occurred to me 2. *(vkre)* attack (sy), set* upon (sy)
támadás attack; **~t intéz** start an attack (against sy)
támadó I. *mn*, **~ háború** war of aggression II. *fn*, aggressor
Tamás Thomas
támasz support
támaszkod|ik 1. *(vmhez)* lean* against 2. *(vmre)* rest on 3. *(átv)* depend on
támaszpont *(katonai)* (military) base (of operations)
támaszt 1. *(vmhez)* lean* against 2. **nehézségeket ~** raise objections
támla back
támlásszék *(szinházi)* stall
támogat 1. aid, assist, help, *(kérést)* back up 2. **pénzzel ~** give* financial assistance (to sy)
támogatás *(átv)* aiding, assistance; **anyagi ~** pecuniary assistance; **~ban részesül** get* assistance
támolyog stagger, totter
tan 1. *(tétel)* doctrine, thesis *(tbsz* theses) 2. *(tudományág)* science
tanács 1. advice, counsel; **~ot ad vknek** advise sy; **vk ~át követi** act on sy's advice 2. *(testület)* council, board; **városi ~** municipal council; **megyei ~** county council
tanácselnök 1. *(bírósági)* president of the court 2. *(közigazgatási)* president of the council
tanácsház town-hall
tanácskozás conference, talks *(tbsz)*
tanácskoz|ik confer (with sy on sg), discuss (sg with sy), consult (sy about sg)
tanácsköztársaság soviet republic
tanácsol advise, counsel
tanácsos I. *mn*, advisable; **nem ~** unadvisable II. *fn*, councillor
tanácstag council member
tanácstalan helpless
tanácsterem council room
tanácsülés council meeting
tanakod|ik 1. *(magában)* ponder *(over)* 2. *(másokkal)* consult (sy)
tananyag subject-matter of instruction
tanár 1. *(középiskolai)* teacher, master; **~ úr kérem** please teacher/Sir 2. *(egyetemi)* professor
tanári kar teaching staff
tanárjelölt teacher-trainee
tanárnő teacher, schoolmistress
tanársegéd assistant
tánc dance; **~ra perdül** begin* to dance
tánciskola dancing-school
tánclemez dance record
táncmulatság ball, dance
táncol dance
táncos dancer
táncosnő dancer
tánczene dance-music
tandíj tuition(-fee)
tandíjmentes exempt from school-fees *(ut)*
tanév school-year
tanfelügyelő school-inspector
tanfolyam course
tangóharmonika accordion

tanít teach* *(akit amire* sy sg), instruct (sy in sg)
tanítás 1. *(folyamat)* teaching 2. *(mint óra)* lesson
tanító schoolmaster, teacher
tanítóképző teachers' training college
tanítónő teacher, schoolmistress
tanítvány 1. pupil, student 2. *(eszmei)* disciple
tank tank
tankol refuel
tankönyv school-book, text-book
tankötelezettség compulsory education
tanműhely training shop
tanonc apprentice
tanrend time-table
tanszék university chair/institute/department; **angol ~** English department, chair of English (studies)
tanszékvezető head of (university) department
tantárgy (school) subject
tanterem 1. class-room 2. *(főiskolai)* lecture hall
tanterv programme of a course
tantestület 1. staff 2. *(főiskolai)* faculty
tántorog reel, totter
tanú witness; **~ként beidéz** call (sy) in evidence
tanújel proof, evidence
tanul learn*, study
tanulékony docile, teachable
tanulmány 1. *(írott)* study 2. *(tanulás)* study; **~okat folytat** pursue studies
tanulmányi: ~ eredmény school achievement; **~ kirándulás** school-excursion
tanulmányoz study
tanulmányút study tour
tanuló 1. student, pupil 2. *(ipari)* apprentice
tanulóifjúság students *(tbsz)*
tanulókör study group/circle
tanulóotthon students'/apprentices' hostel
tanuló vezető learner driver; *(US)* student driver
tanulság moral; **~ot von le vmből** draw* a lesson from sg
tanulságos instructive
tanult learned
tanúsít 1. *(jelét adja)* give* evidence of sg 2. *(igazol)* attest
tanúskod|ik bear* witness (to sg)
tanúvallomás evidence
tanügy public education
tanya farm
tanyáz|ik dwell*, lodge
tányér plate
tapad stick* (to sg); **kezéhez vér ~** his hands are* stained with blood
tapasz 1. *(sebre)* plaster 2. *(tömítésre)* lute
tapaszt stick* (to/on sg)
tapasztal 1. experience 2. *(vmlyennek)* find*
tapasztalat experience; **~ból tudja** he knows* it from experience
tapasztalatcsere exchange of experience
tapasztalatlan inexperienced
tapasztalt experienced
tápérték food-value
tapéta wall-paper
tapint touch, feel*; **elevenére ~** touch the sore point
tapintás *(érzék)* sense of touch
tapintat tact
tapintatlan tactless
tapintatos tactful
táplál 1. feed*, nourish 2. *(érzelmet)* cherish
táplálék food, nourishment
táplálkozás nourishment
táplálkoz|ik feed* (on sg)
tápláló nourishing, nutritious
tapló tinder
tapodtat sem enged not yield an inch

tapogat feel*, finger
tapogatódz|ik 1. feel*, (for/after sg) 2. *(vknél)* sound (sy)
tapos tread*; **lábbal ~** trample under foot
tápot ad vmnek *(átv)* encourage, foster (sg)
táppénz sickness benefit, sick pay
taps applause, cap(ping)
tapsol clap, *(vkt/vknek)* applaud (sy)
tár 1. *(szélesre)* open wide 2. **vk elé ~** disclose sg to sy, lay* before sy
tára tare
tarack howitzer
taraj comb, crest
tárca 1. *(zsebbevaló)* pocket-book 2. *(miniszteri)* portfolio
tárcsa 1. disc, disk 2. *(telefonon)* dial
tárcsáz dial
targonca wheel-barrow
tárgy 1. *(dolog, nyelvtani)* object 2. *(beszélgetésé, irodalmi műé, iskolai)* subject; **vmnek ~ában** concerning sg; **a ~ra tér** come* to the point; **más ~ra tér** change the subject
tárgyal 1. discuss 2. *(bíróság ügyet)* try 3. *(mű)* treat
tárgyalás 1. conference, discussion, talks *(tbsz)*; **~okat folytat** carry on negotiations 2. *(bírósági)* trial
tárgyas transitive
tárgyatlan intransitive
tárgyeset accusative, objective case
tárgyi: ~ bizonyíték material proof; **~ tévedés** material error; **~ tudás** positive knowledge
tárgyilagos objective
tárgyilagosság objectivity
tárgykör topic, line
tárgymutató index *(tbsz* indices)
tárgysorozat agenda *(tbsz)*
tárház 1. storehouse 2. *(átv)* mine (of knowledge, etc.)
tarifa tariff, rate
tarisznya satchel, bag
tarka pied, colourful; **~ est** variety show
tarkabarka motley
tarkít variegate, vary
tarkó nape
tárlat exhibition, show
tarló stubble-field
tárna adit, level, gallery
tárol store, stock
társ companion, associate, fellow, *(kereskedelemben)* partner, *(hivatalban)* colleague; **és ~ai** *(röv)* and Co.
társadalmi social; **~ osztály** (social) class; **~ rend** social order
társadalom society
társadalombiztosítás social insurance
társadalomtudomány sociology
társalgás conversation, talk
társalgó *(helyiség)* parlour, *(nyilvános helyen)* lounge
társas social, *(együttes)* collective, common; **~ gazdálkodás** collective farming
társaság society, company
társasjáték parlour game
társasutazás conducted tour
társbérlő co-tenant, apartment-sharer
társul associate (with sy), join sy/sg)
társulat society, company
tart 1. hold*, keep* 2. *(árucikket)* stock, carry 3. **jól ~ vkt** do* sy well 4. **magát vmhez ~ja** abide* by sg 5. **lépést ~ vmvel** keep* pace with 6. *(alkalmazottat)* employ, *(állatot)* keep*, *(autót)* own, run* 7. *(rokonságot)* keep*, *(barátságot)* cultivate 8. **előadást ~** give* a lecture

9. *(vmnek)* hold*, think*, consider; **minek ~asz engem?** what do* you take me for? 10. *(értékel)* esteem highly, think* highly of; **tíz forintra ~** ask ten forints for it; **azt ~om hogy** I am* of the opinion that 11. **pihenőt ~** rest, have* a rest 12. *(tartós* last, keep* (well), *(sokáig:)* hold* on, continue; **soká ~ még?** will it last much longer? 13. *(vmerre)* make* for; **balra ~** keep* to the left; **merre ~asz?** which way are* you going? 14. *(vkvel)* accompany sy, go (along) with 15. *(vmtől)* fear; **attól ~ok (hogy)** I'm* afraid (that); **attól kell ~ani hogy** it is* to be feared that

tárt wide open; **~ karokkal** with open arms

tartalék reserve(s)

tartalékalap reserve-fund

tartalékjátékos reserve (player)

tartalékol reserve

tartalékos *fn*, reservist

tartalmaz contain, hold*, include

tartalmú containing

tartalom content(s)

tartalomjegyzék (table of) contents

tartály container, *(folyadéknak)* tank, reservoir

tartálykocsi tank-waggon

tartam duration, space; **az előadás ~a alatt** during the performance

tartás 1. *(testi)* carriage 2. *(állaté)* keeping

tarthatatlan untenable; **~ helyzet** intolerable situation

tartó *fn*, 1. *(műszaki)* console, *(gerenda)* beam 2. *(tok)* case

tartogat reserve

tartomány province, territory

tartós lasting, durable; **~ béke** lasting peace; **~ hullám** perm(anent wave)

tartozás debt

tartoz|ik 1. *(vknek vmvel)* owe (sy sg); **~ik és követel** assets and liabilities *(tbsz)*; **mivel ~om?** what do* I owe you? 2. *(vmt tenni)* be* obliged (to) 3. **ez nem ~ik a tárgyhoz** it is* beside the point 4. *(vmbe)* fall* under sg 5. *(vkre)* concern; **ez nem ~ik rám** it is* no business of mine

tartózkodás 1. *(vhol)* stay, sojourn, residence 2. *(testi dologtól)* abstinence 3. *(magatartás)* reserve

tartózkodási: ~ engedély residence permit; **~ hely** residence

tartózkod|ik 1. *(vhol)* be*, live, stay 2. *(vmtől)* abstain (from)

tartózkodó *(magatartás)* non-committal

tartóztat detain, stay

tárul open

táska 1. bag, satchel 2. *(úti)* handbag, suitcase

táskagramofón portable gramophone

táskaírógép portable typewriter

táskarádió portable radio

taszít push, thrust*, *(villamosság)* repulse; **nyomorba ~** plunge into poverty

tat stern

tát: száját ~ja open the mouth wide, *(átv)* stand* gaping

tataroz repair, restore, *(csak házat)* renovate

tatarozás renovation

tátott szájjal with his mouth agape

táv distance

tavaly last year

tavalyelőtt the year before last

tavalyi last year's

tavasz spring(time); **tavasszal** in spring

tavaszi spring-; ~ **búza** spring-wheat
távbeszélő telephone
távbeszélőfülke telephone booth
távbeszélő-készülék telephone apparatus
távbeszélő-központ telephone exchange
távbeszélő-névsor telephone--directory
távcső telescope; **színházi** ~ opera glass(es)
távfutás long-distance run(ning)
távfűtés district heating
távgyaloglás long-distance walking
távirányítás remote control
távirász telegraphist
távirat telegram, wire; *(tengeren túlra)* cable; **~ot küld** send* a wire
táviratcím cable-address
távirati telegraphic; ~ **iroda** (telegraphic) news agency; ~ **űrlap** telegraph form; ~ **válasz** reply by wire; **~lag** telegraphically, by wire
táviratoz telegraph, wire, cable (to sy)
távirda telegraph office
távíróhivatal telegraph office
távíróoszlop telegraph-post
távíróvezeték telegraph line
távközlés telecommunication
távlat 1. perspective 2. *(látvány)* vista, view, *(kilátás)* prospect, outlook
távlati *(térben)* perspective; ~ **ké** perspective view, *(időben)* long-range; ~ **terv** long-term plan(ning)
távmérő tachometer, *(optikai)* range-finder
távol I. *hat*, far (away); ~ **marad** stay away; ~ **tart** keep* off; ~ **tartja magát vmtől** keep* aloof from sg; ~ **van** be* away/far II. *fn*, distance; **~ról sem** not in the least, by far not
távolbalátás 1. = **televízió** 2. *(lelki)* telepathy
távoli far, distant; ~ **rokon** distant relation
Távol-Kelet the Far East
távollátó long-sighted
távollét absence
távollevő absent
távolod|ik 1. move off, depart 2. *(érzelmileg)* become* alienated
távolság 1. distance 2. *(időben)* interval
távolsági long-distance; ~ **autóbusz** motor coach; ~ **beszélgetés** trunk call, *(US)* long--distance call
távolugrás long jump
távozás departure
távoz|ik 1. *(vhonnan)* leave* (sg), depart (from), part (from) 2. *(állásából)* retire (from)
távvezérlés remote control
távvezeték transmission line, *(kőolajé)* pipeline
taxi taxi(cab), cab
taxiállomás taxi stand, cab-rank
taxisofőr taxi-driver, cabman *(tbsz* cabmen)
tbc. = *tuberkulózis* tuberculosis, t. b.
te you; **a** ~ **házad** your house; ~ **magad** you yourself
tea tea
teafőző tea-kettle
teakonyha kitchenette
teáscsésze tea-cup
teáskanna 1. *(amiben adják)* teapot 2. *(amiben a vizet forralják)* tea-kettle
teasütemény tea cake
teavaj fresh butter
teáz|ik have*/drink*/take* tea
tébolyító maddening
technika 1. *(tudomány)* technology, technics 2. *(technikai vonatkozása vmnek)* technique, technicality

technikai technical
technikum technical school
technikus technicist, technician
technológia technology
teendő task, work; **mi a ~?** what is* to be done?
téesz = **termelőszövetkezet**
téged you
tégely crucible, *(patikai)* jar
tegez *ige*, thee and thou sy
tegeződ|ik call each other thee and thou
tégla brick; **téglát éget** bake bricks
téglaégető 1. *(üzem)* brick--works *(tbsz)*, brick-yard **2.** *(személy)* brick-maker
téglalap rectangle, oblong
tegnap yesterday; **~ este** yesterday evening, last night
tegnapelőtt the day before yesterday
tegnapi yesterday's
tehát accordingly, consequently, then, thus
tehén cow
tehenészet dairy-farm
tehéntej cow's milk
teher 1. burden, charge, *(rakomány)* load; **terhet ró vkre** lay* a burden on sy **2.** *(jog)* pain, penalty; **büntetés terhe alatt** under penalty **3. ~ben van** be* with child **4. terhére van vknek** be* a nuisance to sy
teheráru slow goods *(tbsz)*, *(US)* freight
teherautó motor-lorry, *(US)* truck
teherbíró enduring; **~ képesség** load-bearing capacity
teherforgalom goods traffic, *(US)* freightage
teherhajó cargo vessel, freighter
teherhordó állat beast of burden
teherkocsi *(vasúti)* (goods) waggon, *(US)* freightcar
tehermentesít unburden, release, *(átv)* relieve
teherpályaudvar goods-station, *(US)* freight depot
teherszállítás transport of goods
tehertétel 1. *(kereskedelem)* debit item **2.** *(átv)* burden
tehervonat goods train, *(US)* freight train
tehetetlen helpless, powerless
tehetetlenségi: ~ erő *(fizikában)* law of continuity; **~ nyomaték** moment of inertia
tehetős well-to-do
tehetség 1. *(tulajdonság)* talent, gift; **~e van hozzá** have* a talent for sg **2.** *(személy)* talented person **3.** *(anyagi)* means *(tbsz)*
tehetséges talented, gifted
tehetségtelen untalented, ungifted
tej milk
tejbedara semolina pudding
tejcsarnok dairy shop
tejcsokoládé milk chocolate
tejes milkman *(tbsz* milkmen), dairyman *(tbsz* dairymen)
tejeskávé coffee with milk, white coffee
tejfog milk-tooth *(tbsz* milk--teeth)
tejföl sour cream; **az sem fenékig ~** it is* not all beer and skittles
tejszín (sweet) cream
tejszínhab whipped cream
tejtermék dairy-product
tejút Milky Way
tejüveg frosted glass
tekejáték skittles *(tbsz)*
teker wind*, twist
tekercs coil, reel
tekercsel wind*, coil (on/up)
tekercselés 1. *(folyamat)* winding, coiling **2.** *(a tekercs)* coil, *(villamosság)* armature
tekercsfilm roll film
tekervényes 1. winding, curved **2.** *(bonyolult)* complicated
teketória ado, fuss; **~ nélkül** without much ado

tekint 1. *(vkre/vmre)* look at sy/sg 2. *(vmnek)* consider (sg sg), regard (sg as sg); **kötelességemnek ~em hogy** I consider it my duty to; **korát ~ve** as regards his age; **~ve hogy** considering that, *(jog)* whereas
tekintély authority
tekintélyes 1. *(személy)* important, respected, *(intézmény)* prestigious 2. *(mennyiség)* considerable
tekintet 1. *(pillantás)* look, glance 2. *(figyelembevétel)* regard, consideration; **~be vesz** take* into consideration; **~tel arra hogy** considering that
tekintve considering
teknő trough
teknősbéka tortoise
tékozol squander, waste
tél winter; **~en** in winter
télapó Santa Claus
tele full, filled; **~ van** be* full of, be* filled with
telefon telephone
telefonál *(vknek)* telephone (sy), phone (sy), ring* sy up, give* sy a ring/call
telefonálás telephoning
telefonautomata dial-telephone
telefonbeszélgetés call
telefonelőfizető telephone subscriber
telefonérme telephone token
telefonfülke call-box
telefonkagyló receiver
telefonkészülék telephone (set)
telefonkönyv telephone directory
telefonközpont telephone exchange, *(US)* telephone central
telefonszám telephone-number
telefonszámla telephone bill
telefonüzenet phone message
telek piece of ground, building site
telekkönyv land register, *(US)* real-estate register
telekkönyvez enter in the land register
telekkönyvi hivatal land registration office
telel winter
telep 1. *(település)* settlement, *(lakóhely)* habitation 2. *(kereskedelmi)* works *(tbsz)*, shop, *(ipari)* plant, *(műhely)* workshop 3. *(villany)* electric battery
telepes *fn*, settler, colonist; **~ rádió** battery set
telepít settle, colonize
teletöm cram, stuff (with sg)
televény (vegetable) mould
televízió television, TV; **színes ~** colour television; **~n közvetít** televise; **~t néz** watch television, teleview
televízióantenna television aerial
televízióműsor TV/television programme
televíziós television; **~ adás** television broadcast; **~ adóállomás** television (transmitting) station; **~ film** TV film; **~ készülék** television (set), TV; **nagy képernyőjű ~ készülék** large-screen television (set): **~ közvetítés** television broadcast
telex telex, teleprinter
telhetetlen insatiable
téli winterly, winter-; **~ ruha** winter-clothing; **~ sport** winter sports *(tbsz)*
telihold full moon
tel|ik 1. *(tele lesz)* fill 2. *(idő)* pass; **sok időbe ~lett** it took* a long time 3. **öröme ~ik vmben** take* delight (in) 4. **ami tőlem ~ik** to the best of my ability; **erre nekem nem ~ik** I can't manage/afford it 5. *(vmből)* be* enough (for)

télikabát winter-coat
telít *(vegytan)* saturate
telitalálat direct hit
telített saturated
telivér 1. *(ló)* thoroughbred **2.** *(átv)* true-bred; **~ párizsi** a Parisian born and bred
teljes complete, full, total; **~ egészében** in full, wholly; **~ ellátás** board and lodging; **~ erejéből** with all one's might; **~ létszám** full force
teljesed|ik be* realized, *kívánság)* be* fulfilled, come* true
teljesen entirely, totally
teljesít 1. *(feladatot)* perform, accomplish, *(kérést/normát/tervet)* fulfil, *(parancsot)* carry out **2. katonai szolgálatot ~** do* (military) service
teljesítés fulfilment, accomplishment
teljesítmény achievement, *(üzemé)* output
teljesítménybér task wage, payment by results
teljhatalmú all-powerful; **~ megbízott** plenipotentiary
telt *(vmvel)* full of; **~ arc** round face
téma theme, subject, *(beszélgetésé)* topic
temet bury, inter
temetés burial, funeral
temetkezési vállalat undertaker
temető cemetery
temperamentum temper(ament)
templom church
templomtorony church tower steeple
tempó 1. timing, tempo; **~t diktál** set* the pace **2.** *(úszóé)* stroke
tendencia tendency, trend
ténfereg idle, loiter
tengely 1. *(keréké)* axle; **~en való szállítás** road transport/haulage **2.** *(eszmei)* axis *(tbsz* axes)
tengelykapcsoló shaft coupling, clutch
tenger sea, ocean; **~en** at sea; **~re száll** put* to sea; **~ sok** a sea of sg
tengeralattjáró submarine
tengerentúli oversea(s), transatlantic
tengerész sailor, mariner
tengerészet 1. the sea service, *(hadi)* the Navy **2.** *(foglalkozás)* seamanship
tengerészeti naval, marine; **~ minisztérium** Ministry of Naval Affairs, *(Angliában)* Admiralty
tengeri[1] *fn, (kukorica)* Indian corn, maize
tengeri[2] *mn,* naval, marine, sea-; **~ beteg** seasick; **~ fürdőhely** seaside resort; **~ haderő** naval forces *(tbsz)*
tengerimalac guinea-pig
tengerjáró hajó sea-going steamer
tengernagy admiral
tengerpart seaside, seashore
tengerszem tarn
tengerszint sea-level; **~ feletti magasság** height above sea level
tengervíz sea water
tenisz tennis, lawn-tennis
teniszez|ik play tennis
teniszpálya tennis-court
teniszütő (tennis) racket
tenor tenor
tenorista tenor(ist)
tény *(cselekedet)* act, *(valóság)* fact; **~ az hogy . . .** the fact is* (that) . . .
tenyér palm; **tenyerén hord vkt** pamper sy: **úgy ismerem mint a tenyeremet** I know* every inch of it, I know* him/it inside out
tenyeres-talpas sturdy, hefty, *(nő)* buxom

tenyészállat breeding animal; **~ állomány** breeding stock
tenyész|ik breed*, *(növény)* grow*
tenyészt breed*, rear
tényező factor
ténykedés activity, *(hivatali)* functions *(tbsz)*
tényleg really, indeed
tényleges real, actual; **~ szolgálat** active service
teológia theology
teoretikus theoretical
teória theory
tép tear*, rip, *(tollat)* pluck
tépelőd|ik worry, fret
tepsi (baking) tin, skillet
tér[1] *ige*, turn; **más tárgyra ~** change the subject; **magához ~** come* round/to
tér[2] *fn*, 1. *(űr)* space, room 2. *(városban)* square 3. *(szakmai/mágneses)* field; **minden ~en** in every respect; **szabad teret nyújt** offer a large scope; **~t hódít** gain ground
terasz terrace
térd knee; **~ig érő** knee-deep
térdel kneel
térdharisnya knee-stockings *(tbsz)*
térdnadrág 1. *(térd alatt zárt)* plus-fours *(tbsz)*, breeches *(tbsz)* 2. *(térd fölött végződő)* shorts *(tbsz)*
térdszalagrend Order of the Garter
terebélyes 1. spreading 2. *(ember)* corpulent
tereferél chat, gossip
tereget *(ruhát)* hang* out
terel 1. *(nyájat)* drive* 2. **a beszédet másra ~i** change the subject; **a figyelmet vmre ~i** turn sy's attention to sg
terem[1] *ige*, 1. bear*, produce, grow* 2. *(vk vhol)* appear suddenly (swhere)
terem[2] *fn*, hall
teremt 1. create, make* 2. **földhöz ~** floor sy
teremtés *(vk)* creature, person
terep ground, land, *(katonai)* terrain
terepfutás cross-country running
terepszemle survey, *(katonai)* reconnaissance; **terepszemlét tart** survey the place
terepszín protective colouring
terepviszonyok character of the terrain
Teréz Theresa
térfél *(sport)* side
térfogat volume, bulk
térfogatszámítás volumetry
térhatású three-dimensional, stereoscopic
terhel 1. burden, *(adóssággal)* encumber; **őt ~i a felelősség** the responsibility rests with him 2. *(terhére van)* trouble
terhelés burden, load
terhelő: ~ adat damning proof; **~ körülmény** aggravating circumstance; **~ vallomás** evidence against (sy)
terhelt 1. *(jog)* accused 2. *(anyaggal)* laden 3. *(orv)* affected with hereditary abnormality *(ut)*
terhes 1. *(átv)* tiresome, inconvenient 2. *(magzattal)* pregnant
terhesség pregnancy
terít 1. *(vhova)* spread* out 2. *(asztalt)* lay* (the table)
térít 1. *(vmerre)* turn (to) 2. *(vallás)* convert to another faith 3. **magához ~** bring* round
teríték cover
terítő 1. *(asztalon)* (table) cloth, covering 2. *(ágyon)* bed-spread
terjed 1. spread*, expand, *(hír)*

circulate **2.** *(terület vmeddig)* stretch (to), extend
terjedelem extent, size, *(térbeli)* volume
terjedelmes 1. extensive, big, large **2.** *(átv)* full, long, *(beszéd/írás)* lengthy
terjengős prolix, verbose
terjeszked|ik expand, spread*
terjeszt 1. spread*, *(eszméket)* diffuse (ideas) **2.** *(vmt vk/vm elé)* submit (sg to sy)
terjesztés spreading, propagation, *(lapé/könyvé)* distribution
térkép map
térképjelek map symbols
térköz interval, space (between)
termálfürdő thermal bath
termálvíz thermal water
termék product, *(szellemi)* production
termékeny fertile, productive, prolific
terméketlen barren, sterile
termel produce, *(mezőgazdaság)* grow*, cultivate, *(ipar)* turn out, bring* forth
termelékeny productive, efficient
termelékenység productivity; **magas ~ű gépek** high output machines
termelés *(folyamat)* production
termelési: ~ ág branch of production; **~ értekezlet** production conference; **~ mód** mode of production
termelő *fn*, *(mezőgazdasági)* grower, agriculturist, *(ipari)* producer, maker
termelőerők forces of production *(tbsz)*
termelőeszközök means of production *(tbsz)*
termelőmunka productive work
termelőszövetkezet *(mezőgazdasági)* farmer's co-operative, *(kisipari)* producers' co-operative
termelőszövetkezeti tag collective farmer
termény (agricultural) produce, crop, fruit, *(szemes)* corn
terménybegyűjtés ingathering of crops
termés crop, harvest; **rossz ~** crop failure
termésátlag average yield
terméshozam yield (of the harvest)
terméskő ragged-stone
természet 1. nature **2.** *(emberről)* disposition, temper; **jó ~e van** have* a nice disposition **3. ~ben fizet** pay* in kind
természetbarát nature-lover
természetes natural, *(viselkedés)* unaffected, unsophisticated; **~nek veszi** take* it for granted
természetesen naturally, of course
természetfölötti supernatural
természeti natural, physical; **~ film** nature film; **~ kincsek** natural resources; **~ tünemények** the phenomena of nature *(tbsz)*
természetjáró tourist
természetrajz natural history
természettan physics
természettudomány natural science
termeszt raise, grow*
termesztés growing, cultivation
termet stature, figure
termetes large, tall, big
termosz thermos bottle, vacuum flask
termőföld arable/agricultural land
terpeszállás straddle-stand
terpeszked|ik sprawl, stretch
terror terrorism
terrorista terrorist
terrorizál terrorize

térség area
térti jegy return ticket, *(US)* round-trip ticket
terület territory, district, area, *(szellemi)* domain, sphere, *(mértan)* surface
területmérték square measure
terv plan, scheme, project, design, *(szándék)* purpose; **~be vesz** plan
tervelőirányzat plan target, scheduled output
tervez 1. *(alkotást)* draw* up (the plan of), design **2.** *(elméletben)* plan
tervezés planning
tervezet plan, sketch, *(törvényé)* bill, *(szerződésé)* draft
tervező planning; **~ mérnök** structural engineer; **~ osztály** designing department
tervezőiroda planning office
tervfeladat target
tervfelbontás breaking down the plan
tervfelelős official responsible for the fulfilment of the plan
tervgazdaság planned economy
tervhivatal Central Planning Office
tervidőszak plan period
tervrajz plan, design, draft
tervszám target(-figure)
tervszerű planned, systematic(al)
tervszerűség purposefulness
tervszerűtlen unsystematical
tervteljesítés fulfilment of the Plan
terv-túlteljesítés overfulfilment of the Plan
tesped stagnate, *(átv)* languish
tessék 1. please!, (will you) kindly. . . **2.** *(asztalnál)* help yourself **3.** *(kopogásra)* come in! **4.** *(nem értettem)* I beg your pardon?
test 1. body; **~estől-lelkestől** with all one's heart and soul; **~et ölt** be* embodied, come* true **2.** *(mértan)* solid body
testalkat figure, stature
testes stout, corpulent, *(vm)* bulky
testgyakorlás gymnastics *(tbsz)*; **~t végez** take* exercise
testi bodily, physical; **~ munka** manual labour
testmagasság body height
testnevelés physical education/training
testőr guardsman *(tbsz* guardsmen)
testrész part of the body
testsúly body weight
testtartás bearing, posture
testület body, corporation; **diplomáciai ~** diplomatic corps; **tanári ~** teaching staff
testvér *(férfi)* brother, *(nő)* sister; **~ek** *(fivér és nővér)* brother and sister
tesz 1. *(cselekszik)* do*, make*, act; **jót ~** do* good; **jót ~ vknek** do* sy good; **úgy ~ mintha beteg volna** he pretends to be ill, he shams illness; **a klíma nem ~ jót nekem** the climate is* not good for me; **jól ~ed** you are* quite right; **mit volt mit tennie** there was* nothing else to do **2.** *(helyez)* put*, place; **próbára ~** give* sy/sg a trial **3.** *(vmvé)* make*, render; **pénzzé tette** made* money out of sg **4. nem ~ semmit!** never mind!, it doesn't* matter!; **~em azt** supposing **5.** *(vmre, kártyán stb.)* stake, lay* on **6.** *(időben)* **a főpróbát hétfőre tették** the dress rehearsal was* fixed on Monday **7. kérdést ~** put* a question; **szert ~ vmre** obtain sg **8. ki tehet róla?** whose fault is* it?; **hát tehetek én róla?** how could I help it?

tészta 1. *(sült)* cake, pie, pastry 2. *(főtt)* noodles *(tbsz)*
tesz-vesz potter (about)
tét stake
tetanusz tetanus
tetejébe in addition, to top it all
tétel 1. *(tudományos)* thesis *(tbsz* theses), *(mennyiségtan)* proposition 2. *(zene)* movement 3. *(kereskedelmi áru)* lot, *(könyvelési)* entry, item
tetem corpse, *(állaté)* carcass
tetemes considerable
tetet have* sg done/made/put; **gumisarkot ~ a cipőjére** have* rubber-heels put on his shoes
tetéz 1. *(mérésnél)* heap up/on 2. *(átv)* add, crown; **hibáját azzal ~te hogy...** to make* matters worse he...
tétlen inactive, idle
tétováz|ik hesitate
tető 1. *(legmagasabb pont)* summit, *(hegyé)* peak, *(fáé/létráé)* top, *(házé)* roof, *(edényé/dobozé/ládáé)* lid, cover 2. *(fejé)* crown, top; **ha a fejed tetejére állsz is** whatever you do*; **~től talpig** from head to foot, from top to toe
tetőfedő roofer
tetőfok pitch, peak
tetőpont culmination, summit, peak; **~ra hág** culminate
tetőterasz roof terrace/garden
tetővilágítás ceiling-light, skylight
tetszés approval, approbation, pleasure, delight; **~ szerint** to taste, at will; **~t arat** meet* with success
tetszetős attractive, pleasant
tetsz|ik 1. *(vknek)* please (sy), like (sy); **ahogy ~ik** as you like it; **akár ~ik akár nem** like it or not; **hogy ~ik a könyv?** how do* you like the book?; **nekem nem ~ik** I don't like it, it's not to my taste; **a gondolat ~ik nekem** the idea appeals to me 2. *(udvariasság kifejezése)* (if you) please; **mi ~ik?** what can I do for you?; **nem ~ik leülni?** won't you sit down (please)? 3. *(látszik)* seem, appear; **nekem úgy ~ik hogy...** it seems to me (as if...)
tett action, act, deed; **~en ér** take* in the act; **~re kész** determined, ready to act *(ut)*
tetterős dynamic, energetic
tettes perpetrator (of a crime), culprit; **ki a ~?** who did it?
tettestárs accomplice
tettet simulate, feign, pretend
tettlegesség assault and battery, violence
tetű louse *(tbsz* lice)
teve camel; **egypúpú ~** dromedary; **kétpúpú ~** Bactrian camel
téved 1. be* mistaken*/wrong, err 2. *(vhová)* get* somewhere by mistake
tévedés error, mistake; *(számításban)* miscalculation; **~ben van** be* mistaken; **~ből** by mistake; **~t követ el** commit/make* an error
tevékeny active, busy; **~ részt vesz vmben** take* an active part in sg
tevékenyked|ik be* active
tevékenység activity
téves erroneous, wrong; **~ kapcsolás** wrong connection/number
teveszőr camel's hair
téveszt: célt ~ miss the mark; **pályát ~** mistake* one's vocation; **szem elől ~** lose* sight of, *(átv)* overlook
tévútra vezet lead* astray
textil textile

textiláru textile goods *(tbsz)*
ti. = *tudniillik* namely, that is (to say), viz., i.e.
ti you; **a ~ házatok** your house
tied yours
tieid yours
tieitek yours
tietek yours
tífusz typhoid fever, typhus
tigris tiger
tikkadt parched
tilalmi idő closed season
tilalom prohibition
tilos forbidden, prohibited; **~ a dohányzás** no smoking, smoking is prohibited; **a gyepre lépni ~** keep* off the grass; **~ az átjárás** no thoroughfare
tilt prohibit, forbid*
tiltakozás protest
tiltakoz|ik protest
tiltakozó gyűlés demonstration
tiltott forbidden, prohibited; **~ eszközök** illicit means; **~ gyümölcs** forbidden fruit
tímár tanner
timföld aluminous earth
timsó alum
tinó young bullock
tinta ink
tintaceruza copying pencil
tintatartó ink-pot, ink-stand
tipikus typical
tipor trample; **lábbal ~** tread* under foot
tipp tip, hint, wink
típus type
típusáru utility goods *(tbsz)*
tiszt 1. officer 2. *(hivatal)* office 3. *(sakkban)* piece
tiszta I. *mn*, clean, neat, *(nem kevert)* pure, *(átv)* clear; **~ bevétel** net proceeds *(tbsz)*; **~ gyapjú** pure wool; **~ súly** net weight; **~ szívből** with my whole heart; **~ véletlen** pure chance II. *fn*, **tisztába tesz** change a baby's diaper; **tisztában van vele** have* no doubt about sg
tisztálkod|ik wash, have* a wash and brush-up
tisztán 1. *(nem piszkosan)* cleanly 2. *(nem keverve)* neat(ly), *(US)* straight 3. *(átv)* clearly; **~ látja a helyzetet** see* distinctly 4. *(levonás után)* clear, net
tisztára 1. **~ mossa magát** *(átv)* clear oneself 2. **ez ~ lehetetlen** that's* absolutely impossible
tisztás clearing, *(US)* opening
tisztaság 1. cleanliness, cleanness 2. *(erkölcsi)* purity
tisztátlan unclean
tisztáz clear (up); **~za magát** clear oneself
tisztázód|ik get* solved
tisztel 1. honour, respect 2. *(üdvözlés)* give* one's respects
tiszteleg 1. *(katona)* salute 2. *(vk/vm előtt)* pay* one's respects, bow before sy/sg
tisztelet respect; **~ben áll** be* respected; **~ben tart** have* respect for; **~ére** in honour of; **~ét teszi vknél** pay* one's respects to; **~tel közlöm** I have* the honour to inform you; **~tel kérem...** will you(,) please(,) kindly...; **(maradtam) kiváló ~tel** yours faithfully, I am(,) Sir(,) yours very truly
tiszteletbeli honorary; **~ tag** honorary member
tiszteletdíj fee(s)
tiszteletpéldány complimentary copy
tiszteletreméltó venerable, honourable, respectable
tisztelgés *(katonai)* salute
tisztelő *fn*, admirer
tisztelt honoured, respected; **~ barátom** my dear friend; *(levélmegszólítás)* **T~ Uraim!**

Dear Sirs, *(US)* Gentlemen; **~ hallgatóim/közönség** ladies and gentlemen
tiszteltet send* one's regards; **~em a bátyját** give* your brother my kind regards
tisztesség 1. *(kitüntető)* honour **2.** *(becsület)* honesty
tisztességes honest
tisztességtelen 1. dishonest **2.** *(kereskedelem)* unfair
tiszti *(katona)* officer's, *(hivatal)* official
tisztít 1. clean **2.** *(babot/borsót)* shell
tisztító 1. *(textilüzem)* dyer and cleaner, cleaner's **2.** *(mosoda)* laundry
tisztogatás 1. clean(s)ing **2.** *(átv)* clean sweep
tisztség office, charge
tisztul 1. get* clean **2.** *(időjárás)* clear (up)
tisztviselő official, clerk, *(állami)* civil servant
titkár secretary
titkárnő secretary
titkárság secretariat
titkol hide*, conceal
titkos secret, concealed; **~ szavazás** secret ballot
titok secret; **~ban** in secret
titoktartás secrecy
titokzatos mysterious, secret
tivornya orgy, revelry
tíz ten
tized 1. *(rész)* a/one tenth **2. három egész öt ~** three point five
tizedes I. *fn*, **1.** *(katona)* corporal **2.** *(tört)* decimal **II.** *mn*, decimal; **~ számrendszer** decimal system
tizedespont (decimal) point
tizedestört decimal (fraction)
tizedik (the) tenth; **minden ~** every tenth
tizenegy eleven
tizenegyes *(sport)* penalty kick
tizenhárom thirteen
tizenhat sixteen
tizenhatos vonal *(sport)* the 18 yard line
tizenhét seventeen
tizenkettő twelve
tizenkilenc nineteen
tizennégy fourteen
tizennyolc eighteen
tizenöt fifteen
tízes I. *mn*, **a ~ számrendszer** the decimal system **II.** *fn*, *(bankjegy)* ten forint note
tízórai a ten-o'clock snack, elevenses *(tbsz)*
tízparancsolat Ten Commandments *(tbsz)*
tízperc *(iskolai)* break, interval
tízpróba decathlon
tízszer ten times
tó lake, *(kisebb)* pond
toalett 1. toilet, lavatory **2.** *(ruha)* dress
toboroz recruit, enlist
toboz pine-cone, fir-cone
tobzód|ik live in luxurious abundance
tócsa puddle
tódul *(tömeg)* throng to; **fejébe ~t a vér** blood rushed to his head
tojás egg; **kemény ~** hard-boiled egg; **lágy ~** soft-boiled egg; **~t felver** whisk eggs
tojásfehérje white of egg
tojáshab whites of eggs beaten to a stiff froth
tojáshéj egg-shell
tojásrántotta scrambled eggs *(tbsz)*
tojássárgája yolk
tojástartó egg-cup
toj|ik lay* (eggs)
tojó *fn*, hen, layer
tok case
toka (double) chin
tol 1. shove, move, push **2. vmt vkre ~** shift (responsibility of sg on sy), shuffle off (sg on sy)

tolakod|ik 1. intrude, obtrude (oneself upon sy) 2. *(tömegben)* push
tolakodó obtrusive
tolat shunt
tolattyú piston-valve
told lengthen
toldalék 1. *(tárgyon)* appendage 2. *(épületé)* annex(e)
toll 1. *(madáré)* feather 2. *(írásra)* pen
tollbamondás dictation
tollhegy nib
tollszár penholder
tolltartó pen-case, pencil-case
tolmács interpreter
tolmácsol interpret
tolóablak sash window
tolóajtó sliding door
tolókocsi 1. *(betegnek)* wheel--chair 2. *(utcai árusé)* street--barrow
toloncol deport, transport (to)
tolongás crowd, press, throng
tolózár bolt-lock
tolvaj thief *(tbsz* thieves)
tombol 1. storm, *(vihar)* rage 2. *(őrült)* rave
tompa blunt; **~ fájdalom** dull pain
tompaszög obtuse angle
tompít blunt, *(fájdalmat)* dull, deaden
tompor buttock
tonhal tunny (fish)
tonna 1. *(űr)* ton 2. *(súly)* metric ton
tónus 1. *(beszédmodor)* tone, tune 2. *(szín)* tint
topográfia topography
toporzékol rage
toprongyos ragged, tattered
torkaszakadtából kiabál shout at the top of one's voice
torkolat mouth, estuary
torkoll|ik 1. *(folyó)* fall*/ flow into 2. *(utca)* lead* into
torkos gluttonous
torlasz 1. barricade 2. *(hó)* drift
torlódás heaping up; **forgalmi ~** traffic jam
torlód|ik accumulate, *(forgalom)* become* congested
torma horse-radish
torna gymnastics
tornác porch
tornacipő gym shoes *(tbsz)*, *(US)* sneakers *(tbsz)*
tornaóra physical training
tornaszer gymnastic apparatus
tornász|ik do* gymnastics
tornatanár physical instructor
tornaterem gymnasium *(tbsz* gymnasia)
torok throat; **fáj a torka** have* a sore throat; **torkig van vmvel** be* sick and tired of sg, be* fed up with sg; **torkát köszörüli** clear one's throat
torokgyulladás sore throat
torony tower, *(templomé)* steeple
toronydaru tower crane
toronyugrás high-board diving
torpedó torpedo
torpedóromboló (torpedo-boat) destroyer
torta cake, fancy-cake
torz deformed
torzít 1. deform 2. *(értelmet/ valóságot)* distort
torzkép caricature
torzsa stump, *(káposztáé)* runt, *(kukoricáé)* cob
tótágast áll stand* on one's hand
totó tote, football pool
totószelvény football pools coupon
totóz|ik do* the pools
totyog toddle
tovább 1. *(térben)* further, farther 2. *(időben)* longer, more; **nem bírom ~** I can't stand it any longer 3. *(folytatva)* forth, on; **és így ~** and so on/forth

továbbá moreover, further(more)
továbbad pass on
továbbfejleszt develop, improve
további I. *mn*, further; **~ intézkedésig** until further orders **II.** *fn*, **minden ~ nélkül** without more ado
továbbít 1. *(tárgyat)* pass on (to) **2.** *(levelet)* forward (to)
továbbképző tanfolyam refresher course
továbbmegy go* on/along; **ha a dolgok így mennek tovább** if things go* on like this
továbbra in the future, further on
tovatűn|ik fade away
tő 1. *(fáé)* foot *(tbsz* feet), *(növényé)* stem, *(szőlőtő)* vine-stock, *(hajé)* root, *(vmnek alja)* bottom, base; **tövéről-hegyére elmond** give* a full account **2.** *(nyelvtan)* root, stem
több I. *számnév*, **1.** more; **~ mint** more than, over, above; **nincs ~** there is* no more of it; **ez ~ a soknál** this is* rather too much; **sőt mi ~** what is* more **2.** *(néhány)* several, a few; **~ alkalommal** on several occasions **II.** *fn*, **~ek között** among others; **~re tart vmnél** prefer to sg; set* above sg
többé no/any more, no/any longer; **~ kevésbé** more or less
többes szám plural
többfelé in several directions
többféleképpen in several ways
többi I. *mn*, remaining, other **II.** *fn*, the rest/remainder; **a ~ek** the others; **és a ~** and so on/forth; **ami a ~t illeti** as for the rest
többlet surplus, *(súly)* excess
többletmunka surplus labour
többlettermék surplus product
többnyire mostly, generally
többség majority
többször several times
többszörös I. *mn*, manifold **II.** *fn*, multiple; **legkisebb közös ~** lowest common multiple
többtermelés surplus production
tőgy udder
tök 1. vegetable marrow, *(US)* squash **2.** *(kártya)* diamonds *(tbsz)*
tőke 1. capital; **tőkét kovácsol vmből** make* capital out of sg **2.** *(szőlőé)* vine, vine-stock **3.** *(hajóé)* keel
tőkebefektetés investment of capital
tőkefelhalmozás accumulation of capital
tőkehal cod(fish)
tökéletes perfect, exquisite
tökéletesít perfect
tökéletesítés perfection
tökéletlen imperfect
tőkés capitalist
tőkésosztály capitalist class
tökfilkó blunderhead
tölcsér 1. funnel **2.** *(hangszóró)* horn **3.** *(fagylalt)* cone, cornet **4.** *(tűzhányó)* crater
tőle from/by/of him/her/it
tölgy oak
tölt 1. *(folyadékot)* pour **2.** *(tartályt)* fill, pour in, *(fegyvert)* load, *(akkumulátort)* charge **3.** *(időt)* pass, spend*
töltelék stuffing
töltény cartridge
töltés *(puskában)* load, *(elektromos)* charge, *(földből)* bank, embankment
töltőceruza propelling pencil
töltőtoll fountain-pen
töltött 1. *(étel)* stuffed **2.** *(fegyver)* loaded, *(akkumulátor)* charged

töm 1. stuff, cram 2. *(fogat)* stop, fill
tömb block
tömeg 1. mass, *(ember)* crowd; **a dolgozó ~ek** the working masses; **a ~ből** from the crowd 2. *(tárgy)* heap, *(vmnek a ~e)* bulk; **egy ~ben** in a (single) mass
tőmegáru mass products
tömegcikk mass product
tömeges mass
tömegesen in large numbers
tömegfelvonulás mass demonstration
tömeggyártás mass/serial production
tömeggyűlés mass meeting/rally
tömegjelenet mass scene
tömegnyomor pauperism
tömegpusztító fegyver weapon of mass destruction
tömegsír common grave
tömegszervezet mass organization
tömegvonzás gravitation
töméntelen innumerable, countless
tömény concentrated
tömés stuffing, *(fogé)* stopping, filling, *(vállé)* padding
tömítés packing, gasket
tömjén incense
tömjénez *(átv, vknek)* flatter
tömlő 1. hose 2. *(pneu)* tyre
tömlöc dungeon, prison
tömör 1. solid, massive 2. *(stilus)* concise
tömörül gather round
tömött *(baromfi)* fattened, *(jármű)* packed
tömpe orr flat nose, pug-nose
tömzsi thick-set, stocky
tönk stump, stock; **a ~ szélén áll** be* on the brink of ruin
tönkremegy 1. get* ruined 2. *(anyagilag)* become* bankrupt
tönkretesz ruin
töpörtyű crackling
töpörtyűs pogácsa crackling cone
töpreng *(vmn)* brood (over), meditate (on)
tör 1. break*, smash; **porrá ~** powder, pulverize 2. **utat ~ magának** force one's way; **~i a fejét** rack one's brains 3. **~i magát** drudge, slave, work hard, exert oneself (to get sg); **~i az angolt** speak* broken English 4. **nagyra ~** be* ambitious; **vkre ~** attack sy
tőr 1. dagger, *(vívó)* foil 2. *(csapda)* snare; **~be esik** fall* into a snare
tördel 1. **kezét ~i** wring* one's hands 2. *(nyomda)* make* up
töredék fragment, portion
törékeny fragile, *(átv)* frail
töreksz|ik 1. *(igyekszik)* strive*, endeavour 2. *(vmre)* aspire (to), be* after
törekvés ambition, aspiration
törés 1. break(ing), *(csonté)* fracture 2. **~re került a dolog** it came* to a break
töretlen unbroken; **~ erővel** with undiminished energy
törhetetlen unbreakable; **~ bátorság** indomitable courage; **~ üveg** shatter-proof glass
tör|ik break*; **ha ~ik(,) ha szakad** by hook or by crook
törköly(pálinka) marc
törlés cancellation, *(jegyzékből)* striking off, *(sport)* scratch(ing)
törleszt pay* by instalments, pay* off
törlesztés paying by instalments, *(egy részleté)* instalment
törmelék debris, *(kő)* rubble
töröd|ik *(vmvel)* take* care (of), care (about/for); **ne ~j vele** don't* worry about it
török I. *mn*, Turkish II. *fn*, Turk

Törökország Turkey
töröl 1. wipe, *(bútort)* dust 2. *(szöveget)* cross out, *(radírral)* erase 3. *(rendelkezést)* annul, *(adósságot)* cancel
törpe 1. *(mesebeli)* dwarf 2. *(kisnövésű)* pigmy
törpeautó baby car, minicar
törpebirtok dwarf holding
tört *(mennyiségtan)* fraction
történelem history
történelmi historical; **~ esemény** historic event; **~ materializmus** historical materialism; **~ regény** historical novel
történész historian
történet story
történetesen as it happens; **~ csinál vmt** happen to do sg
történeti historic(al); **a ~ hűség** historical truth
történ|ik happen, occur; **mi ~t?** what happened?
törtető *mn*, ambitious
törtszám fraction
törülköz|ik dry oneself, towel
törülköző towel
törvény law, statute; **~ elé idéz** summon (sy); **a ~ nevében** in the name of the law; **~be iktat** enact, codify; **~be ütköző** illegal, unlawful; **~t hoz** legislate, enact a/the law; **szükség ~t bont** necessity knows* no law
törvénycikk law, Act
törvényellenes illegal, unlawful
törvényerő legal force; **~re emelkedik** come* into force
törvényes legal, lawful; legitimate; **~ úton** by legal process/means
törvényhatóság government board, municipal authority
törvényhozás legislation, legislature
tövényhozó I. *mn*, **~ hatalom** legislative power II. *fn*, legislator
törvényjavaslat bill; **~ot benyújt/beterjeszt** bring* in a bill
törvénykezés jurisdiction
törvénykönyv statute-book, law-book; **büntető ~** penal code; **a munka ~e** Labour Code
törvényszék law-court
törvénytelen 1. illegal 2. *(gyermek)* illegitimate
tőrvívás foil fencing
törzs 1. *(testé/fáé)* trunk 2. *(hajóé)* hull, *(repgépé)* fuselage 3. *(katonai/keret)* cadre 4. *(nép)* tribe
törzsfő chief(tain)
törzskönyv register(-book), *(lótenyésztési)* stud book
törzsszám 1. *(mennyiségtan)* prime number 2. *(törzslapon)* serial number
törzstiszt field-officer
törzsvendég habitual visitor, regular
tősgyökeres autochtonous, genuine
tőszám cardinal number
tövis thorn; **nincsen rózsa ~ nélkül** no rose without a thorn
tőzeg peat, turf
tőzsde Exchange, money market
tőzsdei árfolyam quotation
tradíció tradition
trafik tobacconist's (shop)
trágár obscene
tragédia tragedy
tragikus tragic(al); **~an vesz vmt** take* things too seriously
trágya manure, dung
trágyadomb dunghill
trágyáz manure, dung
traktor tractor
traktorállomás tractor station
traktoros *fn*, tractor-driver
tranzakció transaction, deal
tranzisztoros rádió transistor radio
tranzit transit

trapéz 1. trapeze 2. *(mértan)* trapezoid
tréfa joke, jest; **ennek a fele se ~** that's* beyond a joke; **tréfából** in/for fun; **tréfát űz vkből** make* fun of sy
tréfál joke, *(viccel)* crack jokes; **ne ~j!** don't* joke!
tréfás amusing, funny
tribün stand, grandstand
trigonometria trigonometry
trikó tricot
trolibusz trolley-bus
trombita 1. *(katonai)* bugle 2. *(hangszer)* trumpet
trombitál trumpet
trombózis thrombosis
trón throne; **~ra lép** ascend the throne
trónol be* enthroned
trónörökös crown prince
trópus (the) tropics *(tbsz)*
trópusi tropical; **~ sisak** sun-helmet
tröszt trust
trükk trick
trükkfilm (animated) cartoon
tsz = *termelőszövetkezet* farmers' co-operative
tszcs. = *termelőszövetkezeti csoport* farmers' co-operative group
tuberkulózis tuberculosis, consumption
tubus tube
tucat dozen
tucatáru cheap goods *(tbsz)*
tucatszámra by the dozen
tud 1. *(vmt)* know*, *(vmről)* be* aware of; **honnan ~ja?** how do* you know? **~od mit?** I'll tell you what; **mint ~juk** as is* well known; **nem ~om** I do* not know, I cannot tell; **mit ~on én!** how should I know?; **amenynyire én ~om** as far as I know* 2. *(hatalmában/módjában van)* can, be* able to (do sg)
tudakozó *(helyiség)* inquiry office
tudakozód|ik make* inquiries (about sg)
tudás 1. *(szellemi)* knowledge 2. *(jártassság)* skill
tudat[1] *ige*, let* sy know sg, tell* sy sg
tudat[2] *fn*, consciousness, mind; **~ában van vmnek** be* conscious of sg
tudatlan ignorant, uninformed
tudatlanság ignorance
tudatos conscious
tudniillik namely *(röv* viz.*)*
tudnivaló 1. *(felvilágositás)* information 2. *(utasitás)* instructions *(tbsz)*
tudomány science
tudományos scientific, scholarly; **T~ Akadémia** Academy of Sciences; **~ kiadványok** scholarly/scientific publications; **~ módszer** scientific method; **~ mű** learned work; **~ társaság** learned society
tudomás knowledge; **~a van vmről** be* aware of sg; **~om szerint** as far as I know; **legjobb ~om szerint** to the best of my knowledge; **~ul vesz vmt** take* notice of sg
tudós scientist, scholar
tudósít 1. inform (of) 2. *(újságban)* report
tudósítás 1. information 2. *(újságban)* report
tudósító *(újságé)* reporter
tudta knowledge; **vk ~ nélkül** without sy's knowledge; **vknek tudtára ad vmt** bring* sg to sy's knowledge
tudvalevő (hogy) it is* a matter of common knowledge (that)
túl I. *hat, (vmn, térben)* beyond, over; *(időben)* past, over II. *mn, (túlságos)* too (much) over-; **~ kicsi** (much) too small
túlad get* rid (of sg)

tulajdon I. *mn*, own II. *fn*, property; **vknek ~ában van** be* sy's property, belong to sy
tulajdonít attribute (to sy); **nagy jelentőséget ~ vmnek** attach importance to sg
tulajdonjog ownership
tulajdonképpen really, properly speaking
tulajdonos owner, proprietor
tulajdonság quality, property
túláradó overflowing
túlbecsül overestimate
túlbuzgó over-zealous
túlél survive (sy/sg)
túlerőltetés overexertion
túles|ik *(betegségen)* get* over (an illness), *(vizsgán)* get* through (exam)
túlexponált over-exposed
túlfeszít *(átv)* overwork; **~i a húrt** go* too far
túlhaladott álláspont outworn conception
tulipán tulip
túljár az eszén outwit sy
túlkapás encroachment, trespass
túllép *(átv)* exceed; **~i a hatáskörét** transgress one's competence
túllő a célon overshoot *the mark
túlméretezett outsize(d), exaggerated
túlmunka overwork
túlnépesedés over-population
túlnyomó overwhelming, predominant; **az év ~ részében** for the best part of the year; **az esetek ~ többségében** in the overwhelming majority of cases
túlnyomórészt predominantly
túlóra overtime
túlóráz|ik work overtime
túloz exaggerate
túlságos exaggerated, excessive
túlsó opposite
túlsúly 1. overweight, excess weight 2. *(átv)* predominance (over); **~ba jut** prevail
túlszárnyal excel, (sur)pass
túlteljesít overfulfil
túlteljesítés overfulfilment
túlterhel overload, overcharge
túltermelés overproduction
túltesz *(vkn)* surpass sy; **~i magát vmn** disregard sg
túlvilág the next world
túlzás exaggeration, *(viselkedésben)* extravagance; **ez ~!** that's too much, don't exaggerate
túlzott exaggerated, extravagant, *(ár)* exorbitant, *(követelmény)* unreasonable, *(nézet)* extreme
túlzsúfol overcrowd, cram
túr dig*, root
túra excursion, tour
túráz|ik tour, hike
túráztat race (the engine)
turbán turban
turbékol coo
turbina turbine
turista tourist
turistaház tourist hostel
turistajelzés blaze
turisztika tourism
turkál search, rummage; **más dolgában ~** poke one's nose into other people's business
turné tour; **~ra megy** go* on a tour
túró cottage cheese
tus 1. *(festék)* India(n) ink 2. *(zuhany)* shower-bath
tusa struggle, fight; **lelki ~** inward conflict
tuskó log, billet
túsz hostage
tuszkol push, thrust*
tutaj raft, float
túzok bustard; **jobb ma egy veréb mint holnap egy ~** a bird in the hand is worth two in the bush
tű needle, *(gombos)* pin; **~kön ül** be* on tenterhooks; **~vé**

tesz vmért vmt search every nook and corner for sg
tücsök cricket; **tücsköt bogarat összebeszél** talk rubbish
tüdő lung(s)
tüdőbajos consumptive
tüdőbeteg-gondozó institute for tuberculosis
tüdőgyulladás pneumonia
tüdővész pulmonary consumption
tükör looking-glass, mirror
tükörfényes *(fotóról)* glossy
tükörkép reflection
tükörtojás fried egg
tükröz 1. reflect **2.** *(orv)* examine with a speculum
tükröződés reflection
tükröződ|ik be* reflected; **meglepetés ~ött az arcán** he showed* surprise
tülekedés jostling
tűlevelű coniferous
tülköl hoot, toot
tündér fairy
tündérmese fairy-tale
tündökl|ik glitter, sparkle
tünemény phenomenon *(tbsz)* phenomena
tünet symptom, sign
tűn|ik 1. *(látszik)* seem; **úgy ~ik neki** it seems to him **2.** *(eltűnik)* disappear
tűnőd|ik reflect (on), meditate, muse
tüntet 1. demonstrate (for/against sg), make* a demonstration **2.** *(vmvel)* display
tüntetés demonstration
tüntető *fn*, demonstrator
tűr have* patience, endure, suffer; **nem ~öm!** I won't stand it any longer
türelem patience, *(vallási/polit)* tolerance; **~ rózsát terem** everything comes* to him who waits
türelmes patient, tolerant
türelmetlen impatient
türelmetlenked|ik lose* patience
türelmetlenség impatience
tűrhetetlen *(fájdalom)* unbearable, *(viselkedés)* intolerable
tűrhető passable, tolerable
tűrhetően passably, tolerably
tűrtőzteti magát contain/restrain oneself
tűsarkú cipő stilettos *(tbsz)*, pin/pencil-heeled shoes *(tbsz)*
tüske thorn, prick(le)
tüsző follicle
tüszős mandulagyulladás follicular tonsillitis
tüsszent sneeze
tüsszentés sneeze, sneezing
tűz[1] *ige* **1.** *(tűvel)* (fasten with a) pin **2. célt ~ vk elé** set* sy an objective **3.** *(a nap)* shine*, blaze
tűz[2] *fn*, **1.** fire; **~be megy érte** go* through fire and water for sy; **~re tesz** put* fuel on the fire; **tüzet ad** give* a light; **tüzet fog** take*/catch* fire; **tüzet rak** lay* a fire **2. tüzet nyit** *(katona)* open fire; **tüzet szüntet** cease fire **3.** *(átv)* fire, heat; **~be jön** get* excited/heated
tűzálló fire-proof
tűzcsap hydrant
tüzel 1. fire **2.** *(katona)* fire, shoot*
tüzelőanyag fuel
tüzér artilleryman *(tbsz* artillerymen)
tüzérség artillery
tüzes 1. burning-hot **2.** *(átv)* fiery, ardent
tüzetes thorough
tűzfal fire wall
tűzfészek fire-trap
tűzhányó volcano
tűzhely fireplace, fireside, *(konyhai)* range, cooker
tűzifa firewood
tűzijáték fireworks *(tbsz)*
tűzkő flint
tűzoltó fireman *(tbsz* firemen), fireguard

tűzoltóság fire-brigade
tűzszünet cease-fire
tűzvész fire, conflagration
tűzveszélyes inflammable
tűzvonal firing-line
tv, TV = *televízió* television, TV
tv-film TV-film
tv-műsor TV programme
tv-néző (tele)viewer

Ty

tyúk hen; **vak ~ is talál szemet** a blind man may chance to hit the mark
tyúkász hen-farmer
tyúkleves chicken-broth
tyúkól hen-house
tyúkszem corn (on one's foot)
tyúktojás hen's egg

U

u. = *utca* street, St.
ua. = *ugyanaz* the same, idem, id.
uborka cucumber
uborkasaláta cucumber-salad
udvar court, yard, courtyard
udvari 1. *(háznál)* back-; **~ szoba** back room **2.** *(királyi)* court; **~ bolond** court fool/jester
udvarias civil, polite, courteous
udvariasság politeness, courtesy
udvariatlan impolite, uncivil
udvarló wooer, suitor, admirer *(US)* boy-friend
udvarol court (sy), make* court (to sy)
udvaronc courtier
ugar fallow
ugat bark, yelp
ugrál caper, jump
ugrás jump(ing), spring; **minőségi ~** qualitative change; **csak egy ~ra van ide** it is within a stone's throw
ugrat *(tréfál)* chaff, banter
ugr|ik jump, leap*, spring*
ugródeszka springboard; **ugródeszkának használ** use sy/sg as a stepping-stone
ugrókötél skipping-rope
úgy 1. *(megállapítólag)* so, like that; **~ van!** certainly!, that's right!; **~ hogy** so that; **~ mint** such as; **~ hiszem** I think* so; **~ ahogy** in a way, anyhow; **~ látszik** it looks like, it seems; **~ tűnik nekem mintha** it seems to me as if **2.** *(meghatározólag)* so much, so far; **~ tudom** as far as I know* **3.** *(felkiáltólag)* so!, well!
ugyan 1. *(bár)* though **2.** *(kétkedve)* **ha ~ megérti** in case he can ever understand it **3.** *(kérdő mondatban)* then, ever; **~ minek?** what (on earth) for? **4.** *(lekicsinyelve)* **~ kérlek!** go to!, come now! **5.** *(csodálkozólag)* **~?!** you don't say so! **6.** *(megnyugtatólag)* **~ ~!** there (,) there!
ugyanakkor at the same time
ugyanakkora of the same size *(ut)*
ugyanannyi of the same quantity (as) *(ut)*
ugyanaz the same, identical; **egy és ~** it is* one and the same thing
ugyancsak 1. *(szintén)* similarly, likewise **2.** *(alaposan)* thoroughly
ugyanígy in the same way, likewise
ugyanis namely, that is (to say) *(röv.* i.e.)
ugyanolyan the same kind, similar
ugyanott at the same place

ugyanúgy in the same way, similar
ugye is* it not (so)?, isn't* it?, is* it?; **~ megteszed?** you will do it(,) won't you!; **~ megtanultad?** you have* learned it(,) haven't* you?; **~ nem mész el?** you will not go(,) will you?; **~ megmondtam** I told* you so!
úgyhogy so that
úgyis anyway
úgymint namely *(röv.* viz.) such as, *(röv.* i.e.)
úgynevezett so-called
úgyse not (at all)
úgyszintén as well
úgyszólván so to say, practically; **~ az egész** almost all
Ui. = *utóirat* postscript, P.S.
ui. = *ugyanis* namely, that is (to say), viz., i.e.
új new, fresh, recent, unused; **~ életet kezd** start a new life; **~ értelmiség** people's intelligentsia; **~ házasok** newly-married couple; **~ kiadás** new edition; **~ szereposztásban** with a new cast; **~ típusú** new-type
újabban recently, lately
újból anew, again
újburgonya new potatoes *(tbsz)*
újdonság 1. *(hír)* news 2. *(tárgy)* novelty
újdonsült fresh (to sg)
újév new year; **boldog ~et** Happy New Year (to you)
újévi üdvözlet New Year's greetings *(tbsz)*
újhold new moon
újít innovate, make* an innovation
újítás innovation
újító *fn*, innovator
ujj 1. *(kézen)* finger, *(lábon)* toe; **~ából szopta** it is* pure invention; **egy ~át sem mozdítja** he does* not lift a finger (for sy) 2. *(ruháé)* sleeve
ujjáéled revive
ujjáépít rebuild, reconstruct
újjáépítés reconstruction, rebuilding
újjáépül be* rebuilt/reconstructed
újjászervezés reorganization, reconstruction
újjászület|ik be* reborn, revive
ujjatlan *(ruha)* sleeveles
ujjlenyomat finger-print
ujjnyi (an) inch long; **~ vastag** an inch thick
ujjong exult, rejoice
ujjongás jubilation
újkor modern times *(tbsz)*
újkori modern
újonc 1. *(katona)* recruit 2. *(kezdő)* beginner, novice
újonckiképzés basic training
újonnan 1. *(elölről)* afresh 2. *(mostanában)* newly; **~ készült** newly made
újra again, anew, once more; **~ meg ~** again and again; **~ átél** live over again; **~ kezdődik** start again, recommence; **~ megválaszt** re-elect
újrafelfegyverzés rearmament
újraoltás revaccination
újság 1. news; **mi ~?** what's the news? 2. *(lap)* newspaper
újságárus news dealer/vendor, newsagent
újságcikk article
újságíró journalist
újságol tell* the news
újságpapír newsprint
újszerű modern, novel *(elgondolás)* original
újszülött new-born (child)
Új-Zéland New Zealand
ultimátum ultimatum
ultrahang supersound, supersonic wave
ultramodern ultra-modern
ultrarövid hullám (ultra)high frequency, microwave
úm. = *úgymint* namely, that is (to say), viz., i.e.

un be* tired of, be* bored by
ún. = *úgynevezett* so-called
unalmas tedious, dull, boring
unatkoz|ik be* bored
undok disgusting, nasty
undor disgust (of)
undorító disgusting, loathsome
undorod|ik have* an aversion (for/towards), be* disgusted (at/by/with)
unió union
unoka grandchild *(tbsz* grandchildren), *(fiú)* grandson, *(leány)* granddaughter
unokafivér cousin
unokahug cousin, niece
unokanővér cousin
unokaöcs nephew
unokatestvér cousin
unszol urge
untat bore, weary, tire (sy)
uo. = *ugyanott* in the same place, ibid.
úr 1. *(megszólításnál)* Sir, mister, *(röv.* Mr.), *(névvel)* Mister (Brown); **uram** Sir **2.** *(osztályjelölés)* gentleman *(tbsz* gentlemen) **3.** *(tulajdonos/gazda)* master; **a maga ura** be* one's own master/man; **~rá lesz vkn/vmn** conquer (sy/sg) **4.** *(férj)* husband **5.** *(vallás)* Lord
uradalom domain, estate
ural rule, dominate
uralkodás reign(ing)
uralkod|ik 1. *(vkn/vmn)* control, master; **~ik magán** control oneself **2.** *(uralkodó)* reign, rule **3.** *(túlsúlyban van)* prevail
uralkodó I. *mn,* ruling; **~ osztály** ruling class; **~ szél** prevailing wind **II.** *fn,* ruler, monarch, sovereign
uralom domination, reign, *(mint rendszer)* regime; **uralmon van** be* in pover; **~ra jut** come* into power
uránérc uranium ore
úrfi (young) master
URH = *ultrarövid hullám* ultra-high frequency, U.H.F.
úri gentlemanlike; **~ divat** fashions for men *(tbsz)*; **~ osztály** gentry, upper classes *(tbsz)*
úriszoba drawing-room, parlour
urna 1. *(hamvaknak)* sepulchral urn **2.** *(választásnál)* ballot-box
úrvacsora Lord's Supper
uszály 1. *(hajó)* tow-boat **2.** *(ruháé)* tail, train **3. vk ~ába kerül** come* under sy's influence
úsz|ik 1. swim*, *(tárgy)* float, *(hajó)* sail **2. ~ik az árral** swim* with the tide; **~ik az adósságban** be* up to the ears in debt
uszít incite, instigate
uszítás incitement; **háborús ~** warmongering
úszó *fn,* swimmer
uszoda swimming bath/pool
úszómedence swimming-basin
úszómester swimming-master
úszónadrág bathing-drawers *(tbsz)*, swim-trunks *(tbsz)*, *(fecske)* slip
uszony fin
úszósapka swimming/bathing cap
úszóverseny swimming match
út 1. way, *(épített)* road; **Rákóczi ~** Rákóczi Street, *(helyesebben)* Rákóczi út; **le is ~ fel is ~!** you may go if you like!, pack up and scram! **2.** *(utazás)* journey, travel(ling), *(hajóval)* voyage **3.** *(távolság)* **egy órai ~** an hours' trip; **megtett ~** distance covered **4. ~ba igazít** direct, *(átv)* give* sy information about sg; **~ban van** *(jön)* be* in one's way; **~nak indul** start on one's way; **~on**

~félen everywhere; **szerencsés utat!** have a pleasant journey!, godspeed; **utat enged** make* way (for), *(haragnak)* give* vent to; **~ját állja vknek** obstruct sy's path; **kiadja az ~ját vknek** dismiss sy
útakadály road block
utal 1. *(vkre/vmre)* refer (to), *(céloz)* hint (at) **2.** *(vhová)* send* (to)
utál abhor, detest, loathe
utalás reference (to), *(célzás)* allusion (to)
utálat disgust, loathing
utálatos disgusting, loathsome
utalvány assignment, draft *(postai)* postal-order
utalványoz assign sy sg, remit sg to sy
után 1. *(időben)* after, following (sg) **2.** *(térben)* after, behind; **a dolga ~ jár** attend to one's business **3.** *(szerint)* according to, by, on the model of
utána after, afterwards
utánafut run* after
utánajár go* after, *(tájékozódva)* make* inquiries about
utánaküld send* on, forward (to)
utánanéz 1. *(vmnek átv)* look after **2.** *(megvizsgál)* go* into the matter; **~ egy könyvben** look it up in a book
utánaszámol check, verify
utánatölt refill
utánnyomás reprint
utánoz imitate, copy
utánpótlás 1. supply, *(katonai)* reserves *(tbsz)* **2.** *(fiatalok)* replacement, new generation
utánrendelés repeat order
utánvét cash on delivery (system) *(röv* C.O.D.); **~tel** cash on delivery *(röv* C.O.D.); **~es csomag** C.O.D. parcel, collect package
utánzat imitation, *(hamisítvány)* forgery
utas traveller, passenger
utasít 1. *(vkt vkhez)* direct (sy to sy) **2.** *(parancsol)* instruct, tell*, command
utasítás 1. *(parancs)* command **2.** *(magyarázó)* instructions *(tbsz)*; **használati ~** directions for use *(tbsz)*
utasnévsor passenger list
utasszállító repülőgép airliner
utász sapper, pioneer
utazás *(hosszabb)* journey, travel, *(tengeri)* voyage, *(rövidebb)* trip
utazási iroda travel agency
utaz|ik 1. *(ált)* travel, *(vhová)* go* to, leave* for, make* a journey to, *(hajón vhová)* sail for **2.** *(vkre átv)* bear* sy ill-will
utazó *fn,* traveller, passenger, *(kereskedelmi)* commercial traveller
utazóbőrönd trunk, *(kisebb)* suitcase
utca street
utcai street; **~ árus** costermonger; **~ szoba** front-room; **~ világítás** street lighting
utcakereszteződés (street) crossing
utcasarok street-corner
utcaseprő scavenger, street-sweeper
útelágazás road junction
útépítés road-building
úthálózat network of roads
útikalauz (traveller's) guide
útiköltség travelling expenses *(tbsz)*, fares *(tbsz)*
útinapló travel diary
útipoggyász luggage, *(US)* baggage
útirány direction, route
útitárs travelling companion

útitáska suitcase
útiterv itinerary
útjelző road sign
útkaparó road-mender
útkereszteződés *(városban)* crossing, *(vidéken)* cross-roads
útközben on the way
útleírás description of a journey *(könyv)* travel book
útlevél passport; **útlevelet kér** apply for a passport; **megkaptam az útlevelem** I have* been granted a passport
útlevélosztály passport office
útmutatás direction
utóbb later
utóbbi latter; **az ~ esetben** in the latter case; **az ~ időben** lately, recently
utód 1. *(hivatali/üzleti)* successor 2. *(leszármazásban)* descendant, offspring; **az ~ok** posterity
utóhatás after-effect
utóirat postscript *(röv.* P.S.)
utókezelés after-treatment
utókor posterity
utólag subsequently, *(később)* (at a) later (date)
utolér catch* up with, overtake*; **~te végzete** he could not avoid his fate
utolérhetetlen unmatched, unequalled
utoljára at (the) last; **először és ~** for the first and only time
utolsó 1. last, *(jelenhez legközelebbi)* latest, *(vmt lezáró)* final, ultimate; **~ ár** rock-bottom price; **az ~ divat** the latest fashion; **~ előtti** last but one; **~ percben** in/at the last minute; **~ posta Pét** post office Pét; **az ~ simításokat végzi vmn** give* the finishing touches to sg; **az ~ szó jogán** in his last plea 2. *(aljas)* mean, base, vile
útonálló highwayman *(tbsz* highwaymen), brigand
utónév Christian/first name
utópista Utopian
utóvégre is after all
útrakel start out (for)
útravaló provisions for the journey *(tbsz)*
útszéli 1. *(útmenti)* by the wayside *(ut)* 2. *(közönséges)* low, vulgar
úttest road(way)
úttörő pioneer
úttörőmozgalom pioneer movement
úttörőtábor camp of pioneers
úttörővasút Pioneer Railway
útvesztő labyrinth
útvonal route, path; **vmlyen ~on** by way of, via
uzsonna tea
uzsonnáz|ik have*/take* tea
uzsora usury
uzsorás usurer
uzsoráskod|ik practise usury

Ü

ÜB = *üzemi bizottság* works/shop committee
üde fresh, healthy
üdítő refreshing; **~ ital** refreshment, cooling drink, *(nem szeszes)* soft drink
üdül take* a holiday
üdülés *(nyaralás)* holidays *(tbsz)*
üdülő *fn*, 1. *(vendég)* visitor at a holiday resort 2. *(épület)* rest-house
üdülőhely health resort
üdültetés organized holidays *(tbsz)*
üdvhadsereg Salvation Army
üdvlövés salvo
üdvös salutary, beneficent; **~**

lenne it would be advisable to...
üdvözítő *fn*, Saviour
üdvözlés greeting, welcome
üdvözlet: greeting, kind regards *(tbsz)*; **adja át szíves ~emet** remember me kindly to, give* my kind regards to... ; **szívélyes ~tel** *(levél végén)* yours truly/sincerely
üdvözöl 1. salute, greet 2. *(vkt vm alkalomból)* congratulate (sy on) 3. *(üdvözletét küldi)* send* one's greetings
üdvrivalgás acclamation
üget trot
ügetőverseny trotting-race, harness-racing
ügy business, affair, matter, transaction, deal; **hogy áll az ~ed?** how does* your case stand?; **üzleti/hivatalos ~ben** on business; **keze ~ében van** have* sg at hand; **~et sem vet vmre/vkre** pay* no attention to
ügyefogyott awkward, clumsy
ügyel take* care of sy/sg
ügyelet inspection, *(katonai/orv)* duty
ügyeletes on duty *(ut)*
ügyes clever, skilful, able
ügyész *(államügyész)* public prosecutor, *(ált)* attorney, *(vállalaté)* legal adviser
ügyészség public prosecutor's office
ügyetlen awkward, clumsy
ügyfél *(ügyvédé)* client, *(kereskedelem)* customer
ügyirat document, paper
ügykezelés administration
ügylet affair, business
ügynök 1. *(kereskedelmi)* broker, agent, *(utazó)* (commercial) traveller 2. *(polit)* agent
ügynökség agency
ügyosztály department
ügyvéd lawyer
ügyvédi: ~ *gyakorlat* legal practice; **~ iroda** lawyer's office; **~ költség** counsel's fee, retainer; **~ megbízás** power of attorney
ügyvédjelölt lawyer-candidate
ügyvezető *fn*, manager, director
ügyvitel management
ügyvívő *(diplomáciai)* chargé d'affaires
ükanya great-great grandmother
ükapa great-great grandfather
ül 1. sit*, be* sitting/seated, *(madár ágon)* perch; **asztalhoz ~** sit* down to table; **asztalnál ~** sit* at table; **vk nyakán ~** be* a burden to sy 2. **autóba ~** take* a car, get* into a car; **lóra ~** mount (a horse); **vonatra ~** take* (a) train 3. **törvényt ~** sit* in judgment; **ünnepet ~** observe (the) feast
üldöz chase, pursue
üldözés pursuit, chase
üldöző pursuer; **~be vesz** set* off in pursuit of sy
üledék deposit, sediment
ülepedik settle
ülés 1. *(hely)* seat 2. *(testületé)* sitting, session; **~t összehív** convene a meeting; **~t tart** hold* a sitting
ülésezik sit, be* sitting
ülésszak session, term
üllő anvil
ülnök assessor
ülőhely seat
ültet 1. *(növényt)* plant 2. *(vkt)* seat (sy) 3. **tyúkot ~** set* a hen
ültetvény plantation
ünnep 1. feast, holiday; **kellemes ~eket!** the season's greetings!, a happy holiday! 2. *(ünnepség)* celebration
ünnepel 1. *(megünnepel)* keep*

as a holiday 2. *(eseményt)* commemorate, celebrate
ünnepély celebratior
ünnepélyes solemn
ünnepi festal, festive; **~ alkalom** festive occusion; **~ beszéd** (festal) address; **~ ebéd** banquet, gala dinner; **~ játék** festival play
ünneplés 1. celebration 2. *(vké)* ovation
ünneplő *(ruha)* (one's) Sunday clothes *(tbsz)*
ünneprontó spoilsport
űr void, gap, *(világűr)* space
űrállomás space station
üreg hollow, cavity
üres empty, *(ház/szoba/állás)* vacant, *(el nem foglalt)* free, unoccupied; **~ beszéd** idle talk; **~ óráiban** in his leisure hours; **~ tea** plain tea
üresedés vacancy; **~ben van be*** vacant
ürge gopher
űrhajó spaceship
űrhajós spaceman *(tbsz* spacemen), astronaut, cosmonaut
űrhajózás astronautics, space flight
ürít empty, evacuate; **~i poharát vk egészségére** drink* (to) the health of sy
űrlap (printed) form, blank
űrmérték measure of capacity
üröm: nincsen öröm ~ nélkül there is* no joy without alloy
űrrakéta space rocket
űrrepülés space flight
űrtartalom cubic capacity
ürü 1. sheep *(tbsz* sheep) 2. *(húsa)* mutton
ürügy pretext
ürülék excrement
üst boiler, kettle
üstdob kettledrum
üstökös comet
üszkös 1. cindery 2. *(növény)* blasted, smutted 3. *(orv)* gangrenous
üsző heifer
üt 1. strike*, hit*, knock, *(testrészt)* slap, *(ver)* beat*; **pofon/arcul ~** box sy's ear(s) 2. **az óra egyet ~** the clock strikes* one 3. *(kártya)* take*, trump 4. **egészen az apjára ~** he takes* after his father; **mi ~ött beléd?** what has* come over you?
üteg battery
ütem bar, time, beat, measure
ütemes rhythmic(al)
ütemez 1. *(ütemet jelez)* beat* time 2. *(beütemez)* time, schedule
ütemterv schedule
ütés 1. blow, *(bokszban)* knock, punch 2. *(óráé)* stroke
ütközet battle, combat
ütköz|ik 1. *(vmbe)* knock against sg; **egymásba ~nek** collide, clash 2. *(időben)* coincide
ütköző *(vasúti)* buffer, spring-buffer
ütleg hit, blow
ütlegel beat*
ütő *(tenisz)* racket
ütőér artery
ütőhangszer percussion (instrument)
ütőkártya trump; **minden ~ a kezében van** hold* all the winning cards
ütött-kopott battered, *(ruhaféle)* shabby
üveg 1. *(anyag)* glass 2. *(palack)* bottle
üvegablak glass window
üvegbura glass bell
üveges I. *fn*, *(iparos)* glazier II. *mn*, glassy
üvegez glaze
üvegház glass-house, green-house
üveghuta glass-works
üveglap glass-plate
üvegnemű glass-ware
üvegszilánk glass splinter
üvegtábla (glass) pane

üvegtál glass dish
üvegtányér glass plate
üvölt howl, roar
űz 1. *(hajt)* drive*, chase, pursue 2. *(foglalkozást)* practise, *(sportot)* pursue
üzem *(ipari)* (work)shop, *(nagyobb)* plant, factory; **~be helyez** start, put* in action/operation; **~ben tart** operate, work, run*
üzemanyag fuel, carburant
üzemanyagfelvétel fuelling
üzemanyagtartály fuel tank
üzemeltet operate, run*
üzemi: ~ bizottság works committee; **~ dolgozó** factory worker; **~ étkezés** canteen meal(s)
üzemképes fit for use *(ut)*; **~ állapotban** in working order
üzemköltség working (cost(s)
üzemvezető manager, managing director
üzemzavar breakdown
üzen send* word (to); **hadat ~ vknek** declare war on sy
üzenet message
üzérked|ik speculate (in sg)
üzlet 1. business, deal; **jó ~** a paying proposition, a good bargain; **~et köt** do* a deal 2. *(helyiség)* shop, *(US)* store; **~et nyit** set* up shop
üzletember businessman *(tbsz* businessmen)
üzletfél customer, client
üzlethelyiség premises *(tbsz)*, shop, *(US)* store
üzleti: ~ szellem business mentality; **~ ügy** business matter; **~ ügyben** on business
üzletkötés transaction, deal
üzletmenet trade
üzletszerű businesslike
üzlettárs partner, copartner, associate
üzletvezető (business) manager
üzletzárás closing time

V

vacak I. *mn*, worthless II. *fn*, rubbish, trash
vacog shiver with cold; **~ a foga** *(a hidegtől)* sy's teeth are* chattering
vacsora evening meal, supper
vacsoráz|ik have*/take* supper/dinner
vad I. *mn*, 1. *(állat)* wild, undomesticated 2. *(nép)* savage 3. *(kegyetlen)* ferocious 4. *(erős)* violent, wild 5. *(félénk)* shy, timid II. *fn*, 1. *(állat)* game 2. *(ember)* savage
vád charge, accusation; **~at emel vk ellen** bring* an accusation/charge against sy
vadállat wild animal, *(átv)* beast, brute
vadas hús venison
vádaskod|ik make* repeated accusations
vadász hunter, huntsman *(tbsz* huntsmen), *(apró vadra)* shooter
vadászat hunt(ing), *(apró vadra)* shoot(ing)
vadászgép fighter (plane)
vadász|ik 1. hunt (sg), *(apró vadra)* shoot* sg 2. *(átv)* hunt for sg
vadászkutya gun dog
vaddisznó wild boar
vadgalamb turtle-dove
vadgesztenye horse-chestnut
vadhús venison, game
vadidegen perfectly strange
vádirat indictment
vadkacsa wild-duck
vadkan (wild) boar
vadliba wild goose *(tbsz* geese)
vádló *fn*, accuser, indicter
vádlott the accused/defendant; **~ak padja** prisoner's box, dock
vadmacska wild-cat

vádol accuse
vadon *fn*, wilderness
vadonatúj brand-new
vadorzó poacher
vadregényes romantic
vadrózsa wild rose, dogrose
vadszőlő wild vine
vadvirág wild flower
vág 1. cut*; **apróra ~** chop, mince **2.** *(öl)* slaughter **3.** *(dob)* throw* **4. ajtót ~ a falba** make* a door in a wall **5. jó képet ~ vmhez** put* a good face on it **6. nem ~ az ő szakmájába** that does* not fall within his province; **becsületébe ~** it reflects on his honour **7. szavába ~ vknek** interrupt sy
vagány tough, hoodlum
vágány (rail-)track; **harmadik ~** *(állomáson)* platform three; **más ~ra tereli a társalgást** *(átv)* change the subject
vágás 1. *(nyoma testrészen)* cut, slash **2.** *(erdőben)* forest section, *(tisztás)* clearing
vagdalt hús minced meat, *(US)* hamburger
vágóhíd slaughter-house
vágómarha beef cattle
vagon 1. *(utasoknak)* carriage **2.** *(tehernek)* wagon, truck, *(US)* freight-car; **~ba rak** load in a wagon; **~ból kirak** unload a wagon
vágta *(lósport)* gallop, *(embersport)* dash, sprint
vágtat gallop
vagy or; **~ pedig** or else; **~ . . . ~** either . . . or . . .; **~ így ~ úgy** one way or the other; **~ úgy!** I see!
vágy desire, wish; **érzéki ~** sensual lust
vágy|ik 1. *(vmre)* desire (sg), wish (for sg) **2.** *(vm/vk után)* long, yearn (for sg/sy)
vagyis namely, that is (to say)
vagylagos alternative
vágyódás longing, yearning
vágyód|ik = **vágyik**
vagyon fortune, wealth, property; **~a van** be* a man of property
vagyonadó property tax
vagyonbevallás declaration of property
vagyoni financial; **~ helyzet** financial condition
vagyonos wealthy, well-to-do; **a ~ osztályok** the moneyed classes *(tbsz)*, the rich *(tbsz)*
vagyontalan propertiless
vagyontárgy property, asset
vaj butter; **akinek ~ van a fején ne menjen a napra** who lives in a glass-house should not throw stones
váj hollow (out)
vajas kenyér bread and butter
vájat 1. groove **2.** *(bányászati)* stall
vajon if, whether; **~ igaz-e?** I wonder whether it is* true
vajúd|ik labour
vak I. *mn*, blind **II.** *fn*, blind man/woman; **a ~ok** the blind
vakablak dummy window; **világos mint a ~** as clear as mud
vakáció holidays *(tbsz)*, vacation
vakációz|ik be* on holiday
vakar scratch
vakaródz|ik scratch
vakbél *(féregnyúlvány)* appendix *(tbsz* appendixes, appendices)
vakbélgyulladás appendicitis
vakbuzgó fanatic(al), bigoted
vakít blind, dazzle
vakító blinding
vaklárma false alarm
vakmerő daring, reckless
vakol *(durván)* rough-cast*, *(finoman)* plaster
vakolat plaster-work, *(anyaga)* mortar

vakolatlan bare, unplastered
vakondok mole
vakon hisz *(vkben)* trust sy implicitly
vakrepülés blind flight
vaktában at random
vaktöltény blank charge
vaku flash(gun)
vakulás: látástól ~ig from daybreak till nightfall
vakvágány dead-end
váladék secretion
valaha 1. *(múltban)* once; **itt ~ egy ház állt** there used to be a house here **2.** *(jövőben)* ever; **inkább mint ~** more than ever
valahányszor whenever
valahára at (long) last
valahogyan somehow, in some way or other, anyhow; **hogy vagy? hát csak úgy ~** how are you? So-so; **~ majd csak megleszünk** we shall manage somehow
valahol 1. *(ha biztos)* somewhere **2.** *(kétely esetén)* anywhere
valahonnan from somewhere
valahova *(biztos)* somewhere, *(bizonytalan)* anywhere
valaki 1. *(állításban)* somebody, someone; **~ más** somebody else **2.** *(kérdés/tagadás esetén)* anybody, anyone
valameddig 1. *(idő)* for a/some time **2.** *(távolság)* some distance
valamelyik one, one or the other; **közülünk ~** one of us
valamennyi all *(utána tbsz)*, every *(utána egyes szám)*
valamennyire 1. *(némileg)* in some measure **2.** *(úgy ahogy)* somehow or other
valamerre somewhere
valami I. *fn*, *(állításokban)* something, *(kérdésben/tagadáskor)* anything **II.** *mn*, *(állításban)* some, *(kérdésben/tagadáskor)* any **III.** *hat*, **1. nem ~ nagyon** not particularly **2.** *(mintegy)* **~ tíz forint** about/some ten forints
valamikor 1. *(múlt)* once; **még ~ 1907-ben** (way) back in 1907 **2.** *(jövő)* some day
valamilyen some kind of
valamint as well as; **Jancsi ~ Bálint és Feri is** John as well as Val and Frank
valamirevaló decent, satisfactory; **minden ~** . . . every respectable . . .
valamivel *(némileg)* somewhat; **~ jobb** slightly better
válás separation, parting, *(házastársaké)* divorce
válasz answer, reply; **~át várva** awaiting your reply
válaszfal partition
válaszol answer (sy), reply (to sy); **levelére ~va** in reply to your letter
választ 1. *(több közül)* make* a choice, choose*; **tessék ~ani** take your choice **2.** *(képviselőt)* elect
választás 1. choice; **nem volt más ~a mint** . . . he had* no choice but to . . . **2.** *(polit)* election, voting
választék 1. assortment, variety **2.** *(hajban)* parting
választékos choice; **~ ízlés;** exquisite taste
választmány committee, board; **benne van a ~ban** be* on the board
választó *fn*, *(polit)* constituent, elector, voter
választófal dividing wall
választójog suffrage; **titkos ~** secret ballot
választókerület constituency, election district
válfaj variety, kind
vál|ik 1. *(vktől)* part (with), *(házasfél)* divorce (sy) **2.**

(vmvé) become* (sg); **jó orvos ~ik majd belőle** he will make a good doctor 3. **egészségére ~jék!** *(ivásnál)* your good health!, here's to you!

vall 1. *(beismer)* confess, admit, acknowledge; **bíróság előtt ~** give* evidence; **színt ~** show* oneself in one's true colours 2. *(hitet)* profess (a faith); **kommunistának ~ja magát** declare oneself a communist 3. *(elismer)* **magáénak ~ gyereket** own a child 4. **vmre ~** show*/prove sg; **rád ~** that is* just like you

váll shoulder; **~on vereget** pat sy on the back; **~at von** shrug (one's shoulders)

vállal 1. take* on, *(felelősséget)* assume (the responsibility for), *(feladatot)* shoulder, undertake* 2. **magára ~** take* sg upon oneself 3. *(munkaversenyben)* make* a pledge

vállalás pledge

vállalat undertaking, enterprise, *(mint cég)* company, firm

vállalatvezető manager

vállalkozás undertaking, venture; **merész ~ba fog** undertake* a bold enterprise

vállalkoz|ik *(vmre)* undertake* sg

vállalkozó *fn*, contractor

vallás religion, faith

vállas broad-shouldered

vallásos religious

vallásszabadság freedom of religion

vallat interrogate, examine

vallatás examination; **majd kiderül a ~nál** it will all come out in the wash

vállfa clothes hanger

vallomás evidence, *(beismerő)* confession; **szerelmi ~** confession of love; **~t tesz** make* a confession

vállpánt shoulder strap

vállveregető patronizing

való I. *mn*, 1. *(igaz)* true; **~ igaz** it is* quite true 2. *(alkalmas vmre)* suited (to sg), *(vm)* suitable (for/to); **mire ~?** what is* it used/good for? 3. *(származó)* **hova ~ vagy?** where are* you from? 4. *(illő)* fit(ting), proper (to), becoming; **ez nem ~** it is not done; **ez a munka nem neki ~** that work does* not suit him 5. *(készült vmből)* **fából ~** made of wood, wooden 6. **munkához ~ viszony** sy's relation to work **II.** *fn*, reality, truth; **~ra válik** realize, come* true

valóban indeed, really

valódi real, true; **~ tört** proper fraction

válogat 1. *(kiválaszt)* (pick and) choose* 2. *(osztályoz)* sort (out) 3. *(finnyás)* be* fastidious; **embere ~ja** it all depends on the man

válogatás nélkül indiscriminately

válogatós particular (about sg), fastidious

válogatott chosen, selected; **~ csapat** representative team; **~ költemények** selected poems

válóper divorce suit

valóság reality, *(igazság)* truth; **a ~hoz híven** in accordance with the facts

valóságos real, veritable

valószerű ábrázolás realistic portrayal

valószínű probable, likely; **nem tartom ~nek** I do* not think it likely

valószínűleg probably, in all probability

valószínűség probability; **min-**

den ~ szerint in all likelihood
valószínűtlen improbable
valótlan untrue, false
valótlanság untruth, falsehood
válság crisis *(tbsz* crises); **~ba jut** come* to a crisis
válságos critical, *(veszélyes)* dangerous
vált 1. *(ruhát/színt)* change; **néhány szót ~ vele** exchange a few words with sy 2. *(pénzt apróra)* change 3. *(jegyzet)* buy*, book (seats/tickets)
váltakoz|ik alternate
váltás change, *(műszak)* shift
váltig incessantly
váltó 1. bill (of exchange); **~t elfogad** honour a bill 2. *(vasút)* points *(tbsz)*, *(US)* switch
váltóáram alternating current
váltófutás relay race
váltóláz ague
váltóőr pointsman *(tbsz* pointsmen), *(US)* switchman *(tbsz* switchmen)
váltópénz coin, change
váltósúly welter-weight
változás change
változat version, *(zenei)* variation
változatlan unchanged
változatos varied, variegated
változatosság variety, diversity; **a ~ kedvéért** for a change
változ|ik 1. alter, change 2. *(vmvé)* change (into sg), become* (sg)
változó changing, varying
változtat 1. change, alter 2. *(vmn)* make* a change (in sg): **ez mit sem ~ a dolgon** that does* not alter the case in the least
váltságdíj ransom
valuta currency
vályog sun-dried (unburnt) brick
vám customs *(tbsz)*, customs duty; **~ot vet ki vmre** impose duty on sg
vámbevallás customs declaration
vámhivatal customs *(tbsz)*, custom-house
vámkezelés customs clearance
vámköteles subject to duty *(ut)*, dutiable
vámmentes duty-free
vámnyilatkozat customs declaration
vámőr custom-house officer
vámtarifa customs tariff
vámvizsgálat customs examination
van 1. is*, *(létezik)* exist; **itt ~** here it is; **hogy ~?** how are* you?, how are* you getting on?; **jól van** he is* well; **na mi ~?** well(,) what is up?; **nem úgy ~** it is* not so; **úgy volt hogy eljövök** I was* to (have) come; **hol volt hol nem volt** . . . once upon a time there was 2. *(birtoklás)* **~ vknek vmje** sy has*/possesses/owns sg 3. *(nyomatékként)* **~ benne vm** *(igaz)* there's sg in it
vándor *fn*, wanderer
vándorkiállítás travelling exhibition
vándorlás wanderings *(tbsz)*, *(törzsé)* migration
vándormadár bird of passage
vándorol wander, roam
vándorzászló challenge pennon
vanília vanilla
vaníliafagylalt vanilla ice
vánkos 1. *(ágyban)* pillow 2. *(dísz)* cushion
vánszorog drag oneself along
var scab
vár[1] *fn*, fortress, castle
vár[2] *ige*, 1. *(várakozik)* wait; **~j (egy kicsit)** (just) wait a moment/bit; **~junk csak!**

stop! 2. *(vkre/vmre/vkt/vmt)* wait for (sy/sg), await (sy/sg); **alig ~ja (hogy)** be* anxious to; **szíves válaszát ~va** looking forward to your reply 3. *(remél vktől vmt)* expect (sg from sy *vagy* sy to do sg)
várakozás wait(ing), expectation; **~on felül** beyond expectation
várakozó álláspont expectant attitude
várandós pregnant, expectant
varangyos béka toad
váratlan unexpected, unforeseen; **~ul** unexpectedly, unawares
varázs 1. *(varázslat)* magic (power) 2. *(vonzás)* fascination, spell
varázslat witchcraft, magic
varázsló magician, wizard
varázsol *(vmt vmvé)* change sg into sg by magic (art)
varázsszem tuning eye
varga shoemaker, *(foltozó)* cobbler
várható probable; **~ időjárás** weather forecast; **ez ~ volt** this was* only to be expected
variáció variation
variál vary
varjú crow, rook
vármegye county
várományos heir apparent
város town, *(nagyobb)* city; **bemegy a ~ba** go* to town
városháza town-hall
városi: ~ polgár burgess, citizen; **~ tanács** town-council
városka small town
városnézés sight-seeing
városrész quarter, district of a town
váróterem waiting-room
varr sew*
varrás sewing; **~ nélküli harisnya** seamless stockings *(tbsz)*
varrat seam*, *(orv)* suture
varrógép sewing-machine
várrom ruins of a castle *(tbsz)*
varrónő 1. *(fehérnemű)* seamstress 2. *(ruha)* dressmaker
varrótű (sewing) needle
Varsó Warsaw
vas 1. iron; **addig üsd a ~at amíg meleg** strike* while the iron is hot 2. **~ra ver vkt** put* sy in irons 3. **egy ~a sincs** he is* hard up
vas. = *vasárnap* Sunday, Sun., Sund.
vasakarat indomitable will
vasal 1. *(lovat)* shoe* 2 *(fehérneműt)* iron, *(felsőruhát)* press
vasaló *fn*, (flat) iron
vásár 1. *(kisebb)* market, *(nagy)* fair 2. **jó ~t csinál** make* a good bargain
vásárcsarnok market-hall, *US* supermarket
vásárló buyer
vásárlóerő purchasing power
vasárnap Sunday; **minden ~** every Sunday, on Sundays; **~ reggel** Sunday morning; **~ra** by Sunday
vasárnapi Sunday, of Sunday *(ut)*
vásárol *(vmt)* purchase, buy*, *(bevásárol)* go* shopping, do* one's shopping
vasas *fn*, *(munkás)* ironworker
vasbeton reinforced concrete
vasérc iron ore
vasesztergályos iron turner
vasfegyelem iron discipline
vasfüggöny 1. *(színházi)* safety-curtain 2. *(polit)* iron curtain
vasgyár ironworks
vasgyúró man of prodigious strength *(tbsz* men); **kis ~** sturdy little fellow
vás|ik 1. *(kopik)* wear* away 2. **~ik a foga vmre** covet sg
vaskályha iron stove
vaskereskedés hardware store

vaskohászat metallurgy (of iron), siderurgy
vaskorszak Iron Age
vaskos massive, bulky, *(személy)* stout; ~ **tréfa** coarse joke
vasmacska anchor
vasmunkás ironworker
vasmű ironworks, iron mill
vásott 1. *(kopott)* worn 2. ~ **gyerek** naughty child *(tbsz* naughty children)
vasöntő 1. *(munkás)* iron-founder 2. *(műhely)* ironworks *(tbsz* is)
vasötvözet ferro-alloy
vaspor iron dust
vasszeg iron nail
vasszorgalom indefatigable industry
vastag 1. thick 2. *(személy)* stout, corpulent
vastagbél large intestine
vastagbőrű thick-skinned
vastagít thicken
vastagod|ik thicken
vastartalmú *(víz)* ferruginous *(érc)* iron-bearing (ore)
vasút railway, *(US)* railroad
vasutas railway employee, railwayman *(tbsz* railwaymen)
vasúti: ~ **állomás** (railway) station; ~ **csatlakozás** connection (between trains); ~ **csomópont** railway junction; ~ **hálózat** railway network; ~ **híd** railway-bridge; ~ **jegy** (railway) ticket; ~ **kocsi** railway carriage, *(US)* railroad coach; ~ **menetrend** timetable, *(US)* schedule; ~ **összeköttetés** railway connection; ~ **szerencsétlenség** railway accident
vasútvonal railway line
vasvilla pitchfork; ~ **szemeket vet** vkre look daggers at sy
vászon 1. *(anyag)* linen, *(festőé)* canvas 2. *(vetítőfelület)* screen
vatta cotton-wool
váz framework, skeleton
váza (flower) vase
vázlat sketch, scheme, (rough) draft; ~**ot készít vmről** make* a rough sketch of sg
vázlatos sketchy
vázol 1. sketch, draft, sketch out 2. *(szóban)* outline; **nagy vonalakban** ~**ja az eseményeket** give* the broad outlines of the events
VB = *végrehajtó bizottság* executive committee
vécé lavatory
vécépapír toilet paper
véd 1. defend, protect, guard *(ami ellen* against) 2. *(futballban)* keep* goal
védekezés 1. defence 2. *(vádlotté)* plea(ding)
védekez|ik 1. defend/protect oneself (against/from sg) 2. *(mentegetődzik)* make* excuses
védekező defensive; ~ **állás** defensive position
védelem defence, protection, *(átv)* patronage; **vk védelmére kel** take* the side of sy; **védelmet nyújt vm ellen** provide shelter from sg
védelmez protect, defend
védelmi defensive; ~ **háború** defensive war
védenc protégé, *(ügyvédé)* client
veder pail, bucket
véderő armed forces *(tbsz)*
védjegy trade-mark
vedl|ik shed* its coat, *(hüllő)* slough, *(madár)* moult
védnökség patronage, *(polit)* protectorate; **vknek a** ~**e alatt** under the auspices of
védő I. *mn*, defensive II. *fn*, 1. *(álláspontéjügyé)* supporter 2. *(váré/címé)* defender
védőbeszéd plea(ding)

védőnő district nurse
védőoltás vaccination
védőszárny: vknek a ~ai alatt under the protection of sy
védőügyvéd counsel for the defence
védtelen unprotected, undefended
vég[1] 1. *(befejezés)* end, conclusion; **~em van** I am* done for; **mindennek ~e** it is* all over; **minden jó ha a ~e jó** all's well that ends well; **nem lesz jó ~e** it will come* to no good; **se ~e se hossza** there is* no end to it; **~ nélküli** endless, incessant; **~e van** (come* to an) end, finish; **~ére ér** reach the end of sg; **~et ér** end, come* to an end; **~et vet vmnek** put* an end to sg; **~ét járja** *(beteg)* be* dying 2. *(tárgyé)* tip, end, point, *(levélé)* close 3. *(cél)* end, aim; **mi ~ből** for what purpose
vég[2] *(textilből)* piece, length
végakarat last will
végállomás terminus, *(tbsz* termini)
végbél rectum
végbemegy *(történik)* take* place, happen, *(megtörténik)* be* carried out
végeladás selling-out
végeláthatatlan immense, vast
végelgyengülés senile decay
végeredmény final result; **~ben** after all
végérvényes definitive; **~en** definitely
véges-végig from one end to the other
vegetáció vegetation
vegetáriánus vegetarian
végett for; **a ~ hogy** in order that/to
végez 1. *(munkát)* do*, perform, accomplish 2. *(befejez)* **~ vmvel** end/finish sg, bring* sg to an end; **~ vkvel** *(megöli)* do* away with sy; **~ magával** end one's life; **~tem** I have done 3. *(iskolában)* finish one's studies, *(egyetemen)* graduate, take* one's degree
végezetül finally
véghatározat final decision
véghezvisz carry out, perform, accomplish
végig to the (very) end
végigcsinál carry*/go* through (with sg)
végigfut run* through
végiggondol think* (sg) over
végighallgat hear* (sg) through
végighúzza kezét vmn pass one's hand over sg
végigmegy 1. *(pontokon)* go* through 2. *(utcán)* walk down
végigmér *(vkt)* measure sy with one's eye, *(megvetőn)* look (sy) up and down
végignéz 1. *(eseményt)* look on, watch to the finish, *(színdarabot)* see* to the end 2. *(vizsgál)* examine, give* it the once-over
végigolvas read* through
végigszalad run* through, *(utcán)* run* along
végigtekint glance over sg
végigvezet lead* along
végigvonul 1. *(menetben)* walk along (in procession) 2. *(vmn)* march through sg
végképpen 1. *(végleg)* finally 2. *(teljesen)* fully
végkielégítés severance pay
végkimerülés complete exhaustion
végkövetkeztetés final conclusion
végleg finally, once for all
végleges 1. *(állás)* permanent 2. *(elhatározás)* definitive, final
véglegesít *(állásban)* confirm

véglet extreme; **egyik ~ből a másikba esik** go* from one extreme to the other
végösszeg (sum) total
végre finally, at last; **~ is** after all; **~ valahára** at long last
végrehajt 1. *(megvalósít)* execute, fulfil, *(parancsot)* carry ont, *(törvényt)* enforce **2.** *(adóst)* distrain upon sy
végrehajtás execution, fulfilment, *(parancsé)* carrying out, *(törvényé)* enforcement; **~ terhe alatt** under penalty of distraint
végrehajtó I. *mn*, executive; **~ bizottság** executive committee **II.** *fn*, bailiff, auctioneer
végrendelet (last) will, testament
végrendelkez|ik make* one's will
végső last, *(határ/pont)* farthest extreme; **~ cél** final end/goal, ultimate purpose; **a ~ esetben** if the worst comes* to the worst; **~ kétségbeesésében** in a fit of despair
végsőkig to the utmost
végszó *(szinházi)* cue
végszükség emergency; **~ben** in case of emergency
végtag limb
végtelen endless, infinite; **~ sok** innumerable
végtére is after all
végül finally, lastly; **~ is** after all
végvár border fortress
végzés *(jogi)* order, decree
végzet fate, destiny
végzetes 1. fatal, disastrous **2.** *(halálos)* deadly, fatal
végzett *(vizsgázott)* qualifield; **~ diák** graduate
végzettség qualification
végződ|ik finish, (come* to an) end; **szerencsésen ~ik** turn out well
vegyelemzés chemical analysis
vegyérték valence, valency; **két ~ű** bivalent
vegyes mixed, mingled, diverse; **~ érzelmekkel** with mingled feelings; **~ kiadások** sundries *(tbsz)*; **~ páros** mixed doubles *(tbsz)*; **~ savanyúság** mixed pickles *(tbsz)*
vegyeskereskedés grocer's shop
vegyész chemist
vegyészet chemistry
vegyi chemical; **~ anyag** chemical substance; **~ úton előállít vmt** obtain sg by a chemical process
vegyít mix, combine
vegyjel chemical symbol
vegyszer chemical
vegytan chemistry
vegytiszta chemically pure
vegytisztítás dry cleaning
vegytisztító *fn*, (dry) cleaners *(tbsz)*
vegyül mix, mingle (with sg), *(vegytan)* combine; **a tömegbe ~** mingle with the crowd
vegyület compound, combination
véka bushel; **~ alá rejt** hide* under a bushel
vekker alarm-clock
vékony thin, *(ember)* slender slight; **~ra vág** cut* (into) thin (pieces)
vékonybél small intestine(s)
vékonyít 1. make* thin(ner) **2.** *(ruha)* make* look slender
vél think*, believe; **nem tudom mire ~ni a dolgot** do* not know what to make of it
vele with him; **~ járó** accompanying, *(körülmény)* concomitant; **mi van ~** what is* the matter with him?; **~m** with me; **~ született** innate, inborn

véleked|ik *(vmről)* have* an opinion (of sg), judge (sg); **úgy ~ik (hogy)** think* (that); **másképp ~ik** be* of a different opinion
vélemény opinion, view; **mi a ~ed róla?** what do* you think of him/it?; **~em szerint** in my opinion; **azon a ~en van (hogy)** he is* of (the) opinion (that); **más ~en van** differ (in opinion) from sy; **~t nyilvánít** declare one's opinion
véletlen *fn*, chance, luck, accident; **~ szerencse** a fortunate accident, a stroke of luck; **nem ~ az hogy** it is* not by chance that
véletlenül by chance, accidentally; **~ találkoztam vele** I happened to meet him; **ha ~ látnád mondd meg neki hogy hívjon fel** should you see him tell him to ring me up
velő 1. *(csonté)* marrow 2. *(átv, vmnek a veleje)* (quint-)essence, substance
velős *(átv)* pithy, concise; **röviden és ~en** tersely
vén old, aged
vendég, *(hívott)* guest, *(látogató, szállodában is)* visitor; **~et hív** invite guests; **~ül lát** receive sy in one's house, entertain sy at one's table
vendégesked|ik stay as a guest at sy's house
vendégfogadó inn, hostelry
vendégkönyv visitors' book
vendéglátó I. *mn*, **~ ipar** catering trade II. *fn*, host
vendéglős restaurant-keeper
vendégszereplés guest performance
vendégszerető hospitable
vendégszoba *(magánházban)* spare bed-room, *(szállodában)* guest room
vénlány old maid, spinster
ventillátor ventilator
vénül get*/grow* old(er), age
vény prescription, recipe
ver 1. beat*, *(megüt)* strike* 2. *(vmbe)* drive* sg into sg; **szöget ~ a falba** drive* a nail into the wall; **adósságokba ~i magát** run* into debt 3. *(ellenfelet)* beat*, defeat 4. *(szív)* beat*, throb
vér blood; **a ~ nem válik vízzé** blood is thicker than water; **~be fojt** put* down with ruthless violence; **~ig sért** offend (sy) mortally; **rossz ~t szül** breed* ill blood; **~t vesz vktől** *(orvos)* take*/draw* blood from sy
véradó (személy) blood donor
véraláfutás suffusion (of blood)
veranda veranda(h), porch
vérátömlesztés blood transfusion
vérbaj syphilis
vérbeli genuine, real
vérbélű narancs blood-orange
vérbosszú blood feud, vendetta
verbuvál recruit
vércukor blood sugar
vércse windhover
vércsoport blood group
verdes *(szárny)* flutter
veréb sparrow; **jobb ma egy ~ mint holnap egy túzok** a bird in hand is* worth two in the bush
véreb bloodhound
véredény blood-vessel
vereget pat, clap; **vk vállát ~i** pat sy on the back
verejték sweat, perspiration
verekedés fight
vereked|ik fight* (with sy), exchange blows (with sy)
verem *(burgonyának)* *(GB)* clamp, *(US)* barrow, *(állaté)* den, pit(fall); **aki másnak vermet ás maga esik bele** harm watch(,) harm catch,

he was* hoist with his own petard
vérengzés carnage, massacre
vérengző sanguinary, bloodthirsty
verés beating
véres sanguine, bloody; ~ **hurka** black pudding; **~re ver** beat* sy until he is covered with blood
vereség defeat; **~et szenved** be* defeated, suffer defeat, *(sport)* be* beaten
veret *fn*, (metal) fitting
vérfagyasztó blood-curdling, horrible
vérfertőzés incest
vérfolt bloodstain
vérforraló revolting
vérfürdő carnage, massacre
vergőd|ik struggle (on)
vérhas dysentery
verhetetlen invincible
veríték sweat, perspiration; **arca ~ével** by the sweat of his brow
vérkép blood picture
vérkeringés (blood) circulation
verkli street organ
vérlázító revolting
vérmérgezés blood poisoning
vérmérséklet temper(ament)
vérmes reményeket táplál entertain great hopes (of sg)
vermut vermouth
vérnyomás blood-pressure
vérontás bloodshed
verőd|ik 1. *(vmhez)* beat* against sg 2. **csoportba ~nek** form a group
verőfényes sunny, sunlit
vérpad scaffold
vérrokon blood relation
vérrokonság blood relationship
vers verse, poem; **~be szed** put* in rhymes, versify; **~et ír** write* poetry
vérsejt blood cell; **fehér ~** leucocyte; **vörös ~** erythrocyte, red blood cell
vérsejtsüllyedés (blood-)sedimentation rate
vérsejtszámlálás blood count
versel write* poetry, versify
verselés 1. *(cselekedet)* versification 2. *(verstan)* metrics
verseng compete, contend
versengés competition, contest
verseny 1. competition, contest; **szocialista ~** socialist emulation; **~ben áll vkvel** compete with sy, try to emulate sy; **felveszi/kiállja vkvel vmben a ~t** be* a match for sy at sg 2. *(atlétikai)* (athletic) meet(ing), match 3. *(üzleti)* competition; **tisztességtelen ~** unfair competition
versenyautó racing car
versenybíró *(sport)* umpire *(zsüritag)* member of the jury
versenyeredmény 1. *(sport)* score 2. achievement in socialist emulation
versenyez 1. *(vkvel vmért)* compete, contend (with sy for sg) 2. *(sport)* participate in a contest 3. *(vm vmvel, átv)* compare (with)
versenyfutás 1. foot-race 2. *(átv)* race
versenyistálló racing stable
versenyképes *(ár)* competitive, *(áru)* marketable
versenyló race-horse
versenymű *(zenei)* concerto
versenypálya 1. *(atlétika)* field, racing track 2. *(lóversenyen)* race-course
versenyszám event
versenyszellem competitive spirit
versenytábla competition board
versenytárgyalás competitive bidding; **~t hirdet** publish an invitation for tenders

versenytárs (fellow) competitor, rival
versenyúszó (race) swimmer
versenyző *fn*, competitor, contestant
verses in verse *(ut)*, verse-; **~ elbeszélés** narrative poem
verseskönyv book of verses/poems
versforma metrical form
versláb (metrical) foot *(tbsz* feet)
versmérték metre, measure
verssor verse, line
versszak *(éneké)* verse, *(nagyobb költeményé)* stanza
vérsüllyedés (blood-)sedimentation rate
vérszegény bloodless, anemic
vérszemet kap become* bold
vérszomjas bloodthirsty
vérszopó *fn*, blood-sucker
vert *(arany)* beaten, *(vas)* wrought; **~ csipke** bobbin lace
vért armour
vértanú martyr
vértezet armour, armour-plating
vérveszteség loss of blood
vérvizsgálat blood-test
vérzés bleeding; **megállítja a ~t** arrest bleeding
vérz|ik bleed*; **~ik a szívem ha . . .** it makes* my heart bleed when . . .
verzió version, reading
vés chisel, cut*, (en)grave; **emlékezetébe ~** impress sg on one's mind
vese kidney; **~ velővel** kidney and brains
vesebaj kidney disease
vesekő (kidney) stone
vesepecsenye sirloin, *(US)* tenderloin
véső chisel
vesz 1. *(megfog)* take* **2.** *(vmt vhonnan merít)* take* (sg from sg); **honnan vetted ezt?** where did* you get it from? **3.** *(vásárol)* buy*, purchase **4.** *(tekint vmnek)* consider; **bizonyosra ~l** take* (it) for granted **5.** *(valahogyan fogad/kezel)* accept as; **komolyan ~ vmt** take* sy/sg seriously; **semmibe/kutyába se ~ vmt** ignore sg; **sikerült a dolog? – ahogy vesszük!** Was it a success? – It all depends! **6. magában véve** by/in itself; **magára ~ vmt** *(célzást)* take* the hint, *(ruhát)* put* on
vész disaster, catastrophe; **a mohácsi ~** the Mohács Disaster
veszedelem danger, peril; **~ben forog** be* in danger
veszedelmes dangerous
veszekedés quarrel(ling)
veszeked|ik quarrel (with sy over/about sg)
veszély danger, peril; **~ esetén** in case of emergency; **túl van a ~en** be* out of danger; **~nek teszi ki magát** expose oneself to danger; **saját ~ére** at one's own risk
veszélyes dangerous; **kihajolni ~** do not lean out of the window
veszélyességi pótlék danger bonus
veszélyeztet 1. endanger **2.** *(eredményt)* jeopardize
veszélyeztetett terület danger zone
veszendőbe megy be*/get* lost
vészes 1. *(veszedelmes)* dangerous **2.** *(végzetes)* baleful
veszett *(állat)* mad, rabid
veszettség madness, rabies
vészfék emergency brake
vészharang alarm-bell
veszít lose*; **szem elől ~** lose* sight of
vészjósló ill-boding, ominous
vészkiáltás cry of distress

vészkijárat emergency exit
vesződ|ik struggle (with), bother (about); **nem érdemes vele ~ni** it is* not worth the trouble
vessző 1. *(vékony ág)* twig, rod, switch, *(szőlő)* vine-stock, *(megveréshez)* cane **2.** *(ékezet)* accent mark, *(írásjel)* comma
vesszőfutás ordeal
vesszőparipa hobby
veszt lose*; **nincs ~eni való időnk** we have* no time to lose; **sokat ~ettél hogy nem voltál ott** you have* missed a lot by your absence
vesztébe rohan be* heading for disaster
veszteg quiet, still; **maradj ~** keep quiet!
vesztegel 1. tarry stop **2.** *(visszatartják)* be* held up
veszteget bribe
vesztegetés bribery
vesztegzár quarantine
vesztemre unfortunately for me . . .
vesztes *fn*, loser
veszteség loss, *(kár)* damage; **~et szenved** suffer losses
vesztőhely scaffold
vet 1. *(dob)* throw*, cast*, fling* **2. ágyat ~** make* a bed; **gondolatait papírra ~i** commit one's thoughts to paper **3.** *(magot)* sow*; **ki mint ~ úgy arat** we reap as we sow **4.** *(magát vm foglalatosságra)* take* up **5. magára vessen (ha)** you have only yourself to blame (if)
vét do* wrong (to sy); **mit ~ett (ellened)?** what harm has* he done (to you)?
vétek sin, fault
veteked|ik rival (sy)
vétel 1. *(vásárlás)* purchase **2.** *(levélé)* receipt **3.** *(rádió)* reception
vételár purchase price
vételez *(katona)* draw* (rations)
vetélked|ik compete (with sy), rival (sy in sg)
vetélkedő *(verseny)* contest, *(tv-ben)* quiz programme
vetélytárs rival, competitor
vetemed|ik *(vmre lealacsonyodik)* sink* to, *(vmre merészkedik)* have* the impudence to
vetemény vegetable
veteményes: ~ ágy vegetable-bed; **~ kert** kitchen-garden
veterán veteran
vetés 1. *(mezőgazdasági cselekmény)* sowing **2.** *(ami kinőtt)* green crops *(tbsz)*
vetésforgó rotation of crops
vetésterület sowing area
vetít 1. project **2.** *(képet)* show (a picture) on the screen
vetítés projection
vetítőgép projector
vetítővászon screen
vétkes 1. *(vk)* guilty; **~nek mond ki** find* guilty **2.** *(vm)* culpable; **~ gondatlanság** culpable/gross negligence
vétkez|ik offend (against sy/sg)
vetkőz|ik undress (oneself)
vetkőztet undress (sy)
vétó veto; **~t mond vm ellen** veto sg
vetőd|ik 1. *(vhova)* turn up **2.** *(kapus)* dive
vetőgép seeding machine
vetőmag seed-corn
vétség offence
vetület projection
vevény receipt; **~ ellenében** against a receipt
vevő 1. *(kereskedelem)* purchaser, customer **2.** *(távközlési)* receiver
vevőkészülék receiver
vevőközönség buyers *(tbsz)*

vezekel *(vmért)* expiate sg, *(vallás)* do* penance (for sg)
vezényel 1. *(katona)* command; **vkt vhova ~** command sy swhere 2. *(karmester)* conduct; **~ Toscanini** conducted by Toscanini
vezényszó (word of) command
vezér 1. leader, head 2. *(sakkban)* queen
vezércikk editorial
vezérel guide, direct, command
vezérigazgató managing director, general manager
vezérkar (general) staff
vezérkari: ~ főnök chief of staff; **~ tiszt** staff-officer
vezérképviselet general agency
vezérmű driving-gear
vezérőrnagy brigadier-general
vezet 1. *(vkt)* lead* *(ahová* to), guide (to), conduct (to) 2. *(autót)* drive*, *(hajót/repgépet)* steer 3. *(irányít)* direct, control, *(üzemet, háztartást)* run*, *(sereget)* command 4. **könyvet/számadást ~** keep* book/accounts 5. *(eredményez)* conduce to, result in; **ez nem ~ semmire** this leads* to nothing 6. *(elöl van)* lead*; **egy góllal ~** be* one goal up 7. *(áramot)* conduct
vezeték 1. *(drót)* wires *(tbsz)*; **nagy feszültségű ~** power line 2. *(cső)* pipe
vezetéknév surname, family name
vezetés 1. *(cselekmény)* leading, *(katonai)* command 2. *(járműé)* driving 3. *(ügyeké)* direction, running, *(tény/szerep)* lead(ership); **vk ~e alatt** under sy's leadership 4. *(fizika/villamosság)* conduction
vezető I. *mn*, leading; **~ állásban van** hold* a leading post; **~ szerep** leadership; **~ szerv** managing body II. *fn*, 1. leader, *(autóé/mozdonyé)* driver, *(üzleti vállalkozásé)* manager 2. *(fizika/villamosság)* conductor
vezetőség board, management
vezetőségi ülés meeting of the governing body
vezetőtanár (gyakorlóiskolában) supervisor of teacher-trainee
vézna puny, sickly
viaskod|ik wrestle (with sy/sg)
viasz wax
viaszosvászon oilcloth
vicc *(anekdóta)* anecdote, *(tréfa)* joke, *(viccelődés)* fun; **ez nem ~** that's* no joke; **~eket mond** crack jokes
viccel joke (with sy); **ugyan ne ~jen** no kidding
vicces funny, comical
vicclap comic paper
vicinális *(vasút)* branch line
vicsorgatja a fogát show* one's teeth (in anger), snarl
vidám gay, merry, jolly, cheerful
vidék 1. country, *(város ellentéte)* country-side; **~en** in the country; **~re megy** go* to the country 2. *(vmnek a)* **~e** sorroundings *(tbsz)*, environs *(tbsz)* 3. *(földrajzi egység)* region, district
vidéki I. *mn*, provincial; **~ város** provincial town II. *fn*, country(wo)man *(tbsz* country(wo)men)
vidra otter
víg gay, cheerful, merry, jolly
vigad make* merry
vigasz comfort, consolation; **sovány ~ számára** that is* cold comfort to him
vigasztal console, comfort
vigasztalás comfort, consolation
vigasztalhatatlan disconsolate
vigasztalód|ik find* comfort/consolation (in sg)
vígjáték comedy

vígopera comic opera
vigyáz 1. *(ügyel)* take* care, pay* attention (to); **~z!** be careful!, look/watch out!, mind!, *(vezényszó)* attention!; **~z ha jön a vonat** beware of the trains 2. *(vmre)* care (for), look after, mind
vigyázat *(óvatosság)* caution, care, *(elővigyázat)* precaution; **~!** beware!; **~ lépcső!** mind the step(s)!
vigyázatlan careless
vigyázatlanság carelessness
vigyorog grin, smirk
vihar storm; **kitört a ~** the storm broke* out
viharedzett weather-beaten
viharfelhő storm cloud
viharkabát windbreaker
viharlámpa hurricane lamp
viharos stormy, tempestuous; **~ tenger** rough sea; **~ tetszés** frantic applause
vihog giggle, titter
víkend week-end
víkendház cabin
világ 1. world, *(föld)* globe, *(mindenség)* universe; **~ körüli** round the world *(ut)*; **100 Ft nem a ~** 100 forints are not so very much; **ez a ~ sora** such is life!; **a mai ~ban** nowadays; **az egész ~on** all over the world; **sehol a ~on** nowhere under the sun; **~ra hoz** give* birth to; **~ra jön** come* into the world; **a ~ért sem** not on any account; **éli ~át** live in plenty; **más ~ot élünk** times have* changed; **~ot látott** much/widely travelled; **elmegy ~gá** go* out into the world 2. *(fény)* light; **~ot gyújt** light the lamp(s) 3. **szeme ~a** his eyesight
világbajnok world champion
világbajnokság world championship
világbéke universal peace
világbirodalom (world-wide) empire
világcsúcs *(sport)* world record
világegyetem universe
világéletemben in all my born days
világfi man of the world *(tbsz* men of the world)
világháború world war; **a második ~** World War II, the second world war
világhatalmi törekvés plans of world conquest *(tbsz)*
világhatalom world-power; **a világhatalmak** the Great Powers
világhírű world-famous
világirodalom world literature
világít light, illuminate
világítás light(ing), illumination
világítógáz lighting-gas
világítótorony lighthouse
világkereskedelem international/world trade
világkiállítás international/world exhibition
világkongresszus world congress
világlátott widely travelled
világmindenség universe
világnézet ideology, world outlook; **marxista ~** Marxist ideology
világnyelv language spoken all over the world, world-language
világos 1. clear, bright 2. *(egyszerű)* plain, simple, *(könnyen érthető)* obvious, manifest; **~ hogy ...** it is* obvious that ...; **a napnál ~abb** *(a dolog)* plain as day
világosan clearly, plainly; **~ beszél** speak* clearly, speak* to the point
világoskék light blue
világosod|ik *(reggel)* day is* breaking

világosság 1. (day)light 2. *(érthetőség)* clarity; **~ot derít vmre** bring* sg to light
világpiac world market
világpiaci ár world-market price
világpolitika world politics
világraszóló sensational
világrekord world record
világrész continent; **az öt ~** the five parts of the world
világsajtó world press
világszabadság universal freedom
világszemlélet world outlook
világszerte all over the world
világszervezet world organization
világszövetség international federation
világtáj cardinal point
világtalan sightless, blind
világtörténelem history of the world
világuralom domination of the world
világűr (outer) space
világváros metropolis
világvevő universal receiver
világviszonylatban internationally, on a world scale
villa[1] 1. *(evőeszköz)* fork 2. *(mezőgazdaság)* pitchfork
villa[2] *(ház)* villa
villám lightning, *(ami beüt)* thunderbolt; **derült égből lecsapó ~** a bolt from the blue
villámháború lightning war, blitzkrieg
villámhárító lightning-rod
villámlás lightning
villáml|ik it is* lightning
villamos I. *mn,* electric(al); **~ áram** electric current; **~ energia** electric power; **~ erőmű** (eletric) power plant II. *fn,* (electric) tram, tramway, *(US)* streetcar; **~sal megy** go* by tram
villamoshálózat network of tram lines
villamosít electrify
villamosítás electrification
villamoskocsi tramcar, *(US)* streetcar
villamosmérnök electrical engineer
villamosszék electric chair; **~ben kivégez vkt** electrocute
villamosvasút electric railway, *(városi)* tramway, *(US)* streetcar line
villamosvonal tram line, tramway
villan flash
villanás flash(ing)
villanófény flashligt
villany 1. electricity 2. *(lámpafény)* (electric) light
villanyáram electric current, electricity
villanyborotva electric razor
villanycsengő electric bell
villanyerő electric power
villanyfőző electric cooker
villanykályha electric heater
villanykapcsoló (electric) switch
villanykörte (incandescent) bulb
villanylámpa electric lamp
villanymelegítő *(párna)* electric pad
villanyóra 1. *(árammérő)* (electric) meter 2. *(időmérő)* electric clock
villanyoz electrify
villanyrendőr traffic lights *(tbsz)*
villanyszámla electricity bill
villanyszerelő electrician
villanytűzhely electric stove
villanyvasaló electric iron
villanyvezeték electric cable, *(hálózati)* main
villanyvilágítás electric lighting
villanyvonat electric train
villog glitter, sparkle
villongás quarrel, strife
Vilmos William
viola gillyflower
vipera viper, adder
virág 1. flower; **~ba borul**

burst* into bloom **2. élete ~jában** in one's prime
virágágy flower bed
virágállvány flower stand
virágárus *(boltos)* florist, *(utcai)* flower-seller
virágcserép flower pot
virágcsokor bunch of flowers
virágillat fragrance of flowers
virágkereskedés florist's shop
virágkor golden age, *(életé)* prime
virágos flowery, *(virággal díszített)* flowered; **~ kedvében van** be* in high spirits
virágoskert flower-garden
virágpor pollen
virágszál a (single) flower
virágvasárnap Palm Sunday
virágváza flower vase
virágzás 1. bloom(ing) **2.** *(átv)* **~nak indul** begin* to flourish
virágz|ik 1. flower, bloom, *(gyümölcsfa)* blossom **2.** *(átv)* prosper, thrive*
virágzó 1. flowering, blossoming **2.** *(átv)* prosperous
virgonc agile, nimble
virít bloom
virrad dawn, the day is* breaking
virradat dawn
virraszt keep* awake, watch
virsli Vienna sausage, *(US)* wiener, *(forrón)* hot dog
virtuóz *(zenei)* virtuoso *(tbsz* virtuosi)
virtus 1. *(tulajdonság)* bravery **2.** *(tett)* exploit
virul 1. flower **2.** *(átv vk/vm)* prosper
viruló 1. *(növény)* flowering **2.** *(egészség)* vigorous, *(vállalkozás)* prosperous
vírus virus
vírusos viral, virus-caused
visel 1. *(hord)* wear* **2.** *(költségeket, felelősséget)* bear* **3. jól ~i magát** behave well
viselet *(ruha)* costume, dress; **nemzeti ~** national costume
viselkedés behaviour, attitude
viselked|ik conduct oneself, behave; **~j rendesen!** behave yourself!
viseltes worn, shabby
visít shriek, scream
viskó hovel, hut
visz 1. *(szállít)* carry, take* *(sy/sg* to a place), transport, *(vezet)* lead*, conduct (to); **magával ~** take* along; **úgy ~ik mintha ingyen adnák** it sells* like hot cakes; **az ördög vigye!** the devil take him/it! **2.** *(rávesz vkt vmre)* induce/get* sy to do sg **3.** *(irányít)* manage; **~i vk ügyeit** manage sy's affairs **4. nem ~i semmire** fail to get on
viszály discord, strife
viszálykod|ik contend, quarrel
viszket itch, tingle; **~ a tenyerem** my fingers are* tingling (to box sy's ears)
viszonoz return, recompense; **~za vk szerelmét** return sy's love
viszont 1. *(másfelől)* on the other hand, *(mégis)* nevertheless, howewer **2.** *(kölcsönösen)* mutually; **~ kívánom** the same to you!
viszontagság vicissitude, hardship
viszontagságos vicissitudinous
viszonteladás resale, retail (sale)
viszontlát see* again
viszontlátásra good-bye!, bye-bye!, so long!, see you later!
viszontszolgálat return service
viszonzás requital, *(szívességé)* return
viszonzásul in return (for sg)
viszony 1. relation(ship) (to), connection (with); **munkához való ~** relation to his work; *(szerelmi)* **~a van vkvel** have* a love-affair with sy; **jó ~ban van vkvel**

be* on good terms with sy 2. **~ok** *(helyzet)* conditions *(tbsz)*; **az adott ~ok között** under the circumstances 3. *(arány)* proportion, rate
viszonyítva as compared to/with
viszonylag comparatively
viszonylagos relative, comparative
viszonylat *(vonatkozás)* relation, respect; **nemzetközi ~ban** internationally; **országos ~ban** nationally
viszonyl|ik compare (with sg)
viszonyul have* a relation to
vissza back, backward(s)
visszaad 1. give* back, *(pénzt)* repay*, return 2. *(fordításnál)* render 3. *(viszonoz)* return 4. **~ egy ötforintosból** give* change for a 5 forint piece
visszaállít *(átv)* restore
visszaborzad shrink* back in horror
visszacsatol *(területet)* reannex
visszacsinál undo*
visszadob throw*/cast* back
visszadöbben *(vmtől)* shrink* back, recoil (from sg)
visszaél abuse sg; **~ a bizalommal** abuse confidence
visszaélés abuse, misuse
visszaemlékez|ik remember/recollect sg
visszaér get* back
visszaérkez|ik return (to)
visszaes|ik 1. *(helyre)* fall* back 2. *(hanyatlik)* decline, *(orv)* relapse
visszaeső bűnös recidivist
visszafejlőd|ik regress
visszafelé backwards, back(ward); **~ sült el** it misfired
visszafizet repay*, refund
visszafoglal re-occupy
visszafojtja lélegzetét hold* one's breath
visszafordul turn (back)
visszafut run* back
visszagondol recall/remember
visszahat react (upon sg)
visszahatás reaction
visszaható *(nyelvtan)* reflexive
visszahelyez put/set* back, replace; **állásba ~ vkt** restore sy to his position
visszahív recall (sy)
visszahonosít repatriate
visszahoz bring* back
visszahőköl shrink* back
visszahúzód|ik draw* back
isszája 1. *(anyagé)* back side, *(éremé)* reverse 2. **visszájára fordít vmt** turn sg on its wrong side
visszajár *(pénz)* be* due (back)
visszajön come* back, return
visszajövet on one's way back
visszakap get*/receive back, recover
visszakér ask (sg) back
visszakísér see*/escort back
visszakoz|ik *(átv)* back down; **~z!** *(vezényszó)* as you were!
visszaköszön return (sy's) greeting
visszakövetel reclaim, ask back
visszaküld return (sg to sy)
visszalép *(átv)* retire from
visszamarad 1. *(vk)* remain behind 2. *(fejlődésben)* be* backward
visszamegy 1. *(vhova)* go* back (to a place), return (to) 2. *(semmivé lesz)* come* to nothing; **a parti visszament** the engagement was* broken off 3. *(visszanyúlik)* date back (to)
visszamenőleg retroactively
visszamond 1. *(meghívást)* cancel (an invitation) 2. *(vk kijelentését)* repeat (sg to sy)
visszanéz look back (upon)
visszanyer regain, *(tulajdont)*

retrieve; **~i eszméletét** recover consciousness
visszanyúl|ik *(átv)* date back
visszapillant glance back (upon)
visszapillantó tükör rear-view mirror
visszarak put* back (again), replace
visszaretten shrink* back in fear
visszariad shrink* back (from); **semmitől sem riad vissza** nothing will deter him
visszás helyzetben van be* in an awkward position
visszasüllyed *(átv)* relapse (into)
visszaszáll 1. fly* back; **gondolatai ~nak** his thoughts go* back to **2.** *(tulajdon vkre)* revert
visszaszerez 1. regain **2.** *(becsületet)* retrieve (one's honour)
visszaszív *(átv)* recall, take* back
visszaszorít force/press back
visszatalál find* one's way back
visszatart *(vmtől)* hold* (sy) back (from sg), *(vmt)* retain sg, withhold* sg; **~ja magát vmtől** refrain from doing sg; **nem lehetett ~ani** *(vkt)* there was* no holding him
visszataszító repulsive, repugnant
visszatekint look back (upon)
visszatér 1. *(vhova)* return (to) **2.** *(vmre)* revert (to); **erre még ~ünk** we'll come back to that later
visszatérít refund, repay
visszatérítés repayment
visszatérő returning
visszatesz put*/set* (sg) back
visszatetszés displeasure; **~t szül vkben** displease sy
visszatetsző displeasing
visszatorpan start back
visszatükröz reflect, mirror
visszautasít refuse, reject; **kereken ~ották** he was* flatly refused; **vádat ~** deny a charge
visszautasítás refusal, *(javaslaté)* rejection
visszautazás return (journey)
visszaüt 1. *(vkt)* hit* (sy) back, return sy's blow **2.** *(sport)* counter, riposte **3.** *(vkre)* take* after sy
visszavág 1. *(vknek)* hit* back, *(sport)* counter, riposte **2.** *(átv)* retort
visszavágó (mérkőzés) *(sport)* return match/game
visszaver 1. *(támadást)* beat* off, repulse **2.** *(fizika)* cast* back; **~i a fényt** reflect light
visszaverődés reflection
visszaverőd|ik *(fény)* be* reflected, *(hang)* reverberate
visszavesz 1. *(tárgyat)* take* back, *(alkalmazottat)* reengage **2.** *(katonaság)* recapture
visszavet 1. *(dob)* throw*/cast* back **2.** *(ajánlatot)* reject **3.** *(hátráltat)* set* back
visszavezet 1. *(vhová)* lead*/take* (sy/sg) back **2.** *(vmre)* trace (sg) back (to sg)
visszavon withdraw*, *(rendeletet)* repeal; **mindent ~ok** I take* back everything; **~ja szavát** take* back one's word
visszavonhatatlan irrevocable
visszavonul 1. withdraw* *(ahová* to), *(nyugdíjba)* retire **2.** *(katonaság)* retreat
visszér (varicose) vein
visszfény reflection
visszhang echo, *(eseményé)* reaction; **~ot ver** re-echo
visszhangz|ik echo, re-echo, (re)sound
vita debate, discussion; **a ~ tárgya** the subject of the debate; **vitába száll vkvel**

enter into a controversy with sy; **vitán felül** beyond dispute
vitairat polemical essay
vitamin vitamin
vitamindús rich in vitamins
vitapont point at issue
vitás disputed, *(kétes)* doubtful; **~ kérdés** matter in dispute; **nem ~ (hogy)** there is* no doubt (about it that)
vitat 1. *(kétségbe von)* dispute **2.** *(állít)* maintain
vitathatatlan indisputable
vitatható disputable
vitatkoz|ik discuss (sg), argue (with sy about sg); **kár ezen ~ni** it is* no use arguing about it
vitel 1. *(szállítás)* conveyance, transport **2.** *(vezetés)* management
viteldíj fare
vitéz *mn*, valiant, gallant
vitézség valour, bravery
vitorla sail; **vitorlát bevon** strike* sail; **vitorlát kifeszít** set* sail
vitorlarúd (sail-)yard
vitorlás sailing boat, yacht
vitorlásverseny (sailing) regatta
vitorláz|ik sail, yacht
vitorlázórepülés gliding
vítőr rapier, foil
vitrin glass-case
vitriol vitriol
vív 1. *(sportszerűen)* fence **2.** *(harcol)* fight*
vívmány achievement
vívó fencer, swordsman *(tbsz* swordsmen)
vívóbajnok fencing champion
vívód|ik fight* with sg
vívómester fencing-master
víz water; **csupa ~** dripping wet, drenched through *(ut)*; **addig még sok ~ lefolyik a Dunán** much water will flow under the bridges; **~be fullad** get* drowned; **úgy él mint hal a ~ben** live like a fighting cock; **kinn vagyok a ~ből** a lot of good that has done to me!; **szárazon és ~en** by land and water; **~re bocsát** launch; **nem sok vizet zavar** be* of no great importance
vízállás water-level
vízcsap water-tap, water-cock, *(US)* faucet
vízcsepp water-drop
vizel urinate
vizelet urine
vizeletvizsgálat urinalysis
vizenyős humid, damp
vizes wet
vízesés waterfall
vizeskancsó water-jar, pitcher
vizespohár tumbler
vízfejű hydrocephalic
vízfesték water-colour
vízfestmény water-colour (painting), aquarelle
vízgőz steam
vízhatlan waterproof
vízhólyag blister
vízhullám *(fodrászé)* cold-wave
vízi water; **~ erőmű** water power station; **~ sport** aquatics *(tbsz)*; **~ út** water way; **~ úton** by water
vízibusz water bus
vízilabda water-polo
víziló river-horse, hippopotamus
vízipóló water-polo
vízipuska squirt-gun
vízisikló grass snake
vizit visit, call
vizitel pay* sy a visit, call on sy
Vízkereszt Twelfth-day/night
vízkór hydropsy
vízkő scale, incrustation
vízmedence 1. basin **2.** *(úszásra)* swimming-pool
vízmérő *(vízállásmérő)* water--gauge
vízmosás gully
vízművek waterworks *(tbsz is)*
vízözön deluge, *(bibliai)* The

Flood; ~ **előtti** antediluvian, *(átv)* old-fashioned
vízrendszer river-system
vízsugár jet of water
vízszint (water)level
vízszintes horizontal, level
vízszolgáltatás water supply
víztároló water-basin, cistern
víztorony water tower
vizuális visual
vízum visa; **~ot kér** apply for a visa; **~ot kap** be* granted a visa
vízválasztó watershed
vízvezeték 1. water conduit 2. *(csap)* water tap
vízvezeték-szerelő plumber
vizsga examination, test; **vizsgát tesz** sit* for an examination
vizsgabizottság *(tanulmányi)* board of examiners
vizsgál examine
vizsgálat 1. *(iskolai)* examination 2. *(hivatali)* inquiry, *(nyomozás)* investigation; **~ot folytat vk ellen** examine sy's case 3. *(tudományos kutatás)* research
vizsgálati fogság detention on remand
vizsgálóbíró examining judge
vizsgáz|ik sit* for an examination
vizsgázó examinee
vizsgáztat examine (sy in/on sg)
vizsla retriever, beagle
volán (steering) wheel
volna would, should; **ha ~** if there were; **ha nem lett ~ ott** in case he had not been there; **ha nem ~ ott** in case he should not be there; **ha játszott ~** had* he played
volt[1] *mn*, ex-, former, late; **~ tanítványom** my former pupil/student
volt[2] *fn*, *(villamosság)* volt
voltaképpen as a matter of fact, actually

von 1. *(húz)* draw*, pull; **magához ~** *(vkt)* draw* sy closer to oneself 2. **felelősségre ~** call to account; **kétségbe ~** doubt; **magára ~ja a figyelmet** call attention to oneself; **maga után ~** call forth; **négyzetgyököt ~** extract the square root (of sg)
vonagl|ik writhe, *(arc/izom)* jerk, twitch
vonakod|ik: ~ik megtenni vmt be* unwilling to do sg; **~va** reluctantly
vonal line, *(írásnál)* stroke; **az egész ~on** all along (the line)
vonalas 1. *(vonalazott)* lined 2. *(polit)* in harmony with the party line *(ut)*
vonalaz rule (lines)
vonalbíró linesman *(tbsz* linesmen)
vonaljegy *(kb)* through ticket
vonalzó ruler
vonás 1. *(írószeré)* line; **nagy ~okban vázol vmt** give* a general outline of sg 2. *(arcé)* feature; **családi ~** family trait
vonat train; **~on utazik** go* by train; **lemarad a ~ról** vomiss the train
vonatérkezés arrival of a train
natindulás departure of a votrain
vonatkísérő (train) guard
natkozás relation, connection; **ebben a ~ban** in this respect; **~sal** with reference to
vonatkoz|ik *(vkre/vmre)* concern, regard (sy/sg), refer (to sg); **nem ~ik rá** it does* not concern him
vonatkozó concerning/regarding/about sg *(ut)*; **~ névmás** relative pronoun
vonatkozólag concerning sg; **erre ~** regarding this matter
vonatvezető engine-driver

vonít howl
vonó *(hegedűé)* bow
vonós *(hangszer)* stringed
vonósnégyes string quartet(te)
vonszol drag, pull
vontat 1. drag 2. *(mozdony)* pull 3. *(hajót)* tug, tow
vontatás traction, pulling, *(hajó)* towage
vontató 1. *(hajó)* tug-boat 2. tractor
vontatott 1. *(elhúzódó)* long drawn-out 2. *(hang)* drawling
vonul proceed (to a place), pass, *(katonaság)* march
vonz attract, *(nyelvtan, vm esetet)* govern (a case)
vonzalom attraction; **~mal viseltetik vk iránt** feel* drawn towards sy
vonzó attractive
vonzód|ik *(vkhez)* feel* attracted by sy
vonzóerő 1. attractive force 2. *(átv)* attractiveness; **~t gyakorol** *(vkre)* attract (sy)
vő son-in-law *(tbsz* sons-in-law)
vö. = *vesd össze* compare, confer, comp., cf.
vödör pail, bucket
vőfély bridesman *(tbsz* bridesmen), best man *(tbsz* best men)
vőlegény fiancé, *(esküvőn)* bridegroom
völgy valley, vale
völgyszoros gorge
vörheny scarlet fever
vörös red; **~ bor** claret; **~ izzás** red heat; **Vörös Hadsereg** Red Army
vörösbegy robin (redbreast)
vörösen izzó red-hot
vörösfenyő larch, larch-tree
vöröshagyma onion
vöröskatona soldier of the Red Army
vöröskereszt Red Cross
vörösréz copper
vulgáris vulgar
vulgarizál vulgarize
vulkán volcano
vulkanizál vulcanize

W

watt watt
whisky whisky
wurlitzer juke-box

X

x-lábú *(ember)* knock-kneed · **~ asztal** trestle table
x-szer-mondtam már I told you a hundred times
X. Y. So-and-so

Z

zab oat
zabál 1. *(állat)* eat*, feed* 2. *(ember)* gobble (up)
zabla curb-bit, bridle
zabolátlan unbridled
zaboláz bridle, restrain
zabos 1. oat-, oaten 2. *(dühös)* mighty angry
zabpehely oat-flake
zabrál loot
zacc (coffee) grounds *(tbsz)*
zacskó small bag, pouch, *(papirosból)* paper-bag, *(stanicli)* cornet-bag
zafír sapphire
zagyva confused, jumbled
zaj noise, din, clatter, racket, clamour
zajl|ik *(jég)* break* up, drift; **a Duna ~ik** the Danube is* full of drift-ice
zajong clamour, be* noisy
zajos noisy, loud
zajtalan noiseless, silent

zakatol clatter, rattle; ~ **a szívem** my heart is* thumping
zaklat molest, pester
zaklatott worried, vexed; ~ **élet** hectic life
zakó coat, jacket
zálog pawn, pledge; ~**ba tesz** pawn
zálogcédula pawn-ticket
zálogház pawn-office
zálogkölcsön *(ingatlanra)* mortgage loan
zálogtárgy pledged chattel
zamat flavour, savour, aroma *(boré)* bouquet
zamatos 1. aromatic **2.** *(átv)* spicy
zápfog molar
zápor shower, downpour
záptojás bad egg
zár I. *ige,* **1.** *(vmt)* close, shut*, *(kulcsra)* lock **2.** *(börtönbe)* shut* up/in **3. karjába** ~ clasp in one's arms **4. az üzletek 6-kor** ~**nak** shops close at six o'clock **II.** *fn,* **1.** fastening, *(ajtón stb.)* lock, latch, bolt, *(táskáé)* clasp, *(fényképészet)* shutter **2.** ~ **alá helyez** sequestrate **3.** *(tengeri/szárazföldi)* blockade
záradék (additional) clause
zarándok pilgrim
zárás closing, closure
zárda cloister, convent
zárkóz|ik 1. magába ~**ik** withdraw* into oneself **2.** *(vezényszó)* ~**z!** close up! (the ranks)
zárkózott uncommunicative, reticent
zárlat 1. *(kereskedelmi)* balancing of books **2.** *(hadi)* blockade **3.** *(műszaki)* closure
záród|ik close, shut*
zárójel parenthesis *(tbsz* parentheses), bracket; ~**be tesz** put* in brackets
zárójelentés final report/communiqué
zárókő keystone
záróközlemény final communiqué
zárol *(kereskedelem)* stop, *(követelést)* block, *(hajót)* embargo
zárolt blocked; ~ **áru** restricted goods *(tbsz)*; ~ **számla** blocked account
záróra closing time
záros határidő fixed date
zárószó closing words *(tbsz)*
zárótűz barrage (fire)
záróünnepély closing ceremony
záróvizsga final examination
zárszámadás final accounts *(tbsz)*
zárt closed, locked, shut* (up); ~ **ajtóra talál** be* denied the door; ~ **levelezőlap** letter-card; ~ **sorokban** *(katona)* in close order; ~ **tárgyalás** *(bíróságon)* hearing in private
zárthelyi dolgozat examination paper done under supervision
zártkörű private, exclusive
zártszék pit-stall
zárul *(vm eredménnyel)* result (in), close (with)
zárva closed, shut
zászló flag, *(átv)* banner, standard; **angol** ~ *Union Jack;* **amerikai** ~ the Stars and Stripes *(tbsz)*; **meghajtja vk előtt az elismerés zászlaját** bow one's head in admiration before sy
zászlóalj battalion
zászlódíszbe öltözött decked with flags *(ut)*
zászlórúd flagstaff, flagpole
zászlós ensign
zászlóvivő *(átv is)* standard-bearer
zátony shelf *(tbsz* shelves), *(szikla)* reef; ~**ra fut** *(hajó)* run* aground, be* stranded,

(átv) prove abortive, break* down
zavar I. *ige*, disturb, trouble, molest; **bocsánat hogy ~om** excuse my disturbing you; **nem sok vizet ~** be* of no great importance **II.** *fn*, **1.** *(zűr)* confusion, disorder; **~ba hoz** confuse, embarrass; **~ba jön** get* confused become* embarrassed **2.** *(anyagi)* difficulty, trouble **3.** *(vm működésében)* disturbance, breakdown **4.** *(szervek működésében)* disorder, trouble
závár 1. bolt **2.** *(fegyveren)* lock
zavargás public disturbance, riot(ing)
zavarodott 1. troubled, *(átv)* embarrassed **2.** *(elme)* deranged
zavarog riot, make* a disturbance
zavarólag hat have* a disturbing effect (on sg)
zavarórepülés disturbing flight
zavaros 1. troubled, *(folyadék)* turbid **2.** *(átv)* confused, muddled; **~ban halászik** fish in troubled waters
zavart confused, embarrassed
zavartalan undisturbed, *(boldogság)* unalloyed
zebra 1. *(állat)* zebra **2.** *(átkelőhely)* zebra (crossing)
zegzugos in zigzags *(ut)*; **~ ház** rambling house
zeke jacket, jerkin
zeller celery
zendül 1. *(zene)* (re)sound **2.** *(lázad)* revolt, rise*
zendülés riot(ing), rising
zendülő *fn*, rioter, rebel
zene music; **zenét szerez** write*/compose music
zeneakadémia academy of music, *(US)* conservatory
zenebona row, racket, riot
zenedarab piece of music
zenegép radio-phonograph/gramophone
zenei musical; **~ érzék** musicality; **~ fesztivál** music festival; **~ hallás** musical ear
zeneiskola school of music
zenekar orchestra, band
zenekari orchestral; **~ hangverseny** orchestral concert; **~ kíséret** orchestral accompaniment; **~ ülés** orchestra stall
zenekedvelő *fn*, music-lover
zenekritikus musical critic
zenekultúra *(egyéni)* musicality, *(zenei élet)* musical life
zenél play, make* music
zenélőóra musical clock
zenemű piece of music
zeneművészet art of music
zeneművészeti főiskola academy of music
zenés musical; **~ vígjáték** musical comedy
zenész musician
zeneszerző composer
zenetanár music-master
zenetörténet history of music
zeng 1. *(vmt)* intone, sing*; **vk dícséretét ~i** sing* sy's praises **2.** *(vm)* (re)sound, *(vm vmtől)* ring*; **~ az ég** it is* thundering
zenit zenith
zerge chamois *(tbsz* chamois)
zéró nought, *(skálán)* zero
zihál pant, gasp for breath
zilált disordered, disorderly, *(anyagi helyzet)* embarrassed, *(haj)* dishevelled
zimankós sleety; **~ idő** frosty weather
zivatar thunderstorm
zizeg rustle
zokni sock(s)
zoknitartó sock suspenders *(tbsz)*
zokog sob

zokon: vknek ~ esik vm hurt* sy's feelings; **~ vesz vmt** resent sg
zokszó complaint; **~ nélkül** without complaint
zománc enamel
zománcedény enamelled pots and pans *(tbsz)*
zóna zone
zongora piano; **zongorán játszik** play (on) the piano; **zongorán kísér X. Y.** with X. Y. at the piano
zongoraművész pianist
zongoraóra piano-lesson
zongoraszék music-stool
zongoratanár piano-master
zongoraverseny piano concerto
zongoráz|ik play (on) the piano
zongorista pianist
zord grim, severe, *(arc)* stern, *(időjárás)* raw, severe
zökken jerk, jolt
zökkenő jolt, jar; **nem megy ~ nélkül** it doesn't* go smoothly
zöld I. *mn,* green; **~ ágra jut** get* on (in the world); **~ kávé** green coffee **II.** *n,* **1.** *(szín)* green(ness) **2. kirándul a ~be** make* an excursion to the country **3. ~eket beszél** talk nonsense
zöldasztal conference table
zöldbab French beans *(tbsz)*, *(US)* string beans *(tbsz)*
zöldborsó green peas *(tbsz)*
zöldell (be*) green
zöldfőzelék green vegetables *(tbsz)*, greens *(tbsz)*
zöldfülű *fn,* greenhorn
zöldhályog glaucoma
zöldpaprika green pepper/paprika
zöldség 1. greens *(tbsz)*, vegetables *(tbsz)* **2.** *(ostobaság)* nonsense, rubbish
zöldségárus greengrocer
zöm bulk, mass; **~mel** by far the greatest number
zömök squat, stubby
zöngés voiced
zöngétlen unvoiced, mute
zörej noise
zörgés clatter(ing), rattle
zörget clatter; **~ az ablakon** rap at the window
zörög rattle, clatter; **~nek a csontjai** he is* a bag of bones
zubbony blouse, jacket, *(katonai)* tunic
zúdít dash, shower, *(folyadékot)* pour; **bajt ~ vk fejére** bring* trouble on sy
zúdul rush, gush; **rengeteg munka ~t a nyakába** he was* snowed under with work
zug 1. nook **2. ~ban vásárol** buy* in the black market
zúg make* a (rumbling) noise, rumble, *(fül)* tingle, *(gép)* hum, buzz, *(harang)* sound, peal, *(szél)* boom, sigh, *(tenger)* roar
zúgás noise, rumble, hum(ming); **a szél ~a** sighing/roar of the wind; **a tömeg ~a** murmur of the masses
zugkereskedelem black market
zúgolódás grumbling; **~ nélkül** without a murmur
zúgolód|ik complain
zugpiac black market
zuhan 1. plunge, tumble **2.** *(ár)* slump
zuhanás 1. tumble **2.** *(árakė)* slump
zuhanóbombázó dive bomber
zuhanórepülés nose-dive
zuhany shower, shower-bath
zuhanyoz take* a shower-bath
zuhanyozó *(hely)* shower-bath
zuhatag waterfall, cataract
zuhog shower, pour; **~ az eső** it is* pouring with rain
zúz pound, crush; **darabokra ~** smash to pieces; **porrá ~** pulverize
zúza gizzard

zúzmara hoar, hoar-frost, rime
zuzmó lichen
zúzódás bruise, contusion
zúzód|ik be* bruised; **darabokra ~ik** be* broken to pieces
zülleszt corrupt
züll|ik 1. become* depraved, go* down **2.** *(tivornyázik)* carouse
züllött decayed, *(személy)* depraved, debauched
zümmög buzz, hum
zűr *(zavar)* mess(-up), *(lárma)* rumpus, *(nehézség)* trouble
zűrzavar chaos, confusion; **az általános ~ban** in the general confusion
zűrzavaros chaotic, confused, *(beszéd)* disconnected

Zs

zsába neuralgia
zsák bag, sack
zsákbamacska pig in a poke
zsakett morning coat, *(US)* cutaway
zsákmány plunder, loot, *(állaté)* prey, *(hadi)* booty; **~ul ejt vmt** carry off, take* as booty
zsákmányol take*, capture, loot
zsákol 1. *(zsákba rak)* put* in sacks **2.** *(visz)* carry sack(ful)s
zsákutca 1. blind-alley, *(US)* dead-end street **2.** *(átv)* deadlock; **zsákutcába jut** come* to a deadlock
zsákvászon sacking, gunny
zsalu shutters *(tbsz)*
zsámoly (foot) stool
zsandár gendarme
zsáner genre, kind; **nem ~em** she is* not my type
zsánerkép genre picture/painting
zsarátnok embers *(tbsz)* fire-brand
zsarnok tyrant, despot
zsarnokoskod|ik tyrannize (over sy)
zsarnokság tyranny, despotism
zsarol blackmail
zsarolás blackmail(ing)
zsaroló *fn*, blackmailer
zseb pocket; **az ő zsebére megy** he pays* the piper; **~re vág** pocket, *(sértést)* swallow
zsebkendő handkerchief, pock-et-handkerchief
zsebkés penknife *(tbsz* penknives)
zsebkönyv pocket-book
zseblámpa (electric) torch
zsebóra watch
zsebpénz pocket-money
zsebpisztoly revolver
zsebszótár pocket dictionary
zsebtolvaj pickpocket
zselé jelly
zsellér cotter
zsémbel grumble, nag
zsemle roll (of bread)
zsemlemorzsa bread crumbs *(tbsz)*
zsendül sprout, spring* up
zsenge immature, delicate, tender
zseni genius *(tbsz* geniuses, genii)
zseniális brilliant; **~ ember** man of genius *(tbsz* men); **~ találmány** ingenious invention
zseniroz incommode, inconvenience
zseton token money, marker
zsibárus rag-and-bone-man *(tbsz* rag-and-bone-men)
zsibbad become* stiff/numb
zsibbadt stiff, numbed
zsibvásár rag-fair
zsidó I. *mn*, Jewish, Hebrew **II.** *fn*, Jew, Israelite, Hebrew

zsidóüldözés persecution of Jews, *(véres)* pogrom
zsiger guts *(tbsz)*, *(állati)* lights *(tbsz)*
zsigerel disembowel
Zsigmond Sigismund
zsilett safety razor
zsilettpenge razor blade
zsilip sluice, (dike) lock
zsinagóga synagogue
zsinat *(protestáns)* synod, *(r. k. egyh)* council
zsindely shingle, tile
zsindelyez shingle, tile
zsineg string, twine
zsinór string, twine, cord
zsír *(ált)* fat, *(disznóé)* lard, *(pecsenyéé)* drippings *(tbsz)*; **~ban sült** fried
zsiradék fats *(tbsz)*, grease
zsiráf giraffe
zsírfolt fat/grease stain
zsíros fat(ty), greasy, *(átv)* rich, fat; **~ állás** lucrative post; **~ falat** fat(ty) bit; **~ föld** rich/fertile soil
zsíroz 1. *(gépet)* grease, oil 2. *(pecsenyét)* baste
zsírpapír grease-proof paper
zsírtalan fatless
zsivaj noise, din, uproar
zsivány brigand, bandit, *(tréfásan)* rascal, scamp
Zsófia Sophia
zsoké jockey
zsold (soldier's) pay
zsoldos I. *mn*, mercenary; **~ hadsereg** mercenary troops *(tbsz)* II. *fn*, 1. *(átv)* hireling 2. *(katona)* mercenary
zsoltár psalm
zsombék clump (in a marsh)
zsombékos boggy, swampy
zsong hum, murmur, boom
zsongító soothing, softening
zsonglőr juggler
zsöllye armchair, *(színház)* stall
zsörtölőd|ik grumble, be* grumpy
zsúfol cram, stuff, press
zsúfolt packed, jam-packed, crammed; **~ ház** *(színházé)* packed house, house filled to capacity
zsugorgat hoard, save up
zsugori I. *mn*, miserly, stingy II. *fn*, miser, niggard
zsugorodás shrinking
zsugorod|ik shrivel, contract
zsúpfedél thatched roof
zsuppol *(vhová)* transport sy under duress (to a place)
zsupsz oops!
zsúr tea-party
zsúrkenyér milk-loaf *(tbsz* milk-loaves)
Zsuzsanna Susan, Susanna
zsuzsu bijou
zsüri jury
zsüritag jury-member

I. Függelék

Az angol tőszámnevek

1	one	18	eighteen
2	two	19	nineteen
3	three	20	twenty
4	four	21	twenty-one
5	five	22	twenty-two
6	six	30	thirty
7	seven	40	forty
8	eight	50	fifty
9	nine	60	sixty
10	ten	70	seventy
11	eleven	80	eighty
12	twelve	90	ninety
13	thirteen	100	one hundred
14	fourteen	125	one hundred and twenty-five
15	fifteen	200	two hundred
16	sixteen	1000	one thousand
17	seventeen		

Az angol sorszámnevek

1. the first (első)	14. the fourteenth
2. the second (második)	15. the fifteenth
3. the third	16. the sixteenth
4. the fourth	17. the seventeenth
5. the fifth	18. the eighteenth
6. the sixth	19. the nineteenth
7. the seventh	20. the twentieth
8. the eighth	21. the twenty-first
9. the ninth	22. the twenty-second
10. the tenth	30. the thirtieth
11. the eleventh	40. the fortieth
12. the twelfth	50. the fiftieth
13. the thirteenth	60. the sixtieth

70.	the seventieth	125.	the one hundred and twenty-fifth
80.	the eightieth	200.	the two hundredth
90.	the ninetieth	1000.	the thousandth
100.	the hundredth		

Rövidített írásban: 1st, 2nd, 3rd, 4th, 5th stb.

Az erős és rendhagyó igék

Az erős és rendhagyó ragozású igék második és harmadik alakját az első alak (főnévi igenév) kisebb-nagyobb megváltoztatásával képezik. Az alábbi táblázatban ábécé-rendben felsoroljuk az erős és rendhagyó ragozású *alap*igéket. A velük összetett igekötős igéket itt nem soroljuk fel, mivel ezek főalakjaikat ugyanúgy képezik, mint a megfelelő alapigék (*withdraw* ugyanúgy mint *draw*, tehát második alakja *withdrew*, harmadik alakja *withdrawn*).

Az alábbi táblázatban ○ jellel vannak jelölve azok az igék, melyeknek gyenge ragozású (tehát -d-ben, ill. -ed-ben végződő) főalakjaik is vannak. A táblázat első hasábjában a főnévi igenév, másodikban az egyszerű múlt idő, a harmadikban a múlt idejű melléknévi igenév, a negyedikben a leggyakoribb magyar jelentés található.

abide	○ **abode**	○ **abode**	tartózkodik
be (is, are)	**was, were**	**been**	van
bear	**bore**	**borne**	hord
bear	**bore**	**born**	szül
beat	**beat**	**beaten**	üt
begin	**began**	**begun**	kezd
bend	○ **bent**	**bent**	hajlít
bereave	○ **bereft**	**bereft**	megfoszt
bet	○ **bet**	**bet**	fogad
bid	**bade, bid**	**bidden**	parancsol
bind	**bound**	**bound**	köt
bite	**bit**	**bitten**	harap
bleed	**bled**	**bled**	vérzik
blow	**blew**	**blown**	fúj
break	**broke**	**broken**	tör
breed	**bred**	**bred**	tenyészt
bring	**brought**	**brought**	hoz
build	**built**	**built**	épít
burn	○ **burnt**	○ **burnt**	ég
burst	**burst**	**burst**	szétreped
buy	**bought**	**bought**	vásárol
can	**could**	—	tud

cast	cast	cast	dob
catch	caught	caught	megfog
chide	○ chid	○ chid(den)	szid
choose	chose	chosen	választ
cleave	○ cleft	○ cleft	hasít
cling	clung	clung	ragaszkodik
clothe	○ clad	clad	öltözet
come	came	come	jön
cost	○ cost	○ cost	vmbe kerül
creep	crept	crept	csúszik
crow	○ crew	crowed	kukorékol
cut	cut	cut	vág
dare	○ durst	○ durst	merészel, kihív
deal	dealt	dealt	ad
dig	dug	dug	ás
do	did	done	tesz
draw	drew	drawn	húz
dream	○ dreamt	○ dreamt	álmodik
drink	drank	drunk	iszik
drive	drove	driven	hajt
dwell	○ dwelt	○ dwelt	lakik
eat	ate	eaten	eszik
fall	fell	fallen	esik
feed	fed	fed	táplál
feel	felt	felt	érez
fight	fought	fought	harcol
find	found	found	talál
flee	fled	fled	menekül
fling	flung	flung	hajít
fly	flew	flown	repül
freeze	froze	frozen	fagy
get	got	got	kap
gild	○ gilt	○ gilt	aranyoz
gird	○ girt	○ girt	övez
give	gave	given	ad
go	went	gone	megy
grave	graved	○ graven	vés
grind	ground	ground	őröl
grow	grew	grown	nő
hang	hung	hung	akaszt, függ
hang	hanged	hanged	felakaszt vkt
have (has)	had	had	vmje van
hear	heard	heard	hall
heave	○ hove	○ hove	emel
hew	hewed	○ hewn	üt
hide	hid	hid(den)	rejt
hit	hit	hit	üt

hold	held	held	tart
hurt	hurt	hurt	megsért
keep	kept	kept	tart
kneel	knelt	knelt	térdel
knit	○ knit	○ knit	köt
know	knew	known	tud
lade	laded	○ laden	megrak
lay	laid	laid	fektet
lead	led	led	vezet
lean	○ leant	○ leant	hajol
leap	○ leapt	○ leapt	ugrik
learn	○ learnt	○ learnt	tanul
leave	left	left	hagy
lend	lent	lent	kölcsönöz
let	let	let	hagy
lie	lay	lain	fekszik
light	○ lit	○ lit	meggyújt
lose	lost	lost	elveszít
make	made	made	csinál
may	might	—	szabad
mean	meant	meant	jelent
meet	met	met	találkozik
mow	mowed	○ mown	lekaszál
must	—	—	kell
pay	paid	paid	fizet
put	put	put	tesz
read	read	read	olvas
rend	rent	rent	hasít
rid	○ rid	rid	megszabadít
ride	rode	ridden	lovagol
ring	rang	rung	cseng
rise	rose	risen	felkel
rot	rotted	○ rotten	rothad
run	ran	run	szalad
saw	sawed	○ sawn	fűrészel
say	said	said	mond
see	saw	seen	lát
seek	sought	sought	keres
sell	sold	sold	elad
send	sent	sent	küld
set	set	set	helyez
sew	sewed	○ sewn	varr
shake	shook	shaken	ráz
shall	should	—	(segédige)
shape	shaped	○ shapen	alakít
shave	shaved	○ shaven	borotvál
shear	sheared	○ shorn	nyír

shed	shed	shed	elhullat
shine	shone	shone	ragyog
shoe	shod	shod	megpatkol
shoot	shot	shot	lő
show	showed	○ shown	mutat
shrink	shrank	shrunk	összezsugorodik
shut	shut	shut	becsuk
sing	sang	sung	énekel
sink	sank	sunk	süllyed
sit	sat	sat	ül
slay	slew	slain	öl
sleep	slept	slept	alszik
slide	slid	slid	csúszik
sling	slung	slung	hajít
slink	slunk	slunk	lopózik
slit	slit	slit	felvág
smell	○ smelt	○ smelt	megszagol
smite	smote	smitten	rásújt
sow	sowed	○ sown	vet
speak	spoke	spoken	beszél
speed	○ sped	○ sped	siettet
spell	○ spelt	○ spelt	betűz
spend	spent	spent	költ
spin	spun, span	spun	fon
spit	spat, spit	spat, spit	köp
split	split	split	hasít
spoil	○ spoilt	○ spoilt	kifoszt
spread	spread	spread	kiterjeszt
spring	sprang	sprung	ugrik
stand	stood	stood	áll
steal	stole	stolen	lop
stick	stuck	stuck	ragaszt
sting	stung	stung	szúr
stink	stank, stunk	stunk	bűzlik
strew	strewed	○ strewn	hint
stride	strode	stridden	lépked
strike	struck	struck	üt
string	strung	strung	felfűz
strive	strove	striven	igyekszik
swear	swore	sworn	megesküszik
sweep	swept	swept	söpör
swell	swelled	○ swollen	dagad
swim	swam	swum	úszik
swing	swung	swung	leng(et)
take	took	taken	fog
teach	taught	taught	tanít
tear	tore	torn	szakít

tell	**told**	**told**	elmond
think	**thought**	**thought**	gondol(kozik)
thrive	**throve**	**thriven**	boldogul
throw	**threw**	**thrown**	dob
thrust	**thrust**	**thrust**	döf
tread	**trod**	**trodden**	tapos
wake	○ **woke**	○ **woken**	ébred
wear	**wore**	**worn**	visel
weave	**wove**	**woven**	sző
weep	**wept**	**wept**	sír
will	**would**	—	(segédige)
win	**won**	**won**	nyer
wind	**wound**	**wound**	teker(edik)
wind	○ **wound**	○ **wound**	kürtöl
wring	**wrung**	**wrung**	kicsavar
write	**wrote**	**written**	ír

Függelék II.

A magyarországi mértékek angol (brit) megfelelői

1 mm	=	0,039	inch	=	0,47	line
1 cm	=	0,39	inch	=	4,73	line
1 méter	=	39,37	inch	=	3,281	foot = = 1,094 yard
1 kilométer	=	1093,61	yard	=	0,621	statute mile
1 négyzet-centiméter	=	0,155	square inch			
1 négyzet-méter	=	1,196	square yard	=	10,76	square foot
1 négyzet-kilométer	=	0,386	square mile	=	241,1	acre
1 négyszögöl	=	38,42	square foot			
1 katasztrális hold	=	6823,95	square yard	=	1,412	acre
1 gramm	=	0,564	dram			
1 deka-gramm	=	0,352	ounce	=	5,644	dram
1 kilo-gramm	=	2,205	pound	=	35,27	ounce
1 métermázsa	=	1,968	long hundred-weight			
1 deciliter		0,70	gill	=	3,52	fluid ounce
1 liter	=	1,76	pint	=	7,04	gill
1 hektoliter	=	22	gallon			

1 köbcentiméter	=	0,06 cubic inch	(gyógyszerészetben	= 2,816 fluid drachm)
1 köbméter	=	1,308 cubic yard	=	35,315 cubic foot

+100 °Celsius = +212 °Fahrenheit
0 °Celsius = + 32 °Fahrenheit

Celsius fok átszámítása Fahrenheitre:

$$X\ ^\circ\text{Celsius} = \frac{9\,X}{5} + 32$$

Az emberi test normál-hőmérséklete (36,6 °C) = 97,9 °F

*

Az angol mértékrendszer magyar megfelelőit lásd e szótár Angol-magyar kötetében.